Die Reichsdienststrafordnung (RDStO)

vom 26. Januar 1937 mit der amtlichen Begründung, den Durchführungs- und Ergänzungsvorschriften unter besonderer Berücksichtigung des Kriegs-Dienststrafrechts und der für die Ostmark, den Sudetengau, das Protektorat Böhmen und Mähren und die eingegliederten Ostgebiete ergangenen dienststrafrechtlichen Sondervorschriften

erläutert von

Professor Dr. Arthur Brand

Landgerichtspräsident a. D. in Dresden
Mitglied des Ausschusses für Beamtenrecht
der Akademie für Deutsches Recht

Dritte
vollständig neubearbeitete Auflage

Erste Großdeutsche Auflage

Berlin
Verlag von Julius Springer
1941

ISBN-13: 978-3-642-93929-7 e-ISBN-13: 978-3-642-94329-4
DOI: 10.1007/978-3-642-94329-4

Softcover reprint of the hardcover 3rb edition 1941

Vorwort zur dritten Auflage.

In wenig mehr als 3 Jahren sind die ersten beiden Auflagen des vorliegenden Buches restlos abgesetzt worden, so daß nunmehr die dritte Auflage notwendig geworden ist.

Die neue Auflage berücksichtigt alle seit Erscheinen der früheren Auflagen ergangenen neuen Gesetze, Erlasse, Verordnungen und sonstigen Bestimmungen, die das Dienststrafrecht in vielen Teilen ergänzt, fortgebildet und geändert haben. Besonders befaßt sich die neue Auflage auch mit dem Kriegsdienststrafrecht, das naturgemäß für die Gegenwart besondere Bedeutung hat.

Daneben mußten auch die auf dienststrafrechtlichem Gebiet erlassenen Sondervorschriften für die Ostmark, den Sudetengau, das Protektorat Böhmen und Mähren und die eingegliederten Ostgebiete berücksichtigt werden, um das Buch im gesamten Gebiet des Großdeutschen Reiches verwendbar zu machen.

Die Vorschriften sind überall bei den einzelnen Paragraphen des Gesetzes wiedergegeben und, soweit erforderlich, erläutert worden; sie sind aber auch, soweit sie von besonderer Bedeutung sind, im Anhang des Buches abgedruckt worden, so daß ein rascher und vollständiger Überblick über das wichtigste Gesetzgebungs- und Verordnungsmaterial bis in die neueste Zeit gegeben ist.

Im Anhang des Buches konnten noch berücksichtigt werden der Erlaß des Führers und Reichskanzlers über die Errichtung des Reichsverwaltungsgerichts vom 3. April 1941 (RGBl. I S. 201) und die Erste Verordnung zur Durchführung und Ergänzung dieses Erlasses vom 29. April 1941 (RGBl. I S. 224). Nach diesen Bestimmungen, die im Anhang abgedruckt sind, ist der Reichsdienststrafhof mit anderen obersten Spruchbehörden des Reichs zum Reichsverwaltungsgericht vereinigt worden. Mit dem 1. Mai 1941 sind die Zuständigkeiten des Reichsdienststrafhofs auf das Reichsverwaltungsgericht übergegangen. Jedoch ist der Große Dienststrafsenat (§ 42 RDStO.) bis zur Bildung des Großen Senats des Reichsverwaltungsgerichts mit seinen bisherigen Aufgaben bestehen geblieben.

Das sog. materielle Dienststrafrecht (die Pflichten der Beamten) ist neben dem Dienststrafverfahren eingehend behandelt worden. Wer sich mit Dienststrafsachen befaßt, will nicht nur wissen, wie sich das Verfahren abspielt, wenn eine Verfehlung gesühnt werden soll; vielmehr will er sich auch über die Pflichten der Beamten im einzelnen unterrichten und die gerade auf diesem Gebiete besonders umfangreiche Rechtsprechung kennen lernen.

Selbstverständlich sind in der neuen Auflage das in den letzten Jahren stark angewachsene dienststrafrechtliche Schrifttum und die einschlägige höchstrichterliche Rechtsprechung bis in die neueste Zeit eingehend verwertet worden.

Auch in der neuen Auflage ist der Text der Reichsdienststrafordnung zunächst hintereinander ohne Erläuterungen abgedruckt und sodann mit den Erläuterungen wiederholt worden. Dadurch wird die Übersicht über den Text des Gesetzes bedeutend erleichtert.

Die Dienststrafverhältnisse der Kommunalbeamten, der richterlichen Beamten, der Polizeibeamten und der Wehrmachtbeamten sind besonders berücksichtigt worden. Dasselbe gilt von den Notaren, obwohl sie (mit wenigen Ausnahmen) nicht mehr als Beamte im Sinne der RDStO. und des DBG. anzusehen sind.

Der Umfang des Buches und damit auch sein Preis ist gegenüber den früheren Auflagen nicht geändert worden. Das Buch zeichnet sich nach wie vor durch Handlichkeit aus. Auch ist wie bisher auf klaren und übersichtlichen Druck besonderer Wert gelegt worden.

Das Sachverzeichnis ist in der neuen Auflage von mir selbst angefertigt worden. Mein Sohn Amtsgerichtsrat Dr. Werner Brand in Berlin, der es für die ersten beiden Auflagen bearbeitet hatte, steht seit Kriegsbeginn im Felde.

Dresden A 24, im Mai 1941.
Liebigstraße 23.

Dr. Arthur Brand.

Inhaltsübersicht.

Anhang.

Abkürzungen.

aM.	anderer Meinung.
ÄndgsG..........	Reichsgesetz zur Änderung von Vorschriften auf dem Gebiete des allgem. Beamten- usw. rechts v. 30. 6. 33 (RGBl. I 433).
Arndt RBG......	Kommentar zum RBG. von Arndt 4. Aufl. 1931.
Ausf.Best. z. DBG. oder AusfBest. (ohne Zusatz) =	Ausführungsbestimmungen zu Abschnitt VIII des Deutschen Beamtengesetzes v. 30. 6. 37 u. 15. 5. 39 (Reichshaushalts- und Besoldungsblatt 1937 S. 211 ff. u. 1939 S. 129 ff.).
BBG.	Gesetz zur Wiederherstellung des Berufsbeamtentums vom 7. 4. 33 (RGBl. I 175) nebst Änderungen.
Beamtenbund	Zeitschrift des Deutschen Beamtenbundes.
BeamtJahrb.	Beamten-Jahrbuch, wissenschaftliche Monatsschrift für das deutsche Berufsbeamtentum.
Begr.	Amtliche Begründung zur RDStO. v. 28. 1. 37 (Deutsch. Reichsanz. u. Preuß Staatsanz. Nr. 22 Beil. S. 2 ff.).
Behnke	Kommentar zur RDStO. 2. Aufl. 1940 von Behnke.
BesoldO.	Reichsbesoldungsordnung.
BGB.	Bürgerliches Gesetzbuch.
BrandBR.	Brand, Das Beamtenrecht, 3. Aufl., 1928.
Brand DBG.	Kommentar zum DBG. von Brand 3. Aufl. 1940.
BrandDienststrafO.	Brand, die preußische Dienststrafordnung v. 27. 1. 32 (GS. 59) in der Fassung v. 18. 8. 34 (GS. 353). 3. Aufl. 1935.
BrandVersG.	Brand, Die preußischen Beamtenversorgungsgesetze. 3. Aufl. 1933.
BrandRBG......	Brand, Die Reichsbeamtengesetze mit Kommentar, 3. Aufl., 1929.
Breithaupt	Reichsdienststrafordnung, erläutert von Dr. Breithaupt, Ministerialrat. 1937.
Daniels	Kommentar zum DBG. von Daniels 1937.
DBG.	Das Deutsche Beamtengesetz v. 26. 1. 37 (RGBl. 39) nebst Änderungen.
DGemeindbZtg...	Deutsche Gemeindebeamtenzeitung.
DGO.	Deutsche Gemeindeordnung v. 30. 1. 35 (RGBl. I S. 49).
DGKG.	Deutsches Gerichtskostengesetz.
DRecht oder nur JW.	Deutsches Recht, vereinigt mit der Juristischen Wochenschrift.
DJ.	Deutsche Justiz, Amtl. Blatt der deutschen Rechtspflege.
DVerwalt.	Organ der Rechtswahrer der Verwaltung des NSRB.
DJZ.	Deutsche Juristenzeitung.
DRichtZ. jetzt DRM. =	Deutsche Richter-Zeitung, jetzt Deutsches Recht, Monatsausgabe.

DurchfV. zum DBG. = Verordnung zur Durchführung des Deutschen Beamtengesetzes vom 29. 6. 37 (RGBl. I 669) nebst Änderungen.

2. DurchfV. zum DBG. oder DurchfV. (ohne Zusatz) = 2. Vdg. zur Durchführung des DBG. v. 13. 10. 39 (RGBl. I 1421).

DurchfVErstattG. = Durchführungsverordnung zum Erstattungsgesetz v. 29. 6. 37 (RGBl. I 723).

DurchfV. zur RDStO. oder DurchfV. (ohne Zusatz) = Verordnung zur Durchführung der Reichsdienststrafordnung v. 29. 6. 37 (RGBl. I 690) nebst Änderungen.

DurchfV. zur RDStO. KomV. = Durchführungsverordnung zur Reichsdienststrafordnung für die Kommunalbeamten (Beamten der Gemeinden, der Gemeindeverbände und der gemeindlichen Zweckverbände) v. 3. 7. 37 (RGBl. I 730) nebst Änderungen.

DWiss. .... Amtsblatt des Reichsministeriums für Wissenschaft, Erziehung und Volksbildung und der Unterrichtsverwaltungen der Länder.

ErstattG. .... Gesetz über das Verfahren für die Erstattung von Fehlbeständen an öffentlichem Vermögen (Erstattungsgesetz) v. 18. 4. 37 (RGBl. I 461).

Fabricius .... Der Beamte einst und im Neuen Reich. 1933.

FGG. .... Reichsgesetz über die Angelegenheiten der freiwilligen Gerichtsbarkeit.

Fischbach .... Fischbach, Kommentar zum DBG. 2. Aufl. 1940.

FM. .... Finanzminister.

Foerster-Simons . Die Rechtsprechung des Reichsdisziplinarhofs.

Foerster 1933—1937 = Die Rechtsprechung des Reichsdisziplinarhofs 1933, 1934, 1935, 1936, 1937 I (umfaßt die vom 1. 1. bis 31. 12. 36 ergangenen Entsch.) 1937 II (enthält die Entsch. v. 1. 1. bis 30. 6. 37).

GewO. .... Reichsgewerbeordnung.

GrDisS. .... Entscheidungen des Preuß. Großen Disziplinarsenats, zusammengestellt im Preuß. Justizministerium.

Gruchot .... Beiträge zur Erläuterung des deutschen Rechts.

GS. .... Preußische Gesetzsammlung.

GVG. .... Deutsches Gerichtsverfassungsgesetz v. 27. 1. 77 (RGBl. 41) in der Fassung der Bekanntm. v. 22. 3. 24 (RGBl. I 299).

Heyland .... Lehrbuch des deutschen Beamtenrechts. 1938 (Karl Heymann).

HRR. .... Höchstrichterliche Rechtsprechung, Vereinigte Entscheidungs-Sammlung der früheren Zeitschriften: Rechtsprechung der Oberlandesgerichte, Höchstrichterliche Rechtsprechung in Strafsachen und Rechtsprechung, Beil. der Jurist. Rundschau.

PrJM. .... Pr. Justizminister.

PrJMBl .... Justizministerialblatt.

JurRundsch. ..... Juristische Rundschau.

JW. .... Juristische Wochenschrift (seit 1. 4. 39 Deutsches Recht, vereinigt mit Jurist. Wochenschrift).

KabO. .... Kabinettsorder.

KGJ. .... Entscheidungen des Kammergerichts, herausgegeben von Johow u. Ring.

KKGH. . . . . Entscheidungen des Preußischen Gerichtshofs zur Entscheidung der Kompetenzkonflikte.
KomBG. . . . . Pr. Ges. betr. die Anstellung und Versorgung der Kommunalbeamten v. 30. 7. 99.
Krauthausen . . . . . Kommentar zum DBG. und zur RDStO. 1937.
LZ. . . . . Leipziger Zeitschrift.
MBl. . . . . Ministerialblatt des Reichs- u. Preuß. Ministeriums des Innern.
ME. . . . . Ministerialerlaß.
MStGB. . . . . Militärstrafgesetzbuch v. 10. 10. 40 (RGBl. I 1348).
MStGO. . . . . Militärgerichtsordnung v. 29. 9. 36 (RGBl. I 751).
NadlWittlR. . . . . . Nadler, Wittland, Rappert, Kommentar zum DBG. 1938.
NSBZ. . . . . Nationalsozialistische Beamtenzeitung.
NSBZ. (DGemeindeBZ.) = Nationalsozial. Beamtenzeitung (Deutsche Gemeindebeamtenzeitung).
NSBZ. (D. Deutsch. VerwB.) = Nationalsozial. Beamtenzeitung (Der Deutsche Verwaltungsbeamte).
OVG. . . . . Entscheidungen des Pr. Oberverwaltungsgerichts.
PBG. . . . . Deutsches Polizeibeamtengesetz v. 24. 6. 37 (RGBl. I 653).
Pfundtner-Neubert Das neue Deutsche Reichsrecht.
PrBDStO. . . . . . . Pr. Beamtendienststrafordnung v. 27 1. 32 in der Fassung v. 18. 8. 34 (GS. 353).
PrBesBl. . . . . Preußisches Besoldungsblatt.
PrDisHnichtrB. . . . Rechtsprechung des preuß. Disziplinarhofs für nichtrichterl. Beamte, zusammengestellt im März 1930, amtl. Sammlung.
PrGS. . . . . Preußische Gesetzsammlung.
PrRiDStO. . . . . . Preuß. Richterdienststrafordnung v. 27. 1. 32 in der Fassung v. 18. 8. 34 (GS. 353).
PrVerwBl. . . . . . Preußisches Verwaltungsblatt, jetzt Reichsverwaltungsblatt.
RAwO. . . . . Reichsanwaltsordnung v. 21. 2. 36 (RGBl. I 107).
RBG. . . . . Reichsbeamtengesetz v. 31. 3. 73 in der Fassung v. 18. 5. 07 mit Änderungen.
RBesBl. . . . . Reichsbesoldungsblatt.
RBesG. . . . . Reichsbesoldungsgesetz v. 16. 12. 27 in der Fassung des § 50 G. 30. 6. 33 (RGBl. I **27** 160; **33** 95) mit Änderungen.
RDisH. . . . . Entscheidungen des Reichsdisziplinarhofes in Leipzig.
RDStH. . . . . Entscheidungen des Reichsdienststrafhofs.
ERDStH. . . . . Entscheidungen des Reichsdienststrafhofs in der amtl. Sammlung.
RDStO. . . . . Reichsdienststrafordnung v. 26. 1. 37 (RGBl. I 71).
RFBl. . . . . Reichsfinanzblatt.
RFM. . . . . Reichsfinanzminister.
RhaushBesBl. . . . Reichshaushalts- u. Besoldungsblatt.
Reuß ErstG. . . . . . Erstattungsgesetz v. 18. 4. 37 (RGBl. I 461), Kommentar von Hermann Reuß, Berlin 1939.
RG. . . . . Entscheidungen des Reichsgerichts in Zivilsachen.
RGBl. . . . . Reichsgesetzblatt.
RGSt. . . . . Entscheidungen des Reichsgerichts in Strafsachen.
v. Rheinbaben . . . v. Rheinbaben, Die preußischen Disziplinargesetze, 2. Aufl., 1911.
RJM. . . . . Reichsjustizminister.
RMBl. . . . . Reichsministerialblatt.

RNotO. .... Reichsnotarordnung v. 13. 2. 37 (RGBl. I 191).
RuPrVBl......... Reichs- und Preuß. Verwaltungsblatt.
RVBl. .... Reichsverwaltungsblatt.
RVO. .... Reichsversicherungsordnung.
Schulze Rspr. .... Schulze, Die Rechtsprechung des Reichsdisziplinarhofs.
Schulze-Simons . Die Rechtsprechung des Reichsdisziplinarhofs.
StGB. .... Strafgesetzbuch.
StPO. .... Strafprozeßordnung v. 1. 2. 77 (RGBl. 253) in der Fassung der Bekanntm. v. 22. 3. 24 (RGBl. I 322) mit Änderungen.
Surén-Loschelder Kommentar zur DGO. 2. Aufl. 1940 (2 Bände).
V. .... Verfügung.
Vdg. .... Verordnung.
VerwArch. .... Verwaltungsarchiv, Zeitschrift für Verwaltungsrecht und Verwaltungsgerichtsbarkeit.
Vdg. Dienststr. Wehrmachtb. = Verordnung über das Dienststrafverfahren gegen Wehrmachtbeamte v. 24. 6. 37 (RGBl. I 722).
Wacke .... Öffentliches Dienstrecht, Berlin 1939 (Karl Heymanns Verlag).
WehrG. .... Wehrgesetz v. 21. 5. 35 (RGBl. I 609) mit Änderungen v. 20. 8. 40 (RGBl. I 1161).
WFVG.......... Wehrmachtfürsorge- und Versorgungsgesetz 26. 8. 38 (RGBl. I 1077).
WeimV. .... Die Verfassung des Deutschen Reiches v. 11. 8. 1919.
Wichert RDStO. . Kommentar zur Reichsdienststrafordnung. 2. Aufl. 1938 mit Nachtrag 1941.
Wittland (ohne Zusatz) = Wittland, Kommentar zur RDStO. 1937.
ZBR. .... Zeitschrift für Beamten- und Behördenangestelltenrecht. (Karl Heymanns Verlag).
ZPO............ Zivilprozeßordnung in der Fassung der Bekanntm. v. 8. 11. 33 (RGBl. 821).
Ztschr.Akad.f.D.R. = Zeitschrift der Akademie für Deutsches Recht.

Reichsdienststrafordnung.

Vom 26. Januar 1937 (RGBl I S. 711).

Die Reichsregierung hat das folgende Gesetz beschlossen, das hiermit verkündet wird:

Abschnitt I.

Anwendbarkeit des Gesetzes.

§ 1.

Die Reichsdienststrafordnung gilt für die Beamten und Ruhestandsbeamten, die dem Deutschen Beamtengesetz unterliegen.

§ 2.

Ein Beamter, der aus einem früheren Beamtenverhältnis ausgeschieden, entlassen oder in den Ruhestand getreten war, kann nach diesem Gesetz auch wegen solcher Dienstvergehen oder als Dienstvergehen geltender Handlungen (§ 22 Abs. 1 des Deutschen Beamtengesetzes) verfolgt werden, die er in dem früheren Beamtenverhältnis oder als Ruhestandsbeamter begangen hat; auch bei einem aus einem früheren Beamtenverhältnis ausgeschiedenen oder entlassenen Beamten gelten hierbei die im § 22 Abs. 1 Satz 2 des Deutschen Beamtengesetzes bezeichneten Handlungen als Dienstvergehen. Ein Wechsel des Dienstherrn steht der dienststrafrechtlichen Verfolgung nicht entgegen.

§ 3.

Die zuständige Behörde bestimmt nach pflichtmäßigem Ermessen, ob wegen eines Dienstvergehens nach diesem Gesetz einzuschreiten ist; sie hat dabei auch das gesamte dienstliche und außerdienstliche Verhalten zu berücksichtigen.

Abschnitt II.

Dienststrafen.

§ 4.

(1) Dienststrafen sind:

Warnung,
Verweis,
Geldbuße,
Gehaltskürzung,
Entfernung aus dem Dienst,
Kürzung des Ruhegehalts,
Aberkennung des Ruhegehalts.

(2) In ein und demselben Dienststrafverfahren darf nur eine dieser Dienststrafen verhängt werden.

§ 5.

(1) Warnung ist die Mißbilligung eines bestimmten Verhaltens (Handelns oder Unterlassens) des Beamten mit der Aufforderung, dies künftig zu vermeiden.

(2) Verweis ist der Tadel eines bestimmten Verhaltens des Beamten.

(3) Mißbilligende Äußerungen eines Dienstvorgesetzten, die nicht ausdrücklich als Warnung oder Verweis bezeichnet werden (Zurechtweisungen Ermahnungen, Rügen u. dgl.), sind keine Dienststrafen.

§ 6.

Die Geldbuße darf die einmonatigen Dienstbezüge des Beamten nicht übersteigen. Hat der Beamte keine Dienstbezüge, oder hat er sie nur während der Dauer eines Beschäftigungsauftrages, so darf die Geldbuße den Betrag von dreihundert Reichsmark nicht übersteigen. Bei Beamten, die Gebühren beziehen, darf die Geldbuße höchstens tausend Reichsmark betragen.

§ 7.

(1) Die Gehaltskürzung besteht in der bruchteilmäßigen Verminderung der jeweiligen Dienstbezüge um höchstens ein Fünftel und auf längstens fünf Jahre. Hat der Bestrafte aus einem früheren Beamtenverhältnis einen Versorgungsanspruch erworben, so bleibt bei dessen Regelung (§§ 127 ff. des Deutschen Beamtengesetzes) die Gehaltskürzung unberücksichtigt.

(2) Tritt der Bestrafte in den Wartestand oder in den Ruhestand, so wird das aus den ungekürzten Dienstbezügen errechnete Wartegeld oder Ruhegehalt während der Dauer der Gehaltskürzung in demselben Verhältnis gekürzt wie die Dienstbezüge.

(3) Stirbt der Bestrafte, so werden die Bezüge für den Sterbemonat und das Sterbegeld während der Dauer der Gehaltskürzung in demselben Verhältnis gekürzt wie die Dienstbezüge; das Witwen- und Waisengeld wird nicht gekürzt.

§ 8.

(1) Die Entfernung aus dem Dienst bewirkt auch den Verlust des Anspruchs auf Dienstbezüge und Versorgung sowie der Befugnis, die Amtsbezeichnung und die im Zusammenhang mit dem Amt verliehenen Titel zu führen und die Uniform zu tragen.

(2) Die Entfernung aus dem Dienst und ihre Rechtsfolgen erstrecken sich auf alle Ämter, die der Bestrafte im unmittelbaren oder mittelbaren Reichsdienst bei Rechtskraft des Urteils bekleidet, soweit sich aus § 112 Abs. 6 nichts anderes ergibt.

§ 9.

(1) Bei einem Ruhestandsbeamten sind nur die Aberkennung und die Kürzung des Ruhegehalts als Dienststrafen zulässig; § 7 Abs. 1 Satz 2 gilt entsprechend. Die Aberkennung des Ruhegehalts setzt voraus, daß die Entfernung aus dem Dienst gerechtfertigt wäre, falls der Beschuldigte sich noch

im Dienst befände; die Kürzung des Ruhegehalts wird an Stelle der Gehaltskürzung verhängt.

(2) Die Aberkennung des Ruhegehalt bewirkt auch den Verlust des Anspruchs auf Hinterbliebenenversorgung und der Befugnis, die Amtsbezeichnung und die im Zusammenhang mit dem früheren Amt verliehenen Titel zu führen und die Uniform zu tragen. Diese Wirkungen beziehen sich auf alle Ämter, die der Bestrafte beim Eintritt in den Ruhestand bekleidet hat.

(3) Höhe und Dauer der Kürzung des Ruhegehalts richten sich nach § 7 Abs. 1; beim Tode des Ruhestandsbeamten gilt § 7 Abs. 3 entsprechend.

§ 10.

(1) Wird gegen einen früheren Ruhestandsbeamten, der wieder zum Beamten ernannt worden ist, auf Entfernung aus dem Dienst (§ 8) erkannt, so verliert er den Anspruch auf das frühere Ruhegehalt und die Hinterbliebenenversorgung sowie die anderen Befugnisse nach § 9 Abs. 2 nur, wenn er wegen eines in dem früheren Beamtenverhältnis begangenen Dienstvergehens oder wegen einer der im § 22 Abs. 1 Satz 2 des Deutschen Beamtengesetzes bezeichneten Handlungen — gleichgültig, wann er diese begangen hat — verurteilt wird.

(2) Ein Ruhestandsbeamter, der vor seiner letzten Verwendung schon aus einem früheren Beamtenverhältnis in den Ruhestand getreten war, behält die ihm aus dem früheren Beamtenverhältnis zustehenden Ansprüche und Befugnisse (§ 9 Abs. 2), wenn er nur wegen eines in dem letzten Beamtenverhältnis begangenen Dienstvergehens verurteilt wird und keine der im § 22 Abs. 1 Satz 2 des Deutschen Beamtengesetzes bezeichneten Handlungen Gegenstand der Verurteilung ist.

Abschnitt III.

Dienststrafverfahren.

1. Allgemeine Vorschriften.

§ 11.

(1) Gehaltskürzung, Entfernung aus dem Dienst, Kürzung und Aberkennung des Ruhegehalts können nur von den Dienststrafgerichten im förmlichen Dienststrafverfahren verhängt werden.

(2) Warnung, Verweis und Geldbuße kann auch der Dienstvorgesetzte durch Dienststrafverfügung verhängen.

§ 12.

Schwebt gegen einen Beamten zur Zeit seines Eintritts in den Ruhestand ein förmliches Dienststrafverfahren, so wird dessen Fortsetzung durch den Eintritt in den Ruhestand nicht berührt. Gegen einen Ruhestandsbeamten kann ein Dienststrafverfahren nur wegen eines vor Eintritt in den Ruhestand begangenen Dienstvergehens oder wegen einer Handlung, die nach § 22 Abs. 1 Satz 2 des Deutschen Beamtengesetzes als Dienstvergehen gilt, eingeleitet werden.

§ 13.

(1) Ist gegen den eines Dienstvergehens Beschuldigten wegen derselben Tatsachen die öffentliche Klage im strafgerichtlichen Verfahren erhoben, so kann ein Dienststrafverfahren zwar eingeleitet, es muß aber bis zur Beendigung des strafgerichtlichen Verfahrens ausgesetzt werden. Ebenso muß ein bereits eingeleitetes Dienststrafverfahren ausgesetzt werden, wenn während seines Laufes die öffentliche Klage erhoben wird. Das Dienststrafverfahren kann fortgesetzt werden, wenn im strafgerichtlichen Verfahren aus Gründen nicht verhandelt werden kann, die in der Person des Beschuldigten liegen.

(2) Wird der Beschuldigte im strafgerichtlichen Verfahren freigesprochen, so kann wegen der Tatsachen, die Gegenstand der strafgerichtlichen Untersuchung waren, ein Dienststrafverfahren nur dann eingeleitet oder fortgesetzt werden, wenn diese Tatsachen, ohne den Tatbestand eines Strafgesetzes zu erfüllen, ein Dienstvergehen enthalten.

(3) Für die Entscheidung im Dienststrafverfahren sind die tatsächlichen Feststellungen des strafgerichtlichen Urteils bindend, wenn nicht das Dienststrafgericht einstimmig die wiederholte Prüfung der Tatsachen beschließt.

§ 14.

Das Dienststrafverfahren kann ausgesetzt werden, wenn die Beurteilung des Dienstvergehens von der Beurteilung einer Frage abhängt, über die in einem anderen — schwebenden oder einzuleitenden — Verfahren entschieden werden soll. Das Dienststrafverfahren ist spätestens nach der endgültigen Erledigung dieses Verfahrens fortzusetzen. Die in dem anderen Verfahren getroffenen tatsächlichen Feststellungen sind nicht bindend, können aber der Entscheidung im Dienststrafverfahren zugrunde gelegt werden, ohne daß sie nochmals geprüft zu werden brauchen.

§ 15.

(1) Die Einleitung oder Fortsetzung eines Dienststrafverfahrens wird nicht dadurch gehindert, daß der Beschuldigte, nachdem er das Dienstvergehen begangen hat, geisteskrank oder sonst verhandlungsunfähig geworden ist.

(2) In diesem Fall beantragt die Einleitungsbehörde (§ 29) beim Amtsgericht die Bestellung eines Pflegers zur Wahrnehmung der Rechte des Beschuldigten in dem weiteren Verfahren. Das Amtsgericht hat dem Antrag zu entsprechen. Der Pfleger muß Beamter sein.

§ 16.

Die Gerichte und Verwaltungsbehörden haben auf Ersuchen des Dienstvorgesetzten, des Untersuchungsführers oder des Vorsitzenden eines Dienststrafgerichts in Dienststrafsachen Amts- und Rechtshilfe zu leisten; um die eidliche Vernehmung von Zeugen und Sachverständigen können nur die Amtsgerichte ersucht werden. Hat der Dienstvorgesetzte um die Vernehmung ersucht, so entscheidet das Amtsgericht über die Vereidigung.

§ 17.

(1) Die Stellen, die die Beweiserhebung anordnen, entscheiden — unbeschadet des § 16 Satz 2 — über die Form, in der Beweise zu erheben sind. Niederschriften über Aussagen von Personen, die schon in einem anderen gesetzlich geordneten Verfahren vernommen worden sind, können im Dienststrafverfahren ohne nochmalige Vernehmung verwertet werden.

(2) Dienstliche Auskünfte von Behörden und Beamten sind schriftlich einzufordern.

(3) Über jede Beweiserhebung ist eine Niederschrift aufzunehmen.

(4) Die Vereidigung von Zeugen und Sachverständigen ist nur zulässig, wenn Gefahr im Verzug oder wenn der Eid mit Rücksicht auf die Bedeutung der Aussage oder als Mittel zur Herbeiführung einer wahren Aussage erforderlich ist.

§ 18.

Der Beschuldigte kann im Dienststrafverfahren weder verhaftet noch vorläufig festgenommen noch — abgesehen von dem Fall des § 48 — zwangsweise vorgeführt werden.

§ 19.

(1) Die in diesem Gesetz vorgeschriebenen Zustellungen werden ausgeführt:

1. durch Übergabe an den Empfänger gegen Empfangsschein oder, wenn er die Annahme oder die Ausstellung des Empfangsscheins verweigert, durch Anfertigung einer Niederschrift darüber,
2. durch eingeschriebenen Brief mit Rückschein,
3. nach den Vorschriften der Zivilprozeßordnung über die Zustellung von Amts wegen,
4. an Behörden auch durch Vorlegung der Akten mit den Urschriften der zuzustellenden Schriftstücke; der Empfänger hat den Tag der Vorlegung in den Akten zu vermerken.

(2) Die Zustellung nach Abs. 1 Nr. 3 kann durch jeden Beamten ausgeführt werden. Die öffentliche Zustellung wird auf Antrag der Einleitungsbehörde oder des Untersuchungsführers von der Dienststrafkammer bewilligt. Die zuzustellende Ausfertigung ist an der Gerichtstafel der Dienststrafkammer anzuheften; enthält das Schriftstück eine Ladung, so ist außerdem ein Auszug einmalig in das Ministerialblatt des Reichsministeriums des Innern einzurücken.

(3) Alle anderen Mitteilungen erfolgen formlos.

(4) Der Beamte muß Zustellungen und Mitteilungen unter der Anschrift, die er seinem Dienstvorgesetzten angezeigt hat, gegen sich gelten lassen.

§ 20.

Zur Ergänzung dieses Gesetzes sind die Vorschriften des Gerichtsverfassungsgesetzes (Sitzungspolizei, Gerichtssprache, Beratung und Abstimmung) und der Strafprozeßordnung anzuwenden, soweit nicht die Eigenart des Dienststrafverfahrens entgegensteht.

2. Vorermittlungen.

§ 21.

(1) Werden Tatsachen bekannt, die den Verdacht eines Dienstvergehens rechtfertigen, und hält der Dienstvorgesetzte ein Dienststrafverfahren für angezeigt, so veranlaßt er die zur Aufklärung des Sachverhalts erforderlichen Ermittlungen. Dabei sind nicht nur die belastenden, sondern auch die entlastenden und die für die Strafbemessung bedeutsamen Umstände zu ermitteln.

(2) Das wesentliche Ergebnis der Ermittlungen ist dem Beschuldigten bekanntzugeben. Er ist über die ihm zur Last gelegte Verfehlung unter Aufnahme einer Niederschrift zu hören; er kann sich auch schriftlich äußern.

(3) Der Beschuldigte kann beantragen, daß weitere Ermittlungen vorgenommen werden. Der Dienstvorgesetzte entscheidet, ob dem Antrag stattzugeben ist.

(4) Als Dienstvorgesetzter gilt bei einem Ruhestandsbeamten die vor Beginn des Ruhestandes für den Beamten zuletzt zuständige oberste Dienstbehörde; sie kann ihre Befugnisse auf nachgeordnete Behörden übertragen. Besteht die hiernach zuständige oberste Dienstbehörde nicht mehr, so bestimmt der Reichsminister des Innern, wer als Dienstvorgesetzter gilt.

§ 22.

(1) Ergeben die Ermittlungen kein Dienstvergehen, oder hält der Dienstvorgesetzte eine Dienststrafe nicht für angezeigt, so stellt er das Verfahren ein und teilt dies dem Beschuldigten mit.

(2) Ungeachtet der Einstellung kann der höhere Dienstvorgesetzte wegen desselben Sachverhalts eine Dienststrafe verhängen oder die Einleitungsbehörde das förmliche Dienststrafverfahren einleiten.

§ 23.

Stellt der Dienstvorgesetzte das Verfahren nicht ein, und hält er seine Strafgewalt für ausreichend, so verhängt er die Dienststrafe. Andernfalls führt er die Entscheidung des höheren Dienstvorgesetzten oder der Einleitungsbehörde herbei.

3. Dienststrafverfügung.

§ 24.

(1) Jeder Dienstvorgesetzte ist zu Warnungen und Verweisen gegen die ihm nachgeordneten Beamten befugt.

(2) Geldbußen können verhängen
1. die oberste Dienstbehörde bis zum zulässigen Höchstbetrage (§ 6),
2. die der obersten Dienstbehörde unmittelbar nachgeordneten Dienstvorgesetzten bis zur Hälfte des zulässigen Höchstbetrags,
3. die übrigen Dienstvorgesetzten bis zu einem Viertel des zulässigen Höchstbetrags.

(3) Die oberste Dienstbehörde kann für ihren Geschäftsbereich die Befugnis der im Abs. 2 Nr. 3 bezeichneten Dienstvorgesetzten zur Verhängung von Geldbußen weiter abstufen.

§ 25.

Die Dienststrafe wird durch eine schriftliche, mit Gründen versehene Verfügung verhängt, die dem Beschuldigten zuzustellen oder verhandlungsschriftlich zu eröffnen ist.

§ 26.

(1) Der Beschuldigte kann gegen die Dienststrafverfügung, wenn sie nicht von der obersten Dienstbehörde erlassen ist, innerhalb zweier Wochen nach Zustellung oder Eröffnung schriftlich Beschwerde erheben. Die Beschwerde ist bei dem Dienstvorgesetzten, der die Dienststrafverfügung erlassen hat, einzulegen. Die Frist wird auch gewahrt, wenn während ihres Laufes die Beschwerde bei dem Dienstvorgesetzten eingelegt wird, der über sie zu entscheiden hat.

(2) Der Dienstvorgesetzte, der die Dienststrafverfügung erlassen hat, ist nicht berechtigt, die Dienststrafe aufzuheben oder zu mildern. Er hat die Beschwerde spätestens innerhalb einer Woche dem nächsthöheren Dienstvorgesetzten vorzulegen. Dieser entscheidet.

(3) Gegen die auf die Beschwerde ergehende Entscheidung sind weitere Beschwerden bis an die oberste Dienstbehörde zulässig; die oberste Dienstbehörde kann jedoch den Beschwerdezug durch Verordnung allgemein oder für einzelne Beamtengruppen beschränken. Abs. 1 und 2 gelten sinngemäß.

(4) Die Entscheidung der obersten Dienstbehörde ist in allen diesen Fällen endgültig.

§ 27.

Der höhere Dienstvorgesetzte oder die oberste Dienstbehörde können eine Dienststrafverfügung des nachgeordneten Dienstvorgesetzten, die oberste Dienstbehörde auch eine von ihr selbst erlassene Dienststrafverfügung innerhalb eines Jahres, nachdem sie erlassen ist, aufheben und in der Sache anders entscheiden oder die Einleitung des förmlichen Dienststrafverfahrens veranlassen. Vor der Entscheidung ist der Beschuldigte zu hören. § 26 gilt sinngemäß.

4. Einleitung des förmlichen Dienststrafverfahrens.

§ 28.

Das förmliche Dienststrafverfahren gliedert sich in die Untersuchung und in das Verfahren vor dem Dienststrafgericht. Es wird durch schriftliche Verfügung der Einleitungsbehörde eingeleitet. Die Verfügung wird dem Beschuldigten zugestellt und, wenn dieser Mitglied der Nationalsozialistischen Deutschen Arbeiterpartei ist, dem Stellvertreter des Führers in Abschrift mitgeteilt. Die Einleitung wird mit der Zustellung wirksam.

§ 29.

(1) Einleitungsbehörden sind

a) für Beamte, deren Ernennung sich der Führer und Reichskanzler vorbehalten hat, mit Ausnahme der unter c bezeichneten, die für die Dienstaufsicht zuständigen obersten Reichsbehörden; diese können ihre Befugnis mit Zustimmung des Reichsministers des Innern auf unmittelbar nachgeordnete Behörden übertragen, sie jedoch im Einzelfall wieder an sich ziehen,

b) für andere Beamte, mit Ausnahme der unter c bezeichneten, die für die Ernennung zuständigen Behörden,

c) für Beamte der Gemeinden, Gemeindeverbände und der anderen Körperschaften, Anstalten und Stiftungen des öffentlichen Rechts die Behörden, die der für die Aufsicht zuständige Reichsminister im Benehmen mit dem Reichsminister des Innern bestimmt,

d) für an nichtstaatlichen öffentlichen Schulen tätige beamtete Lehrpersonen, die der staatlichen Bestätigung bedürfen, die Behörden, die der Reichsminister für Wissenschaft, Erziehung und Volksbildung im Einvernehmen mit dem Reichsminister des Innern bestimmt.

Die obersten Reichsbehörden können auch für die unter b bis d genannten, ihrer Aufsicht unterstehenden Beamten die Befugnis der Einleitungsbehörde allgemein oder im Einzelfall an sich ziehen.

(2) Zuständig ist die Einleitungsbehörde, der der Beschuldigte im Zeitpunkt der Einleitung untersteht, bei einem nicht wieder beschäftigten Wartestandsbeamten und bei einem Ruhestandsbeamten die Behörde, die bei seinem Eintritt in den Wartestand oder in den Ruhestand zuständig war; besteht diese Behörde nicht mehr, so bestimmt die oberste Reichsbehörde, welche Behörde zuständig ist. Die Zuständigkeit der Einleitungsbehörde nach Satz 1 wird durch eine Beurlaubung oder Abordnung des Beschuldigten nicht berührt.

§ 30.

(1) Bekleidet ein Beschuldigter mehrere Ämter, die nicht im Verhältnis von Haupt- zu Nebenamt stehen, und beabsichtigt die Einleitungsbehörde, zu deren Geschäftsbereich eines dieser Ämter gehört, ein förmliches Dienststrafverfahren gegen ihn einzuleiten, so teilt sie dies den für die anderen Ämter zuständigen Einleitungsbehörden mit. Ein weiteres Dienststrafverfahren kann gegen den Beschuldigten wegen desselben Sachverhalts nicht eingeleitet werden.

(2) Bekleidet ein Beschuldigter mehrere Ämter, die im Verhältnis von Haupt- zu Nebenamt stehen, so kann nur die für das Hauptamt zuständige

Einleitungsbehörde ein förmliches Dienststrafverfahren gegen ihn einleiten. Abs. 1 Satz 2 gilt entsprechend.

(3) Die Einleitungsbehörde kann Dienststrafverfahren, die sie gegen mehrere Beschuldigte wegen des gleichen Sachverhalts eingeleitet hat, bis zum Eingang der Anschuldigungsschrift bei der Dienststrafkammer (§ 53) durch Verfügung miteinander verbinden und wieder trennen.

(4) Sind mehrere Einleitungsbehörden beteiligt, so entscheiden auf Antrag einer Einleitungsbehörde die zuständigen obersten Dienstbehörden gemeinsam über Verbindung und Trennung der Verfahren und darüber, welche Einleitungsbehörde für den Fortgang des Verfahrens zuständig sein soll.

5. Dienststrafgerichte.

§ 31.

(1) Dienststrafgerichte sind die Dienststrafkammern und der Reichsdienststrafhof.

(2) Die Dienststrafgerichte sind unabhängig und nur dem Gesetz unterworfen.

(3) Die Mitglieder der Dienststrafgerichte üben ihre Tätigkeit in richterlicher Unabhängigkeit aus. Auf den sachlichen Inhalt einer in Ausübung dieser Tätigkeit getroffenen Entscheidung kann ihre Versetzung in den Ruhestand nach § 71 des Deutschen Beamtengesetzes nicht gestützt werden.

a) Dienststrafkammern.

§ 32.

Die Dienststrafkammern werden bei Verwaltungsgerichten gebildet. Der Reichsminister des Innern bestimmt Sitz und Bezirk der Dienststrafkammern; er kann bei einer Dienststrafkammer mehrere Abteilungen bilden; er regelt den Geschäftsgang.

§ 33.

(1) Zuständig ist die Dienststrafkammer, in deren Bezirk der Beschuldigte bei Einleitung des förmlichen Dienststrafverfahrens seinen dienstlichen Wohnsitz hat. Liegt der dienstliche Wohnsitz im Ausland, so ist die Dienststrafkammer in Berlin zuständig; für bestimmte Arten von Beamten im Grenzdienst kann jedoch die oberste Reichsbehörde im Einvernehmen mit dem Reichsminister des Innern die dem dienstlichen Wohnsitz am nächsten liegende Dienststrafkammer als zuständig bezeichnen.

(2) Bei wiederbeschäftigten Wartestandsbeamten ist der Sitz der Behörde, bei anderen Wartestandsbeamten und bei Ruhestandsbeamten der Wohnsitz oder, wenn ein Wohnsitz im Inland nicht besteht, der letzte dienstliche Wohnsitz maßgebend.

§ 34.

Streitigkeiten über die Zuständigkeit von Dienststrafkammern entscheidet auf Antrag einer Dienststrafkammer oder einer anderen am Verfahren beteiligten Behörde der Reichsdienststrafhof durch Beschluß.

§ 35.

(1) Mitglieder der Dienststrafkammer sind der Vorsitzende, seine Stellvertreter, rechtskundige und andere Beisitzer.

(2) Die Mitglieder müssen auf Lebenszeit ernannte Beamte im Alter von mindestens dreißig Jahren sein, die ihren dienstlichen Wohnsitz im Bezirk der Dienststrafkammer haben.

(3) Der Vorsitzende der Dienststrafkammer und seine Stellvertreter müssen planmäßige richterliche Beamte der Verwaltungsgerichtsbarkeit oder der ordentlichen Gerichtsbarkeit sein.

(4) Die rechtskundigen Beisitzer müssen die Befähigung zum höheren Verwaltungsdienst oder zum Richteramt besitzen.

§ 36.

(1) Der Reichsminister des Innern bestellt die Mitglieder der Dienststrafkammer auf drei Jahre; er kann sie bei Ablauf ihrer Amtszeit wiederbestellen.

(2) Wird während der Amtszeit die Bestellung neuer Mitglieder erforderlich, so werden sie nur für den Rest der Amtszeit bestellt.

(3) Die Beteiligung der Nationalsozialistischen Deutschen Arbeiterpartei bei der Auswahl der Mitglieder regelt der Reichsminister des Innern im Einvernehmen mit dem Stellvertreter des Führers.

§ 37.

Die Dienststrafkammer entscheidet mit drei Mitgliedern, dem Vorsitzenden (oder seinem Stellvertreter) und zwei Beisitzern, von denen einer rechtskundig sein muß; einer der Beisitzer soll der Laufbahn und möglichst dem Verwaltungszweig des Beschuldigten angehören.

§ 38.

(1) Der Vorsitzende kann Beisitzern, die sich ohne vorherige Entschuldigung ihren Pflichten entziehen, die dadurch verursachten Auslagen auferlegen. Bei nachträglicher genügender Entschuldigung kann er seine Anordnung ganz oder teilweise aufheben.

(2) Auf Einspruch des Betroffenen entscheidet die Dienststrafkammer endgültig. Der Betroffene darf bei der Entscheidung nicht mitwirken.

§ 39.

Ein Mitglied der Dienststrafkammer, gegen das ein förmliches Dienststrafverfahren oder wegen eines Verbrechens oder vorsätzlichen Vergehens ein Strafverfahren eingeleitet oder dem nach § 6 Abs. 1 des Deutschen Beamtengesetzes die Führung seiner Dienstgeschäfte verboten ist, kann während dieses Verfahrens oder der Dauer des Verbots sein Amt nicht ausüben.

§ 40.

(1) Das Amt eines Mitglieds der Dienststrafkammer erlischt, wenn das Mitglied

1. im Strafverfahren zu einer Freiheitsstrafe oder an Stelle einer Frei-

heitsstrafe zu einer Geldstrafe oder im förmlichen Dienststrafverfahren zu Geldbuße oder einer schwereren Strafe rechtskräftig verurteilt wird,

2. aus der Nationalsozialistischen Deutschen Arbeiterpartei ausgeschlossen oder ausgestoßen wird,
3. in den Wartestand oder in ein Amt außerhalb des Bezirks der Dienststrafkammer versetzt oder als Hochschullehrer entpflichtet wird, oder
4. auf andere Weise aus dem Hauptamt scheidet, das es bei seiner Bestellung bekleidet hat.

(2) Das Amt des Vorsitzenden oder Stellvertreters des Vorsitzenden erlischt ferner, wenn die Voraussetzungen des § 35 Abs. 3 wegfallen.

b) Reichsdienststrafhof.

§ 41.

(1) Der Reichsdienststrafhof wird bei dem Reichsverwaltungsgericht gebildet. Er gliedert sich in Dienststrafsenate. Das Nähere bestimmt der Reichsminister des Innern.

(2) Der Reichsdienststrafhof besteht aus einem Präsidenten, seinen Stellvertretern, richterlichen und anderen Beisitzern.

(3) Der Präsident, seine Stellvertreter und die richterlichen Beisitzer müssen Mitglieder des Reichsverwaltungsgerichts sein.

(4) Die Mitglieder des Reichsdienststrafhofs (Abs. 2) werden vom Führer und Reichskanzler auf drei Jahre bestellt.

(5) Im übrigen gelten § 35 Abs. 2, §§ 36, 38 bis 40 sinngemäß.

§ 42.

(1) Will ein Dienststrafsenat in einer Rechtsfrage von der Entscheidung eines anderen Dienststrafsenats oder des Großen Dienststrafsenats (Abs. 3) abweichen, so hat er die Rechtsfrage unter Begründung seiner Rechtsauffassung an den Großen Dienststrafsenat zu verweisen. Dies gilt nicht, wenn der Senat, von dessen Entscheidung er abweichen will, der Abweichung zustimmt.

(2) Ein Dienststrafsenat kann die Entscheidung des Großen Dienststrafsenats auch in einer Rechtsfrage von grundsätzlicher Bedeutung herbeiführen, wenn nach seiner Auffassung die Fortbildung des Rechts oder die Sicherung einer einheitlichen Rechtsprechung es erfordern. Hält der Vertreter der obersten Dienstbehörde (§ 75 Abs. 1) aus einem solchen Grunde die Entscheidung des Großen Dienststrafsenats für erforderlich, so ist die Sache dem Großen Dienststrafsenat vorzulegen.

(3) Der Große Dienststrafsenat besteht aus dem Präsidenten des Reichsdienststrafhofs, seinen Stellvertretern und je einem richterlichen Mitgliede, das der Vorsitzende jedes Dienststrafsenats von Fall zu Fall zur Mitwirkung in den Großen Dienststrafsenat entsendet.

(4) Bei Stimmengleichheit wird die Stimme des dem Dienstalter nach, bei gleichem Dienstalter der Geburt nach jüngsten Mitglieds nicht mitgezählt; der Berichterstatter hat jedoch immer Stimmrecht.

(5) Die Entscheidung der Rechtsfrage durch den Großen Dienststrafsenat ist in der zu entscheidenden Sache bindend.

§ 43.

Jeder Dienststrafsenat beschließt mit zwei richterlichen Mitgliedern, einschließlich des Vorsitzenden, und einem weiteren Mitglied. Er entscheidet in der Hauptverhandlung mit drei richterlichen Mitgliedern, einschließlich des Vorsitzenden, und zwei weiteren Mitgliedern.

6. Untersuchung.

§ 44.

(1) Die Einleitungsbehörde kann von der Untersuchung absehen, wenn sie den Sachverhalt für aufgeklärt ansieht; sie hat den Beschuldigten davon in Kenntnis zu setzen.

(2) Andernfalls bestellt sie bei oder nach der Einleitung des Verfahrens einen Beamten zum Untersuchungsführer sowie einen weiteren Beamten zu ihrem Vertreter in dem Verfahren und teilt dies dem Beschuldigten mit. Sie kann Hilfsuntersuchungsführer bestellen.

(3) Der Untersuchungsführer ist in der Durchführung der Untersuchung unabhängig und, abgesehen von den Fällen des § 50, an Weisungen nicht gebunden. Sein Amt erlischt aus den gleichen Gründen wie das Amt eines Mitgliedes der Dienststrafkammer nach § 40 Abs. 1 Nr. 1, 2 oder 4. Er kann abberufen werden, wenn die Voraussetzungen des § 40 Abs. 1 Nr. 3 bei ihm eintreten. Über seine Ablehnung entscheidet die Einleitungsbehörde endgültig.

(4) Der Vertreter der Einleitungsbehörde hat ihren Weisungen zu folgen.

§ 45.

(1) Der Untersuchungsführer hat einen Schriftführer zuzuziehen und ihn, wenn er nicht Beamter ist, auf dieses Amt zu vereidigen.

(2) Über die Ablehnung des Schriftführers entscheidet der Untersuchungsführer endgültig.

§ 46.

Der Untersuchungsführer kann Zeugen und Sachverständige eidlich vernehmen. Er kann Beschlagnahmen und Durchsuchungen anordnen und sie durch die dazu sonst berufenen Behörden ausführen lassen. Polizeibehörden und Vertreter der Einleitungsbehörde sind nicht befugt, eine Beschlagnahme oder Durchsuchung im Dienststrafverfahren anzuordnen.

§ 47.

Der Beschuldigte ist zu Beginn der Untersuchung zu laden und, falls er erscheint, zu vernehmen, auch wenn er bereits während der Vorermittlungen gehört worden ist. Ist er aus zwingenden Gründen am Erscheinen verhindert, und hat er dies rechtzeitig mitgeteilt, so ist er erneut zu laden.

§ 48.

(1) Zur Vorbereitung eines Gutachtens über den Geisteszustand des Be-

schuldigten kann die Dienststrafkammer auf Antrag des Untersuchungsführers anordnen, daß der Beschuldigte in eine öffentliche Heil- und Pflegeanstalt gebracht und dort verwahrt und untersucht wird. Der Untersuchungsführer hat den Beschuldigten von dem Antrag in Kenntnis zu setzen. Der Vorsitzende der Dienststrafkammer bestellt von Amts wegen für dieses Untersuchungsverfahren einen Beamten zum Verteidiger und stellt ihm den Beschluß der Dienststrafkammer zu.

(2) Gegen den Beschluß ist Beschwerde zulässig; sie hat aufschiebende Wirkung.

(3) Die Verwahrung in der Anstalt darf nicht länger als sechs Wochen dauern.

§ 49.

(1) Der Beschuldigte kann an den Beweiserhebungen teilnehmen. Er ist zu allen Beweiserhebungen, abgesehen von Beschlagnahmen und Durchsuchungen, zu laden. Der Untersuchungsführer kann den Beschuldigten von der Teilnahme ausschließen, wenn er dies aus besonderen dienstlichen Gründen oder mit Rücksicht auf den Untersuchungszweck für erforderlich hält; der Beschuldigte ist jedoch über das Ergebnis dieser Beweiserhebungen zu unterrichten.

(2) Der Untersuchungsführer soll Beweisanträgen des Beschuldigten stattgeben, soweit sie für die Schuldfrage, das Strafmaß oder für die Gewährung eines Unterhaltsbeitrages (§ 64) von Bedeutung sein können.

(3) Ein Verteidiger ist während der Untersuchung nicht zugelassen.

§ 50.

(1) Der Vertreter der Einleitungsbehörde ist zu allen Beweiserhebungen, abgesehen von Beschlagnahmen und Durchsuchungen, zu laden. Er kann daran teilnehmen, sich aber auch jederzeit durch Einsichtnahme in die Akten über den Stand der Untersuchung unterrichten. Seinen Beweisanträgen muß der Untersuchungsführer stattgeben.

(2) Der Vertreter der Einleitungsbehörde kann beantragen, die Untersuchung auf neue Punkte, die den Verdacht eines Dienstvergehens rechtfertigen, zu erstrecken. Der Untersuchungsführer muß den Anträgen entsprechen; er kann von sich aus die Untersuchung auf neue Punkte ausdehnen, wenn der Vertreter der Einleitungsbehörde zustimmt. Der Untersuchungsführer hat dem Beschuldigten Gelegenheit zu geben, sich auch zu den neuen Anschuldigungen zu äußern.

§ 51.

(1) Hält der Untersuchungsführer das Ziel der Untersuchung für erreicht, so hat er dem Beschuldigten Gelegenheit zu geben, sich abschließend zu äußern. Er kann dem Beschuldigten von dem für das Verfahren erheblichen Inhalt der Personalakten Kenntnis geben und ihm in die sonstigen Akten auch Einsicht gewähren.

(2) Nach der abschließenden Anhörung des Beschuldigten (Abs. 1 Satz 1)

legt der Untersuchungsführer die Akten mit einem zusammenfassenden Bericht der Einleitungsbehörde vor.

§ 52.

(1) Die Einleitungsbehörde muß das förmliche Dienststrafverfahren, solange es noch nicht bei der Dienststrafkammer anhängig ist (§ 53 Abs. 3), einstellen, wenn

1. es nicht rechtswirksam eingeleitet oder sonst unzulässig ist,
2. der Beschuldigte stirbt,
3. der Beschuldigte aus dem Beamtenverhältnis ausscheidet oder entlassen wird,
4. bei einem Ruhestandsbeamten die Folgen einer gerichtlichen Verurteilung oder der Aberkennung der deutschen Staatsangehörigkeit nach § 132 des Deutschen Beamtengesetzes eintreten,
5. der Beschuldigte als Ruhestandsbeamter auf seine Rechte als solcher der obersten Dienstbehörde gegenüber schriftlich verzichtet. Durch einen solchen Verzicht erlöschen die Ansprüche auf Ruhegehalt und Hinterbliebenenversorgung sowie die Befugnis, die Amtsbezeichnung und die im Zusammenhang mit dem früheren Amt verliehenen Titel zu führen und die Uniform zu tragen.

(2) Die Einleitungsbehörde kann das förmliche Dienststrafverfahren, solange es noch nicht bei der Dienststrafkammer anhängig ist (§ 53 Abs. 3), einstellen, wenn sie dies nach dem Ergebnis der Untersuchung oder aus anderen Gründen für angebracht hält; sie kann in diesem Fall auch eine Dienststrafe im Rahmen der ihr nach § 11 Abs. 2, § 24 zustehenden Befugnis verhängen oder, wenn sie ihre Dienststrafgewalt nicht für ausreichend hält, die Entscheidung des höheren Dienstvorgesetzten herbeiführen. Wird eine Dienststrafe verhängt, so können die Kosten des Verfahrens dem Beschuldigten auferlegt werden. Gegenüber einem Ruhestandsbeamten kann die Einleitungsbehörde das Verfahren auch dann einstellen, wenn sie ein Dienstvergehen (§ 12 Satz 2) zwar für erwiesen, die Aberkennung oder die Kürzung des Ruhegehalts aber nicht für gerechtfertigt hält.

(3) In den Fällen des Abs. 1 und des Abs. 2 Satz 1 und 3 gelten § 22 Abs. 2 und § 27 sinngemäß.

(4) Die Einstellungsverfügung ist zu begründen und dem Beschuldigten zuzustellen.

7. Verfahren vor der Dienststrafkammer bis zur Hauptverhandlung.

§ 53.

(1) Der Vertreter der Einleitungsbehörde verfaßt nach ihren Weisungen eine Anschuldigungsschrift und legt sie mit den Akten der Dienststrafkammer vor.

(2) Die Anschuldigungsschrift soll die Tatsachen, in denen ein Dienstvergehen erblickt wird, und die Beweismittel geordnet darstellen. Sie darf

diese Tatsachen zuungunsten des Beschuldigten nur insoweit verwerten, als ihm in der Untersuchung Gelegenheit gegeben worden ist, sich dazu zu äußern.

(3) Mit dem Eingang der Anschuldigungsschrift ist das Verfahren bei der Dienststrafkammer anhängig.

(4) Teilt die Einleitungsbehörde der Dienststrafkammer mit, daß sie neue Anschuldigungspunkte zum Gegenstand der Verhandlung machen wolle, so hat die Dienststrafkammer das Verfahren auszusetzen, bis der Vertreter der Einleitungsbehörde nach Ergänzung der Vorermittlungen oder der Untersuchung einen Nachtrag zur Anschuldigungsschrift vorlegt oder die Fortsetzung des Verfahrens beantragt.

(5) § 48 gilt sinngemäß; eines Antrags bedarf es nicht.

§ 54.

(1) Die Dienststrafkammer kann bei ihr anhängige Dienststrafverfahren in jeder Lage durch Beschluß miteinander verbinden oder wieder trennen.

(2) Der Reichsdienststrafhof kann Dienststrafverfahren, die bei verschiedenen Dienststrafkammern anhängig sind, auf Antrag einer Einleitungsbehörde oder einer beteiligten Dienststrafkammer oder eines Beschuldigten in jeder Lage durch Beschluß miteinander verbinden oder wieder trennen und die zuständige Dienststrafkammer bestimmen.

§ 55.

Der Vorsitzende der Dienststrafkammer stellt dem Beschuldigten eine Ausfertigung der Anschuldigungsschrift und der Nachträge (§ 53 Abs. 4) zu und bestimmt eine Frist, innerhalb deren der Beschuldigte sich schriftlich äußern kann.

§ 56.

(1) Der Beschuldigte kann sich in dem Verfahren vor der Dienststrafkammer der Hilfe eines Verteidigers bedienen. Von Amts wegen wird ein Verteidiger, abgesehen von dem Fall des § 48 Abs. 1 Satz 3, nicht bestellt.

(2) Verteidiger können die bei einem deutschen Gericht zugelassenen Rechtsanwälte und Verwaltungsrechtsräte sowie Rechtslehrer an deutschen Hochschulen sein.

§ 57.

Der Beschuldigte und sein Verteidiger können nach Zustellung der Anschuldigungsschrift die der Dienststrafkammer vorgelegten Akten, mit Ausnahme von Personalakten, einsehen und Abschriften daraus entnehmen. Der Vorsitzende der Dienststrafkammer kann ihnen auch Auszüge aus den Personalakten, soweit diese Belastendes enthalten, vorlegen.

§ 58.

(1) Nach Ablauf der Frist des § 55 setzt der Vorsitzende den Termin zur Hauptverhandlung an und lädt hierzu den Vertreter der Einleitungsbehörde, den Beschuldigten und seinen Verteidiger. Er lädt ferner die Zeugen und Sachverständigen, deren persönliches Erscheinen er für erforderlich hält; ihre

Namen sollen in den Ladungen des Vertreters der Einleitungsbehörde, des Beschuldigten und seines Verteidigers angegeben werden. Ebenso ordnet er die Herbeischaffung anderer Beweismittel an, die er für notwendig hält.

(2) Ist der Beschuldigte Mitglied der Nationalsozialistischen Deutschen Arbeiterpartei, so ist dem Stellvertreter des Führers eine Abschrift der Ladung (Abs. 1 Satz 1) zu übersenden.

(3) Zwischen der Zustellung der Ladung und der Hauptverhandlung muß eine Frist von mindestens einer Woche liegen, wenn der Beschuldigte nicht auf die Einhaltung der Frist verzichtet; es gilt als Verzicht, wenn der Beschuldigte sich auf die Hauptverhandlung eingelassen hat, ohne zu rügen, daß die Frist nicht eingehalten sei. Liegt der dienstliche Wohnsitz oder der Wohnort des Beschuldigten im Ausland, so hat der Vorsitzende die Frist angemessen zu verlängern.

8. Hauptverhandlung.

§ 59.

(1) Die Hauptverhandlung findet statt, auch wenn der Beschuldigte nicht erschienen ist. Er kann sich durch einen Verteidiger vertreten lassen. Der Vorsitzende der Dienststrafkammer kann aber, sofern der Beschuldigte seinen dienstlichen Wohnsitz nicht im Ausland hat, das persönliche Erscheinen des Beschuldigten anordnen und ihm dabei androhen, daß bei seinem Ausbleiben ein Verteidiger zu seiner Vertretung nicht zugelassen werde.

(2) Ist der Beschuldigte vorübergehend verhandlungsunfähig, so kann das Verfahren bis zur Dauer von vier Wochen ausgesetzt werden; ist er aus zwingenden Gründen am Erscheinen verhindert, und hat er dies rechtzeitig mitgeteilt, so ist ein neuer Termin zur Hauptverhandlung anzusetzen.

§ 60.

(1) Die Hauptverhandlung ist nicht öffentlich. Der Reichsminister des Innern und die von ihm ermächtigten Personen sowie Vorgesetzte des Beschuldigten oder von ihnen beauftragte Beamte können der Verhandlung beiwohnen. Der Vorsitzende der Dienststrafkammer kann andere Personen zulassen, wenn ein durch körperliche Gebrechen behinderter Beschuldigter ihrer zur Hilfeleistung bedarf.

(2) Ist der Beschuldigte Mitglied der Nationalsozialistischen Deutschen Arbeiterpartei, so kann der Stellvertreter des Führers einen Beauftragten in die Hauptverhandlung entsenden.

§ 61.

(1) In der Hauptverhandlung trägt ein vom Vorsitzenden aus den Mitgliedern der Dienststrafkammer ernannter Berichterstatter in Abwesenheit der Zeugen das Ergebnis des bisherigen Verfahrens vor. Dabei können Niederschriften über Beweiserhebungen aus dem Dienststrafverfahren oder einem anderen gesetzlich geordneten Verfahren durch Verlesen zum Gegenstand der Hauptverhandlung gemacht werden. Soweit die Personalakten des Beschuldigten Tatsachen enthalten, die für die Gesamtbeurteilung erheb-

lich sein können, sind sie vorzutragen. Ist der Beschuldigte erschienen, so wird er gehört.

(2) Nach Anhörung des Beschuldigten werden die Zeugen und Sachverständigen vernommen, soweit nicht der Beschuldigte und der Vertreter der Einleitungsbehörde auf die Vernehmung verzichten, oder die Dienststrafkammer sie für unerheblich erklärt.

(3) Die Dienststrafkammer kann, wenn sie weitere Beweiserhebungen für erforderlich hält, neue Zeugen oder Sachverständige vernehmen oder eines ihrer Mitglieder damit beauftragen oder eine Behörde darum ersuchen.

(4) Nach Schluß der Beweisaufnahme werden der Vertreter der Einleitungsbehörde, sodann der Beschuldigte und sein Verteidiger gehört. Der Beschuldigte hat das letzte Wort.

§ 62.

(1) Die Dienststrafkammer kann zum Gegenstand der Urteilsfindung nur die Anschuldigungspunkte machen, die in der Anschuldigungsschrift und ihren Nachträgen dem Beschuldigten als Dienstvergehen zur Last gelegt werden.

(2) Die im Dienststrafverfahren oder in einem anderen gesetzlich geordneten Verfahren erhobenen Beweise können der Urteilsfindung zugrunde gelegt werden, soweit sie Gegenstand der Hauptverhandlung waren. Über das Ergebnis der Beweisaufnahme entscheidet die Dienststrafkammer nach ihrer freien Überzeugung, soweit sich nicht aus § 13 Abs. 3 etwas anderes ergibt.

§ 63.

(1) Das Urteil kann nur auf Bestrafung, Freispruch oder Einstellung des Verfahrens lauten.

(2) Auf Freispruch ist zu erkennen, wenn kein Dienstvergehen erwiesen ist.

(3) Die Dienststrafkammer hat das Verfahren einzustellen, wenn die Voraussetzungen des § 52 Abs. 1 vorliegen; vor Beginn der Hauptverhandlung kann sie es in diesen Fällen durch Beschluß einstellen. Sie hat das Verfahren gegen einen Ruhestandsbeamten ferner einzustellen, wenn sie ein Dienstvergehen zwar für erwiesen, die Aberkennung oder die Kürzung des Ruhegehalts aber nicht für gerechtfertigt hält.

§ 64.

(1) Die Dienststrafkammer kann in einem auf Entfernung aus dem Dienst oder auf Aberkennung des Ruhegehalts lautenden Urteil dem Verurteilten einen Unterhaltsbeitrag auf Lebenszeit oder auf bestimmte Zeit bewilligen, wenn besondere Umstände eine mildere Beurteilung zulassen, der Verurteilte nach seiner wirtschaftlichen Lage der Unterstützung bedürftig und ihrer nicht unwürdig erscheint. Der Unterhaltsbeitrag darf für längstens fünf Jahre höchstens fünfundsiebzig vom Hundert und über diesen Zeitraum hinaus höchstens fünfzig vom Hundert des Ruhegehalts betragen, das der Verurteilte in dem Zeitpunkt, in dem das Urteil gefällt wird, erdient hätte oder erdient hatte; er ist nach Hundertteilen dieses Ruhegehalts zu bemessen.

(2) Die Dienststrafkammer kann bestimmen, daß der Unterhaltsbeitrag ganz oder teilweise an Personen, zu deren Unterhalt der Verurteilte gesetzlich verpflichtet ist, gezahlt wird; nach Rechtskraft des Urteils kann dies auch die oberste Dienstbehörde bestimmen.

(3) Die Zahlung des Unterhaltsbeitrages beginnt im Zeitpunkt des Verlustes der Dienst- oder Versorgungsbezüge.

(4) Der Unterhaltsbeitrag erlischt, wenn der Verurteilte wieder zum Beamten ernannt wird. Im übrigen gelten die Vorschriften der §§ 127 bis 129, 132, 134 und 135 des Deutschen Beamtengesetzes sinngemäß; der Verurteilte gilt dabei als Ruhestandsbeamter, der Unterhaltsbeitrag als Ruhegehalt.

§ 65.

(1) Das Urteil wird durch Verlesen der Urteilsformel und Mitteilung der wesentlichen Urteilsgründe verkündet. Es ist schriftlich abzufassen und mit Gründen zu versehen. Hat die Dienststrafkammer eine Vernehmung nach § 61 Abs. 2 für unerheblich erklärt, so ist dies zu begründen. Hat die Dienststrafkammer einen Unterhaltsbeitrag nach § 64 bewilligt, so sind die Gründe hierfür anzugeben.

(2) Die Mitglieder der Dienststrafkammer, die bei der Entscheidung mitgewirkt haben, sollen das Urteil unterschreiben.

(3) Dem Beschuldigten, dem Vertreter der Einleitungsbehörde und, wenn der Beschuldigte Mitglied der Nationalsozialistischen Deutschen Arbeiterpartei ist, auch dem Stellvertreter des Führers sind Ausfertigungen des Urteils mit Gründen zuzustellen.

9. Rechtsmittel im förmlichen Dienststrafverfahren.

a) Beschwerde.

§ 66.

(1) Gegen nicht endgültige Beschlüsse der Dienststrafkammer ist die Beschwerde an den Reichsdienststrafhof zulässig, gegen Entscheidungen, die der Urteilsfällung vorausgehen, jedoch nur, soweit sie eine Beschlagnahme oder Durchsuchung, eine Straffestsetzung oder eine dritte Person betreffen.

(2) Die Beschwerde ist bei der Dienststrafkammer innerhalb von zwei Wochen seit Bekanntgabe der Entscheidung einzulegen; die Beschwerdefrist wird jedoch auch gewahrt, wenn während ihres Laufes die Beschwerde beim Reichsdienststrafhof eingelegt wird.

(3) Die Dienststrafkammer kann der Beschwerde abhelfen. Andernfalls entscheidet der Reichsdienststrafhof durch Beschluß endgültig.

b) Berufung.

§ 67.

(1) Gegen das Urteil der Dienststrafkammer ist innerhalb zweier Wochen nach seiner Zustellung Berufung an den Reichsdienststrafhof zulässig. Liegt der dienstliche Wohnsitz oder der Wohnort des Beschuldigten im Ausland, so

hat der Vorsitzende der Dienststrafkammer die Berufungsfrist durch eine Verfügung, die zugleich mit dem Urteil zuzustellen ist, angemessen zu verlängern.

(2) Die Kostenentscheidung allein kann nicht angefochten werden.

§ 68.

Die Berufung ist bei der Dienststrafkammer schriftlich oder durch schriftlich aufzunehmende Erklärung vor der Geschäftsstelle einzulegen. Die Berufungsfrist wird auch gewahrt, wenn während ihres Laufes die Berufung beim Reichsdienststrafhof eingelegt wird.

§ 69.

(1) Spätestens innerhalb zweier weiterer Wochen nach Ablauf der Berufungsfrist ist die Berufung zu begründen; § 67 Abs. 1 Satz 2 und § 68 gelten sinngemäß.

(2) In der Begründung ist anzugeben, inwieweit das Urteil angefochten wird, welche Änderungen des Urteils beantragt und wie diese Anträge begründet werden.

(3) Neue Tatsachen und Beweismittel, die nach Ablauf der Frist des Abs. 1 vorgebracht werden, braucht das Dienststrafgericht nur zuzulassen, wenn sie nach der Berufungsbegründung entstanden sind oder ihr verspätetes Vorbringen nach der freien Überzeugung des Dienststrafgerichts nicht auf einem Verschulden dessen, der sie geltend macht, beruht.

§ 70.

(1) Der Vorsitzende der Dienststrafkammer verwirft die Berufung als unzulässig, wenn sie sich nur gegen die Kostenentscheidung richtet oder verspätet eingelegt oder nicht rechtzeitig begründet worden ist. Die Entscheidung ist zuzustellen.

(2) Innerhalb zweier Wochen nach der Zustellung kann die Entscheidung der Dienststrafkammer beantragt werden; § 67 Abs. 1 Satz 2 gilt sinngemäß. Die Dienststrafkammer entscheidet über die Zulässigkeit der Berufung durch Beschluß.

§ 71.

(1) Wird die Berufung nicht als unzulässig verworfen, so werden die Berufungsschrift und die Berufungsbegründung dem Vertreter der Einleitungsbehörde oder, wenn dieser die Berufung eingelegt hat, dem Beschuldigten in Abschrift zugestellt.

(2) Die Berufung kann innerhalb zweier Wochen nach der Zustellung schriftlich beantwortet werden; § 67 Abs. 1 Satz 2 gilt sinngemäß.

§ 72.

(1) Nach Ablauf der Frist des § 71 Abs. 2 werden die Akten dem Reichsdienststrafhof übersandt.

(2) Der Vorsitzende des Dienststrafsenats beraumt entweder die Hauptverhandlung an oder überweist die Sache dem Senat zum Beschluß (§ 73).

§ 73.

(1) Der Reichsdienststrafhof kann durch Beschluß

1. die Berufung aus den Gründen des § 70 Abs. 1 Satz 1 als unzulässig verwerfen,
2. die Berufung als offensichtlich unbegründet zurückweisen,
3. das Urteil aufheben und die Sache an eine Dienststrafkammer zur nochmaligen Verhandlung und Entscheidung zurückverweisen, wenn er weitere Aufklärungen für erforderlich hält, oder wenn schwere Mängel des Verfahrens vorliegen,
4. die Sache zur Hauptverhandlung verweisen.

Für die Einstellung des Verfahrens gilt § 63 Abs. 3 sinngemäß.

(2) Vor der Beschlußfassung in den Fällen des Abs. 1 Nr. 1 bis 3 ist, wenn der Beschuldigte Berufung eingelegt hat, dem Vertreter der Einleitungsbehörde und, wenn dieser Berufung eingelegt hat, dem Beschuldigten Gelegenheit zur Äußerung zu geben.

(3) Die Beschlüsse sind unanfechtbar; sie sind, außer im Fall des Abs. 1 Nr. 4, schriftlich abzufassen, mit Gründen zu versehen und dem Beschuldigten sowie dem Vertreter der Einleitungsbehörde zuzustellen.

§ 74.

Soweit der Reichsdienststrafhof die Berufung für zulässig und für begründet hält, hat er das Urteil der Dienststrafkammer aufzuheben und, wenn er nicht nach § 73 Abs. 1 Nr. 3 verfährt, in der Sache selbst zu entscheiden.

§ 75.

(1) Im Verfahren vor dem Reichsdienststrafhof tritt an die Stelle des Vertreters der Einleitungsbehörde ein Vertreter der obersten Dienstbehörde. Im übrigen gelten, soweit die §§ 72 bis 74 nichts anderes vorschreiben, die Vorschriften über das Verfahren vor der Dienststrafkammer sinngemäß. Von dem Verlesen von Niederschriften (§ 61 Abs. 1 Satz 2) kann jedoch abgesehen werden, wenn der Beschuldigte, sein Verteidiger und der Vertreter der obersten Dienstbehörde darauf verzichten.

(2) Der Reichsdienststrafhof entscheidet mit einfacher Stimmenmehrheit.

c) Rechtskraft.

§ 76.

(1) Die Entscheidungen der Dienststrafkammer werden mit Ablauf der Rechtsmittelfrist rechtskräftig, wenn kein Rechtsmittel eingelegt ist. Wird auf Rechtsmittel verzichtet oder ein Rechtsmittel zurückgenommen, so ist der Zeitpunkt maßgebend, in dem die Erklärung des Verzichts oder der Zurücknahme dem Dienststrafgericht zugeht.

(2) Endgültige Entscheidungen der Dienststrafkammer werden mit ihrer Bekanntgabe rechtskräftig.

§ 77.

Die Beschlüsse des Reichsdienststrafhofs werden mit der Zustellung, seine Urteile mit der Verkündung rechtskräftig.

10. Vorläufige Dienstenthebung.

§ 78.

Die Einleitungsbehörde kann einen Beamten vorläufig des Dienstes entheben, wenn das förmliche Dienststrafverfahren gegen ihn eingeleitet wird oder eingeleitet worden ist.

§ 79.

(1) Die Einleitungsbehörde kann gleichzeitig mit der vorläufigen Dienstenthebung oder später anordnen, daß dem Beamten ein Teil, höchstens die Hälfte, der jeweiligen Dienstbezüge einbehalten wird, wenn im Dienststrafverfahren voraussichtlich auf Entfernung aus dem Dienst oder Aberkennung des Ruhegehalts erkannt werden wird.

(2) Ist in einem auf Entfernung aus dem Dienst lautenden, noch nicht rechtskräftigen Urteil ein Unterhaltsbeitrag bewilligt worden, so ist dem Beamten mindestens ein dem Betrage des Unterhaltsbeitrages entsprechender Teil der Dienstbezüge zu belassen.

(3) Die Einleitungsbehörde kann bei Wartestands- und Ruhestandsbeamten gleichzeitig mit der Einleitung des förmlichen Dienststrafverfahrens oder später anordnen, daß ein Teil, höchstens ein Drittel, des Wartegeldes oder Ruhegehalts einbehalten wird. Abs. 2 gilt sinngemäß.

§ 80.

(1) Bekleidet der Beschuldigte mehrere Ämter, die im Verhältnis von Haupt- zu Nebenamt stehen, so ist zur Anordnung der vorläufigen Dienstenthebung und der Einbehaltung der Dienstbezüge nur die für das Hauptamt zuständige Einleitungsbehörde befugt.

(2) Die vorläufige Dienstenthebung und die Einbehaltung der Dienstbezüge erstrecken sich auf alle Ämter, die der Beamte bekleidet, soweit sich aus § 112 Abs. 6 nichts anderes ergibt.

§ 81.

(1) Die Einleitungsbehörde kann die nach § 78 und nach § 79 getroffenen Anordnungen jederzeit aufheben.

(2) Mit dem rechtskräftigen Abschluß des Dienststrafverfahrens enden die Anordnungen kraft Gesetzes.

§ 82.

(1) Die nach § 79 einbehaltenen Beträge verfallen, wenn

1. im Dienststrafverfahren auf Entfernung aus dem Dienst oder auf Aberkennung des Ruhegehalts oder
2. in einem wegen desselben Sachverhalts eingeleiteten Strafverfahren auf eine mit Amts- oder Ruhegehaltsverlust verbundene Strafe erkannt oder

3. das Dienststrafverfahren aus den Gründen des § 52 Abs. 1 Nr. 3 bis 5 eingestellt worden ist und die Einleitungsbehörde festgestellt hat, daß nach dem Ergebnis der Untersuchung Entfernung aus dem Dienst oder Aberkennung des Ruhegehalts gerechtfertigt gewesen wäre, oder
4. das Dienststrafverfahren auf Grund des § 52 Abs. 1 Nr. 1 eingestellt worden ist und ein innerhalb dreier Monate nach der Einstellung wegen desselben Dienstvergehens eingeleitetes neues Verfahren zur Entfernung aus dem Dienst oder zur Aberkennung des Ruhegehalts geführt hat.

(2) Die einbehaltenen Beträge sind nachzuzahlen, wenn das Dienststrafverfahren auf andere Weise rechtskräftig abgeschlossen oder von der Einleitungsbehörde eingestellt wird. Die Kosten des Strafverfahrens und des Dienststrafverfahrens, soweit der Verurteilte sie zu tragen hat, und eine ihm auferlegte Geldbuße können von den nachzuzahlenden Beträgen abgezogen werden.

Abschnitt IV.

Wiederaufnahme des Dienststrafverfahrens.

1. Zulässigkeit der Wiederaufnahme.

§ 83.

(1) Die Wiederaufnahme des Verfahrens ist nur zulässig gegenüber der rechtskräftigen Entscheidung eines Dienststrafgerichts,

a) in der auf Entfernung aus dem Dienst oder auf Aberkennung des Ruhegehalts erkannt ist, mit dem Ziel einer Aufhebung oder Milderung des Urteils, oder

b) in der nicht auf Entfernung aus dem Dienst oder auf Aberkennung des Ruhegehalts erkannt ist, mit dem Ziel, ein auf eine dieser Strafen lautendes Urteil herbeizuführen,

wenn

1. Tatsachen oder Beweismittel beigebracht werden, die erheblich und neu sind — als erheblich sind sie anzusehen, wenn sie allein oder in Verbindung mit den früher gemachten Feststellungen eine andere Entscheidung zu begründen geeignet sind; als neu sind Tatsachen und Beweismittel anzusehen, die dem Dienststrafgericht bei seiner Entscheidung noch nicht bekannt waren und von denen der Antragsteller nachweist oder glaubhaft macht, daß er sie nicht schon früher geltend machen konnte —,
2. die Entscheidung auf dem Inhalt einer fälschlich angefertigten oder verfälschten Urkunde oder auf einem Zeugnis oder Gutachten beruht, das vorsätzlich oder fahrlässig falsch abgegeben worden ist,
3. ein gerichtliches Urteil, auf dessen tatsächlichen Feststellungen das Dienststrafurteil beruht, durch ein anderes rechtskräftiges Urteil aufgehoben worden ist,

4. der Beschuldigte nachträglich ein Dienstvergehen glaubhaft eingestanden hat, das in dem ersten Verfahren nicht festgestellt werden konnte,
5. ein Dienststrafrichter, der bei der Entscheidung mitgewirkt hat, sich in der Sache einer strafbaren Verletzung seiner Amtspflicht schuldig gemacht hat,
6. bei der Entscheidung des Reichsdienststrafhofs ein Mitglied mitgewirkt hat, das von der Ausübung des Richteramts kraft Gesetzes ausgeschlossen war, es sei denn, daß die Gründe für einen gesetzlichen Ausschluß bereits erfolglos geltend gemacht worden waren.

(2) Die Wiederaufnahme ist auch zulässig, wenn eine Strafe verhängt worden ist, die nach Art oder Höhe im Gesetz nicht vorgesehen war.

§ 84.

Die Wiederaufnahme des Verfahrens nach § 83 Abs. 1 Nr. 2 und 5 ist nur zulässig, wenn wegen der behaupteten Handlung eine rechtskräftige Verurteilung erfolgt ist, oder wenn ein strafgerichtliches Verfahren aus anderen Gründen als wegen Mangels an Beweisen nicht eingeleitet oder nicht durchgeführt werden kann.

§ 85.

Die Wiederaufnahme des Verfahrens ist unzulässig, wenn nach dem Dienststrafurteil ein strafgerichtliches Urteil ergangen ist,

1. das sich auf dieselben Tatsachen gründet und sie ebenso würdigt, solange dieses Urteil nicht rechtskräftig aufgehoben ist
2. durch das der Verurteilte sein Amt oder sein Ruhegehalt verloren hat oder es verloren hätte, wenn er noch im Dienst gewesen wäre oder Ruhegehalt bezogen hätte.

2. Verfahren.

§ 86.

(1) Zur Wiederaufnahme des Verfahrens bedarf es eines Antrages. Antragsberechtigt sind

1. der Verurteilte und sein gesetzlicher Vertreter, nach seinem Tode sein Ehegatte, seine Verwandten auf- und absteigender Linie und seine Geschwister
2. die Einleitungsbehörde. Besteht die Einleitungsbehörde nicht mehr, so bestimmt die oberste Reichsbehörde eine Behörde, die ihre Befugnisse ausübt.

(2) Der Antrag ist schriftlich bei dem Dienststrafgericht, dessen Entscheidung angefochten wird, einzureichen. Er muß den gesetzlichen Grund der Wiederaufnahme und die Beweismittel bezeichnen.

(3) Die im Abs. 1 Nr. 1 genannten Personen können sich eines Verteidigers (§ 56 Abs. 2) bedienen.

§ 87.

Über die Zulassung des Antrags entscheidet das Dienststrafgericht, dessen Entscheidung angefochten wird. Es kann dazu erforderlichenfalls Ermittlungen anstellen.

§ 88.

(1) Das Dienststrafgericht (§ 87) verwirft den Antrag durch Beschluß, wenn es die gesetzlichen Voraussetzungen für die Zulassung des Antrags nicht für gegeben oder den Antrag für offensichtlich unbegründet hält.

(2) Der Beschluß ist dem Antragsteller zuzustellen.

(3) Gegen einen nach Abs. 1 ergehenden Beschluß der Dienststrafkammer ist die Beschwerde zulässig.

§ 89.

(1) Verwirft das Dienststrafgericht den Antrag nicht, so beschließt es die Wiederaufnahme des Verfahrens. Dieser Beschluß berührt das angefochtene Urteil nicht.

(2) Für das weitere Verfahren ist die Dienststrafkammer zuständig, die in dem früheren Verfahren im ersten Rechtszug entschieden hat, im Fall des § 83 Abs. 1 Nr. 6 der Reichsdienststrafhof.

(3) Hat das Dienststrafgericht die Wiederaufnahme des Verfahrens beschlossen, so gelten in den Fällen des § 83 Abs. 1b die §§ 78 bis 82 sinngemäß.

§ 90.

(1) Der Vorsitzende des nach § 89 Abs. 2 zuständigen Dienststrafgerichts hat der Einleitungsbehörde oder, wenn diese die Wiederaufnahme des Verfahrens beantragt hat, dem Verurteilten oder den anderen im § 86 Abs. 1 Nr. 1 genannten Personen den Antrag und den nach § 89 Abs. 1 ergangenen Beschluß zuzustellen und ihnen dabei eine angemessene Frist zur Erklärung zu bestimmen.

(2) Der Vorsitzende oder ein von ihm beauftragtes Mitglied des Dienststrafgerichts nimmt die erforderlichen Ermittlungen vor, um den Sachverhalt aufzuklären. Dabei gelten sinngemäß die Vorschriften über die Untersuchung mit Ausnahme des § 49 Abs. 3.

(3) Die Einleitungsbehörde, für das Verfahren vor dem Reichsdienststrafhof die oberste Dienstbehörde, ernennt einen Beamten zu ihrem Vertreter in dem Verfahren.

§ 91.

(1) Nach Ablauf der Frist des § 90 Abs. 1 kann das Dienststrafgericht auf Antrag der Einleitungsbehörde ohne neue mündliche Verhandlung die frühere Entscheidung aufheben und auf Freisprechung erkennen. Diese Entscheidung ist endgültig.

(2) Andernfalls bringt es die Sache zur Hauptverhandlung. Für diese gelten die §§ 58 bis 62 und § 65 sinngemäß.

§ 92.

(1) In der Hauptverhandlung kann das Dienststrafgericht die frühere Entscheidung entweder aufrechterhalten oder aufheben und anders entscheiden; diese Entscheidung kann auch ergehen, wenn das Beamtenverhältnis des Verurteilten nicht mehr besteht.

(2) Gegen eine nach Abs. 1 ergehende Entscheidung der Dienststrafkammer ist Berufung zulässig.

3. Ausschluß von Dienststrafrichtern.

§ 93.

(1) Ein Dienststrafrichter, der im früheren Verfahren an der den ersten oder zweiten Rechtzug abschließenden Entscheidung mitgewirkt hat, ist von der Mitwirkung im Wiederaufnahmeverfahren ausgeschlossen.

(2) Ein Beamter, der im früheren Verfahren als Untersuchungsführer oder als Vertreter der Einleitungsbehörde (Vertreter der Anklage) mitgewirkt hat, darf im Wiederaufnahmeverfahren nicht tätig werden.

4. Entschädigung unschuldig Verurteilter.

§ 94.

Wird ein zur Entfernung aus dem Dienst oder zur Aberkennung des Ruhegehalts Verurteilter im Wiederaufnahmeverfahren nicht ebenso bestraft, so gilt § 55 des Deutschen Beamtengesetzes sinngemäß.

§ 95.

(1) Der Verurteilte und die Personen, zu deren Unterhalt er gesetzlich verpflichtet ist, können über die Bezüge nach § 94 hinaus auf Grund entsprechender Anwendung des Gesetzes, betreffend die Entschädigung der im Wiederaufnahmeverfahren freigesprochenen Personen, vom 20. Mai 1898 (Reichsgesetzbl. S. 345) Ersatz des sonstigen Schadens vom Reiche verlangen.

(2) Der Anspruch auf Entschädigung ist zur Vermeidung seines Verlustes innerhalb dreier Monate nach rechtskräftigem Abschluß des Wiederaufnahmeverfahrens bei der obersten Dienstbehörde zu verfolgen. Ihre Entscheidung ist dem Berechtigten zuzustellen. Lehnt sie den Anspruch ab, so gelten für seine Weiterverfolgung die §§ 142 bis 147 des Deutschen Beamtengesetzes.

5. Entziehung des Unterhaltsbeitrages.

§ 96.

Auf Antrag der obersten Dienstbehörde kann die Dienststrafkammer beschließen, daß ein nach § 64 bewilligter Unterhaltsbeitrag herabgesetzt oder ganz entzogen wird, wenn sich nachträglich herausstellt, daß der Bedachte des Unterhaltsbeitrages unwürdig war, oder wenn er sich dessen als unwürdig erweist oder wenn sich seine wirtschaftlichen Verhältnisse wesentlich gebessert haben. Die Dienststrafkammer kann, wenn sie Beweiserhebungen für erforderlich hält, eines ihrer Mitglieder damit beauftragen oder eine Behörde darum ersuchen. Dem Bedachten ist Gelegenheit zur Äußerung zu geben. Wegen der Kosten gelten die §§ 98, 100 und 101 sinngemäß.

Abschnitt V.

Kosten des Dienststrafverfahrens.

§ 97.

(1) Der Dienstvorgesetzte kann einem Beamten, gegen den er eine Dienststrafe verhängt hat, die durch die Ermittlungen entstandenen Kosten ganz oder teilweise auferlegen. Sie können von den Dienstbezügen abgezogen werden, auch soweit diese nicht pfändbar sind. Sie fließen dem unmittelbaren Dienstherrn zu.

(2) Kosten, die nicht nach Abs. 1 von dem Beamten zu erstatten sind, fallen dem unmittelbaren Dienstherrn zur Last.

§ 98.

(1) Der Beschuldigte, der im Dienststrafverfahren verurteilt wird, ist zugleich für schuldig zu erklären, die in dem gesamten Verfahren entstandenen Kosten ganz oder teilweise zu tragen.

(2) Dasselbe gilt, wenn das förmliche Dienststrafverfahren aus den Gründen des § 52 Abs. 1 Nr. 3 bis 5 und Abs. 2 Satz 3 eingestellt wird und nach dem Ergebnis der Untersuchung die Verhängung einer Dienststrafe gerechtfertigt gewesen wäre.

§ 99.

(1) Der Beschuldigte, der ein Rechtsmittel zurückgenommen oder erfolglos eingelegt hat, ist für schuldig zu erklären, die durch den Gebrauch dieses Rechtsmittels entstandenen Kosten zu tragen. Hatte das Rechtsmittel teilweise Erfolg, so kann das Dienststrafgericht dem Beschuldigten einen angemessenen Teil dieser Kosten auferlegen.

(2) Diese Vorschriften gelten sinngemäß für die Kosten, die durch einen Antrag auf Wiederaufnahme des Verfahrens entstanden sind.

§ 100.

(1) Die dem Beschuldigten erwachsenen notwendigen Auslagen können dem Reich ganz oder teilweise auferlegt werden, wenn der Beschuldigte freigesprochen oder das förmliche Dienststrafverfahren aus anderen als den im § 98 Abs. 2 bezeichneten Gründen eingestellt wird. Sie sind dem Reich aufzuerlegen, wenn der Vertreter der Einleitungsbehörde ein Rechtsmittel zurückgenommen oder erfolglos eingelegt hat.

(2) Kosten der Verteidigung trägt das Reich nur, wenn sie ihm ausdrücklich auferlegt worden sind. Dies gilt auch für das Wiederaufnahmeverfahren.

§ 101.

(1) Jede Entscheidung in der Hauptsache muß bestimmen, wer die Kosten des Verfahrens zu tragen hat.

(2) Die Kosten, zu deren Tragung der Beschuldigte verurteilt worden ist, und die dem Reich auferlegten Kosten sind durch die Geschäftsstelle der

Dienststrafkammer festzusetzen. Auf Beschwerde gegen die Festsetzung entscheidet die Dienststrafkammer endgültig. § 97 Abs. 1 Satz 2 gilt sinngemäß.

(3) Die im förmlichen Dienststrafverfahren festgesetzten Kosten fließen dem Reiche zu, auch soweit sie bei den Vorermittlungen entstanden sind.

Abschnitt VI.

Vollstreckung, Begnadigung.

§ 102.

(1) Entfernung aus dem Dienst und Aberkennung des Ruhegehalts werden mit der Rechtskraft des Urteils wirksam. Ein auf Entfernung aus dem Dienst lautendes Urteils gilt, wenn der Verurteilte vor Eintritt der Rechtskraft in den Ruhestand tritt, als Urteil auf Aberkennung des Ruhegehalts, ein auf Gehaltskürzung lautendes Urteil sinngemäß als Urteil auf Kürzung des Ruhegehalts.

(2) Warnung und Verweis gelten, wenn sie durch Dienststrafverfügung verhängt werden, mit deren Zustellung oder Eröffnung, wenn sie durch Urteil verhängt werden, mit der Rechtskraft als vollstreckt.

(3) Geldbuße, Gehaltskürzung und Kürzung des Ruhegehalts vollstreckt der Dienstvorgesetzte; bei Ruhestandsbeamten gilt § 21 Abs. 4. Die Durchführungsvorschriften bestimmen, wie die Kürzung der Dienstbezüge bei Beamten, die Gebühren beziehen, vollstreckt wird.

(4) Die Geldbuße kann von den Dienstbezügen abgezogen werden, auch soweit diese nicht pfändbar sind.

(5) Geldbußen, die der Dienstvorgesetzte verhängt, fließen dem unmittelbaren Dienstherrn des Beamten zu. Geldbußen, die durch Urteil verhängt werden, sind an das Reich abzuführen.

§ 103.

Die Durchführungsvorschriften bestimmen, in welcher Weise Geldbeträge (§§ 38, 97, 101, 102 Abs. 4) beigetrieben werden.

§ 104.

(1) Dem Führer und Reichskanzler steht das Gnadenrecht in Dienststrafsachen für alle Beamten zu. Er übt es selbst aus oder überträgt die Ausübung anderen Stellen.

(2) Wird die Strafe der Entfernung aus dem Dienst im Gnadenwege aufgehoben, so gilt § 54 Abs. 2 des Deutschen Beamtengesetzes sinngemäß.

Abschnitt VII.

Verfahren bei Fernbleiben vom Dienst.

§ 105.

(1) Im Fall des § 17 Abs. 2 des Deutschen Beamtengesetzes ist der Antrag des Beamten auf Entscheidung der Dienststrafkammer schriftlich bei dem

Dienstvorgesetzten einzureichen und zu begründen. Der Dienstvorgesetzte legt den Antrag mit seiner Stellungnahme der Dienststrafkammer vor.

(2) Die Dienststrafkammer entscheidet ohne mündliche Verhandlung endgültig. Sie kann Beweise wie im förmlichen Dienststrafverfahren erheben. Wegen der Kosten gelten die §§ 99 bis 101 sinngemäß.

(3) Unbeschadet der Feststellung nach § 17 Abs. 2 Satz 2 des Deutschen Beamtengesetzes kann der Dienstvorgesetzte eine Dienststrafe verhängen oder die Einleitungsbehörde das förmliche Dienststrafverfahren einleiten. Im letzteren Fall kann die Dienststrafkammer die beiden Verfahren miteinander verbinden.

§ 106.

Wird der Beamte vorläufig des Dienstes enthoben (§ 78), während er ohne Urlaub schuldhaft dem Dienst fernbleibt, so dauert der Verlust der Dienstbezüge fort, bis der Dienstvorgesetzte feststellt, daß der Beamte seine Amtsgeschäfte aufgenommen hätte, wenn er hieran nicht durch die vorläufige Dienstenthebung gehindert worden wäre.

Abschnitt VIII.

Verfahren gegen Beamte auf Widerruf.

§ 107.

Gegen einen Beamten auf Widerruf, der eines Dienstvergehens beschuldigt wird, findet ein förmliches Dienststrafverfahren nicht statt. Die Behörde, die nach § 29 zur Einleitung eines förmlichen Dienststrafverfahrens zuständig wäre, kann einen Beamten mit der Untersuchung beauftragen; dieser Beamte hat die Rechte und Pflichten eines Untersuchungsführers. Wird eine Untersuchung angeordnet, so gelten die Vorschriften der §§ 78 bis 82 sinngemäß.

Abschnitt IX.

Besondere Vorschriften.

1. Für richterliche Beamte.

§ 108.

Im förmlichen Dienststrafverfahren gegen richterliche Beamte gilt folgendes:

1. An Stelle der Einleitungsbehörde entscheidet die Dienststrafkammer auf Antrag oder nach Anhörung des Vertreters der Einleitungsbehörde über die vorläufige Dienstenthebung und über die Einbehaltung von Dienstbezügen sowie über die Aufhebung dieser Anordnungen. Gegen die Entscheidung der Dienststrafkammer ist die Beschwerde an das Dienststrafgericht des zweiten Rechtszuges zulässig.
2. Sämtliche Beisitzer der Dienststrafkammer und des Dienststrafgerichts des zweiten Rechtszuges müssen planmäßige richterliche Beamte der Verwaltungsgerichtsbarkeit oder der ordentlichen Gerichtsbarkeit sein.

2. Für Beamte der Reichsjustizverwaltung.

§ 109.

(1) Für das förmliche Dienststrafverfahren gegen Beamte der Reichsjustizverwaltung — mit Ausnahme der Mitglieder des Reichsgerichts — wegen Dienstvergehen, die in oder bei Ausübung der Rechtspflege begangen sind, gilt folgendes:

1. a) Dienststrafgericht des ersten Rechtszuges ist die Dienststrafkammer, die bei jedem Oberlandesgericht für seinen Bezirk errichtet wird. Sie entscheidet mit einem Vorsitzenden und zwei Beisitzern, von denen wenigstens einer ein im Bezirk des Oberlandesgerichts planmäßig angestellter Richter der ordentlichen Gerichtsbarkeit sein muß. Im Verfahren gegen einen Richter müssen beide Beisitzer solche Richter sein.
   b) Vorsitzender der Dienststrafkammer ist der Präsident des Oberlandesgerichts. In Fällen der Behinderung vertritt ihn sein ständiger Vertreter. Ist auch der Vertreter behindert, so führt der dem Dienstalter nach, bei gleichem Dienstalter der dem Lebensalter nach älteste richterliche Beisitzer den Vorsitz.
2. a) Als Dienststrafgericht des zweiten Rechtszuges wird ein Dienststrafsenat beim Reichsgericht gebildet. Er entscheidet mit einem Vorsitzenden und vier Beisitzern, von denen wenigstens zwei planmäßig angestellte Richter der ordentlichen Gerichtsbarkeit sein müssen. Im Verfahren gegen einen Richter müssen sämtliche Beisitzer solche Richter sein.
   b) Vorsitzender des Dienststrafsenats ist der Reichsgerichtspräsident. In Fällen der Behinderung vertritt ihn sein ständiger Vertreter. Ist auch dieser behindert, so führt der dem Dienstalter nach, bei gleichem Dienstalter der dem Lebensalter nach älteste richterliche Beisitzer den Vorsitz.
3. Die Mitglieder des Dienststrafsenats bestellt der Führer und Reichskanzler, die Mitglieder der Dienststrafkammern der Reichsminister der Justiz, soweit sie nicht durch Nr. 1b und 2b gesetzlich bestimmt sind, auf drei Jahre. § 36 Abs. 3 gilt sinngemäß.
4. Der Reichsminister der Justiz regelt den Geschäftsgang der Dienststrafkammern und des Dienststrafsenats. Er übt für diese Gerichte die sonst dem Reichsminister des Innern zustehenden Befugnisse aus.
5. Die Aufgaben des Vertreters der Einleitungsbehörde werden von der Staatsanwaltschaft beim Oberlandesgericht, die Aufgaben des Vertreters der obersten Dienstbehörde von der Reichsanwaltschaft wahrgenommen.

(2) Die Einleitungsbehörde entscheidet, ob die Anschuldigung ein Dienstvergehen im Sinne des Abs. 1 Satz 1 betrifft. Liegt nach der Entscheidung der Einleitungsbehörde der Anschuldigung ein Sachverhalt zugrunde, der

ganz oder auch nur zum Teil die Voraussetzung des Abs. 1 Satz 1 erfüllt, so sind die im Abs. 1 bezeichneten Dienststrafgerichte zuständig.

3. Für Mitglieder des Reichsgerichts, des Reichsverwaltungsgerichts, des Reichsfinanzhofs, des Reichserbhofgerichts und des Rechnungshofs des Deutschen Reichs.

§ 110.

(1) Für das förmliche Dienststrafverfahren gegen ein Mitglied des Reichsgerichts, des Reichsverwaltungsgerichts, des Reichsfinanzhofs, des Reichserbhofgerichts, ein hauptamtliches Mitglied des Volksgerichtshofs oder gegen ein nach § 121 Abs. 1 Satz 1 der Reichshaushaltsordnung unabhängiges Mitglied des Rechnungshofs des Deutschen Reichs wird ein besonderer Dienststrafsenat beim Reichsgericht gebildet. Er entscheidet mit einem Vorsitzenden und sechs richterlichen Beisitzern.

(2) Vorsitzender ist der Reichsgerichtspräsident. Für seine Vertretung gilt § 109 Abs. 1 Nr. 2b.

(3) Von den richterlichen Beisitzern müssen je zwei als richterliche Beisitzer dem Reichsdienststrafhof und dem beim Reichsgericht nach § 109 Abs. 1 Nr. 2 gebildeten Dienststrafsenat angehören. Die übrigen beiden Beisitzer müssen Mitglieder der Behörde sein, der der Beschuldigte angehört.

(4) Die richterlichen Beisitzer werden vom Führer und Reichskanzler auf drei Jahre bestellt.

(5) Der Dienststrafsenat entscheidet endgültig.

(6) Die Aufgaben des Vertreters der Einleitungsbehörde werden von der Reichsanwaltschaft wahrgenommen.

4. Für Beamte der uniformierten staatlichen Vollzugspolizei.

§ 111.

Der Reichsminister des Innern bestimmt, welche Vorgesetzten der uniformierten staatlichen Vollzugspolizei als Dienstvorgesetzte im Sinne des § 24 Abs. 1, Abs. 2 Nr. 3 und Abs. 3 gelten, und regelt den Beschwerdezug. Er kann andere Formen der Verhängung und Vollstreckung von Dienststrafen, als in den §§ 25 und 102 vorgeschrieben, zulassen.

5. Für Beamte der Gemeinden, Gemeindeverbände, gemeindlichen Zweckverbände und der anderen Körperschaften, Anstalten und Stiftungen des öffentlichen Rechts.

§ 112.

(1) Der Reichsminister des Innern gilt im Sinne dieses Gesetzes als oberste Dienstbehörde der Beamten der Gemeinden, Gemeindeverbände und gemeindlichen Zweckverbände; er kann seine Befugnisse auf nachgeordnete Behörden übertragen. Er bestimmt, wer als nachgeordnete Behörde, Dienstvorgesetzter und höherer Dienstvorgesetzter im Sinne dieses Gesetzes anzusehen ist. Er kann die Zuständigkeit zur Verhängung von Warnungen, Verweisen und Geldbußen abweichend von den Vorschriften des § 24 regeln.

(2) Als Gemeindeverband im Sinne dieses Gesetzes gilt auch der Siedlungsverband Ruhrkohlenbezirk.

(3) Wer als oberste Dienstbehörde der an nichtstaatlichen öffentlichen Schulen tätigen beamteten Lehrpersonen, die der staatlichen Bestätigung bedürfen, gilt, bestimmt der Reichsminister für Wissenschaft, Erziehung und Volksbildung im Einvernehmen mit dem Reichsminister des Innern. Abs. 1 gilt sinngemäß.

(4) Für die Beamten der anderen Körperschaften, Anstalten und Stiftungen des öffentlichen Rechts gilt Abs. 1 sinngemäß. An die Stelle des Reichsministers des Innern tritt der für die Aufsicht über die Körperschaft, Anstalt oder Stiftung zuständige Reichsminister; er trifft seine Anordnungen nach Abs. 1 Satz 1 zweiter Halbsatz, Satz 2 und 3 im Benehmen mit dem Reichsminister des Innern.

(5) Für die im Abs. 4 bezeichneten Körperschaften usw. gilt § 151 Abs. 6 des Deutschen Beamtengesetzes sinngemäß.

(6) Ist eines der Ämter im Sinne des § 30 Abs. 1 Satz 1 ein gemeindliches Ehrenamt und wird gegen den Beamten nur wegen eines in dem Ehrenamt oder im Zusammenhang mit diesem begangenen Dienstvergehens ein förmliches Dienststrafverfahren eingeleitet, so kann im Urteil die Wirkung der Entfernung aus dem Dienst auf das gemeindliche Ehrenamt und die in Verbindung mit ihm bekleideten Nebenämter beschränkt werden. Die Anordnung der vorläufigen Dienstenthebung (§§ 78, 80) kann entsprechend beschränkt werden.

6. Für Wehrmachtbeamte.

§ 113.

(1) Für die Wehrmachtbeamten werden besondere Dienststrafgerichte gebildet. Das Nähere regelt der Reichskriegsminister im Benehmen mit dem Reichsminister des Innern und dem Reichsminister der Justiz.

(2) Der Reichskriegsminister kann im Einvernehmen mit dem Reichsminister der Justiz bestimmen, welche Vorschriften der Militärstrafgerichtsordnung auf das Dienststrafverfahren gegen Wehrmachtsbeamte anzuwenden sind.

(3) Die Vorschriften des § 28 Satz 3, § 36 Abs. 3, § 58 Abs. 2 und § 60 Abs. 2 über die Beteiligung des Stellvertreter des Führers und der Nationalsozialistischen Deutschen Arbeiterpartei finden im Dienststrafverfahren gegen Wehrmachtbeamte keine Anwendung.

Abschnitt X.

Übergangs- und Schlußvorschriften.

§ 114.

Solange das Reichsverwaltungsgericht noch nicht besteht, wird der Reichsdienststrafhof als selbständige Behörde mit dem Sitz in Berlin durch den

Reichsminister des Innern errichtet; die im § 41 Abs. 3 bezeichneten Mitglieder müssen Mitglieder eines obersten Verwaltungsgerichts sein.

§ 115.

(1) Dieses Gesetz gilt ohne Rücksicht auf den Zeitpunkt, in dem das Dienstvergehen begangen ist; Dienstvergehen, die nach den bisherigen Vorschriften beim Inkrafttreten dieses Gesetzes verjährt sind, können jedoch nicht mehr verfolgt werden.

(2) Gegen einen Ruhestandsbeamten, der vor dem Inkrafttreten dieses Gesetzes in den Ruhestand getreten ist, kann ein Dienststrafverfahren nur eingeleitet werden wegen eines vor dem Eintritt in den Ruhestand begangenen Dienstvergehens, wenn dies nach den bisher für ihn geltenden Vorschriften zulässig war, wegen Annahme von Belohnungen oder Geschenken, wenn das Dienstvergehen (§ 22 Abs. 1 Satz 2 des Deutschen Beamtengesetzes) nach Inkrafttreten dieses Gesetzes begangen ist. Im übrigen ist die Einleitung eines Dienststrafverfahrens gegen ihn nach den Vorschriften dieses Gesetzes zulässig; dies gilt auch dann, wenn ein wegen derselben Tatsachen eingeleitetes früheres Dienststrafverfahren nur wegen Verfahrensmangels eingestellt worden war.

(3) Die nach § 4 des Gesetzes zur Wiederherstellung des Berufsbeamtentums entlassenen Beamten werden dienststrafrechtlich den Ruhestandsbeamten gleich behandelt.

§ 116.

Anhängige Dienststrafverfahren gehen mit dem Inkrafttreten dieses Gesetzes in der Lage, in der sie sich befinden, auf die nach diesem Gesetz zuständigen Behörden über; dies gilt nicht für die Dienststrafverfahren, die vor den Dienststrafkammern bei den Oberlandesgerichten und dem Dienststrafsenat beim Reichsgericht anhängig sind; diese gehen auf die im § 109 bezeichneten Dienststrafgerichte über. Maßnahmen, die nach den bisherigen Gesetzen getroffen worden sind, bleiben rechtswirksam.

§ 117.

(1) Dienststrafverfahren, die nach den bisherigen Gesetzen rechtskräftig entschieden sind, ohne daß danach ein Wiederaufnahmeverfahren zulässig war, können nur wiederaufgenommen werden, wenn das frühere Urteil nach dem 1. Januar 1930 rechtskräftig geworden ist.

(2) Anhängige Wiederaufnahmeverfahren, die nach diesem Gesetz unzulässig wären, sind einzustellen; die Kosten des Verfahrens trägt das Reich.

(3) Wenn das Dienststrafgericht, dessen Entscheidung im Wiederaufnahmeverfahren angefochten wird (§ 86 Abs. 2, § 87) oder das nach § 89 Abs. 2 für das weitere Verfahren zuständig wäre, nicht mehr besteht, tritt an seine Stelle der Reichsdienststrafhof. Er kann die Sache für das weitere Verfahren im Sinne des § 89 Abs. 2 an eine Dienststrafkammer verweisen.

§ 118.

§ 110 gilt auch für die richterlichen Mitglieder der obersten Verwaltungsgerichte der Länder und die unabhängigen Mitglieder der Preußischen Oberrechnungskammer.

§ 119.

Die auf Grund dieses Gesetzes ergehenden Entscheidungen der Dienstvorgesetzten und Dienststrafgerichte sind für die Beurteilung der vor einem Gericht geltend gemachten vermögensrechtlichen Ansprüche bindend.

§ 120.

(1) Der Reichsminister des Innern erläßt, soweit dieses Gesetz nichts anderes vorschreibt, die zu seiner Durchführung erforderlichen Rechts- und Verwaltungsvorschriften, erforderlichenfalls im Einvernehmen mit der zuständigen obersten Reichsbehörde.

(2) Die Durchführungsvorschriften bestimmen auch, welche Bezüge als Dienstbezüge im Sinne der §§ 6, 7 und 79 anzusehen sind.

§ 121.

(1) Dieses Gesetz tritt am 1. Juli 1937 in Kraft.

(2) Unberührt bleiben § 9 Abs. 4 des Bankgesetzes, § 23 des Reichsbahngesetzes und § 5 des Reichsbahn-Personalgesetzes.

(3) Im übrigen treten alle bisherigen Vorschriften außer Kraft, die das Dienststrafrecht gegenüber Beamten, auf die dieses Gesetz Anwendung findet, betreffen; die Amtszeit der Mitglieder der bisherigen Dienststrafgerichte des Reichs und der Länder endet.

(4) Soweit in Gesetzen, Verordnungen oder statutarischen Vorschriften auf die außer Kraft tretenden Vorschriften verwiesen wird, treten die entsprechenden Vorschriften dieses Gesetzes und die dazu erlassenen Durchführungsvorschriften an ihre Stelle.

(5) Soweit dieses Gesetz Vorschriften voraussetzt, die reichsgesetzlich noch nicht erlassen sind, sind die entsprechenden landesrechtlichen Vorschriften übergangsweise sinngemäß anzuwenden.

Berlin, den 26. Januar 1937.

Der Führer und Reichskanzler
Adolf Hitler.

Der Reichsminister des Innern:
Frick.

Der Reichsminister der Finanzen:
Graf Schwerin von Krosigk.

Reichsdienststrafordnung
(RDStO).
Vom 26. Januar 1937 (RGBl. I S. 71).

Vorbemerkungen.

I.

Entstehungsgeschichte der Reichsdienststrafordnung.

1. Die RDStO. stellt, wie die Begr. hervorhebt, keine völlige Reform des Dienststrafrechts an Haupt und Gliedern dar. Sie baut vielmehr auf der Grundlage des alten, bis zum Weltkrieg entwickelten deutschen Disziplinarrechts des Reiches und der Länder insoweit auf, als dieses Recht sich durch Jahrzehnte hindurch in seiner Aufgabe bewährt hatte, jenen nach den Worten des Führers in „Mein Kampf" S. 308 „unvergleichlichen Beamtenkörper des alten Reiches" zu schaffen und in seiner Unbestechlichkeit und hohen Leistungsfähigkeit zu erhalten. In der Gestaltung des förmlichen Verfahrens, den Arten der Dienststrafen u. a. m. lehnt sie sich an geltendes (Reichs- und Landes-) Recht an. Andererseits enthält sie alle Handhaben, die nötig sind, um die Beamtenauffassung des nationalsozialistischen Staates, wie sie im Deutschen Beamtengesetz ihren Ausdruck findet, durchzusetzen. (Begr.). Die RDStO. ist nicht nur gleichzeitig mit dem DBG. erlassen, sondern steht auch mit ihm in einem untrennbaren organischen Zusammenhang und wird von denselben Grundgedanken beherrscht, Auch hier steht, wie im DBG., der Pflichtgedanke im Vordergrund. Goedecke NSBZ. **37** 130; Wittland BeamtJahrb. **37** 55.

In zahlreichen Punkten lehnt sich die RDStO. **an die preußischen Dienststrafgesetze** an. Die Entstehung dieser Gesetze kennen zu lernen, ist daher auch für das Verständnis der RDStO. von Bedeutung.

2. Der „von den Verbrechen und deren Strafen" handelnde Titel 20 Teil II des Preuß. Allgemeinen Landrechts kannte noch **keine Unterscheidung zwischen dem Disziplinarrecht (Dienststrafrecht) und dem Strafrecht;** insbesondere behandelt der achte Abschnitt „von den Verbrechen der Diener des Staates" nebeneinander sowohl die sogen. Amtsverbrechen, d. h. Verbrechen, die nur in der Eigenschaft als Beamter begangen werden können, und die

Verfehlungen von ausschließlich disziplinarer Natur. Viele Pflichtverletzungen, die heute nur disziplinarisch geahndet werden, wurden mit öffentlichen Strafen (Leibes-, Freiheits- und Ehrenstrafe) bedroht. Die Strafgerichte erkannten nicht nur auf diese öffentlichen Strafen, sondern verhängten auch reine Dienststrafen, z. B. die Amtsentsetzung, die heute nur von den Dienststrafgerichtshöfen ausgesprochen werden können.

Auch hinsichtlich des Verfahrens gab es keine Scheidung zwischen Straf- und Dienststrafrichter. Bloße Dienstvergehen konnten ebenso im Verwaltungswege wie auch durch gerichtliches Urteil mit Amtsverlust bestraft werden; s. Näheres Stock, Entwicklung und Wesen der Amtsverbrechen, Leipzig 1932.

Dieser Zustand wurde in Preußen durchgreifend erst geändert durch G. v. 29. März 1844 (GS. 77). Es stellte zum ersten Male den alle modernen Gesetze beherrschenden Grundsatz auf, daß zwischen den gemeinen Verbrechen, zu denen auch die sogen. Amtsverbrechen zu zählen seien, und den eigentlichen Disziplinarverfehlungen streng zu unterscheiden sei. Nur die ersteren wurden wie bisher von den ordentlichen Gerichten, letztere in einem besonderen Dienststrafverfahren geahndet.

3. Infolge der Ereignisse des Jahres 1848 nahm man an der gleichmäßigen Behandlung der Richter und der übrigen Beamten Anstoß und es ergingen das Gesetz v. 7. 5. 1851, betreffend die Dienstvergehen der Richter usw. und das Gesetz v. 21. 7. 1852, betr. die Dienstvergehen der nichtrichterlichen Beamten.

Diese beiden preuß. Gesetze haben fast 80 Jahre lang Gültigkeit behalten, sind allerdings im Laufe der Jahre in Einzelpunkten vielfach geändert worden. Im großen Umfang sind sie durch die Gesetze v. 27. 1. 1932 (PrGS. S. 59 ff. und 79 ff.) umgestaltet worden. Sie hießen nunmehr „Beamtendienststrafordnung" und „Dienststrafordnung für die richterlichen Beamten". Diese Novellen waren besonders stark von liberalistisch-marxistischen Ideen beeinflußt (Begr.). Nach der Machtübernahme durch den Nationalsozialismus erwiesen sich daher diese Gesetze in zahlreichen Punkten, in denen sie nicht mit den Grundsätzen des neuen Staates übereinstimmten, abänderungsbedürftig. In dem preuß. G. v. 18. 8. 34 (PrG. S. 353) sind diese Änderungen enthalten. Die RDStO. „knüpft daran an und entwickelt einzelne damals in das preußische Dienststrafrecht neu eingeführte Gedanken dem neuen Reichsbeamtenrecht entsprechend weiter" (Begr.), die in der neuen RDStO. berücksichtigt worden sind. So ist z. B. die Verjährung, die in das G. v. 27. 1. 32 eingeführt, aber durch das G. v. 18. 8. 34 wieder beseitigt war, auch in die RDStO. nicht aufgenommen worden. Dagegen hat man die Wiederaufnahme des Verfahrens, die schon in dem G. v. 27. 1. 32 geregelt war, in die RDStO. übernommen. Auch die Strafe der Gehaltskürzung, die schon in dem G. v. 27. 1. 32 an die Stelle der Strafversetzung getreten war, ist in die RDStO. übergegangen. Man hat auch im Anschluß an das G. v. 18. 8. 34 die Zulässigkeit eines förmlichen Dienststrafverfahrens gegen Ruhestandsbeamte weiter ausgebaut und die Nichtöffentlichkeit in der Hauptverhandlung vor den Dienststrafgerichten übernommen, sich also in Gegensatz zu den G. v. 27. 1. 32 gesetzt, die in Übereinstimmung mit dem RBG. die Öffentlichkeit der Hauptverhandlung vor allen Dienststrafgerichten Preußens eingeführt hatten, Auch bei der Ausgestaltung des Dienststrafverfahrens des Dienstvorgesetzten und der vorläufigen Dienstenthebung hat sich die RDStO. an das preußische Vorbild angelehnt.

Dagegen konnte man sich nicht entschließen, nach dem Vorbild Preußens eine besondere Dienststrafordnung für die Richter zu schaffen. Vielmehr fallen nunmehr auch die Richter unter die allgemeine RDStO. und nur bei der Zusammensetzung der Dienststrafgerichtshöfe und bei der Regelung der vorläufigen Dienstenthebung sind einige Sondervorschriften für die Richter in die neue RDStO. (§ 108) aufgenommen worden.

Im Reichsbeamtengesetz v. 31. 3. 73 war das Dienststrafrecht mitenthalten (§§ 72—133), ebenso in einigen Beamtengesetzen der Länder, z. B. im Bayerischen Beamtengesetz v. 15. 8. 08. „Wenn auch vieles, namentlich der enge sachliche Zusammenhang des Dienststrafrechts mit dem allgemeinen Beamtenrecht, für eine Vereinigung beider Gegenstände in einem Gesetz spricht, hat man für das neue Reichsrecht den anderen Weg gewählt, weil der Umfang der Dienststrafvorschriften schon aus Gründen der praktischen Handhabung eine Trennung in zwei Gesetze gebietet. Da das Dienststrafrecht fast ausschließlich Verfahrensrecht ist, machte auch die Abgrenzung der Gegenstände, die in das Beamtengesetz einerseits, das Dienststrafgesetz andererseits zu verweisen waren, keine Schwierigkeit" (Begr.). Die Bezeichnung „Reichsdienststrafordnung" bringt ebenso wie die Zivilprozeßordnung und die Strafprozeßordnung zum Ausdruck, daß es sich im wesentlichen um Verfahrensrecht handelt". (Begr.).

Durch die RDStO. ist die Zersplitterung auf dem Gebiete des Dienststrafrechts beseitigt. Sowohl die dienststrafrechtlichen Vorschriften des RBG. wie auch alle Dienststrafgesetze der Länder, die in vielen Punkten von einander abwichen, sind beseitigt (§ 121 Abs. 3 RDStO.). An ihre Stelle ist als einheitliches Dienststrafgesetz für alle deutschen Beamten, die unter das DBG. fallen, die RDStO. getreten.

In der Ostmark ist die RDStO. nebst den DurchfVdgen durch Art. II § 9 Vdg. v. 28. 9. 38 (RGBl. I 1225), mit Wirkung vom 1. Oktober 1938, im Sudetengau vom 1. 1. 39 ab durch Vdg. v. 15. 12. 38 (RGBl. I 1810), für die Behörden und Dienststellen des Reichs im Protektorat Böhmen und Mähren durch § 3 V. 7. 12. 39 (RGBl. I 2378) gleichfalls vom 1. 1. 39 und in den eingegliederten Ostgebieten durch V. 24. 12. 39 (RGBl. I 2486) mit Wirkung vom 1. 11. 39 und zwar überall mit gewissen Maßgaben eingeführt worden. Die Maßgaben betreffen die §§ 7, 9, 19, 20, 32, 95, 104, 115, 116, 118 und 121; sie sind bei den bezeichneten Gesetzesstellen in den Anmerkungen mitgeteilt; s. für die Ostmark Reuter RVerwBl. **59** 1021 ff. und Knief BeamtJahrb. **38** 450 ff.

Besonders wichtig ist **im gegenwärtigen Kriege** die im Anhang abgedruckte Vdg. über **Vereinfachungen** auf dem Gebiete des Dienststrafrechts v. 17. 5. 40 (RGBl. I 781) nebst dem ebendort abgedruckten Erl. d. RMdJ. 30. 5. 40 (MBl. 1021).

II.

Einteilung, Begriff und Wesen des Dienststrafrechts, Verhältnis zum Strafrecht und zum Parteigerichtsverfahren.

1. Das Dienststrafrecht wird eingeteilt in das **materielle** und das **formelle** Dienststrafrecht.

a) Das **materielle** Dienststrafrecht umfaßt die Dienstvergehen und die für diese Vergehen bestimmten Dienststrafen. Es bestimmt also insbesondere, welche Handlungen eines Beamten als Dienstvergehen anzusehen sind und welche Strafen für diese Vergehen in Frage kommen. Es entspricht also dem im Strafgesetzbuch verkörperten Strafrecht. Es ist teilweise — nämlich soweit die Dienstvergehen in Betracht kommen — nicht in der RDStO., sondern im DBG. und zwar in den §§ 3—20 und 22 und nur soweit die Dienststrafen in Frage kommen, in der RDStO. und zwar in den §§ 4—10 behandelt.

Eine **Verjährung** von Dienstvergehen ist in der RDStO. nicht vorgesehen; s. näheres § 115 Anm. 2.

b) Das **formelle** Dienststrafrecht umfaßt das **Verfahren,** in dem die Dienstvergehen geahndet werden, und zwar unterscheidet man hier das Verfahren des Dienstvorgesetzten (früher Ordnungsstrafverfahren oder nichtförmliches Dienststrafverfahren genannt), das für die leichteren Verfehlungen bestimmt ist, und das sogen. förmliche Dienststrafverfahren, in dem die schwereren Verstöße verfolgt werden. Das formelle Dienststrafrecht entspricht dem bürgerlichen Strafprozeßrecht, das in der Strafprozeßordnung niedergelegt ist. Das formelle Dienststrafrecht ist in den §§ 11 ff. RDStO. enthalten.

2. Über **das Wesen des Dienststrafrechts** herrschte schon früher lebhafter Streit. Es ist weder Standesgerichtsbarkeit, noch soziale Ehrengerichtsbarkeit, sondern echte, den Belangen der Volksgemeinschaft dienende Staatsgerichtsbarkeit. Zschuke NSBZ. **37** 132; Fischbach 94 und 177. Wenn man trotzdem wohl auch vom Beamtenstand und einer Standesgerichtsbarkeit für die Beamten spricht, so ist damit nicht von einem Stande im Sinne des Ständestaats oder des berufsständischen Aufbaus der Wirtschaft, sondern nur von der gemeinsamen Standesehre und der gemeinsamen Lebensform einer bestimmten Gliederung im Volke die Rede. Everling Ztschr. d. Ak. f. D R. **38** 725.

Man sah aber früher vielfach das Dienststrafrecht nur als einen Zweig des allgemeinen Strafrechts an und zwar als einen solchen, der sich mit Staatsbürgern besonderer Art, nämlich den Beamten befaßte. Auch das

Dienststrafverfahren betrachtete man nur als eine Unterart des allgemeinen Strafverfahrens. Es war dies insbesondere noch die oben unter I mitgeteilte Auffassung des ALRs. Diese Auffassung ist aber zur Zeit fast allgemein als unrichtig erkannt. Auch die RDStO. und das DBG. teilen sie nicht, da sie das Dienststrafrecht besonders — getrennt von dem allgemeinen Strafrecht und Strafprozeßrecht — regeln und diese Regelung durch das geltende Strafgesetzbuch und die geltende Strafprozeßordnung unberührt geblieben ist.

Tatsächlich ist das Dienststrafrecht **nicht ein Zweig des allgemeinen Strafrechts,** sondern von diesem **grundsätzlich verschieden;** s. hierzu Everling RVBl. **55** 785 und **56** 665 ff.; sowie Ztschr. d. Akad. f. Deutsch R. **38** 725; DJ. **37** 116 ff.; Goedecke bei Pfundtner-Neubert RDStO. S. 1; Wormit **38** 692; Fischbach 339; ebenso PrOVG. **98** 261; a. M. Reuß JW. **36** 2280 und Wittland DJ. **36** 1599 ff.; **37** 238 ff. Wittland a. a. O. möchte alle Verfehlungen der Beamten, die das strafrechtliche Gebiet berühren, ausschließlich durch die ordentlichen Strafgerichte entscheiden lassen und hält aus seiner — m. E. abzulehnenden — Grundanschauung heraus, daß zwischen Strafrecht und Dienststrafrecht Wesensübereinstimmung bestehe, den gegenwärtigen Rechtszustand, wonach sich das Dienststrafverfahren dem ordentlichen Strafverrahren anschließt, für wenig befriedigend. M. E. muß das Dienststrafgericht als besonderes Staatsgericht unter allen Umständen auch bei solchen Verfehlungen erhalten bleiben, die gleichzeitig die allgemeine Strafsphäre berühren und nicht schon im Strafverfahren zu Urteilen führen, die kraft Gesetzes mit dem Amtsverlust verbunden sind. Es darf nicht in Fällen, in denen der Strafrichter den Beamten zu einer Strafe verurteilt hat, die nicht den Amtsverlust zur Folge hat, lediglich bei dem Strafurteil bewenden. Denn der Strafrichter berücksichtigt wesentlich nur die Interessen der Volksgemeinschaft als solcher, ist aber nicht in der Lage, in jedem Fall einwandfrei zu beurteilen, wie die Verfehlung vom dienstlichen Standpunkt aus zu beurteilen ist. Heyland 236 ff.; Behnke 56 ff.; Fischbach 94 und 177. Wenn andererseits Everling DJ. **37** 116 ff. im vollen Gegensatz zu Wittland den absoluten Vorrang des Dienststrafverfahrens vor dem Strafverfahren befürwortet, so kann ich auch dem nicht beitreten. Begeht ein Beamter Verfehlungen, die gegen das allgemeine Strafgesetz verstoßen, so kann er nicht — nur deshalb, weil er Beamter ist — eine bevorzugte Stellung in der Volksgemeinschaft einnehmen und sich nur oder doch zunächst nur von seinen Standesgenossen aburteilen lassen. Die Volksgemeinschaft verlangt vielmehr, daß jeder ohne Ansehen der Person sofort dem Strafrichter verfällt. Hiernach sind m. E. sowohl die Vorschläge von Wittland wie von Everling abzulehnen und es wird bei den altbewährten Vorschriften, die auch in die neue RDStO. übergegangen sind, verbleiben müssen. S. auch Behnke 56 ff und BeamtJahrb. **37** 84 ff.; Heyland 235 ff.; Fischbach 339 ff.; Reuß BeamtJahrb. **37** 327 ff u. 415 ff. VerwArch. **42** 369 ff.

Das bürgerliche Strafrecht bezweckt im allgemeinen Interesse den Schutz der Allgemeinheit und erfaßt alle Volksgenossen ohne Ausnahme. Das Dienststrafrecht dagegen bezweckt neben der Bestrafung die Reinhaltung und Leistungsfähigkeit des Beamtentums und die Erhaltung der Integrität, Pflichttreue und Unbescholtenheit derjenigen Organe, deren sich der Staat zur Erfüllung seiner wichtigen Aufgaben bedient. RDisH. 28. November 1928 Foerster-Simons 40; RDStH. 20. 5. 38 RVerwBl. **59** 863; s. auch Everling Ztschr. d. Akad.f.D.Recht **38** 725; Wormitt D. Verw. **38** 691; Heyland 237 und 238; Fischbach 339. Daneben betont OVG. **98** 261 mit Recht, daß das Dienststrafrecht auch dem Schutze des Beamten dienen solle. Keineswegs hat das Dienststrafrecht aber nur die Bedeutung eines Schutzgesetzes für den ungetreuen Beamten, das möglichst zahlreiche Sicherungen gegen Eingriffe der Dienststrafgewalt in die Beamtenrechte darstellen soll. Ihm fällt vielmehr im allgemeinen Interesse auch die Aufgabe zu, die Volksgemeinschaft gegen Angriffe zu schützen, die einzelne Beamte gegen die staatliche Ordnung richten. Wittland DJZ. **34** 1191 ff.; Bach RVerwBl. **59** 288; Reuß VerwArch. **42** 389. Hohe und besondere Anforderungen müssen an die Staatsorgane gestellt werden, da sonst die wichtigen Aufgaben des Staates nicht in einwandfreier Weise gewährleistet werden können. Die allgemeinen Strafgesetze reichen nicht aus, um ein in jeder Hinsicht zuverlässiges und einwandfreies Beamtenmaterial zu gewährleisten. In allen modernen Kulturstaaten hat sich die zwingende Notwendigkeit ergeben, für die Beamten ein besonderes Strafrecht und Strafverfahren zu schaffen, das geeignet ist, einerseits die Interessen des Staates an der Erhaltung eines lauteren Berufsbeamtentums zu schützen, andererseits aber auch den Beamten die Gewähr zu geben, daß die Besonderheiten ihrer Stellung gegenüber allen anderen Staatsbürgern beachtet und die ihnen gemachten Vorwürfe in einem mit allen Garantien für eine gerechte Urteilsfindung umgebenen Verfahren und von sachgemäß zusammengesetzten Dienststrafgerichtshöfen geprüft werden. Diese Gesichtspunkte treten in dem förmlichen Dienststrafverfahren, das bezweckt, bei groben Pflichtverletzungen den Beamten aus seinem Beamtenverhältnis zu entfernen oder auf Gehaltskürzung zu erkennen, besonders hervor; je schwerer eine Verfehlung ist und je schwerer demnach auch die Folgen für den Staat sowohl wie für den Beamten sind, um so mehr tritt das Bedürfnis nach einem gut geregelten und die Gewähr für eine sachgemäße Entscheidung bietenden Verfahren hervor. Die Vorschriften der RDStO. entsprechen dieser Ausgestaltung der Dienststrafgerichte. Sie verfolgen dabei aber auch den Zweck, das Dienststrafrecht zu einer schärferen Waffe für den Staat auszugestalten, als bisher. Wittland DJZ. **34** 1193: „Das Dienststrafrecht gibt dem Dienstherrn des Beamten die Mittel an die Hand, um Verstöße gegen die Dienstzucht abzuwehren und die Beamtenschaft nötigenfalls von Elementen zu reinigen, die das ihnen durch die Ernennung zum Beamten bewiesene Vertrauen nicht rechtfertigen" (Begr.). Man hat auch dafür gesorgt, daß das Verfahren des Dienstvorgesetzten, in dem geringere Pflichtverletzungen der Beamten geahndet werden, so geregelt ist, daß neben den Staatsinteressen auch die Interessen des betroffenen Beamten ausreichend berücksichtigt werden. Überhaupt sollen in jedem Dienststrafverfahren nicht nur die belastenden, sondern auch die entlastenden Umstände berücksichtigt werden und es soll dem Beschuldigten Gelegenheit gegeben werden, zu allen wichtigen Gesichtspunkten Stellung zu nehmen.

3. Die dem Dienststrafrecht eigentümlichen Zwecke und Ziele haben zur Folge, daß das Dienststrafrecht im Gegensatz zum allgemeinen Strafrecht **nicht von dem Legalitätsprinzip, sondern von dem Opportunitätsprinzip** beherrscht wird; s. näheres unten Anm. 1 zu § 3.

4. Daß das Dienststrafrecht von dem allgemeinen Strafrecht vollkommen verschieden ist und ihm gegenüber selbständige Bedeutung hat, hat die weitere wichtige Folge, daß der im allgemeinen Strafrecht anerkannte Grundsatz des „ne bis in idem“ für das Dienststrafrecht im Verhältnis zum Strafrecht nicht gilt. Wäre das Dienststrafrecht nur ein Teil des allgemeinen Strafrechts, so würde es nicht zulässig sein, wegen ein und derselben Handlung den schuldigen Beamten sowohl im ordentlichen Strafverfahren wie auch im Dienststrafverfahren zur Rechenschaft zu ziehen. Diese Erwägung zeigt, daß der Beamte in zwei voneinander getrennte und gesondert zu behandelnde Pflichtenkreise hineingestellt ist. Einmal muß er den allgemeinen Strafgesetzen unterworfen sein und sich gefallen lassen, bei dem Verstoß gegen diese wie jeder andere Volksgenosse in dem ordentlichen Strafprozeßverfahren zur Rechenschaft gezogen zu werden. Außerdem aber gehört er als Beamter noch einem besonderen Pflichtenkreis an, der unter eigenen Vorschriften steht und jeden, der gegen diese Sonderpflichten verstößt, in einem besonderen Verfahren zur Verantwortung zieht. Es ist daher allgemeiner Grundsatz der Dienststrafgesetze, daß ein Beamter wegen ein und derselben Verfehlung, wenn sie gleichzeitig auch gegen die allgemeinen Strafgesetze verstößt, *sowohl von dem ordentlichen Strafrichter wie auch von dem Dienststrafrichter abgeurteilt werden kann*. Er wird dann zweimal bestraft, steht also ungünstiger wie andere Volksgenossen, die nur dem ordentlichen Strafrichter unterworfen sind. Dasselbe Schicksal teilen übrigens mit dem Beamten auch die Angehörigen anderer Berufsgruppen, der sogen. freien Berufe, die zwar keine Beamteneigenschaft haben, aber wegen der besonders großen Bedeutung ihrer Tätigkeit für die Allgemeinheit einem besonderen Standesrecht und einer besonderen ehrengerichtlichen Standesgerichtsbarkeit unterworfen sind, wie z. B. die Rechtsanwälte, Ärzte, Apotheker u. a.

5. Wenn hiernach auch eine *grundsätzliche* Trennung des Dienststrafrechts vom Strafrecht anzuerkennen ist, so sind dennoch beide Strafensysteme naturnotwendig **in einen gewissen Zusammenhang** gebracht. Denn beide sind Ausflüsse derselben Staatsgewalt, und diese muß unter gewissen Voraussetzungen im Interesse der Allgemeinheit dafür sorgen, daß der Dienststraf-

richter nicht ohne Rücksicht auf den Strafrichter das gegen den Beamten gerichtete Verfahren einleitet und durchführt. Dabei muß als Grundsatz gelten, daß der Strafrichter die Vorhand hat und bei allen erheblicheren Verfehlungen eines Beamten, die die allgemeine Strafsphäre berühren, also gegen die im Strafgesetzbuch enthaltenen strafbaren Tatbestände verstoßen, an erster Stelle die Möglichkeit der Aburteilung des Beamten haben muß. Mit Recht ist deshalb im § 13 Abs. 1 der Grundsatz enthalten, daß **der Strafrichter bei der Aburteilung des Beamten den Vorrang haben soll.** Erst soll das gerichtliche Strafverfahren erledigt werden, ehe wegen der nämlichen Tatsachen ein Dienststrafverfahren eingeleitet oder beendet wird. Dies ist schon um deswillen unabweisbar, weil in manchen Fällen, in denen der Strafrichter auf besonders schwere Strafen erkannt hat, sich ein Dienststrafverfahren erübrigt, **weil das Strafurteil kraft Gesetzes mit dem Verlust des Amtes verbunden ist.** Diese Fälle sind unten Anm. 6 zu § 8 mitgeteilt.

6. Das **Verhältnis zwischen Parteigerichtsverfahren und Dienststrafverfahren** hinsichtlich eines Beamten, der Parteimitglied ist, ist in der RDStO. nicht geregelt. Es wird außerhalb der Beamtengesetze geregelt werden. Begr. Eine Bindung des Dienststrafrichters an die Entscheidung des Parteirichters besteht nicht. Das Parteigerichtsverfahren und das Dienststrafverfahren überschneiden sich wegen ihrer verschiedenen Zielsetzung nicht. Das Parteigerichtsverfahren bezweckt, die gemeinsame Ehre der Partei und die des einzelnen Parteigenossen zu wahren (§ 1 der Richtl. für die Parteigerichte der NSDAP. in der Fassung vom 17. 2. 34), während das Dienststrafverfahren den Beamtenkörper zur Erfüllung der ihm obliegenden Pflichten erziehen und von Personen, die sich seiner unwürdig erwiesen haben, reinigen soll (s. oben Anm. 2 Abs. 3). Es ist aber das eine Verfahren von dem anderen unabhängig; s. auch § 7 Abs. 4 DBG., wonach der Führer und Reichskanzler bestimmt, ob und inwieweit es zulässig ist, einen Beamten, der Mitglied der NSDAP. ist, vor ein Parteigericht zu ziehen. Auch das OVG. verneint die Bindung; s. RVerwBl. **58** 885; OVG. **100** 285. Auch führt der Ausschluß eines Beamten aus der Partei nicht etwa zwangsläufig zur Bestrafung mit Entfernung aus dem Dienst; vielmehr hat das Dienststrafgericht selbständig zu prüfen, wie die dem Ausschluß zugrunde liegende Verfehlung zu beurteilen ist. Die vom Parteigericht verhängte Strafe ist also für das Dienststrafgericht nicht maßgebend. RDStH. 14. 11. 38 RVerw Bl. **60** 174. Es trifft also nicht zu, daß ein Beschuldigter infolge des Ausschlusses aus der Partei für den Beamtenstand nicht mehr tragbar sei und gegen ihn stets die Entfernung aus dem Dienst verhängt werden müsse; RDStH. 20. 5. 38 E. **1** 126 = RVerwBl. **59** 863.

Wenn beide Verfahren nebeneinander laufen, fragt es sich, ob eines der Verfahren und ev. welches auszusetzen ist, bis das andere erledigt ist oder ob beide ohne Rücksicht auf einander durchzuführen wären. Zweckmäßig würde wohl das Dienststrafverfahren den Vorrang haben, wenn es sich um Verstöße gegen die allgemeinen Beamtenpflichten handelt; dagegen wäre wohl das

Dienststrafverfahren in entsprechender Anwendung des § 14 auszusetzen, wenn es sich um Beurteilung des politischen Verhaltens eines Beamten, der Parteimitglied ist, handelt und dieserhalb bereits ein Parteigerichtsverfahren anhängig ist. In Zweifelsfällen wird zweckmäßig die Entscheidung der vorgesetzten Stelle einzuholen sein; s. zu diesen Fragen Krüger DWiss. **37** 57 und NSBZ. **37** 227 ff.; Heyland 251; a. M. RDStH. 11. 7. 39 bei Behnke 234; wie hier auch Fischbach 350.

Ist ein Strafverfahren anhängig, so wird nicht nur ein anhängiges Dienststrafverfahren (§ 13 Abs. 1), sondern auch ein schwebendes Parteigerichtsverfahren nach § 9 der am 17. 2. 34 vom Stellvertreter des Führers genehmigten Richtlinien für die Parteigerichte auszusetzen sein.

Nach RuPrMdI. v. 20. 8. 36 soll bei Beamten, die politische Leiter sind, ein Verhalten im Rahmen ihrer parteiamtlichen Tätigkeit nicht als außerdienstliches Verhalten gewertet werden. Es soll also dies Verhalten nur von der Parteidienststelle verfolgt werden, es sei denn, daß die zuständige Parteistelle sich ausdrücklich mit dem Verfahren nach der RDStO einverstanden erklärt hat. RDisH. 10. 2. 37 Foerster 1937 II S. 73. Dagegen nimmt RDStH. E. **1** 6 ff. an, daß ein Beamter auch bei seiner Tätigkeit als politischer Leiter ohne Einschränkung der Beamtendienstzucht unterliege.

Gemäß Anordnung des Obersten Parteigerichts v. 31. 3. 36 („Parteirichter" 1936, Folge 8—10) darf ein Parteigerichtsverfahren gegen einen Beamten, der Parteimitglied ist, nur mit Genehmigung des Obersten Parteigerichts vor dem Gaugericht in erster Instanz eingeleitet werden, falls dienstliche Handlungen Gegenstand des Verfahrens sind. Auf diese Weise wird von zentraler Stelle aus geprüft, ob solche Verfehlungen des Beamten auch parteigerichtlich nachzuprüfen sein möchten. Ähnliches gilt, wenn gegen beamtete Rechtswahrer, die Mitglieder der NSRB. und der deutschen Rechtsfront sind, ein Ehrengerichtsverfahren wegen einer dienstlichen Handlung eingeleitet werden soll. Die Genehmigung des Obersten Parteigerichts ist aber nicht erforderlich, wenn der Angeschuldigte sich einer nach dem StGB. strafbaren Handlung schuldig gemacht und dieserhalb bereits rechtskräftig verurteilt ist. Anordnung des Obersten Parteigerichts vom 10. 6. 36 „Parteirichter" 36 Folge 11 und 12. Handelt es sich um außerdienstliches Handeln oder Unterlassen des Beamten, der Parteigenosse ist, so kann das parteigerichtliche Verfahren ohne höhere Genehmigung wie bei jedem anderen Parteigenossen so auch gegen den Beamten bei dem erstinstanzlichen Kreisgericht anhängig gemacht werden. Kalle DJ. **38** 1556.

III.

Unmittelbare Beteiligung der Partei in Dienststrafsachen.

„Um die enge Verflechtung von Partei und Staat nicht nur in Rechtssätzen zu erschöpfen, die den nationalsozialistischen Gedanken im Dienststrafrecht Ausdruck verleihen, sichert die RDStO. der Partei in bestimmten Beziehungen eine unmittelbare Beteiligung in Dienststrafsachen zu." (Begr.)

Damit die Partei über alle dienststrafrechtlichen Maßnahmen auf dem Laufenden bleibt, die gegen ein Parteimitglied ergriffen werden und möglicherweise eine parteigerichtliche Behandlung zur Folge haben müssen, wird sowohl die Verfügung über die Einleitung des förmlichen Verfahrens gegen einen Pg. dem Stellvertreter des Führers mitgeteilt als auch das Urteil mit Gründen in Ausfertigung in 3 Stücken ihm zugestellt (§§ 28 Satz 3 und 65 Abs. 3). Der Stellvertreter des Führers kann in die gegen einen Parteigenossen stattfindende Hauptverhandlung, deren Termin ihm mitgeteilt werden muß (§ 58 Abs. 2), einen Beauftragten entsenden (§ 60 Abs. 2). Dabei ist anzugeben, welche Mitglieds-Nr. der Beamte führt, ob er Ehrenzeichenträger ist und welche Parteiämter er innehat. RuPrMdJ. 15. 3. 38 (MBl. 457). Durch eine Anordnung im Parteiwege wird dafür gesorgt, daß andererseits über etwaige parteigerichtliche Maßnahmen gegen einen Beamten die vorgesetzte Behörde jeweils unterrichtet wird. Die Beteiligung der Partei bei der Auswahl der Mitglieder der Dienststrafkammern und des Reichsdienststrafhofs regelt der Reichsminister des Innern, für die besonderen Dienststrafgerichte der Justizverwaltung der Reichsminister der Justiz im Einvernehmen mit dem Stellvertreter des Führers (§§ 36 Abs. 3, 41 Abs. 5 und 109 Abs. 1 Nr. 3 Satz 2). Ausschluß oder Ausstoßung aus der Partei haben das Erlöschen des Amtes als Mitglied eines Dienststrafgerichts kraft Gesetzes zur Folge (§ 40 Abs. 1 Nr. 2, § 41 Abs. 5). Begr. Aus demselben Grunde erlischt auch das Amt des Untersuchungsführers nach § 44 Abs. 3 Satz 2

Wegen der Amts- und Rechtshilfe gegenüber den Parteigerichten s. Anm. 7 zu § 16.

Abschnitt I.

Anwendbarkeit des Gesetzes.

§ 1.

Die Reichsdienststrafordnung gilt für die Beamten und Ruhestandsbeamten, die dem Deutschen Beamtengesetz unterliegen.

1. Die RDStO. gilt für das gesamte Großdeutsche Reichsgebiet. Sie hat ebenso wie das DBG. auf dem allgemeinen Beamtenrechtsgebiet **Beamtenreichsrecht auch auf dem Gebiet des Dienststrafrechts** geschaffen. Die Dienststrafgewalt ist daher jetzt stets Reichsgewalt und nicht etwa Gewalt der Länder, Gemeinden usw. Bisher bestand auch auf diesem Gebiete eine überaus große Zersplitterung. Für die Reichsbeamten galten die §§ 72 ff. RBG. mit zahlreichen Änderungen und jedes Land hatte besondere Dienststrafgesetze für die unmittelbaren und mittelbaren Länderbeamten; über die Rechtsentwicklung in Preußen s. Vorbemerkung I 2.

2. Die RDStO. ist, was sich bei der engen inneren Zusammengehörigkeit beider Gesetze von selbst versteht, von demselben Grundgedanken beherrscht, wie das Deutsche Beamtengesetz. „Ebenso wie dieses den **Pflichtgedanken** bewußt und betont in den Vordergrund stellt, trägt die RDStO. den schärferen Anforderungen, die der nationalsozialistische Staat an das Pflichtbewußtsein seiner Beamten stellt, und dem strengen Maßstab, den er bei einer Verletzung der Beamtenpflichten anlegt, Rechnung. Die RDStO. leistet ferner, ebenso wie das Deutsche Beamtengesetz, ein wichtiges Stück praktischer Arbeit an der Reichsreform, in dem sie ein für alle deutschen Beamten **einheitliches** Dienststrafrecht geschaffen und die Dienststrafgerichtsbarkeit organisatorisch vereinheitlicht hat." (Begr.)

Damit ist sowohl die Vielheit der Gesetze als auch der Gerichte und sonstigen Behörden auf diesem Gebiet beseitigt. Reichsm. Dr. Frick in seiner Rundfunkansprache v. 27. 1. 37 NSBZ. **37** 85.

3. Die RDStO. umfaßt **alle deutschen Beamten** in Großdeutschland, s. oben S. 36. Es ist derselbe Personenkreis, für den das Deutsche Beamtengesetz gilt. Begr. Nach § 1 DBG. steht der deutsche Beamte zum Führer und Reich in einem öffentlich-rechtlichen Dienst- und Treueverhältnis. Liegt kein öffentlich-rechtliches, sondern nur ein privatrechtliches Dienstverhältnis vor, so handelt es sich nicht um Beamte im Sinne des DBG. und die RDStO. findet keine Anwendung; s. auch unten Anm. 18, wo der formelle Beamtenbegriff des DBG. (Aushändigung einer Ernennungsurkunde mit bestimmtem Inhalt) näher erläutert ist.

Nach § 2 DBG. sind alle deutschen Beamten **Reichsbeamte.** Sie gliedern sich in **unmittelbare** und **mittelbare** Reichsbeamte. Hat der Beamte, wie z. B. der Finanz- oder Justizbeamte, nur das Reich zum Dienstherrn, so ist er unmittelbarer Reichsbeamter. Die Beamten der Länder sind nach dem G. 5. 7. 39 (RGBl. I 1197) unmittelbare Reichsbeamte geworden. Die Beamten der Behörden und Einrichtungen der Reichsgaue in der Ostmark, im Sudetengau, in Danzig-Westpreußen und im Warthegau sind unmittelbare Reichsbeamte, sowie nicht diese Behörden usw. als Selbstverwaltungskörperschaften, als Gemeinden usw. in Frage kommen; s. näheres Brand DBG. 3. Aufl. 84.

Hat der Beamte einen anderen unmittelbaren Dienstherrn, wie z. B. der Gemeindebeamte eine Gemeinde, so ist er mittelbarer Reichsbeamter und unmittelbarer Beamter der Gemeinde. Für die Anwendbarkeit der RDStO. ist die Unterscheidung zwischen unmittelbarem und mittelbarem Reichsbeamten im allgemeinen ohne Bedeutung. Beide Beamtengruppen unterstehen in gleicher Weise der RDStO. Jedoch sind für die wichtigsten Gruppen der mittelbaren Reichsbeamten im § 112 DBG. einige Sondervorschriften ergangen. Es sind dies die Beamten der Gemeinden, Gemeindeverbände gemeindlichen Zweckverbände und der anderen Körperschaften, Anstalten und Stiftungen des öffentlichen Rechts. Hiernach gehören zu den mittelbaren Reichsbeamten, die der RDStO. unterstehen, diejenigen Beamten, die bei den unter Aufsicht und Kontrolle des Staates stehenden Körperschaften, wie den Provinzen, den Kreisen, Stadtgemeinden, Landgemeinden, den öffentlichen Verbänden und Instituten, den landschaftlichen und ritterschaftlichen Kreditinstituten, den Stadtschaften (s. PrG. v. 8. 6. 1918, GS. 97), Landschaften (s. v. Karger DJZ. **34** 526), Deichverbänden, Rentenbanken, Landeskulturrentenbanken, den öffentlichen Feuerversicherungsanstalten (vgl. PrG. v. 5. 7. 1910. PrGS. 241), den Industrie- und Handelskammern (s. Weisbart HBR. **1** 171 ff.), den Handwerkskammern, dem Reichsnährstand (§ 6 der 1. Vdg. über den vorläufigen Aufbau des Reichsnährstandes v. 8. 12. 33, RGBl. I 1060), Landesversicherungsanstalten usw.

Gleich ist, ob die Beamten auf Lebenszeit oder Zeit oder auf Widerruf angestellt sind; sie fallen sämtlich unter die RDStO. Wegen der Beamten auf Widerruf s. auch unten Anm. 9 u. 10.

Auch die Beamten, die ein Amt nur *neben* einem anderen Hauptberuf bekleiden, wie z. B. Postagenten, fallen unter die RDStO.

4. Daß die Verfehlung des Beamten **im Inland** begangen sein muß, um sie disziplinarisch zu ahnden, ist nicht erforderlich. Das Dienststrafrecht weicht also insofern vom StrGB. (§§ 3, 4) ab. Wenn sich also deutsche Beamte im **Auslande** disziplinarisch vergehen, so können sie ebenso verfolgt werden, als ob sie sich im Inlande vergangen hätten.

5. Nicht nur die aktiven Beamten, sondern auch die **Wartestandsbeamten** unterliegen den Vorschriften der RDStO. Denn sie sind Beamte, wenn auch zur Zeit ohne Amt. Sie können also trotz ihres Wartestandes disziplinarisch bestraft werden und zwar nicht nur im förmlichen Dienststrafverfahren, sondern auch im Dienststrafverfahren des Dienstvorgesetzten. RDisH. 24. 1. 33 ZBR. **6** 90.

Da sie aber tatsächlich kein Amt mehr führen, so können diejenigen Vorschriften der RDStO., die eine solche Ausübung voraussetzen, auf sie keine Anwendung finden; dies gilt z. B. von den Vorschriften über die vorläufige Dienstenthebung nach den §§ 78 ff. Jedoch kann auch bei Wartestandsbeamten gemäß § 79 Abs. 3 die Einleitungsbehörde anordnen, daß ein Teil, höchstens ein Drittel des Wartegeldes, einbehalten wird.

6. Die **Ruhestandsbeamten,** die aus dem Beamtenverhältnis ausgeschieden sind, unterlagen bisher weder nach dem RBG. noch nach den Dienststrafgesetzen der meisten Länder (abweichend in Preußen nach dem G. v. 18. 8. 34 zur Abänderung der Preuß. Dienststrafordn. v. 27. 1. 32 § 12 d) einer Disziplin mehr und fielen deshalb nicht unter die Dienststrafgesetze. PrOVG. **86** 448. Dies ist jetzt grundlegend geändert; vgl. *Daniels* Beamt-Jahrb. **34** 551 ff., *Wittland* ebenda 558 ff., *Krüger* NSVZ. (D.deutsch. VerwB.) **38** 793 ff.

Der Ruhestandsbeamte behält nach jetziger Auffassung alle diejenigen Pflichten, die nicht mit der Ausübung des Amtes verbunden sind. Von den beiden Teilen des Beamtenverhältnisses, dem Dienst- und dem Treueverhältnis, ist bei ihm nur das erstere fortgefallen. Das Treueverhältnis zum Führer und Reich ist aber bei ihm bestehen geblieben und dauert bis zum Tode. § 3 Abs. 1 Satz 4 DBG.; RG. **143** 77; **157** 187. So muß er insbesondere seine Lebensführung so einrichten, daß sie nicht mit den Strafgesetzen oder den allgemein herrschenden Anschauungen über Moral, Anstand und würdiges Verhalten in Widerspruch gerät. Insbesondere hat er wie der aktive Beamte nach § 8 Abs. 1 DBG. die Pflicht zur Amtsverschwiegenheit. Verletzt er diese Pflicht, so begeht er nach § 22 Abs. 1 Satz 2 a. a. O. eine Handlung, die zwar kein eigentliches Dienstvergehen ist, da er nicht mehr aktiver Beamter ist, aber als solches gilt. Dasselbe gilt von staatsfeindlicher Betätigung; eine solche Betätigung ist für den Beamten auch nach Beendigung seines Beamtenverhältnisses eine schwere Dienstverfehlung; s. auch unten Anm. 6 A 2 zu f. Unter staatsfeindlicher Betätigung ist zu verstehen jede Tat, die geeignet und nach dem Willen des Täters dazu bestimmt war, den Bestand und die Sicherheit des nationalsozialistischen Staates und der NSDAP. zu untergraben oder zu gefährden. DurchfV. zu § 22 DBG.; Richtlinien des Oberkommandos der Wehrmacht, mitgeteilt durch RJM. 21. 7. 36 DJ. 1108. Betätigt er sich trotzdem in dieser Weise, so gilt diese Handlung nach § 22 Abs. 1 Satz 2 a. a. O. als ein Dienstvergehen. Eine bloß feindliche Gesinnung genügt aber nicht; es muß sich diese vielmehr in Taten und Handlungen, Äußerungen oder dgl. kundtun. Nicht aus jeder unüberlegten, gegen den Staat und den Führer sich richtenden und deshalb verwerflichen Äußerung wird auf solche feindliche Einstellung geschlossen werden können. Die Umstände des Einzelfalls werden unter Berücksichtigung der Persönlichkeit des Täters, seiner sonstigen Betätigung, seines Vorlebens u. dgl. sorgfältig gewürdigt werden müssen. So sind z. B. vertrauliche Äußerungen sogen. Meckerer im Zwiegespräch zweier Volksgenossen und ohne Anteilnahme der Allgemeinheit nicht geeignet, den Bestand und die Sicherheit des Staates und der Partei zu untergraben oder zu gefährden; dies gilt besonders dann, wenn es gar nicht der Wille und die Absicht des Beschuldigten war, hochpolitische Gespräche zu führen und an den Grundlagen des Staates und der Partei zu rütteln. Es handelt sich also in solchen Fällen nicht um eine staatsfeindliche Betätigung im Sinne des § 22 Abs. 1 Satz 2 DBG. RDStH. 3. 12. 37 E. **1** 129. Endlich darf der Ruhestandsbeamte ebenso wie der aktive Beamte Belohnungen oder Geschenke in bezug auf sein früheres Amt nur mit Genehmigung der letzten obersten Dienstbehörde annehmen. § 15 DBG. Verstößt er gegen diese Pflicht, so begeht er nach § 22 Abs. 1 Satz 2 DBG. eine Handlung, die als Dienstvergehen gilt.

Wegen der vorbezeichneten Handlungen kann der Ruhestandsbeamte dienststrafrechtlich zur Rechenschaft gezogen werden. Es sind aber bei ihm nach § 9 RDStO. nur die Aberkennung und die Kürzung des Ruhegehalts zulässig. Die Verstöße, wegen deren der Ruhestandsbeamte verfolgt werden kann, müssen also so schwer sein, daß die Entfernung aus dem Dienst oder die

Gehaltskürzung gerechtfertigt wäre, wenn der Beschuldigte sich noch im Dienste befände. Da Kürzung und Aberkennung des Ruhegehalts nach § 11 Abs. 1 RDStO. nur von den Dienststrafgerichten im förmlichen Dienststrafverfahren verhängt werden können, so ist ein Dienststrafverfahren des Dienstvorgesetzten gegen einen Ruhestandsbeamten nicht zulässig. Dienststrafen der Warnung, des Verweises oder der Geldbuße können somit gegen einen Ruhestandsbeamten nicht verhängt werden. Es soll wegen verhältnismäßig geringfügiger Verfehlungen gegen den Ruhestandsbeamten nicht eingeschritten werden. Er soll insoweit also in Ruhe gelassen werden.

Jedes andere im Ruhestand hervorgetretene Verhalten eines Ruhestandsbeamten stellt in keinem Falle ein dienststrafrechtlich verfolgbares Dienstvergehen dar, nicht einmal dann, wenn deswegen strafgerichtliche Verfolgung und Verurteilung stattgefunden hat. RDStH. 3. 12. 37 E. **1** 131.

Eine weitere Frage ist, ob und inwieweit der Ruhestandsbeamte wegen solcher Verfehlungen belangt werden kann, die er vor Eintritt in den Ruhestand begangen hat. Hierüber gibt § 12 RDStO. Aufschluß; s. unter Anm. 1 bis 3 zu § 12 a. a. O.

Jedoch haben gewisse Strafurteile nach § 132 Abs. 1 DBG. schwere dienststrafrechtliche Folgen, nämlich dann, wenn gegen den Ruhestandsbeamten wegen einer vor Eintritt in den Ruhestand begangenen Tat auf Todesstrafe, Zuchthaus, Verlust der bürgerlichen Ehrenrechte oder der Fähigkeit zur Bekleidung öffentlicher Ämter erkannt worden ist. Dasselbe gilt, wenn er wegen einer vor Eintritt in den Ruhestand vorsätzlich begangenen Tat zu Gefängnis von einem Jahr oder längerer Dauer oder wegen vorsätzlicher hoch- oder landesverräterischen Handlungen zu Gefängnis verurteilt wird. Er verliert dann, ohne daß es noch eines förmlichen Dienststrafverfahrens bedarf, mit der Rechtskraft des Urteils den Anspruch auf Ruhegehalt und Hinterbliebenenversorgung; er darf die Amtsbezeichnung und die im Zusammenhang mit dem Amte verliehenen Titel nicht führen und die Uniform nicht tragen.

Dieselben schweren Folgen treten auch dann ein, wenn ein Ruhestandsbeamter wegen eines nach Eintritt in den Ruhestand begangenen Hoch- oder Landesverrats oder einer sonst mit dem Tode bedrohten Handlung zum Tode oder zu Zuchthaus oder wegen einer anderen vorsätzlichen hoch- oder landesverräterischen Handlung zu Gefängnis verurteilt wird.

Besonderes gilt für den Fall, daß der Ruhestandsbeamte wieder in den öffentlichen Dienst als Beamter eintritt. Er kann dann wegen der in dem früheren Beamtenverhältnis begangenen Verfehlungen ganz allgemein und außerdem wegen der im § 22 Abs. 2 Satz 2 DBG. während des Ruhestandes begangenen Taten verfolgt werden und zwar nunmehr nicht bloß im förml. Dienststrafverfahren, sondern auch im Verfahren des Dienstvorgesetzten.

Hiernach ergibt sich für den Ruhestandsbeamten folgendes Bild:

a) **Dienststrafrechtlich** kann er wegen aller **vor** Eintritt in den Ruhestand begangenen Verfehlungen verfolgt werden, wenn sie so schwer sind, daß sie mit Aberkennung oder Kürzung des Ruhegehalts zu bestrafen sind.

b) Dagegen kann er wegen Verfehlungen, die er **nach** Übertritt in den Ruhestand begangen hat, **dienststrafrechtlich** nur verfolgt werden, wenn es sich bei ihnen um Verletzung der Pflicht zur Amtsverschwiegenheit, um staatsfeindliche Betätigung oder um unerlaubte Annahme von Belohnungen und Geschenken handelt und aunznehmen ist, daß deswegen auf Aberkennung oder Kürzung des Ruhegehalts erkannt werden wird. Wegen anderer noch so schwerer Verfehlungen, die er **nach** Übertritt in den Ruhestand begangen hat, z. B. schwerer Verstöße gegen Anstand, Sitte und Moral, kann er dienststrafrechtlich nicht verfolgt werden. RDStH. 28. 2. 39 E. **2** 10. Gewisse Tatbestände können aber — wenn auch nicht im Dienststrafwege — zur Entziehung der Versorgung führen; s. § 128 Abs. 2 und § 135 Abs. 3 DBG.

Ist er in ein neues Beamtenverhältnis wieder eingetreten, so kann er wegen der zu a) und b) bezeichneten Verfehlungen auch im Verfahren des Dienstvorgesetzten belangt werden. Wegen der Möglichkeit, gegen einen aus einem Beamtenverhältnis — abgesehen vom Übertritt in den Ruhestand — ausgeschiedenen oder entlassenen und demnächst von neuem in ein Beamtenverhältnis eingetretenen Beamten einzuschreiten s. § 2.

c) **Strafurteile,** die sich mit **vor** der Zurruhesetzung begangenen Taten befassen, ziehen in weitem Umfang (s. oben) Verlust des Ruhegehalts usw. nach sich. Dagegen sind diese Folgen bei Strafurteilen, die nur **nach** der Zurruhesetzung begangene Taten behandeln, beschränkt auf Fälle des Hoch- und Landesverrats und sonstiger mit dem Tode bedrohter Handlungen oder einer anderen vorsätzlichen hoch- oder landesverräterischen Handlung; s. näheres § 132 Abs. 1 DBG.

Daraus folgt, daß ein Ruhestandsbeamter, der wegen schwerer sonstiger Verbrechen, z. B. wegen eines nach der Zurruhesetzung begangenen Sittlichkeitsverbrechens mit Zuchthaus bestraft wird, sein Ruhegehalt behält.

Als Ruhestandsbeamte im Sinne der RDStO. und des § 22 Abs. 1 Satz 2 DBG. gelten auch frühere Beamte, die unwiderrufliche Unterhaltsbeiträge nach den §§ 54, 76 Abs. 3, 120, 121 Abs. 1, 2 und 4, 132, 149 Abs. 3 Satz 1 DBG. beziehen. 2. DurchfV. zu § 137 DBG v. 13. 10. 38 (RGBl. I S. 1426).

Nicht zu den Ruhestandsbeamten gehören die entpflichteten (emeritierten) Hochschullehrer. Sie werden dienststrafrechtlich den aktiven Beamten gleichgeachtet und fallen deshalb ebenso wie diese Beamte uneingeschränkt unter die RDStO. Heyland ZBR. **6** 149 ff.; Wittland BeamtJahrb. **36** 297, 298; s. auch § 137 Abs. 1 und Abs. 3 Nr. 1 DBG.

Für solche Ruhestandsbeamte, die schon vor dem Inkrafttreten der RDStO. in den Ruhestand getreten waren, trifft § 115 Abs. 2 Übergangsbestimmungen. Nach § 115 Abs. 3 sind die nach § 4 BBG. (wegen politischer Unzuverlässigkeit) entlassenen Beamten dienststrafrechtlich den Ruhestandsbeamten gleich zu behandeln.

Ein Jude, der trotz der Bestimmung des § 4 der 1. V. zum RbürgG. v. 14. 11. 35 (RGBl. I 1333) nach dem 31. 12. 34, weil damals seine Zugehörigkeit zur jüdischen Rasse noch nicht feststand, noch als Beamter im Dienst war, untersteht den Dienststrafgesetzen. RDStH. 19. 11. 37 Deutsch.Verw. **39** 183 = E. **1** 21. Erst wenn ein solcher Jude aus dem Dienst entlassen ist, kann er nicht mehr wie ein aktiver Beamter dienststrafrechtlich verfolgt werden.

Außer gegen Ruhestandsbeamte kann **gegen andere frühere Beamte, die aus dem Dienstverhältnis gemäß §§ 50—53 DBG. ausgeschieden oder nach den §§ 57—63 DBG. entlassen sind,** dienststrafrechtlich nicht eingeschritten werden; nur wenn sie wieder Beamte oder Ruhestandsbeamte geworden sind, kann nunmehr gegen sie wegen der im § 22 Abs. 2 DBG. bezeichneten Verfehlungen eingeschritten werden, die sie nach dem Ausscheiden oder der Entlassung als Privatleute begangen haben. § 2 Satz 1 RDStO.

Ruhestandsbeamte des früheren Rechts, die im Zeitpunkt des Inkrafttretens des DBG. keine Ansprüche auf Versorgungsbezüge erworben haben, z. B. die nach § 6 BBG. vor Erfüllung der 10jährigen Wartezeit des RBG. in den Ruhestand versetzten Reichsbeamten, unterliegen nicht dem DBG. und somit auch nicht der RDStO. § 184 Abs. 1 Satz 3 DBG.; RDStH. 1. 2. 38 RVerwBl. **59** 474 = E. **1** 14. Ebensowenig fallen unter die RDStO. solche früheren Beamte, die zwar Versorgungsansprüche haben, aber nicht in den Ruhestand versetzt worden sind. RDStH. 21. 12. 38 E. **2** 1.

Gegen **Hinterbliebene** eines Beamten kann dienststrafrechtlich unter keinen Umständen eingeschritten werden. Jedoch können Witwen und Waisen, wenn sie sich staatsfeindlich betätigt haben, die Versorgungsbezüge jeweils bis zur Dauer von 2 Jahren entzogen werden. § 136 DBG. Außerdem erlischt nach § 133 Abs. 1 Nr. 3 DBG. das Witwen- und Waisengeld für jeden Berechtigten, der wegen der dort bezeichneten Verbrechen oder Vergehen rechtskräftig verurteilt worden ist.

7. Auch die **richterlichen Beamten** (s. Anm. 1 zu § 108), fallen unter die RDStO. Es ist bemerkenswert, daß der neue Staat hier nicht dem Vorbild Preußens gefolgt ist und für die Richter eine besondere Dienststrafordnung geschaffen hat; er hat sie vielmehr wie die übrigen Beamten der allgemeinen RDStO. unterstellt. Dadurch ist die Vereinheitlichung des Beamtenkörpers hergestellt. Nur wenige, in § 108 zusammengefaßte Sondervorschriften sind für die richterlichen Beamten auf dem Gebiete des Dienststrafrechts ergangen; s. oben Vorbem. vor § 1 I 3 Abs. 3. Diese Sondervorschriften gelten für alle Gruppen richterlicher Beamten, gleichviel ob für sie ein allgemeines Dienststrafgericht, die besonderen Dienststrafgerichte der Reichsjustizverwaltung (§ 109) oder der besondere Dienststrafsenat des Reichsgerichts (§ 110) zur Entscheidung im Dienststrafverfahren berufen sind. Wittland DJ. **37** 346.

Im übrigen unterstehen aber die richterlichen Beamten ebenso wie die nichtrichterlichen Beamten allen Vorschriften der RDStO.

Die „Assessoren", d. h. diejenigen, die auf Grund der Vorschriften der Justizausbildungsordnung die große Staatsprüfung bestanden haben, scheiden aus dem Beamtenverhältnis aus mit Ablauf des Tages, an dem ihnen das Ergebnis der Staatsprüfung eröffnet wird. § 1 V. v. 16. 5. 39

(RGBl. I 917). Sie fallen also nicht unter die RDStO. und unterstehen überhaupt keiner Dienststrafgewalt. Es kann ihnen aber das Recht zur Führung der Bezeichnung „Assessor" unter den im § 1 Abs. 2 a. a. O. angegebenen Voraussetzungen verliehen werden. Wegen der Anwaltsassessoren s. unten Anm. 15. Wegen der Notarassessoren s. Anm. 1 e zu § 108.

Besonders herausgehoben sind die an den obersten Gerichtsbehörden des Reichs tätigen Richter. Es sind dies die Mitglieder des Reichsgerichts, des Reichsverwaltungsgerichts, des Reichsfinanzhofs, des Reichserbhofgerichts und die hauptamtlichen Mitglieder des Volksgerichtshofs. Gleichgestellt sind ihnen die Mitglieder des Rechnungshofs des Deutschen Reiches und nach § 118 die richterlichen Mitglieder der obersten Verwaltungsgerichte der Länder und die unabhängigen Mitglieder der preußischen Oberrechnungskammer. Für diese Beamtengruppen ist in § 110 RDStO. ein besonderer Dienststrafsenat beim Reichsgericht vorgesehen, der in erster und einziger Instanz, also sofort endgültig, entscheidet.

8. **Für die Beamten der Reichsjustizverwaltung,** die im übrigen ebenfalls unter die RDStO. fallen, gelten nach § 109 einige Sondervorschriften. Sie beziehen sich im wesentlichen auf die Organisation der Dienststrafgerichte, die für sie eine andere ist als für die übrigen Beamten. Die danach für die Beamten der Reichsjustizverwaltung zuständigen Dienststrafgerichte treten aber nur in Tätigkeit, wenn es sich um solche Dienstvergehen handelt, die in oder bei Ausübung der Rechtspflege begangen sind; bei anderen Verfehlungen dieser Beamten kommen die allgemeinen Vorschriften in Betracht; s. näheres Anm. zu § 109. Jedoch gelten für die richterlichen Beamten die Sondervorschriften des § 108.

9. Auch die Beamten im **Vorbereitungsdienst,** z. B. die Referendare und Supernumerare fallen als Widerrufsbeamte unter die RDStO. Die in Preußen und sonst für diese Beamtengruppen in Geltung gewesenen Sondervorschriften sind fortgefallen. § 121 Abs. 3 RDStO.

10. Auch der sonstige Beamte **auf Widerruf** (§§ 30, 61 und 62 DBG.) untersteht der RDStO. Jedoch findet gegen ihn, der eines Dienstvergehens beschuldigt wird, ein förmliches Dienststrafverfahren nicht statt. § 107 Satz 1. Denn ein solcher Beamter kann ohne weiteres durch Widerruf entlassen werden; es bedarf also, um ihn aus dem Amt zu entfernen, nicht eines auf Entfernung aus dem Dienst lautenden Urteils eines Dienststrafgerichts. Ein trotzdem gegen einen Widerrufsbeamten etwa eingeleitetes förmliches Dienststrafverfahren müßte sofort eingestellt werden. RDStO. 21. 12. 38 E. **2** 1 ff.; 9. 8. 39 E. **2** 7. Es gibt aber Fälle, die eingehender Aufklärung bedürfen, ehe von dem entscheidenden Widerrufsrecht (§ 61 DBG.) Gebrauch gemacht werden kann. Deshalb gestattet § 107 Satz 2 RDStO. der Behörde, die nach § 29 zur Einleitung eines förmlichen Dienststrafverfahrens zuständig sein würde, einen Beamten mit der Untersuchung zu beauftragen. Dieser Beamte hat die Rechte und Pflichten des Untersuchungsführers; s. näheres

§§ 44 ff. Unbeschränkt unterliegt aber der Beamte auf Widerruf der Dienststrafgewalt des Dienstvorgesetzten.

Alle diese Vorschriften finden auf die als Beamte auf Widerruf beschäftigten Militäranwärter Anwendung. Ist gegen einen als Beamter auf Widerruf beschäftigten Militäranwärter von der Beschäftigungsbehörde eine Dienststrafe verhängt worden, so kann er in seiner Eigenschaft als Militäranwärter wegen derselben Pflichtverletzung von den Dienststellen der Wehrmacht nicht noch einmal zur Rechenschaft gezogen werden. § 41 Abs. 2 Satz 1 und 2 WFVG. 26. 8. 38 (RGBl. I 1077). Entläßt die Beschäftigungsbehörde den Militäranwärter wegen eines Dienstvergehens durch Widerruf, so hat sie dem Oberkommando der Wehrmacht die Gründe des Widerrufs unter Beifügung der Vorgänge mitzuteilen. Dies entscheidet über weitere dienststrafrechtliche Maßnahmen, gegebenenfalls Einleitung des förmlichen Dienststrafverfahrens zum Zwecke der Entfernung aus dem Militäranwärterverhältnis. § 41 Abs. 2 WFVG. a. a. O.

11. Für die Beamten und Ruhestandsbeamten **der deutschen Reichsbank** und der **Deutschen Reichsbahn** gilt die RDStO. und es sind für sie die Dienststrafgerichte des Reiches zuständig; s. unten Anm. 2 zu § 121.

12. Auch die sogen. **Ehrenbeamten** fallen unter die RDStO. Darunter versteht man nach § 149 DBG. diejenigen Personen, die mit ehrenamtlicher Tätigkeit betraut sind und ihre Amtstätigkeit nicht als Lebensberuf, sondern nur für eine gewisse Zeit und als Nebenbeschäftigung neben einem anderen privaten Beruf oder auch ohne einen solchen ausüben und keine Besoldung erhalten. Außerdem muß ihnen aber, um sie zu Ehrenbeamten im staatsrechtlichen Sinne zu machen, eine Urkunde ausgehändigt sein, in der die Worte „unter Berufung in das Beamtenverhältnis als Ehrenbeamter" enthalten sind. Für Personen, die, ohne in das Beamtenverhältnis berufen zu sein, ehrenamtlich tätig sind, gilt die RDStO. nicht. DurchfV. zu § 1 Satz 2.

Soweit für die Rechtsverhältnisse der Ehrenbeamten Sondervorschriften bestehen, gelten diese nach § 149 Abs. 4 DBG. vor den allgemeinen Vorschriften. Solche Sondervorschriften finden sich besonders in der DGO., z. B. über die Verhängung von Bußen (§§ 23, 24 DGO.) und über das Ausscheiden (§§ 22, 54 DGO.). DurchfV. Abs. 1 zu § 1. In dienststrafrechtlicher Hinsicht kommt folgendes in Betracht:

Der Ehrenbeamte ist ebenso wie der besoldete Gemeindebeamte zur Verschwiegenheit verpflichtet. § 24 Abs. 1 DGO. Verstößt er gegen diese Pflicht, so kann die Gemeinde, d. h. der Bürgermeister, ihn in eine Buße bis zu 1000 RM. nehmen oder ihm das Bürgerrecht bis zu 6 Jahren aberkennen oder sogar in besonders schweren Fällen beide Maßnahmen nebeneinander verhängen. Dadurch ist aber die Verhängung dienststrafrechtlicher Ordnungsstrafen und die Einleitung eines förmlichen Dienststrafverfahrens mit dem Ziele der Dienstentlassung nicht ausgeschlossen. AusfAnw. v. 22. 3. 35 (MBl. 415) zu § 24 DGO.; Surén-Loschelder **1** 364 ff.; s. auch Berger RVerwBl. **60**

292, der mit Recht darauf hinweist, daß bei den Verfehlungen der Gemeinderäte neben dem Entlassungsverfahren aus § 54 DGO. auch das förmliche Dienststrafverfahren in Betracht kommt. Jedoch ist der Weg des § 54 a. a. O. wesentlich einfacher und die Praxis gibt ihm deshalb den Vorzug. Surén-Loschelder **1** 728.

Der Ehrenbeamte hat gegenüber der Gemeinde eine besondere Treupflicht. Er darf Ansprüche Dritter gegen die Gemeinde nicht geltend machen. § 26 DGO. Er muß auch sonst alles vermeiden, was auch nur den Anschein einer Ausnützung ehrenamtlicher Tätigkeit zu persönlichen Zwecken erwecken kann. Dies gilt insbes. für das Gebiet der Vergebung gemeindlicher Aufträge. AusfAnw. v. 22. 3. 35 zu § 26 DGO.; Surén-Loschelder 377 ff.

13. Eine besondere Stellung nehmen die **ärztlichen Beamten** ein. Es sind dies solche Beamte, denen ihr Amt mit Rücksicht auf ihre Ausbildung als Arzt übertragen ist. § 18 RÄrztO. Sie sind zwar Reichsbeamte — und zwar bald unmittelbare, bald mittelbare — und fallen als solche unter die RDStO. Als Ärzte unterstehen sie aber gleichzeitig in gewisser Hinsicht der Aufsicht und Disziplin der Reichsärztekammern. Deren Anordnungen haben sie insoweit zu befolgen, als sie nicht in die dienstliche Tätigkeit der ärztlichen Beamten eingreifen. Erzwingungsstrafen bis zu 1000 RM., die die Reichsärztekammern gegen Ärzte zur Befolgung ihrer Anordnungen verhängen können, dürfen gegen einen ärztlichen Beamten erst dann verhängt werden, nachdem seine vorgesetzte Dienststelle entschieden hat, daß der Arzt von der Anordnung der Reichsärztekammer nicht bei einer dienstlichen Tätigkeit abgewichen ist. Die ärztlichen Berufsgerichte (ärztliches Bezirksgericht und Ärztegerichtshof) sind nicht für die ärztlichen Beamten zuständig, für die ein staatliches Dienststrafverfahren besteht. Die Strafbefugnis der Reichsärztekammer erstreckt sich gegen sie nicht wie gegen andere Ärzte auf Warnungen, Verweise und Geldbußen bis zu 1000 RM., sondern beschränkt sich darauf, ärztliche Beamte, die außerhalb ihres Amtes eine behandelnde Tätigkeit in der öffentlichen Fürsorge ausüben, gemäß § 52 Abs. 1 Nr. 4 u. § 53 Abs. 2 RÄrzteO. von dieser Tätigkeit auszuschließen. § 54 Nr. 2 a. a. O. Wird gegen einen ärztlichen Beamten wegen eines Berufsvergehens (§ 51 a. a. O.) dienststrafrechtlich vorgegangen, so ist der Reichsärztekammer auf ihren Antrag vom Dienstvorgesetzten Gelegenheit zu geben, sich gutachtlich vom Standpunkt des Berufsstandes aus zu dem Gegenstand der Beschuldigung zu äußern und ihr zu diesem Zweck in Ermittlungs- und Untersuchungsvorgänge Einsicht zu gewähren. § 55 a. a. O. Ähnliches gilt für beamtete Tierärzte und Apotheker. § 54 Reichstierärzteordnung und § 17 Reichsapothekerordnung.

Wegen der Beamten, die selbst gewerbliche Unternehmer oder gesetzliche Vertreter von Unternehmungen sind, die der Organisation der gewerblichen Wirtschaft angehören s. § 2 Abs. 6 in Verb. mit § 1 Abs. 1 der Ehrengerichtsordnung der gewerblichen Wirtschaft 20. 1. 37 und Ule RVerwBl. **60** 95.

14. Für die **Wehrmachtbeamten** (früher Militärbeamte genannt) gilt die RDStO. nur soweit, als dies die in § 113 in Aussicht gestellten Sondervorschriften zulassen. Diese Sondervorschriften sind durch die Verordnung über das Dienststrafverfahren gegen Wehrmachtbeamte vom 24. 6. 37 (RGBl. I S. 722) in der Fassung vom 13. 12. 38 (RGBl. I 1816) und 30. 6. 40 (RGBl. I 952) erlassen worden; s. hiezu Loosch „DVerw." 38 205 ff. Diese Sondervorschriften sind bei den §§ 16, 20, 29, 31—33, 35—37, 41, 44, 60, 103 und 108 des vorliegenden Kommentars mitgeteilt worden. Außerdem finden aber die Vorschriften des § 28 Satz 3, § 36 Abs. 3, § 58 Abs. 2 und § 60 Abs. 2 über die Beteiligung des Stellvertreters des Führers und der NSDAP. im Dienststrafverfahren gegen Wehrmachtbeamte keine Anwendung. Ferner ist aufgehoben die Militärrichterdienststrafordnung vom 14. 3. 34 (RGBl. I 207). Dagegen sind die auf Wehrmachtbeamte anwendbaren Vorschriften der Disziplinarstrafordnungen der Wehrmachtteile unberührt geblieben. DurchfV. Nr. 1 und 2 zu § 121. Es kommt hier in Betracht die Disziplinarstrafordg. für das Heer und die Marine vom 27. 2. 40 (RGBl. II 41). Die DiszstrafO. für das Heer gilt auch für die Luftwaffe. Im übrigen sind für die Wehrmachtbeamten besondere Dienststrafgerichte gebildet. §§ 31 ff. Vdg. v. 24. 6. 37. Die Wehrmachtbeamten gehören zusammen mit den Soldaten zu den Angehörigen der Wehrmacht (§ 21 Abs. 1 WehrG.); die letztere besteht aus dem Heer, der Kriegsmarine und der Luftwaffe.

Zu den Wehrmachtbeamten gehören z. B. die Intendanten, Intendanturräte, Zahlmeister usw.

Die Wehrmachtbeamten sind unmittelbare Reichsbeamte und unterstehen den Vorschriften des DBG., soweit nicht im WehrG. oder sonst abweichendes bestimmt ist.

Auf die **richterlichen Wehrmachtjustizbeamten** (Kriegs- und Oberkriegsgerichtsräte, Senatspräsidenten und Reichskriegsgerichtsräte beim Reichskriegsgericht s. §§ 16 ff. und 43 MilStGG. v. 29. 9. 36 (RGBl. I 751) fand bisher die M i l i t ä r r i c h t e r d i e n s t s t r a f o r d n u n g v. 14. 3. 34 (RGBl. I 207) Anwendung; sie ist außer Kraft getreten. DurchfV. Nr. 1 zu § 121; die richterlichen Militärjustizbeamten fallen jetzt ebenfalls unter die Vdg. v. 24. 6. 37.

Die im Bereich der Wehrmacht **als Beamte angestellten Zivilpersonen** unterliegen als unmittelbare Reichsbeamte in jeder Hinsicht der RDStO. Jedoch kann nach § 35 WehrG, das Oberkommando der Wehrmacht diese Beamten den für Soldaten geltenden gesetzlichen Vorschriften, also auch der militärischen Disziplinarstrafordnung unterwerfen, wenn und solange militärische Notwendigkeit es fordert. Sie sind für die Dauer dieser Anordnung Angehörige der Wehrmacht im Sinne des § 21 WehrG.

Für die Beamten der uniformierten staatlichen Vollzugspolizei gilt die RDStO. Jedoch sind für sie in einigen Punkten Sondervorschriften vorgesehen. § 111 RDStO.

Auf den **Militäranwärter**, der schuldhaft die ihm obliegenden Pflichten verletzt, finden die für Dienstvergehen von Beamten geltenden Vorschriften, insbes. die RDStO., entsprechende Anwendung. § 41 WFVG.

15. Die **Notare** sind (mit wenigen Ausnahmen s. DurchfV. zu § 171 DBG.) zwar nicht Beamte im Sinne des DBG., sondern Träger eines öffentlichen Amts. § 2 Satz 1 RNotO. Es finden aber, soweit in der RNotO. nicht abweichendes bestimmt ist, auf sie die für richterliche Beamte der Reichsjustizverwaltung geltenden Vorschriften der RDStO. entsprechende Anwendung. Im förmlichen Dienststrafverfahren entscheiden allein die Dienststrafkammern bei den Oberlandesgerichten und der Dienststrafsenat beim Reichsgericht. Als Beisitzer bei diesen Gerichtshöfen wirken nach näherer Vorschrift des § 71 Abs. 2 Satz 2 RNotO. Notare mit.

Das gleiche gilt für Notarassessoren, die nach § 5 Abs. 1 RNotO. zwar nicht Beamte im Sinne des DBG. sind, jedoch in einem öffentlich-rechtlichen Dienstverhältnis zum Reich stehen; s. auch RJM. 14. 6. 37 DJ. 914 ff.

Die **Rechtsanwälte** sind nicht Beamte, sondern üben als „Diener am Recht" einen freien Beruf aus. Sie fallen nicht unter die RDStO., sondern unter die in der R.Rechtsanwaltsordnung in der Fassung der Bekanntm. v. 21. 2. 36 (RGBl. I S. 107) geregelte Ehrengerichtsbarkeit. Der im anwaltlichen Probedienst tätige Assessor untersteht zwar der Leitung des zuständigen Oberlandesgerichtspräsidenten und kann von ihm zur Erfüllung seiner Pflichten angehalten werden. Im übrigen unterliegt er, da er nicht Beamter ist, keiner Dienststrafgewalt. Der aus dem Probedienst in den anwaltlichen Anwärterdienst überwiesene „Anwaltsassessor" untersteht wie ein Rechtsanwalt der Ehrengerichtsbarkeit der Reichs-Rechtsanwaltskammer und der Aufsicht des Präsidenten der Reichs-Rechtsanwaltskammer. § 11 Abs. 2 RRechtsO.; Noack Ztschr. d. Akad. f. Deutsches Recht **36** 927; Vollmer Kommentar zur RAwO. § 3 Anm. 1.

16. Die Beamten **der öffentlich-rechtlichen Religionsgesellschaften und ihrer Verbände** sind Kirchenbeamte und nicht Beamte im Sinne des DBG. RG. 5. 4. 35 HRR. **35** 1415 = JW. **35** 3376 = ZBR. **7** 150. Sie fallen daher nicht unter die RDStO. Für die Geistlichen und Beamten der Deutschen Evang. Kirche gilt die Disziplinarordnung v. 13. 4. 39 (GesBl.d.D. Ev.Kirche 27 ff.) nebst Abänderung, Ergänzung und Durchführung 15. 12. 39 (GesBl.d.D.Ev.Kirche 1939 S. 130); dazu Durchführungsverordnung v. 17. 5. 39 (GesBl.d.D.Ev.Kirche 63). Die Disziplinarordnung ist von Engelhard bei Trowitzsch u. Sohn, Berlin 1940 erläutert worden.

Die Universitätsprofessoren der Theologie (auch der katholischen) sind Reichsbeamte und nicht Kirchenbeamte. OVG. **82** 246. Die Universitätslehrer der katholisch-theologischen Fakultäten unterliegen allerdings neben der staatlichen auch der kirchlichen Aufsicht, und zwar zunächst des Bischofs. Verstoßen sie in ihren Vorlesungen oder Schriften gegen die katholische Glaubens- und Sittenlehre oder geben sie sonst in sittlich-religiöser Beziehung ein auffallendes Ärgernis, so kann der Bischof beim Minister für Wissenschaft, Erziehung und Volksbildung Anzeige erstatten; s. näheres Schlußprotokoll zu Art. 12 Abs. 1 Satz 2 des Vertrages mit dem Heiligen Stuhle v. 14. 6. 29 (PrG. v. 3. 8. 29, GS. 151); s. dazu Finger JW. **29**

3354 und 3355; ferner Reichskonkardat mit dem Heiligen Stuhl v. 20. 7. 33, Bek. 12. 9. 33 (RGBl. II 679) und Peters, Die Besonderheiten der beamtenrechtl. Stellung der katholischen Theologieprofessoren an den deutschen Universitäten in der Festschrift für Eichmann 1940 S. 401 ff.

Die Strafanstaltsgeistlichen und die Pfarrer beim Charitékrankenhaus in Berlin sind Beamte im Sinne des DBG. RG. **132** 89 und fallen daher unter die RDStO.

17. Da es sich um **Beamte im Sinne des DBG.** handeln muß, so fallen nur diejenigen Personen unter die RDStO., denen eine Ernennungsurkunde ausgehändigt ist, in der die Worte „unter Berufung in das Beamtenverhältnis" enthalten sind. Denn wer keine solche Urkunde erhalten hat, ist nach § 27 Abs. 1 Satz 2 DBG. nicht Beamter im Sinne des DBG. RDStH, 16. 11. 37 RVerwBl. **59** 42. Jedoch sind nach § 178 Abs. 1 DBG. für die Beamten, die vor dem 2. Juli 1933 (dem Tage, seitdem die vorbezeichnete Ernennungsurkunde notwendige Voraussetzung für die Erlangung der Beamteneigenschaft ist) als Beamte berufen worden sind, Ausnahmen zugelassen; sie sind Beamte, auch wenn sie eine Urkunde mit dem oben bezeichneten Inhalt nicht erhalten haben.

Auch *frühere* — ohne Ruhegehalt ausgeschiedene — Beamte unterliegen der RDStO. nicht mehr. PrOVG. 5. 3. 35 RVerwBl. **56** 678 = JW. **35** 2462. Ein gegen sie etwa anhängiges Dienststrafverfahren ist einzustellen. § 52 Abs. 1 Nr. 3; RDStH. 21. 12. 38 E. **2** 1. Abweichendes gilt aber in gewissen Grenzen nach § 2, wenn sie wieder in den öffentlichen Dienst eingetreten sind. Auch gegen Beamte, die die Reichsangehörigkeit verloren haben, findet in der Regel ein Dienststrafverfahren nicht statt. Denn nach § 51 DBG. scheiden sie mit Ablauf des Tages, an dem sie die Reichsangehörigkeit verloren haben, aus dem Beamtenverhältnis aus. Die abweichende Entsch. RDisH. 3. 10. 27 *Foerster-Simons* S. 4 ist überholt. Abweichendes gilt nur, wenn die oberste Dienstbehörde (§ 2 Abs. 4 DBG.) im Einvernehmen mit dem RMdJ. die Fortdauer des Beamtenverhältnisses trotz Verlustes der Reichsangehörigkeit angeordnet hat.

Die Dozenten an deutschen Hochschulen, früher *Privatdozenten* genannt, werden jetzt mit der Verleihung der Lehrbefugnis in das Beamtenverhältnis berufen, d. h. sie werden außerplanmäßige Beamte auf Widerruf. RM.f.W.Erz.u.V. vom 17. 2. 39 (DWissensch. **39** 126).

Gegen die Reichsminister und Statthalter und die Vorsitzenden und Mitglieder der Landesregierungen findet ein Dienststrafverfahren nicht statt. §§ 161 Satz 2, 177 DBG.

Das Beamtenverhältnis ist nach § 1 Abs. 1 DBG. ein **öffentlich-rechtliches** Dienst- und Treueverhältnis des Beamten zum Führer und zum Reich.

Liegt solches öffentlich-rechtliches Dienst- und Treueverhältnis nicht vor, so steht nur ein **Privatdienstverhältnis** in Frage, das nach den Regeln des Dienstvertrages (§§ 611 ff. BGB.) zu beurteilen ist.

Liegt ein solches Privatdienstverhältnis vor, so ist für die Anwendung von

Beamtenrecht kein Raum. Gegen einen solchen auf Privatdienstvertrag Angestellten findet also die RDStO. keine Anwendung; es ist deshalb nicht zulässig, gegen einen bei einer staatlichen Behörde tätigen Angestellten oder Arbeiter Dienststrafen zu verhängen oder gar das förmliche Dienststrafverfahren einzuleiten. RG. v. 1. März 1927 „Recht" **27** 305 = JRdsch., Rspr. **27** 582. Diese Frage wird häufig praktisch, da es bei den meisten Behörden außer den Beamten auch Angestellte und Arbeiter gibt. Sie werden auf Grund eines Privatdienstvertrages nach dem BGB. angenommen und haben nicht die Rechte und Pflichten der Beamten. RG. **110** 298. Sie fallen also nicht unter die Dienststrafgesetze. Vielmehr sind ihre Rechtsverhältnisse allgemein durch Tarifverträge geregelt, die zwischen der Regierung und den Vertretern der Angestellten und Arbeiter abgeschlossen sind. Diese Tarifverträge enthalten u. a. auch eine Art privaten Dienststrafrechts, indem dort auch Vorschriften über die Pflichten der Angestellten und Arbeiter, Urlaub sowie über Entlassungs- und Kündigungsgründe enthalten sind. Mitunter werden auch in Tarifverträgen oder sonst mit den Behördenangestellten als Mittel der Dienstzucht Vertragsstrafen (meist Geldbußen) in Anlehnung an das staatliche Dienststrafrecht vereinbart. Dietz ZBR. **7** 241 ff.

Eine im Angestelltenverhältnis begangene Handlung ist auch dann kein Dienstvergehen, wenn der Täter später mit Rückwirkung auf die Zeit der Begehung als Beamter angestellt worden ist. RDisH. v. 18. Juni 1928 DJZ. **29** 247 = Foerster-Simons 3.

Der Irrtum eines Beamten über seine Beamteneigenschaft ist aber kein Hindernis für Disziplinarverfolgung oder Annahme eines Dienstvergehens. RDisG. 23. 3. 27 Foerster-Simons S. 1 = DJZ. **27** 817 = DRichtZtg. **27** Rsp. SG. 187.

Die nach § 1 RDStO. notwendige Beamten- oder Ruhestandsbeamteneigenschaft ist als grundsätzliche Prozeßvoraussetzung in jeder Lage eines Dienststrafverfahrens zu prüfen. RDStH. 21. 12. 38 E. **2** 1.

18. Nur Beamte **im Sinne des DBG.** kommen im § 1 RDStO. in Frage. Deshalb unterliegt nicht der RDStO. derjenige, der zwar die Beamteneigenschaft **im Sinne des Strafrechts,** nicht aber des Staatsrechts hat. Der Begriff des Beamten (Amtsträgers) im Sinne des Strafrechts geht weiter als der im Sinne des Staatsrechts. Es kann vorkommen, daß jemand für ein öffentliches Amt angestellt und deshalb Beamter im Sinn des § 359 StGB. ist, ohne gleichzeitig auch Beamter im Sinne des DBG. zu sein. RDisH. bei Schulze-Simons 13; s. im übrigen Näheres bei Brand Kommentar zum DBG. 3. Aufl. Anm. 5 Vorbem. vor § 1. Auch der Beamtenbegriff **im Sinne des Art. 131 Weim.V. und der Staatshaftungsgesetze,** insbesondere des RG. über Haftung des Reichs für seine Beamten v. 22. 5. 1910 (RGBl. 798) in der Fassung des § 4 G. v. 30. 3. 33 (RGBl. I S. 433) ist ein anderer als der im § 1 DBG. enthaltene staatsrechtliche Begriff; s. Brand a. a. O. Anm. 4 Vorbem. vor § 1. Unter die ersteren fallen nicht nur Beamte im staatsrechtlichen Sinn, sondern auch die Angestellten und Arbeiter, die zum öffentlichen Dienstherrn nur in einem privatrechtlichen Dienstvertrage stehen; vgl. hierzu auch § 23 Abs. 4 und § 147 Abs. 2 DBG. Entscheidend ist hier das Unterworfensein unter ein öffentlich-rechtliches Gewaltverhältnis. So ist Beamter im Sinn der Haftpflichtgesetzgebung auch derjenige, der öffentliche Aufgaben erledigt, wenn er auch nicht Beamter im Sinne des DBG. ist. Ein solcher fällt aber nicht unter die RDStO. Man bezeichnet ihn auch besser als Amtsträger und nicht als Beamter.

Die Angehörigen des Zollgrenzschutzes sind der Dienststrafordnung für den Zollgrenzschutz v. 28. 8. 40 (Amtsbl. d. RFinanzV 233 = RMBl. **40** 254) unterstellt. Gegen Beamte dieses Grenzschutzes kann statt eines Einschreitens auf Grund dieser Verordnung das förmliche Dienststrafverfahren nach der RDStO. eingeleitet werden. § 2 Abs. 3 a. a. O.

19. Auch Personen, die nur in einem **beamtenähnlichen** Verhältnis stehen, fallen nicht unter die RDStO.

Es sind dies Personen, die zwar im staatlichen Interesse tätig sind, aber keinen Beamtencharakter haben. Dazu gehören z. B. die Rechtsanwälte, (s. oben Anm. 15), die Konkursverwalter, die gerichtlichen Zwangsverwalter (PrOVG. 5. 11. 29 RuPrVBl. **51** 167) und die „Beamten" der Berufsgenossenschaften (PrOVG. **20** 38; RGSt. **38** 17). Einige dieser Gruppen, wie z. B. die Rechtsanwälte, unterliegen besonderen Dienststrafgesetzen. Wegen der **Dozenten** an deutschen Hochschulen s. oben Anm. 17 Abs. 3.

Die Angehörigen der NSDAP. unterstehen nicht dem DBG. und fallen deshalb auch nicht unter die RDStO. Nach § 154 DBG. erläßt der Führer die Vorschriften für die NSDAP. als Körperschaft des öffentlichen Rechts.

20. Die **Angehörigen des Reichsarbeitsdienstes** sind nicht Beamte im Sinne des DBG. Für sie ist unter dem 25. 2. 36 (RGBl. I S. 123) eine besondere Dienststrafordnung ergangen; ergänzt durch Vdg. v. 1. 3. 36 (Vdgsbl. für den Reichsarbeitsdienst 24/36) und geändert durch V. v. 11. 2. 38 (RGBl. I 190) und Art. 63 Abs. 2 V. v. 29. 9. 39 (RGBl. I 1962); s. auch § 15 RArbdienstG. v. 9. 9. 39 (RGBl. I 1747). Für die weiblichen Angehörigen des Reichsarbeitsdienstes ist unter dem 30. 1. 40 (RGBl. I 243) eine entsprechende V. ergangen. Für die Dauer des Einsatzes des Reichsarbeitsdienstes im Rahmen der Wehrmacht s. DurchfV. 10. 4. 40 und Ehrlich DVerw. **40** 229. Zu den Angehörigen des Reichsarbeitsdienstes gehört auch das Stammpersonal, das nach § 11 Abs. 1 ReichsarbeitsdienstG. v. 9. 9. 39 (RGBl. I 1747) aus den planmäßigen Führern und Führerinnen sowie den Anwärtern auf diese Stellen besteht; s. dazu Krüger „Deutsches Recht" **36** S. 262 ff.; Brauße DJ. **37** 697 ff.; RG. 21. 8. 36 DJ. 1497.

21. Die Lehrer an den Privatschulen sind nicht Beamte im Sinne des DBG., und fallen nicht unter die RDStO. Da sie aber trotz Fehlens ihrer Beamteneigenschaft unter Staatsaufsicht stehen, so kann auch gegen sie eine Ordnungsstrafgewalt des Staates in Frage kommen.

§ 2.

Ein Beamter, der aus einem früheren Beamtenverhältnis ausgeschieden, entlassen oder in den Ruhestand getreten war, kann nach diesem Gesetz auch wegen solcher Dienstvergehen oder als Dienstvergehen geltender Handlungen (§ 22 Abs. 1 des Deutschen Beamtengesetzes) verfolgt werden, die er in dem früheren Beamtenverhältnis oder als Ruhestandsbeamter begangen hat; auch bei einem aus einem früheren Beamtenverhältnis ausgeschiedenen oder entlassenen Beamten gelten hierbei die im § 22 Abs. 1 Satz 2 des Deutschen Beamtengesetzes bezeichneten Handlungen als Dienstvergehen. Ein Wechsel des Dienstherrn steht der dienststrafrechtlichen Verfolgung nicht entgegen.

1. § 2 behandelt die früher vielerörterte und bestrittene Frage, ob ein Beamter auch wegen solcher Verfehlungen belangt werden kann, die er nicht in seinem gegenwärtigen Amt, **sondern in dem früheren Beamtenverhältnis** oder als Ruhestandsbeamter oder nach seinem Ausscheiden aus dem früheren Beamtenverhältnis (§§ 50 ff. DBG.) als Privatmann begangen hat. Dagegen regelt § 2 die bisherige Streitfrage ausdrücklich nicht, ob der Beamte wegen solcher Verfehlungen zur Rechenschaft gezogen werden kann, die er begangen hat, ehe er überhaupt in ein Beamtenverhältnis eingetreten war. § 2 regelt auch nicht die Frage, inwieweit ein Ruhestandsbeamter als solcher wegen Verfehlungen belangt werden kann, die er vor oder nach seiner Zurruhesetzung begangen hat. Diese Frage beantwortet § 12. § 2 befaßt sich nur mit der Frage, wie jemand, **der zur Zeit Beamter ist,** wegen Verfehlungen belangt werden kann, die er früher als Beamter oder als Ruhestandsbeamter oder als Privatmann begangen hat, ehe er in das gegenwärtige Beamtenverhältnis eingetreten ist.

2. Aus der Fassung des § 2 ergibt sich m. E. zweifelsfrei, daß die Verfehlungen, die ein Beamter begangen hat, ehe er überhaupt in ein Beamtenverhältnis eingetreten ist, dienststrafrechtlich nicht geahndet werden können. So auch Wittland DJ. **37** 344; Behnke 165 und BeamtJahrb. **37** 124; Wichert RDStO. S, 16 Anm. 5; Goedecke bei Pfundtner-Neubert RDStO, S. 7; Fischbach 341; Heyland 227. Denn § 2 setzt voraus, daß der Beamte, der nach der RDStO. verfolgt werden soll, früher schon einmal Beamter gewesen ist. Damit ist die bisherige Streitfrage über die Zulässigkeit der dienststrafrechtlichen Ahndung vordienstlicher Verfehlungen endgültig in dem Sinne geregelt, daß solche Verfolgung unzulässig ist. Niemals kann also jetzt ein Beamter wegen solcher Handlungen disziplinarisch verfolgt werden, **die er vor der erstmaligen Erlangung der Beamteneigenschaft begangen hat.** So jetzt auch RDStH. 6. 5. 38 RVerwBl. **59** 863. Denn der Beamte kann Dienstvergehen nur begehen, wenn er bereits zur Zeit der Verfehlungen Beamteneigenschaft hatte. Natürlich muß es möglich sein, sich solcher Personen zu entledigen, die trotz schwerer Verfehlungen, von denen die Behörde bei der Anstellung keine Kenntnis hatte, Beamte geworden sind. Hier bieten die §§ 32—34 DBG. die erforderliche Handhabe, um Beamtenernennungen für nichtig zu erklären, die durch Zwang, arglistige Täuschung oder Bestechung herbeigeführt sind oder bei denen die Behörde nicht wußte, daß der Ernannte wegen schwerer Verfehlungen rechtskräftig zu einer Strafe verurteilt war oder voraussichtlich wird; s. näheres Brand, Kommentar zum DBG. 3. Aufl. 357 ff. Anm. 3 ff. zu §§ 32—34.

Die vordienstlichen Verfehlungen dürfen auch nicht beim Strafmaß, sondern höchstens zur Führung des Schuldbeweises berücksichtigt werden; s. näheres Behnke 166 und BeamtJahrb. **37** 88, 89.

In der RRechtsanwO. wird ein etwas abweichender Standpunkt eingenommen; nach § 66 a. a. O. ist wegen Handlungen, die ein Rechtsanwalt oder Anwaltsassessor vor seiner Verpflichtung oder Zulassung begangen hat, ein ehrengerichtliches Verfahren dann zulässig, wenn auf Ausschließung zu erkennen sein wird. Gegen Rechtsanwälte usw. können also auch vorberufliche Verfehlungen in den schwersten Fällen ehrengerichtlich geahndet werden.

3. § 2 stellt jetzt den allgemeinen Grundsatz auf, daß jeder Beamte dienststrafrechtlich wegen solcher Verfehlungen belangt werden kann, **die er zu irgend einer Zeit in einem früheren Amte,** aus dem er ausgeschieden oder entlassen war (s. unten Anm. 6 A und B zu § 9) **oder** — allerdings nur in beschränktem Maße — **im Ruhestand** oder nach Bekleidung eines Amtes als Privatmann **begangen hat.** Dabei ist es gleich, ob eine Unterbrechung des Beamtenverhältnisses stattgefunden, der Beamte also vorübergehend überhaupt nicht in einem Beamtenverhältnis gestanden hat oder ob sich die neue Beamtenstellung unmittelbar ohne Unterbrechung an die frühere angeschlossen hat. Auch wenn das vor Auflösung des früheren Beamtenverhältnisses eingeleitete Dienststrafverfahren wegen des Ausscheidens des Beamten aus jedem Dienst eingestellt worden ist, kann nach Wiedereintritt des Beamten in den neuen Dienst wegen der gleichen Vorkommnisse ein neues Dienststrafverfahren eingeleitet werden. Wittland DJ. **36** 603. Damit ist der Kreis der dem Dienststrafrichter unterworfenen Verfehlungen eines Beamten gegenüber dem früheren Rechtszustand erheblich weiter gezogen, zumal jetzt ein Wechsel des Dienstherrn der dienststrafrechtlichen Verfolgung nicht entgegensteht. Natürlich kann der, der aus seinem früheren Amt ausgeschieden ist, ohne in den Ruhestand getreten zu sein, solange nicht dienststrafrechtlich belangt werden, als er Privatmann ist. Erst wenn er wieder ein öffentliches Amt übernimmt, untersteht er wieder der Dienststrafgewalt des Staats wegen früherer Verfehlungen.

Bisher war es streitig, ob Beamte, die im Reichsdienst eine Verfehlung begangen hatten, wegen dieser nach ihrem Übertritt in den Dienst eines Landes dienststrafrechtlich verfolgt werden konnten. Man suchte die Verneinung dieser Frage mit dem Wechsel des Dienstherrn zu begründen. Jetzt tritt als Grundsatz die Einheitlichkeit der Beamtenstellung und die einheitliche Dienststrafgewalt des Reiches scharf hervor; jeder, der sich in einer Beamtenstellung befindet, kann uneingeschränkt verfolgt werden, wegen solcher Verfehlungen, die er im Dienst irgend eines öffentlichen Dienstherrn begangen hat, mag dieser einer Reichs- oder Länderbehörde oder sonst irgend einer Körperschaft, Anstalt oder Stiftung des öffentlichen Rechts angehören. „Dies ist vor allem bedeutsam für die Fälle des Übergangs eines Beamten aus dem Dienst eines Dienstherrn in den eines anderen, insbes. aus dem mittelbaren Staatsdienst, z. B. bei einer Gemeinde oder sonstigen Körperschaft des öffentlichen Rechts in den unmittelbaren Reichsdienst, eines Überganges also, der sich regelmäßig in der Weise vollzieht, daß der Beamte aus dem Beamtenverhältnis bei seinem bisherigen Dienstherrn auf eigenen Antrag entlassen (§ 60 DBG.) und gleichzeitig oder danach in ein neues Beamtenverhältnis bei einem anderen Dienstherrn berufen wird." Begr.

„Die Verfolgbarkeit eines während eines früheren Dienstverhältnisses begangenen Dienstvergehens findet ihre Rechtfertigung darin, daß die Dienststrafgewalt über mittelbare und unmittelbare Reichsbeamte (vgl. § 2 Abs. 3 DBG.) Ausfluß der einheitlichen Reichsgewalt ist. Die Verfolgbarkeit einer nach Beendigung des früheren Dienstverhältnisses begangenen, als Dienstvergehen geltenden Handlung ist begründet darin, daß der frühere Pflichtenkreis über seine Beendigung hinaus gewisse Wirkungen ausstrahlt für den, der sich von neuem einen Pflichtenkreis gleicher Art unterwirft." Begr.

Diese Grundsätze gelten sowohl für das förmliche Dienststrafverfahren wie auch das Dienststrafverfahren des Dienstvorgesetzten. Sie gelten auch für die Verfehlungen, die vor dem Inkrafttreten der RDStO., d. h. vor dem 1. 7. 37 begangen sind. Denn nach § 115 Abs. 1 gilt die RDStO. ohne Rücksicht auf den Zeitpunkt, in dem das Dienstvergehen begangen ist, mag auch der Beamte inzwischen seinen Dienstherrn gewechselt haben

Übrigens hat der Übertritt aus dem Reichsdienst in den Dienst eines Landes und umgekehrt nach dem G. 5. 7. 39 (RGBl. I 1197) einen Wechsel des Dienstherrn nicht mehr zur Folge.

Es tritt aber u. a. ein Wechsel der Zuständigkeit im förmlichen Dienststrafverfahren ein, da für richterliche Beamte, Beamte der Reichsjustizverwaltung, für Mitglieder gewisser höchster Gerichtshöfe und für Wehrmachtbeamte besonders zusammengesetzte Dienststrafgerichte bestehen (vgl. §§ 108, 109, 110, 113). Die Zuständigkeit zur Handhabung der Dienststrafgewalt geht vom Eintritt des Beamten in das neue Dienstverhältnis ab auf die Dienststrafgerichte, die für die neuen Dienststellen zuständig sind, und auf die neuen Dienstvorgesetzten über. In gewissen Ausnahmefällen verbleibt aber dem früheren Dienstherrn noch eine dienststrafrechtliche Zuständigkeit; s. hierzu Wittland DJ. **36** 601, 602.

Der neue Dienstherr muß Dienststrafverfügungen und Dienststrafurteile, die von Dienstvorgesetzten und Dienststrafgerichten, die für das frühere Amt zuständig waren, erlassen und bereits rechtskräftig geworden sind, als fortbestehend behandeln und darf wegen der gleichen Vorkommnisse nicht erneut gegen den Beamten einschreiten. Im übrigen aber kann ihn der neue Dienstherr im Rahmen des § 2 auch wegen der vor dem Eintritt in den neuen Dienst begangenen Verfehlungen belangen.

Dabei muß der neue Dienstherr aber bei der Prüfung der Frage, ob eine Verfehlung vorliege, die Vorschriften zugrunde legen, die für den Beamten zu der Zeit galten, als er die Verfehlung beging; s. hierzu RDisH. 15. 11. 32 JW. **33** 1617; Wittland DJ. **36** 603. Es darf aber, da die neue Fassung des § 2 a Abs. 1 StGB. im Dienststrafrecht keine Anwendung findet, auch eine schärfere Strafe verhängt werden, als die zur Zeit der Tat angedrohte Strafe; s. RDisH. 9. 7. 35 ZBR. **7** 102; Ender RVerwBl. **57** 649 ff.; a. M. Wittland DJ. **36** 1065.

Darüber hinaus aber kann jetzt ein Beamter auch wegen gewisser Verfehlungen (§ 22 Abs. 1 Satz 2 DBG.) belangt werden, die er **als Ruhestandsbeamter begangen hat.** Dies hängt mit der veränderten Auffassung des Ruhestandsverhältnisses zusammen. Während früher der Ruhestandsbeamte in keiner Hinsicht mehr als Beamter galt und tun und lassen konnte, was er wollte, ohne sich der Gefahr der dienststrafrechtlichen Verfolgung auszusetzen, gilt er jetzt auch nach Übertritt in den Ruhestand als in einem fortlaufenden Treue- und Pflichtenkreis stehend. Wenn er auch im Ruhestand nur in beschränktem Umfang zur Rechenschaft gezogen werden kann, so kann er, wenn er wieder in ein aktives Beamtenverhältnis eintritt, darüber hinaus nicht nur wegen Verstoßes gegen die in § 22 Abs. 1 Satz 2 bezeichneten Handlungen, sondern ganz allgemein auch wegen der in seinem früheren Amtsverhältnis begangenen Pflichtverletzungen belangt werden. Es kann sogar jemand, der wieder Beamter geworden ist, wegen solcher Verfehlungen belangt werden, die er nach dem Ausscheiden aus einem früheren Beamtenverhältnis (§§ 51—53 DBG.) oder nach Entlassung aus einem solchen (§§ 57 bis 63 DBG.) als Privatmann begangen hat. Allerdings gelten in diesem Falle nur die in § 22 Abs. 1 Satz 2 DBG. bezeichneten Handlungen als Dienstvergehen. Es sind dies: Verstoß gegen § 3 Abs. 1 Satz 4 (staatsfeindliche Betätigung), gegen § 8 (Verletzung der Amtsverschwiegenheit) und gegen § 15 (Annahme von Belohnungen und Geschenken ohne behördliche Zustimmung). Wegen sonstiger Verfehlungen, die er als Privatmann begangen hat, kann er nach seiner Wiedereinstellung in den öffentlichen Dienst nicht belangt werden. Dagegen kann er ebenso wie der Ruhestandsbeamte, der wieder Beamter wird, unbeschränkt wegen der in dem früheren Amtsverhältnis begangenen Verfehlungen verfolgt werden.

Diese Grundsätze gelten auch dann, wenn der Beamte den Dienstherrn gewechselt hat, also z. B. wenn ein aus dem unmittelbaren Reichsdienst zur Ruhe gesetzter Beamter später in den Dienst einer Gemeinde wieder eintritt.

§ 3.

Die zuständige Behörde bestimmt nach pflichtmäßigem Ermessen, ob wegen eines Dienstvergehens nach diesem Gesetz einzuschreiten ist; sie hat

dabei auch das gesamte dienstliche und außerdienstliche Verhalten zu berücksichtigen.

1. Die dem Dienststrafrecht eigentümlichen Zwecke und Ziele haben zur Folge, daß das Dienststrafrecht im Gegensatz zum allgemeinen Strafrecht **nicht von dem Legalitätsprinzip, sondern von dem Opportunitätsprinzip** beherrscht wird. Das ist im § 3 besonders hervorgehoben. Ob wegen eines Dienstvergehens ein Dienststrafverfahren – sei es ein Verfahren des Dienstvorgesetzten oder ein förmliches Dienststrafverfahren — einzuleiten sei, steht daher im pflichtmäßigen Ermessen der zuständigen Behörde (z. B. § 21 Abs. 1 und 4 und § 29). RDStH. 15. 3. 38 E. **1** 143. „Die Entscheidung hängt in erster Linie davon ab, wie die pflichtwidrige Handlung (oder Unterlassung) vom Gesichtspunkt der Erhaltung der Dienstzucht in der Beamtenschaft zu bewerten ist, ob ihre Nichtverfolgung innerhalb der Beamtenschaft selbst ungünstig wirkt, ob sie deren Ansehen nach außen schädigen kann, oder ob andere staatliche Rücksichten ein Einschreiten gebieten oder verbieten. Eine erschöpfende Aufzählung der für die Entscheidung maßgebenden Gesichtspunkte ist nicht möglich." Begr. Eine wohlwollende und die Interessen der Allgemeinheit sowohl wie des einzelnen Beamten sorgfältig abwägende Verwaltung wird daher unter Berücksichtigung aller Umstände des Einzelfalles insbes. der Persönlichkeit des Beamten sowie seines gesamten dienstlichen und außerdienstlichen Verhaltens sorgfältig zu prüfen haben, ob die Verfehlung so schwer ist, daß ohne Dienststrafverfahren — sei es ein solches des Dienstvorgesetzten oder ein förmliches — nicht auszukommen ist oder ob es genügt, durch bloße Ermahnung oder Zurechtweisung des Beamten den Verstoß auszugleichen. Der letztere Weg wird regelmäßig beschritten werden, wenn es sich um geringfügige Verfehlungen bei sonst vorwurfsfreier Dienstführung handelt, oder wenn besondere, in der Jugend oder Unerfahrenheit des Beamten liegende Milderungsgründe vorliegen u. dgl. Ergibt die Prüfung, daß ohne ein Dienststrafverfahren nicht auszukommen ist, so wird es weiterer eingehender Erwägung bedürfen, ob die Angelegenheit im Dienststrafverfahren des Dienstvorgesetzten erledigt werden kann oder der große und umständliche Apparat des förmlichen Dienststrafverfahrens in Bewegung gesetzt werden muß. Dabei wird auf ein rechtzeitiges Einschreiten besonders Bedacht zu nehmen sein. Behnke 173.

Schwere und folgenreiche Entschlüsse hat also der Behördenleiter in solchen Fällen zu treffen.

Das Opportunitätsprinzip kommt aber nicht bloß beim ersten Einschreiten gegen einen Beamten, sondern auch im weiteren Verlauf des Dienststrafverfahrens, z. B. in den Fällen des § 22 Abs. 1, § 27 und § 44 Abs. 1 in Frage. Goedecke bei Pfundtner-Neubert RDStO. S. 8; Behnke 170; Reuß VerwArch. **42** 392; RDStH. 26. 10. 38; RVerwBl. **60** 108. Das Opportunitätsprinzip gilt aber nicht für die Dienststrafgerichte; sie müssen den Beschuldigten bestrafen, wenn sie eine Pflichtverletzung, wenn auch geringfügiger Art, feststellen. Behnke 170.

Über die Mitteilungspflicht der Staatsanwaltschaft von strafbaren Handlungen s. unten Anm. I 4 zu § 13. Eine solche Mitteilungspflicht kann u. U. auch für die Gerichte, z. B. in Zivilsachen, bestehen; s. näheres über diese weder in der RDStO. noch sonst geregelte Frage Leitholf ZBR. **8** 131 ff. (bei schweren Verfehlungen des Beamten, die sich in einem Zivilverfahren herausstellen).

Darüber, ob der Dienstvorgesetzte verpflichtet ist, strafbare Handlungen des Untergebenen der Staatsanwaltschaft anzuzeigen, s. unten Anm. I 3 zu § 13..

2. Voraussetzung für die Bestrafung eines Beamten ist, daß ihn ein **Verschulden** trifft; s. hierüber Anm. 1 zu § 15. Über den Schuldbegriff im Dienststrafrecht s. Arndt BeamtJahrb. **32** 533 ff. Es muß sich um ein positives pflichtwidriges Handeln oder ein pflichtwidriges Unterlassen handeln; es können nicht allgemeine Rechtsbegriffe zum Gegenstand von Anschuldigungen gegen den Beamten gemacht werden. OVG. **84** 441. Ebensowenig stellt die bloße nichtnationalsozialistische Gesinnung oder innere Einstellung eines Beamten, die nach außen nicht in Erscheinung tritt oder nicht betätigt wird, für sich mangels eines schuldhaften Handelns oder Unterlassens ein Dienstvergehen dar; in solchen Fällen kommt aber ein Zurruhesetzungsverfahren nach § 71 DBG. in Betracht. RDStH. 22. 11. 37 E. **1** 4 ff.; 6. 4. 38 RVerwBl. **59** 838; RDStH. 6. 4. 38 RVerwBl. **59** 838; 15. 6. 38 RVerwBl. **59** 969; Behnke 67. Jedoch können bei der Beurteilung schuldhafter Handlungen oder Unterlassungen der Charakter oder die Gesinnung des Beschuldigten mitberücksichtigt werden. Befindet sich ein Beschuldigter nicht im Irrtum über eine bestehende Vorschrift des Beamtenrechts — was ihm regelmäßig als Verschulden angerechnet werden müßte — sondern in Unklarheit über ihre Anwendung und läßt sich nicht feststellen, daß seine irrige Auslegung eine bewußte oder fahrlässige gewesen ist, so kann er disziplinarisch nicht bestraft werden. Thür. DienstStG. 28. 4. 28 JW. **25** 2748. Der strafrechtliche Grundsatz „error iuris nocet" kann eben nicht ohne weiteres auf das Dienststrafrecht angewendet werden; s. RDisH. Schulze-Simons 10, 21, 283; s. v. Bonin JW. **28** 2749; Arndt RBG. 132 und BeamtJahrb. **32** 533 ff.; Fischbach 344. In der Regel muß man freilich von jedem Beamten verlangen, daß er sich mit den Pflichten seines Amtes bekannt macht. Die aus freien Berufen hervorgegangenen Beamten können nicht auf mildere Beurteilung rechnen als die anderen Beamten. RDisH. 29. 6. 31 BHK. **3** 27. Der Irrtum des Beamten über seine Beamteneigenschaft ist kein Hindernis für Disziplinarverfolgung oder Annahme eines Dienstvergehens. RDisH. 23. 7. 27 DJZ. **27** 817 = Foerster-Simons 1.

War der Beamte wegen krankhafter Störung der Geistestätigkeit zur Zeit der Tat unfähig, das Unerlaubte der Tat einzusehen, so muß er freigesprochen werden; dies muß schon dann gelten, wenn mit dieser Möglichkeit zu rechnen ist. RDisH. 29. 7. 36 Foerster 1637 S, 28; s. näheres unten Anm. 1 zu § 15.

3. **Welche Behörde** für das Einschreiten wegen Dienstvergehens **zuständig** ist, ist verschieden zu beantworten, je nachdem es sich um die Strafe der Warnung, des Verweises oder der Geldbuße oder um schwerere Strafen (Gehaltskürzung, Entfernung aus dem Dienst oder Kürzung bzw. Aberkennung des Ruhegehalts) handelt. Während letztere nach § 11 Abs. 1 nur im förmlichen Dienststrafverfahren verhängt werden können, ist für die erstgenannten Strafen auch der Dienstvorgesetzte zuständig. § 11 Abs. 2. Die Zuständigkeit des Dienstvorgesetzten regelt sich für die einzelnen Arten von Strafen nach § 24 verschieden; s. näheres Anm. zu § 24.

Über die Frage, welche Behörde zuständig ist bei Verfehlungen eines Beamten, der auftragsweise bei einer anderen Behörde beschäftigt ist oder sonst bei Bekleidung von mehreren Ämtern (Haupt- und Nebenämtern) verschiedene Dienstherren hat, s. Anm. 2 zu § 24 und Anm. 2 zu § 30.

4. Eine **Verjährung** kennt die RDStO. nicht; s. näheres unten Anm. 2 zu § 115. Der Ablauf längerer Zeit seit einer Verfehlung kann aber auch ohne Verjährungsfristen strafausschließend oder doch strafmildernd berücksichtigt werden, insbes. wenn es sich um geringfügige Verstöße handelt, die keine unehrenhafte Gesinnung offenbaren; vgl. RDisH. 24. 5. 33 Foerster 1934 S. 10; s. auch Wittland DJ. **34** 1079; Behnke BeamtJahrb. **31** 491 ff, OVG. **83** 443.

5. **Einen Verzicht des Staates auf den dienststrafrechtlichen Verfolgungsanspruch** gibt es — abgesehen von den Fällen der Niederschlagung oder Begnadigung — nicht. Deshalb können die zuständigen Behörden, auch wenn sie zunächst von der Verfolgung einer Verfehlung Abstand nehmen zu wollen erklärt haben, später doch noch das Verfahren einleiten. Der dienststrafrechtliche Strafanspruch des Staates ist unabdingbar. Hat der der höchsten Instanz nachgeordnete Dienstvorgesetzte auf die dienststrafrechtliche Verfolgung verzichtet, so kann nicht nur er, sondern auch ein höherer Dienstvorgesetzter das Dienststrafverfahren später trotz des Verzichts einleiten. Auch kann ein anderer Dienstvorgesetzter, der an die Stelle dessen getreten ist, der verzichtet hat, nach seinem Ermessen das Verfahren einleiten. OVG. **95** 152; s. auch PrDienststrH. 24. 6. 32 RuPrVB. **53** 876 = JW. **33** 492; Spruth BeamtJahrb, **35** 598 ff.; Brand ZBR. **7** 17; Ender RVerwBl. **57** 528 ff.; Breithaupt 49; Fischbach 340; Behnke 173; Heyland 234.

6. Die Behörde muß natürlich wissen, wann ein Dienstvergehen vorliegt. Denn nur dann kann sie sich darüber schlüssig machen, ob sie gegen den Beamten einzuschreiten genötigt ist. Sie muß daher auch das sogen. **materielle Dienststrafrecht** neben dem Dienststrafverfahren genau kennen. Die Pflichten der Beamten und ihre Verletzung (Dienstvergehen) sind nun aber nicht in der RDStO., sondern im Deutschen Beamtengesetz abgehandelt. Es müssen daher die einschlägigen Vorschriften aus diesem Gesetz hier mitgeteilt werden.

Pflichten der Beamten.

Inhaltsübersicht.

A. Allgemeine Pflichten.

1. Im **Vorspruch** (der Präambel) zum Deutschen Beamtengesetz sind als Hauptpflichten der Beamten im neuen Staat hervorgehoben:

a) **Der Beamte muß im deutschen Volke wurzeln.** Er muß sich also bei allen seinen Amtshandlungen als volksverbunden erweisen und sich stets vor Augen halten, daß er treuer Diener des Volkes ist und für das Volk da ist, nicht das Volk für ihn. RM. Dr. Frick in seinem Vortrag v. 26. 1. 37 an der Verwaltungsakademie Berlin. NSBZ. **37** 254. Großzügig, klar und menschlich soll er sein, Engherzigkeit und Bürokratismus dürfen im deutschen Beamtentum keinen Platz haben. Freund, Helfer und Berater der Volksgenossen soll der Beamte sein. Er soll zu seinem Teile zur Verwirklichung der großen Gemeinschaftsidee unseres Volkes beitragen. RM. Dr. Frick vor der Verwaltungsakademie Hamburg im Januar 39 RVerwBl. **66** 45. Die Beamtenschaft bildet nicht etwa einen besonderen in sich abgeschlossenen Stand innerhalb der Volksgemeinschaft, sondern ist mit ihr aufs engste verbunden.

Reichsmarschall Göring hat am 10. 11. 39 als Vorsitzender des Ministerrats für die Reichsverteidigung auf folgendes hingewiesen: „Alle im öffentlichen Dienst tätigen Beamten, Angestellten und ehrenamtlich Tätigen müssen eine zuvorkommende Haltung gegenüber den Volksgenossen als Grundgesetz ihrer Tätigkeit ansehen. Ihre Arbeit muß Dienst am Volke sein; die heutige schwere Zeit hat für bürokratische Engherzigkeit, Kleinlichkeit oder gar Anmaßung und Überheblichkeit weniger denn je Raum. Wer hinfort gegen diese Grundsätze verstößt, wird unnachsichtig und bei groben Fällen unter gleichzeitiger Entfernung aus dem Amt bestraft werden."

Im Verkehr mit den Volksgenossen sollen die Beamten stets **höflich** sein. Sie sollen sich als Glied der Volksgemeinschaft fühlen. Sie müssen jede

Schroffheit und jede Lässigkeit vermeiden, freundlich und gefällig sein, die sie in Anspruch Nehmenden in ihren Angelegenheiten, soweit angängig, zu fördern suchen und rechts- und geschäftsungewandten Personen bereitwillig Rat und Auskunft erteilen, soweit nicht dienstliche Pflichten oder zu berücksichtigende Interessen anderer Beteiligter entgegenstehen. Ruhe und Besonnenheit sind stets zu beachten. Der Beamte muß sich vor einem übertriebenen Standesbewußtsein fernhalten. Schon die Art des Empfanges und des Gegengrußes, der Anrede usw. beseitigt die Befangenheit und führt zu freier Aussprache. Ein schroffes Vorgehen kann leicht den Eindruck der Heftigkeit und Voreingenommeheit erwecken und dadurch die sachliche Erledigung der Geschäfte erschweren. Die Art der Behandlung der Volksgenossen wird in gewissem Grade auch auf den Bildungsstand und die Gewohnheiten der Beteiligten Rücksicht zu nehmen haben. Das natürliche Taktgefühl wird hier dem Beamten den richtigen Weg weisen. Die Beamtenschaft muß sich stets vor Augen halten, daß sie mit ihren Volksgenossen ein festes Band der wechselseitigen Achtung und Volksverbundenheit verknüpft. Die Beamtenschaft soll sich deshalb auch nicht kastenmäßig von andern Teilen der Nation abschließen. Nur durch echte auf gegenseitiger Hochschätzung beruhende Volksverbundenheit kann das rechte Vertrauensverhältnis zwischen der Beamtenschaft und den übrigen Volksschichten hergestellt werden,

Der Beamte soll sich in Wort und Schrift einer dem Volke verständlichen, einfachen, guten, klaren und kurzen Sprache bedienen; sprachliche Nachlässigkeiten, Fremdwörter und Mißbildungen sind zu vermeiden. RuPr MdJ. 29. 7. 36 (MBl. 1053); Heuser DRechtspfl. **38** 35.

b) **Der Beamte muß von nationalsozialistischer Weltanschauung durchdrungen sein.**

Im liberalen Staat war allen Beamten nach Art. 130 Abs. 2 WeimV. die Freiheit ihrer politischen Gesinnung gewährleistet. Es war ihnen an sich unbenommen, sich am politischen Leben zu beteiligen und sich einer der bestehenden Parteien anzuschließen.

Durch die nationalsozialistische Revolution ist hierin ein völliger Wandel geschaffen worden. Die politischen Parteien sind beseitigt.

Die NSDAP. ist keine Partei im Sinne der früheren Staatsauffassung; vielmehr ist sie nach dem G. v. 1. Dezember 1933 (RGBl. I 1016) die Trägerin des deutschen Staatsgedankens und mit dem Staat unlöslich verbunden. Sie bildet mit dem Staat eine Einheit und erfüllt ihn mit dem maßgebenden nationalsozialistischen Ideengut. Das Erziehungswerk am deutschen Menschen ist Aufgabe der Partei und nicht des Staates; es kann nur mit Methoden verwirklicht werden, die auf den Staatsbeamten nicht zugeschnitten sind. RM. Dr. Lammers in seinem Vortrag am 23. 6. 38 vor der Verwaltungs-Akademie in Innsbruck. RVerwBl. **59** 609 ff., insbes. 610 und 611. Insofern wird der Staat von der Partei geführt. Die Weltanschauung des Nationalsozialismus muß die feste und unverrückbare Grundlage der gesamten dienstlichen Tätigkeit des Beamten sein. RM. Dr. Frick vor der Verwaltungs-Akademie Hamburg im Januar 39. RVerwBl. **60** 45. **Daß für die Partei und ihre Ziele jeder Beamte auch aktiv tätig sein muß, bedarf keiner Ausführung.** Er hat nach § 4 DBG. dem Führer des Deutschen Reiches eidlich Treue und Gehorsam gelobt und **muß daher mit Leib und Seele dem neuen Staat und seinem Führer Adolf Hitler ergeben sein.** Nach § 3 Abs. 2 DBG. muß jeder Beamte jederzeit rückhaltlos für den nationalsozialistischen Staat eintreten und sich in seinem gesamten Verhalten von der Tatsache leiten lassen, daß die NSDAP. in unlöslicher Verbundenheit mit dem Volke die Trägerin des deutschen Staatsgedankens ist. Er hat also nicht nur dem Führer, sondern auch der Partei die Treue zu halten. Er hat deshalb, auch wenn er nicht Parteigenosse ist, Vorgänge, die den Bestand des Reichs oder der NSDAP. gefährden könnten, auch dann, wenn sie ihm nicht vermöge seines Amtes, sondern als Privatmann bekannt geworden sind, zur Kenntnis seines Dienstvorgesetzten zu bringen. Der Dienstvorgesetzte hat die Meldung des Beamten über Vorgänge, die den Bestand des Reichs oder der NSDAP. gefährden könnten, auf dem Dienstwege der obersten Dienstbehörde oder der obersten Aufsichtsbehörde vorzulegen; diese legt sie, wenn sie die NSDAP, betrifft, dem Stellvertreter des Führers vor. Der Beamte und der Dienstvorgesetzte sind darüber hinaus verpflichtet, bei Gefahr im Verzuge, z. B. bei hoch- oder landesverräterischen Anschlägen, alle Schritte zu tun, um eine dem Bestand des Reichs oder der NSDAP. drohende Gefahr abzuwenden; er hat in solchen Fällen insbes. der zuständigen Polizeibehörde unverzüglich Anzeige zu erstatten. DurchfV. DBG. Abs. 3 zu § 3. Die Pflicht zur Meldung an den Dienstvorgesetzten schließt nicht aus, daß der Beamte außerdienstliche Vorgänge und solche dienstlichen Vorgänge, die weder der Pflicht zur Amtsverschwiegenheit unterliegen noch nach § 42 Abs. 2 DBG. zu behandeln sind, auch zur Kenntnis von Dienststellen der NSDAP. bringt. DurchfV. Nr. 4 § 3 DBG. Will er sie nicht auf dem Dienstwege vorbringen, etwa, weil er seinem Dienstvorgesetzten in politischer Beziehung kein unbedingtes Vertrauen entgegenbringt, so darf er sie, wenn es sich um d i e n s t l i c h e Vorgänge handelt, die der NSDAP. schaden könnten, nur seiner obersten Reichsbehörde unmittelbar oder dem Führer und Reichskanzler melden. § 3 Abs. 2 und § 42 Abs. 2 DBG. Schriftliche Meldungen dieser Art, die Beamte an den Führer und Reichskanzler richten, sind mit der Anschrift „An den Herrn Reichsminister und Chef der Reichskanzlei oder Vertreter im Amt — eigenhändig" — zu richten. Erlaß v. 20. 7. 37 (RGBl. I 875). Daß er die Vorgänge dem Führer direkt melden kann, zeigt das besondere Treue- und Vertrauensverhältnis, in dem der Beamte zum Führer steht. Jeder Beamte — auch wenn er nicht Parteimitglied ist — muß die Möglichkeit haben, sich ohne Sorge um persönliche Nachteile unmittelbar an den Führer zu wenden; s. dazu RM. Dr. Frick auf dem Ersten Deutschen Beamtentag 1937 NSBZ. **37** 558. § 3 Abs. 2 DBG. stellt eine P f l i c h t des Beamten fest; § 42 Abs. 2 DBG, gibt ihm das R e c h t, wenn es sich um dienstliche Vorgänge handelt, unter Umgehung des Dienstweges sich an seine oberste Reichsbehörde oder den Führer selbst zu wenden; er genügt, soweit es sich um dienstliche Vorgänge handelt, seiner Pflicht aus § 3 Abs. 2, wenn er von seinem Recht aus § 42 Abs. 2 Gebrauch macht. DurchfV. z. DBG. Nr. 1 zu § 3; s. Sommer, Deutsche VerwBlätter **85** 81 ff. Über Fälle mißbräuchlicher Angehung des Reichsministers und Chefs der Reichskanzlei s. RuPrMdI. 23. 10. 37 MBl. 1699 = RJM. 4. 11. 37 DJ. 1760.

Der Austritt eines Beamten aus der NSDAP. wird stets Veranlassung zu dienstlichen Maßnahmen geben. Er wird vom Stellvertreter des Führers der obersten Dienstbehörde des Beamten mitgeteilt. Es ist dann zu prüfen, aus welchen Gründen der Beamte aus der Partei ausgetreten ist. Hat er dies getan, weil er das Programm oder die politische Haltung der Partei ablehnt, so kann er nicht Beamter bleiben. Auch abgesehen hiervon läßt der Austritt darauf schließen, daß dem Beamten die innige Verbundenheit mit dem nationalsoz. Staat oder der erforderliche Opfersinn fehlt. Er muß dann damit rechnen, von bevorzugter Beförderung ausgeschlossen und bei sonstigen Beförderungen zurückgestellt zu werden. RuPrMdI. 27. 2. 36 (MBl. 275).

Natürlich muß der Ausschluß (das Ausstoßen) des Beamten, der Parteigenosse ist, aus der Partei schwere Folgen für seine Beamtenstellung haben, da er als Beamter auch besondere Pflichten gegenüber der den Staat tragenden Bewegung hat; s. Anordnung des Stellvertreters des Führers Nr. 20/37 Vdgsbl. d. Reichsl. der NSDAP. Folge 138. Der Ausgeschlossene oder Ausgestoßene wird in der Regel nicht Beamter bleiben können, da durch die Entscheidung des Parteigerichts seine mangelnde nationalsozialistische Eignung festgestellt ist. Krüger MBl. f. WErz. u. Vbildg. **37** 43. Allerdings scheidet der aus der Partei Ausgeschlossene nicht ohne weiteres aus seinem Amt aus; die Dienststrafgerichte werden aber die Tatsache nicht unbeachtet lassen dürfen, daß der Beschuldigte wegen derselben Verfehlung als Parteimitglied für untragbar befunden worden ist. PrOVG. 23. 6. 37 RVerwBl. **58** 885. Sie sind aber an die Feststellungen des Parteirichters nicht gebunden (s. oben Anm. II 6 Vorbem. vor § 1) und haben selbständig zu prüfen, ob die dem Ausschluß zugrunde liegenden Verfehlungen die Entfernung aus dem Dienst oder eine sonstige Bestrafung rechtfertigen. RDStH. 20. 5. 38 RVerwBl. **59** 863; Behnke 67.

Das Beamtentum stimmt also mit der Politik des Führers in jeder Hinsicht überein. Der Beamte hat **die Pflicht zum politischen Handeln.** Er darf sich daher nicht darauf beschränken, Anhänger des neuen Staates zu sein, d. h. mit ihm zu sympathisieren; vielmehr muß er für den Staat kämpferisch tätig sein. **Er ist politischer Soldat in Zivil** und hat jederzeit rückhaltlos für den neuen Staat einzutreten. Er muß in der Partei oder ihren Gliederungen positiv mitarbeiten. Sprenger NSBZ. (D.D.VerwBeamte) **39** 365. Der kühne Entschluß und der kämpferische Geist, wie sie der Partei eigen sind, müssen ihn beseelen. RM. Dr. Frick NSBZ. (D.D.VerwBeamte)

39 367. Es gilt der Satz: **„Erst Deutscher (Nationalsozialist), dann Beamter"**. Auch die Religion darf nicht entscheidend in das Beamtenleben eindringen. Es darf keine katholischen oder protestantischen Beamte, sondern nur deutsche Beamte geben. Die Religionsfrage ist Gewissensfrage jedes einzelnen und darf in das öffentliche Leben nicht eingreifen. So macht sich z. B. ein Beamter disziplinarisch strafbar, der ein Plakat entfernt, das von der NSDAP. öffentlich befestigt und gegen den politischen Katholizismus gerichtet ist. RDisH. 11. 5. 36; Foerster 1637 S. 40. Fahrlässige Tötung eines Kindes durch Gesundbeten ist ein Dienstvergehen. Dasselbe gilt von Umtrieben auf religiösem Gebiet, wodurch Unruhe in die Bevölkerung getragen wird. RDStH. 3. 2. 39 DVerw. **40** 77 = E. **2** 35. Jedoch hat der RDStH. am 22. 4. 38 E. **1** 45 einen Beamten freigesprochen, der Bedenken gegen seine Vereidigung als NSV.-Blockwalter in sachlicher Form zur Sprache gebracht hatte. Im übrigen kann sich aber kein Beamter damit entschuldigen, daß er aus religiösen Überzeugung gehandelt habe. RDStH. 24. 1. 39 VDerw. **40** 44 = E. **2** 46.

Die Zugehörigkeit von Beamten zu besonderen berufsständischen konfessionellen Verbänden, deren Mitglieder zum überwiegenden Teile nicht beamtete Personen sind (z. B. Vereinigung evang. Akademiker; kath. Akademikerverband; Reichsverband kath. kaufmännischer Gehilfinnen und Beamtinnen usw.) läuft den Organisationsgrundsätzen des nationalsozialistischen Staates zuwider und verträgt sich nicht mit der Stellung der Beamten. Die Mitgliedschaft und irgend welche Betätigung in solchen Vereinigungen ist daher den Beamten verboten. Dies gilt nicht für Geistliche, die Beamte sind (z. B. Gefängnisgeistliche), hinsichtlich ihrer Mitgliedschaft und Betätigung in berufsständischen Vereinigungen von Geistlichen. RM. dJ. vom 4. 10. 38 (MBl. Sp. 1645).

Es genügt ferner nicht die Leistung der Arbeit während der Dienststunden, vielmehr muß der Beamte darüber hinaus sich auch politisch betätigen. Meckerern, Miesmachern und Pessimisten innerhalb und außerhalb der Behörde soll er mit Belehrungen und Ermahnungen energisch entgegentreten. Zuversicht und Optimismus soll er in die Kreise seiner Mitarbeiter und aller anderen Volksgenossen hineintragen, überhaupt sich als lebendiger Propagandist der nationalsozialistischen Idee erweisen. Dabei ist ihm nicht etwa jede rein sachliche Kritik, die auf offenbare Fehler und Mängel in geeigneter Form hinweist, untersagt. Vielmehr ist es auch den Beamten nicht verwehrt, dazu beizutragen, daß Mißstände abgestellt werden und der neue Staat sich zu immer größerer Vollkommenheit entwickelt; vgl. hierzu auch RM. Dr. Frick auf dem Ersten Deutschen Beamtentag 1937 NSBZ. **37** 558 = „Deutsche Verwaltung" **37** 323.

Der Beamte muß beachten, daß die Ausbildung seines Charakters im nationalsozialistischen Sinne wichtiger ist, als bloße Fachkenntnisse. Er muß alles tun, um auch außerdienstlich sich zum Besten des Staates einzusetzen und sich mit dem nat.-soz. Gedankengut vertraut zu machen.

Dies geschieht durch geeignete Lektüre (z. B. Hitlers Buch „Mein Kampf", Rosenberg, Der Mythos des 20. Jahrhunderts, Gritzbach, Hermann Göring, Werk und Mensch, u. a., ständiges Lesen der Reden des Führers, des Völkischen Beobachters, Nationalsozialistischer Beamtenzeitungen), Besuch von Versammlungen der NSDAP., Eintritt in die NSDAP., die SA., SS, NSKK., den Nationalsoz, Deutsch. RechtswahrerkBund, den Reichsbund der Deutschen Beamten usw.; Lektüre der Rechtsprechung der Dienststrafgerichte, die den Beamten ein lehrreiches Bild der Pflichttreue, Ehre und Würde des Beamtentums an konkreten Einzelfällen bietet (vgl. Reuß VerwArch. **42** 387), Übernahme von Ämtern in der Partei; Streben nach weiterer fachlicher Fortbildung auf nationalsoz. Grundlage (Besuch von Verwaltungsakademien). Der neue Staat hat das Leistungsprinzip eindeutig anerkannt. Höchstmögliche Leistungssteigerung gilt zugleich als höchste Pflichterfüllung gegenüber der Volksgemeinschaft.

Bemerkenswert ist, daß die Satzung des Reichsbundes der Deutschen Beamten im § 5 unter seinen Aufgaben in erster Linie nennt: Die Erziehung der Mitglieder zu vorbildlichen Nationalsozialisten und Durchdringung der gesamten Beamtenschaft mit dem nationalsoz. Gedankengut.

RuPrMJ. 3. 12. 35 (RuPrMBl. 1443 = DJustiz 1798) macht den Beamten regelmäßiges Studium der nationalsozialistischen Tagespresse, insbes. des Völkischen Beobachters, zur Pflicht; s. auch RuPrMdJ. 25. 8. 37 (MBl. 1425) und 27. 6. 39 (MBl. 1352).

Der Beamte ist ferner verpflichtet, an den von der Reichsregierung angeordneten allgemeinen Volksabstimmungen teilzunehmen und seine Stimme für den Führer abzugeben. Durch Nichtbeteiligung oder gar durch Stimmabgabe gegen den Führer macht er sich des Treubruchs schuldig. RDisH. 24. 2. 37 (F 194/36) bei Daniels 21.

Auch auf die nichtbeamteten Volksgenossen soll der Beamte im nationalsozialistischen Sinne einwirken. Nach der Regierungserklärung v. 23. März 1933 soll die Beamtenschaft die Regierung unterstützen; denn sie bedarf der „hingebenden Treue und Arbeit des Berufsbeamtentums." Alle Behördenleiter sollen die Beamten zu eingehender Beschäftigung mit den Grundsätzen der heutigen Staatspolitik anhalten und mit dem Gedankengut des Nationalsozialismus vertraut machen. Sie sollen ihnen die wichtigsten Werke des nationalsozialistischen Schrifttums zugänglich machen.

Der Beamte soll sich aber nicht auf die Mitgliedschaft in der Partei, ihren Gliederungen oder angeschlossenen Verbänden beschränken, sondern in den Verbänden tätig mitarbeiten; es genügt nicht, sich auf die Zahlung von Beiträgen und die Teilnahme an Pflichtveranstaltungen zu beschränken; RM. Dr. Frick auf dem 1. Deutschen Beamtentag „DVerw." **37** 323.

Der Beamte hat auch den **Hitlergruß** im Dienst und innerhalb der dienstlichen Gebäude und Anlagen anzuwenden und auf diese Weise seine Verbundenheit mit dem neuen Staat auch äußerlich zu kennzeichnen; RuPrMdJ. 22. 1. 35 (MBl. 99); Dienststrafhof RG. 3. 11. 37; DRechtspfl. Rspr. 114.

Ausnahmen gelten u. U. im Eisenbahnverkehr aus technischen Gründen zur Vermeidung von Mißverständnissen. RMdF. 13. 2. 36 (RFBl. 17); Daniels 21. Die Verweigerung des deutschen Grußes ist ein schweres Dienstvergehen. RDisH. 4. 6. 35 Foerster 1936 S. 82 = ZBR. **7** 258. Sie kann nicht mit religiösen Bedenken entschuldigt werden. RDisH. 11. 2. 36 ZBR. **4** 104 = Foerster 1937 S. 7. Sie ist in einem Falle der beharrlichen Weigerung mit Dienstentlassung bestraft worden. RDisH. 5. 2. 36 Foerster 1937 S. 73.

Bei Nichtanwendung oder unwürdiger Form der Ausführung des deutschen Grußes kann auf Entfernung aus dem Amt erkannt werden, wenn darin ein Ausfluß staatsfeindlicher Gesinnung zu erblicken ist. Dienststrafsenat RG. 3. 5. 39 ZBR. **10** 69.

Die Richter haben die öffentlichen Sitzungen mit dem Deutschen Gruß zu eröffnen. PrJM. 8. 8. 33 (JMBl. S. 268); Dienststrafs. RG. 3. 11. 37 DRechtspfl. Rspr. S. 114.

Der Gruß „Heil Hitler" ist im innerdeutschen Schriftverkehr der Behörden in den Fällen anzuwenden, in denen am Schluß besondere Höflichkeitsformen üblich waren; außerdem auch am Schlusse von Schreiben aus besonderen feierlichen Anlässen, z. B. Glückwunsch- und Anerkennungsschreiben. Im rein dienstlichen Schriftverkehr zwischen Behörden, sei es der eigenen oder der außenstehenden Verwaltung, soll der Gruß unterbleiben, desgl. auch sonstigen Empfängern dienstlicher Schreiben gegenüber, selbst wenn diese ihrerseits herkömmlicherweise oder im Einzelfall den Gruß im Schriftverkehr anwenden. RuPrMdJ. 26. 7. 35; RM. der Justiz 8. 8. 35 Deutsche Justiz 1116 = RMBl. **35** 717.

Bei feierlichen Anlässen muß der Beamte die Reichsflagge zeigen. RuPrMdJ. 10. 6. 36 (MBl. 776). Unterläßt er dies, so begeht er ein Dienstvergehen. RDStH. 8. 3. 39 E. **2** 29. An allgemeinen Gefolgschaftsappellen muß er teilnehmen. RuPrMdJ. 27. 8. 37 (MBl. 1426).

Ein Beamter, der es vorsätzlich unterläßt, sich mit den wichtigsten Grundsätzen des nationalsoz. Staats und der NSDAP. vertraut zu machen, z. B. keine Zeitung hält, von der Judenfrage nichts wissen will usw., stellt sich außerhalb der Volksgemeinschaft, verstößt aufs schwerste gegen seine Beamtenpflichten und muß aus dem Dienst entfernt werden. RM. Dr. Frick auf dem Ersten Deutschen Beamtentag 1937 NSBZ. **37** 558; PrOVG. 17. 11. 36 RVerwBl. **58** 245. Dasselbe gilt von einem Beamten, der nörgelsüchtig Berufskameraden gegenüber verletzende Äußerungen gegen die nationalsozialistische Staatsauffassung tut, unzulässige Kritik an Maßnahmen der Regierung und der Partei übt, sich ablehnend gegenüber dem Winterhilfswerk verhält und sich weigert, sich am Straßensammeln für das Winterhilfswerk zu beteiligen. RDStH. 7. 2. 39 E. **2** 26; RDisH. 7. 1., 18. 3., 17. 11., 24. 11. und 15. 12. 36 Foerster 1937 S. 29—42; RDisH. 15. 6. 37 ZB. **8** 104 = DRechtspfl. **37** 295 = Foerster 1937 II S. 26. Deshalb kann ein Behördenangestellter, der in dieser Weise hartnäckig und geflissentlich alle im Dienste der Volksgemeinschaft getroffenen Maßnahmen ablehnt, fristlos entlassen werden. RArbGer. 15. 6. 38 SeuffArch. **92** 299. Die innere ablehnende Haltung eines Beamten gegenüber dem Nationalsozialismus stellt dann kein Dienstvergehen dar, wenn sie nach außen in keiner Weise hervortritt; sie kann aber zu einem Zurruhesetzungsverfahren nach § 71 DBG. führen. RDStH. 6. 4. 38 RVerwBl. **59** 838; Behnke 67.

c) **Der Beamte muß dem Führer in Treue verbunden sein.** Wer jemanden in Treue verbunden ist, bringt damit ein inneres Verbundensein in guten und bösen Zeiten zum Ausdruck. Im § 3 Abs. 1 Satz 4 DBG. ist besonders betont, daß dieses Verpflichtungsverhältnis bis zum Tode dauert. Auch der Ruhestandsbeamte hat die Treuepflicht und er kann, wenn er gegen diese verstößt, dienststrafrechtlich und auch sonst zur Verantwortung gezogen werden; s. § 22 Abs. 1 Satz 2 und § 132 DBG. Selbst die Hinterbliebenen des Beamten haben die Treuepflicht; s. § 133 Abs. 1 Nr. 3 und § 136 Abs. 1 DBG.

Die Treue ist der Inbegriff der Pflichten; aus ihr lassen sich alle Einzelpflichten des Beamten herleiten; sie läßt sich niemals erschöpfend zerlegen; vielmehr sind die aus ihr fließenden Pflichten unbegrenzt. Die Treuepflicht ist das Berufsethos des Beamten.

Die Treue ist wechselseitig. Nicht nur der Beamte ist dem Führer zur Treue verpflichtet, sondern auch dieser dem Beamten gegenüber. So hat der Führer eine besondere **Fürsorgepflicht** für den Beamten, muß ihn vor Beleidigungen schützen und ihm wirksamen Schutz in allen Lebenslagen gewähren. § 36 DBG. Er muß ihm ein standesgemäßes Gehalt und im Alter oder bei Dienstunfähigkeit ein Ruhegehalt gewähren und nach seinem Tode für seine Hinterbliebenen sorgen.

Die Treuepflicht des Beamten kommt in vielen neuen gesetzlichen Bestimmungen zum Ausdruck, so insbes. im § 1 Abs. 1 DBG., wonach der deutsche Beamte zum Führer und zum Reich in einem öffentlich-rechtlichen Dienst- und Treueverhältnis (Beamtenverhältnis) steht.

Auch der Eid, den die neu eintretenden Beamten nach dem G. v. 20. 8. 34 und jetzt nach § 4 DBG. zu leisten haben, ist ein richtiger Treueid und wird auch im DBG. so bezeichnet. Mit ihm geloben die Beamten dem Führer des Deutschen Reiches und Volkes, Adolf Hitler, Treue und Gehorsam.

2. Im § 3 DBG. ist der allgemeine Pflichtenkreis der Beamten gekennzeichnet. Es heißt dort in Abs. 1:

„Die Berufung in das Beamtenverhältnis ist ein Vertrauensbeweis der Staatsführung, den der Beamte dadurch zu rechtfertigen hat, daß er sich der erhöhten Pflichten, die ihm seine Stellung auferlegt, stets bewußt ist. Führer und Reich verlangen von ihm echte Vaterlandsliebe, Opferbereitschaft und volle Hingabe der Arbeitskraft, Gehorsam gegenüber den Vorgesetzten und Kameradschaftlichkeit gegenüber den Mitarbeitern. Allen Volksgenossen soll er ein Vorbild treuer Pflichterfüllung sein. Dem Führer hat er Treue bis zum Tode zu halten. Er darf sich auch nach Beendigung seines Beamtenverhältnisses nicht staatsfeindlich betätigen."

a) **Vaterlandsliebe** ist die selbstverständliche vornehmste Pflicht des Beamten. Sie ergibt sich schon aus der Treuepflicht gegenüber dem Führer, der ja Deutschland verkörpert.

b) **Opferbereitschaft** muß der Beamte zum Wohle des Volksganzen zeigen, so z. B. durch Spenden für die NSVolkswohlfahrt, Winterhilfe usw. Ein Beamter, der sich grundsätzlich weigert, in die NSVolkswohlfahrt einzutreten und Spenden für das Winterhilfswerk zu leisten, sellt sich selbst außerhalb der Volksgemeinschaft. RM. Dr. Frick auf dem 1. Beamtentag. NSBZ. **37** 558; er setzt sich gleichzeitig dem Verdacht aus, daß er gegen die vom neuen Staat und der mit ihr eng verbundenen NSDAP. getroffenen Einrichtungen Widerstand leistet und muß deshalb wegen Pflichtverletzung bestraft werden. RDisH. 4. 3. 35 ZBR. **7** 258. Dasselbe gilt, wenn ein Beamter Beiträge zur NSV. unregelmäßig und in einer seinen Einkommensverhältnissen nicht entsprechenden geringen Höhe leistet. RDStH. 8. 3. 39 E. **2** 29, 34.

c) **Volle Hingabe der Arbeitskraft** wird von dem Beamten verlangt. Mit höchstem Fleiß, größter Gewissenhaftigkeit und Sorgfalt muß er seine Dienstgeschäfte verrichten. Über die Pflichten eines Sparkassenvorstandes bei der Anlegung von Sparkassengeldern s. RDStH. 12. 1. 38 RVerwBl. **59** 691.

Es besteht die allgemeine Beamtenpflicht, die ganze Arbeitskraft dem Amte zuzuwenden und sich ohne Anspruch auf besondere Vergütung eine **Erweiterung oder Veränderung** des **bisherigen Geschäftskreises** und die Übertragung neuer Geschäfte gefallen zu lassen, soweit sie der Vorbildung und Befähigung des Beamten entsprechen, nicht ganz abweichender Natur sind und weder der sonstigen Wirksamkeit des Beamten noch der Würde des Amtes Eintrag tun; vgl. RG. **68** 220; PrOVG. **49** 412. Natürlich dürfen solche Vermehrungen der Arbeitslast nicht zu einer Überbürdung des Beamten führen, die seine Gesundheit zu schädigen geeignet ist und ihm nicht mehr die zur Erholung erforderliche Zeit gewährt. Auf einen schonungsbedürftigen Beamten muß der Vorgesetzte Rücksicht nehmen. RG. **104** 25. Eine Bezahlung für sog. Überstunden ist unzulässig, da die Beamten gegen die Gewährung ihrer Bezüge ihre volle Arbeitskraft dem Dienste widmen müssen. In Fällen der Not haben u. U. auch höhere Beamte rein körperliche Arbeiten zu verrichten. RGSt. **59** 149.

Es darf aber dem Beamten nicht eine amtliche Verwendung zuteil werden, die in dienstlicher, wirtschaftlicher oder sozialer Beziehung unter dasjenige heruntergeht, was er nach den Bedingungen seiner Anstellung und nach dem von ihm bisher bekleideten Amte beanspruchen kann. PrOVG. **61** 437.

Im gegenwärtigen Kriege haben alle Beamte sich restlos einzusetzen und schnelle, von bürokratischen Hemmungen freie Entscheidungen zu treffen. Die Zusammenarbeit aller Behörden muß sich besonders reibungslos vollziehen und es darf keine der Staatsführung abträgliche Verzögerung eintreten. I Abs. 1 und 2 Erl. 28. 8. 39 (RGBl. I 1535).

Jeder Beamte hat auch die Pflicht, sich durch naturgemäße Lebensweise insbes. Vermeidung von unmäßigem Tabak- und Alkoholgenuß und durch intensive sportliche Betätigung gesund und frisch zu erhalten. Alles dies gilt in erhöhtem Maße im gegenwärtigen Kriege.

Es kann von jedem Beamten auch die Aneignung der für Erweiterung oder Veränderung des Amtes nötigen Kenntnisse bei Vermeidung disziplinarischer Ahndung verlangt werden. RDisH. v. 18. Dezember 1882. Schulze-Simons 134.

d) Über die **Gehorsamspflicht** gegenüber dem Vorgesetzten ist unten in Anlehnung an § 7 DBG. das nähere gesagt s. S. 98 ff.

e) Die Beamten haben sich auch **im Verkehr untereinander** Hilfe und Förderung zuteil werden zu lassen. **Kameradschaftlicher** Sinn soll sie untereinander als Glieder einer Arbeitsgemeinschaft verbinden. Die Kameradschaftlichkeit zwischen den Mitarbeitern ist erstmalig in einem Beamtengesetz — § 3 Abs. 1 Satz 2 DBG. — zur Dienstpflicht erhoben. RM. Dr. Frick in seiner Rundfunkansprache vom 27. 1. 37 RSBZ. **37** 83. Die Kameradschaftlichkeit erstreckt sich natürlich auch auf die bei den Behörden tätigen Angestellten und Arbeiter sowohl im Verhältnis zu einander wie auch zu den Beamten. Der Förderung der Kameradschaftlichkeit dienen auch die Betriebsgemeinschaften; für diese sind Haushaltsmittel bereitgestellt. RFM. 17. 3. und 23. 7. 37 (RBesBl. **37** 224 und 274); s. auch für den Bereich der Justizverwaltung RJM. 27. 10. 37 DJ. 1724.

Schwere ehrabschneiderische Verleumdungen eines Berufskameraden und seiner Gattin können u. U. mit Entfernung aus dem Dienst bestraft werden. PrOVG. 8. 1. 35 RMBl. **56** 381; RDStH. 13. 1. 38 E. **1** 37, wo mit Recht betont wird, daß Verstöße gegen die Pflicht zur Kameradschaft besonders streng geahndet werden müßten und u. U. schon bei falschen leichtfertigen, wenn auch nicht wider besseres Wissen gemachten Angaben zur Entfernung aus dem Dienst führen könnten. Erst recht werden hinterlistige und grundlose Anschuldigungen eines Berufskameraden, zumal, wenn sie aus eigennützigen Zwecken begangen sind, zur Entfernung aus dem Dienst führen müssen. RDisH. 14. 7. und 12. 10. 36 Foerster 1937 S. 25 und 26. Neid und ungesundes Strebertum sind zu verwerfen. Keiner soll sich über den andern erheben. Alle Beamten vom obersten Leiter bis zum untersten Beamten sollen sich als Arbeitskameraden fühlen. Denn jede Arbeit geistiger oder körperlicher Art, die in treuer Pflichterfüllung verrichtet wird, hat den gleichen sittlichen Wert und den gleichen Anspruch auf Achtung.

Kastengeist, Standesdünkel und Überheblichkeit haben in der Beamtenschaft keinen Platz mehr. Vorbild soll den Beamten Adolf Hitler sein in der Schlichtheit und Einfachheit seines Wesens, die jeder großen Persönlichkeit erst ihren wahren Charakterwert verleiht.

f) **Staatsfeindliche Betätigung** ist selbstverständlich ein sehr schweres Dienstvergehen. Der Begriff der staatsfeindlichen Betätigung geht weiter als der der Betätigung im marxistischen Sinne gemäß § 75 AndG. Er umfaßt alles Handeln, das sich in feindseliger Einstellung gegen den neuen Staat richtet, s. näheres oben Anm. 6 zu § 1. Im § 22 Abs. 1 Satz 2 DBG. ist ausdrücklich hervorgehoben, daß als Dienstvergehen auch der Verstoß eines Ruhestandsbeamten gegen die Pflicht zur Unterlassung staatsfeindlicher Betätigung gilt.

3. § 3 Abs. 3 DBG. enthält die sogen. **Generalklausel,** die sich schon früher in fast allen Beamtengesetzen z. B. § 10 RBG., § 2 PrBDStO. und § 1 PrRiDStO. vorfand. Sie lautet:

„Der Beamte ist für gewissenhafte Erfüllung seiner Amtspflichten verantwortlich. Durch sein Verhalten in und außer dem Amte hat er sich der Achtung und des Vertrauens, die seinem Berufe entgegengebracht werden, würdig zu zeigen."

Es bildet hiernach ebenso wie in den bisherigen Dienststrafgesetzen neben der Verletzung der eigentlichen Amtspflichten das unwürdige Verhalten in und außer dem Dienst ein Dienstvergehen.

Es gibt aber im Dienststrafrecht, im Gegensatz zum Strafrecht, nur einen allgemeinen dienststrafrechtlichen Tatbestand. Everling RVerwBl. **56** 669. Es kommt nicht darauf an, ob die Handlung des Beamten einen konkreten Tatbestand erfüllt, ob der Beschuldigte einen bestimmten Schutzwert der Volksgemeinschaft, z. B. Rasse, Eigentum, Sittlichkeit usw. verletzt hat, sondern ob er sich, im ganzen gesehen, dem Dienst- und Treueverhältnis, in dem er zum Führer und Reich steht, entsprechend verhalten hat. Dieser Gesichtspunkt ist also ganz anders als der, von dem die allgemeine strafrechtliche Beurteilung ausgeht. Schütze RVerwBl. **58** 112.

Es ist nicht möglich, bei der Vielgestaltigkeit der Verhältnisse die einzelnen Beamtenpflichten anzuführen; das Gesetz beschränkt sich deshalb auf die sogen. Generalklausel, die das ganze dienstliche und außerdienstliche Leben mit allen seinen Pflichten umfaßt. Selbst die amtlichen Pflichten sind im DBG. nicht sämtlich, sondern nur insoweit aufgeführt, als sie von besonderer Bedeutung sind und für alle Beamte gelten. Jedes Amt zieht aber außer den allgemeinen Pflichten noch einen besonderen Pflichtenkreis nach sich, der in zahlreichen Sondervorschriften näher umschrieben ist.

Unter diese Bestimmung des allgemeinen Wohlverhaltens fallen alle die Pflichten, die nicht in den §§ 4—20 DBG. besonders aufgeführt sind; zu den letzteren gehören: Die Pflicht zur Ableistung des Treueides, die Pflicht zur Zurückhaltung bei Vornahme gewisser Amtshandlungen, die Gehorsamspflicht, die Amtsverschwiegenheit, die Pflicht zur Einholung der Genehmigung bei Nebentätigkeiten und bei Annahme von Belohnungen und Geschenken, endlich die Einhaltung der Arbeitszeit, die Residenzpflicht, die Pflicht zur Nachsuchung von Urlaub bei Dienstversäumnis usw. Diese einzelnen Pflichten werden unten näher besprochen. Zunächst werden alle die Pflichten aufgeführt, die nicht unter die bereits oben erörterten und auch nicht unter die unten im Anschluß an die §§ 4—20 DBG. aufgeführten fallen. Dieser Pflichtenkreis ist unbegrenzt. Jeder Katalog der Beamtenpflichten muß, wie Everling

RVerwBl. **56** 669 mit Recht sagt, lückenhaft bleiben; ebenso Reuß VerwArch. **42** 387. Trotzdem soll im folgenden versucht werden, eine Reihe weiterer amtlicher und außeramtlicher Pflichten darzustellen.

a) Allgemeine amtliche Pflichten.

1. Der Beamte hat zunächst alle diejenigen Verpflichtungen zu erfüllen, **die mit der Führung seines Amtes unmittelbar zusammenhängen.** Er hat daher die Verpflichtung, das ihm übertragene Amt den Gesetzen entsprechend gewissenhaft wahrzunehmen, die dienstlichen Anordnungen der Vorgesetzten, soweit sie den Strafgesetzen nicht offenbar widersprechen, zu befolgen und sich durch sein Verhalten im Amte der Achtung und des Vertrauens, die seinem Berufe entgegengebracht werden, würdig zu zeigen. **Im neuen Staate haben sich die allgemeinen Pflichten der Beamten im Hinblick auf die völlig anderen Grundanschauungen des Nationalsozialismus stark geändert.**

Wegen der besonderen **politischen Pflichten** des Beamten s. oben A 1 zu b.

2. Im einzelnen gehören zu einer gewissenhaften Amtsführung und zu einem würdigen Verhalten im Amte **zahllose einzelne Verpflichtungen,** die zum Teil für die einzelnen Beamtengruppen verschieden sind und im folgenden nur teilweise angeführt werden können.

Mit der besonderen Stellung, die der Beamte als Organ des Staates einnimmt, ist auch ein erhöhtes Maß von Pflichten und größere Verantwortlichkeit verbunden. Goedecke RuPrVBl. **55** 729 ff. So ist ein Beamter schon dann disziplinarisch strafbar, wenn er sich schuldhaft in den Verdacht des Verstoßes gegen die Strafgesetze gebracht hat. RDStH. 7. 2. 39 E. **2** 48. Richter und Verwaltungsbeamte machen sich nicht disziplinarisch strafbar, wenn und soweit sie im Rahmen des ihnen eingeräumten freien Ermessens gehandelt haben. Mißbrauchen sie aber dieses freie Ermessen, indem sie sich bei ihren Entschließungen von anderen, als rein sachlichen Erwägungen leiten lassen, so machen sie sich disziplinarisch strafbar.

Keine Verfehlung liegt aber vor, wenn ein Sparkassenvorstand sich bietende Gewinnmöglichkeiten, z..B, Erzielung von Kursgewinnen, realisiert, vorausgesetzt, daß es sich um zulässige Geschäfte handelt. RDStH. 12. 1. 38 E. **1** 76.

Mit der Möglichkeit einer zivilrechtlichen Haftung ist keineswegs ohne weiteres eine Disziplinarhaftung verbunden. GrDisS. v. 9. Juli 1924 Amtl. Sammlg. 118.

3. Die Beamten sind Diener der Gesamtheit. Sie haben sich in ihren Entschließungen nur von der Rücksicht auf das Gemeinwohl leiten zu lassen. PrOVG. **76** 473; **79** 436. Sie sind treue Diener des im Nationalsozialismus geeinten deutschen Volkes.

4. Sie haben die Pflicht, ihr Amt **mit größter Treue und Redlichkeit,** ohne Rücksicht auf Privatvorteile, **mit größter Unparteilichkeit, mit höchstem**

Fleiße, größter Gewissenhaftigkeit und Sorgfalt zu führen. Über die Pflichten des Kassierers einer Sparkasse s. RDStH. 8. 11. 38 E. 2 61.

Die Beamten und Behördenangestellten können stolz darauf sein, daß ihnen RM. Dr. Frick vor der Verwaltungsakademie in Hamburg im Januar 39 (RVerwBl. **60** 47) bescheinigt hat, daß sie in selbstloser hingebender Arbeit den gewaltigen Anforderungen der heutigen Zeit entsprochen haben. Er schloß mit den Worten:

„Die alten Tugenden des deutschen Beamtentums, die auch die Tugenden unserer öffentlichen Angestellten sind, haben sich bewährt: Pflichterfüllung, Hingabe an Amt und Aufgabe und Liebe zu Volk und Vaterland ... Ihnen allen gilt des Führers und des Reiches Dank. Auch die kommende Zeit wird sie auf dem Posten finden: Treu, ihrer Aufgabe hingegeben und einsatzbereit. Möge der Gedanke, dem Vaterland in großer Zeit zu dienen, das stolze Gefühl, in die Marschkolonnen des Führers eingereiht zu sein und das beglückende Bewußtsein, an der Gestaltung einer größeren, besseren und schöneren Zukunft unseres deutschen Volkes mitzuwirken, ihrer Arbeit schönster Lohn sein."

Der Beamte muß den nationalsozialistischen Grundsatz **„Gemeinnutz geht vor Eigennutz"** befolgen. Er muß um der Ehre willen, für die Gemeinschaft an besonders bedeutungsvoller Stelle zu wirken, nicht um materieller Vorteile willen seinen Beruf ausüben. Grundrechte, sog. wohlerworbene Rechte sind für den Beamten nicht mehr notwendig und gibt es nicht mehr.

5. **Der Mangel an geistigen und technischen Fähigkeiten,** die zur ordnungsmäßigen Erfüllung der Berufspflichten erforderlich sind, birgt regelmäßig keine Verletzung der allgemeinen Amtspflichten in sich. Er führt daher nicht zur disziplinarischen Bestrafung, sondern kann höchstens Anlaß zur unfreiwilligen Zurruhesetzung oder bei Widerrufsbeamten zum Widerruf geben; außerdem kann aber nach § 21 DBG. eine Versagung des Aufsteigens im Gehalt in Frage kommen. Hat aber der Beamte diese Mängel seiner Amtsführung durch ausschweifendes Leben, Trunksucht u. dgl. selbst verschuldet, so kann er wegen dieses unwürdigen Verhaltens, nicht aber wegen der Dienstunbrauchbarkeit disziplinarisch bestraft werden. Unkenntnis von Vorschriften ist strafbar, wenn sie auf Fahrlässigkeit beruht. Der Beamte muß auch bestrebt sein, sich in jeder Hinsicht weiter zu bilden und sein Fachwissen zu erweitern; denn im neuen Staat hat das Leistungsprinzip besondere Bedeutung. Der Besuch von Verwaltungsakademien ist den Beamtenanwärtern und den Beamten, besonders denen des gehobenen und mittleren Dienstes im Interesse ihrer weiteren dienstlichen Fortbildung bei den gesteigerten Anforderungen, die der neue Staat an sie stellt, dringend anzuraten. RM. Dr. Frick in seinem Vortrag v. 26. 4. 37 vor der Verwaltungsakademie Berlin und im Januar 39 vor der Verwaltungsakademie Hamburg. NS.-BeamtZ. **37** 252 und RVerwBl. **60** 41; s. auch über die Bedeutung der

Verwaltungsakademien RM. Dr. Frick NSBZ. **37** 343 ff. und RM. Dr. Lammers NSBZ. **37** 345 ff. und RVerwBl. **60** 489 ff.

Gesetzesunkenntnis und mangelnde beamtenmäßige Vorbildung schützen nicht vor Dienststrafe; ein Unterschied besteht nach dieser Richtung zwischen besonders vorgebildeten und nichtvorgebildeten Beamten nicht. Verkennung der Rechtslage und Rechtsirrtümer können einem juristisch oder verwaltungsmäßig nicht vorgebildeten Beamten strafmildernd nur insoweit angerechnet werden, als dies auch bei geschulten Beamten geschehen würde. PrOVG. **83** 418.

Ein Beamter kann sich nie auf die fehlerhafte Geschäftsführung seines Amtsvorgängers berufen, um eigene Verstöße zu entschuldigen. Er muß sich vielmehr bei Antritt seines Amtes davon überzeugen, daß seine Geschäftsführung ordnungsmäßig ist. PrOVG. 17. 9. 31 RuPrMBl. **53** 651.

6. Die Beamten müssen die **Dienststunden pünktlich einhalten** und dürfen den Dienst nicht zu spät antreten oder zu früh verlassen. Beginn und Ende der Dienstzeit werden von den Dienstvorgesetzten festgesetzt. Geteilte Dienstzeit, d. h. solche, die durch eine mindestens zweistündige Mittagspause unterbrochen wird, ist im allgemeinen für eine angemessene Erledigung der Geschäfte und Frischerhaltung der Beamten günstiger, als die durchgehende Dienstzeit ohne längere Pause. Letztere läßt sich im allgemeinen nur in großen Städten, in denen die meisten Beamten einen sehr weiten Weg zur Dienststätte haben, rechtfertigen.

Die Dienstzeit beträgt wöchentlich 51 Stunden, in den Städten Berlin, Hamburg, München, Köln und Dresden 48½ Stunden, sofern dort nicht geteilte Arbeitszeit zugelassen wird. § 1 Abs. 1 Vdg. v. 13. 5. 38 (RGBl. I S. 593). Soweit der Dienst in Bereitschaft besteht, ist die Dienstzeit entsprechend den Bedürfnissen der Verwaltung zu erhöhen; § 1 Abs. 2 a. a. O. Die Tagesarbeitszeit ist grundsätzlich in Vor- und Nachmittagsdienst zu teilen. § 2 a. a. O. In Städten mit mehr als 500 000 Einwohnern bildet die durchgehende Arbeitszeit die Regel. Auf Antrag des Reichsstatthalters — in Preußen des Oberpräsidenten — kann der RMdJ. geteilte Arbeitszeit zulassen. § 3 V. Für Städte mit mehr als 100 000 Einwohnern, in denen eine Teilung der Arbeitszeit in Vor- und Nachmittagszeit infolge der örtlichen Verhältnisse zu erheblichen Unzuträglichkeiten führen würde, kann auf Antrag des Reichsstatthalters — in Preußen des Oberpräsidenten — vom RMdJ. im Benehmen mit dem RFM. durchgehende Arbeitszeit festgesetzt werden. Dieselbe Anordnung kann für Städte mit weniger als 100 000 Einwohnern jeweils vorübergehend getroffen werden, wenn ein erheblicher Teil der Beamten wegen Wohnungsmangels außerhalb des Dienstortes wohnen muß; die Anordnung kann auf einzelne Behörden beschränkt werden. § 4 V. Allgemein ist anzustreben, daß der Dienstbeginn bei allen Dienststellen an demselben Ort gleichmäßig geregelt wird. Weitere Einzelheiten der Regelung der Dienstzeit ergeben die §§ 5 ff. a. a. O. und zwar § 6 in der Fassung der Vdg. v. 9. 9. 38 (RGBl. I S. 1160); s. auch Brand Kommentar zum DBG. 3. Aufl. Anm. 1 zu § 16 (S. 174). Unter den Beamten gibt es sog. Heimarbeiter, bei denen eine Regelung der Arbeitszeit weder möglich noch nötig ist; dies ist z. B. bei Richtern der Zivil- und Strafgerichtsbarkeit der Fall, die — abgesehen von Sitzungen — vielfach zu Hause arbeiten müssen.

Im **Kriege** bildet die geteilte Arbeitszeit nach wie vor die Regel, nur in den Orten, die bisher durchgehende Arbeitszeit hatten, ist zu prüfen, ob die Arbeitszeit zur Einnahme der Mittagsmahlzeit zu Hause geteilt werden kann. Die bisher festgesetzte Begrenzung der Arbeitszeit ist bis auf weiteres aufgehoben. Die Behördenleiter können ihre Beamten darüber hinaus beanspruchen, auch Sonder- oder Sonntagsdienst einrichten. RMdJ. zgl. i. N. d. RFM. 12. 1. 40 (MBl. 78).

7. **Sauberkeit** in der Kleidung (besonders auch in der Uniform bei uniformierten Beamten), am Körper und in der Sprache muß von jedem Beamten in und außer dem Dienst verlangt werden.

8. Der Beamte hat sodann die **Pflicht der Wahrhaftigkeit;** RDStH. 15. 3. 38 E. **1** 144 = RVerwBl. **59** 707. Er ist auch seinen Vorgesetzten gegenüber zu Offenheit und Vertrauen verpflichtet; § 42 Abs. 1 DBG. Jeder Verstoß gegen diese Pflicht stellt sich als schwere Verletzung der Treuepflicht dar. Der Beamte muß daher bei allen dienstlichen Äußerungen, auch wenn sie von ihm zur Entkräftung einer Beschuldigung verlangt werden, streng bei der Wahrheit bleiben und darf auch wichtige Tatsachen, auf deren Offenlegung es der Behörde ersichtlich ankommt, nicht verschweigen; vgl. RDisH. 29. 1. 34 Foerster 1935 S. 23; 30. 10. 34 a. a. O. S. 29; RDStH. **1** 32. So muß ein Beamter seinem Vorgesetzten auf Befragen wahrheitsgemäß seine etwaige nichtnationalsozialistische Einstellung erklären. RDStH. 6. 4. 38 RVerwBl. **59** 838. Es ist ein Beamter, der die Frage, welcher politischen Partei er angehört habe, oder sonstige in dem Fragebogen zur Durchführung des BBG. enthaltene Fragen unrichtig oder irreführend beantwortet hatte, mit Dienstentlassung bestraft worden. PrOVG. v. 14. 6. 34 JW. **34** 2586; PrOVG. **94** 250; RDisH. 20. 11. 34 ZBR. **6** 198 = Foerster 1935 S. 28; 4. 7. 34 Foerster 1935 S. 26; 30. 10. 34 a. a. O. S. 30. Dieselbe Strafe hat der RDStH. 8. 9. 38 E. **1** 55 für geboten erachtet bei wissentlichem Verschweigen einer Logenzugehörigkeit im Fragebogen. Nur in ganz besonderen Ausnahmefällen, insbes. bei nur fahrlässig falscher Beantwortung des Fragebogens, ist von Dienstentlassung abgesehen worden. RDisH. 8. 7. 35 ZBR. **7** 101; 29. 7. 36 ZBR. **7** 261. Auch der RDStH. hat am 4. 10. 37 E. **1** 49 entschieden, daß nicht jede irgendwie objektive unrichtige oder unvollständige Antwort für sich allein mit Entfernung aus dem Dienst zu sühnen sei, vielmehr bei besonderer Sachlage, z. B. bei der Unrichtigkeit nicht wesentlicher Nebenumstände eine mildere Strafe geboten sei. Eine Verletzung der Pflicht zur dienstlichen Wahrhaftigkeit liegt auch vor, wenn der Beamte zwar eine ihm vom Dienstvorgesetzten gestellte Frage nicht bewußt falsch beantwortet, aber den Zweifel, ob er eine bestimmte Angabe machen müsse, unterdrückt und sich nicht erkundigt, ob er sich darüber (z. B.

daß er die kommunistische Partei mit Geldmitteln unterstützt habe) auszulassen habe. RDisH. 22. 3. 37 Foerster 1937 II 4. Bezüglich des Dienststrafverfahrens s. unten Anm. 1 zu § 47.

Der Beamte ist auch verpflichtet, wahrheitsgemäße Auskunft über seine Schulden zu geben. PrOVG. 14. 10. 36 RVerwBl. **57** 1146. Dies gilt auch dann, wenn die Anfrage im Rahmen von Vorermittlungen wegen eines gegen den Beamten etwa zu eröffnenden Dienststrafverfahrens gestellt wird. Dienststrafs. RG. 21. 9. 38 ZBR. **9** 194. Ein Beamter, der mehrfach unwahre Angaben über seine Schulden gemacht hatte und deshalb schon vorbestraft war, ist mit Dienstentlassung bestraft worden. RDStH. 3. 2. 37 DVerw **39** 88; RDStH. 11. 2. 38 E. **1** 58. Neue Schulden muß er bei seiner Vernehmung über seine Vermögenslage selbst dann angeben, wenn er nicht ausdrücklich befragt worden ist, ob zu seinen alten Verpflichtungen neue hinzugekommen sind. OVG. 14. 10. 36 RVerwBl. **57** 1146. Der Beamte ist auch verpflichtet, die vorgeschriebenen Berichte pünktlich zu erstatten und seiner vorgesetzten Dienstbehörde außerhalb eines Dienststrafverfahrens über alle Dienstvorgänge sowie über sein außerdienstliches Verhalten jede gewünschte Auskunft wahrheitsgemäß zu geben, auch wenn er sich dadurch der Gefahr strafgerichtlicher oder dienststrafrechtlicher Bestrafung aussetzt. PrOVG. **42** 429; RDisH. 4. 5. 36 Foerster 1937 S. 7; RDStH. 15. 7. 38 E. **1** 32; s. auch RDStH. 2. 11. 37 E. **1** 41.

Betrügerisches Verhalten zur Erlangung einer Notstandsbeihilfe ist mit Dienstentlassung bestraft worden. RDisH. 29. 10. 34 Foerster 1935 S. 55. Auch betrügerische Liquidierung von Reisekosten ist ein schweres Dienstvergehen. RDisH. 3. 12. 34 Foerster 1935 S. 56; RDStH. 15. 3. 38 RVerwBl. **56** 707. Dasselbe gilt von falschem Angaben zur Erlangung eines Armutszeugnisses. PrOVG. 14. 7. 36 (RVerwBl. **57** 925).

Auch im Dienststrafverfahren hat der beschuldigte Beamte die Pflicht, sich über dienstliche Angelegenheiten wahrheitsgemäß zu äußern, wenn er von seinem Recht, die Aussage zu verweigern, keinen Gebrauch macht. RDStH. 15. 7. 38 E. **1** 32.

9. Besondere Pflichten hat der Behördenleiter. Die Macht und die Verantwortlichkeit des Leiters sind erheblich gesteigert. Es besteht größte Autorität nach unten, aber auch größte Verantwortung nach oben; der Behördenleiter kann sich nicht hinter einem anonymen Mehrheitsbeschluß verbergen und sich dadurch seiner Verantwortung entziehen. Er wird aber nur nach seiner Gesamtleistung gewertet und entlastet, um nicht seine Autorität nach unten zu untergraben. Wenn er aber nach seiner Gesamtleistung nicht tragbar ist und die innere Volksverbundenheit dauernd vermissen läßt, so wird er rücksichtslos entfernt. Er muß deshalb besonders sorgfältig nach Charakter, Gesinnung, Wissen und Können ohne Rücksicht auf Geburt und Vermögen ausgesucht werden.

Die Pflichten des Leiters sind im neuen Staat größer geworden. Er soll durch strengste Pflichterfüllung und tadellose Lebensführung im Amt und außerhalb des Amtes vorbildlich wirken. Seine etwaigen Verfehlungen sind deshalb als Führertreubruch besonders streng zu ahnden. RDisH. 15. 11. 32 Foerster 1933 S. 41 ff., insbes. S. 45; RDisH. 9. 4. 35 Foerster 1936 S. 89, 90. Er darf auch seine Gefolgschaft nicht geringschätzig, beleidigend, schikanös und unsachlich behandeln. RDStH. 13. 12. 37 E. **1** 34.

Der Behördenleiter soll nicht überheblich sein. Er soll stets beachten, daß ihm die Macht nur aus sachlichen Gründen verliehen ist, nicht aber, um sein persönliches Selbstbewußtsein durch amtliche Machtfülle zu steigern.

Er soll die Arbeitsfreudigkeit der ihm unterstellten Beamten erhalten und fördern. Er soll ihnen deshalb auch freundliche und schöne Arbeitsplätze verschaffen und den Grundsatz „Schönheit der Arbeit" mehr als bisher verwirklichen. Zschucke RSBZ. **37** 248. Über die Bestellung eines Beamten bei jeder Behörde, der für Schönheit der Arbeit zu sorgen und mit dem Amt für Schönheit der Arbeit in geeigneten Fällen in Verbindung zu treten hat, s. RuPrMdJ. 7. 9. 37 (MBl. 1503); auch für gesunde Arbeitsräume mit guter Luft und zweckdienlicher Beleuchtung hat er zu sorgen. Wagner DGemeindbZtg. **37** 585 und Groter ebenda **37** 587.

Der Behördenleiter soll zwar eine straffe Disziplin üben und in der Unterlassung eines disziplinarischen Vorgehens gegen einen Untergebenen kann u. U. ein Dienstvergehen gefunden werden. RDisH. 12. 3. 24 Schulze-Simons 185. Über die Frage, ob er verpflichtet ist, strafbare Handlungen eines Untergebenen der Strafverfolgungsbehörde mitzuteilen, s. unten Anm. I 3 zu § 13. Bei kleinen Verstößen soll der Behördenleiter nicht zu scharf vorgehen und lieber mit mündlichen Ermahnungen und Belehrungen als mit förmlichen Dienststrafen dagegen einschreiten. Er soll auch bei guten Leistungen mit seinem Lobe nicht zurückhalten. Keine Furcht soll im Betriebe aufkommen, da sonst die Leistungsfähigkeit der Beamten verringert und damit der Allgemeinheit Schaden zugefügt wird. Freund und Berater der Beamten soll der Behördenleiter sein. Er soll beseelt sein von starkem Gerechtigkeitsgefühl, Selbstbeherrschung und Menschenliebe. Er soll soziales und menschliches Verständnis für seine Gefolgschaft haben. RDStH. 13. 12. 37 E. **1** 35. Er soll nicht unpersönlich sein, sondern stets auch die menschliche Seite anklingen lassen. Er soll sich als Arbeitskamerad der ihm unterstellten Beamten fühlen. Schlicht und einfach soll seine Lebensführung sein. Kein Behördenleiter wird sich in der Fürsorge für seine Beamten von irgend jemanden übertreffen lassen.

Vorbild soll ihm in jeder Hinsicht Adolf Hitler sein.

Im gegenwärtigen Kriege ist jeder Behördenleiter verpflichtet, den Geschäftsbetrieb seiner Dienststelle so zu gestalten, daß diese zur vordringlichen Durchführung der mit der Reichsverteidigung zusammenhängenden Aufgaben in der Lage ist. II Abs. 2 Erl. 28. 8. 39 (RGBl. I 1535).

Auch nach außen hat der Behördenleiter im neuen Staat besondere Pflichten. Insbes. soll er sich in jeder Hinsicht volksverbunden erweisen. Er soll aber auch kameradschaftlich mit den Dienststellen der Partei und ihren

Gliederungen, ferner dem Reichsbund der Deutschen Beamten und seinen Fachschaften, dem Nationalsoz. Rechtswahrerbund und der Nationalsoz. Betriebszellenorganisation zusammenarbeiten und zu ihnen in ein persönliches gegenseitiges Vertrauensverhältnis treten; s. dazu RuPrMdJ. 10. 6. 37 (MBl. 941); Spankus „Deutsche Rechtspflege" **36** 30 ff. In allen einschlägigen Angelegenheiten soll eine rechtzeitige und möglichst frühzeitige Fühlungnahme erfolgen. Messerschmidt D. Rechtspfl. **38** 33 u. 34. Zu Sachbearbeitern für die Personalien der Beamten, Angestellten und Arbeiter soll der Dienstvorgesetzte grundsätzlich Mitglieder der NSDAP., jedenfalls aber überzeugte Nationalsozialisten bestellen. RuPrMdJ. 23. 10. 35 (MBl. 1311).

Besondere Pflichten hat der **Leiter der Gemeinden** bei Ausübung seines Amtes. Das nähere ergibt die Deutsche Gemeindeordnung. Der Bürgerneister soll stets mit der Bevölkerung Fühlung halten, die Gemeinderäte ausreichend heranziehen und die Beziehungen zur Presse pflegen.

Er muß sich von allen wichtigen Vorgängen in den mit den Ratsherrn abgehaltenen Sitzungen Kenntnis verschaffen, wenn er den Sitzungen nicht persönlich beiwohnen konnte. PrOVG. 29. 30. 9. 30 DJZ. **31** 841 = RuPr VBl. **55** 596. Er begeht aber kein Dienstvergehen, wenn er bei Beurlaubung seines regelmäßigen Stellvertreters einen anderen Beigeordneten mit dessen Vertretung beauftragt. Pr.OVG a. a. O.

10. Die Beamten haben **die Pflicht der Ehrerbietung und Achtung gegenüber den Dienstvorgesetzten** in und außer dem Dienste. § 2 Abs. 5 DBG. bezeichnet als Dienstvorgesetzten denjenigen Beamten, der für beamtenrechtliche Entscheidungen über die persönlichen Angelegenheiten des ihm nachgeordneten Beamten zuständig ist. Die Beamten dürfen die Pflicht der Ehrerbietung auch dann nicht außer acht lassen, wenn der Vorgesetzte sich nicht einwandfrei benimmt. RDisH. v. 24. 5. 1880 Schulze-Simons 160; PrOVG. **83** 401. Der Verwaltungsdirektor einer Stadtgemeinde ist zwar nicht Dienstvorgesetzter im Sinne des § 2 Abs. 5 DBG., wohl aber Vorgesetzter im Sinne dieser Vorschrift, hat gewisse Aufsichtsbefugnisse und kann deshalb von den ihm unterstellten Beamten rücksichtsvolle Achtung verlangen, deren Verletzung disziplinarisch zu ahnden ist. PrOVG. in PrVBl. **44** 403. Eine Anrede des Dienstvorgesetzten in der dritten Person war früher vielfach üblich; sie entspricht aber nicht dem nationalsozialistischen Gemeinschafts- und Kameradschaftsgedanken. Sie ist deshalb endgültig fortgefallen. Alle Beamten und Angestellten haben nicht nur selbst als Untergebene die Anrede in dritter Person zu unterlassen, sondern dürfen sie auch in ihrer Eigenschaft als Vorgesetzte nicht dulden. RMdJ. v. 4. 8. 38 (MBl. Sp. 1290). RMfWErzuV. v. 22. 8. 38 DWiss. 391. Auch die Volksgenossen, die mit Beamten amtlich zu tun haben, werden davon absehen müssen, sie in der dritten Person anzureden. Alle Beamten in und außer dem Dienst müssen allen übrigen Trägern öffentlicher Ämter, insbesondere aber den eine höhere Stufe in der Beamtenwelt Einnehmenden rücksichtsvolle Achtung beweisen.

OVG. **55** 467; **77** 509; **79** 427. Andererseits wird aber keine Unterwürfigkeit von den Beamten dem Dienstvorgesetzten gegenüber verlangt; als aufrechter Mann soll er auch ihm gegenübertreten. Auch im Schriftverkehr mit seinen Dienstvorgesetzten soll er sich einfach und schlicht unter Fortlassung aller schwülstigen Höflichkeitswendungen ausdrücken. Der Vorgesetzte soll die Untergebenen verständnisvoll und menschlich behandeln; so soll er den Untergebenen bei Rücksprachen nicht stehenlassen, wenn er selbst sitzenbleibt. Es muß stets ein Verhältnis zwischen Vorgesetzten und Untergebenen herrschen, das auf dem Bewußtsein gegenseitiger enger Verbundenheit und Achtung beruht. Der Vorgesetzte soll sich als Freund, Berater und Arbeitskamerad der ihm unterstellten Beamten erweisen.

Jeder Beamte kann verlangen, daß im amtlichen Verkehr ihm gegenüber die Amtsbezeichnung gebraucht wird; dies gilt auch gegenüber nachgeordneten Beamten. Natürlich kann in Pflege und Vertiefung eines vertrauensvollen und kameradschaftlichen Verhältnisses unter den Beamten und ihren Dienstvorgesetzten auf Grund ausdrücklichen oder stillschweigenden Übereinkommens von der Anrede des Untergebenen mit der Amtsbezeichnung abgesehen und an ihre Stelle der Familienname gesetzt werden.

Die Anstellung einer Privatklage gegen einen Dienstvorgesetzten, der den Beamten beleidigt hat, ist an sich kein Dienstvergehen und der Beamte braucht nicht zuvor den Beschwerdeweg zu erschöpfen. Er darf aber bei der gerichtlichen Verfolgung der Sache die Achtung gegenüber dem Dienstvorgesetzten nicht vergessen. Das gleiche gilt bei Erstattung einer Anzeige gegen einen Dienstvorgesetzten. Andererseits ist der Dienstvorgesetzte verpflichtet, einen als unbegründet erkannten Vorwurf dem Untergebenen gegenüber in unzweideutiger Weise zurückzunehmen. PrOVG. v. 24. 6. 1912 JW. **13** 1114.

Die Untergebenen sind nicht berechtigt, die Arbeit unter dem eines Disziplinarvergehens bezichtigten Dienstvorgesetzten abzulehnen. PrOVG. v. 1. Mai 1929 RuPrVBl. **51** 279.

Einen ihm tatsächlich oder vermeintlich von dem Dienstvorgesetzten gemachten Vorwurf darf ein Beamter, ohne sich einer Dienstverfehlung schuldig zu machen, zurückweisen, vorausgesetzt, daß er über den Inhalt des Vorwurfs nichts Unrichtiges behauptet und die Form seiner Verwahrung die dem Vorgesetzten schuldige Achtung nicht verletzt. Der Beamte hat das Recht, sich über Maßnahmen seines Vorgesetzten zu beschweren und wenn er auf dies Recht hinweist, begeht er keine Verfehlung, wenn der Hinweis sich in angemessener Form bewegt. PrOVG. **81** 438.

Die Beamten verstoßen aber gegen ihre Dienstpflichten, wenn sie eine Beschwerde in dienstlichen Angelegenheiten nicht bei ihren unmittelbaren, sondern einem höheren Dienstvorgesetzten einreichen; a. M. früher PrOVG. **73** 423; denn sie müssen bei ihren Beschwerden nach § 42 Abs. 2 DBG. den Dienstweg einhalten. Es ist nicht angängig, daß sie sich bei dem ihre Rechte wahrenden Eingaben an die vorgesetzte Behörde der Hilfe eines Rechtsanwalts als Vertreter bedienen. Sie dürfen sich auch nicht mit ihren Beschwerden über Vorgesetzte statt an ihre vorgesetzte Dienststelle an außenstehende Stellen wenden. RG. 7. 4. 36 DJ. **36** 825. Jedoch begeht ein Beamter kein Dienstvergehen, wenn er über seinen Dienstvorgesetzten einen Bericht erstattet, den er als Parteigenosse auf Anweisung der Partei an diese abfaßt, auch wenn darin abfällige Bemerkungen über den Vorgesetzten enthalten sind; jedoch muß der Beamte dabei bei der Wahrheit bleiben und die gehörige Form und die Achtung vor seinem Vorgesetzten wahren. RDisH. 10. 2. 37 Foerster 1937 II 24; ebenso RDStH. **E 1** 7.

Für die **Vollzugspolizei** ist durch Erl. d. RMdJ. v. 19. 12. 38 (MBl. Sp. 2183 ff.) eine besondere Beschwerdeordnung erlassen. Danach muß stets der Dienstweg eingehalten werden. Wird hiergegen oder sonst gegen die Beschwerdeordnung verstoßen oder wird die Beschwerde in achtungswidriger Form erhoben oder wissentlich oder leichtfertig auf unwahre Behauptungen gestützt, so liegt ein Dienstvergehen, u. U. z. B. bei wissentlich oder leichtfertig falscher Anschuldigung auch eine strafbare Handlung vor. Dagegen wird niemand nur deswegen bestraft, weil er bei der Beschwerdeführung von einer unrichtigen dienstlichen Anschauung ausgegangen ist oder weil sich seine Beschwerde sonst als unbegründet erweist. Nr. 13 der Beschwerdeordnung v. 19. 12. 38.

Die Verwertung von Notizen über vermeintliche Verstöße eines Dienstvorgesetzten oder eines Mitbeamten zeigt regelmäßig eine niedrige Gesinnung und ist auch dann disziplinarisch zu ahnden, wenn sich die Verstöße als wahr erweisen sollten; vgl. PrOVG. v. 22. September 1903 bei v. Rheinbaben 81; GrDisS. v. 30. 6. 1926 Amtl. Sammlg. 160. Auch leichtfertige unwahre Beschuldigungen und Strafanzeigen gegen andere Beamte, besonders gegen Vorgesetzte, verdienen disziplinarische Bestrafung. RDisH. 5. 12. 1933 Foerster 1934 67; RDStH. E. **1** 28;1. 2. 39 E. **2** 38. Dabei ist § 193 StrGB. nicht entsprechend anwendbar; RDisH. v. 24. 1. 1933 DJZ. **33** 1377; PrOVG. **83** 400; Behnke 71; es verlieren also Beleidigungen von Dienstvorgesetzten usw. den Charakter von Dienstvergehen nicht ohne weiteres dadurch, daß sie aus Anlaß einer Beschwerdeführung oder sonst zur Wahrnehmung berechtigter Interessen begangen werden und weder aus der Form der Äußeruneng noch den begleitenden Umständen die Absicht der Beleidigung hervorgeht; GrDisS. v. 6. 10. 1926 Amtl. Sammlg. 165; dadurch ist freilich nicht ausgeschlossen, daß solche Beleidigungen nach Lage des Einzelfalles milder zu beurteilen sind, z. B. wenn sie in einem Dienststrafverfahren zur Wahrung von Rechten getan werden. PrOVG. **83** 400; RDisG. v. 26. 5. 1925 Schulze-Simons 164, 170. Dies gilt besonders dann, wenn der Beamte fest an die Richtigkeit seiner Vorwürfe gegen den Vorgesetzten geglaubt hatte. RDisH. 27. 3. u. 3. 10. 34 Foerster 1925 S. 94 u. 98. Eine Aufrechnung von Beleidigungen findet im Dienststrafverfahren nicht statt. Behnke 71.

Ein Dienstvergehen begeht auch ein Beamter, der gegen seine Dienstbehörde Angriffe in der Fachpresse erhebt, zumal wenn er bei sorgfältiger Prüfung die Aussichtslosigkeit seiner Angriffe hätte erkennen müssen. RDisH.

v. 24.1.33 ZBR. **6** 90. Hämische Bemerkungen und üble Nachreden über Vorgesetzte sind disziplinarisch zu ahnden. RDisH. v. 24. 3. und v. 26. 5. 1925 Schulze-Simons 162, 155; RDStH. **1** 24 u. 1. 2. 39 E. **2** 38.

Dienstliche Streitigkeiten hat der Beamte vor seinen Dienstvorgesetzten auszutragen und nicht die Öffentlichkeit zum Richter aufzurufen und die Presse damit zu befassen. Von dieser Pflicht kann ihn auch eine ausnahmsweise Sachlage nicht befreien. OVG. **86** 462,

Die grundlose Verweigerung der Unterschrift unter eine vom Dienstvorgesetzten oder Untersuchungsführer aufgenommene Niederschrift gilt als strafbare Achtungsverletzung. PrOVG. v. 15. April 1904 im PrVBl. **26** 100.

Ein Dienstvorgesetzter, der sich mit einem angetrunkenen Beamten in ein Gelage eingelassen hat, muß das Gespräch und das Zusammensein abbrechen, wenn die Unterhaltung gereizt wird. Tut er es nicht, und kommt es dann zu Tätlichkeiten oder sonstigen Beleidigungen, so trägt der Vorgesetzte die Verantwortung. PrOVG. „Recht" **23** 117.

Auch in Eingaben an die Aufsichtsbehörden dürfen die Grenzen nicht überschritten werden, die durch die rücksichtsvolle Achtung gegenüber den Dienstvorgesetzten gezogen sind, RDisH. v. 7. 2. 1928 Foerster-Simons 102; v. 27. 3. 1634 ZBR. **6** 93; PrOVG. 12. 8. 36 RMinBl. 1012.

11. Beleidigungen, die Beamten im Dienst oder auch außerhalb des Dienstes zugefügt sind, dürfen regelmäßig nicht ungesühnt bleiben, da sonst die Achtung und das Ansehen, das die Beamten genießen, Schaden erleiden können. RDisH. v. 22. Dezember 1913 Schulze-Simons 231. Im Zweifel wird es sich daher für die Beamten empfehlen, von den ihnen im Amte zugefügten Ehrverletzungen ihrer vorgesetzten Dienstbehörde Anzeige zu machen. Diese hat das Recht, für den Beamten Strafantrag wegen Beleidigung zu stellen, wenn sie begangen ist während der Beamte in der Ausübung seines Berufs begriffen war oder wenn sie in Beziehung auf seinen Beruf begangen war. § 196 StGB. Es soll nicht ausschließlich vom Belieben des Beamten abhängen, ob eine ihm zugefügte Ehrenkränkung ungesühnt bleiben darf. RGSt. **57** 421. Es werden aber nicht selten Beleidigungen, zumal außerdienstliche, unbeachtet bleiben können, sofern dies nach Lage der Sache angemessen erscheint. Bestimmte Regeln lassen sich nicht aufstellen. Es kommt stets auf die besondere Lage des einzelnen Falles an. Lehnt die vorgesetzte Behörde die Stellung des Strafantrages ab, so bleibt es dem Beamten unbenommen, selbst den erforderlichen Strafantrag zu stellen oder Privatklage zu erheben. Die vorgesetzte Behörde hat aber das Recht, dem Beamten die Anrufung des Gerichts zu untersagen und ihm die Zurücknahme des von ihm gestellten Strafantrages oder der von ihm angestrengten Privatklage aufzugeben. Es gibt Fälle, in denen die öffentliche Verhandlung der Sache vor Gericht den dienstlichen Interessen zuwiderläuft; in solchen Fällen muß der Beamte seine persönlichen Ansprüche auf Genugtuung hinter den Interessen des Amtes und damit der Allgemeinheit zurücktreten lassen. Weigert er sich trotzdem, den Strafantrag oder die Privatklage zurückzunehmen, so setzt er sich der Gefahr disziplinarischer Bestrafung wegen Ungehorsams aus; zustimmend Schlüter RSBZ. **33** 666 und Behnke 111; **a. M.** NadlWittlR.191 u. 709; Fischbach 177.

Alles dies gilt auch für Beleidigungen von Beamten unter sich. RDisH. v. 18. Oktober 1932 Foerster 1933 S. 52.

12. Der Beamte muß bei seinen Entscheidungen und deren Begründung **alles vermeiden,** was geeignet sein könnte, **Zweifel an seiner Objektivität** aufkommen zu lassen; am wenigsten darf er aber persönliche Angelegenheiten mit seiner amtlichen Spruch- oder sonstigen Entschließungstätigkeit verquicken. Der Beamte muß in allen Fällen, in denen er ein besonderes Interesse hat, das von den allgemeinen öffentlichen Interessen abweicht, insbes. bei allen dienstlichen Anlässen, die seine eigenen vermögensrechtlichen Belange berühren, sich jeder eigenen amtl. Tätigkeit enthalten. PrOVG, **97** 245. Er darf unter keinen Umständen als Sachbearbeiter in einer Angelegenheit tätig werden, in der er bereits privatim tätig geworden war. RDStH. 2. 2. 38 E. **1** 84 = RVerwBl. **59** 560. Er darf auch nicht den Eindruck einer unlauteren Handlungsweise hervorrufen. PrOVG. **97** 245. Der Richter muß sich selbst ablehnen, wenn er zu der pflichtmäßigen Überzeugung gelangt, daß sein Verhalten oder seine Beziehungen zu einer Prozeßpartei geeignet sind, von deren Standpunkt aus objektiv Mißtrauen gegen seine Unparteilichkeit hervorzurufen. GrDisS. v. 18. 5. 27 Amtl. Sammlg. 185 (1. Nachtrag). S, im übrigen näheres unten B 2 zu S. 95.

b) Allgemeine außeramtliche Pflichten.

1. Der Beamte muß sich auch durch sein **Verhalten außer dem Amte** der Achtung und des Vertrauens, die seinem Berufe entgegengebracht werden, würdig zeigen. Er hat sich auch bei seinen privaten Kundgebungen die Mäßigung, Objektivität und Zurückhaltung aufzuerlegen, die das Ansehen seines Amtes verlangt. PrOVG. v. 26. 9. 1929 RuPrVBl. **51** 278; RDisH. v. 28. 4. 1930 DJZ. **30** 1128 = ZBR. **3** 37. Er muß seine gesamte Lebensführung so einrichten, wie es die herrschenden Anschauungen der Volksgemeinschaft über Ehre, Sitte und Moral erfordern.

So verstößt der Beamte gegen die Wahrheitspflicht und macht sich eines eigenmächtigen, ja betrügerischen Verhaltens gegen den Staat schuldig, wenn er sein Vermögen oder seine Einnahmen in seinen Steuererklärungen bewußt zu niedrig angibt. RDStH. 16. 3. 38 E. **1** 102.

Bei Beamten, die Politische Leiter sind, ist ein Verhalten im Rahmen ihrer parteiamtlichen Tätigkeit nicht als außerdienstl. Verhalten, das der Beurteilung des Dienstvorgesetzten unterliegt, zu werten. Wenn der Dienstvorgesetzte glaubt, Fälle dieser Art als Verstoß gegen die Beamtenpflichten behandeln zu müssen, so hat er an seine oberste Dienst- oder Aufsichtsbehörde zu berichten. Diese entscheidet im Einvernehmen mit dem Stellvertreter des Führers, ob das Verhalten des Beamten in diesem Falle als Dienstvergehen zu verfolgen ist. DurchfV. zum DBG. Nr. 2 zu § 22.

Der Beamte muß ein **vorbildliches Familienleben** führen und sich vor Augen halten, daß die Gründung einer Familie und Kinderreichtum für den Bestand und das Schicksal des deutschen Volkes von großer Bedeutung ist und in Beamtenfamilien um so mehr im Interesse des neuen Staates liegt, als die Beamten ausgezeichnetes Erbgut darstellen. Bei manchen Verwaltungen, z. B. der RFinanzVerw. nach RFM. 16. 3. 38 (Amtsbl. d. RF.-Verw. 44, 47—49), werden die Beamten des Vorbereitungsdienstes bei ihrer Annahme und Diensteinführung darauf hingewiesen, daß von ihnen, soweit sie noch ledig seien, erwartet werde, daß sie nach ihrer Ernennung zum Regierungsassessor bzw. Praktikanten, Diäter oder Wachtmeister heiraten würden. Selbstverständlich hat der Beamte auch die **Rassegrundsätze** des neuen Staates zu beachten und darf nach § 59 DBG. bei Verlust seines Amtes sich nicht mit einer Person nichtdeutschen oder artverwandten Blutes verheiraten. Er wird auch vermeiden müssen, ausländische Waren deutschen Erzeugnissen vorzuziehen, in jüdischen Geschäften zu kaufen (RDStH. 2. 3. 39, DVerw. **40** 13), und mit Juden freundschaftlich zu verkehren. Fabricius 109, 110; Zschucke, NSBZ. **37** 467 u. DRechtspfl, **37** 277. Freundschaftlicher, dem Verdacht der Rassenschande ausgesetzter Verkehr eines Beamten mit einer Jüdin ist ein sehr schweres, mit Entfernung aus dem Dienst zu ahndendes, Dienstvergehen. DienstStrKr. Frankfurt a. M. 14. 5. 37 ZBR. **8** 156; RDStH. 12. 6. 40 DVerw. **41** 21. Ein Beamter, der von einem jüdischen Geldverleiher ein Darlehen aufnimmt, macht sich eines schweren Dienstvergehens schuldig, auch wenn er zu der Darlehnsaufnahme durch eine unverschuldete Notlage getrieben worden ist. Dienststrafsenat d. RG. v. 27. 7. 37 DJ. **38** 1394. Der Beamte muß darauf hinwirken, daß auch seine Frau und seine Haushaltsangehörigen (Kinder, Hausangestellte) gegen die Rassegrundsätze nicht verstoßen. RArbG. 22. 9. 37 DJ. 1989 = JW. **38** 140 = ZBR. **8** 221. Mit Mischlingen ist aber den Parteimitgliedern, also auch den Beamten nicht jeder geschäftliche und sonstige Verkehr verboten. Entsch. d. oberst. Parteigerichts „Der Parteirichter" 4. Jahrg. S. 19. Der Beamte muß seine Kinder der HJ. und dem BdM. anvertrauen, da er weiß, daß sie dort wahres deutsches Wesen und echte Kameradschaft und damit den Sinn unseres deutschen Lebens finden. RM. Dr. Frick in seinem Vortrag v. 26. 4. 37 an der Verwaltungsakademie Berlin. NSBZ. **37** 254. Er darf auch seine Kinder nicht ohne zwingende Gründe in eine Privatschule schicken. RuPrMdJ. 9. 9. 37 (MBl. 1506) nebst Erl. des RuPrMfWErzuV. v. 17. 3. 38 (DWiss. 166 u. 167).

Der Beamte darf auch nicht außeramtlich beleidigende Äußerungen tun und kann sich auch hier dienststrafrechtlich auf den Schutz des § 193 StGB. nicht berufen. PrOVG. v. 26. 9. 29 RuPrVBl. **51** 278. Jedoch wird er, wenn er in Wahrnehmung berechtigter Interessen gehandelt hat, milder zu beurteilen sein. Er begeht ferner ein Dienstvergehen, wenn er als Partei in einem Rechtsstreit, z. B. in einem Ehescheidungsverfahren bewußt wahrheitswidrige Angaben macht. RDStH. 15. 12. 38 DVerw. **40** 45 = E **3** 54.

Beamte sind wegen wissentlich falscher Anschuldigung mit Dienstentlassung bestraft worden. RDisH. 29. 1 u. 24. 5. 35 Foerster 1936 S. 93 u. 95. Ferner ist mit derselben Strafe ein Beamter belegt worden, der in einem anonymen Schreiben das Andenken eines verstorbenen Amtsgenossen in schwerster Weise angegriffen hatte. RDisH. 20. 2. 35 Foerster 1936 S. 100. Ein Beamter, der seine dienstliche Stellung zur Durchführung eines persönlichen Anspruchs mißbraucht und beleidigende wahrheitswidrige Äußerungen über einen Volksgenossen gemacht hatte, ist mit Gehaltskürzung bestraft worden. RDStH. 8. 2. 38 E. **1** 39.

1. **Trunkenheit** ist besonders dann ein Dienstvergehen, wenn sie im Amt, auf der Straße oder an einem anderen öffentlichen Ort hervortritt. Ist sie in Uniform des Beamten in öffentlichen Lokalen und sogar nach vielen Vorstrafen wegen derselben Verfehlung hervorgetreten, so ist Entfernung aus dem Dienst geboten. RDStH. 24. 4. 40 DVerw. **41** 44. Der Beamte darf sich auch nicht übermäßigem Wirtshausbesuch ergeben. GrDisS. v. 22. 9. 26 (Amtl. Sammlg. 163).

Versetzt sich ein Beamter durch eigenes Verschulden in einen solchen Zustand von chronischem Alkoholismus, daß er sein Amt nicht mehr ordnungsmäßig führen kann, so ist er disziplinarisch zu bestrafen. Er begeht in jedem Falle ein Dienstvergehen, wenn er seiner Neigung zum Trunk keinen genügenden Widerstand entgegensetzt. RDisH. v. 8. 5. 33 Foerster 1934 S. 83. Jedoch ist **krankhafte** Alkoholsucht ein Milderungsgrund. RDisH. v. 2. 5. 32 RuPrVBl. **53** 874. Der Beamte darf auch nicht durch seine Schuld in den Ruf eines Trinkers kommen. RDisH. v. 10. 7. 1905 bei Schulze, Rspr. 85 u. 187; Schulze-Simons 233. Begeht der Beamte in einer seine Zurechnungsfähigkeit ausschließenden Trunkenheit eine Verfehlung, so muß er für diese einstehen. RDStH. 23. 2. 39 E **2** 68.

Beamte des Außendienstes, insbesondere solche, die besonders verantwortliche Stellen bekleiden, werden wegen Trunksucht besonders schwer, und zwar unter Umständen mit Entfernung aus dem Dienst zu bestrafen sein. RDisH. 23. 3. u. 21. 4. 37 Foerster 1937 II S. 32 u. 34. Insbesondere stellt der Genuß von geistigen Getränken im Dienst bei einem Bahnbeamten, so z. B. wenn er besonders wichtige Funktionen wie die Bedienung eines Befehlsstellwerks hat, ein überaus schweres Vergehen dar, da es die schwersten Folgen für die haben kann, die sich der Reichsbahn anvertrauen. RDisH. 17. 2. 36. Foerster 1937 S. 11 und 12.

Für Polizeibeamte, insbesondere solche im Exekutivdienst, ist völlige Nüchternheit unerläßliche Voraussetzung für die ordnungsmäßige Ausübung ihres Dienstes. RDisH. 23. 3. 37 Foerster 1937 II 32.

2. Das **Spekulieren** der Kassenbeamten sowie aller bei Geldinstituten angestellten Beamten in Papieren und Waren und das **leichtfertige Schuldenmachen** der Beamten unterliegt disziplinatischer Ahndung. Leichtsinniges Spekulieren und Beteiligung am Glücksspiel über die Vermögensverhältnisse

hinaus ist bei allen Beamten ein Dienstvergehen. GrDisS. v. 30. 5. 28 Amtl. Sammlg. 200 ff. (1. Nachtrag).

Dem Schuldenmachen der Beamten muß durch Ermahnungen und angemessene Vorhaltungen entgegengewirkt werden. Gegen unverbesserliche unehrenhafte und leichtsinnige Schuldenmacher ist disziplinarisch vorzugehen. RDisH. 25. 1. 37 Foerster 1937 II S. 16; RFM. 23. 1. 39 (Amtsbl. d. RFVerw. S. 24 zu III); RDStH. 3. 2. 37 DVerw. **39** 88; RDStH. 11. 2. 38 E. **1** 58 Bei wiederholten Verfehlungen derselben Art wird in der Regel auf die schwerste Strafe, die Entfernung aus dem Dienst erkannt werden müssen. RDStH. 9. 4. 40 DVerw. **41** 63. Dabei kommt es wesentlich auf die Art und den Anlaß der Entstehung der Schulden sowie darauf an, ob ihr Vorhandensein das Ansehen des Beamten zu beeinträchtigen geeignet ist. PrOVG. 1. 9. 36 RVerwBl. **57** 970.

Unsaubere Geschäftsverbindung eines Beamten, z. B. eines Bürgermeisters mit einem gewerbsmäßigen Geldverleiher ist ein schweres Dienstvergehen. PrOVG. 14. 7. 36 (RMBl. 925 = RVerwBl. **57** 925). Dasselbe gilt von einem Richter, der Rechtsanwälte und Rechtsbeistände, mit denen er dienstlich zu tun hat, veranlaßt, Bürgschaften für die von ihm aufgenommenen Darlehen zu übernehmen. Dienststrafsenat beim RG. 24. 9. 36 DJ. 1893. Disziplinarisch strafbar macht sich der Beamte besonders auch dann, wenn er Darlehen von seinem Untergebenen angenommen hat. RDisH. 29. 11. 27 Foerster-Simons 76 oder wenn ein Lehrer die Eltern seiner Schüler anborgt. RDStH. 24. 5. 38 E. **1** 60. Ebenso, wenn ein Beamter ungehörige Anleiheversuche, z. B. bei dem dienstlich mit ihm in Berührung kommenden Publikum unternimmt. RDisH. 4. 11. 35 Foerster 1636 S. 91. Ebenso begeht ein Beamter ein Dienstvergehen, der unter — wenn auch nicht ausgesprochener — Ausnutzung seiner Stellung Darlehen bei Gewerbetreibenden aufnimmt, mit denen seine Behörde in wirtschaftlichen Beziehungen steht. RDStH. 2. 2. 38 RVerwBl. **59** 560 = E. **1** 184; RDStH. 11. 2. 38 E **1** 58. Beamte müssen im privaten Verkehr mit Personen, in deren Angelegenheiten sie dienstlich zu tun haben, besondere Zurückhaltung üben, sich nicht freihalten lassen und sonstige Gefälligkeiten von ihnen annehmen. RDStH. 7. 12. 37 E. **1** 18; 22. u. 24. 2. u. 30. 6. 38 E. **1** 80, 87 u. 91. Reichsbankbeamte müssen Darlehnsgeschäfte mit Firmen ihres Bezirks dem vorgesetzten Reichsbankdirektor anzeigen; unterlassen sie es, so begehen sie ein schweres Dienstvergehen. RDisH. 8. 3. 32 Foerster 1933 S. 13. Erschwerend wirkt überall auch die Unzulänglichkeit und Unlauterkeit in der Abstoßung von Schulden. RDisH. v. 9. 3. 13 Schulze-Simons 293.

Verschafft sich ein Beamter von Personen, mit denen er dienstlich in Berührung kommt oder kommen kann, Darlehn oder läßt er sich von ihnen sonstige Vorteile gewähren, so handelt er betrügerisch, wenn er hierbei seine wirtschaftliche Notlage verschweigt, Zins- und Zahlungsversprechen, die er nicht halten kann, gibt und unwahre Angaben über die Verwendung des erbetenen Darlehns macht. Er setzt sich dadurch der Gefahr strafrechtlicher Verfolgung aus. RFM. 23. 1. 39 (Amtsbl. d. RFV. 24 zu III); vgl. RDStH. 3. 2. 37 DVerw. **39** 88; 11. 2. 38 E. **1** 58.

Wenn dagegen Beamte ohne ihr eigenes Verschulden, durch Unglücksfälle oder andere ungewöhnliche Ereignisse, in Schulden geraten sind, so ist darin keine Verfehlung zu erblicken. RDisH. v. 12. 6. 33 Foerster 1934 S. 26 u. 25. 9. 1933 ebenda S. 86; RDStH. 23. 11. 38 E. **2** 80; es ist dann von den Dienstvorgesetzten darauf zu halten, daß im sogenannten freiwilligen Gehaltsabzugsverfahren die Schulden allmählich abgezahlt werden.. Stellt er die Verschuldung eines Beamten fest, so hat er ein Schuldenverzeichnis einzufordern, einen Schuldentilgungsplan aufzustellen und die Schuldentilgung zu überwachen. Diese Maßnahme kann jedoch nur Erfolg haben, wenn der Beamte die planmäßige Schuldentilgung auch durchführt, sich und seiner Familie die äußerste Einschränkung auferlegt und vor allem sich verpflichtet, keine neuen Verbindlichkeiten einzugehen. RFM. v. 23. 1. 39 a. a. O. Wegen der sorgfältigen Aufstellung des Schuldenverzeichnisses s. oben S. 79. Der Reichsbund der Deutschen Beamten und der Nationalsozial. Rechtswahrerbund haben die planmäßige Entschuldung der Beamten durchgeführt und beendet.

Die Dienstvorgesetzten sind berechtigt, außer vor der Anstellung auch von den festangestellten Beamten wahrheitsgemäße Angaben über ihre Schulden zu verlangen, um deren Tilgung zu veranlassen. Verschuldete Beamten sollen im Aufsichts- und Kassendienst überhaupt nicht, im Abfertigung und Betriebsprüfungsdienst nur dort verwendet werden, wo sie einer ständigen Überwachung unterliegen. RFM. 23. 1. 39 a. a. O.

Bei Bemessung der Strafe wegen leichtsinnigen Schuldenmachens, insbesondere bei der Frage, ob auf Entfernung aus dem Dienst zu erkennen ist, kommt es wesentlich darauf an, aus welchen Ursachen die Schulden entstanden sind und ob Aussicht besteht, daß der Beamte seine Schulden in absehbarer Zeit tilgen wird oder ob zu befürchten ist, daß sich die Schuldenlast weiter vermehrt und deshalb der Beamte zu bedenklichen Mitteln greifen wird, um seine Gläubiger hinzuhalten oder neuen Kredit zu erlangen. RDisH. v. 12. Februar 1906 bei v. Rheinbaben 69.

4. Damit die vorgesetzte Behörde **von der schlechten Vermögenslage des Beamten tunlichst bald Kenntnis** erhält, sind ihr bei manchen Verwaltungen von allen gegen die Beamten eingereichten **Klagen** wegen Schuldverbindlichkeit durch Mitteilung einer Abschrift der Klage Kenntnis zu geben.

Wenn ein Beamter in **Konkurs** gerät, so hat der Urkundsbeamte der Geschäftsstelle eine beglaubigte Abschrift der Formel des Eröffnungsbeschlusses der Dienstbehörde des Gemeinschuldners mitzuteilen. § 112 KO.

Die Tatsache, daß über das Vermögen eines Beamten Konkurs eröffnet ist, gibt nur dann zum disziplinarischen Einschreiten Anlaß, wenn die im Konkurse zutage getretene Verschuldung des Beamten durch unlautere Maßnahmen oder durch leichtsinnige Wirtschaftsführung usw. verschuldet worden ist.

5. Dem Beamten liegt neben der Pflicht zum eigenen vorbildlichen Wandel nicht auch absolut die Verpflichtung ob, dafür einzustehen, daß auch durch den **Wandel seiner Familienangehörigen** seine Ehre und sein Ruf nicht beeinträchtigt werden. Nur soweit ihm selbst etwa durch Vernachlässigung der Aufsicht, Unterlassung energischen Einschreitens gegen Verschwendung, unsittlichen Lebenswandel der Frau, Kinder usw. ein Verschulden trifft, macht er sich disziplinarisch strafbar. Deshalb hebt auch § 3 Abs. 3 Satz 3 DBG. hervor, daß er nicht dulden darf, daß ein seinem Hausstand angehörendes Familienmitglied eine unehrenhafte Tätigkeit ausübt, z. B. bei jüdischen Geschäftsleuten kauft. RDStH. 21. 3. 39 DVerw. **40** 13 = E. **2** 69. Er kann sich nicht ohne weiteres damit entschuldigen, daß er von dem unehrenhaften Treiben seiner Familienmitglieder nichts gewußt habe. Er muß auch gegen unsolides und verbrecherisches Geschäftsgebaren seiner Ehefrau sowie gegen ihre Verschwendungssucht rechtzeitig und energisch einschreiten und notfalls die Entziehung der Schlüsselgewalt gegen sie in die Wege leiten. RDisH. v. 5. 5. 31 ZBR. **4** 91 = Foerster-Simons 140. PrOVG. 1. 9. 36 RVerwBl. **57** 970); RFM. 23. 1. 39 Amtsbl. d. RFM. 24 zu III; er muß, wenn er selbst verschuldet ist, seine Frau von überflüssigen Bequemlichkeits- und Luxusausgaben zurückhalten. RDStH. 24. 5. 38 E. **1** 60. Ein Beamter, der mit einer sittlich nicht einwandfreien Frau die Ehe eingeht, hat mit allen Mitteln seine nunmehrige Ehefrau zu einem einer Beamtenfrau würdigen Verhalten zu erziehen. Gelingt ihm das nicht und will er sich von der Frau nicht trennen, so kann er nicht Beamter bleiben. Dasselbe gilt, wenn er sich von seiner Frau sogar in der Öffentlichkeit widerstandslos beschimpfen oder herabsetzen läßt. OVG. **99** 253 DVerw. **37** 94 = RVerwBl. **58** 207.

6. Verfehlungen gegen die Gesetze der Moral ziehen regelmäßig nur dann ein disziplinarisches Einschreiten gegen den Beamten nach sich, wenn dadurch das sittliche Empfinden der Allgemeinheit beeinträchtigt, also öffentlich Anstoß erregt worden war. So wird der **außereheliche Geschlechtsverkehr** zwischen einem unverheirateten Beamten und einer volljährigen unverheirateten Frau, z. B. seiner Haushälterin, an sich als Privatsache angesehen, die das öffentliche Interesse nicht berührt und keine Verletzung einer Dienstpflicht enthält. So auch Behnke 115. Dasselbe gilt vom Geschlechtsverkehr einer unverheirateten weiblichen Beamtin. Die außereheliche Geburt ist bei einer Beamtin — selbst einer Lehrerin — an sich keine Dienstverfehlung. RDStH. 11. 2. 38 bei Behnke 116, Hiervon gibt es aber unter besonderen Umständen, z. B. wenn das Kind aus dem Verkehr mit einem verheirateten Mann stammt, Ausnahmen, die zur Ahndung führen. Fischbach 180. Soweit aber ein außerehelicher Verkehr in die Öffentlichkeit gelangt und Anstoß erregt, sind solche Vorkommnisse ein Dienstvergehen; denn dann sinkt der Beamte in der allgemeinen Achtung und gefährdet das Ansehen, dessen er im Interesse seines Amtes bedarf. RDisH. 3. 7. 34 Foerster 1935 S. 72 ff. Außerehelicher Geschlechtsverkehr unter Vorspiegelung der Ehe ist aber natürlich stets ein Dienstvergehen. RDisH. v. 11. 11. 01 Schulze-Simons 253.

Ebenso schädigt ein verheirateter Beamter, der sich des Ehebruchs schuldig macht, oder ein unverheirateter Beamter, der mit einer verheirateten Frau Geschlechtsverkehr unterhält, die Würde seines Standes und büßt die Achtung und das Ansehen ein, die sein Beruf erfordert. RDisH. 4. 3. 35 Foerster 1936 S. 32 (Verkehr eines verheirateten Beamten mit einer ledigen Beamtin); PrOVG. **80** 426. Eine disziplinarische Ahndung tritt nicht nur dann ein, wenn der Ehebruch öffentlich bekannt geworden ist und Ärgernis erregt hat. Denn schon der Ehebruch an sich wird, sobald er zur amtlichen Kenntnis der vorgesetzten Behörde gelangt, in der Regel Veranlassung zu disziplinarischem Einschreiten geben. PrOVG. **80** 427; **83** 403; Daniels 19; NadlWittlR. 192; RDStH. 7. 12. 38 RVerwBl. **60** 174; 12. 6. 40 DVerw. **41** 21 u. 29. 9. 40 DVerw. **41** 86; Heyland 220; **a. M.** Fischbach 181, der in der Regel nur dann dienststrafrechtliche Ahndung eintreten lassen will, wenn der Ehebruch öffentliches Aufsehen und unliebsames Ärgernis erregt hat; so auch der dort angef. Erlaß des RuPrMdJ. v. 25. 3. 37. Dagegen halten RDStH. v. 7. 12. 38 RVerwBl. **60** 1747; 12. 6. 40 DVerw. **41** 21 u. 29. 9. 40 DVerw. **41** 86 die Frage, ob der Ehebruch in der Öffentlichkeit bekannt geworden ist, für das Vorliegen eines Dienstvergehens nicht für ausschlaggebend. Auch sieht RDStH. a. a. O. den Ehebruch eines Beamten auch dann als Dienstvergehen an, wenn der andere Ehegatte damit einverstanden war; s. auch PrOVG. **80** 426. Alles dies gilt im neuen Staat, dem die Ehe als besonders heilig und als Grundlage allen völkischen Lebens gilt (vgl. amtl. Begründg. zum neuen Eheges. v. 6. 7. 38 DJ. **38** 1102), in verstärktem Maße. RDStH. 6. 10. 37 E. **1** 95; DienststrafSRG. 2. 4. 36 DJ. 1195. Es ist also nicht zutreffend, wenn der RDisH. 29. 1. 35 ZBR. **6** 199 = Foerster 1936 S. 34 annimmt, daß der Ehebruch nur dann dienststrafrechtlich zu ahnden sei, wenn er öffentliches Ärgernis erregt oder das Ansehen des Beamten oder der Behörde geschädigt oder gefährdet habe. Abweichendes gilt in Fällen, wo die Ehe des Beamten nur noch formal bestand und ein Einbruch in eine fremde Ehe nicht stattfand. Ähnlich Fischbach 181; Behnke 116.

Besonders schwer werden nach der — u. E. zu billigenden — Praxis der Dienststrafgerichte (vgl. RDisH. v. 12. 11. 17 Schulze-Simons 259) sittliche Verfehlungen bei Lehrern angesehen. Denn diese Beamten müssen als Erzieher der Jugend durch tadelloses Verhalten in und außer dem Amt ein besonders gutes Beispiel geben; RDStH. 6. 10. 37, 6. 1. und 29. 3. 38 E. **1** 95, 93 u. 97. Das gilt in verstärktem Maße für einen Lehrer in leitender Stellung, der auch der ihm unterstellten Lehrerschaft und der Öffentlichkeit ein Vorbild sein soll. RDStH. 6. 1. 38 E. **1** 93, 95. Milderungsgründe können in allen Fällen, auch beim Ehebruche der Lehrer, Berücksichtigung finden; solche Gründe liegen z. B. vor, wenn der Beamte von einer geschlechtlich bescholtenen Person dauernd in Versuchung geführt wird und seine Frau ihm verziehen hat, auch bereit ist, das eheliche Leben trotz seiner Verfehlung mit ihm fortzusetzen. PrStM. v. 23. 4. 09 bei v. Rheinbaben 75; vgl. auch RDiſH. 3. 7. 34 Foerster 1935 S. 72 ff. Dagegen ist ein verheirateter Schulleiter, der mit einer ihm unterstellten ledigen Lehrerin unter Mißbrauch der Dienststellung Ehebruch begangen hatte, mit Entfernung aus dem Dienst bestraft worden. RDStH. 20. 3. 38 E. **1** 97. Erschwerend wird ferner berücksichtigt die lange Dauer des ehebrecherischen Verhältnisses, ferner daß u. U. Ehen dadurch zerrüttet werden und der Beamte, der als Zeuge vernommen wird, wahrheitswidrig — wenn auch uneidlich — den Ehebruch bestritten hat. RDiſH. 10. 3. 37 Foerster 1937 II S. 28. Hiernach hängt es von den Umständen des Falles ab, welche Dienststrafe zu verhängen ist. PrOVG. **80** 428; RDiſH. 10. 3. 37 Foerster 1937 II S. 28; RDStH. 20. 3. 38 E. **1** 97 u. 12. 6. 40 DVerw. **41** 21. Erschwerend kommt in Betracht, daß der Ehebruch in Amtsräumen oder mit einem bei derselben Behörde beschäftigten jugendlichen Mädchen begangen ist. PrOVG. **80** 428; **83** 403; RDiſH. v. 30. 1. 29 Foerster-Simons 118. Entfernung aus dem Dienst ist geboten, wenn der Beamte seine Stellung als solcher oder als Amtswalter der NSV. dazu ausgenutzt hat, eine Frau zum Ehebruch mit ihm zu bestimmen. RDiſH. 10. 1. 39 E. **2** 73; ferner wenn der Beamte das ehebrecherische Verhältnis dazu ausgenutzt hat, um sich und seinen Angehörigen — z. B. seiner Frau im Hinblick auf die Duldung des unerlaubten Verkehrs — von der Mitschuldigen Vermögensvorteile zu verschaffen. RDiſH. v. 30. 10. 29 Foerster-Simons 146.

Eine etwas abweichende Stellung nimmt das Oberste Parteigericht (s. Entsch. 1938 „Der Parteirichter" 4. Jahrg. S. 36) ein; danach unterliegt das Privatleben eines Parteimitglieds, so auch sein ehebrecherisches Verhalten nur dann einer parteigerichtlichen Prüfung und Bestrafung, wenn dadurch die Interessen der Partei beeinträchtigt werden, d. h. wenn ein Parteigenosse in der Partei oder in der Allgemeinheit durch sein sittliches Verhalten Anstoß erregt und die Partei schädigt; jedoch soll ein Parteimitglied, das in sittlicher Beziehung nicht die erforderliche Festigkeit besitzt, kein Parteiamt mehr bekleiden.

Ebenso muß ein Beamter, der den außerehelichen Geschlechtsverkehr seiner Tochter mit einem Juden duldet, mit Entfernung aus dem Dienst bestraft werden. RDiſH. 24. 5. 37 Foerster 1937 II S. 95. Noch verwerflicher verfährt ein Beamter, der mit seiner eigenen Tochter unsittliche Handlungen vornimmt. RDiſH. 2. 2. 37 Foerster 1637 II S. 44.

Ganz allgemein hat der Beamte die Pflicht, seinen Sexualtrieb in den durch Sitte und Anstand gezogenen Grenzen zu halten und zu beherrschen; so ist ein Beamter (Lehrer), der einen unzüchtigen Briefwechsel geführt hatte, mit Entfernung aus dem Dienst bestraft worden. RDStH. 6. 1. 38 E. **1** 93.

Ein schweres Dienstvergehen liegt natürlich vor, wenn ein Beamter unter Mißbrauch seiner Vorgesetztenstellung zu einer weiblichen Untergebenen in unsittliche Beziehungen tritt. Dasselbe gilt, wenn ein Beamter, der gegen den Ehemann eine Untersuchung führt, die Frau unter Ausnutzung seiner

Machtstellung zum Ehebruch zu bestimmen weiß. RDisH. 21. 9. 36 Foerster 1937 S. 14 ff.

Gerade bei der derzeitigen weitgehenden Arbeitsgemeinschaft zwischen männlichen und weiblichen Beamten und Angestellten ist es zur Aufrechterhaltung von Zucht und Ordnung im Dienst dringend geboten, daß in sittlicher, besonders geschlechtlicher Beziehung im Kreis der Beamten und Angestellten beiderlei Geschlechts von den bisherigen strengen Anschauungen nicht abgegangen wird. Die Beamten haben äußerste Zurückhaltung gegenüber den bei der gleichen Behörde tätigen Frauen und Mädchen zu üben. Zuwiderhandlungen gegen diese Pflicht sind streng zu ahnden. PrOVG. **83** 403.

Eine schwere Verfehlung begeht ein Beamter, der bei Gelegenheit dienstlicher Verhandlungen oder bei Botengängen an Frauen unzüchtige Handlungen vornimmt. Foerster-Simons 66 u. 70; so z. B. ein Postschaffner bei Ausübung des Postbestelldienstes. RDisH. 3. 12. 34 Foerster 1935 S. 58.

Bei Sittlichkeitsverbrechen ist Entlassung aus dem Dienst unbedingt geboten. RDisH. vom 14. November 1932 JW. **33** 1617; v. 13. Dezember 1932 Foerster 1933 S. 39. Mit Dienstentlassung ist daher ein Beamter bestraft worden, der seine noch nicht 16 Jahre alte Hausangestellte verführt hatte und deswegen mit 2 Monaten Gefängnis rechtskräftig bestraft war. RDisH. 14. 6. 37 Foerster 1937 II S. 30, Ebenso ist ein Beamter mit Dienstentlassung bestraft worden, der wegen Erregung öffentlichen Ärgernisses durch Vornahme unzüchtiger Handlungen strafgerichtlich mit Gefängnis bestraft worden war. RDisH. 22. 4. 37 Foerster 1938 S. 31.

7. Ein Beamter, der sich des Verbrechens der **Unzucht mit Kindern** schuldig gemacht hat, wird stets mit Entfernung aus dem Dienst zu bestrafen sein. RDisH. v. 3. Mai 1927 DRZtg. **27** Rspr. Sp. 303. Auch unsittliche Berührungen von Schulmädchen durch Lehrer werden regelmäßig zur Entfernung aus dem Dienst führen. PrOVG. 9. 5. 35 RVerwBl, **56** 680.

Ein Beamter, der bei der **Abtreibung** der Frucht einer von ihm Geschwängerten Hilfe leistet, wird mit erheblicher Dienststrafe, regelmäßig Entfernung aus dem Dienst, zu belegen sein. Ebenso wird die Verurteilung wegen Beihilfe zur versuchten Abtreibung wohl stets zur Strafe der Entfernung aus dem Dienst führen, da der neue Staat die Abtreibung aus bevölkerungspolitischen Gründen auf das schärfste bekämpft. So auch RDStH. 8. 10. 37 DVerw. **39** 152 = E. **1** 98.

8. Die bloße **homosexuelle Veranlagung** eines Beamten für sich allein bildet keinen Anlaß zu einer disziplinarischen Bestrafung. Vielmehr muß diese Veranlagung in irgendwelchen Handlungen ihren Ausdruck gefunden haben. RDisH. v. 1. Juni 1908 Schulze-Simons 262. Deshalb ist ein Beamter disziplinarisch zu bestrafen, der bei bewußter eigener homosexueller Veranlagung in homosexuellen Kreisen verkehrt. RDisH. v. 4. November 1924 in DRichtZ. **25** 101 = Schulze-Simons 264; **a. M.** Klüber BeamtJahrb. **31** 165. Die homosexuelle Betätigung eines Beamten führt zur Entfernung aus dem Dienst. PrOVG. **94** 247. Das gilt jetzt um so mehr, als diese Betätigung nach der neuen Fassung des § 175 und 175 a StGB. mit verschärften Strafen belegt ist, eine solche Betätigung also im neuen Staat als besonders verwerflich gilt. RDStH. 13. 4. 38 RVerwBl. **59** 839 = E. **1** 100. Denn sie untergräbt aufs ärgste die Manneszucht. Die homosexuelle Betätigung weiblicher Beamter ist ebenfalls ein Dienstvergehen. Heyland 220; a. M. Klüber BeamtJahrb. **31** 165. Zum Problem der weiblichen Homosexualität s. den interessanten und aufschlußreichen Aufsatz von Klare „Deutsches Recht" 1938 S. 503 ff.; s. dazu Alice Rilke „Deutsches Recht" 1939 S. 65 ff.

B. Einzelne amtliche Pflichten.

1. Die Pflicht zur Ableistung des Treueides.

Die Pflicht zur Ableistung des Treueides ist im § 4 DBG. enthalten. Diesen Eid hat der Beamte bei Antritt seines ersten Dienstes zu leisten. Er lautet: „Ich schwöre: Ich werde dem Führer des Deutschen Reiches und Volkes, Adolf Hitler, treu und gehorsam sein, die Gesetze beachten und meine Amtspflichten gewissenhaft erfüllen, so wahr mir Gott helfe." Wer die Leistung dieses Eides verweigert, ist nach § 57 DBG. zu entlassen. Die Einleitung eines förmlichen Dienststrafverfahrens findet nicht statt. Vielmehr wird die Entlassungsverfügung nach § 66 Abs. 1 DBG. in den Formen des § 19 RDStO. (s. § 163 DBG.) dem Beamten schriftlich mitgeteilt. Die Entlassung zieht nach § 66 Abs. 2 DBG. den Verlust des Anspruchs auf Dienstbezüge und Versorgung nach sich.

2. Beschränkungen bei Vornahme von Amtshandlungen.

§ 5 DBG. macht dem Beamten Beschränkungen bei Vornahme von Amtshandlungen zur Pflicht. Danach ist es dem Beamten verboten, ohne Genehmigung seines Dienstvorgesetzten Amtshandlungen vorzunehmen, durch die er sich selbst oder einer Person, zu deren Gunsten ihm wegen familienrechtlicher Beziehungen im Strafverfahren das Zeugnisverweigerungsrecht zusteht (§ 51 StPO.), einen wirtschaftlichen Vorteil verschaffen würde. RDStH. 9. 8. 38 E. **2** 50. Der Beamte ist auch von solchen Amtshandlungen auf Antrag zu befreien, die sich gegen ihn selbst oder eine Person richten würde, zu deren Gunsten ihm wegen familienrechtlicher Beziehungen im Strafverfahren (§ 51 StPO.) das Zeugnisverweigerungsrecht zusteht. Nimmt der Beamte entgegen dieser Vorschrift Amtshandlungen zu seiner oder seiner Angehörigen Gunsten vor, so bleiben sie Amtshandlungen und sind nach außen in der Regel gültig. Der Beamte ist jedoch seinem Dienstherrn gegenüber verantwortlich. Begr. Der Beamte ist auch verpflichtet, dem Dienstvorgesetzten die Tatbestände, die ihm bei der Vornahme von Amtshandlungen Beschränkungen auferlegen, zu melden. DurchfV. zu § 5 DBG. Niemals darf der Beamte dienstliche Angelegenheiten mit persönlichen Vorteilen verquicken. RDisH. 27. 3. 34 Foerster 1935 S. 44; RDStH.

9. 8. 38 E. **2** 50. Ein Beamter, dessen persönliches Interesse bei der Ausübung einer Amtshandlung erheblich berührt wird, muß sich — ohne Genehmigung seines Dienstvorgesetzten — der Amtsverrichtungen enthalten. PrOVG. **51** 434; **97** 245. Für das Vorhandensein einer persönlichen Beteiligung genügt das Vorliegen rein objektiver Umstände ohne Rücksicht auf die tatsächliche innere Einstellung des Beamten. Seine persönliche Beteiligung kann bejaht werden, ohne daß seine Unparteilichkeit oder ein Mißbrauch der Amtsgewalt durch ihn irgendwie in Frage zu kommen braucht. Solches rein objektives Interesse kann z. B. insbes. auf wirtschaftlichem Gebiet liegen. PrOVG. 16. 7. 37 „DVerw." **37** 349 = OVG. **96** 194. Kein Beamter darf seine amtliche Inanspruchnahme zum Anlaß nehmen, eine private Angelegenheit zwischen ihm und dem, für den er amtlich tätig werden soll, im Zusammenhang mit seiner amtlichen Betätigung zu seinem Vorteil zu regeln. RG. **144** 346. Kein Beamter darf als Sachbearbeiter in einer Angelegenheit tätig werden, in der er bereits privatim, z. B. als Gutachter, tätig geworden war. RDStH. 2. 2. 38 RVerwBl. **59** 560 = E. **1** 84. Der Grundsatz, daß ein Beamter sich der amtlichen Mitwirkung und der Entscheidung zu enthalten hat, wenn er oder ein naher Angehöriger an der betr. Angelegenheit mit seinen persönlichen oder wirtschaftlichen Sonderinteressen beteiligt ist, gilt nach § 5 DBG. ganz allgemein. Bei den besonders strengen Anforderungen, die der nationalsozialistische Staat an die Sauberkeit jeder Verwaltungsführung stellt, muß die sorgfältige Beachtung dieses Grundsatzes namentlich auch von den leitenden Beamten der Gemeinden und Gemeindeverbände gefordert werden. Die Frage, wann ein solches persönliches oder wirtschaftliches Sonderinteresse vorliegt, ist im § 25 DGO. für die Teilnahme der Bürger an ehrenamtlicher Tätigkeit, insbes. als Gemeinderäte und Beiräte an den Beratungen und Entscheidungen, abschließend geklärt. Die dort vorgesehene Regelung gibt aber auch für das Verhalten der zur Entscheidung berufenen Gemeindebeamten die erforderlichen Hinweise und ist demnach auch bei der Prüfung der Frage zugrunde zu legen, ob ein solcher Beamter von der Mitwirkung oder der Entscheidung einer bestimmten Angelegenheit ausgeschlossen ist. Es ist demnach z. B. unzulässig, daß ein kommissarischer Gemeindevorsteher eine Sitzung der Gemeinderäte leitet, in der eine Ortssatzung über die Einrichtung einer hauptamtlichen Gemeindevorsteherstelle beraten wird und daß er diese Ortssatzung erläßt, obwohl er selbst für die Besetzung der neu zu schaffenden Stelle in Frage kommt. Ebenso ist es unzulässig, daß Leiter von Gemeinden an der Regelung ihrer persönlichen Besoldungsangelegenheiten in irgendeiner Form mitwirken. Die Ehrenbeamten müssen von dem Verhältnis, das ihre Mitwirkung bei einer Angelegenheit ausschließt, dem Bürgermeister Mitteilung machen. Unterlassen sie das, so kann hierin eine dienststrafrechtliche Verfehlung liegen. AusfAnw. z. DGO. 22. 3. 35 (MBl. 437); Surén-Loschelder **1** 367 ff.

Gesetzliche Vorschriften, nach denen der Beamte von einzelnen Amtshandlungen ausgeschlossen ist, z. B. § 22 StPO., § 41 ZPO., § 6 RFGG. bleiben bestehen. § 5 Abs. 3 DBG. Besondere Vorschriften gegen die sogen. Vetternwirtschaft finden sich im § 43 DGO.; s. Surén-Loschelder **1** 661 ff. Wegen der Notare s. § 15 Abs. 2 und 17 Abs. 1 RNotO.

3. Unbestechlichkeit.

1. Ein Beamter, der für eine in sein Amt einschlagende, **an sich nicht pflichtwidrige Handlung,** Geschenke oder andere Vorteile annimmt, fordert oder sich versprechen läßt, wird mit Geldstrafe bis zu 300 RM. oder mit Gefängnis bis zu 6 Monaten bestraft. § 331 StGB. Dagegen wird ein Beamter, der für eine Handlung, **die eine Verletzung einer Amts- oder Dienstpflicht enthält,** Geschenke oder andere Vorteile annimmt, fordert oder sich versprechen läßt, wegen Bestechung mit Zuchthaus bis zu 5 Jahren bestraft. Sind mildernde Umstände vorhanden, so tritt Gefängnisstrafe ein. § 332 StGB.

Bestechlichkeit ist außerdem auch ein schweres Dienstvergehen; RDStH. 24. 11. 37 E. **1** 110; PrOVG. **96** 240, 242. Beamte müssen auch den Schein der Bestechlichkeit vermeiden. RDisH. v. 13. 11. 1933 Foerster 1934 S. 45 und vom 11. 7. 1933 a. a. O. S. 47; 19. 2. 35 Foerster 1936 S. 42,

Ein Beamter, der wegen Bestechung mit Gefängnis oder hoher Geldstrafe bestraft ist, ist mit Entfernung aus dem Dienst zu bestrafen. RDisH. 23. 1. 34 und 3. 7. 34 Foerster 1935 S. 78 und 80. Besonders schwer ist Bestechung bei leitenden Beamten zu bestrafen. RDisH. vom 15. 11. 32 Foerster 1933 S. 41.

2. Der Beamte muß **unbestechlich, unparteiisch** und **ehrlich** sein. Er muß sich auch den Ruf der Unparteilichkeit wahren. RDisH. vom 11. 11. 95 bei Schulze Rspr. 128, 129. Verschleierung von Kassenfehlbeträgen ist ein schweres Dienstvergehen. RDisH. vom 9. 3. 26 Foerster-Simons 90. Beihilfe zur Hinterziehung von Branntwein von der Monopolabgabe seitens eines Zollbeamten ist mit Entfernung aus dem Dienst zu bestrafen. RDisH. 30. 1. 34 Foerster 1935 S. 81. Dasselbe gilt von einem Bahnbeamten, der es geduldet hatte, daß die ihm unterstellten Arbeiter sich an den der Bahn zur Beförderung übergebenen und seiner Überwachung unterliegenden Gütern vergriffen. RDisH. 18. 4. 34 Foerster 1935 S. 82.

Der Beamte darf kein Geld für dienstliche Gefälligkeiten annehmen. Schulze-Simons 146. Ein Zollbeamter, der Umzüge in das Ausland zu überwachen hat, begeht ein schweres Dienstvergehen, wenn er von den Umziehenden Erfrischungen annimmt. RDisH. 1. 6. 37 ZBR. **8** 103. Den Zollbeamten ist durch Erl. d. RFM. vom 5. 6. 35 die Annahme auch der geringsten Zuwendung, z. B, sog. Trinkgelder oder Erfrischungen, von Personen, mit denen sie dienstlich zu tun haben, bei Vermeidung schärfster Ahndung verboten. RDStH. 27. 5. 38 RVerwBl. **59** 861.

Allen Angehörigen der RFVerw. ist verboten, in Angelegenheiten, die zum Aufgabengebiet der RFVerw. einschl. der Rbauverw. gehören, in irgend einer Form für andere entgeltlich oder unentgeltlich außerdienstlich tätig zu werden; so ist ihnen u. a. verboten, Steuerpflichtigen bei der Anfertigung von Steuererklärungen, Anmeldungen und Schriftstücken jeder Art, bei der Buchführung oder bei der Aufstellung von Bilanzen zu helfen, Steuerpflichtige in irgend einer Weise zu beraten, die Einzahlung von Abgaben bei Finanz- und Zollkassen für Steuerpflichtige zu übernehmen, in Devisenangelegenheiten Rat zu erteilen oder zu helfen. Private Dienstleistungen sind auch dann verboten, wenn sie für Verwandte oder befreundete Personen vorgenommen werden; RFM. v. 29. 1. 39 zu I (Amtsbl. d. RF.Verw. S. 23),

Allen Angehörigen der RFVerw. ist es ferner verboten, von Personen, mit denen sie dienstlich zu tun haben oder zu tun haben können, Darlehen, Geschenke, sonstige Vorteile oder Gefälligkeiten zu fordern oder anzunehmen, z. B. kostenlose Bewirtungen, verbilligten Einkauf von Waren und die Teilnahme an Wagenfahrten, sofern nicht besondere dienstliche Gründe (Zeitersparnis) vorliegen. Auch die Familienangehörigen des Beamten müssen Zurückhaltung üben; s. näheres RFM. v. 23. 1. 39 zu II a. a. O.; s. auch RDStH. 30. 6. 38 E. **1** 91: ein Zollbeamter hatte sich für seine Dienstleistungen beschenken lassen und als Gegenleistung das Einschwärzen zollpflichtiger Sachen durch „großzügige" Abfertigung erleichtert.

Der Beamte muß alles vermeiden, was den Anschein erwecken könnte, daß er durch unmittelbaren oder mittelbaren amtlichen Einfluß Privatpersonen, die mit Behörden in geschäftliche Beziehungen treten wollen, eine vorzugsweise Berücksichtigung gewähre oder vermittle. RDisH. v. 17. 4. 29 DJZ. **29** 1419 = Foerster-Simons 84. Deshalb darf er auch nicht Kredite annehmen, die den Verdacht der Bestechlichkeit erwecken können. RDisH. v. 27. April 1926 Foerster-Simons 74.

4. Gehorsamspflicht.

Eine der vornehmsten Beamtenpflichten ist die **Gehorsamspflicht.** Sie ist im § 7 DBG. abgehandelt.

a) Der Beamte ist zum Gehorsam gegenüber **den dienstlichen Anordnungen** der Vorgesetzten verpflichtet. Dieser Grundsatz ergibt sich aus dem System der Behördeneinrichtung und gilt im gegenwärtigen Führerstaat mehr wie je. Er ist im § 7 Abs. 2 DBG. besonders hervorgehoben. Der Dienstbetrieb könnte nicht aufrechterhalten werden, wenn die Gehorsamspflicht nicht bestände. Zu den Vorgesetzten im Sinne des § 7 Abs. 2 DBG. gehören nicht nur die Dienstvorgesetzten und die Vorgesetzten im Sinne des § 2 Abs. 2 DBG. Vielmehr hat der Beamte auch Weisungen solcher Personen zu befolgen, die keine Vorgesetzten sind, aber kraft besonderer Vorschriften ihm gegenüber zur Erteilung von Weisungen berechtigt sind, wie z. B. der Fahrdienstleiter gegenüber dem Personal aller die betr. Station berührenden Züge.

Nach der DGO. § 37 ist nur der Bürgermeister (Oberbürgermeister) der Dienstvorgesetzte. Die Beigeordneten sind Dienstvorgesetzte nur in den Fällen der Vertretung des Bürgermeisters und soweit der Auftrag reicht, den sie von dem Bürgermeister erhalten haben. Der Bürgermeister hat keinen eigentlichen

Dienstvorgesetzten im beamtenrechtlichen Sinne; er ist daher nur in beschränktem Umfange der staatlichen Aufsichtsbehörde zum Gehorsam verpflichtet. Bei den auf Privatdienstvertrag Angestellten besteht ein Vorgesetztenverhältnis im Sinne des Beamtenrechts überhaupt nicht; natürlich besteht aber auch für sie die Gehorsamspflicht.

Schwere Verstöße gegen die Gehorsamspflicht, z. B. die hartnäckige Weigerung, eine Versetzungsverfügung zu befolgen, führt zur Entfernung aus dem Dienst. RDStH. 3. 2. 38 DVerw. **40** 77.

Zu beachten ist, daß im nationalsozialistischen Führerstaat sich die gesamte Verwaltung in der Person des Führers konzentriert; er ist der Dienstvorgesetzte aller unmittelbaren und mittelbaren Reichsbeamten; sie alle sind ihm zu unbedingtem Gehorsam verpflichtet. RM. Dr. Lammers in seinem Vortrag vor der Verwaltungsakademie in Graz am 21. 6. 38. RVerwBl. **56** 585 ff., insbes. 588.

b) Der Beamte braucht aber nur denjenigen Anordnungen seiner Vorgesetzten zu folgen, die auf seine Dienststellung als solche Bezug haben. Befehle, die die **Privatrechtssphäre** des Vorgesetzten oder Weisungsberechtigten oder des Beamten betreffen, braucht der Beamte nicht zu befolgen.

So braucht z. B. ein Beamter Anordnungen eines Dienstvorgesetzten zur Leistung von häuslichen Diensten, zu Botengängen zu privaten Zwecken oder Anordnungen, die in sein Privatleben eingreifen, z. B. eine bestimmte Zeitung zu halten, die Kirche zu besuchen usw., nicht nachzukommen. Der Beamte kann auch nicht gezwungen werden, eine bestimmte Wohnung, z. B. in einer Beamtenkolonie, zu nehmen. RDisH. 6. 12. 26 DJZ. **27** 533. Doch kann der Dienstvorgesetzte, wenn es die dienstlichen Verhältnisse fordern, den Beamten anweisen, seine Wohnung innerhalb bestimmter Entfernung von seiner Dienststelle oder eine Dienstwohnung zu nehmen. § 19 Abs. 2 DBG. Auch kann z. B. der Dienstvorgesetzte seinen Untergebenen aus Gründen der Disziplin den Besuch gewisser Lokale untersagen. Er kann ihm auch die Teilnahme an politischen Veranstaltungen, an Sammlungen für das Winterhilfswerk u. dgl. zur Pflicht machen. Nadler-Wittland. 238.

c) Auch auf die **Abstimmung** bei kollegialischen Beschlußfassungen bezieht sich die Gehorsamspflicht nicht. Vielmehr muß jeder Abstimmende sich lediglich nach den Gesetzen, den Verordnungen, dem nationalsozialistischen Gedankengut und zuletzt nach seiner freien, nach bestem Wissen und Gewissen gebildeten Überzeugung richten. Von seiner eigenen Überzeugung darf er sich niemals dadurch abbringen lassen, daß sein im Kollegium mittätiger Dienstvorgesetzter einen abweichenden Standpunkt einnimmt. Die Enthaltung der Abstimmung in einem Kollegium ist unzulässig.

d) Auch zum dienstlichen Gehorsam ist der Beamte nur verpflichtet, wenn folgende **Voraussetzungen vorliegen:**

aa) Der Dienstbefehl muß von **seinen Vorgesetzten oder** den kraft besonderer Vorschrift **weisungsberechtigten Personen** erteilt sein. § 7 Abs. 3

DBG. Der Beamte darf also Befehle von Stellen, die nicht zu seinen Vorgesetzten oder Weisungsberechtigten gehören, bei Vermeidung dienststrafrechtlicher Ahndung nicht befolgen. Deshalb muß er in jedem einzelnen Falle prüfen, ob die Stelle, die ihm einen Befehl erteilt, zu diesem Personenkreis gehört. Im übrigen aber darf er — abweichend von dem früheren Inhalt der beamtenrechtlichen Gehorsamspflicht — nicht mehr prüfen, ob der Befehl, der ihm erteilt ist, innerhalb der sachlichen Zuständigkeit des Vorgesetzten oder Weisungsberechtigten liegt. Diese sachliche Zuständigkeit hat die befehlende Stelle allein zu prüfen, und sie allein trifft die Verantwortung für die Rechtmäßigkeit des Befehls vgl. Wittland JW. **37** 349. Sie muß aber wissen, wie weit ihre Befugnisse gehen.

So hat z. B. die Behörde das Recht, sich durch einen beamteten Arzt von dem Zustande eines angeblich erkrankten Beamten oder eines Beamten, der wegen dauernder Unfähigkeit zur Erfüllung seiner Amtspflichten in den Ruhestand versetzt oder zum Dienstantritt aufgefordert werden soll, zu überzeugen, Der Beamte, der in solchen Fällen sich weigern würde, sich dem Amtsarzte zur Untersuchung und Beobachtung zu stellen, würde sich disziplinarisch strafbar machen. § 73 Abs. 1 Satz 2 DBG. Dies würde sogar dann gelten, wenn die Behörde bei ihrem Befehl von unrichtigen Voraussetzungen ausgegangen sein und die Beamten irrtümlich für dienstunfähig oder dienstfähig gehalten haben sollte. Ist ein Beamter, der krank zu sein behauptet, zum Dienstantritt aufgefordert, so muß er dem Befehl, wenn es sich um einen Grenzfall handelt, unter allen Umständen Folge leisten. Unterläßt er dies, so verstößt er sowohl gegen die Gehorsams- wie auch gegen die Residenzpflicht. RDStH. 5. 8. 38 RVerwBl. **59** 1115. Auch Beamte, die sich im Wartestand befinden, müssen sich zur Feststellung ihrer Dienstfähigkeit vom Amtsarzt untersuchen lassen. Der Beamte kann auch sonst — also abgesehen von einem Dienststrafverfahren — veranlaßt werden, zur Beobachtung seines Gesundheitszustandes oder zur Wiederherstellung seiner Gesundheit sich in ein Krankenhaus einweisen zu lassen. § 73 Abs. 1 Satz 2 DBG. Es besteht aber außerhalb eines förmlichen Dienststrafverfahrens, z.B. im Bereich des Zwangspensionierungsverfahrens, nicht die Möglichkeit, den Beamten zu zwingen, sich in einer Heil- oder Pflegeanstalt unterbringen zu lassen. § 73 Abs. 1 Satz 2 DBG. gilt freilich auch für dieses Verfahren, läßt aber einen Zwang wie im § 48 RDStO. nicht zu. Zweifelhaft ist, ob der Beamte verpflichtet ist, sich zur Wiederherstellung seiner Dienstfähigkeit operieren zu lassen. Foerster RuPrVBl. **52** 970 und Wittland 186 nehmen mit Recht an, daß der Beamte unter gewissen Voraussetzungen verpflichtet sei, sich bei Vermeidung disziplinarer Maßnahmen operieren zu lassen. Ebenso Walter BeamtJahrb. **38** 402 ff.; Nadler-Wittland-Ruppert Anm. 22 zu § 73; Fischbach 775. Jedoch kann der Beamte zur Duldung von Operationen, die einen erheblichen Eingriff in die körperliche Unversehrtheit bedeuten, nicht gezwungen werden; s. § 122 Abs. 2 Satz 3 DBG., RG. 19. 6. 35 JW. **36** 3112 ff.; Walter BeamtJahrb. **38** 405.

Die Behörde kann ferner verlangen, daß der Beamte zu seiner Vernehmung erscheint und Auskunft gibt und eine Niederschrift über eine Verhandlung dienstlichen Inhalts unterzeichnet. RDisH. 19. 4. 15 Schulze-Simons 131; PrOVG. 14. 10. 36 RVerwBl. S. 1146. Diese Pflicht besteht aber im förmlichen Dienststrafverfahren nicht; in diesem kann der beschuldigte Beamte zum Erscheinen und zur Aussage nicht gezwungen werden.

Das Verlangen des Dienstvorgesetzten, daß ein Beamter eine Dienstwohnung, die ihm nicht nur als ein Teil des Besoldungsanspruchs, sondern gleichzeitig im öffentlichen Interesse zugewiesen ist, beziehe, liegt im Rahmen seiner sachlichen Zuständigkeit. Dies hebt jetzt § 19 Abs. 2 DBG. ausdrücklich hervor. Deshalb macht sich der Beamte des Ungehorsams schuldig, wenn er sich weigert, die Wohnung zu beziehen. Ob im einzelnen Falle ein öffentliches Interesse dafür vorliegt, daß eine bereitstehende Dienstwohnung auch von dem Beamten tatsächlich bezogen wird, hat lediglich die vorgesetzte Behörde im Dienstaufsichtswege zu entscheiden. Der Dienstvorgesetzte kann den Beamten, wenn die dienstlichen Verhältnisse es fordern, anweisen, seine Wohnung innerhalb bestimmter Entfernung von seiner Dienststelle zu nehmen. § 19 Abs. 2 DBG.

Der Beamte macht sich des Ungehorsams schuldig, wenn er sich trotz der Versetzung an einen anderen Ort weigert, seine bisherige Dienstwohnung innerhalb der ihm gesetzten Frist zu räumen und sich an seinem neuen Dienstort um eine Wohnung zu bemühen. RDStH. 8. 3. 39 E. **2** 29.

Der Beamte ist ferner verpflichtet, dem Dienstvorgesetzten auf dessen Verlangen über seine gesamte Diensttätigkeit und über sein außeramtliches Verhalten insoweit, als es das dienstliche Interesse fordert, jederzeit Auskunft zu geben; in welcher Weise (schriftlich oder mündlich) die Auskunft erteilt werden soll, kann der Dienstvorgesetzte nach seinem Ermessen bestimmen; PrOVG. 5. 3. 35 RVerwBl. **56** 483 = JW. **35** 2462. Nur nach Einleitung der Untersuchung in einem förmlichen Dienststrafverfahren kann der beschuldigte Beamte seine Aussage verweigern.

Auch wenn der Dienstvorgesetzte oder der Weisungsberechtigte seine sachlichen Befugnisse bei der Anordnung überschreitet, muß ihr der Beamte nach der veränderten Rechtslage über die Gehorsamspflicht folgen. So kann z. B. wegen Ungehorsams der Beamte bestraft werden, der sich weigert, ein ihm übertragenes neues Amt, in das er im Interesse des Dienstes versetzt ist, anzutreten, wenn das neue Amt hinsichtlich des Endgrundgehaltes hinter der seither bekleideten Stellung zurückbleibt, also den Voraussetzungen des § 35 Abs. 1 DBG. nicht entspricht. RDStH. 1. 2. 39 DVerw. **40** 77; a. M. Fischbach 208. Ebenso muß der Beamte der Versetzung folgen, auch wenn er in ihr eine ungerechtfertigte Strafversetzung erblickt.

Er muß also zunächst den Befehl befolgen, kann sich dann aber im Dienstaufsichtswege über die — seiner Ansicht nach — die Befugnisse des Vorgesetzten oder Weisungsberechtigten überschreitende Anordnung beschweren. Dasselbe gilt, wenn der Dienstbefehl nicht innerhalb der sachlichen Zuständigkeit des Untergebenen liegt. Es ist deshalb, z. B. der Beamte des mittleren Dienstes, zunächst verpflichtet, auf Geheiß eines Vorgesetzten solche Amtshandlungen vorzunehmen, die den Beamten des einfachen Dienstes vorbehalten sind. Ebenso darf z. B. ein als Stadt- oder Polizeisekretär angestellter Beamter die Ausführung solcher Arbeiten nicht verweigern, die lediglich eine mechanische Tätigkeit, z. B. eine Kanzleiarbeit darstellen. Natürlich hat er auch in diesen Fällen das Recht der Beschwerde im Dienstaufsichtswege. Der Beamte darf auch den Ungehorsam gegen eine Versetzungsverfügung nicht damit begründen, daß sie dienstlich nicht notwendig oder ihm mit Rücksicht auf seine bisherige, gegenüber der zukünftigen selbständigeren Tätigkeit nicht zuzumuten gewesen sei. RDisH. 11. 2. 36 Foerster 1937 S. 4 und 5.

bb) Der Dienstbefehl **darf den Strafgesetzen nicht offenbar zuwiderlaufen.** Die Befehle der Vorgesetzten haben aber die Vermutung der Gesetzmäßigkeit für sich und der Beamte wird daher im Zweifel eher den für Befolgung des Befehls als den für eine Gehorsamsverweigerung sprechenden Grund bevorzugen.

In zweifelhaften Fällen wird der Beamte zweckmäßig seine Zweifel der vorgesetzten Behörde mitteilen und ist, wenn diese auf der Anordnung besteht, gedeckt. Dies gilt aber nur, wenn ein berechtigter Zweifel vorliegt. Ein strafgesetzwidriger Befehl kann nicht durch mehrfache Erteilung rechtswirksam werden und ein Beamter kann sich nicht durch Scheinvorstellungen bei seiner vorgesetzten Behörde decken. Einem strafgesetzwidrigen, selbst wiederholt erteilten und von einer höheren Stelle bestätigten Befehl darf daher der Beamte bei Vermeidung der zivil- und strafrechtlichen Verantwortlichkeit nicht nachkommen und er macht sich durch die Nichtbefolgung keines disziplinarisch strafbaren Ungehorsams schuldig.

Hiernach kann der Ungehorsam gegen eine Anordnung, die gegen Strafgesetze verstößt, Pflicht des Beamten sein. Von dieser Pflicht kann der Beamte auch dann, wenn ihm erhebliche Nachteile drohen, nicht entbunden werden. Er darf insbesondere nicht aus Furcht vor dem Verlust oder der Beeinträchtigung seiner Stellung Leben, Gesundheit und Freiheit anderer Personen entgegen einem strafgesetzlichen Verbot in Gefahr bringen. Abgesehen hiervon darf der Beamte selbst rechtlich unrichtigen, gegen Gesetze oder Verordnungen verstoßenden oder tatsächlich unbegründeten Verfügungen den Gehorsam nicht versagen. Begr. Dasselbe gilt, wenn eine Anordnung der vorgesetzten Behörde mit rechtskräftigen gerichtlichen Entscheidungen im Widerspruche steht. In solchen Fällen übernimmt der Vorgesetzte die Folgen für eine unrichtige oder Schaden stiftende Handlung. Der Beamte ist jedoch je nach Lage des Falles verpflichtet, in geeigneter Weise seine abweichende Ansicht zum Ausdruck zu bringen. Begr.

Das gleiche gilt, wenn der Dienstbefehl nicht in der vorschriftsmäßigen äußeren Form erlassen sein sollte. Auch einen solchen formwidrigen Befehl muß der Beamte unbeschadet seines Beschwerderechts befolgen. Wittland JW. **37** 349; Heyland 17; a. M. Fischbach 204.

Der Beamte muß das Vorliegen der zu d angeführten **Erfordernisse in jedem Falle prüfen.**

Kommt der Beamte einem Befehle nach, dem eins der Erfordernisse fehlt, so ist er zivilrechtlich und strafrechtlich, wenn auch nicht disziplinarisch, verantwortlich. PrOVG. **14** 518; **52** 437; **78** 454.

Kommt er aber einem Befehle nach, bei dem die Voraussetzungen gegeben sind, so ist er gedeckt und hat die materielle Richtigkeit des Befehls nicht zu vertreten. Für diese haftet nur die anordnende Behörde. Wollte jeder Beamte die materielle Richtigkeit und Rechtmäßigkeit der Entscheidungen und Verfügungen seiner Vorgesetzten nochmals prüfen und deren Befolgung von dem Ausfall dieser Prüfung abhängig machen, so wäre eine ordnungsmäßige Erledigung der Dienstgeschäfte unmöglich.

Der Beamte, der Mitglied der NSDAP. ist, kann insofern in einen Konflikt geraten, als er nicht nur seinen dienstlichen Vorgesetzten, sondern auch seinem Parteivorgesetzten zum Gehorsam verpflichtet ist. Weichen die ihm von beiden Stellen erteilten Befehle von einander ab, so gehen die Befehle des Dienstvorgesetzten, falls sie nicht gegen die Strafgesetze verstoßen, vor. Der Vorgesetzte hat bei Anordnungen, die den Beamten, der Mitglied der NSDAP. ist, im Gegensatz zu Anordnungen von Parteistellen bringen können, besonders sorgfältig zu prüfen, in welcher Weise die Belange des Staates sich mit denen der Partei in Einklang bringen lassen. In Zweifelsfällen hat er zu versuchen, Unstimmigkeiten durch eine Aussprache mit der Parteistelle auszuräumen. Führt eine Aussprache mit der Parteistelle nicht zum Ziel, so hat er seinem Dienstvorgesetzten zu berichten. Für den Beamten bleibt bis zur Entscheidung die Anordnung des Dienstvorgesetzten bindend. DurchfV. zu § 7 DBG.

Ob und inwieweit es zulässig ist, einen Beamten, der Mitglied der Nationalsozialistischen Deutschen Arbeiterpartei ist, vor einem Parteigericht zur Verantwortung zu ziehen, bestimmt der Führer. § 7 Abs. 4 DBG. Diese Vorschrift gilt nicht für Beamte der Wehrmacht. § 171 Abs. 6 DBG. Die im § 7 Abs. 4 a. a. O. vorgesehene Bestimmung ist durch Anordnung des obersten Parteigerichts v. 31. 3. 36 „Der Parteirichter" Folge 8 v. 10. 4. 36 S. 38 getroffen. Danach dürfen Parteigerichtsverfahren gegen Parteigenossen wegen Handlungen, die sie als Beamte im Dienst vorgenommen haben, nur mit Genehmigung des Obersten Parteigerichts eingeleitet werden; für solche Verfahren sind im ersten Rechtszuge die Gaugerichte zuständig, also höhere Gerichte, die eine besondere Gewähr für eine richtige Urteilsfindung bieten.

Die Art und Weise, in der die — an sich gerechtfertigte — Weigerung des Untergebenen sich betätigt, kann zum disziplinarischen Einschreiten Anlaß bieten. PrOVG. **12** 426; **26** 412; **49** 408; **51** 434.

e) Kommt der Beamte einem Befehle nicht nach, weil er annimmt, daß eins der Erfordernisse nicht vorliege, **so handelt er auf seine eigene Gefahr.**

Er macht sich also disziplinarisch strafbar, wenn seine Weigerung von der höheren Behörde oder vom Dienststrafrichter für unberechtigt erklärt wird. RDisH. v. 27. 3. 33 Foerster 1934 S. 21; PrOVG. **78** 454; **86** 452; **89** 391 und 414; **a. M.** NadlWittlR. 435. Ein Irrtum ist aber ein Strafausschließungsgrund, wenn er entschuldbar ist. Wittland DJ. **35** 353; a. M. PrOVG. v. 24. 1. und 18. 1. 08 bei v. Rheinbaben 76. Die Rspr. des OVG. widerspricht dem Grundsatz (s. jetzt § 22 Abs. 1 Satz 1 DBG.), daß nur beim Vorliegen eines Verschuldens disziplinarische Ahndung möglich sei. Der Beamte wird in Fällen, in denen die Unrechtmäßigkeit des gegen ein Strafgesetz verstoßenden Dienstbefehls nicht ganz klar ist, einstweilen der Anordnung Folge leisten und sich darauf beschränken müssen, seine abweichende Auffassung bei seiner vorgesetzten Behörde im Beschwerdewege zur Geltung zu bringen.

f) **Für die richterlichen Beamten,** die jedenfalls insoweit, als sie reine richterliche Amtshandlungen vornehmen, nur unter der Autorität der Gesetze und der Führerentscheidungen stehen, die in die Form von Gesetzen, Verordnungen und sonstigen Entscheidungen gekleidet sind, kommt die Gehorsamspflicht nur beschränkt in Betracht. § 7 Abs. 2 DBG. Deshalb sind die richterlichen Beamten nur insoweit zum Gehorsam verpflichtet, als ihre richterliche Tätigkeit nicht in Frage kommt. Sie sind in ihrer richterlichen Tätigkeit an Weisungen nicht gebunden, haben nur nach bestem Wissen und Gewissen zu entscheiden und sind zur Erfüllung ihrer wichtigen Aufgaben in der Volksgemeinschaft unabhängig. Zu den richterlichen Beamten gehören hier auch die Mitglieder von Verwaltungsgerichten; so kann z. B. der Regierungspräsident als Vorsitzender des Bezirksverwaltungsgerichts nicht von dem Minister mit Anweisungen versehen werden. Natürlich können die Aufsichtsbehörden die Ausführung der richterlichen Amtsgeschäfte auf Pünktlichkeit und Ordnungsmäßigkeit prüfen und darauf abzielende Anordnungen treffen. Bei der Wahrnehmung von Verwaltungsgeschäften, z. B. bei der Strafvollstreckung und soweit er als Organ der Justizverwaltung tätig wird, hat auch der Richter die Dienstbefehle des Dienstvorgesetzten zu befolgen. Auch die Urkundsbeamten der Geschäftsstelle und die Rechtspfleger unterliegen als Organe des Gerichts nur einer beschränkten Gehorsamspflicht. Meyer ZBR. **5** 59 ff. und DRechtspfl. **38** 5 und 6.

Über die — beschränkte — Gehorsamspflicht der Kriegs- und Oberkriegsgerichtsräte s. § 20 MStGO. Die richterlichen Wehrmachtsjustizbeamten haben die Weisungen des Gerichtsherrn zu befolgen, soweit sie nicht als Richter in den erkennenden Gerichten mitwirken. § 20 MStGO. in der Fassung d. V. v. 5. 9. 36 (RGBl. I 718).

Die Unabhängigkeit des Richters besteht hiernach auch im neuen Staat weiter; sie hat sich aber gewandelt und der Richter muß sein ganzes Wirken, insbes. auch bei der Auslegung der Gesetze von der nationalsozialistischen Weltanschauung durchdringen lassen; er muß die Äußerungen des Führers und das Parteiprogramm beachten und in erster Linie nicht enger Jurist, sondern

Mensch und Volksgenosse sein. Der Richter muß bei seinen Entscheidungen die gesetzlichen Bestimmungen beachten, sie aber nicht nach dem Buchstaben auslegen, sondern nach dem deutschen Rechtsempfinden, dem nationalsozialistischen Gedankengut, den Äußerungen des Führers, dem Programm der NSDAP. und den Bedürfnissen des praktischen Lebens. Er darf keine Entscheidungen fällen, die volksfremd sind und den Grundsätzen des nationalsoziallstischen Ideengutes widersprechen. Es darf nicht seine Aufgabe sein, sich an die Stelle der politischen Führung zu setzen oder auch nur ihr vorbehaltene Aufgaben zu übernehmen. Vgl. zu diesen wichtigen Fragen Freisler DJ. **34** 302 ff. und 1333 ff.; Carl Schmitt Deutsches Recht **33** 201 und 202 und DJZ. **36** 175; Erler DGem. u. WirtschR. **37** 217 ff. und 237 ff.; Kisch Ztschr. der Akademie f. Deutsches Recht **34** Heft 1 S. 11 ff.; Rothenberger Ztschr, der Akademie f. Deutsches Recht **37** 637 ff. Über die Stellung des Richters im Führerstaat s. Rothenberger „Deutsche Rechtspflege **39** 262 ff.; Geffroy „Deutsche Rechtspflege" **39** 261. Über die Frage, ob und inwieweit der Richter Gesetze und Verordnungen auf ihre Rechtmäßigkeit prüfen darf s. Schack RVerwBl, **59** 68 ff.; ferner Ipsen „Politik und Justiz", Das Problem der justizlosen Hoheitsakte; Hamburg 1937, hanseatische Verlagsanstalt und dazu Reuß JW. **38** 101; Koellreutter RVerwBl. **59** 305 ff.

Die Beamten der Staatsanwaltschaft müssen in allen Fällen nach § 146 GVG. den dienstlichen Weisungen ihrer Dienstvorgesetzten nachkommen, dabei müssen sie aber die Befehle ebenso prüfen wie alle übrigen Beamten.

g) **Die Hochschullehrer** unterliegen wegen der akademischen Lehrfreiheit und der Freiheit der wissenschaftlichen Forschung nur einer beschränkten Gehorsamspflicht. Doch haben sie gewisse Einschränkungen auch bei ihrer Lehrtätigkeit zu beachten; sie dürfen dabei keine strafbaren Handlungen, z. B. Beleidigungen, begehen, nicht den Staat verunglimpfen u. dgl. Im neuen Staat sind sie ebenso wie alle Beamten verpflichtet, sich sowohl bei ihrer Lehrtätigkeit wie außerhalb dieser politisch zu betätigen. Sie müssen ihr ganzes Wirken von einem aktiven Eintreten für den neuen Staat und seine Ziele durchdringen lassen.

h) Auch in anderen Fällen ist gesetzlich die Erteilung von Weisungen ausgeschlossen, so z. B. bei den **Gemeinderäten,** die nach § 48 DGO. unter eigener Verantwortung tätig werden; s. Surén-Loschelder **1** 704.

5. Amtsverschwiegenheit.

1. Der Beamte erlangt in seinem Beruf fortgesetzt Kenntnis von Tatsachen, die der Allgemeinheit verborgen bleiben. Die Weiterverbreitung solcher Kenntnis muß zu Unzuträglichkeiten führen. Sie wird oft die Interessen des Staates sowohl wie der die Tätigkeit der Beamten in Anspruch nehmenden Privatpersonen empfindlich schädigen. Von jeher ist daher die **Pflicht zur Amtsverschwiegenheit als Ausfluß der Treuepflicht als eine der vornehm-**

sten Beamtenpflichten bezeichnet worden. Die Vorschriften über die Amtsverschwiegenheit finden sich in den §§ 8 und 9 DBG. Es hat aber jeder Beamte, auch wenn er nicht Parteigenosse ist, nach § 3 Abs. 2 Satz 2 DBG. Vorgänge, die den Bestand des Reichs oder der NSDAP. gefährden könnten, auch dann, wenn sie ihm nicht vermöge seines Amtes bekannt geworden sind, seinem Dienstvorgesetzten oder, wenn er dies nicht will und es sich um amtliche Vorgänge handelt, die der NSDAP. schaden könnten, nach § 42 Abs. 2 DBG. seiner obersten Dienstbehörde oder dem Führer und Reichskanzler mitzuteilen. Daraus folgt, daß er auch solche Vorgänge der letztbezeichneten Art, wenn sie an sich geheim zu halten sind, nicht nur seinen Dienstvorgesetzten, sondern nach seiner Wahl auch der bezeichneten Reichsdienststelle und dem Führer mitteilen darf, ohne sich der Gefahr auszusetzen, deswegen gegen die Pflicht zur Amtsverschwiegenheit zu verstoßen; s. auch oben S. 67.

Wegen der Befreiung eines Beamten, der Amtsträger der Partei ist, von der Amtsverschwiegenheit bei Äußerungen über die politische Einstellung von Beamten s. DurchfV. zum DBG. Nr. 3 zu § 26; Heyland 186.

2. Dabei muß es sich aber, wenn überhaupt die Amtsverschwiegenheit in Frage kommen soll, um solche Vorgänge handeln, **die dem Beamten bei seiner amtlichen Tätigkeit** (also auch bei Gelegenheit des Dienstes, s. NadlWittlR. 246) **bekannt geworden sind.** Was er nur als Privatmann erfahren hat, steht nicht unter der Amtsverschwiegenheitspflicht.

3. Der Beamte hat Verschwiegenheit über ihm amtlich bekannt gewordene Angelegenheiten nur zu beobachten, **wenn sie aus der Natur der Sache folgt** oder **wenn sie ihm durch Gesetz oder dienstliche Anordnung seiner Dienstvorgesetzten besonders vorgeschrieben ist.** § 8 Abs. 1 DBG.

a) Ob die betreffende Angelegenheit zu denen gehört, deren Geheimhaltung **ihrer Natur nach** erforderlich ist, ob also die Geheimhaltung im Interesse des Volkes, des Reiches, eines Landes, Kommunalverbandes, der NSDAP. usw. oder einer Privatperson geboten ist, hat der Beamte nach eigenem pflichtmäßigem Ermessen unter Berücksichtigung aller Umstände des Falls zu beurteilen und wird sich im Zweifel für die Geheimhaltung zu entscheiden haben.

So sind z. B. Verfügungen der Dienstvorgesetzten, die amtlich nicht veröffentlicht werden, geheim zu halten. Wer solche Verfügungen dritten Personen, insbesondere zum Zwecke der Veröffentlichung mitteilen will, hat zuvor die behördliche Genehmigung hierzu nachzusuchen.

Geheim zu halten sind auch Verwaltungsberichte, die nur für die Kenntnis eines eng begrenzten Personenkreises bestimmt sind. Geheim zu halten sind auch solche Tatsachen, die ein Beamter bei dienstlicher Anwesenheit in seinem Dienstzimmer aus der Unterhaltung von anderen Beamten über dienstliche Angelegenheiten erfährt.

Bei der Post- und Telegraphenverwaltung gehören hierher alle dienstlichen Vorkommnisse, aus deren weiterer Mitteilung für die Verwaltung oder einzelne Personen ein Nachteil entstehen kann und Tatsachen dieser Art, die sich auf den Postversendungs- und Telegrammverkehr beziehen. So verletzt z. B. ein Postbeamter seine Verschwiegenheitspflicht, wenn er jemandem, z. B. einem Geistlichen, mitteilt, seine Post werde überwacht. Denn die Wahrung des Amtsgeheimnisses der Postüberwachung ist für einen Postbeamten eine ganz besondere Amtspflicht, deren Verletzung die Strafe der Entfernung aus dem Dienst nach sich zieht. RDisH. 5. 4. 37 Foerster 1937 II S. 6; RDStH. 7. 9. 38 RVerwBl. **59** 1034.

Es ist unzulässig, amtlich angefertigte Zusammenstellungen, insbesondere Personalnachweisungen oder statistisches Material an Privatpersonen mitzuteilen.

Die Mitteilungen, die einem Beamten über seine bevorstehende Versetzung gemacht werden, fallen ebenfalls unter die Pflicht zur Amtsverschwiegenheit. RGSt. **15** 89. Dagegen braucht die bloße Tatsache der Versetzung an sich nicht etwa bis zu ihrer öffentlichen Bekanntmachung durch die zuständigen Amtsblätter geheim gehalten zu werden. Denn der Beamte ist, sobald er amtlich Kenntnis von seiner Versetzung erlangt hat, nicht allein berechtigt, sondern sogar verpflichtet, alle zur Übersiedelung an den neuen Amtsort erforderlichen Schritte zu tun, insbesondere sich dienstlich auf seine Stellenänderung einzurichten, seine Wohnung zu kündigen u. dgl.

Ein Beamter, der eine als streng vertraulich zu behandelnde amtliche Denkschrift einem Dritten überläßt, begeht ein sehr schweres, mit Entfernung aus dem Dienst zu ahndendes Dienstvergehen. RDStH. 24. 1. 39 DVerw. **40** 44.

Keine Verletzung der Amtsverschwiegenheitspflicht liegt vor, wenn ein Beamter als Propagandaleiter auf Anordnung des Kreisleiters einen Bericht über die Stimmung der Beamten in einer Behörde erstattet. RDStH. E. **1** 6 ff.

Personalakten (Personalnachweise) sind jetzt wieder Geheimakten; sie dürfen den Beamten nicht mehr zur Einsicht vorgelegt werden. Art. 129 Abs. 3 Satz 3 Weim.V. ist durch die Verhältnisse überholt und außer Kraft getreten. Es empfiehlt sich aber, den Beamten über eine etwa ungünstige Beurteilung in geeigneter Form zu unterrichten, um ihm die Ablegung der beanstandeten Mängel zu ermöglichen.

Es gilt aber noch Art. 129 Abs. 3 Satz 2 Weim.V., wonach dem Beamten vor der Eintragung ungünstiger Tatsachen (nicht Werturteile) in seine Personalakten Gelegenheit zur Äußerung zu geben ist; s. auch § 42 Abs. 1 Satz 2 DBG. Dies gilt ohne Rücksicht auf den Ort ihrer aktenmäßigen Unterbringung, also auch dann, wenn diese ungünstigen Tatsachen in anderen Akten, als den eigentlichen Personalakten, enthalten sind. Reuß Deutsch. VerwBl. **37** 491 und 492; s. auch Erl. d. Reichsf. SS und Chefs der Deutschen Polizei vom 15. 9. 37 Anl. I A AllgemNr. 5 (MBl. 1535). Nur die Beamten im Vorbereitungsdienst dürfen die ihnen erteilten Zeugnisse nach wie vor einsehen. RMdJ. 12. 4. 34 (MBl. 747); RMdJustiz 18. 7. 35

DJustiz 1020. Auch im Dienststrafverfahren dürfen weder der Beschuldigte noch sein Verteidiger die Personalakten einsehen. Jedoch kann ihnen der Vorsitzende der Dienststrafkammer Auszüge aus den Personalakten, soweit sie Belastendes enthalten, vorlegen. § 57 RDStO.

Parteidienststellen sind zur Akteneinsicht (Personalakten) nicht ohne weiteres befugt. Aktenversendung zur Einsichtnahme erfolgt allgemein nur an den Stellvertreter des Führers auf sein Ersuchen. Alle Parteidienststellen müssen daher ihre Aktenanforderungen über den Stellvertreter des Führers richten. Aktenauskünfte nach pflichtmäßigem Ermessen der Behörde werden auch an Reichsleiter und Gauleiter der NSDAP. erteilt. Bei Beamten von Körperschaften des öffentl. Rechts (insbes. von Gemeinden und Gemeindeverbänden) sollen die Anforderung der Akten und der Wunsch der Aktenauskunft an die staatliche Aufsichtsbehörde der Körperschaft gerichtet werden. RuPrMJ. 2. 11. 36 (MBl. 1491 = DWiss. 507).

b) Der Beamte hat ferner auch dann Verschwiegenheit zu beobachten, **wenn sie ihm durch Gesetz oder allgemeine oder besondere Anordnungen seiner Dienstvorgesetzten für gewisse Geschäftszweige überhaupt oder nur für bestimmte einzelne Angelegenheiten vorgeschrieben ist.** Es ist also Sache jedes Beamten, sich zu vergewissern, ob solche Anordnungen ergangen sind.

Von der zu 3, a u. b, gekennzeichneten Amtspflicht kann den Beamten keinerlei andere persönliche Bindung befreien. § 8 Abs. 1 Halbs. 2 DBG. Es darf also nicht etwa der Beamte, der Mitglied der NSDAP. ist, den Organen dieser Partei oder ihren Gliederungen oder angeschlossenen Verbänden oder Parteigerichten dienstliche Angelegenheiten, die unter der Pflicht zur Amtsverschwiegenheit stehen, offenbaren. Vielmehr darf er sie außer seinen Dienstvorgesetzten nur den im § 42 Abs. 2 DBG. bezeichneten Stellen unter den dort vorgesehenen Voraussetzungen mitteilen. Hält eine Parteidienststelle oder ein Parteigericht die Auskunft über solche Angelegenheiten für erforderlich, so müssen sie sich daher nicht an den Beamten, sondern an die dem Beamten vorgesetzte Behörde wenden. Zur Vermeidung etwaiger Konflikte zwischen den Staats- und Parteidienststellen wird ebenso zu verfahren sein, wie bei solchen Konflikten auf dem Gebiete der Gehorsamspflicht s. oben S. 103 und die dort angeführte DurchfV. zu § 7.

4. Besonders wichtig ist die Verschwiegenheitspflicht **bei der Beratung und Abstimmung in einem Kollegium.** Ist hier von zuständiger Stelle die Vertraulichkeit der Beratung und Abstimmung anerkannt, so muß jeder Teilnehmer Stillschweigen beobachten und darf insbes. auch nicht Äußerungen der Mitglieder des Kollegiums bekanntgeben, insbes. auch nicht in der Öffentlichkeit etwa durch die Presse. PrOVG. **76** 473. RG. **89** 13 ff. hält für zulässig, die bei einer Beratung und Abstimmung beteiligten Richter in gewissen Fällen, z. B. bei Untersuchungen wegen Rechtsbeugung, bei Rückgriffsprozessen gegen Richter u. ä., auch über die Art und Weise des Zustandekommens der Entscheidung als Zeugen zu vernehmen. Jedoch läßt die Entscheidung

(RG. **89** 13 ff.) das Recht und die Pflicht der Dienstvorgesetzten unberührt, im Einzelfall zu prüfen, ob und inwieweit den Richtern gemäß § 54 StPO. und § 376 ZPO. die Genehmigung zur Aussage zu erteilen ist.

5. **Für einzelne Beamtengruppen,** z. B. die Post- und Telegraphen-Beamten (s. dazu Ohnesorge DVerw. **38** 102) und die Steuerbeamten **sind besondere Vorschriften** über die Verschwiegenheitspflicht ergangen. Einzelne Vorschriften dieser Art sind in dem Aufsatz von Julier ZBR. 8 192 ff. und bei NadlWittlR. 255 ff. enthalten.

6. **Verletzt der Beamte seine Pflicht zur Amtsverschwiegenheit,** so kann er möglicherweise disziplinarisch, strafrechtlich und nach den Haftungsvorschriften zur Rechenschaft gezogen werden.

a) Die **disziplinarische** Ahndung der Verletzung der Verschwiegenheitspflicht wird regelmäßig eintreten. Für die Höhe der zu verhängenden Dienststrafe wird der Beweggrund der Pflichtverletzung und die Art der Bekanntmachung der geheimzuhaltenden Tatsache von besonderer Bedeutung sein. Nicht selten wird die Verfehlung so schwer sein, daß das förmliche Dienststrafverfahren in die Wege geleitet werden muß. RDisH. 16. 10. 35 Foerster **1936** 16. In diesem Verfahren kann mitunter sogar Entfernung aus dem Dienst (§ 4 Abs. 2 RDStO.) in Frage kommen. Auf diese Strafe ist in einem Falle erkannt worden, in dem ein Beamter eine streng vertrauliche Schrift seiner vorgesetzten Dienstbehörde einem Dritten, dessen Interessen in der Schrift betroffen waren, zugänglich gemacht hatte. RDStH. 24. 1. 39 E. **2** 46.

b) In vielen Fällen hat die Verletzung der Verschwiegenheitspflicht auch eine **strafgerichtliche Ahndung** zur Folge; s. §§ 90 a, 92, 353 a, 354, 355 StGB. Besonders wichtig ist § 353 b StGB. in der Fassg. d. Ge. v. 2. 7. 36 (RGBl. I S. 532). Danach wird ein Beamter oder früherer Beamter, der unbefugt ein ihm bei Ausübung seines Amtes anvertrautes oder zugänglich gewordenes Geheimnis offenbart und dadurch wichtige öffentliche Interessen gefährdet, mit Gefängnis, in besonders schweren Fällen mit Zuchthaus bis zu 10 Jahren bestraft. S. dazu Koenig BeamtJahrb. **36** 560 ff.; NadlWittlR. 258; s. auch § 353 c in der Fassung d. G. vom 2. 7. 36 (RGBl. I 532). Ferner werden z. B. beamtete Ärzte und Notare, wenn sie unbefugt Privatgeheimnisse offenbaren, die ihnen kraft ihres Amtes anvertraut sind, nach § 300 StGB. bestraft.

c) Entsteht durch die Verfehlung dem öffentlichen Dienstherrn oder einem Privaten ein Schaden, so kann der Beamte entweder direkt oder im Rückgriffswege **nach den Reichs- und Staatshaftungsgesetzen und Art. 131 Weim.V.** zur Rechenschaft gezogen werden.

7. Auch die Beamten, die aus ihrem Amt freiwillig **ausgeschieden, entlassen** oder **zur Ruhe gesetzt** sind, haben die Pflicht zur Amtsverschwiegenheit. Dies hebt § 8 Abs. 1 DBG. ausdrücklich hervor. Eine Verletzung dieser Pflicht ist bei ihnen, soweit sie Ruhestandsbeamte sind, nach § 22 Abs. 1 Satz 2

DBG. in Verbindung mit § 12 Satz 2 RDStO. disziplinarisch verfolgbar. Auch die sonst ausgeschiedenen oder entlassenen Beamten können wegen Verletzung dieser Pflicht dienststrafrechtlich belangt werden, sobald sie wieder erneut in das Beamtenverhältnis eingetreten sind. § 2 RDStO. Daneben können die ausgeschiedenen, entlassenen oder zur Ruhe gesetzten Beamten zivilrechtlich zur Verantwortung gezogen werden, wenn durch ihre Verfehlung dem Dienstherrn oder einem Privaten ein Schaden entstanden ist. Auch strafrechtlich können sie unter Umständen in Anspruch genommen werden. Auch bei Notaren bleibt die Pflicht zur Verschwiegenheit auch nach dem Erlöschen des Amts bestehen. § 19 Abs. 3 RNotO. Wegen der Ehrenbeamten der Gemeinden s. § 24 DGO. und Surén-Loschelder 1 360 ff.

8. Ein Verstoß gegen die Pflicht zur Amtsverschwiegenheit liegt auch vor, wenn der Beamte **zur Wahrnehmung berechtigter Interessen** als Partei in einem bürgerlichen Rechtsstreit oder als Beschuldigter in einem gerichtlichen Verfahren (auch in einem Dienststrafverfahren oder in einem Ehrengerichts- oder Parteigerichtsverfahren oder bei Parteidienststellen s. DurchfV. zum DBG. Nr. 2 zu § 8) an sich geheimzuhaltende Tatsachen ohne Erlaubnis der zuständigen Behörde vorbringt. Er muß vielmehr nach § 9 Abs. 2 DBG. auch in diesem Falle die Genehmigung einholen. Diese soll aber, um eine Beschränkung der Verteidigung des Beamten tunlichst zu vermeiden, nur versagt werden, wenn die dienstlichen Interessen es unabweisbar fordern. Letzteres kann der Fall sein, wenn die Preisgabe der dienstlichen Geheimnisse für das Staatswohl so abträglich ist, daß die Offenbarung auch in solchen Fällen nicht gestattet werden kann. Wird aber die Genehmigung in solchen Fällen versagt, so müssen die Interessen der Beamten durch die vorgesetzte Dienstbehörde soweit geschützt werden, als es die dienstlichen Interessen zulassen. § 9 Abs. 2 DBG. Auch hier zeigt sich wieder die Pflicht der Fürsorge, die der Dienstherr dem Beamten gegenüber nach § 36 DBG. wahrzunehmen hat.

9. Die Verpflichtung zur Amtsverschwiegenheit hat zur Folge, daß die Beamten und die Ruhestandsbeamten sowie die sonst aus dem Dienst ausgeschiedenen früheren Beamten **bei ihren gerichtlichen Vernehmungen als Zeugen und Sachverständige sich gewisse Beschränkungen auferlegen müssen.**

Der Beamte ist verpflichtet, zu prüfen, ob er die Aussage zu verweigern hat, bis die Genehmigung zur Aussage erteilt ist; in Zweifelsfällen hat er die Entscheidung des Dienstvorgesetzten einzuholen. DurchfV. Satz 2 zu § 8 DBG. Er darf ohne Genehmigung über solche geheimzuhaltenden Angelegenheiten weder vor Gericht noch außergerichtlich aussagen oder Erklärungen abgeben. Diese Vorschrift bezieht sich nicht nur auf die Vernehmung des Beamten als Zeuge, sondern auch als Beschuldigter vor den Gerichten, Parteigerichten oder Polizeibehörden oder auch auf sonstige außergerichtliche Erklärungen irgend welcher Art.

Die Genehmigung erteilt der Dienstvorgesetzte oder — bei Ruhestandsbeamten oder sonst aus dem Dienst ausgeschiedenen früheren Beamten — der letzte Dienstvorgesetzte. § 8 Abs. 3 DBG.

Die Genehmigung zur Aussage als Zeuge soll nur versagt werden, wenn die Ablegung des Zeugnisses dem Wohle des Reiches Nachteile bereiten oder die Erfüllung öffentlicher Aufgaben ernstlich gefährden oder erheblich erschweren würde. § 9 Abs. 1 Satz 1 DBG.

Dasselbe gilt auch, wenn ein Beamter vor den **Dienststraf-, Verwaltungs-, Arbeits-, Ehren-** usw. **Gerichten** als Zeuge vernommen werden soll oder wenn er außergerichtlich aussagen oder Erklärungen abgeben will. § 8 Abs. 2 DBG. Die Untersuchung im Dienststrafverfahren ist kein gerichtliches Verfahren im Sinne des § 8 Abs. 2; denn sie spielt sich innerhalb der Behörde ab. Auf dieses Verfahren, das erst die Unterlage für die Dienststrafverfahren bilden soll, kann sich für den Beamten, der Beschuldigter ist, die Verpflichtung zur Amtsverschwiegenheit deshalb nicht beziehen. Begr.

Soll ein Beamter in einem Zivil- oder Strafprozeß als **Sachverständiger** vernommen werden und erstreckt sich das Gutachten auf Tatsachen, auf die sich die Verpflichtung zur Amtsverschwiegenheit bezieht, so darf der Beamte das Gutachten nur mit Genehmigung seiner vorgesetzten — oder seiner letzten — Dienstbehörde erstatten. Jedoch hat das Gericht nicht, wie bei der Zeugenvernehmung eines Beamten, die Genehmigung der vorgesetzten Dienstbehörde einzuholen. Es lädt vielmehr stets den Beamten unmittelbar als Sachverständigen vor. Der Beamte muß dann selbst die Genehmigung einholen. Die Genehmigung zur Erstattung des Gutachtens, mag es ein gerichtliches sein oder nicht, soll die Behörde ebenso wie bei der Zeugenaussage versagen, wenn es dem Wohle des Reichs Nachteile bereiten oder die Erfüllung öffentlicher Aufgaben ernstlich gefährden oder erheblich erschweren würde. Darüber hinaus aber kann die Genehmigung zur Erstattung eines Gutachtens versagt werden, wenn die Erstattung des Gutachtens auch sonst dienstlich Nachteile bereiten würde. § 9 Abs. 1 Satz 2 DBG.

6. Nebentätigkeit.

Der Beamte hat einerseits die **Pflicht, auf Anordnung der Behörde** jede Nebentätigkeit im öffentlichen Dienst **zu übernehmen und fortzuführen,** falls sie seiner Vorbildung oder Berufsausbildung entspricht. § 10 Abs. 1 DBG. Andererseits muß er, soweit er nicht zur Übernahme verpflichtet ist, in gewissen — unten näher bezeichneten Fällen — **die vorherige Genehmigung** der Behörde zur Übernahme einer Nebentätigkeit einholen. Die Vorschriften der §§ 10 ff. DBG. sind näher ausgeführt durch die Vdg. v. 6. 7. 37 (RGBl. I 753), nebst Berichtigung v. 13. 8. 37 (RGBl. I 904), im folgenden mit V. abgekürzt.

Für die Nebentätigkeit der Reichsminister, der Reichsstatthalter und der Vorsitzenden und Mitglieder der Landesregierungen gelten besondere Vorschriften; s. §§ 158, 177 DBG. Für Ruhestandsbeamte gelten die §§ 10 ff. DBG. über die Nebentätigkeit nicht. Denn sie sind nach § 67 Abs. 1 DBG. aus dem Beamtenverhältnis ausgeschieden. Dasselbe gilt für die emeritierten Hochschullehrer. MfWErzu.V. v. 25. 4. 39 (DWiss. 279). Für Wartestandsbeamte gelten die §§ 10, 14 nicht. § 46 Abs. 1 Satz 2 DBG. Jedoch bleiben die allgemeinen Beamtenpflichten für Beamte im Wartestand, insbesondere auch die Pflicht zur Treue und Dienstbereitschaft unberührt. Vgl. § 46 Abs. 1 Satz 1 DBG. Ein Wartestandsbeamter darf daher nicht durch Übernahme einer privaten Nebentätigkeit in unzulässiger Weise dem Dienstherrn selbst Konkurrenz machen, wenn er auch hierfür eine Genehmigung nicht gebraucht. Auf die Ehrenbeamten (§ 149 DBG.) finden die § 10 Abs. 2 und 3 (wohl aber § 10 Abs. 1), § 11 und § 14 DBG. keine Anwendung. § 149 Abs. 2.

Für Notare gelten die §§ 10 ff. DBG. nicht. § 171 Abs. 5 DBG. Es ist ihnen verboten, Darlehen sowie Grundstücksgeschäfte zu vermitteln oder im Zusammenhang mit einer Amtshandlung eine Bürgschaft oder sonstige Gewährleistung für einen Beteiligten zu übernehmen. Sie haben dafür zu sorgen, daß sich auch die bei ihnen beschäftigten Personen nicht mit derartigen Geschäften befassen. § 28 RNotO. Der Notar bedarf in gewissen Fällen der Genehmigung der Aufsichtsbehörde.

Nicht genehmigungspflichtig ist für ihn die Übernahme des Amts als Testamentsvollstrecker, Konkursverwalter oder Vormund oder einer ähnlichen auf behördlicher Anordnung beruhenden Stellung, sowie eine wissenschaftliche, künstlerische oder Vortragstätigkeit.

§ 9 Abs. 2—4 RNotO.

A. Die Pflicht zur Übernahme und Fortführung einer Nebentätigkeit.

1. Diese Verpflichtung erstreckt sich auf jede Nebentätigkeit (Nebenamt und Nebenbeschäftigung) im öffentlichen Dienst. § 10 Abs. 1 DBG. Sie muß auf Anordnung der obersten Dienstbehörde oder einer von ihr ermächtigten nachgeordneten Behörde übernommen oder fortgeführt werden.

2. Dem öffentlichen Dienst steht gleich die Beschäftigung bei gewissen Unternehmungen, deren gesamtes Kapital sich in öffentlicher Hand befindet, sowie jede sonstige Tätigkeit auf Anordnung des Dienstvorgesetzten. Nr. 11 Abs. 1 Satz 3 V. 6. 7. 37.

3. Die gesetzliche Vorschrift beruht auf dem Gedanken, daß jeder Beamte bis zur Grenze seiner Leistungsfähigkeit verpflichtet ist, auch außerhalb des hauptamtlichen Tätigkeitsfeldes im öffentl. Dienst zum allgemeinen Besten mitzuwirken und dabei seine besonderen Kenntnisse und Erfahrungen im Interesse der Volksgemeinschaft nutzbar zu machen. Nötigenfalls ist der Beamte im Hauptamt entsprechend zu entlasten. Der Beamte ist z. B. verpflichtet, das Nebenamt als Mitglied einer Dienststrafkammer, oder eines Prüfungsamts zu übernehmen, falls die unter Anm. 4 angegebenen Voraussetzungen vorliegen. Die Beamten der Gemeinden sind verpflichtet, das

Amt eines Standesbeamten oder seines Stellvertreters anzunehmen, auch wenn es als Hauptamt zu verwalten ist. § 55 PerſStG. 3. 11. 37 (RGBl. I 1151).

Diese allgemeinen Verpflichtungen stehen nur unter der einschränkenden Bestimmung, daß der Dienstherr von dem Beamten nicht Leistungen verlangen kann, deren Größe und Umfang eine pflichtgemäße Geschäftsführung neben seinem Hauptamt nicht zulassen und die an die normale Kraft und Arbeitsfähigkeit des Beamten zu stellenden Anforderungen bei weitem übersteigen und dadurch seine körperliche und geistige Spannkraft zum Nachteil seines Hauptamtes hemmen und lähmen. RG. **126** 364.

4. Diese Verpflichtung besteht jedoch grundsätzlich nur dann, wenn die auszuübende Tätigkeit der Vorbildung oder Berufsbildung des Beamten entspricht. Ausnahmsweise muß jedoch der Beamte auch darüber hinaus tätig werden, wenn ein staatlicher Notstand vorliegt. Für die Dauer eines solchen vorübergehenden Staatsnotstandes kann dem Beamten auch eine nicht in den Bereich seines Dienstes fallende Arbeit übertragen werden.

5. Nicht berührt werden durch diese Vorschrift die Bestimmungen, nach denen jeder Deutsche nach Maßgabe der Gesetze die Pflicht zur Übernahme ehrenamtlicher Tätigkeiten hat und des weiteren verpflichtet ist, nach Maßgabe der Gesetze persönliche Dienste für den Staat und die Gemeinde zu leisten; vgl. hierüber §§ 22 ff. DGO. und Surén-Loschelder **1** 248 ff.

6. Wird ein Beamter aus einer Tätigkeit im Vorstand, Aufsichtsrat, Verwaltungsrat oder in einem sonstigen Organ einer Gesellschaft, Genossenschaft oder eines in einer anderen Rechtsform betriebenen Unternehmens, die er auf Anordnung, Vorschlag oder Veranlassung seines Dienstvorgesetzten übernommen hat, **haftbar gemacht,** so hat der Dienstherr ihm seinen Schaden zu ersetzen, es sei denn, daß er ihn vorsätzlich oder grob fahrlässig herbeigeführt hat; auch in diesem Falle hat der Dienstherr ihm seinen Schaden zu ersetzen, wenn er auf Anordnung eines Vorgesetzten gehandelt hat. § 12 DBG.; s. auch § 70 Abs. 3 DGO. Es handelt sich hiebei um Unternehmungen, an denen der Dienstherr und möglicherweise noch andere öffentliche Verbände beteiligt sind.

Der Verpflichtung zur Übernahme einer Nebentätigkeit, die meist ohne Vergütung erfolgt und den Beamten der Gefahr zivilrechtlicher Haftung aussetzt, entspricht die Pflicht des Dienstherrn, für den Beamten zu sorgen und ihm den Schaden zu ersetzen, wenn er aus solcher Tätigkeit haftbar gemacht wird. Er hat also einen Rückgriffsanspruch gegen den Dienstherrn. Dies gilt nicht, wenn der Beamte den Schaden vorsätzlich oder grobfahrlässig herbeigeführt hat; auch in diesem Falle hat aber der Dienstherr ihm den Schaden zu ersetzen, wenn der Beamte auf Anordnung eines Vorgesetzten gehandelt hat. RG. 7. 5. 35 HRR. **35** 1412 = ZBR. **7** 87.

B. Die Pflicht zur Einholung der vorherigen Genehmigung für eine Nebentätigkeit.

I. Die Beamten sollen **ihre ganze Zeit und Kraft der treuen Besorgung ihrer Amtsgeschäfte widmen.** Sie dürfen daher Nebenämter und Nebenbeschäftigungen nur übernehmen, soweit sie mit den durch das Hauptamt an sie gestellten Ansprüchen vereinbar sind und ein staatliches Interesse für die Erteilung der Genehmigung der Nebentätigkeit nicht entgegensteht. S. dazu Köstlin DVerwBl. **37** 500 ff.

Nach § 10 Abs. 2 DBG. bedarf der Beamte, soweit er nicht nach § 10 Abs. 1 a. a. O. zur Übernahme verpflichtet ist, in folgenden Fällen **der vorherigen Genehmigung:**

1. zur Übernahme eines Nebenamtes. § 10 Abs. 2 Nr. 1 DBG.

a) Als Nebenamt ist jede auf öffentlich-rechtlicher Anstellung beruhende Tätigkeit neben dem Hauptamt zu betrachten, die nicht schon nach der Gliederung und Verfassung der betreffenden Behörde selbst mit dem Hauptamt verbunden ist oder verbunden werden kann und die sich als ein öffentliches Amt im Reiche oder Lande, in der Kommunalverwaltung, im Dienste von Kirche und Schule oder einer sonstigen öffentlich-rechtlichen Korporation darstellt. RG. **80** 308; **132** 64; PrOVG. **80** 73. Kein Nebenamt liegt vor, wenn es sich nur um die Wahrnehmung besonderer, aber in den allgemeinen Rahmen des betreffenden Dienstzweiges fallender Obliegenheiten handelt. RG. **132** 64; Nr. 1 Abs. 1 Satz 2 V. 6. 7. 37.

Ob eine Tätigkeit eines Gemeindebeamten Teil des Hauptamts oder Nebentätigkeit ist, richtet sich nach der Organisation des betr. Amtes. So ist z. B. in manchen Landesteilen das Amt des Bürgermeisters mit dem des Ortspolizeiverwalters oder des Standesbeamten, oder des Vorsitzenden des Sparkassenvorstandes ein Amt und es liegt nicht etwa ein Amt mit verschiedenen Nebenämtern vor. Soweit nicht etwa gesetzliche Vorschriften vorliegen, ist die Entscheidung, ob die Tätigkeit eines Beamten Teil des Hauptamts oder ein Nebenamt ist, dem Inhaber der Organisationsgewalt, bei Gemeinden also dem Bürgermeister (Oberbürgermeister), überlassen.

Kein Nebenamt ist die Tätigkeit in der NSDAP., ihren Gliederungen und angeschlossenen Verbänden. Sie ist also genehmigungsfrei, wenn sie — als Nebenbeschäftigung — unentgeltlich ist, was die Regel bildet. Wird für das Amt nur Aufwandsentschädigung gezahlt, so bleibt das Amt ein unbesoldetes. Nr. 9 V. 6. 7. 37.

Das Amt eines Vormundes, Pflegers oder Testamentsvollstreckers gilt nach § 10 Abs. 2 Ziff. 1 als genehmigungspflichtiges Nebenamt und zwar gleichviel, ob damit eine Vergütung verbunden ist oder nicht. Dasselbe gilt auch von der Gegenvormundschaft und von der Beistandschaft, obwohl sie im DBG. nicht besonders erwähnt sind; sie fallen unter den Begriff „Vormundschaft". Der Umstand, daß dem Beamten von der vorgesetzten Behörde die Genehmigung zur Führung der Vormundschaft usw. noch nicht erteilt ist, gibt dem Beamten zwar kein Ablehnungsrecht. Der Vormundschaftsrichter soll ihn aber nach § 1784 Abs. 1 BGB. nicht verpflichten. Nach dem durch § 48 Abs. 1 Satz 2 ReichsjugendwohlfG. v. 9. 7. 22 (RGBl. 633) eingefügten Abs. 2 § 1784 BGB. soll aber die Erlaubnis nur versagt werden, wenn ein wichtiger dienstlicher Grund vorliegt.

Erfolgt die Übernahme der Vormundschaft usw. im Interesse von Verwandten, so soll die Genehmigung in der Regel erteilt werden.

b) Darauf, ob das Nebenamt mit Bezügen verknüpft ist, kommt es nicht an; auch zu bloß ehrenamtlichen Stellungen, z. B. als Waisenrat, als Schiedsmann usw. ist die Genehmigung erforderlich.

c) Die Wahrnehmung der Tätigkeit als Schöffe oder Geschworener ist als Nebenamt nicht anzusehen, bedarf also keiner Genehmigung.

2. zur Übernahme einer Nebenbeschäftigung gegen Vergütung, insbesondere auch einer gewerblichen Tätigkeit. § 10 Abs. 2 Nr. 2 DBG.

a) Als Nebenbeschäftigung hat jede Tätigkeit zu gelten, bei welcher durch Arbeitsleistung irgendwelcher Art eine Vergütung in irgend einer Form erzielt wird.

b) Im Gegensatz zur Übernahme eines Nebenamts ist die Übernahme einer Nebenbeschäftigung grundsätzlich nur dann genehmigungspflichtig, wenn die Nebenbeschäftigung **gegen Vergütung** erfolgt. Ohne Belang ist, ob auf die Vergütung ein Rechtsanspruch besteht; entscheidend ist die Tatsache der Gewährung. RDStH. 19. 7. 38 E. **2** 55 = DVerw. **40** 27. Als Gegenleistung gilt nicht der Ersatz von baren Auslagen und Fahrkosten sowie die Bezahlung von Tagegeldern, die die für Beamte gültigen Sätze nicht übersteigen. Eine Pauschalierung dieser Auslagen ist nicht zulässig. Nr. 2 V. 6. 7. 37.

c) Der Genehmigung bedarf es auch dann, wenn der Beamte nach außen nicht Träger der Nebenbeschäftigung ist, dieses Ergebnis aber nur durch Mißbrauch von Formen und Gestaltungsmöglichkeiten des bürgerlichen Rechts erzielt wird. Eine genehmigungspflichtige Nebentätigkeit liegt daher vor, wenn eine gewerbliche Tätigkeit, zu der der Beamte die Genehmigung nötig hat, zwar formaljuristisch durch eine Gesellschaft (z. B. mit beschränkter Haftung), tatsächlich aber durch den Beamten betrieben wird. RDisH. v. 7. 4. 14 Schulze-Simons 277 Nr. 82.

d) Die Ausübung eines Gewerbes durch die Ehefrau ist dem Beamten ohne Genehmigung nicht gestattet. Es muß sich hier — im Gegensatz zum Beamten selbst — um ein eigentliches Gewerbe handeln; eine bloß gewerbliche Tätigkeit im Betriebe eines anderen würde hier noch nicht genügen. Jedoch gilt dies nicht, wenn die eheliche Gemeinschaft aufgehoben ist. §§ 1575, 1587 BGB. Es ist aber nach Nr. 18 V. jede gewerbliche oder berufliche Tätigkeit der Ehefrau des Beamten dem Dienstvorgesetzten zu melden. Der Beamte darf auch nicht eine unehrenhafte Tätigkeit eines seinem Hausstand angehörenden Familienmitglieds dulden. In solchem Falle und auch, wenn die Ehefrau des Beamten ein Gewerbe ohne Genehmigung betreibt, ist der Dienstvorgesetzte berechtigt, dem Beamten, der keine Genehmigung eingeholt hat, die Ausübung solcher Tätigkeit zu untersagen. Der Beamte muß dann seiner Frau den Gewerbebetrieb untersagen und wegen Einstellung desselben auf sie nach Möglichkeit einwirken. Der Dienstvorgesetzte kann, wenn der Beamte dem Verbot keine Folge leistet, mit disziplinarischen Maßregeln gegen ihn einschreiten. PrOVG. **58** 446.

Die im Hausstand des Beamten lebenden Kinder bedürfen aber ebensowenig wie die nicht mit ihm zusammen lebenden Kinder für einen Gewerbebetrieb der Genehmigung.

Unter „Gewerbe" fällt nicht die Erwerbstätigkeit auf dem Gebiete der Wissenschaft und der freien Künste. Schriftstellerische Tätigkeit ist kein Gewerbe, auch wenn mit ihr fortlaufend Gewinn erzielt werden soll. Der deutsche Buchhandel hält aber eine gewerbliche — genehmigungspflichtige — Tätigkeit für vorliegend, wenn der Beamte sein Werk im Selbstverlag erscheinen läßt. Börsenblatt f. d. Deutsch. Buchhandel 1930 Nr. 92.

Die Genehmigung ist auch dann erforderlich, wenn die Tätigkeit des Beamten nur der Unterstützung der Ehefrau in dem von ihr ausgeübten Gewerbe dient.

e) Die Genehmigung ist ferner nötig zum Eintritt in den Vorstand, Aufsichtsrat, Verwaltungsrat oder in ein sonstiges Organ einer Gesellschaft, Genossenschaft oder eines in einer anderen Rechtsform betriebenen Unternehmens und zur Übernahme einer Treuhänderschaft.

Zu beachten ist hier, daß in den Vorstand einer Gesellschaft usw. der Eintritt nur erlaubt ist, wenn es sich um eine unentgeltliche Tätigkeit handelt; jedoch ist die Genehmigung einzuholen. Die Genehmigung soll aber, auch wenn eine Vergütung nicht gezahlt wird, nur in besonders begründeten Ausnahmefällen, z. B. bei Familienbesitz, Erbgang und dgl. erteilt werden. Bei Unternehmen, die ihrer Natur nach nicht auf Erwerb gerichtet, sondern gemeinnützig sind, insbes. bei gemeinnützigen Wohnungsunternehmen, oder Vereinigungen, deren Aufgabe es ist, Belange der Volksgemeinschaft zu fördern, insbes. auf kulturellem, gesundheitlichem, künstlerischem und sportlichem Gebiet (Nr. 5 Abs. 1 und 2 V.) kann, wenn eine Vergütung nicht gewährt wird, die Genehmigung erteilt werden; erhält der Beamte in diesem Falle eine Vergütung im Betrage von nicht mehr als 40 RM. monatlich, so darf die Genehmigung erteilt werden. Dasselbe gilt, wenn es sich um Selbsthilfeeinrichtungen der Beamten, z. B. um Beamtenbanken, Konsumvereine und dgl. handelt; die Vergütung darf auch hier nicht mehr als 40 RM. monatlich betragen. Nr. 5 Abs. 3 gilt aber nur bei Eintritt in den Vorstand eines — seiner Natur nach nicht auf Erwerb gerichteten — Unternehmens ohne Anordnung des Dienstvorgesetzten. Erl.

d. RMdJ. und RFM. vom 15. 5. 39 (MBl. 1101). Die Übernahme einer Treuhänderschaft ist genehmigungspflichtig, wenn eine Vergütung nicht gezahlt wird. Erfolgt sie gegen Vergütung, so darf die Genehmigung nur in besonderen Ausnahmefällen erteilt werden. Treuhänder im Sinne dieser Vorschrift sind aber nur Wirtschaftstreuhänder, dagegen nicht Treuhänder, die in Gesetzen zur Wahrnehmung von Belangen der Allgemeinheit vorgesehen und als Treuhänder bezeichnet sind, z. B. Treuhänder bei Hypothekenbanken Nr. 5 Abs. 1 V. 6. 7. 37.

Übernimmt jedoch der Beamte die Tätigkeit im Vorstand usw. auf Vorschlag oder Veranlassung des Dienstvorgesetzten, so ist die Tätigkeit zulässig, auch wenn mit ihr eine Vergütung verbunden ist.

f) Da sämtliche Nebenbeschäftigungen, die gegen Vergütung — auch wenn sie nur einmalig und nicht fortlaufend ist — erfolgen, mit Ausnahme der genehmigungsfreien unter die Vorschrift des § 10 Abs. 2 Nr. 2 DBG fallen, so sind z. B. genehmigungspflichtig:

aa) die Gutachter- und Schiedsrichtertätigkeit; wegen der Hochschullehrer und der Lehrer an wissenschaftlichen Instituten und Anstalten s. § 11 Abs. 1 DBG. Die Genehmigung ist zu versagen, wenn der Beamte eine schiedsrichterliche oder Gutachtertätigkeit in einer Sache ausüben will, mit der eine Behörde des Verwaltungszweigs, dem der Beamte angehört, amtlich befaßt ist oder befaßt werden kann, es sei denn, daß eine Behörde das Gutachten fordert oder den Beamten als Schiedsrichter bestellt. Richter dürfen als Schiedsrichter nicht tätig sein, wenn die Abteilung, die Kammer oder der Senat, denen der Richter zur Zeit der Entscheidung über die Erteilung der Genehmigung angehört, mit der Sache befaßt ist, oder befaßt werden kann. Nr. 1 Abs. 2 Ziff. 3 c V. Die Tätigkeit von Richtern als Schiedsrichter widerspricht den dienstlichen Belangen im allgemeinen auch dann, wenn sie in einer Angelegenheit ausgeübt werden soll, in der der Richter als solcher im ordentlichen Prozeßverfahren tätig gewesen ist. I 3 RJM. 16. 11. 37 DJ. 1828. Die Übernahme eines Schiedsrichteramts oder einer Gutachtertätigkeit soll nur dann genehmigt werden, wenn ein öffentliches Interesse an der Zuziehung des Beamten besteht oder andere geeignete Personen nicht zur Verfügung stehen. Bei Richtern kann das öffentliche Interesse an ihrer Heranziehung zu einem Schiedsrichteramt ohne weiteres angenommen werden. I 5 RJM. 16. 11. 37 DJ. 1828. (S. hierüber die einschränkende V. des RJM. 16. 11. 37 DJ. (828 zu I 6).

bb) die Übernahme einer Hausverwaltung;

cc) die Musikausübung; hierfür gelten bestimmte Richtlinien; s. RMJ. 5. 8. 27 (RMBl. 351) in der Fassung v. 1. 11. 29 (RMBl. 655); für preuß. Beamte s. PrFM. 11. 10. 30 und 30. 5. 32 (PrBesBl. **30** 141 und **32** 151); die Erteilung von Musikunterricht. Neue besondere Bestimmungen sind zu erwarten. Nr. 4 Abs. 3 V.

dd) die Ausübung einer Privatpraxis bei beamteten Ärzten; ärztlichen, tierärztlichen und zahnärztlichen Beamten, auch Lehrern an öffentlichen Hochschulen, darf die oberste Dienstbehörde die Ausübung der Privatpraxis nur aus dienstlichen Gründen oder mit Rücksicht auf örtliche Belange genehmigen.

Die Genehmigung zur Ausübung der Kassenpraxis darf ärztlichen und zahnärztlichen Beamten nur erteilt werden, wenn örtliche Verhältnisse dies unabweisbar fordern; s. RMdJ. 3. 5. und 29. 7. 38 (RGBl. I S. 501 und MBl. 1277).

ee) das Halten von Vorlesungen an Universitäten oder sonstigen Lehr- und Unterrichtsanstalten, soweit es als Nebenamt erfolgt; im übrigen ist die Vortragstätigkeit nicht genehmigungspflichtig; vgl. § 11 Abs. 1 DBG.

3. Wer ohne die vorgeschriebene Genehmigung eine Nebentätigkeit übernimmt, macht sich disziplinarisch strafbar. So können z. B. jahrelang fortgesetzte unerlaubte wirtschaftliche Nebentätigkeiten, z. B. der Betrieb eines Gewerbes u. A. zur Entfernung aus dem Amt führen. RDisH. 19. 2. 35 Foerster 1936 S. 42.

C. Nicht genehmigungspflichtig sind:

1. Die Verwaltung eigenen oder der Nutznießung des Beamten als Vater, Ehemann usw. (§§ 1373, 1649 ff. BGB.) unterliegenden Vermögens. § 11 Abs. 1 DBG.

2. eine schriftstellerische, wissenschaftliche, künstlerische oder Vortragstätigkeit der Beamten sowie die mit der Lehr- oder Forschungstätigkeit zusammenhängende Gutachtertätigkeit von Lehrern an öffentlichen Hochschulen und von Beamten an wissenschaftlichen Instituten und Anstalten. § 11 Abs. 1 Satz 1 DBG.

Die Grenzlinie zwischen wissenschaftlicher oder künstlerischer Tätigkeit und einer gewerblichen Nebenbeschäftigung wird oft schwer zu ziehen sein. Es ist immer zu prüfen, ob es sich um das wissenschaftliche oder künstlerische Schaffen um seiner selbst willen, losgelöst von irgendwelcher Zweckbestimmung handelt. Die Herausgabe einer wenn auch wissenschaftlich gehaltenen Zeitschrift ist genehmigungspflichtig, da es sich hierbei um eine verwaltende Nebenbeschäftigung handelt und sie in der Regel mit terminmäßig zu erledigenden Arbeiten verbunden ist.

Die Vortragstätigkeit ist genehmigungsfrei. Erfolgt sie jedoch auf Grund öffentlich-rechtlicher Anstellung wie z. B. durch Bestellung eines Beamten zum Dozenten an einer Hochschule, so bedarf der Beamte zur Übernahme dieses Nebenamts der Genehmigung. Das Halten von Vorlesungen an Verwaltungsakademien ist genehmigungsfrei, da sie nicht auf Grund besonderen Lehrauftrags oder einer dem Beamten verliehenen Dozentur gehalten werden. Heyland 207 Anm. 18.

Die entgeltliche Gutachtertätigkeit der Beamten ist genehmigungspflichtig; s. näheres oben zu B f unter aa. Eine Ausnahme ist gemacht worden für die mit der Lehr- und Forschungstätigkeit zusammenhängende

Gutachtertätigkeit von Lehrern an öffentlichen Hochschulen und von Beamten an wissenschaftlichen Instituten und Anstalten. Die Gutachtertätigkeit ist auch dann genehmigungsfrei, wenn der Beamte nur im Nebenamt Hochschullehrer ist.

Über die Gutachtertätigkeit der Hochschullehrer sind durch V. v. 18. 4. 39 (RGBl. I 797) zu I weitere Bestimmungen erlassen worden; dazu Erläuterungen d. MfWissErz.u.V. 25. 4. 39 (DWiss. 279).

Bloß gelegentliche sachverständige Meinungsäußerungen sind keine Gutachten und nur insoweit genehmigungspflichtig, als sie unter die Pflicht zur Amtsverschwiegenheit fallen. Dies gilt auch von wissenschaftlichen Aufsätzen der Beamten.

Die private Lehrtätigkeit beamteter Hochschullehrer stellt eine Nebentätigkeit außerhalb des öffentlichen Dienstes dar und ist stets genehmigungspflichtig. MfWErz.u.V. v. 25. 4. 39 (DWiss. 282).

3. Dabei bleibt jedoch die dienstliche Verantwortlichkeit des Beamten unberührt. Es ist Pflicht der vorgesetzten Behörde, Mißbräuchen entgegenzutreten. § 11 Abs. 1 Satz 2 DBG. Die genehmigungsfreie Nebenbeschäftigung darf nicht dazu führen, daß durch sie die dienstliche Tätigkeit der Beamten in Mitleidenschaft gezogen wird.

Beamte der allgemeinen und inneren Verwaltung haben schriftstellerische Privatarbeiten über Fragen oder Vorkommnisse aus dem Dienstbereich der Ordnungspolizei vor der Drucklegung dem Dienstvorgesetzten vorzulegen. Dieser hat zu prüfen, ob der Veröffentlichung dienstliche Bedenken entgegenstehen. Auch ist bei allen Veröffentlichungen von besonders weitreichender grundsätzlicher oder politischer Bedeutung die Entscheidung des RMdJ. einzuholen. RMdJ. 24. 5. 38 (MBl. 910).

4. Unbenommen ist es den Beamten, ohne Genehmigung sich zu **Beamtenbanken** und sonstigen unter Reichs- oder Landesaufsicht stehenden Unternehmungen wirtschaftlicher Art u. dgl. zusammenzuschließen; auch Beamtenbau- und Siedlungsgenossenschaften sind erlaubt. § 1 Abs. 4 Satz 2 G. 27. 5. 37 (RGBl. I 597).

Gewissen Beschränkungen sind aber die Beamten unterworfen. Sie dürfen Dienststunden für die Besorgung der Angelegenheiten solcher Unternehmungen nicht verwenden. Die Genehmigung ist bei Übernahme besoldeter Ämter in solchen Unternehmungen erforderlich.

D. Allgemeine Grundsätze für die Erteilung der Genehmigung.

1. Bei der Erteilung der Genehmigung hat die zuständige Behörde zunächst zu prüfen, ob nicht die Übernahme der Nebentätigkeit verboten ist.

2. Ist die Nebentätigkeit an sich nicht verboten, so ist nach pflichtgemäßem Ermessen zu prüfen, ob die Genehmigung zu erteilen ist. Den zuständigen Stellen wird bei der Neuerteilung der Genehmigung zur Pflicht gemacht, daß unter Anwendung eines strengen Maßstabes den arbeitsmarkt- und beamtenpolitischen Absichten des Gesetzes genügt wird. Dabei ist von dem Grundsatz auszugehen, daß es die oberste Pflicht des Beamten ist, seine volle Arbeitskraft in den Dienst des Staates zu stellen, wofür ihm der Staat seinen standesgemäßen Unterhalt sichert.

3. Handelt es sich um Nebenbeschäftigungen, die im Interesse von Verwandten ausgeübt werden, z. B. Nachlaßangelegenheiten, so soll die Genehmigung in der Regel erteilt werden.

4. Gem. Nr. 1 Abs. 2 V. 6. 7. 37 darf die Genehmigung einer Nebentätigkeit nicht erteilt werden,

a) für eine Tätigkeit, die mit dem Ansehen der Beamtenschaft oder mit Rücksichten auf das Gemeinwohl nicht vereinbar ist,

b) für eine Tätigkeit, durch die der Beamte in einen den Handel, das Gewerbe, den Arbeitsmarkt oder die freien Berufe, (Rechtsanwälte, Techniker usw.) nachteilig beeinflussenden Wettbewerb mit andern geeigneten Personen tritt.

c) für eine Tätigkeit, die den dienstlichen Belangen widerspricht; dies ist insbes. der Fall,

aa) wenn die Tätigkeit die Zeit und die Arbeitskraft des Beamten so stark in Anspruch nimmt, daß er in der Erfüllung seiner Verpflichtung, sich mit seiner ganzen Arbeitskraft dem Hauptamt zu widmen, behindert wird,

bb) wenn zu befürchten ist, daß der Beamte durch die Tätigkeit mit seinen dienstlichen Pflichten in Widerstreit geraten könnte.

d) für eine Tätigkeit, deren Vergütung der Höhe nach zu beanstanden ist.

Die Frage der Nebentätigkeit der Beamten hängt auf das engste zusammen mit der früher viel erörterten Frage des **Doppelverdienertums.** Es wäre durchaus falsch, wenn man jede Nebentätigkeit eines Beamten als Doppelverdienertum ansehen wollte. Die Reichsregierung hat bewußt von einer gesetzlichen Regelung des Doppelverdienertums abgesehen. Ohne eine Einkommensbegrenzung ist die Handhabung des Doppelverdienerbegriffs unbrauchbar, da lediglich die äußere Tatsache eines Doppelverdienstes das entscheidende Problem nicht erfaßt. Der Kampf gegen das Doppelverdienertum hat ferner die Gefahr heraufbeschworen, daß das Leistungsprinzip immer mehr in den Hintergrund gedrängt wird. So sind es gerade oft die besten und leistungsfähigsten Menschen, die auf dem Weg über den „Doppelverdienst“ versuchen, durch erhöhte Anstrengung sich einen erhöhten Lebensstandard oder ihren Kindern eine bessere Ausbildung zu verschaffen. Manche Familien konnten erst dadurch gegründet werden, daß sich der Mann durch Übernahme einer Nebentätigkeit eine neue Einkommensquelle verschaffte. Der Kampf gegen das Doppelverdienertum ist auch unsozial, insoweit er den erhöhten Leistungswillen eines Menschen oder einer Familie bestraft, während der Doppelverdienst, der mit Kapitaleinlagen verbunden ist, unberücksichtigt bleibt und aus Gründen der Kapitalbildung unberücksichtigt bleiben muß.

Denkschrift des Reichsarbeitsministers und Reichswirtschaftsministers vom 14. 11. 1933 (ReichsarbBl. **33** Nr. 33 I S. 295). Grundsatz muß aber sein, daß der Beamte nicht durch seine Nebentätigkeit Arbeitsplätze und Arbeitsgebiete wegnimmt, die sonst von anderen nichtbeamteten Volksgenossen eingenommen werden könnten. Ob die Nebentätigkeit des Beamten unstatthaft ist, richtet sich daher nach der Lage des Arbeitsmarkts sowie nach den persönlichen Verhältnissen des Beamten. Statthaft ist jedenfalls eine Nebentätigkeit, wenn nicht zu erwarten ist, daß bei einem Verbot derselben andere bisher erwerbslose Personengruppen die ausfallenden Funktionen übernehmen würden. Es sind dies die Fälle, in denen die Unterlassung der Nebentätigkeit einen Verlust für die Gesamtheit bedeuten würde. Ähnliches gilt auch für die Wartestands- und Ruhestandsbeamten, deren neue Tätigkeiten zwar an sich nicht genehmigungspflichtig sind, die sich aber beim Erwerb durch solche Tätigkeit unter Umständen eine gewisse Zurückhaltung werden auferlegen müssen. Neuerdings glaubt man im Hinblick auf die überbeschäftigte Wirtschaft und die wenigen unbeschäftigten Arbeitskräfte mehr und mehr von Doppelverdienern nicht mehr, sondern nur noch von Doppelarbeitern sprechen zu sollen, die wegen ihrer Doppelleistung ihren gerechten Lohn haben müßten; s. „Angriff" Nr. 77 von 1938. DJ. 571.

5. Die Genehmigung ist jederzeit **widerruflich.** § 10 Abs. 3 DBG. Eine Entschädigung für den Verlust der mit dem Nebenamt oder der Nebentätigkeit verbundenen Einnahmen oder Vorteile kann nicht beansprucht werden. Der Widerruf darf aber nicht willkürlich, sondern nur aus berechtigten Gründen erfolgen. PrOVG. v. 27. 4. 27 PrVBl. **49** 22. Solche liegen z. B. vor, wenn die Behörde die Inanspruchnahme des Beamten durch das Nebenamt mit dem Interesse des Hauptamts nicht mehr für vereinbar hält. Sächs. OVG. v. 25. 6. 30 (RuPrVBl. **53** 334).

6. Wenn ein Beamter, der ein Nebenamt oder eine Nebenbeschäftigung mit vorschriftmäßiger Genehmigung übernommen hat, vor Ablauf des Zeitabschnitts, für den die Genehmigung erteilt ist, **aus seinem Hauptamt** ausscheidet, so enden, wenn im Einzelfall nichts anderes bestimmt wird, auch die Nebenämter und Nebenbeschäftigungen, die dem Beamten im Zusammenhang mit seinem Hauptamt übertragen sind, oder die er auf Anordnung, Vorschlag oder Veranlassung seines Dienstvorgesetzten übernommen hat. § 13 DBG.

7. Die Genehmigung **gilt** in den Fällen, in denen sie erteilt werden darf, **allgemein als erteilt**

a) bei freundschaftlicher Hilfe geringen Umfangs, bei der keine Vergütung in Geld gewährt wird,

b) bei Nebenbeschäftigungen geringen Umfangs, für die Vergütungen im Werte bis zu 40 Reichsmark im Monat gewährt werden. In diesen Fällen ist die Nebenbeschäftigung und die Höhe der Vergütung dem Dienstvorgesetzten zu melden.

8. Es gilt der Grundsatz, daß für die Übertragung eines Nebenamts oder einer Nebenbeschäftigung im **öffentlichen** Dienst **eine Vergütung nicht gewährt** wird oder wenn sie gewährt wird, an die Kasse der vorgesetzten Behörde abzuliefern ist. Der Beamte soll also die Entlohnung für seine verstärkte Tätigkeit grundsätzlich in dem Bewußtsein erblicken, für das allgemeine Beste in uneigennütziger Weise besonders viel geleistet zu haben.

9. Ausnahmen von den Grundsätzen in Anm. 8 können nur zugelassen werden;

a) bei Ausübung einer Lehrtätigkeit,

b) bei Teilnahme an Prüfungen, für die Gebühren erhoben werden,

c) in besonderen Fällen, wenn auf andere Weise eine geeignete Arbeitskraft ohne erheblichen Mehraufwand nicht beschafft werden kann,

d) übergangsweise, besonders in den Fällen, in denen gesetzliche oder andere rechtliche Verpflichtungen bestehen.

10. Werden nach Anm. 9 einem Beamten Zulagen oder Vergütungen gewährt, so dürfen sie **den Jahreshöchstbetrag von 1200 Reichsmark** nicht übersteigen. Übt der Beamte mehrere solche Tätigkeiten aus, so darf er von den ihm gezahlten Vergütungen **nur 1800 RM.** behalten, den überschießenden Betrag hat er an die Kasse seiner ihm im Hauptamt vorgesetzten Behörde abzuliefern. Bare Auslagen sowie Fahrkosten und Tagegelder sind auf diese Höchstbeträge nicht anzurechnen.

Vergütungen, die für Nebentätigkeiten im öffentlichen Dienst gezahlt werden, unterliegen im Gegensatz zu der früheren Rechtslage, nicht den Kürzungen auf Grund der Gehaltskürzungsverordnungen. Nr. 14 V.; s. dazu RFM. 30. 9. 34 (RhausH.u.BesBl. 297).

11. Hat ein Beamter eine Nebentätigkeit im Vorstand, Aufsichtsrat, Verwaltungsrat oder in einem sonstigen Organ einer Gesellschaft, Genossenschaft oder eines in einer anderen Rechtsform betriebenen Unternehmens oder eine Treuhänderschaft (Wirtschaftstreuhänder) auf Vorschlag oder auf Veranlassung des Dienstvorgesetzten übernommen und erhält er hierfür eine Vergütung, so kann ihm diese in begrenzter Höhe als **Pauschalaufwandsentschädigung** belassen werden. Das Nähere über diese Aufwandsentschädigung sowie die etwa neben oder an Stelle dieser Aufwandsentschädigung zulässigen Sitzungsvergütungen und etwaige Fahrkosten sowie Tage- und Übernachtungsgelder ergibt Nr. 13 V. 6. 7. 37 und RMdJ. und RFM. 15. 5. 39 (MBl. 1101).

12. Für *private* Nebentätigkeiten besteht keine Ablieferungspflicht; bei der Entscheidung über die Zulassung solcher Nebentätigkeiten müssen aber die öffentlichen Belange gewahrt werden und die Genehmigung darf nur erteilt werden, wenn keine Besorgnis besteht, daß der Beamte wegen der — vielleicht hohen — Nebeneinnahmen sein Hauptamt vernachlässigen werde. RJM. 16. 11. 37 DJ. 1828. Wird einem Beamten eine Nebenbeschäftigung *außerhalb des öffentlichen Dienstes* genehmigt, für die er eine Vergütung von 5000 Reichsmark oder mehr für eine einmalige Nebenbeschäftigung oder von 5000 Reichsmark oder mehr jährlich für eine laufende Nebenbeschäftigung erhalten soll, so teilt die oberste Dienst- oder Aufsichtsbehörde dies dem Reichsminister der Finanzen mit. Nr. 16 V. 6. 7. 37.

7. Annahme von Belohnungen und Geschenken.

1. Beamte dürfen, wenn sie sich nicht der Gefahr strafgerichtlicher (s. oben S. 97) und disziplinarischer Bestrafung aussetzen wollen, **Belohnungen und Geschenke, die sich auf ihr Amt beziehen, von Privatpersonen nur nach vorgängiger Genehmigung der obersten oder der letzten obersten Dienstbehörde** annehmen. § 15 DBG. Geschenke oder Belohnungen jeder Art kommen in Betracht, also außer Geld z. B. Waren, Sachen, Gewährung von freier Verpflegung, Mitnahme zu Ausflügen usw. Es muß eine dem Geber und Empfänger bewußte Beziehung der Zuwendung zu dem Amt vorhanden sein; es genügt jede irgendwie geartete, insbes. auch eine nur mittelbare Beziehung. So begeht ein Zollbeamter, der sich von Personen, die die Zollgrenze überschreiten, unverzollte Waren schenken läßt, ein schweres Dienstvergehen. RDisH. 27. 1. 36 Foerster 1937 S. 10. Dasselbe gilt, wenn ein Zollbeamter, der Umzüge ins Ausland zu überwachen hat, von den Umziehenden Erfrischungen annimmt. RDisH. 1. 6. 37 ZBR. **8** 103 oder sich für seine Dienstleistungen beschenken läßt und als Gegenleistung das Einschwärzen zollpflichtiger Sachen durch „großzügige" Abfertigung erleichtert. RDStH. 30. 6. 38 E. **1** 91. Überhaupt dürfen Beamte von Personen, mit denen sie in dienstliche Berührung kommen, sich nicht bewirten oder sonst beschenken lassen. RDStH. 16. 8. 38 E. **2** 59.

Auch die Ruhestandsbeamten haben die Pflicht des § 15. Der Verstoß gegen diese Pflicht gilt auch bei ihnen als Dienstvergehen. § 22 Abs. 1 Satz 2 DBG. Dasselbe gilt für andere aus dem Dienstverhältnis ausgeschiedene Beamte; jedoch können sie wegen eines solchen Verstoßes dienststrafrechtlich erst belangt werden, wenn sie wieder in ein neues Beamtenverhältnis eingetreten sind. § 2 RDStO.

2. Die **Genehmigung wird nur selten** und immer nur dann **erteilt,** wenn die besondere Lage des Falles eine Gewähr dafür bietet, daß die Annahme des angebotenen Geschenks mehr den Charakter einer Ehrengabe, als den einer Belohnung für geleistete Dienste an sich trägt.

3. In keinem Falle genügt es, wenn der Beamte, anstatt die Genehmigung einzuholen, sich bei der Annahme von Geschenken für Amtshandlungen darauf beschränkt, seiner vorgesetzten Behörde **Anzeige** zu machen.

4. Bei einzelnen staatl. Polizeiverw. bestand bisher die Gepflogenheit, die Genehmigung zur Annahme von Geldbelohnungen, die ihnen von dritter Seite für besondere dienstliche Leistungen, insbes. von Auslobungen, gewährt werden sollen, nicht grundsätzlich zu versagen, sondern in geeigneten Fällen unter der Bedingung zu erteilen, daß die Beamten die empfangenen

Beträge ganz oder teilweise an einen behördlich verwalteten Wohlfahrtsfonds abführen. Dies Verfahren verträgt sich nicht mit der Stellung des Beamten im Staat und Volk, und die Genehmigung zur Annahme solcher Zuwendungen ist ausnahmslos zu versagen, auch wenn ihnen eine öffentliche Auslobung zugrunde liegt. RMdJ. 29. 8. 38 (MBl. 1451); s. auch Erl. 3. 6. 38 (MBl. 1063) Abschn. C.

5. Die Erlaubnis zur Annahme von Geschenken kann auch **durch stillschweigende Duldung** seitens der zuständigen Behörden erteilt werden. So entspricht es z. B. einer allgemeinen Sitte, gewissen Beamten, wie Wachtmeistern, Amtsgehilfen, Boten, Kastellanen, Briefträgern u. dgl. zu Neujahr oder Weihnachten oder auch sonst kleine Geldgeschenke zu machen. So auch Daniels 58, 59 und Heyland 216. Auch kann die Genehmigung als stillschweigend erteilt angesehen werden, wenn es sich um verkehrsübliche Ehrengaben bei Jubiläen oder ähnlichen Anlässen handelt, die nicht mit dem Amt als solchem in Beziehung stehen und nach Art und Umfang des Geschenks der amtlichen Würde des Empfängers entsprechen, wobei die Besonderheiten des Einzelfalls zu berücksichtigen sind. PrOVG. 12. 3. 35 RVerwBl. **56** 483; Daniels 59; Heyland 215; s. auch DurchfV. zu § 15 DBG.; a. M. v. Wedelstädt, Kommentar zum DBG. S. 23. Überhaupt sind Geschenke, die einem Beamten ohne Bezug auf sein Amt aus Freundschaft oder Erkenntlichkeit gemacht werden, nicht unerlaubt. Die Annahme solcher Geschenke ist nur dann dienststrafrechtlich zu ahnden, wenn sie wegen ihrer Höhe oder aus sonstigen Gründen der Würde des Beamten nicht entsprechen oder den Verdacht der Bestechlichkeit begünstigen. RDiszH. 30. 3. 33 Foerster **34** S. 36 ff.; OVG. **96** 240.

8. Verpflichtungen der Beamten bei der Eheschließung.

1. Die Beamten bedürfen zur Eingehung einer Ehe **keiner besonderen Erlaubnis.** Nur die Soldaten und Wehrmachtsbeamten bedürfen der Genehmigung ihrer Vorgesetzten zur Verheiratung. § 27 WehrG. Wegen der Polizeivollzugsbeamten s. § 5 PolBG. v. 24. 6. 37 (RGBl. I 653).

2. Die Beamten haben von der erfolgten Eheschließung alsbald der unmittelbar vorgesetzten Dienstbehörde **Anzeige zu erstatten.** In der Anzeige sind der Tag der Eheschließung, der Ruf- und Geburtsname, das Lebensalter und der etwaige Beruf der Ehefrau, ferner der Ruf- und Familienname und der Beruf ihrer Eltern sowie Wohnort und Beruf ihres Vaters anzugeben.

Falls die Eheschließung mit einer verwitweten oder geschiedenen Frau erfolgt ist, ist in der Anzeige auch der Name und der Beruf des früheren Ehemannes anzugeben.

Diese Angaben sollen der vorgesetzten Dienstbehörde die Nachprüfung ermöglichen, ob die Ehe sich mit der Würde und dem Ansehen des Beamtenstandes vereinigen läßt. Stellt sich zum Beispiel heraus, daß ein Beamter eine sittlich anrüchige Person geheiratet hat, so wird er regelmäßig nicht im

Amte bleiben können; es wird im förmlichen Dienststrafverfahren gegen ihn vorzugehen sein, falls er nicht selbst seine Entlassung beantragt.

3. Alle Beamten, die heiraten wollen, haben ferner **vor** der Eheschließung ihrer vorgesetzten Dienstbehörde den **Nachweis der deutschblütigen oder artverwandten Abstammung** der Person, mit der sie die Ehe eingehen wollen, durch Ausfüllung eines Formblatts und Vorlegung von Urkunden zu erbringen; das nähere ergibt DurchfV. zu § 25 DBG. Die Nachweise sind so zeitig vorzulegen, daß die Behörde die Möglichkeit der Prüfung noch **vor** der Eheschließung hat. Der Beamte ist unverzüglich zu bescheiden, daß Bedenken wegen der Abstammung des zukünftigen Ehegatten nicht geltend zu machen seien, oder inwiefern Bedenken bestehen. S. hierzu DurchfV. zu § 25 DBG. Abs. 5.

4. Ein Beamter, der künftig die Ehe **mit einer Person nicht deutschen oder artverwandten Blutes** eingeht, **ist** ohne besonderes Verfahren **sofort zu entlassen,** wenn er nicht die nach § 25 Abs. 2 Satz 2 oder Abs. 3 erforderliche Genehmigung eingeholt hat; s. näheres Brand DBG. 3. Aufl. Anm. zu §§ 25, 59 und 72.

9. Die Residenzpflicht.

Der Beamte muß seine ganze Arbeitskraft zum Besten des ihm übertragenen Amtes verwenden. Dieser Verpflichtung des Beamten steht gegenüber das Recht des Dienstherrn, die Kräfte des Beamten im Interesse der Allgemeinheit voll auszunutzen. Eine erfolgreiche Durchführung dieses Rechtes ist nur möglich, wenn der Dienstherr in der Lage ist, den Beamten zur Verrichtung amtlicher Obliegenheiten zu jeder Zeit schnell und sicher heranzuziehen. In der Regel ist der Dienst des Beamten im voraus in bestimmter Weise geregelt; der Beamte sowohl wie die Verwaltung wissen genau, zu welchen Zeiten und zu welchen Verrichtungen eine dienstliche Inanspruchnahme stattfindet. Mitunter aber läßt sich der im voraus entworfene Arbeitsplan nicht einhalten und es werden Anforderungen an den Beamten gestellt, die durch Umstände der verschiedensten Art, z. B. Erkrankungen von Mitbeamten, außergewöhnliche Verkehrs- und Betriebsverhältnisse u. dgl. hervorgerufen werden.

Um das Recht der Verwaltung, die Beamten im Bedarfsfalle zur Verrichtung staatlicher Geschäfte sofort anzuhalten, praktisch wirksam zu gestalten, ist den Beamten in § 18 DBG. die sog. **Residenzpflicht** auferlegt. Sie ist von einer **besonderen Anordnung** der Behörde abhängig. Nur wenn die dienstlichen Verhältnisse es fordern, kann der Beamte angewiesen werden, auch während der dienstfreien Zeit seinen Wohnort nicht zu verlassen. Sind solche Anordnungen nicht ergangen, so kann der Beamte über seine Freizeit beliebig verfügen, und wenn er sie außerhalb seines Wohnsitzes verbringen will, bedarf er hierzu nicht der Genehmigung der Behörde. Der Beamte kann auch zum Zwecke der von ihm für erforderlich gehaltenen persönlichen Berichterstattung bei dem unmittelbaren Dienstvorgesetzten seinen Wohnort ohne Erlaubnis verlassen. DurchfV. zu § 18 DBG.

2. Auch seine **Wohnung** kann er jetzt ohne Genehmigung des Dienstvorgesetzten außerhalb seines Dienstortes nehmen. Nur muß er seine Wohnung so nehmen, daß er in der ordnungsmäßigen Wahrnehmung seiner Dienstgeschäfte nicht beeinträchtigt wird. Ist es nach Lage der in Aussicht genommenen Wohnung zweifelhaft, ob diese Bedingungen erfüllt werden können, so wird der Beamte zweckmäßig sich vorher des Einverständnisses seines Dienstvorgesetzten vergewissern.

Der letztere kann ihn, wenn die dienstlichen Verhältnisse es fordern, anweisen, seine Wohnung innerhalb bestimmter Entfernung von seiner Dienststelle zu nehmen oder eine Dienstwohnung zu beziehen. § 19 DBG.

Für den Schulbereich hat der RuPrMfWErz.u.V. unter dem 23. 2. 38 (DWiss. **38** S. 109) angeordnet, daß in kleineren Orten die Lehrpersonen zur Aufrechterhaltung des Verkehrs der Eltern der Schulkinder mit ihnen bzw. dem Schulleiter in der Regel ihren Wohnsitz am Dienstort zu nehmen haben, da sie ihren Aufgaben nur in ständiger Fühlung mit der Bevölkerung gerecht werden können.

10. Urlaub.

1. Wollen sich Beamte zu Zeiten, wo der Dienst ihre Anwesenheit fordert, von ihrem Amt entfernt halten oder von ihren Dienstgeschäften befreit werden, so bedürfen sie hierzu **des Urlaubs,** d. h. der mündlich oder schriftlich erteilten Genehmigung ihrer vorgesetzten Dienstbehörde. § 17 Abs. 1 DBG. Halten sich Beamte ohne diese Genehmigung von ihrem Amte fern, so machen sie sich auch dann disziplinarisch strafbar, wenn sie von ihrem Fernbleiben ihrer vorgesetzten Behörde Mitteilung gemacht haben.

Die Frage, ob einem Beamten auch gegen seinen Willen „Urlaub" erteilt, ihm also ein sogen. **Zwangsurlaub** auferlegt werden kann, ist im Hinblick auf § 6 Abs. 1 DBG. bei nichtrichterlichen Beamten zu bejahen. Denn nach dieser Vorschrift hat sich der Beamte jeder amtlichen Tätigkeit zu enthalten, wenn ihm die Führung seiner Dienstgeschäfte von der obersten Dienstbehörde oder der von ihr bestimmten Behörde verboten wird. Ein solches Verbot soll nur bis zur Dauer von 3 Monaten aufrecht erhalten werden,

Abweichendes gilt nach § 6 Abs. 2 DBG. für die *richterlichen Beamten.* Diesen darf im Interesse ihrer Unabhängigkeit die Führung ihrer Dienstgeschäfte nur dann verboten werden, wenn gegen sie ein Untersuchungsverfahren nach § 71 DBG. eingeleitet und nach den Umständen — wegen der Schwere des Falles — die Versetzung in den Ruhestand mit Wahrscheinlichkeit zu erwarten ist, oder wenn ihre Ernennung nach § 32 Abs. 2, 3 DBG. für nichtig zu erklären ist oder erklärt werden kann.

2. Urlaub darf nur unter der **Voraussetzung** erteilt werden, **daß der Dienst dadurch nicht beeinträchtigt wird.** Es setzt also jede Beurlaubung voraus, daß für eine ordnungsmäßige Wahrnehmung des Dienstes gesorgt ist. Deshalb darf der Urlaub regelmäßig nicht eher angetreten werden, als bis der stellvertretende Beamte die Geschäfte des zu Beurlaubenden übernommen hat.

Eine Beurlaubung aus dem Hauptamt auf mehr als 6 Monate ist nicht statthaft, auch nicht für einen Urlaub zwecks Übertritts zu einer anderen Verwaltung oder in die freie Wirtschaft. Beim Vorliegen öffentlicher Belange kann die oberste Dienstbehörde Ausnahmen bewilligen. Satz 1 gilt nicht bei Beurlaubungen für Zwecke der NSDAP., ihrer Gliederungen und der ihr angeschlossenen Verbände und bei Beurlaubungen der unbesoldeten Beamten. DurchfV. Abs. 7 zu § 17 DBG. Eine Verwendung bei einem anderen öffentlichen Dienstherrn auf Grund einer Abordnung ist nicht Urlaub im Sinne des § 17 DurchfV. Abs. 9 zu § 17 DBG.

3. In den Urlaubsgesuchen werden stets ausführlich die **Gründe** dargelegt werden müssen, die ein Fernbleiben vom Dienst rechtfertigen. Nur in diesem Falle ist die Behörde zu der für die Urlaubserteilung nötigen Nachprüfung in der Lage.

In den Urlaubsgesuchen ist außerdem die **Dauer der Behinderung** und, wenn angängig, der **Ort** anzugeben, an dem sich der Beurlaubte während seines Urlaubs aufzuhalten gedenkt oder wo ihn Schriftstücke erreichen. Die letztere Angabe ist erforderlich, einmal damit dem Beamten auch während der Urlaubszeit dienstliche Verfügungen zugestellt werden können und zum anderen, weil die Urlaubserteilung jederzeit zurückgenommen werden kann, wenn es das dienstliche Interesse erheischt. Allerdings wird die Behörde von ihrer Befugnis, den Beurlaubten zur Wiederübernahme seines Amtes zurückzurufen, nur in dringenden Fällen Gebrauch machen. Sie muß aber, um dies Recht gegebenenfalls wirksam ausüben zu können, in der Lage sein, die Rücknahmeverfügung dem Beamten alsbald bekannt zu machen und deshalb muß das Reiseziel in den Urlaubsgesuchen mitgeteilt werden. DurchfV. 21 Abs. 1 zu § 17.

Der RMdJ. hat unter dem 20. 5. 39 (MBl. 1102 ff.) die Richtlinien für die Beurlaubung von Behördenangehörigen aus besonderen Anlässen, insbes. für Zwecke der NSDAP., ihrer Gliederungen und angeschlossenen Verbänden, für Zwecke des nationalsoz. Fliegerkorps, des zivilen Luftschutzes usw. bekannt gegeben.

4. Einen **Rechtsanspruch** auf Urlaub haben die Beamten nicht. Jeder Urlaub wird ausdrücklich oder stillschweigend unter dem Vorbehalt des Widerrufs erteilt. Er kann jederzeit zurückgenommen werden, wenn dienstliche Rücksichten es fordern. DurchfV. Abs. 1 zu § 17. Alles dies gilt auch von dem jährlichen Erholungsurlaub. Im übrigen regelt diesen die Reichsregierung § 17 Abs. 3 DBG. Manche Beamte, namentlich in leitenden Stellungen, haben ein auf eine gewisse kurze Dauer (meist 3 Tage) beschränktes Selbstbeurlaubungsrecht. Die oberste Dienstbehörde bestimmt, ob und für welche Zeit der Vorstand einer Behörde sich selbst beurlauben kann. DurchfV. Nr. 4 zu § 17 DBG.

5. **In einer Reihe von Fällen bedürfen die Beamten,** die dem Dienst fernbleiben wollen, **keines Urlaubs.**

a) Hierher gehört zunächst der sehr häufige Fall der **Erkrankung** eines Beamten, vorausgesetzt, daß die Krankheit die Dienstunfähigkeit des Beamten zur Folge hat. Es genügt dann, wenn der Beamte von seiner Erkrankung und ihrer voraussichtlichen Dauer sofort spätestens am folgenden Tage seinem nächsten Dienstvorgesetzten Anzeige macht oder machen läßt, damit rechtzeitig für Übertragung der Geschäfte auf einen anderen Beamten oder für Heranziehung eines geeigneten Stellvertreters gesorgt werden kann. Manche Verwaltungen verlangen auch, daß der Beamte alsbald mit der Anzeige oder doch spätestens in **3** Tagen ein ärztliches Zeugnis beibringt; bei längerer Dauer der Krankheit ist die Vorlegung einer ärztlichen Bescheinigung auf jedesmaliges Verlangen des Dienstvorgesetzten zu wiederholen. DurchfV. Abs. 2 Satz **3** zu § 17 DBG.; die Verwaltung kann sich auch durch Einforderung eines Gutachtens seitens eines beamteten Arztes von dem Zustand des Beamten überzeugen und der Beamte, der sich weigert, sich von dem Arzt untersuchen und erforderlichenfalls beobachten zu lassen, macht sich disziplinarisch strafbar. § 73 Abs. 1 Satz 2 DBG.; RDisH. v. 24. und 25. 1. 28 Foerster-Simons 50 und 51. Die Kosten dieser Untersuchung trägt die Dienststelle. DurchfV. Abs. 2 Satz 4 zu § 17 DBG. Doch kann der Beamte zur ärztlichen Untersuchung oder Beobachtung nicht gezwungen werden. Ein solcher Zwang ist nur im Falle des § 48 RDStO. zulässig.

Ein Urlaub ist in Krankheitsfällen nur erforderlich, wenn der Beamte beabsichtigt, seinen Wohnort zu verlassen, etwa, um sich in eine Heilanstalt, Klinik, in einen Badeort oder dgl. zu begeben. § 17 Abs. 1 Satz 2 DBG. Ein kranker Beamter, der sich ohne Urlaub von seinem Amtssitz entfernt, macht sich disziplinarisch strafbar. Dies gilt selbst dann, wenn ärztlich bescheinigt ist, daß der Beamte sich außerhalb seines Wohnorts erholen müsse. Auch in diesem Falle bedarf der Beamte der vorherigen Genehmigung der vorgesetzten Stelle zum Verlassen des Amtssitzes. PrOVG. **73** 427.

Bei Wiedereintritt in den Dienst hat der Beamte ebenfalls der vorgesetzten Behörde Anzeige zu machen.

Ist mit der Erkrankung keine Dienstunfähigkeit verbunden, so muß natürlich stets Urlaub eingeholt werden, wenn der Beamte den Dienst nicht wahrnehmen will.

b) Ferner braucht der Beamte keinen Urlaub, wenn die Abwesenheit **zur Wahrnehmung allgemeiner staatsbürgerlicher Pflichten** erforderlich ist. Es bedürfen daher keines Urlaubs die Beamten, die zur Vernehmung als Zeugen oder Sachverständige, zur Verpflichtung als Vormund, Gegenvormund oder Pfleger und zur Wahrnehmung des Schöffen- und Geschworenendienstes geladen sind. Es muß aber der Beamte beim Fernbleiben vom Dienst aus derartigem Anlaß zur Vermeidung disziplinarischer Ahndung seiner vorgesetzten Dienstbehörde unverzüglich von seiner bevorstehenden Abwesenheit Anzeige erstatten, damit die Dauer der Verhinderung nachgeprüft, für Stellvertretung gesorgt und gegebenenfalls bei den zuständigen Behörden, in der Regel also bei den Gerichten, soweit dies zulässig und zweckmäßig ist, gegen die dortige Verwendung des Beamten Einspruch erhoben werden kann.

Dasselbe gilt, wenn die Beamten als Beschuldigte vor Gericht geladen werden und für die Zeit der Verbüßung einer gerichtlich gegen sie erkannten Freiheitsstrafe oder der Verhaftung auf Grund eines richterlichen Haftbefehls oder Verbringung in Schutzhaft. NadlWittlR. 357; **a. M.** Arndt „DVerw." **39** 210, 211.

c) Auch zur Ausübung der Tätigkeit **als Abgeordneter zum Reichstag** bedürfen die Beamten keines Urlaubs. Art. 39 Abs. 1 Weim.V. Dasselbe gilt für die Ausübung des Amtes als Mitglied des Preuß. Staatsrats. § 13 des G. über den Staatsrat v. 8. 7. 33 (GS. 242) in der Fassung v. 31. 7. 33 (GS. 289) und als Preuß Provinzialrat § 13 G. v. 15. 7. 33 (GS.254).

6. Bleibt ein Beamter **ohne Urlaub** schuldhaft dem Dienste fern, so verliert er für die Zeit des Fernbleibens seine Dienstbezüge. § 17 Abs. 2 DBG.; s. näheres unten § 105.

Abschnitt II.

Dienststrafen.

§ 4.

(1) Dienststrafen sind:

Warnung,
Verweis,
Geldbuße,
Gehaltskürzung,
Entfernung aus dem Dienst,
Kürzung des Ruhegehalts,
Aberkennung des Ruhegehalts.

(2) In ein und demselben Dienststrafverfahren darf nur eine dieser Dienststrafen verhängt werden.

1. Die Dienststrafen **bezwecken** nicht nur die Verfehlung des Beamten zu sühnen, sondern auch auf die einzelnen Beamten und die gesamte Beamtenschaft abschreckend und erzieherisch zu wirken, um das Beamtentum in seiner Leistungsfähigkeit zu erhalten. PrOVG. **61** 440; **94** 245; Everling RVerwBl. **56** 665 ff.; Behnke 174; Wittland DJ. **36** 1604 ff. weist darauf hin, daß die Dienststrafen gleichzeitig auch das Volk gegen Verfehlungen der Beamten schützen sollen. Ebenso wie im Strafrecht, in dem neuerdings nicht mehr die Handlung, sondern der Täter im Vordergrund steht, kommt es im Dienststrafrecht auch in erster Linie auf den Täter an. Wittland DJ. **36** 1604. Bei jeder Bestrafung muß daher die Gesamtpersönlichkeit des beschuldigten Beamten in dienstlicher und außerdienstlicher Hinsicht eingehend berücksichtigt werden. § 3.

Bestrafung kann nur eintreten, wenn den Beamten ein **Verschulden** trifft; s. Anm. 1 zu § 15.

2. Die Dienststrafen der Warnung, des Verweises und der Geldbuße wurden bisher **Ordnungsstrafen** genannt. Die RDStO. vermeidet diese Bezeichnung als irreführend (Begr.) und beschränkt sich im § 11 Abs. 2 auf die Bemerkung, daß diese Strafen auch der Dienstvorgesetzte durch Dienststrafverfügung verhängen kann. Gehaltskürzung, Entfernung aus dem Dienst, Kürzung und Aberkennung des Ruhegehalts können nicht von den Dienstvorgesetzten, sondern nur von den Dienststrafgerichten **im förmlichen Dienststrafverfahren** verhängt werden. § 11 Abs. 1. Natürlich können in letzterem Verfahren auch die Strafen der Warnung, des Verweises oder der Geldbuße verhängt werden, wenn sich die Verfehlungen als minder schwer erweisen, so daß sie durch eine solche geringere Strafe ausreichend gesühnt werden.

Gegen **Notare** kann außer Warnung, Verweis und Geldbuße nur die Strafe der Entfernung aus dem Amt verhängt werden. § 70 Abs. 1 RNotO. Soll sie verhängt werden, so muß das förmliche Dienststrafverfahren gegen den Notar eingeleitet werden. Die Dienststrafen der Warnung, des Verweises und der Geldbuße können auch von den Dienstvorgesetzten gegen den Notar verhängt werden; jedoch kann der Präsident des Landgerichts gegen den Notar nur Warnungen und Verweise, nicht aber Geldbußen verhängen. § 71 Abs. 1 RNotO. Geldbußen können also durch Dienststrafverfügung nur die höheren Dienstvorgesetzten (Oberlandesgerichtspräsident und Reichsminister der Justiz) gegen den Notar verhängen.

3. Die Dienststrafen der **Warnung**, des **Verweises** und der **Geldbuße** fanden sich auch schon früher im RBG., den preuß. Dienststrafordnungen und den meisten sonstigen Dienststrafgesetzen. Mitunter fehlte die Dienststrafe der Warnung; man glaubte sie entbehren zu können, da sie als Vorstufe für den Verweis nichts wesentlich anderes bedeute als dieser. Die RDStO. glaubte jedoch neben dem Verweis auch die Warnung beibehalten zu sollen, da sie sich in der Mehrzahl der Verwaltungen als praktisch erwiesen hatte. Begr. § 5 hat die Unterschiede zwischen Warnung und Verweis darzulegen versucht. § 5 versteht unter Warnung die Mißbilligung eines bestimmten Verhaltens (Handelns oder Unterlassens), z. B. eines Zuspätkommens im Dienst und verbindet damit die Aufforderung, dies künftig zu vermeiden, z. B. nicht wieder unpünktlich im Dienst zu sein. Der Verweis ist nicht nur die Mißbilligung, sondern der Tadel eines bestimmten Verhaltens, z. B. unbotmäßigen Auftretens. Beide Dienststrafen werden im § 5 Abs. 3 abgegrenzt gegen bloße **mißbilligende Äußerungen,** die keine Dienststrafen sind; s. näheres Anm. 3 zu § 5.

Die **Arreststrafe** hat die RDStO. unter die Dienststrafen nicht aufgenommen. Das RBG. kannte sie nicht. Dagegen war sie in § 90 Abs. 1

PrBDStO. in der Fassung vom 18. 8. 34 für Polizeivollzugsbeamte vorgesehen. Die RDStO. hat diese Strafe nicht zugelassen. In der Dienststrafordnung vom 25. 2. 36 (RGBl. I 123) § 3 mit Änderung durch V. vom 11. 2. 38 (RGBl. I S. 190) für die Angehörigen des Reichsarbeitsdienstes, zu denen auch die planmäßigen Führer gehören, ist die Strafe des Arrestes — und zwar in verschiedenen Abstufungen (Lagerarrest, Stubenarrest, verschärfter Arrest und Zellenarrest) — vorgesehen.

Strafdienst ist keine Dienststrafe im Sinne des § 4. Solcher Strafdienst findet aber seine rechtliche Stütze in der dem Dienstvorgesetzten zustehenden Dienstgewalt, vermöge deren er über die Heranziehung der ihm unterstellten Beamten zum Dienst nach seinem Ermessen zu befinden hat. PrOVG. **72** 427.

Gegen **ärztliche Beamte,** die außerhalb ihres Amtes eine behandelnde Tätigkeit in der öffentlichen Fürsorge ausüben, kann die Reichsärztekammer zwar keine Dienststrafe verhängen; sie kann sie aber nach § 52 Abs. 1 Nr. 4 u. § 53 Abs. 2 RÄrztO. von dieser Tätigkeit ausschließen. § 54 Nr. 2 a. a. O.

4. Nicht mehr zu den Dienststrafen gehört die **Strafversetzung;** sie ist durch die Strafe der **Gehaltskürzung** ersetzt worden. Sie fand sich z. B. im RBG. (§ 75), war aber schon in den Pr. Dienststrafgesetzen v. 27. 1. 32 u. 18. 8. 34 durch die Gehaltskürzung ersetzt worden.

Auf die frühere Strafversetzung konnte niemals allein, sondern nur in Verbindung mit Vermögensnachteilen erkannt werden.

Gegen die Beibehaltung der Strafversetzung spricht, daß sie oft nicht als Strafe, sondern als nicht unwillkommene Wohnsitzveränderung empfunden wird. Dies ist besonders dann der Fall, wenn der Beamte durch die Versetzung aus mißlichen gesellschaftlichen, wirtschaftlichen usw. Verhältnissen herauskommt und in einen Ort gelangt, der auch sonst, z. B. in landschaftlicher Hinsicht vor jenem bevorzugt ist. Ein weiteres Bedenken gegen die Strafversetzung liegt darin, daß oft die Beamten des Orts, an den die Strafversetzung erfolgt, sich gekränkt fühlen und namentlich, wenn solche Strafversetzungen an ihren Amtssitz häufiger erfolgen, in einer „Strafkolonie" sich zu befinden glauben.

Trotzdem ist die Abschaffung der Strafversetzung zu bedauern; denn oft wird der Dienststrafrichter zwar eine Strafversetzung, nicht aber eine Gehaltskürzung, die ja nichts anderes als eine Geldbuße (s. auch Everling RuPrVBl. **55** 788) ist, für genügend ansehen; gibt es also keine Strafversetzung, so wird er mitunter die Entfernung aus dem Dienst verhängen in Fällen, in denen er sonst zur Strafversetzung gekommen wäre. Dies ist im Interesse der Beamtenschaft zu bedauern. Zustimmend Everling a. a. O. und Ztschr.d.Akad.f.D. Recht **38** 725; **a. M.** Klüber BeamtJahrb, **30** 359 ff.

Man hat aber in der RDStO. **die Gehaltskürzung an die Stelle der Strafversetzung** gesetzt. Dadurch wird nicht ausgeschlossen, daß ein Beamter, dessen Verbleiben in seinem bisherigen Amte nicht mehr möglich ist, gemäß § 35 DBG. versetzt wird. Wenn ein Dienststrafgericht in seinem Urteil bemerkt, daß nach seiner Ansicht der Beamte mit Rücksicht auf seine Verfehlung aus dem bisherigen Amt durch Versetzung zu entfernen sei, so hat die Einleitungsbehörde zu prüfen, ob dieser Ansicht beizutreten und das Erforderliche wegen Bewirkung der Versetzung zu veranlassen sein möchte.

Die schwerste Strafe, die bisher Dienstentlassung hieß, wird in der RDStO. mit **Entfernung aus dem Dienst** bezeichnet. Die Bezeichnung „Dienstentlassung" hat man vermieden, weil die Entlassung aus dem Dienst nach den §§ 57—66 DBG. auch aus anderen Gründen, als durch die schwerste Dienststrafe erfolgt.

5. Neu sind die für die Ruhestandsbeamten bestimmten Strafen der **Kürzung und der Aberkennung des Ruhegehalts.** Sie gelten nach § 115 Abs. 3 auch für die nach § 4 BBG. wegen politischer Unzuverlässigkeit entlassenen Beamten. Früher konnte überhaupt einem Ruhestandsbeamten das Ruhegehalt niemals wieder genommen oder verkürzt werden. Das war auch der Standpunkt des RBG. Eine Ausnahme galt nur, wenn das förml. Dienststrafverfahren bereits eingeleitet war zu einer Zeit, zu der der betr. Beamte noch im aktiven Dienst tätig war. Der nationalsozialistische Staat hat aber die Stellung des Ruhestandsbeamten grundlegend geändert; s. oben Anm. 12 zu § 1. Danach kann der Ruhestandsbeamte wegen Verfehlungen, die er vor dem Eintritt in den Ruhestand begangen hat, unbeschränkt und wegen gewisser im § 22 Abs. 1 Satz 2 bezeichneten Verfehlungen, die er nach Eintritt in den Ruhestand begangen hat, dienststrafrechtlich bestraft werden. Als Dienststrafen sind aber nur die Aberkennung oder Kürzung des Ruhegehalts zulässig; s. näheres § 9.

6. Erzwingungsstrafen, früher **Zwangsstrafen** genannt, sind keine Dienststrafen. Sie bezwecken, den Beamten zur Befolgung einer dienstlichen Anordnung innerhalb einer vorgeschriebenen Frist zu nötigen, dienen also nicht dazu, wie die Dienststrafen, eine bereits begangene Verfehlung zu sühnen.

Da sie keine Dienststrafen sind, bedurfte es keiner Bestimmung über ihre Zulässigkeit in der RDStO. Im § 82 Abs. 3 RBG. und im § 118 PrBDStO. fanden sich Vorschriften hierüber. Solche Vorschriften hat die RDStO. oder das DBG. nicht übernommen. Breithaupt 104 und Heyland 224 Anm. 2 meinen, daß durch § 184 Abs. 2 DBG. und § 121 Abs. 3 RDStO. alle Sondervorschriften, die das Zwangsstrafrecht für gewisse Beamtengruppen der Länder regeln, außer Kraft getreten seien. Dem kann nicht zugestimmt werden. Denn die Erzwingungsstrafen gehören nicht zum Dienststrafrecht und waren bisher zu Unrecht in Dienststrafgesetze aufgenommen. Für ihre Weitergeltung besteht auch ein praktisches Bedürfnis, z. B. um einen ungehorsamen Beamten zum Wiederantritt des Dienstes, dem er unerlaubt fernbleibt, zu zwingen; s. RDStH. 5. 8. 38 RVerwBl. **59** 1115. (Bereich der Reichspostverwaltung); s. auch Behnke 175. Es dürften also die für Beamte außerhalb der bisherigen Dienststrafgesetze ergangenen Vorschriften über die Zulässigkeit der Verhängung von Zwangsstrafen weiter gelten; s. z. B. in Preußen § 118 Satz 2 BeamtDStO.; § 132 LVG.; § 65 KreisO. östl. Prov.; § 80 AGGVG. Auch § 15 Abs. 1 Satz 3 Energiewirtschaftsgesetz v. 13. 12. 35

(RGBl. I 1451) geht von der Fortgeltung solcher Vorschriften aus. Wegen der Erzwingungsstrafen gegen ärztliche Beamte s. oben Anm. 13 zu § 1 Abs. 1. Als Erzwingungsstrafen kommen neben Geldstrafen auch portopflichtige Erinnerung, Absendung eines Boten und Leistung der geforderten Handlung durch einen Dritten auf Kosten des Säumigen vor; s. auch Rietzsch „Ordnungsstrafrecht" JW. **38** 1073 ff. Sie müssen vorher angedroht werden und werden erst nach fruchtlosem Ablauf der für die Befolgung einer dienstlichen Anordnung festgesetzten Frist verhängt.

Durch die Androhung und Festsetzung von Erzwingungsstrafen wird dem Rechte der mit Disziplinarbefugnis ausgestatteten Behörde, das pflichtwidrige Verhalten des Beamten außerdem im Disziplinarwege zu ahnden, nicht vorgegriffen. (str.) Der Grundsatz „ne bis in idem" wird dadurch nicht verletzt. Denn das Erzwingungsstrafverfahren und das Dienststrafverfahren sind zwei von einander völlig unabhängige Maßnahmen mit ganz verschiedenen Zielen; s. auch Froelich RuPrVBl. **51** 15; RDStH. 5. 8. 38 RVerwBl. **59** 1115; Behnke 175.

7. Abs. 2 § 4 entscheidet die alte Streitfrage, ob **mehrere Strafen,** insbes. der Verweis mit einer Geldbuße **in ein und demselben Dienststrafverfahren verbunden werden können,** in verneinendem Sinne. Es soll in einem und demselben Dienststrafverfahren und zwar sowohl in dem des Dienstvorgesetzten wie im förmlichen Dienststrafverfahren stets nur eine der zugelassenen Dienststrafen verhängt werden, mögen auch mehrere Verfehlungen zur Aburteilung stehen. So auch Behnke 177, 178. Abweichendes gilt in dem ehrengerichtlichen Verfahren gegen Ärzte, Apotheker und Rechtsanwälte. § 52 Abs. 2 RÄrztO. 13. 12. 35 (RGBl. I 1433), § 65 Abs. 2 RAO. in der Fassung der Bekanntm. vom 21. 2. 36 (RGBl. I 107) und § 16 Abs. 2 ReichsapothekerO. vom 18. 4. 37 (RGBl. I 459).

8. Die **Gliederung der Dienststrafen** in der RDStO. hat nicht die Bedeutung einer gleichwertigen Aufführung der verschiedenen Strafen nebeneinander, sondern sieht für die Ahndung der Dienstvergehen je nach deren Schwere eine aufsteigende Stufenfolge selbständiger Strafen vor, bei der die härtere Strafe die leichtere ausschließt. Wegen der Strafzumessung s. unten Anm. 10 zu § 62 und Behnke 178 ff.

9. Gegen **ausgeschiedene** Beamte findet ein Dienststrafverfahren des Dienstvorgesetzten nicht statt. Dies gilt auch für Beamte, die lediglich durch Ablauf der Amtszeit aus dem Amt ausscheiden. Aus praktischen Gründen läßt aber das PrOVG. (**51** 438) im Interesse der Aufrechterhaltung eines ordnungsmäßigen Dienstbetriebs eine Ausnahme zu bei den nach Ablauf der Amtszeit ausgeschiedenen Beamten, die die Übergabe der Dienstgeschäfte, der Dienstutensilien usw. verweigern. Dieser Standpunkt ist nicht unbedenklich, weil das Dienstverhältnis in solchen Fällen lediglich durch Ablauf der Amtszeit, nicht aber erst mit einer bis zur Erledigung des Dienststrafverfahrens des Dienstherrn vorbehaltenen Entlassung erlischt; s. auch § 8 Abs. 4 DBG.

10. Keine Dienststrafen sind die sog. **Dienstmaßregeln**; s. Anm. 3 zu § 5.

11. Keine Dienststrafen sind die **Versagung des Aufsteigens im Gehalt** nach § 21 DBG. und die **Haftbarmachung** für den durch den Beamten bei Verletzung seiner Amtspflicht angerichteten Schaden nach § 23 DBG.

§ 5.

(1) Warnung ist die Mißbilligung eines bestimmten Verhaltens (Handelns oder Unterlassens) des Beamten mit der Aufforderung, dies künftig zu vermeiden.

(2) Verweis ist der Tadel eines bestimmten Verhaltens des Beamten.

(3) Mißbilligende Äußerungen eines Dienstvorgesetzten, die nicht ausdrücklich als Warnung oder Verweis bezeichnet werden (Zurechtweisungen, Ermahnungen, Rügen u. dgl.), sind keine Dienststrafen.

1. § 5 behandelt die beiden mildesten Dienststrafen: **Warnung** und **Verweis.** Bei der Warnung handelt es sich nur um die Mißbilligung eines bestimmten Verhaltens (Handelns oder Unterlassens) des Beamten, während der Verweis eine schärfere Ahndung, nämlich nicht eine bloße Mißbilligung eines bestimmten Verhaltens (Handelns oder Unterlassens), sondern einen Tadel enthält. Die Warnung hat außerdem die Besonderheit, daß sie ähnliche Verstöße für die Zukunft durch eine entsprechende Aufforderung auszuschließen sucht.

Daß der Verweis mit der Warnung in einem und demselben Dienststrafverfahren nicht verbunden werden darf, folgt aus § 4 Abs. 2.

2. Warnung und Verweis kann nach § 11 Abs. 2 u. § 24 Abs. 1 auch der **Dienstvorgesetzte** (nicht etwa der bloße Vorgesetzte s. § 2 Abs. 5 DBG.) verhängen; der Dienstvorgesetzte muß also das volle Dienstaufsichtsrecht und nicht bloß eine beschränkte Leitungs- und Kontrollbefugnis haben. Es ist also nicht der sachliche, sondern der persönliche Vorgesetzte, d. h. der eigentliche Dienstvorgesetzte gemeint. Selbstverständlich kann auf diese Strafen auch im förmlichen Dienststrafverfahren erkannt werden. Es soll aber dieses Verfahren nur eingeleitet werden, wenn eine schwerere Strafe als Warnung, Verweis oder Geldbuße zu erwarten ist. Gegen die Notare können alle Dienstvorgesetzten (§ 65 RNotO.) Warnungen und Verweise verhängen; Geldbußen können gegen sie nur der Oberlandesgerichtspräsident und der Reichsminister der Justiz, nicht aber der Landgerichtspräsident verhängen. § 71 Abs. 1 RNotO.

3. Es können nun aber alle Dienstvorgesetzten außer den Strafen der Warnung, des Verweises und der Geldbuße gegen die ihnen unterstellten Beamten Maßnahmen verhängen, **die einen disziplinarischen Charakter haben, ohne eigentliche Dienststrafen zu sein.** Es sind dies die sogen. dienststrafähnlichen Maßnahmen. § 5 Abs. 3. Sie spielen in jedem Dienstbetriebe eine sehr bedeutungsvolle Rolle. Es handelt sich dabei um mißbilligende Äußerungen, die in **Rügen, Ermahnungen, Zurechtweisungen, Mißbilligungen, Hinweisen** u. dgl. bestehen, wie sie bei jeder Behörde zur Abstellung von Mißständen, zur Ahndung geringfügiger Dienstverstöße usw. häufig vorkommen. Die letztgedachten Disziplinarmaßregeln bezwecken nicht, die davon betroffenen Beamten disziplinarisch zu bestrafen, sondern wollen ihnen nur vor Augen führen, daß diese oder jene Maßnahme oder Unterlassung nicht zu billigen sei. Da sie keine Dienststrafen sind, können sie, ohne daß dadurch gegen den Grundsatz „ne bis idem" verstoßen würde, gegen einen Beamten verhängt werden, der im Dienststrafverfahren rechtskräftig freigesprochen worden ist. Mitunter ist nicht leicht zu erkennen, ob eine bloße Rüge oder eine wirkliche Dienststrafe beabsichtigt ist. Spricht ein Vorgesetzter einem Untergebenen sein „ernstes Mißfallen" aus, so ist trotz der strengen Fassung der Rüge keine förmliche Dienststrafe verhängt. Vielmehr ist der Ausspruch nur als ein im Aufsichtsrechte der vorgesetzten Behörde begründete Kritik über das amtliche Verhalten des Untergebenen aufzufassen. PrOVG. **73** 425; **81** 435. Ist eine Dienststrafe beabsichtigt, so muß nach § 5 Abs. 3 die mißbilligende Äußerung ausdrücklich als Warnung oder Verweis bezeichnet werden. Ist dies nicht geschehen, so liegt eine Dienststrafe nicht vor, mag auch etwa der Dienstvorgesetzte eine solche beabsichtigt haben. So auch Daniels RSVZ. **37** 133. Auch gegenüber Gemeindebeamten besteht das Rügerecht der staatlichen Aufsichtsbehörden; PrOVG. **81** 435. Wenn der Dienstvorgesetzte eine Dienststrafe verhängen will, so darf er sich nicht auf eine „Rüge" beschränken, sondern muß ausdrücklich eine Warnung oder einen Verweis verhängen.

Auch der Verhängung solcher bloß disziplinarischer Maßnahmen muß ein **Verfahren** vorangehen. Irgendwelche Vorschriften über die Ausgestaltung dieses Verfahrens bestehen nicht. Jedoch wird es sich empfehlen, auch in diesem Verfahren den Beschuldigten zu hören, gegebenenfalls Zeugen usw. zu vernehmen, das Ergebnis der Beweisaufnahme dem Beschuldigten mitzuteilen und ihm dabei erneut Gelegenheit zur Äußerung zu geben. Das **Verfahren** wird sich im übrigen regelmäßig **ganz formlos** abspielen; oft werden mündliche Erörterungen ohne protokollarische Festlegung der Ermittlungen genügen. Es hängt von dem freien Ermessen des Dienstvorgesetzten ab, wie er im einzelnen das Verfahren gestalten will. Doch muß er auch hier auf eine erschöpfende Aufklärung Bedacht nehmen. Etwa entstehende Kosten (bare Auslagen) dürfen dem Beamten in Ermangelung einer gesetzlichen Vorschrift nicht auferlegt werden.

Oft wird es nicht einmal zu einer solchen Rüge usw. kommen. Nicht selten wird eine eingehende Aussprache und eine ernste Belehrung schon das Ziel der Sühne und Besserung erreichen.

Kommt es aber zu einer Mißbilligung oder Rüge, so gibt es gegen die Erteilung einer solchen nur das Beschwerderecht im Instanzenzuge. Der Beamte kann nicht verlangen, daß das Dienststrafverfahren zur Nachprüfung der Rechtmäßigkeit der Rüge usw. eingeleitet wird. Der Beamte kann auch nicht mehr, wie etwa nach § 25 PrBDStO. in der Fassung vom 27. 1. 32

die Einleitung des förmlichen Dienststrafverfahrens gegen sich selbst beantragen; s. unten Anm. 9 Abs. 5 zu § 28.

Hat die mißbilligende Äußerung der höchste Dienstvorgesetzte, d. h. in der Regel der Fachminister verhängt, so gibt es dagegen kein Rechtsmittel. Dies gilt auch für die Beamten der Selbstverwaltung, so daß z. B. ein Oberbürgermeister, dem von dem Minister des Innern das Mißfallen ausgesprochen ist, keinen Rechtsbehelf hat. OVG. **81** 433.

4. Eine **Veröffentlichung** der Dienstaufsichtsbescheide und aller Dienststrafmaßnahmen, durch die gegen einen Beamten Maßregeln irgend welcher Art verhängt sind, muß vermieden werden, um das Ansehen des Beamten nicht in der Öffentlichkeit zu beeinträchtigen, s. dazu Schmidt, Mitt. des Pr. Richtervereins **1932** 2. Freilich läßt sich eine solche nicht immer verhindern, z. B. dann nicht, wenn die Veranlassung zu der Maßnahme eine Beschwerde gewesen ist. Der Beschwerdeführer muß dann beschieden werden und daß dieser den Bescheid veröffentlicht, kann nicht verhindert werden. Es empfiehlt sich aber, den Beschwerdebescheid so zu fassen, daß dadurch der Beamte nicht unnötig bloß gestellt wird. So genügt es, wenn dem Beschwerdeführer mitgeteilt wird, es sei gegen den Beamten das Erforderliche im Dienstaufsichtswege veranlaßt worden. Dagegen ist zu mißbilligen, wenn dem Bescheide etwa eine Abschrift der dem Beamten zugegangenen Verfügung mit allen Einzelheiten mitgeteilt wird.

5. Im Bereich der staatlichen uniformierten Ordnungspolizei gibt es besondere **Erziehungsmaßnahmen nichtdienststrafrechtlicher Art**. Dazu gehören z. B. Heranziehung zu besonderen Dienstleistungen außer der Reihe, Auferlegung der Pflicht zur vorzeitigen Rückkehr in die Unterkunft, Urlaubsentziehung, Strafdienst usw. Art. 6 der vorl. DurchfV. 3. 2. 38 (RGBl. I 119).

§ 6.

Die Geldbuße darf die einmonatigen Dienstbezüge des Beamten nicht übersteigen. Hat der Beamte keine Dienstbezüge, oder hat er sie nur während der Dauer eines Beschäftigungsauftrages, so darf die Geldbuße den Betrag von dreihundert Reichsmark nicht übersteigen. Bei Beamten, die Gebühren beziehen, darf die Geldbuße höchstens tausend Reichsmark betragen.

1. § 6 bestimmt die **Höchstgrenzen für die Geldbußen** und zwar für die besoldeten Beamten (bis zu einem Monatsgehalt), für die unbesoldeten, z. B. die Ehrenbeamten und die Beamten im Vorbereitungsdienst oder die nur während der Dauer eines Beschäftigungsauftrags besoldeten (bis zu 300 RM.) und die nur auf Gebühren angewiesenen (bis zu 1000 RM.). Der Höchstbetrag bei Notaren beträgt 5000 RM., bei Notarassessoren 500 RM. § 70 Abs. 2 RNotO.

Wird eine Geldbuße über den im § 6 bezeichneten Höchstbetrag im förmlichen Dienststrafverfahren verhängt, so kommt eine Wiederaufnahme des Verfahrens nach § 83 Abs. 2 in Betracht.

2. Es können nun aber nicht etwa alle Dienstvorgesetzten die Höchstgeldbußen festsetzen; dies können vielmehr nur die obersten Dienstbehörden. § 24 Abs. 2 Nr. 1; die der obersten Dienstbehörde unmittelbar nachgeordneten Dienstvorgesetzten können nur bis zur Hälfte des zulässigen Höchstbetrages und die übrigen Dienstvorgesetzten nur bis zu einem Viertel des zulässigen Höchstbetrages Geldbußen verhängen. § 24 Abs. 2 Nr. 2 u. 3. Die Befugnis der letztbezeichneten Dienstvorgesetzten kann weiter abgestuft werden. § 24 Abs. 3 Gegen Notare können nur der Oberlandesgerichtspräsident und der Reichsminister der Justiz, nicht aber der Landgerichtspräsident Geldbußen verhängen. § 71 Abs. 1 RNotO. Die Dienststrafgerichte können im förmlichen Dienststrafverfahren gegen alle Beamte und Notare die Höchstgeldbußen verhängen.

3. Die Höchstgrenzen sind auch dann zu beachten, wenn Geldstrafen im förmlichen Dienststrafverfahren verhängt werden.

4. Welche Bezüge als **Dienstbezüge im Sinne des § 6** anzusehen sind, bestimmen die Durchführungsbestimmungen zu § 6 Nr. 2. Danach kommen bei der Ermittlung der Bezüge für Bemessung der Geldbuße nicht bloß das Grundgehalt (bei außerplanmäßigen Beamten die Diäten) oder die entsprechenden Bezüge, nebst ruhegehaltfähigen Zulagen, sondern auch der Wohnungsgeldzuschuß, und zwar nach seinem tatsächlichen Betrage oder die entsprechenden Bezüge, die ruhegehaltfähigen Gebühren oder Gebührenanteile, der örtliche Sonderzuschlag, bei Wartestandsbeamten das Wartegeld in Betracht; dagegen werden bei Berechnung der Dienstbezüge die Kinderzuschläge (Kinderbeihilfen in gesetzlich nicht geregelten Fällen) außer Ansatz gelassen. Dasselbe gilt von Repräsentationsgeldern, Ministerialzulagen usw,

Maßgebend sind die Dienstbezüge, die der Beamte zur Zeit des Erlasses der endgültigen Entscheidung bezieht. Es hat also die Beschwerde — oder die Berufungsinstanz — die Geldbuße nach Maßgabe der jeweiligen Dienstbezüge festzusetzen. Nicht maßgebend sind die Dienstbezüge zur Zeit der Rechtskraft der Entscheidung (a..M. Behnke 189) und auch nicht die, die der Beamte in dem Zeitpunkt bezieht, in dem die Zahlung erfolgt,

Bei Bestimmung der Höhe der Geldbuße sind die schwierigen wirtschaftlichen Verhältnisse der Beamten und ihrer Familien und die Gehaltskürzungen durch die Notverordnungen zu berücksichtigen. Höchstbetrag der Geldbuße ist die Summe der nach den Gehaltskürzungsverordnungen gekürzten Monatsbezüge. DurchfB. Nr. 2 zu § 6. Die Steuerabzüge bleiben aber unberücksichtigt, so daß bei den monatlichen Dienstbezügen, die die Höchstgrenze für die Geldbuße bilden, die einzubehaltenden Steuerbezüge nicht abgezogen werden. Bei Beamten, die Gebühren (Gebührenanteile) ausschließlich beziehen, soll die Geldbuße die monatlichen Gesamtbezüge, die der Beamte im Durchschnitt der letzten sechs Monate vor Verhängung der Geldbuße oder, wenn sie durch Urteil verhängt wird, vor Einleitung des förmlichen Dienststrafverfahrens bezogen hat, nicht übersteigen, DurchfB, Nr. 3 zu § 6.

Teilzahlungen der erkannten Geldbuße darf das Dienststrafgericht nicht bewilligen; es ist dies Sache der Vollstreckungsbehörde (des Dienstvorgesetzten § 102 Abs. 3).

5. Der vorbezeichnete Höchstbetrag der Geldbuße darf auch **beim Zusammentreffen mehrerer Dienstvergehen** nicht überschritten werden. PrOVG. **32** 431. Eine Zerlegung des Verhaltens des Beamten in einzelne Teile zu dem Zwecke, daß jeder Teil für sich Gegenstand einer gesonderten Ahndung wird, ist unzulässig. Sollen also mehrere Vergehen je mit einer Geldbuße gesühnt werden, so muß die Höchstgrenze derart eingehalten werden, daß die Summen aller Geldbußen nicht über das gesetzlich statthafte Höchstmaß hinausgeht. Denn sonst würde der Zweck des Gesetzes vereitelt und der Beamte und seine Familie unter Umständen wirtschaftlich schwer gefährdet werden.

Bekleidet ein Beamter mehrere Ämter (z. B. Hauptamt und Nebenamt, Ehrenamt neben Berufsamt), so bemißt sich der Höchstbetrag im Verfahren des Dienstvorgesetzten nicht etwa nach den Gesamtdienstbezügen aus den mehreren Ämtern, sondern nach den Dienstbezügen entweder nur aus dem Hauptamt oder nur aus dem Nebenamt, je nachdem die Verfehlung im Hinblick auf das Hauptamt oder auf das Nebenamt gesühnt werden soll. DurchfV. Nr. 4 zu § 24.

Es kann jetzt nicht mehr der Fall eintreten, daß ein Beamter im förmlichen Dienststrafverfahren wegen desselben Dienstvergehens sowohl im Hauptamt wie im Nebenamt belangt wird und möglicherweise zweimal mit einer Geldbuße belegt werden könnte, die einem Monatsbetrag des Gesamteinkommens entspräche. Denn nach § 30 Abs. 2 kann in solchem Falle nur die für das Hauptamt zuständige Einleitungsbehörde ein Dienststrafverfahren gegen den Beamten einleiten und ein weiteres Dienststrafverfahren wegen desselben Sachverhalts ist unzulässig. Deshalb kann er, da die Strafe einheitlich gegen ihn festgesetzt wird, in diesem Verfahren bis zum Höchstbetrag nach den Gesamtdienstbezügen aus Haupt- und Nebenamt belegt werden. Die Beschränkung gilt also nur für das Dienststrafverfahren des Dienstvorgesetzten. In letzterem Falle sind also die Bezüge, die die Grundlage für die Geldbuße bieten, nur die Bezüge aus demjenigen Amte, das den Anlaß zu der Disziplinarbestrafung gegeben hat.

6. **Im Bereich der RDStO.** kann nach § 4 Abs. 2 **ein Verweis oder eine Warnung mit einer Geldbuße nicht verbunden werden.** Damit ist die frühere Streitfrage, ob dies zulässig ist, beseitigt,

7. Hält der Dienstvorgesetzte die im Rahmen seiner begrenzten Befugnis liegende Geldbuße **nicht für ausreichend,** so hat er die Sache seiner vorgesetzten Behörde mit einem Bericht und sachdienlichen Vorschlägen vorzulegen.

8. Wegen **Vollstreckung** der Geldbuße s. § 102 Abs. 3. Über die kassenmäßige Behandlung der Geldbußen gegen Beamte der RFinanzverw. s. RFM. 15. 7. 38 Amtsbl. d. Rfinanzverw. **38** 579.

9. Geldbußen, die der Dienstvorgesetzte verhängt, fließen dem **unmittelbaren Dienstherrn** des Beamten zu, z. B. bei Kommunalbeamten der Gemeinde. Geldbußen, die durch Urteil verhängt werden, sind **an das Reich** abzuführen. § 102 Abs. 5.

10. Wegen des **Verfahrens** bei Verhängung von Geldbußen s. §§ 24 ff.

§ 7.

(1) Die Gehaltskürzung besteht in der bruchteilmäßigen Verminderung der jeweiligen Dienstbezüge um höchstens ein Fünftel und auf längstens fünf Jahre. Hat der Bestrafte aus einem früheren Beamtenverhältnis einen Versorgungsanspruch erworben, so bleibt bei dessen Regelung (§§ 127 ff. des Deutschen Beamtengesetzes) die Gehaltskürzung unberücksichtigt.

(2) Tritt der Bestrafte in den Wartestand oder in den Ruhestand,. so wird das aus den ungekürzten Dienstbezügen errechnete Wartegeld oder Ruhegehalt während der Dauer der Gehaltskürzung in demselben Verhältnis gekürzt wie die Dienstbezüge.

(3) Stirbt der Bestrafte, so werden die Bezüge für den Sterbemonat und das Sterbegeld während der Dauer der Gehaltskürzung in demselben Verhältnis gekürzt wie die Dienstbezüge; das Witwen- und Waisengeld wird nicht gekürzt.

1. Die Gehaltskürzung kann nach § 11 Abs. 1 nur von den Dienststrafgerichten **im förmlichen Dienststrafverfahren** verhängt werden.

Die Gehaltskürzung ist an die Stelle der Strafversetzung getreten; s. näheres oben Anm. 4 zu § 4.

Gegen Notare kann die Strafe der Gehaltskürzung nicht verhängt werden, da sie kein Gehalt, sondern Gebühren beziehen. § 18 Abs. 1 und § 70 Abs. 1 RNotO.

2. Die Gehaltskürzung besteht in der bruchteilmäßigen Verminderung der jeweiligen Dienstbezüge. Der Umfang der Diensteinkommens- oder Wartegeldverminderung muß vom Dienststrafrichter bestimmt werden, darf also nicht dem zuständigen Fachminister überlassen bleiben. Es ist also der Bruchteil, um den die Dienstbezüge oder Wartegelder gekürzt werden sollen, in dem Urteil anzugeben. Ein bestimmter Betrag darf für die Kürzung nicht festgesetzt werden. Spätere Gehaltszulagen werden ebenfalls um diesen Bruchteil gekürzt. Die Verminderung darf auch nicht dahin festgesetzt werden, daß das Gehalt um eine oder mehrere Gehaltsstufen herabgesetzt wird.. Das Gericht hat nicht zu bestimmen, welche Teile der Dienstbezüge zu kürzen sind; dies ist Sache der Vollstreckungsbehörde. Wittland 279. Die Verminderung ist an den entsprechend den allgemeinen Gehaltskürzungsverordnungen geminderten Einkommensteilen vorzunehmen. DurchfV, Nr. 2 zu § 7.

Zulässig ist endlich auch nicht die Verminderung der Dienstbezüge um einen einmaligen Betrag.

Welche Bezüge als Dienstbezüge im Sinne des § 7 anzusehen ist, bestimmen die Durchführungsvorschriften zu § 6; s. oben Anm. 4 zu § 6 und DurchfV. Nr. 1 zu § 6 und Nr. 1 zu § 7.

Auf die Verminderung der Dienstbezüge kann auch dann erkannt werden, wenn der Beamte das Mindestgehalt seiner Stelle bezieht und deshalb infolge der Dienststrafe weniger Gehalt bezieht, als die auf der untersten Stufe seiner Gehaltsklasse stehenden Beamten.

Ist rechtskräftig auf Gehaltskürzung erkannt, so ist über die Höhe, den Beginn und die Dauer der Verminderung der Dienstbezüge eine Anweisung zu erlassen. Aus ihr muß ersichtlich sein, auf welche Teile der Dienstbezüge sich die bruchteilmäßige Verminderung erstreckt.

Die Gehaltskürzung erstreckt sich **auf alle Ämter,** die der Bestrafte bei Rechtskraft des Urteils bekleidet. DurchfV. Nr. 1 Satz 2 zu § 7.

3. Die Einkommensverminderung ist im **Höchstbetrage auf ein Fünftel der Dienstbezüge begrenzt.** Eine untere Grenze ist aber dem Dienststrafrichter nicht gesetzt, so daß ihm ein großer Spielraum gegeben ist. Die Kürzung braucht nicht auf die ganze Dauer gleich zu sein. Behnke 193.

Bei Wartestands- und Ruhestandsbeamten beträgt die bruchteilmäßige Verminderung des Wartegeldes oder Ruhegehalts höchstens ein Fünftel des nach den Gehaltskürzungsverordnungen gekürzten Wartegeldes oder Ruhegehalts. DurchfV. Nr. 3 zu § 7.

In der Ostmark beträgt bei Ruhestandsbeamten, deren Versorgungsbezüge auch nach dem 30. 9. 38 nach dem bisherigen österreichischen Recht berechnet werden, die bruchteilmäßige Verminderung des Ruhegehalts höchstens ein Fünftel des nach den bisherigen österreichischen Gehaltskürzungsbestimmungen gekürzten Ruhegehalts. Art. II § 9 Nr. 1 V. v. 28. 6. 38 (RGBl. I 1241).

4. Der Dienststrafrichter darf die Verminderung der Dienstbezüge nur **auf längstens 5 Jahre** aussprechen.; er kann sie auch auf weniger als ein Jahr festsetzen. Behnke 163. Es ist also nicht zulässig, die Gehaltskürzung ohne Zeitbeschränkung auszusprechen und sie dem Ermessen der Verwaltungsbehörde zu überlassen. Die Gehaltskürzung beginnt mit der auf den Eintritt der Rechtskraft des Urteils folgenden Zahlung der Dienstbezüge. DurchfV. Nr. 2 zu § 102. Sie erfaßt auch spätere Veränderungen der Dienstbezüge, soweit sie in die Kürzungsfrist fallen, also z. B. solche, die während der Kürzungszeit durch Aufrücken in den Dienstaltersstufen, Beförderungen, Gewährung von Zulagen u. dgl. sich ereignen. Wittland 280.

5. Hat der Bestrafte aus einem früheren Beamtenverhältnis einen **Versorgungsanspruch** erworben, so bleibt bei dessen Regelung (§§ 127 ff. DBG.) die Gehaltskürzung unberücksichtigt. Hat also z. B. der bestrafte Beamte aus einem früheren Beamtenverhältnis, in dem er 6000 RM. Dienstbezüge hatte, ein Ruhegehalt von 3000 RM. erworben und bezieht er in den neuen Beamtenverhältnis, das durch Dienststrafurteil um ein Zehntel gekürzt wird, 5000 RM., so wird sein Ruhegehalt trotz der Kürzung seines neuen Gehalts weiter um 2000 RM. gekürzt, so daß er nur 1000 RM. Ruhegehalt und das um 10 v. H., also um 500 RM. gekürzte Diensteinkommen des neuen Amtes mit 4500 RM., zusammen also 5500 RM. bekommt. Würde die Gehaltskürzung bei der Ruhegehaltsreglung nach § 127 DBG. berücksichtigt, so würde er an Ruhegehalt 1500 RM. und an gekürztem Gehalt 4500 RM., zusammen 6000 RM., also ebensoviel bekommen, wie vor der Gehaltskürzung. Die Strafe würde dann wirkungslos sein. Deshalb ist die Vorschrift im § 7 Abs. 1 Satz 2 geschaffen, um auch in solchen Fällen die Strafe der Gehaltskürzung nicht praktisch unwirksam zu machen; s. Wittland DJ. **36** 304. Behnke 194.

6. Über die **Vollstreckung** der Gehaltskürzung s. § 102 Abs. 3 und unten Anm. 4 zu § 102.

7. **Abs. 2 u. 3 § 7** treffen mit Recht Vorsorge dagegen, daß der Beamte und seine Familie nicht dadurch ungebührlich geschädigt werden, daß der Beamte während der Dauer der Gehaltskürzung in den Wartestand (§§ 43 ff. DBG.) oder Ruhestand (§§ 67 ff. DBG.) tritt oder stirbt. Denn da an sich das Wartegeld, Ruhegehalt und die Witwen- und Waisenbezüge sich nach den letzten Dienstbezügen richten (§ 80 Abs. 1 Nr. 1 DBG.), so würde man, wenn man die am letzteren vorzunehmenden Kürzungen dauernd, d. h. über die für die Kürzung vorgesehene Zeit hinaus bei der Bemessung des Wartegeldes, Ruhegehalts und des Witwen- und Waisengeldes berücksichtigen würde, zu unbilligen, vom Dienststrafrichter nicht beabsichtigten Ergebnissen gelangen. Deshalb werden das Wartegeld und das Ruhegehalt sowie die Hinterbliebenenbezüge stets nach den ungekürzten Dienstbezügen berechnet. Das so errechnete Wartegeld oder Ruhegehalt wird dann während der Dauer der Gehaltskürzung in demselben Verhältnis gekürzt wie die Dienstbezüge. Nach dem Tode des Bestraften wird das Witwen- und Waisengeld (§§ 97 ff. DBG.) nicht gekürzt, auch wenn etwa die Zeit der Gehaltskürzung noch nicht abgelaufen sein sollte. Dagegen werden die Bezüge für den Sterbemonat und das Sterbegeld (s. §§ 92 ff. DBG.) von den gekürzten Dienstbezügen, Wartegeld oder Ruhegehalt gewährt, wenn der Beamte während der Dauer der Gehaltskürzung stirbt.

8. Ein auf Gehaltskürzung lautendes Urteil gilt, wenn der Verurteilte vor Rechtskraft in den Ruhestand tritt, **sinngemäß als Urteil auf Kürzung des Ruhegehalts.** § 102 Abs. 1 Satz 2.

§ 8.

(1) Die Entfernung aus dem Dienst bewirkt auch den Verlust des Anspruchs auf Dienstbezüge und Versorgung sowie der Befugnis, die Amtsbezeichnung und die im Zusammenhang mit dem Amt verliehenen Titel zu führen und die Uniform zu tragen.

(2) Die Entfernung aus dem Dienst und ihre Rechtsfolgen erstrecken sich auf alle Ämter, die der Bestrafte im unmittelbaren oder mittelbaren Reichsdienst bei Rechtskraft des Urteils bekleidet, soweit sich aus § 112 Absatz 6 nichts anderes ergibt.

1. Die schwerste Dienststrafe ist **die Entfernung aus dem Dienst** (früher Dienstentlassung genannt). Sie umfaßt nicht nur die Entfernung aus einem bestimmten Amt, sondern auch die restlose Ausstoßung aus dem gesamten Beamtenstand. Sie kann nur gegen Beamte verhängt werden, die sich noch im Dienste befinden. Sind sie bereits ausgeschieden, z. B. infolge Ablaufs einer Amtsperiode der auf Zeit angestellten Beamten oder infolge der mit Zustimmung der vorgesetzten Behörde erfolgten Amtsniederlegung oder infolge inzwischen eingetretener Zurruhesetzung oder Ablebens, so kann der Dienststrafrichter auf Entfernung aus dem Dienst nicht mehr erkennen. Das Dienststrafverfahren ist aber in solchen Fällen nur dann zu Ende und einzustellen, wenn der Beamte infolge Ausscheidens aus dem Dienste jede Verbindung mit dem Staate verloren und insbesondere ein Recht weder auf Führung der bisherigen Amtsbezeichnung (mit dem Zusatz a. D.) noch auf Ruhegehaltsbezug geltend machen kann. Denn wer aufgehört hat, Beamter zu sein und keinerlei Ansprüche aus seinem Beamtenverhältnis mehr gegen den Dienstherrn hat, untersteht der Dienststrafgerichtsbarkeit nicht mehr. PrOVG. **54** 445.

Die im Laufe des Dienststrafverfahrens ausgesprochene Versetzung des Beamten in den Ruhestand verhindert nicht die Verurteilung zur Entfernung aus dem Dienst, solange die Versetzung in den Ruhestand nicht wirksam geworden ist. Ein auf Entfernung aus dem Dienst lautendes Urteil gilt, wenn der Verurteilte vor Eintritt der Rechtskraft in den Ruhestand tritt, als Urteil auf Aberkennung des Ruhegehalts. § 102 Abs. 1 Satz 2.

Ein ausgeschiedener Beamter hat nicht die Möglichkeit, eine zu seinen Ungunsten ergangene erstinstanzliche Entscheidung durch Berufung anzufechten, um seine Amtsehre wiederherzustellen (str.).

Ein Beamter, der gemäß § 4 oder § 6 BBG. entlassen oder in den Ruhestand versetzt ist, kann im Dienststrafverfahren bestraft werden. § 115 Abs. 3 bestimmt, daß die nach § 4 BBG. entlassenen Beamten dienststrafrechtlich den Ruhestandsbeamten gleich behandelt werden.

Bei Militäranwärtern tritt an die Stelle der Entfernung aus dem Dienst die Entfernung aus dem Militäranwärterverhältnis. § 41 Abs. 2 WFVG. 26. 8. 38 (RGBl. I 1077).

2. Ein Beamter aber, der zwar aus dem Dienst ausgeschieden ist, jedoch seine frühere Amtsbezeichnung weiterführt und Ruhegehaltansprüche hat, steht noch in gewisser Beziehung zum Dienstherrn und deshalb konnte gegen ihn bisher in dem Falle, daß **zur Zeit seines Eintritts in den Ruhestand bereits ein förmliches Dienststrafverfahren gegen ihn anhängig war,** auf Verlust des Ruhegehaltsanspruchs, der Hinterbliebenenversorgung und der

Ehrenrechte erkannt werden. Nunmehr ist durch die wichtigen neuen Bestimmungen der §§ 1, 2, 4, 9 ff., 12 RDStO. und § 22 Abs. 1 Satz 2 DBG. die Möglichkeit gegeben, ganz allgemein gegen Ruhestandsbeamte im förmlichen Dienststrafverfahren vorzugehen. Es ist also nicht mehr erforderlich, daß das Dienststrafverfahren schon vor dem endgültigen Ausscheiden des Beamten aus dem Dienst eingeleitet worden ist. Voraussetzung für die Einleitung ist zunächst, daß es sich um Verfehlungen handelt, die der Beamte vor Eintritt in den Ruhestand begangen hat und daß sie so schwer sind, daß mit einer der beiden schwersten Strafen (Aberkennung oder Kürzung des Ruhegehalts) zu rechnen ist. Inwieweit es möglich ist, dienststrafrechtlich einen Ruhestandsbeamten zu verfolgen, wegen Verfehlungen, die er nach seiner Zurruhesetzung begangen hat, ergeben § 2 u. § 12 RDStO. in Verbindung mit § 22 Abs. 1 Satz 2 DBG.; s. näheres oben Anm. 6 zu § 1.

3. **Die Folgen der Entfernung aus dem Dienst** bestehen darin, daß der Beamte außer seinem Amt (§ 50 Abs. 1 Nr. 4 DBG.) auch alle Ehrenrechte (Amtsbezeichnung § 37 DBG.), Titel, die im Zusammenhang mit dem Amt verliehen sind, Dienstkleidung, Uniform (§ 20 DBG.), Dienstabzeichen und auch alle vermögensrechtlichen Ansprüche (auf Dienstbezüge § 38 DBG.), d. h. alle dem Beamten auf Grund seines Amtes zustehenden Bezüge (DurchfV. zu § 8), Ruhegehalt (§§ 88 ff. DBG.), Witwen- und Waisenversorgung (§§ 97 ff. DBG.) und sonstige Versorgung z. B. aus den §§ 107 ff. (Unfallfürsorge abweichend von dem früheren Rechtszustande) verliert, ohne daß auf diese Folgen besonders zu erkennen wäre. PrOVG. **83** 452,

Es genügt nicht, daß der Beamte, der sich seines Standes unwürdig gezeigt hat, lediglich aus dem Dienst entfernt wird. Vielmehr muß in solchen Fällen die Ausscheidung aus dem Stande durch Verlust aller materiellen und Ehrenrechte erfolgen. Es kann aber dem Verurteilten nach § 64 ein **Unterhaltsbeitrag** auf Lebenszeit oder auf bestimmte Zeit bewilligt werden; s. näheres Anm. zu § 64.

Die Nachentrichtung von Beiträgen nach den Sozialversgesetzen unterbleibt, wenn das Beamtenverhältnis infolge Entfernung aus dem Dienst (§ 50 Abs. 1 Nr. 4 DBG.) endet. § 141 Abs. 2 Nr. 2 DBG.

Gegen einen Notar kann als schwerste Strafe **auf Entfernung aus dem Amt** erkannt werden. § 70 Abs. 1 RNotO. Ist er gleichzeitig als Rechtsanwalt zugelassen, so hat diese Strafe zugleich die Ausschließung aus der Rechtsanwaltschaft zur Folge. § 70 Abs. 3 RNotO. Es bedarf also in solchem Falle nicht mehr, wie früher, eines ehrengerichtlichen Verfahrens vor der Anwaltskammer, um den Notar aus der Rechtsanwaltschaft zu entfernen.

4. Die Entfernung aus dem Dienst und ihre Rechtsfolgen (Verlust der Dienst- sowie der Versorgungsbezüge und der Ehrenrechte), erstrecken sich im Hinblick auf die Einheit des öffentlich-rechtlichen Dienstverhältnisses **auf alle Ämter,** die der Bestrafte im unmittelbaren oder mittelbaren Reichsdienst (§ 2 DBG.) bei Rechtskraft des Urteils bekleidet. § 8 Abs. 2. Die

Nebenämter, die dem Beamten im Zusammenhang mit seinem Hauptamt übertragen sind oder die er auf Anordnung, Vorschlag oder Veranlassung seines Dienstvorgesetzten übernommen hat, verliert der Bestrafte, da mit der Entfernung aus dem Dienst das Beamtenverhältnis endet, auch schon nach § 13 DBG. Der Verlust aller Ämter tritt nicht nur für den Fall ein, daß der Beamte wegen Verfehlungen im Hauptamt mit Entfernung aus dem Dienst bestraft wird. Vielmehr verliert ein Beamter, der wegen Verfehlungen im Nebenamt mit dieser schwersten Strafe belegt wird, sowohl sein Hauptamt wie auch etwaige weitere Nebenämter. Dem liegt die Erwägung zugrunde, daß ein Beamter, der sich so schwer vergangen hat, daß er durch Dienststrafurteil mit Entfernung aus irgend einem Amt, mag dies auch nur ein Nebenamt sein, bestraft werden muß, für unwürdig zu erachten ist, noch irgend ein öffentliches Amt zu bekleiden. Durch die Vorschrift des § 8 Abs. 2 erübrigt es sich auch, noch weitere Dienststrafverfahren durchzuführen, um den Beamten auch aus anderen von ihm bekleideten Ämtern zu entfernen. Allerdings kann künftig nach § 30 Abs. 2 nur die für das Hauptamt zuständige Einleitungsbehörde ein förml. Dienststrafverfahren einleiten gegen einen Beschuldigten, der mehrere Ämter bekleidet, die im Verhältnis von Haupt- zu Nebenamt stehen.

Durch die Worte „bei Rechtskraft des Urteils" ist klargestellt, daß sich die Rechtsfolge der Entfernung aus dem Dienst, insbes. also auch der Verlust des Anspruchs auf Versorgung nicht ohne weiteres auf solche Ämter erstrecken, die der Bestrafte früher bekleidet hat, und aus denen er z. B. in den Ruhestand getreten ist, wenn nicht ein Fall des § 10 vorliegt. Begr.

Eine Ausnahme von § 8 Abs. 2 gilt, wenn eines der Ämter im Sinne des § 30 Abs. 1 Satz 1 ein gemeindliches Ehrenamt ist und die Voraussetzungen des § 112 Abs. 6 vorliegen.

5. Die Dienstbezüge werden dem Beamten, gegen den auf Entfernung aus dem Dienst erkannt ist, noch bis zum Ablauf des Monats gezahlt, in dem das Dienststrafurteil rechtskräftig geworden ist. DurchfV. Nr. 1 zu § 102.

Die Rechtskraft des Urteils tritt, auch wenn die Berufung auf die Entscheidung über den Unterhaltsbeitrag beschränkt ist, einheitlich erst mit der Verkündung des Urteils im zweiten Rechtszuge, ein; s. unten Anm. 1 zu § 76.

Die während des förmlichen Dienststrafverfahrens fällig gewordenen, aber zum Ruhen gekommenen Dienstalterszulagen werden dem Beamten, gegen den auf Entfernung aus dem Dienst erkannt ist, nicht nachgezahlt; vielmehr erlischt der Anspruch auf sie auch für die Zeit des Ruhens. § 4 Abs. 2 RBesG. Es verfallen auch die nach § 79 im Anschluß an die vorläufige Entfernung vom Dienst einbehaltenen Bezüge. Dagegen müssen ihm, auch wenn in erster Instanz auf Entfernung aus dem Dienst erkannt ist, die Dienstbezüge bis zur Rechtskraft weiter gezahlt werden.

Ein *früher erdientes* Ruhegehalt wird durch die Entfernung aus dem Dienst nicht beeinflußt. Wird also ein wiederangestellter früherer Ruhestandsbeamter durch Dienststrafurteil aus seinem neuen Amt entlassen, so verliert er dadurch nicht das Recht auf sein früher erdientes Ruhegehalt. Wittland BeamtJahrb. **34** 573 u. DJ. **36** 604; Breithaupt 69; Behnke 197. Dasselbe gilt von der früheren Amtsbezeichnung. Ausnahmen gelten nach § 10.

Auch die Fähigkeit, später wieder angestellt zu werden, geht durch die Entfernung aus dem Dienst nicht verloren, wenn auch tatsächlich nur unter besonderen Umständen und nach Ablauf längerer Bewährungsfristen eine Wiederanstellung in Frage kommen wird; s. auch Anm. 6 Schlußabsatz und Behnke 198.

6. **Auf Entfernung aus dem Dienst kann nicht mehr erkannt werden, wenn das Dienstverhältnis aufgehört hat;** in solchen Fällen ist das Dienststrafverfahren einzustellen; s. auch § 63 Abs. 3 u. § 52 Abs. 1 Nr. 3; Behnke 196; u. U. kann aber auf Verlust des Ruhegehalts usw. erkannt werden. Es gilt aber ein auf Entfernung aus dem Dienst lautendes Urteil, wenn der Verurteilte vor Rechtskraft in den Ruhestand tritt, als Urteil auf Aberkennung des Ruhegehalts. § 102 Abs. 1 Satz 1. Eine Fortsetzung des Verfahrens kommt aber nicht mehr in Betracht, wenn der Beschuldigte auf seinen Antrag nach § 60 DBG. aus dem Dienst entlassen ist oder als Ruhestandsbeamter auf seine Rechte als solcher schriftlich verzichtet hat; in diesem Falle ist das Verfahren einzustellen. § 52 Abs. 1 Nr. 3 u. 5; PrOVG. **87** 472.

Eine Beendigung des Amtsverhältnisses tritt (abgesehen vom Tode, der Entfernung aus dem Dienst und der Zurruhesetzung des Beamten) in folgenden Fällen ein:

A. **infolge Ausscheidens aus dem Beamtenverhältnis.**

a) Verlust des Reichsbürgerrechts. § 51 DBG.

b) Verlegen des Wohnsitzes oder dauernden Aufenthalts ohne behördliche Zustimmung in das Ausland. § 52 DBG.

c) Ablauf der Amtszeit bei Zeitbeamten, insbes. bei leitenden Kommunalbeamten.

d) Gerichtliche Verurteilung. § 53 DBG. Ein Beamter, der zum Tode, zu Zuchthaus, wegen einer vorsätzlich begangenen Tat zu Gefängnis von einem Jahr oder längerer Dauer oder wegen vorsätzlicher hoch- oder landesverräterischen Handlungen zu Gefängnis verurteilt wird, scheidet mit der Rechtskraft des Strafurteils aus dem Beamtenverhältnis aus. Dasselbe gilt, wenn dem Beamten die bürgerlichen Ehrenrechte oder die Fähigkeit zur Bekleidung öffentlicher Ämter aberkannt worden sind. Dagegen tritt diese Folge nicht ein, wenn gegen ihn auf Zulässigkeit von Polizeiaufsicht erkannt worden ist. S. hierzu näheres in meinem Kommentar zum DBG. 3. Aufl. Anm. 1 ff. zu § 53.

Die Folgen des Ausscheidens in den vorbezeichneten Fällen bestehen darin, daß der Beamte keinen Anspruch auf Dienstbezüge und Versorgung hat; er darf die Amtsbezeichnung und die im Zusammenhange mit dem Amte verliehenen Titel nicht führen und die Uniform nicht tragen. § 56 DBG. Ein Dienststrafverfahren kommt also in solchen Fällen nicht in Betracht.

Im Falle zu d (gerichtliche Verurteilung) hört das Beamtenverhältnis mit der Rechtskraft des Strafurteils ohne weiteres auf und zwar gleichviel, ob die abgeurteilte Straftat vor oder nach dem Beginn des Beamtenverhältnisses verübt war. RGZ. **88** 203. Die Rechtsfolge des Amtsverlustes ist nicht an die Straftaten, sondern an die rechtskräftige Verurteilung geknüpft. § 181 DBG. Ein so schwer Bestrafter ist als Beamter nicht mehr geeignet. Es ist also unerheblich, zu welcher Zeit die Straftaten begangen waren und ob damals schon die betr. beamtenrechtlichen Vorschriften bestanden oder nicht. PrOVG. **96** 238.

Ein schwebendes förmliches Dienststrafverfahren wird in solchen Fällen gegenstandslos und ist nach § 52 Abs. 1 Nr. **3** einzustellen. Denn der Beamte hat seine Beamteneigenschaft verloren. PrOVG. **96** 298. Die Kosten treffen nach § 98 Abs. 2 ganz oder teilweise den Beschuldigten, wenn nach dem Ergebnis der Untersuchung die Verhängung einer Dienststrafe gerechtfertigt gewesen wäre. Ein neues Dienststrafverfahren kann natürlich nicht mehr eingeleitet werden. Von der rechtskräftigen Entscheidung, die mit dem Amtsverlust verbunden ist, ist von der Staatsanwaltschaft der für die Regelung der Dienstbezüge zuständigen Behörde unter Beifügung einer beglaubigten Urteilsabschrift sofort Mitteilung zu machen.

Inwieweit die Wirkungen des Strafurteils beseitigt werden, wenn das mit Amtsverlust verbundene strafgerichtliche Urteil im Wiederaufnahmeverfahren durch ein Urteil ersetzt wird, das Amtsverlust nicht zur Folge hat, ergibt § 55 DBG.

Bei Gesamtstrafen tritt die Folge des § 53 DBG. auch ein, wenn keine der Einzelstrafen, sondern nur die Gesamtstrafe ein Jahr Gefängnis oder mehr beträgt. PrOVG. **96** 238; **a. M.** Wagner JW. **36** 694. Es muß sich aber bei den mehreren Straftaten, für die eine Gesamtstrafe gebildet ist, um vorsätzliche Delikte handeln. Es genügt aber, wenn eine der zu einer Gesamtstrafe vereinigten einzeln ausgeworfenen Strafen für eine vorsätzliche Handlung mit einem Jahr Gefängnis oder mehr belegt worden ist.

Dieselben Grundsätze gelten, wenn die Gesamtstrafe nicht gebildet ist, aber die Voraussetzungen für die Bildung vorliegen. Kommt aber eine Gesamtstrafenbildung nicht in Frage, so kann eine Zusammenrechnung der in verschiedenen Urteilen erkannten, unter einem Jahr liegenden Strafen nicht erfolgen.

e) Wird gegen einen Wehrmachtbeamten auf eine militärische Ehrenstrafe (Verlust der Wehrwürdigkeit oder Dienstentlassung) erkannt, so ist damit das Ausscheiden aus dem Wehrmachtbeamtenverhältnis verbunden; s. näheres §§ 30—34 MStGB. v. 10. 10. 40 (RGBl. I 1348) u. dazu Grau DJ. **40** 1209.

B. **infolge Entlassung aus dem Beamtenverhältnis.**

a) Eidesverweigerung. § 57 DBG.

b) Weigerung der Weiterführung des Amtes nach Zeitablauf. § 58 DBG.

c) Nichtdeutsche oder artverwandte Abstammung des Beamten oder seiner Ehefrau. § 59 DBG.

d) Auf Antrag. § 60 DBG. Dieser Fall ist von besonderer praktischer Bedeutung. Der Beamte kann nämlich jederzeit seine Entlassung aus dem Dienste verlangen. Das Verlangen muß dem Dienstvorgesetzten (§ 2 Abs. 5 Satz 1 DBG.) schriftlich erklärt werden. Die Erklärung kann, solange die Entlassungsverfügung dem Beamten noch nicht zugegangen ist, ohne Zustimmung der Entlassungsbehörde nur innerhalb von zwei Wochen zurückgenommen werden, nachdem sie dem Dienstvorgesetzten (§ 2 Abs. 5 Satz 1 DBG.) zugegangen war. Dem Verlangen muß, wenn die Erklärung in der vorgeschriebenen Schriftform und dem zuständigen Dienstvorgesetzten gegenüber erklärt ist, entsprochen werden; es kann aber die Entlassung solange hinausgeschoben werden, bis der Beamte seine Amtsgeschäfte ordnungsmäßig erledigt hat. § 60 DBG. Für die Dauer des Aufbaus der Wehrmacht braucht aber Anträgen von Beamten mit Beschränkung bis zum 31. 12. 41 nicht entsprochen zu werden. § 2 G. 25. 3. 39 (RGBl. I 577).

e) Durch Widerruf bei Beamten auf Widerruf. §§ 61, 62 DBG.

f) Bei Verheiratung weiblicher Beamter. §§ 63 ff.

In den vorbezeichneten Fällen zu a—f hat der Beamte keinen Anspruch auf Dienstbezüge und Versorgung; er darf die Amtsbezeichnung und die im Zusammenhang mit dem Amte verliehenen Titel nicht führen und die Uniform nicht tragen. § 66 Abs. 2 DBG. Ein Dienststrafverfahren kommt in solchen Fällen nicht in Frage.

Beamte, die infolge einer Dienststrafe oder kraft Gesetzes auf Grund rechtskräftigen Strafurteils aus dem öffentlichen Dienst ausgeschieden sind, sollen nicht als Angestellte oder Arbeiter in einer öffentlichen Verwaltung oder einem öffentlichen Betriebe wieder verwendet werden. Dasselbe gilt für freiwillig ausgeschiedene Beamte und ohne Dienststrafverfahren aus dem Dienst entfernte Widerrufsbeamte, sofern ihr Ausscheiden aus disziplinären Gründen erfolgt und anzunehmen ist, daß sie in einem etwaigen Dienststrafverfahren mit Entfernung aus dem Dienst bestraft worden wären. RFM. 30. 10. 36 u. RM. f. W. Erz. u. VBild. 12. 11. 36 (DWiss. 505).

C. Das Beamtenverhältnis endet auch, wenn der Beamte nicht mehr die Gewähr dafür bietet, daß er jederzeit für den nationalsozialistischen Staat eintreten wird und deshalb nach **§ 71 DBG. in den Ruhestand versetzt wird.**

§ 9.

(1) Bei einem Ruhestandsbeamten sind nur die Aberkennung und die Kürzung des Ruhegehalts als Dienststrafen zulässig; § 7 Abs. 1 Satz 2 gilt

entsprechend. Die Aberkennung des Ruhegehalts setzt voraus, daß die Entfernung aus dem Dienst gerechtfertigt wäre, falls der Beschuldigte sich noch im Dienste befände; die Kürzung des Ruhegehalts wird an Stelle der Gehaltskürzung verhängt.

(2) Die Aberkennung des Ruhegehalts bewirkt auch den Verlust des Anspruchs auf Hinterbliebenenversorgung und der Befugnis, die Amtsbezeichnung und die im Zusammenhang mit dem früheren Amt verliehenen Titel zu führen und die Uniform zu tragen. Diese Wirkungen beziehen sich auf alle Ämter, die der Bestrafte beim Eintritt in den Ruhestand bekleidet hat.

(3) Höhe und Dauer der Kürzung des Ruhegehalts richten sich nach § 7 Abs. 1; beim Tode des Ruhestandsbeamten gilt § 7 Abs. 3 entsprechend.

1. Der Ruhestandsbeamte konnte früher wegen eines Dienstvergehens nur dann verfolgt werden, wenn gegen ihn bereits vor seinem Eintritt in den Ruhestand ein förmliches Dienststrafverfahren eingeleitet worden war. Es konnte dann dies Verfahren auch nach Eintritt des Beamten in den Ruhestand fortgesetzt werden. Dies gilt auch jetzt noch nach § 12 Satz 1.

Darüber hinaus kann jetzt aber nach § 12 Satz 2 gegen einen Ruhestandsbeamten ein Dienststrafverfahren wegen eines **vor** Eintritt in den Ruhestand begangenen Dienstvergehens ganz allgemein eingeleitet werden. Dabei ist es unerheblich, welcher Art dieses Dienstvergehen ist; nur muß es so schwer sein, daß es bei einem aktiven Beamten die Entfernung aus dem Amt oder die Gehaltskürzung nach sich gezogen haben würde. Denn bei einem Ruhestandsbeamten sind nur die Dienststrafen der Aberkennung und der Kürzung des Ruhegehalts zulässig. Wenn sich herausstellt, daß diese schweren Strafen nicht in Frage kommen, so wird schon die Einleitungsbehörde das Verfahren in der Regel einstellen (vgl. § 52 Abs. 2 Satz 3); das Dienststrafgericht muß es in diesen Fällen einstellen. (§ 63 Abs. 3 Satz 2); s. auch PrOVG. **97** 245. Geringere Verstöße, die mit einer Warnung, einem Verweis oder einer Geldbuße zu sühnen wären, sollen, auch wenn sie vor Eintritt in den Ruhestand begangen sind, bei einem Ruhestandsbeamten nicht mehr geahndet werden; s. näheres oben Anm. 6 zu § 1. Dagegen können Wartestandsbeamte auch mit solchen Strafen belegt werden. Anm. 5 zu § 1.

Noch mehr beschränkt ist die Zulässigkeit der Einleitung eines Dienststrafverfahrens gegen einen Ruhestandsbeamten wegen solcher Verfehlungen, die er **nach** Eintritt in den Ruhestand begangen hat. Hier kommen nur die Verstöße, die nach § 22 Abs. 1 Satz 2 DBG. als Dienstvergehen gelten, — staatsfeindliche Betätigung, Verletzung der Amtsverschwiegenheit und Annahme von Belohnungen und Geschenken ohne Genehmigung — in Betracht; s. näheres oben Anm. 6 zu § 1. Aber auch hier müssen die Verfehlungen der bezeichneten Art so schwer sein, daß sie bei aktiven Beamten zur Entfernung aus dem Dienst oder zur Gehaltskürzung geführt hätten. Denn gegen Ruhestandsbeamte kann niemals auf eine andere Strafe als auf Aberkennung oder

Kürzung des Ruhegehalts erkannt werden, also auf Strafen, die mit der Strafe der Entfernung aus dem Dienst oder der Gehaltskürzung auf einer Stufe stehen.

§ 9 findet auch Anwendung gegenüber einem Ruhestandsbeamten, der nach § 4 BBG. in den Ruhestand versetzt worden ist. § 115 Abs. 3. Dasselbe gilt, wenn die Zurruhesetzung nach § 6 BBG. erfolgt war. PrOVG. **94** 245; nicht aber gegen einen Beamten, dem bei der Entfernung aus dem Dienst gemäß § 64 ein Unterhaltsbeitrag bewilligt war. Denn diese Bewilligung macht den Betreffenden nicht zum Ruhestandsbeamten im Sinne des § 9. Die Entziehung eines solchen Unterhaltsbeitrages regelt vielmehr § 96.

2. Inwieweit **strafgerichtliche Urteile,** die gegen Ruhestandsbeamte ergangen sind, zum Verlust des Ruhegehalts führen, ergibt sich aus § 132 DBG. Danach verliert ein Ruhestandsbeamter, gegen den wegen einer **vor** Eintritt in den Ruhestand begangenen Tat auf eine Strafe erkannt wird, die nach § 53 DBG. den Verlust des Amtes zur Folge hat — Verurteilung zum Tode, zu Zuchthaus, wegen einer vorsätzlich begangenen Tat zu Gefängnis von einem Jahr oder längerer Dauer oder wegen vorsätzlicher hoch- oder landesverräterischer Handlungen zu Gefängnis oder Aberkennung der bürgerlichen Ehrenrechte oder der Fähigkeit zur Bekleidung öffentlicher Ämter — mit der Rechtskraft des Urteils den Anspruch auf Ruhegehalt und Hinterbliebenenversorgung; er darf die Amtsbezeichnung und die im Zusammenhang mit dem Amte verliehenen Titel nicht führen und die Uniform nicht tragen. Dieselben Rechtsfolgen treten ein bei einem Ruhestandsbeamten, der wegen eines **nach** Eintritt in den Ruhestand begangenen Hoch- oder Landesverrats oder einer sonst mit dem Tode bedrohten Handlung zum Tode oder zu Zuchthaus oder wegen einer anderen vorsätzlichen hoch- oder landesverräterischen Handlung zu Gefängnis verurteilt wird.

War in Fällen der vorbezeichneten Art ein förmliches Dienststrafverfahren anhängig, so muß es eingestellt werden. § 52 Abs. 1 Nr. 4.

Auf Aberkennung des Ruhegehalts kann auch dann nicht mehr erkannt werden, wenn dem Ruhestandsbeamten die Versorgungsbezüge nach § 128 Abs. 2 BGB. entzogen sind. (Verlegung des Wohnsitzes oder dauernden Aufenthalts ohne behördliche Zustimmung in das Ausland und mehr als 3jähriges Ruhen des Ruhegehalts).

3. Die jetzt gegebene Möglichkeit, gegen Ruhestandsbeamte einzuschreiten wegen Verfehlungen, die sie zur Zeit ihres aktiven Beamtentums begangen hatten, **entspricht einer alten Forderung der NSDAP.** Es hatten sich nämlich häufig Fälle schwerer Verfehlungen, insbes. Korruption erst dann feststellen lassen, nachdem die schuldigen Beamten bereits in den Ruhestand eingetreten waren und nunmehr nicht mehr zur Verantwortung gezogen werden konnten. Es kann also jetzt die Zurruhesetzung eines Beamten viel unbedenklicher erfolgen, da man nicht mehr zu befürchten braucht, wegen etwaiger schwerer Verfehlungen aus seiner Amtszeit gegen ihn nicht mehr einschreiten zu können.

Darüber hinaus kann jetzt aber gegen Ruhestandsbeamte auch wegen solcher Handlungen eingeschritten werden, die nach § 22 Abs. 1 Satz 2 DBG. als Dienstvergehen gelten (staatsfeindliche Betätigung, Verletzung der Amtsverschwiegenheit, unerlaubte Annahme von Belohnungen und Geschenken) und von dem Ruhestandsbeamten erst nach Eintritt in den Ruhestand begangen sind.

4. Das förml. Dienststrafverfahren wird aber nur dann gegen einen Ruhestandsbeamten einzuleiten oder fortzuführen sein, **wenn mit Aberkennung oder Kürzung des Ruhegehalts zu rechnen ist.** Dies ist nur dann der Fall, wenn die in Rede stehende Verfehlung so schwer ist, daß bei einem aktiven Beamten, der eine solche begangen hätte, die Entfernung aus dem Dienst oder die Gehaltskürzung am Platze gewesen wäre. Denn auf eine andere oder geringere Strafe als Aberkennung oder Kürzung des Ruhegehalts kann nicht erkannt werden, da der Ruhestandsbeamte nicht mehr Beamter ist und grundsätzlich nicht mehr den Strafen der Warnung, des Verweises oder der Geldbuße ausgesetzt sein soll.

5. In dem Dienststrafverfahren gegen den Ruhestandsbeamten kann das Urteil **nur auf Freisprechung, Einstellung** oder **Aberkennung oder Kürzung des Ruhegehalts** lauten. Auf Freisprechung ist zu erkennen, wenn sich herausstellt, daß der Ruhestandsbeamte schuldlos ist oder doch nicht genügend überführt werden kann; vgl. dazu Wittland DJZ. **34** 1195 und Behnke Beamt.-Jahrb. **34** 488. Ist er zwar schuldig, ist aber seine Schuld nicht so schwer, daß er, falls er noch aktiver Beamter wäre, mit Entfernung aus dem Dienst oder Gehaltskürzung, sondern nur mit einer geringeren Strafe zu bestrafen gewesen wäre, so muß das Verfahren eingestellt werden. Eine Strafe der Warnung, des Verweises oder der Geldbuße kann bei der Einstellung nicht verhängt werden. § 52 Abs. 2 Satz 3.

6. Wird auf Aberkennung des Ruhegehalts erkannt, so geht damit auch ohne weiteres der **Anspruch auf Hinterbliebenenversorgung,** Führung der bisherigen Amtsbezeichnung (§ 37) und der im Zusammenhang mit dem früheren Amt verliehenen Titel sowie eine etwaige frühere Uniform und Dienstabzeichen verloren. Es deckt sich dies mit den Folgen, die eintreten, wenn bei aktiven Beamten auf Entfernung aus dem Dienst erkannt worden ist. Diese Wirkungen beziehen sich auf alle Ämter, die der Bestrafte beim Eintritt in den Ruhestand bekleidet hat. Er verliert also, wenn ihm aus dem einen Amt der Ruhegehaltsanspruch aberkannt ist, auch alle etwaigen Ruhegehalts- und sonstige Ansprüche aus den übrigen Ämtern.

7. Lassen **besondere Umstände eine mildere Beurteilung** zu, so kann das Urteil, das auf Ruhegehaltsverlust lautet, gemäß § 64 dem Verurteilten **als Unterstützung einen Unterhaltsbeitrag** auf Lebenszeit oder auf bestimmte Zeit bewilligen, wenn der Verurteilte nach seiner wirtschaftlichen Lage der

Unterstützung bedürftig und ihrer nicht unwürdig erscheint. Der Beitrag darf für längstens 5 Jahre höchstens 75 v. H. und über diesen Zeitraum hinaus höchstens 50 v. H. des Ruhegehalts betragen. Er ist nach Hundertteilen des Ruhegehalts festzusetzen. § 64 Abs. 1.

Das Urteil kann bestimmen, daß der Unterhaltsbeitrag ganz oder teilweise an Personen gezahlt wird, zu deren Unterhalt der Verurteilte gesetzlich verpflichtet ist, also insbes. an seine Frau oder seine Kinder. Nach Rechtskraft des Urteils kann dies auch die oberste Dienstbehörde bestimmen. § 64 Abs. 2.

Wenn ein Unterhaltsbeitrag bewilligt wird, so muß zunächst der Anspruch auf Ruhegehalt förmlich aberkannt werden. Es gilt dies insbes. auch, wenn der Beschuldigte erst während des gegen ihn schwebenden Dienststrafverfahrens in den Ruhestand versetzt worden ist. RDisH. 7. 1. 35 Foerster 1936 S. 132.

8. Wegen der Möglichkeit der **vorläufigen Einbehaltung eines Teils des Ruhegehalts** s. § 79 Abs. 3.

9. Wegen der Einleitung eines förmlichen Dienststrafverfahrens gegen einen Ruhestandsbeamten, der **vor dem Inkrafttreten der RDStO., d. h. vor dem 1. Juli 1937 in den Ruhestand getreten ist,** s. unten Anm. 3 zu § 115.

Ruhestandsbeamte des früheren Rechts, die im Zeitpunkt des Inkrafttretens des DBG. keine Ansprüche auf Versorgungsbezüge erworben haben, unterliegen nach § 184 Abs. 1 Satz 3 DBG. nicht diesem Gesetz und somit auch nicht der RDStO.. Sie könnten nicht nach § 9 RDStO. bestraft werden, da sie kein Ruhegehalt beziehen, das ihnen aberkannt oder gekürzt werden könnte. RDStH. 1. 2. 38 RVerwBl. **59** 474.

10. Die Kürzung des Ruhegehalts besteht in der bruchteilmäßigen Verminderung der jeweiligen nach den Gehaltskürzungsverordnungen gekürzten Ruhegehaltsbezüge um höchstens ein Fünftel und auf längstens fünf Jahre. Wegen des Rechtszustandes in der Ostmark s. Anm. 3 a. E. zu § 7. Hat der bestrafte Ruhestandsbeamte aus einem früheren Beamtenverhältnis einen weiteren Versorgungsanspruch erworben, so bleibt bei dessen Regelung (s. § 129 Abs. 2 DBG.) die Ruhegehaltskürzung unberücksichtigt; vgl. hierzu Anm. 5 zu § 7. Stirbt der Bestrafte, so werden die Ruhestandsbezüge für den Sterbemonat und das Sterbegeld (§§ 93, 94 ff. DBG.) während der Dauer der Kürzung des Ruhegehalts in demselben Verhältnis gekürzt wie die Ruhegehaltsbezüge. Das Witwen- und Waisengeld wird nicht gekürzt. § 9 Abs. 3 und die Anm. 7 zu § 7.

11. Die nach § 4 BBG. — wegen politischer Unzuverlässigkeit — **entlassenen Beamten** werden dienststrafrechtlich den Ruhestandsbeamten gleichgestellt. § 115 Abs. 3. Deshalb stellt der ihnen nach § 4 BBG. verbliebene Teil des Ruhegeldes, der als Ruhegehalt im beamtenrechtlichen Sinne gilt, die Ruhegehaltsbezüge dar, die der Kürzung nach § 9 zugrunde zu legen sind. Dienststraff. des RG. 6. 12. 37 DRechtspfl. **35** Rspr. 114.

12. Ein auf Entfernung aus dem Dienst lautendes Urteil gilt, wenn der Verurteilte vor Eintritt der Rechtskraft in den Ruhestand tritt, **als Urteil auf Aberkennung des Ruhegehalts**, ein auf Gehaltskürzung lautendes Urteil sinngemäß als Urteil **auf Kürzung des Ruhegehalts.** § 102 Abs. 1 Satz 2.

§ 10.

(1) Wird gegen einen früheren Ruhestandsbeamten, der wieder zum Beamten ernannt worden ist, auf Entfernung aus dem Dienst (§ 8) erkannt, so verliert er den Anspruch auf das frühere Ruhegehalt und die Hinterbliebenenversorgung sowie die anderen Befugnisse nach § 9 Abs. 2 nur, wenn er wegen eines in dem früheren Beamtenverhältnis begangenen Dienstvergehens oder wegen einer der im § 22 Abs. 1 Satz 2 des Deutschen Beamtengesetzes bezeichneten Handlungen — gleichgültig, wann er diese begangen hat — verurteilt wird.

(2) Ein Ruhestandsbeamter, der vor seiner letzten Verwendung schon aus einem früheren Beamtenverhältnis in den Ruhestand getreten war, behält die ihm aus dem früheren Beamtenverhältnis zustehenden Ansprüche und Befugnisse (§ 9 Abs. 2), wenn er nur wegen eines in dem letzten Beamtenverhältnis begangenen Dienstvergehens verurteilt wird und keine der im § 22 Abs. 1 Satz 2 des Deutschen Beamtengesetzes bezeichneten Handlungen Gegenstand der Verurteilung ist.

1. § 10 Abs. 1 behandelt die nicht allzuhäufigen Fälle, in denen **ein früherer Ruhestandsbeamter in den öffentlichen Dienst als Beamter wieder eintritt und nunmehr dienststrafrechtlich verfolgt und mit Entfernung aus dem Dienst bestraft wird** entweder

a) wegen eines in dem früheren Beamtenverhältnis begangenen Dienstvergehens; oder

b) wegen einer der im § 22 Abs. 1 Satz 2 DBG. bezeichneten Handlungen (staatsfeindliche Betätigung, Verletzung der Amtsverschwiegenheit, unerlaubte Annahme von Belohnungen und Geschenken) und zwar gleichgültig, wann er diese begangen hat, insbes. ob er sie als Ruhestandsbeamter oder nach seiner Wiederernennung begangen hat.

2. In den Fällen zu 1 verliert er, da er wieder aktiver Beamter geworden ist und gegen ihn auf Entfernung aus dem Dienst erkannt ist, in solchen schweren Fällen **nicht nur seine neue Amtsstellung** mit dem Anspruch auf Dienstbezüge und Versorgung und mit der Befugnis, die Amtsbezeichnung usw. zu führen und die Uniform zu tragen. Vielmehr verliert er **ferner u. U. auch sein früheres Ruhegehalt** und die Hinterbliebenenversorgung sowie die anderen Befugnisse nach § 9 Abs. 2 (Amtsbezeichnung, Titel und Uniform) aus der früheren Zurruhesetzung nämlich dann, **wenn er die in Anm. 1 bezeichneten Handlungen begangen und deswegen mit Entfernung aus dem Dienst bestraft ist.** Hat er also andere Verfehlungen als die der letztgedachten Art begangen, so tritt der Verlust des früheren Ruhegehalts usw. nicht ein;

denn grundsätzlich soll ihm sein früheres Ruhegehalt, das als ersparter Gehaltsteil gilt, nicht genommen werden; nur in den besonderen gesetzlichen Ausnahmefällen soll dieser Verlust eintreten.

3. **Ein Ruhestandsbeamter,** der vor seiner letzten Verwendung **schon aus seinem früheren Beamtenverhältnis in den Ruhestand getreten war** und nunmehr mit Verlust des Ruhegehalts bestraft wird, **behält** die ihm aus dem früheren Beamtenverhältnis zustehenden Ansprüche auf Ruhegehalt, Hinterbliebenenversorgung usw. (§ 9 Abs. 2) **unter 2 Voraussetzungen:**

a) wenn er nur wegen eines in dem letzten Beamtenverhältnis begangenen Dienstvergehens verurteilt wird und

b) wenn keine der im § 22 Abs. 1 Satz 2 DBG. bezeichneten Handlungen (staatsfeindliche Betätigung, Verletzung der Amtsverschwiegenheit oder unzulässige Annahme von Belohnungen und Geschenken) Gegenstand der Verurteilung war.

Er verliert also sein früheres Ruhegehalt usw. dann, wenn er wegen eines Dienstvergehens verurteilt wird, das er in seinem früheren (ersten) Beamtenverhältnis begangen hat oder wenn er wegen eines — irgendwann begangenen — Vergehens der im § 22 Abs. 1 Satz 2 DBG. bezeichneten Art verurteilt ist.

Abschnitt III.

Dienststrafverfahren.

1. Allgemeine Vorschriften.

§ 11.

(1) Gehaltskürzung, Entfernung aus dem Dienst, Kürzung und Aberkennung des Ruhegehalts können nur von den Dienststrafgerichten im förmlichen Dienststrafverfahren verhängt werden.

(2) Warnung, Verweis und Geldbuße kann auch der Dienstvorgesetzte durch Dienststrafverfügung verhängen.

1. Mit § 11 beginnen die sehr wichtigen Vorschriften **über das Dienststrafverfahren.** Sie sind in den §§ 11—83 enthalten, nehmen also den größten Raum des aus 121 Paragraphen bestehenden Gesetzes ein.

2. Der Abschnitt III über das Dienststrafverfahren (§§ 11—82) **zerfällt in folgende Teile:** Es enthalten:

a) Die §§ 11—20 allgemeine Vorschriften, die nicht nur für das förmliche Dienststrafverfahren, sondern auch für das Verfahren des Dienstvorgesetzten gelten.

Den Ausdruck „nichtförmliches" Verfahren verwendet die RDStO. nicht, weil auch das Verfahren des Dienstvorgesetzten gewissen Formvorschriften unterliegt. Begr.

b) Die §§ 21—23 die Vorermittlungen.

c) Die §§ 24—27 die Dienststrafverfügung im Verfahren des Dienstvorgesetzten.

d) Die §§ 28—30 die Einleitung des förmlichen Dienststrafverfahrens.

e) Die §§ 31—43 die Dienststrafgerichte.

f) Die §§ 44—52 die Untersuchung (früher Voruntersuchung genannt).

g) Die §§ 53—58 das Verfahren vor der Dienststrafkammer bis zur Hauptverhandlung.

h) Die §§ 59—65 die Hauptverhandlung.

i) Die §§ 66—77 die Rechtsmittel im förmlichen Dienststrafverfahren (Beschwerde, Berufung, Rechtskraft).

k) Die §§ 78—82 die vorläufige Dienstenthebung.

3. Man unterscheidet das **förmliche Dienststrafverfahren** und das zur Verhängung einer Dienststrafverfügung führende Verfahren, das man mit **Verfahren des Dienstvorgesetzten** bezeichnen kann. Die schwersten vier Dienststrafen — Gehaltskürzung, Entfernung aus dem Dienst, Kürzung und Aberkennung des Ruhegehalts — können nur im förmlichen Dienststrafverfahren von den Dienststrafgerichten verhängt werden.

Die Dienststrafen der Warnung, des Verweises und der Geldbuße kann auch der Dienstvorgesetzte (§ 2 Abs. 5 DBG. und unten Anm. 1 zu § 24) durch Dienststrafverfügung verhängen. Natürlich können diese Strafen auch die Dienststrafgerichte verhängen; denn sie sind in der Wahl der Strafe frei und können nach pflichtmäßigem Ermessen darüber befinden, ob nicht eine der 3 letztgenannten Strafen für die Sühne einer Verfehlung ausreicht, mag auch die Einleitungsbehörde angenommen haben, daß die Verfehlung mit einer schwereren Strafe geahndet werden müsse.

4. Ein Dienststrafverfahren **darf nicht eingeleitet werden wegen solcher Verfehlungen, die bereits in einem früheren Dienststrafverfahren,** sei es durch Verurteilung oder durch Freisprechung erledigt worden sind. Denn dies würde dem Grundsatz „ne bis in idem" widersprechen. RDStH. 5. 1. 39 S. 2 22; s. auch unten Anm. 4 zu § 28. Ist es aber früher wegen einer Verfehlung nicht zur Aburteilung gekommen, so kann diese Pflichtverletzung stets noch disziplinarisch verfolgt werden, da es eine Verjährung auf dem Gebiete des Dienststrafrechts nicht gibt und die Behörde im Laufe der Zeit ihre Ansicht über die Beurteilung eines Dienstvergehens ändern kann.

Selbstverständlich kann die Dienststrafbehörde in einem neuen Verfahren auf solche Verfehlungen zurückkommen, die zeitlich vor einem früheren rechtskräftig abgeschlossenen Verfahren liegen, aber erst später zur Kenntnis der Behörde gekommen sind.

§ 12.

Schwebt gegen einen Beamten zur Zeit seines Eintritts in den Ruhestand ein förmliches Dienststrafverfahren, so wird dessen Fortsetzung durch den Eintritt in den Ruhestand nicht berührt. Gegen einen Ruhestands-

beamten kann ein Dienststrafverfahren nur wegen eines vor Eintritt in den Ruhestand begangenen Dienstvergehens oder wegen einer Handlung, die nach § 22 Abs. 1 Satz 2 des Deutschen Beamtengesetzes als Dienstvergehen gilt, eingeleitet werden.

1. Ein Beamter, der aus dem Dienst ausgeschieden und in den Ruhestand getreten ist, steht noch in Beziehungen zum Staat, insbesondere besteht das Treueverhältnis zum Führer und Reich weiter; s. näheres Anm. 6 zu § 1. Deshalb **kann** in dem Falle, daß **zur Zeit seines Eintritts in den Ruhestand (§§ 67 ff. DBG.) bereits ein förmliches Dienststrafverfahren gegen ihn anhängig war,** dies Verfahren gegen den nunmehrigen Ruhestandsbeamten fortgesetzt werden. Natürlich kann, wenn das Verfahren gegen den Beamten fortgeführt wird, gegen ihn nicht mehr auf die Strafe der Gehaltskürzung oder der Entfernung aus dem Dienst erkannt werden, da diese Strafen nur auf aktive Beamte anwendbar sind. Es muß nunmehr gegen ihn auf Kürzung oder Aberkennung des Ruhegehalts erkannt werden, wenn bei einem aktiven Beamten die Verfehlung zu einer Gehaltskürzung oder Entfernung aus dem Dienst geführt haben würde.

Natürlich ist die Einleitungsbehörde nicht gezwungen, das Verfahren fortzusetzen. Nach dem Opportunitätsprinzip (s. oben Anm. 1 zu § 3) kann sie nach ihrem Ermessen das Verfahren nach § 52 Abs. 2 Satz 1 einstellen. Begr.

Ergibt sich in dem gegen den nunmehrigen Ruhestandsbeamten fortgeführten Verfahren, daß zwar ein Dienstvergehen vorliegt, die Verfehlung aber nach Ansicht der Einleitungsbehörde mit einer Warnung, einem Verweis oder einer Geldbuße ausreichend gesühnt sein würde, so kann das Verfahren eingestellt werden. § 52 Abs. 2 Satz 3. Denn nach § 9 Abs. 1 Satz 1 sind bei einem Ruhestandsbeamten nur die Aberkennung oder die Kürzung des Ruhegehalts als Dienststrafen zulässig.

2. Früher konnte gegen einen Ruhestandsbeamten, gegen den zur Zeit, als er noch aktiver Beamter war, ein förmliches Dienststrafverfahren noch nicht eingeleitet war, ein neues förmliches Dienststrafverfahren überhaupt nicht eingeleitet werden. Denn nach damaliger Auffassung unterlag der Ruhestandsbeamte überhaupt keiner Disziplin mehr.

Dies hat sich grundlegend geändert, da nach nationalsozialistischer Auffassung der Ruhestandsbeamte noch weiter in einem besonderen Treueverhältnis zum Staat und seinem Führer steht und deshalb auch in gewissem Umfang noch weiterhin zur disziplinarischen Verantwortung gezogen werden kann.

Dies gilt **wegen aller Verfehlungen, die der Ruhestandsbeamte vor Eintritt in den Ruhestand, also als aktiver Beamter begangen hat.** Erhebliche Einschränkungen bestehen aber nach § 115 Abs. 2 für solche Ruhestandsbeamte, die vor dem 1. Juli 1937 in den Ruhestand getreten sind; s. näheres Anm. 3 zu § 115. Jedoch kommen auch, soweit die Einleitung möglich ist, hier nur schwerere Verfehlungen in Frage, da der Ruhestandsbeamte nach

§ 9 Abs. 1 Satz 1 nur mit Aberkennung oder Kürzung des Ruhegehalts, nicht aber mit einer geringeren Strafe bestraft werden kann. Das förmliche Dienststrafverfahren wegen eines Dienstvergehens, das er vor Eintritt in den Ruhestand begangen hat, darf also gegen ihn nur eingeleitet werden, wenn das Verfahren nach Ansicht der Einleitungsbehörde zur Aberkennung oder Kürzung des Ruhegehalts führen würde.

Wegen Verfehlungen z. B. sittlicher Natur, die in sog. Fortsetzungszusammenhang stehen und sowohl vor wie nach der Zurruhesetzung begangen sind, kann eine Verfolgung nur Platz greifen, soweit sie vor der Zurruhesetzung liegen; **a. M**, Breithaupt 80, der in solchen Fällen ein Einschreiten nicht mehr für zulässig hält, da die — zusammenhängende — Handlung erst nach dem Übertritt in den Ruhestand beendet, d. h. im strafrechtlichen Sinne „begangen" sei. RDStH. 29. 3. 39 (DVerw. **39** 574) nimmt dagegen an, daß bei einer fortgesetzten Handlung eine vor Eintritt in den Ruhestand begangene Tat schon dann vorliege, wenn der Beginn der fortgesetzten Handlung in die Zeit vor dem Eintritt in den Ruhestand falle. Ebenso Wittland 311.

Ein Dienststrafverfahren gegen einen Ruhestandsbeamten kommt natürlich nicht mehr in Frage, wenn er nach § 132 DBG. durch rechtskräftiges Strafurteil den Anspruch auf Ruhegehalt und Hinterbliebenenversorgung bereits verloren hat.

3. Man hat sich nicht entschließen können, für zulässig zu erklären, daß gegen den Ruhestandsbeamten wegen aller Verfehlungen, die er **während seines Ruhestandes begangen hat,** im förml. Dienststrafverfahren vorgegangen werden kann. Vielmehr ist die Einleitung des förml. Dienststrafverfahrens **nur für einen beschränkten Kreis** solcher Verfehlungen zulässig. Es muß sich handeln um Verstöße, die nach § 22 Abs. 1 Satz 2 DBG. als Dienstvergehen gelten, also um staatsfeindliche Betätigung, Verletzung der Amtsverschwiegenheit und unerlaubte Annahme von Belohnungen und Geschenken. RDStH. 28. 2. 39 DVerw. **40** 13. Eine weitere Beschränkung gilt auch bei diesen Verfehlungen. Wegen dieser darf nämlich das förml. Dienststrafverfahren nur dann eingeleitet werden, wenn sie so erheblich sind, daß mit Aberkennung oder Kürzung des Ruhegehalts zu rechnen ist. Bei dieser Rechtslage werden Dienststrafverfahren dieser Art wohl nicht oft vorkommen. Wegen anderer als der bezeichneten während des Ruhestandes begangenen Verfehlungen kann der Ruhestandsbeamte, selbst wenn wegen solcher eine strafgerichtliche Verurteilung stattgefunden hat, dienststrafrechtlich nicht verfolgt werden. RDStH. 3. 12. 37 RVerwBl. **59** 386.

Gegen Hinterbliebene (Witwen und Waisen) eines Beamten ist ein Dienststrafverfahren nicht zulässig. Es kann ihnen aber, wenn sie sich staatsfeindlich betätigt haben, nach § 136 DBG. die oberste Dienstbehörde die Versorgungsbezüge jeweils bis zur Dauer von zwei Jahren entziehen.

4. § 12 findet auf Beamte, die **nach § 4 BBG.** — wegen politischer Unzuverlässigkeit — entlassen sind, entsprechende Anwendung. § 115 Abs. 3.

Dasselbe gilt auch für solche Ruhestandsbeamte, die nach § 6 BBG. in den Ruhestand versetzt worden sind. PrOVG. **94** 245.

5. In allen Fällen des § 12 Satz 2 sind wie bei jedem förmlichen Verfahren vor dessen Einleitung **Vorermittlungen** nach den §§ 21 ff. notwendig. Behnke 213.

§ 13.

(1) Ist gegen den eines Dienstvergehens Beschuldigten wegen derselben Tatsachen die öffentliche Klage im strafgerichtlichen Verfahren erhoben, so kann ein Dienststrafverfahren zwar eingeleitet, es muß aber bis zur Beendigung des strafgerichtlichen Verfahrens ausgesetzt werden. Ebenso muß ein eingeleitetes Dienststrafverfahren ausgesetzt werden, wenn während seines Laufes die öffentliche Klage erhoben wird. Das Dienststrafverfahren kann fortgesetzt werden, wenn im strafgerichtlichen Verfahren aus Gründen nicht verhandelt werden kann, die in der Person des Beschuldigten liegen.

(2) Wird der Beschuldigte im strafgerichtlichen Verfahren freigesprochen, so kann wegen der Tatsachen, die Gegenstand der strafgerichtlichen Untersuchung waren, ein Dienststrafverfahren nur dann eingeleitet oder fortgesetzt werden, wenn diese Tatsachen, ohne den Tatbestand eines Strafgesetzes zu erfüllen, ein Dienstvergehen enthalten.

(3) Für die Entscheidung im Dienststrafverfahren sind die tatsächlichen Feststellungen des strafgerichtlichen Urteils bindend, wenn nicht das Dienststrafgericht einstimmig die wiederholte Prüfung der Tatsachen beschließt.

I.

1. **Es gibt eine große Gruppe von Dienstvergehen, die** sich nicht nur als reine Dienstverstöße darstellen, sondern **gleichzeitig die allgemeine Strafsphäre berühren.** Wenn ein Beamter Unterschlagungen im Amt vornimmt oder Fälschungen amtlicher Listen und Bücher bewirkt, so ist er nicht bloß dem Dienststrafrichter, sondern auch dem Strafrichter verfallen. Denn diese Verfehlungen verstoßen nicht nur gegen die Disziplin, sondern verletzen auch die außerhalb des Beamtenkörpers stehende Gemeinschaft. Das Strafgesetzbuch behandelt in den §§ 331 bis 359 die Verbrechen und Vergehen im Amte. Die dort abgehandelten Verfehlungen sind sämtlich auch Disziplinarvergehen, so daß nicht bloß der Staatsanwalt, sondern auch die vorgesetzte Dienstbehörde ein auf Bestrafung abzielendes Verfahren in die Wege leiten wird. In Fällen solcher Art kommt in Frage, *welcher Richter* — der Strafrichter oder der Dienststrafrichter — *den Beamten zunächst zur Rechenschaft zu ziehen* hat und ob und inwieweit der eine Richter an die Entscheidungen des anderen gebunden ist.

Ein Dienststrafverfahren kann nur dann nicht mehr in Frage kommen, wenn im Strafverfahren ein rechtskräftiges Urteil ergangen ist, das den Amtsverlust kraft Gesetzes nach sich zieht oder wenn sonst das Amtsverhältnis beendet worden ist; s. oben Anm. 6 zu § 8.

2. Im § 13 ist der Grundsatz enthalten, **daß der Strafrichter bei der Aburteilung des Beamten den Vorrang haben soll.** Erst soll das gerichtliche Strafverfahren erledigt werden, ehe wegen der nämlichen Tatsachen ein Dienststrafverfahren beendet wird. Es kann zwar eingeleitet werden, muß aber bis zur Beendigung des Strafverfahrens ausgesetzt werden. Ebenso muß ein bereits eingeleitetes Dienststrafverfahren ausgesetzt werden, wenn während seines Laufes die öffentliche Klage im strafgerichtlichen Verfahren erhoben wird. Die Verteidigung des Beschuldigten würde erheblich erschwert werden, wenn er sich wegen der gleichen Verfehlungen in zwei Untersuchungen gleichzeitig verantworten müßte. Zudem würden die Möglichkeit einer gleichzeitigen Vorladung von Zeugen sowie die Erhebung sonstiger Beweise in beiden Verfahren zu Verzögerungen und Beeinträchtigung der Sachaufklärung führen. Wittland 319; Reuß BeamtJahrb. **38** 125. Auch macht in manchen Fällen das Strafverfahren ein Dienststrafverfahren überflüssig. „Die Vorschriften des § 13 über den Vorrang des Strafverfahrens gelten, wie sich aus ihrer Stellung unter den „allgemeinen Vorschriften" ergibt, grundsätzlich auch für das Verfahren des Dienstvorgesetzten, werden aber, solange kein förmliches Verfahren eingeleitet ist, praktisch keine besondere Rolle spielen." Begr.

3. **Ist also gegen einen Beamten die öffentliche Klage erhoben (§ 170 Abs. 1 StPO.), so darf gegen ihn wegen derselben Tatsachen ein Dienststrafverfahren nicht durchgeführt werden.** Das eingeleitete Dienststrafverfahren ist auszusetzen entweder stillschweigend oder besser durch Kenntlichmachung in den Akten. Behnke 217. Ist aber keine strafgerichtliche Untersuchung anhängig, so kann die Dienststrafuntersuchung durchgeführt werden, bis der Strafrichter sich mit der Sache befaßt. Allerdings wird die Dienstbehörde in Fällen, in denen es sich um Verfehlungen handelt, die nach den allgemeinen Strafgesetzen zu ahnden sind, regelmäßig der Staatsanwaltschaft Mitteilung machen und das Dienststrafverfahren erst einleiten oder weiterführen, wenn das Strafverfahren rechtskräftig erledigt ist oder der Staatsanwalt ein Einschreiten abgelehnt hat. Wittland 319 ff; Behnke 185; Reuß BeamtJahrb. **38** 129.

Eine unbedingte Verpflichtung der Dienstbehörde, der Anklagebehörde sofort Kenntnis zu geben von einem unter die allgemeinen Strafgesetze fallenden Tatbestande, besteht nicht. Dies gilt nicht nur von solchen Straftaten, die nur auf Antrag verfolgt werden (§§ 61 ff., 194, 232 StGB.), sondern von allen strafbaren Handlungen. Denn an einer gesetzlichen Vorschrift, wonach ein solche Anzeigepflicht begründet wäre, fehlt es. So auch RG. **134** 168. Auch aus der allgemeinen Pflicht der öffentlichen Behörden, sich gegenseitig in der Beobachtung der Staatszwecke und der sinngemäßen Handhabung der Gesetze zu unterstützen, ist die Anzeigepflicht nicht herzuleiten. Welche Schritte der Dienstvorgesetzte tun will, wenn er von strafbaren Handlungen seiner Untergebenen erfährt, hängt von seinem pflichtmäßigen Ermessen ab.

RG. **134** 168. Daher wird eine wohlwollende und die Interessen der Allgemeinheit sowohl wie des einzelnen Beamten sorgfästig abwägende Verwaltung nur in solchen Fällen Anzeige beim Staatsanwalt erstatten, in denen das öffentliche Interesse eine Sühnung der Verfehlung auch im Wege des öffentlichen Strafverfahrens dringend erfordert, die Unterlassung der Anzeige in solchen Fällen also einen Erachtensmißbrauch darstellen würde. Hiernach muß von allen schweren Verfehlungen der Beamten, die in den Strafgesetzen mit empfindlichen Strafen bedroht sind, wie z. B. Unterschlagungen, Untreue, Urkundenfälschungen usw., der Staatsanwaltschaft unverzüglich ohne Rücksicht auf die persönlichen Verhältnisse des Beamten und seiner unschuldigen Familie, Mitteilung gemacht werden. Vorausgesetzt ist natürlich, daß hinreichender Verdacht der Täterschaft vorliegt. Liegt aber die Strafverfolgung des Beamten nicht im öffentlichen Interesse, erscheint vielmehr z. B. mit Rücksicht auf die Geringfügigkeit des Vergehens oder auf besondere, in der Jugend oder der Unerfahrenheit des Täters liegende Momente eine disziplinarische Bestrafung ausreichend, so kann die Behörde von der Anzeige absehen. Auch RG. **134** 168 nimmt an, daß zuweilen schon das Interesse der einem Behördenleiter unterstellten Verwaltung eine Nichtanzeige als geboten erscheinen lassen könne und daß auch eine billige Rücksichtnahme auf die Interessen des schuldigen Beamten den Dienstvorgesetzten unter Umständen veranlassen dürfe, von einer Anzeige abzusehen. Ähnlich RGSt. **73** 265 u. **71** 178 wo aber auch Fälle angeführt sind, in denen der Vorgesetzte im Hinblick auf § 257 StGB. ausnahmsweise zur Anzeige verpflichtet ist; zustimmend Klee ZetschrdAkfdR. **39** 650.

Auch das Dienststrafgericht hat, wenn im Laufe eines Dienststrafverfahrens der Verdacht einer strafbaren Handlung des Beschuldigten auftaucht, nicht die unbedingte Pflicht, der Staatsanwaltschaft Anzeige zu erstatten, um dem Strafverfahren seinen von Gesetz gewollten Vorrang vor dem Dienststrafverfahren zu wahren. RG. **134** 168, 169 läßt die Frage dahingestellt.

4. Wenn im Laufe eines Dienststrafverfahrens wegen der nämlichen Tatsachen die öffentliche Klage gegen den Beschuldigten erhoben wird (§ 170 Abs. 1 StPO.), so muß das bereits eingeleitete Dienststrafverfahren bis zur rechtskräftigen Erledigung des strafgerichtlichen Verfahrens ausgesetzt werden. Die Aussetzung des Dienststrafverfahrens kann in solchen Fällen natürlich nur erfolgen, wenn die Behörde Kenntnis von der Erhebung der öffentlichen Klage erlangt hat. Deshalb besteht nach der Vfg. des RM. d. Justiz v. 21. 2. 35 (DJ. 807) §§ 18—20 (vgl. auch § 29 a u. b in der Fassg. v. 21. 2. 38 DJ. 286) eine umfassende **Mitteilungspflicht der Staatsanwaltschaft.**

Erscheinen gegen den beschuldigten Beamten (Beamtenanwärter usw.) alsbaldige Maßnahmen im Wege der Dienstaufsicht geboten oder kommen in einem Strafverfahren hinsichtlich der in Abs. 1 genannten Beamten Umstände zur Kenntnis der am Strafverfahren beteiligten Justizbehörden, die die Achtung und das Vertrauen berühren, die der Beamtenberuf erfordert, oder deren Kenntnis für die vorgesetzte Behörde des Beamten sonst von Bedeutung ist, so ist dieser ohne Rücksicht auf den Stand des Verfahrens Mitteilung zu machen.

Wird gegen einen im Ruhestand befindlichen Beamten auf eine Strafe erkannt, die bei Eintritt der Rechtskraft nach § 132 DBG. den Verlust des Anspruchs auf Ruhegehalt und Hinterbliebenenversorgung zur Folge hat, so ist davon umgehend der letzten vorgesetzten Dienstbehörde des Verurteilten Mitteilung zu machen. Ebenso ist dieser demnächst der Eintritt der Rechtskraft mitzuteilen. Solche Mitteilung wird wegen § 136 DBG. auch dann zu machen sein, wenn gegen Witwen oder Waisen eines Beamten, die versorgungsberechtigt sind, ein Strafurteil wegen staatsfeindlicher Betätigung ergangen ist.

Über die Mitteilungspflicht von Verfehlungen eines Beamten, die sich in anderen gerichtlichen Verfahren als wie in Strafsachen herausstellen, s. oben S. 63.

5. Das Dienststrafverfahren kann aber **nach § 13 Abs. 1 Satz 3** fortgesetzt werden, wenn im strafgerichtlichen Verfahren aus Gründen nicht verhandelt werden kann, die in der Person des Beschuldigten liegen, z. B. weil er abwesend, etwa flüchtig oder verhandlungsunfähig ist u. dgl.

6. Ist die öffentliche Klage (§ 170 Abs. 1 StPO.) nicht erhoben, so kann der Dienststrafrichter die strafbare Handlung aburteilen, ohne zur Aussetzung gezwungen zu sein. Dies gilt auch dann, wenn das schwebende Strafverfahren auf Grund eines Amnestiegesetzes eingestellt worden ist. Denn ein Dienststrafverfahren kann eingeleitet und durchgeführt werden, auch ohne daß ein vorhergehendes Strafverfahren durch rechtskräftiges Urteil abgeschlossen ist.. Dasselbe gilt, wenn der Beamte die Wiederaufnahme des Strafverfahrens betreiben will und nicht anzunehmen ist, daß es zur Wiederaufnahme kommen wird. RDisH. v. 2. 12. 29 Foerster-Simons 271; RDisH. v. 9. 4. 30 JW. **31** 1712.

7. Die Erhebung der öffentlichen Klage, die zur Aussetzung des Dienststrafverfahrens führt, erfolgt nach dem § 170 Abs. 1 StPO. Die öffentliche Klage wird erhoben durch einen Antrag der Staatsanwaltschaft auf Eröffnung der gerichtlichen Voruntersuchung oder durch Einreichung einer Anklageschrift bei Gericht. Es ist nicht wie früher erforderlich, daß die Voruntersuchung oder das Hauptverfahren eröffnet worden ist (§§ 184, 203 StPO.). Ein bloßes Ermittlungsverfahren der Polizei oder der Staatsanwaltschaft zwingt aber nicht zur Aussetzung des Dienststrafverfahrens. RDisH. v. 13. 1. 31 DJZ. **31** 962; Behnke 217; **a. M.** Bethke PrVBl. **43** 193. Dasselbe gilt vom Privatklageverfahren und dem Verfahren auf Erlaß eines amtsrichterlichen Strafbefehls. Reuß BeamtJahr. **38** 129. Die Aussetzung erfolgt regelmäßig durch Verfügung der Einleitungsbehörde und nach Einreichung der Anschuldigungsschrift bei der Dienststrafkammer durch diese. Die Aussetzung kann aber auch durch tatsächliche Unterlassung weiterer Verfolgungsmaßnahmen bewirkt werden; s. auch Reuß BeamtJahrb. **38** 130.

Über die Frage, ob und wann ein Dienststrafverfahren gegen einen Beamten, der Parteigenosse ist, auszusetzen ist, wenn wegen derselben Verfehlung ein Parteigerichtsverfahren schwebt, s. oben Vorbem. II Nr. 6 vor § 1.

Wegen der Mitteilungen in Dienststrafsachen gilt auch jetzt noch die V. des RJM. v. 25. 3. 35 (DJ. S. 479) mit Zusatz v. 24. 6. 37 (DJ. 990) zu VI betr. Mitteilung an den Stellvertreter des Führers bei Beamten, die Mitglieder der NSDAP. sind.

8. Eine **vorläufige Dienstenthebung** mit oder ohne Einbehaltung eines Teils der Dienstbezüge ist auch während Schwebens einer strafgerichtlichen Untersuchung zulässig und häufig. Jedoch muß nach § 78 das förmliche Dienststrafverfahren eingeleitet sein oder eingeleitet werden.

9. Wird das eingeleitete und infolge des Strafverfahrens ausgesetzte förml. Dienststrafverfahren nicht fortgesetzt, sondern gemäß § 52 eingestellt, so sind die **Kosten** des Verfahrens dem Beschuldigten ganz oder teilweise aufzuerlegen, wenn die Einstellung aus den Gründen des § 52 Abs. 1 Nr. 3—5 u. Abs. 2 Satz 3 erfolgt und nach dem Ergebnis der Untersuchung die Verhängung einer Dienststrafe gerechtfertigt gewesen wäre. § 98 Abs. 2.

II. Die Bedeutung der strafgerichtlichen Freisprechung.

1. Ist ein Beamter vom ordentlichen Strafrichter rechtskräftig **freigesprochen,** so kann ein Dienststrafverfahren — und zwar sowohl ein förml. wie ein Dienststrafverfahren des Dienstvorgesetzten — wegen der zum Gegenstand der strafgerichtlichen Untersuchung gemacht gewesenen Tatsachen nur insofern eingeleitet oder fortgesetzt werden, als diese Tatsachen an sich, ohne den Tatbestand eines Strafgesetzes zu erfüllen, ein Dienstvergehen enthalten. Unter „Tatbestand" ist der gesamte geschichtliche Vorgang zu verstehen, der mit der dem Beschuldigten vorgeworfenen strafbaren Handlung im Zusammenhang steht, gleichgültig, wie der Eröffnungsbeschluß oder die Urteilsgründe des Strafrichters die Tat tatsächlich und rechtlich beurteilt haben. RDisH. 4. 4. 32 Foerster **1933** 132 ff.; RuPrVBl. **53** 873; PrOVG. **61** 443; **93** 232. Ist also der Beamte im Strafverfahren von der Anklage des Diebstahls freigesprochen, so kann er im Dienststrafverfahren nicht deshalb verurteilt werden, weil er sich durch jenen Vorgang der Unterschlagung oder Hehlerei schuldig gemacht habe. PrDisHfnichtrB. 12. 3. 23 Amtl. Sammlg. 7 = PrVBl. **45** 471.

Das Gesetz will verhindern, daß im Falle der Freisprechung durch den Strafrichter zwei richterliche Behörden in demselben Fall entgegengesetzt endgültig Recht sprechen. Dabei ist es gleichgültig, ob der Strafrichter die der Anklage zugrunde liegenden Tatsachen für widerlegt oder nur für nicht erwiesen erachtet hat oder endlich ob er freigesprochen hat, weil er die Zurechnungsfähigkeit verneint oder andere Strafausschließungsgründe, z. B. Notwehr für vorliegend erachtet hat. Die Einstellung wegen Verjährung ist aber für den Dienststrafrichter nicht bindend, da es im Dienststrafrecht keine Verjährung gibt und die Einstellung der Freisprechung nicht gleichsteht; s. unten Anm. 6.

2. Hiernach kann wegen **derjenigen** Tatsachen, die zwar im Strafverfahren erörtert sind, die **aber nicht zum gesetzlichen Tatbestand** der strafbaren den Gegenstand der Strafuntersuchung bildenden Handlung gehören, ohne Einschränkung ein Dienststrafverfahren eingeleitet oder fortgesetzt werden. Es hat also die Einleitungsbehörde auch im Falle der Freisprechung zu prüfen, ob ein Dienststrafverfahren einzuleiten oder ob ein etwa bereits eingeleitetes fortzuführen oder einzustellen sei. Wittland BeamtJahrb. **33** 59. Ist also z. B. ein Beamter wegen Diebstahls angeklagt gewesen, aber freigesprochen worden, so kann, wenn sich etwa im Strafverfahren ergeben hat, daß der Beamte in anrüchigen Lokalen und in schlechter Gesellschaft verkehre, wegen dieses unwürdigen Verhaltens, das zum Tatbestande des Diebstahls nicht gehört, disziplinarisch gegen ihn eingeschritten werden.

3. Soweit es sich aber um **Tatsachen** handelt, die **zum gesetzlichen Tatbestand eines Vergehens**, d. h. zu den im Strafgesetz aufgestellten Merkmalen dieses Vergehens gehören, so können diese Tatsachen nach erfolgter Freisprechung nur dann Anlaß zu einer Dienststrafuntersuchung geben, wenn sie unabhängig von einem strafrechtlichen Vergehenstatbestand ein Dienstvergehen darstellen. Die Würdigung des Dienststrafrichters darf also nicht zu Feststellungen führen, die auf das durch den Freispruch des Strafrichters endgültig abgeschlossene Gebiet strafrechtlicher Würdigung hinüber greifen würde. Diese Schranke kann nicht durch einen — auch einem freisprechenden strafgerichtlichen Urteil gegenüber möglichen — Beschluß gemäß § 13 Abs. 3 RDStO. beseitigt werden. RDStH. 10. u. 14. 2. 39 E. **2** 83 u. 91; Behnke 230. Ist z. B. ein Beamter lediglich wegen Unterschlagung amtlicher Gelder angeklagt gewesen und von dieser Anklage rechtskräftig freigesprochen, so kann ein Dienststrafverfahren zwar nicht wegen der Unterschlagungen, wohl aber wegen unordentlicher Kassen- und Buchführung, wegen fahrlässiger und unvorschriftsmäßiger Aufbewahrung von amtlichen Geldern oder sonstiger Ordnungswidrigkeiten oder weil er sich schuldhaft den Verdacht einer strafbaren Handlung zugezogen hatte, eingeleitet oder forsgeführt werden. RDisH. 20. 2. 34 Foerster 1935 S. 129; RDStH. 10. u. 14. 2. 39 E. **2** 83 u. 91. Ferner kann z. B. ein Beamter, der von der Anklage der vorsätzlich falschen Beurkundung aus § 348 StGB, freigesprochen ist, im Dienststrafverfahren wegen fahrlässig falscher Beurkundung bestraft werden. RDisH. v. 22. 6. 24 Schulze-Simons 406. Ferner ist Bestrafung wegen Täuschung zulässig trotz Freispruchs von der Anklage des Betruges. RDisH. v. 7. 5. 12 und 30. 1. 23 Schulze-Simons 402, 104. Auch kann z. B. ein wegen Vornahme unzüchtiger Handlungen mit Schülerinnen angeklagter, aber freigesprochener Lehrer disziplinarisch bestraft werden, wenn diese Handlungen zwar nicht unzüchtig, wohl aber für unangemessen und anstößig gehalten werden. Ein von der Anklage des Hausfriedensbruchs oder der

Beleidigung freigesprochener Beamter kann disziplinarisch nicht wegen dieser Vergehen, wohl aber wegen des Lärms und des sonstigen unangemessenen oder taktlosen Verhaltens, das er bei dem Vorfall bewiesen hat, bestraft werden. Ein wegen sinnloser Trunkenheit vom Strafrichter freigesprochenen Beamter kann vom Dienststrafrichter verurteilt werden, weil er sich in diesen Zustand versetzt hat. RDisH. v. 10. 7. 05 Schulze-Simons 399.

Tatsächliche Feststellungen eines strafgerichtlichen Urteils sind also nur insoweit bindend, als sie sich auf die gesetzlichen Tatbestandsmerkmale einer strafbaren Handlung beziehen. Feststellungen des Strafgerichts über Nebenumstände oder sonstige die Entscheidung nicht tragende Tatsachen binden das Dienststrafgericht nicht. Denn die Bestimmungen über die Bindung der Dienststrafgerichte an strafgerichtliche Feststellungen sind eng auszulegen und dürfen nicht weiter ausgedehnt werden, als es ihr Zweck unbedingt erfordert. RDStH. 19. 4. 39 RVerwBl. **60** 547 = Deutsch. Verw. **39** 558 = E. **2** 88.

Ist ein Strafverfahren wegen einer fortgesetzten strafbaren Handlung eröffnet und hernach der Beschuldigte rechtskräftig freigesprochen, so muß im Dienststrafverfahren davon ausgegangen werden, daß er wegen einer Gesamtheit von Handlungen freigesprochen ist. Die Rechtskraft des Freispruchs wegen einer fortgesetzten Handlung umfaßt aber nur die Fälle, die in der Anklage oder Hauptverhandlung vorgebracht und Gegenstand des Urteils geworden sind. Eine disziplinarische Verurteilung wegen eines weiteren, damals nicht erörterten Falles aus dem rechtlichen Gesichtspunkt der Einzeltat ist also noch zulässig.

4. Auch einen **anderen straf**rechtlichen Tatbestand als den im Strafurteil verneinten, darf der Dienststrafrichter nicht feststellen. Reuß BeamtJahrb. **38** 133. Ist aber im Strafverfahren Anklage wegen zweier, miteinander in Tateinheit stehender Straftaten, z. B. wegen Betruges in Tateinheit mit Urkundenfälschung erhoben, eine Verurteilung aber nur unter dem rechtlichen Gesichtspunkt des Betruges erfolgt, so kann der Dienststrafrichter mangels Freisprechung den rechtlichen Tatbestand der Urkundenfälschung feststellen. PrDisHfnichtrB. v. 24. 11. 24 Amtl. Samml. 20 = PrVBl. **46** 391; Behnke 220 ff. Ebenso ist in Fällen, wo der Strafrichter nur das eine zur Bestrafung erforderliche Merkmal der Arglist unter der Mehrheit der Merkmale verneint und deshalb freigesprochen hat, eine Untersuchung und Aburteilung der Tat nach ihrer Strafbarkeit als Verstoß gegen die Dienststrafgesetze nicht ausgeschlossen. Dagegen ist ein Dienststrafverfahren dann nicht zulässig, wenn der Strafrichter den Sachverhalt zu Unrecht nicht unter ein richtigerweise anwendbares Strafgesetz einreihen zu können glaubte. Reuß BeamtJahrb. **38** 271, 272.

Der Dienststrafrichter muß auch freisprechen, wenn der Beamte im Strafverfahren mangels Zurechnungsfähigkeit freigesprochen ist. RDisH. v. 24. 3. 19 Schulze-Simons 396, es sei denn, daß der Beamte sich schuldhaft in diesen Zustand versetzt hat. Behnke 221, 222. Er muß ferner auch freisprechen, wenn der Strafrichter auf Grund des § 193 StGB. freigesprochen hat, obwohl diese Vorschrift nach allgemeiner Ansicht im Dienststrafverfahren keine Anwendung findet (s. oben S. 84); Reuß BeamtJahrb. **38** 272.

5. Das Dienststrafgericht kann nur dann die Tatsachen, die an sich und ohne Beziehung zu dem Tatbestand der den Gegenstand der strafgerichtlichen Untersuchung bildenden strafbaren Handlung ein Dienstvergehen enthalten, **abweichend von den Feststellungen des freisprechenden strafgerichtlichen Urteils beurteilen,** wenn es **einstimmig** die Nachprüfung beschließt. Abgesehen hiervon sind aber für die Entscheidung im Dienststrafverfahren die tatsächlichen Feststellungen des freisprechenden Urteils bindend. Denn Abs. 3 § 13 bezieht sich nicht bloß auf verurteilende, sondern auch auf freisprechende Strafurteile. So auch RDStH. 24. 11. 37 RVerwBl. **59** 318 = E **1** 112; Behnke 226. Dies gilt übrigens auch für das Dienststrafverfahren des Dienstvorgesetzten; auch er darf von der tatsächlichen Feststellung des Strafrichters nicht abweichen. Wittland BeamtJahrb. **37** 63. Selbstverständlich können die Tatsachen, die zum Tatbestand der den Gegenstand der strafgerichtlichen (mit Freisprechung endenden) Untersuchung bildenden strafbaren Handlung gehören, niemals nachgeprüft werden; denn § 13 Abs. 2 ist für freisprechende Strafurteile gegenüber dem § 13 Abs. 3 eine Sondervorschrift. Reuß BeamtJahrb. **38** 272; RDStH. 4. 3. 38 RVerwBl. **59** 862. Es errichtet also der Freispruch im Strafverfahren für den Dienststrafrichter eine unüberschreitbare Grenze. Er kann nicht auf Grund eines Beschlusses gemäß § 13 Abs. 3 zu Feststellungen kommen, die auf das durch den Freispruch des Strafrichters endgültig abgeschlossene Gebiet strafrechtlicher Würdigung hinübergreifen würde. RDStH. 10. 2. 39 RVerwBl. **60** 505 = DeutschVerw. **39** 375.

6. **Der Freisprechung steht nicht gleich** ein Beschluß des Strafgerichts, durch den das Verfahren eingestellt oder die Eröffnung des Hauptverfahrens abgelehnt oder der Beschuldigte außer Verfolgung gesetzt wird. RDisH. v. 21. 4. 26 u. 17. 10. 28 Foerster-Simons 265, 266; 6. 1. 36 Foerster 1937 116; Behnke 220; PrOVG. **97** 245; a. M. RDisH. Schulze-Simons 431; Foerster 1935 S. 127 u. 1936 S. 129. Ebensowenig gehört hierher die Einstellung des Strafverfahrens durch die Staatsanwaltschaft oder das Strafgericht etwa wegen Nichtvorliegens einer strafbaren Handlung oder wegen Verjährung (RDStH. 27. 4. 38 E. **1** 123) oder wegen einer sich auf die Straftat erstreckenden Amnestie; vgl. RDisH. v. 13. 1. 31 Foerster-Simons 267; RDisH. 6. 1. 36 Foerster 1937 S. 116; 11. 12. 36, 25. 1. u. 5. 4. 37 Foerster 1937 I S. 113; 1937 II S. 7 u. 70 Foerster 1937 II Anm. S. 72; BeamtJahrb. **38** 133. Denn das Gesetz spricht nur von den Fällen, in denen der Beschuldigte freigesprochen ist, die Sache also durch Urteil und nicht bloß durch Beschluß erledigt ist. Bei der Ausnahmenatur der Vorschrift ist eine einschränkende Auslegung am Platze. In dem Strafverfahren erfolgt ja auch bei Einstellungen auf Grund von Amnestien in der Regel keine erschöpfende Würdigung des Sachverhalts, vielmehr eine Würdi-

gung nur insoweit, daß die Voraussetzungen für die Einstellung nach den Amnestiegesetzen festgestellt werden; zudem hat der Beschuldigte bei der gedachten Einstellung des Verfahrens weder die Möglichkeit der Revision noch eines Wiederaufnahmeantrages. So RDStH. v. 2. 11. 37 DVerw. **39** 24 = E. **1** 121; 24. 11. 37 u. 14. 11. 38 RVerwBl. **59** 318 = E. **1** 110 u. RVerwBl. **60** 174 gegen Wittland 330 Anm. 31 zu § 13 RDStO. Deshalb ist in Fällen dieser Art, in denen das Strafverfahren durch Beschluß abgeschlossen ist, der Dienststrafrichter bei seiner Entscheidung völlig unabhängig; s. auch unten III 3. Ein strafrechtlich strafloser Mundraub kann disziplinarisch geahndet werden. RDisH. v. 23. 11. 26 Foerster-Simons 261.

Ob die Freisprechung erst im strafgerichtl. Wiederaufnahmeverfahren erfolgt ist, ist unerheblich. Auch eine solche Freisprechung fällt unter § 13 Abs. 2. RDisH. v. 6. 6. 28 Foerster-Simons 265; Wittland 325.

Legt also die Anschuldigungsschrift ausdrücklich dem Beschuldigten nur das strafgerichtliche Vergehen zur Last und erfolgt wegen dieses im strafgerichtl. Wiederaufnahmeverfahren Freisprechung, so ist das Dienststrafverfahren wegen Nichtvorhandenseins einer dienststrafrechtlich verfolgbaren Tat einzustellen. RDStH. 8. 6. 38 RVerwBl. **59** 968 = Deutsche Verw. **38** 759 = E. **1** 127.

7. Der Freisprechung steht ferner nicht gleich eine, wenn auch völlige **Begnadigung** des im Strafverfahren Verurteilten. Der Dienststrafrichter ist daher bei Begnadigungen an das Strafurteil nur in demselben Umfange gebunden, wie an jedes andere zur Verurteilung des Beamten gelangende Erkenntnis.

8. Stellen sich nach der Freisprechung im Strafverfahren im Dienststrafverfahren **neue Tatsachen** heraus, die im Strafverfahren noch nicht erörtert sind, so ist der Dienststrafrichter in ihrer Würdigung frei. Können diese neuen Tatsachen die Wiederaufnahme des Verfahrens nach § 362 StPO. rechtfertigen, so ist das weitere Verfahren dem Strafgerichte zu überlassen. Spricht dies wiederum frei, so ist nunmehr der Dienststrafrichter auch bezüglich der neuen Tatsachen an die Schranken des § 13 Abs. 2 und 3 gebunden.

9. Wird das Strafverfahren bei Abwesenheit oder Geisteskrankheit des Angeschuldigten **vorläufig eingestellt** (§ 205 StPO.), so ist das Strafverfahren zwar noch nicht endgültig abgeschlossen; es kann aber nach § 13 Abs. 1 Satz 3 das Dienststrafverfahren fortgesetzt werden, da die Gründe, die den Fortgang des strafgerichtlichen Verfahrens ausschließen, in der Person des Beschuldigten liegen. So auch Behnke 218. Ist aber der Beamte erst nach Begehung des Dienstvergehens geisteskrank oder sonst verhandlungsunfähig geworden, so kann das Dienststrafverfahren gemäß § 15 erst nach Bestellung eines Pflegers fortgesetzt oder neu eingeleitet werden. Bei vorläufiger Einstellung des Strafverfahrens wegen Geisteskrankheit des Beamten kann auch die Einleitung des Zwangspensionierungsverfahrens (§ 75 DBG.) in Frage kommen.

Wenn der Beamte später wieder gesund wird, so kann das Strafverfahren wieder aufgenommen werden; es müßte dann das Dienststrafverfahren, wenn es noch nicht rechtskräftig abgeschlossen ist, ausgesetzt werden, wenn die öffentliche Klage im strafgerichtlichen Verfahren bereits erhoben war. Führt dann das Strafverfahren zu einer so erheblichen Strafe, daß in einem nachfolgenden Dienststrafverfahren mit Entfernung aus dem Dienst oder mit Aberkennung des Ruhegehalts gerechnet werden könnte, so würde die bereits erfolgte Zwangspensionierung nicht hinderlich sein; denn nach § 12 Satz 2 kann auch gegen einen Ruhestandsbeamten wegen solcher Handlungen, die er vor dem Eintritt in den Ruhestand begangen hat, ein Dienststrafverfahren eingeleitet oder fortgesetzt werden. Es empfiehlt sich in solchen Fällen das Zwangspensionierungsverfahren schleunigst durchzuführen, um dem Beamten nicht unnötig lange die vollen Dienstbezüge weiter zahlen zu müssen. Es könnte dann dem Beamten das Ruhegehalt im Dienststrafverfahren genommen werden.

III. Die Bedeutung der strafgerichtlichen Verurteilung.

1. Ist im Strafverfahren eine rechtskräftige **Verurteilung** ergangen, die den Amtsverlust nicht zur Folge gehabt hat (s. S. 145), so entscheidet die Einleitungsbehörde (s. § 29) darüber, **ob im dienstlichen Interesse ein Dienststrafverfahren einzuleiten oder fortzusetzen sei.** Auch wenn ein nur auf Einstellung des Verfahrens infolge Verjährung oder Nichtstellung des Strafantrags lautendes Urteil ergangen ist, hat die Einleitungsbehörde diese Prüfung vorzunehmen. Stellt sie das etwa eingeleitete Verfahren ein, so gibt es dagegen, abgesehen von der allgemeinen zulässigen Dienstaufsichtsbeschwerden, keine Beschwerde; auch ist es nicht zulässig, die einstellende Verfügung wieder aufzuheben. Wittland BeamtJahrb. **33** 60. Die Prüfung hat auch zu erfolgen, wenn infolge einer Amnestie das Strafurteil nicht rechtskräftig geworden oder das Strafverfahren eingestellt ist. Auch dann ist die Prüfung vorzunehmen, wenn ein Beamter zwar der Beleidigung für schuldig, aber gemäß § 199 StGB, für straffrei erklärt worden ist.

2. Früher war streitig, **ob der Dienststrafrichter an die Feststellungen des Strafrichters in tatsächlicher wie in rechtlicher Beziehung im Falle der strafgerichtlichen Verurteilung gebunden ist oder nicht.**

Die Streitfrage war von der größten praktischen Bedeutung, da in zahlreichen Fällen dem Dienststrafverfahren ein Strafverfahren vorangeht, das zur Verurteilung des Beamten führt und den Amtsverlust nicht kraft Gesetzes zur Folge hat. Ist der Dienststrafrichter an die Feststellungen des Strafrichters gebunden, so hat er nur zusätzlich zu der im Strafverfahren erkannten Strafe eine Dienststrafe zu verhängen, ohne daß er genötigt und berechtigt wäre, in eine erneute Prüfung des Sachverhalts einzutreten. In diesem Falle wird sich daher das Dienststrafverfahren sehr einfach und glatt abwickeln, bietet aber auch dem Beamten keine Möglichkeit, einen etwaigen Fehlspruch des Strafrichters wenigstens im Dienststrafverfahren zu beseitigen. Neue Behauptungen und neue Beweisaufnahmen kommen nicht in Betracht. Ist dagegen der Dienststrafrichter in der Beurteilung des Sachverhalts völlig unabhängig vom Strafrichter, so ist er berechtigt und verpflichtet, den dem Strafverfahren zugrunde liegenden Sachverhalt — gegebenenfalls nach erneuter Beweisaufnahme — selbständig zu prüfen und zu erörtern. Die Streitfrage ist jetzt durch Abs, 3 § 13 im Sinne der Bindung in tatsächlicher Beziehung entschieden; die Bindung greift aber nicht Platz, wenn das Dienststrafgericht **einstimmig** die Nachprüfung beschließt. Der Beschluß ist mit der Beschwerde nicht anfechtbar, muß aber diejenigen objektiven und subjektiven Tatbestandsmerkmale genau bezeichnen, die das Dienststrafgericht abweichend vom Strafrichter nicht für dargetan erachtet. RDStH. 19. 7. 38 bei Behnke 231, Der Beschluß braucht aber in der Hauptverhandlung nicht besonders bekannt gegeben zu werden, um dem Beschuldigten Gelegenheit zur Stellungnahme zu geben. Es genügt, wenn er bei der Urteilsverkündung mitgeteilt wird. RDStH. 25. 9. 38 bei Behnke 231. Die Beschlußfassung ist für jede Instanz besonders erforderlich. Behnke 231, 232,

Es kann also, wenn nicht der einstimmige Beschluß zur Nachprüfung gefaßt ist, das Dienststrafgericht nicht etwa nach seiner freien Überzeugung beurteilen, welche tatsächlichen Feststellungen zu treffen sind. Es darf auch regelmäßig nicht etwa neue Beweiserhebungen veranstalten, um vielleicht zu einer anderen Feststellung zu kommen als der Strafrichter. Dies gilt selbst dann, wenn es die Feststellungen des Strafrichters, insbes. seine Beweiswürdigung für verfehlt hält. Es muß also regelmäßig die Feststellungen des Strafrichters, soweit sie tatsächlicher Art sind, seiner Entscheidung ohne weitere Nachprüfung zugrunde legen.

Trotz der Bindung muß aber nach § 58 Abs, 2 dem Beschuldigten Gelegenheit gegeben werden, sich zu den Anschuldigungspunkten zu äußern, Behnke 229.

Bei der jetzt im Gesetz vertretenen Rechtsauffassung, daß die Bindung die Regel sein müsse, sind in den meisten Fällen die praktischen Unzuträglichkeiten beseitigt, die sich daraus ergeben, daß ein vom ordentlichen Strafrichter etwa mit Gefängnis bestrafter Beamter nach seiner Freisprechung im Dienststrafverfahren in alle Ehren seines Amtes wieder eingesetzt wird.

Diese Unzuträglichkeiten wiegen im heutigen Autoritätsstaat recht schwer. Das Ansehen des Staates leidet, wenn ein schwer bestrafter Beamter wieder Dienst tut. Auch sind zwei verschiedene Urteilssprüche in derselben Angelegenheit, die beide rechtskräftig sind, sehr unerwünscht; auch hierdurch wird die Autorität des Staates erschüttert. Begr. Es wäre daher richtig gewesen, die Bindung des Dienststrafrichters an die rechtskräftigen Entscheidungen des Strafrichters ganz allgemein ohne Ausnahme einzuführen.

Leider hat man nun aber, wie vorbemerkt, den Grundsatz der Bindung dadurch durchbrochen, daß jederzeit bei Einstimmigkeit des Dienststrafgerichts die Nachprüfung des ganzen Sachverhalts auch in tatsächlicher Beziehung für zulässig erklärt wird. Ein Beschluß ist nur dann einstimmig, wenn die Zweifel der Mitglieder des Dienststrafgerichts an der Richtigkeit der strafgerichtlichen Tatsachenfeststellung sich übereinstimmend auf denselben Teil der tatsächlichen Feststellungen beziehen, welche die Entscheidung des Strafgerichts tragen; dies ist in den Urteilsgründen (§ 65) zum Ausdruck zu bringen. DurchfB. zu § 13. Bei den nur mit 3 Mitgliedern besetzten Dienststrafkammern wird sich eine Einstimmigkeit in der Regel leicht erzielen lassen. Die Folge wird sein, daß in nicht seltenen Fällen das Gericht sich für nicht gebunden an die tatsächlichen Feststellungen des Strafrichters erklärt und dann oft in neue Ermittlungen eintreten, jedenfalls aber zu abweichenden Feststellungen kommen wird. Es treten dann die oben gekennzeichneten unliebsamen Folgen ein, wenn das Dienststrafgericht im Gegensatz zum Strafgericht freispricht. Die Staatsautorität leidet Schaden. Auch die Einheitlichkeit der Rechtsprechung wird gestört und eine neue Beweisaufnahme vor den Dienststrafgerichten hat bei der Länge der vergangenen Zeit geringeren Wert als die bald nach der Tat vom ordentlichen Strafgericht aufgenommenen Beweise. Dies hätte dadurch verhindert werden sollen, daß die ausnahmslose Bindung des Dienststrafrichters an die tatsächlichen Feststellungen und an die rechtliche Beurteilung des Strafrichters in das Gesetz aufgenommen worden wäre. Man kann nur hoffen, daß Fälle, in denen der Dienststrafrichter von den tatsächlichen Feststellungen des Strafrichters abweicht, nur dann vorkommen werden, wenn neue Tatsachen bekannt werden, auf Grund deren die strafgerichtlichen Feststellungen anfechtbar erscheinen. Im übrigen muß sich die Einstimmigkeit auf die das Strafurteil tragenden Feststellungen und nicht etwa nur auf Nebenumstände erstrecken. Behnke 231.

Zu den tatsächlichen Feststellungen des Strafrichters gehören auch seine Feststellungen über die Vorgeschichte oder Nebenumstände der abgeurteilten Straftat; a. M. Behnke 228, 229. Auch der Schuldausschließungsgrund, den der Strafrichter gemäß § 51 StGB. festgestellt hat, sowie andere Schuld- und Strafausschließungsgründe sind für den Dienststrafrichter bindend. RDisH. 25. 6. 35 Foerster 1936 S. 128. Auf die bindende Kraft des Strafurteils hat ein zur Zeit der dienststrafrechtlichen Verurteilung wegen Geisteskrankheit des Beschuldigten schwebendes Entmündigungsverfahren keinen Einfluß. RDisH. 25. 6. 34 Foerster 1935 Nr. 126. Die Bindung tritt auch dann ein, wenn das Strafurteil in der Form des § 267 Abs. 4 StPO. durch bloße Bezugnahme auf den Eröffnungsbeschluß ergangen ist. RDisH. 8. 7. 24 u. 18. 2. 25 Schulze-Simons 384. In diesen Fällen läßt aber RDisH. 27. 1. 26 Foerster-Simons 256 zu, daß eine Ergänzung des strafgerichtlich festgestellten Sachverhalts durch den Dienststrafrichter erfolgt.

Endlich erstreckt sich die Bindung auch auf die Urteile der Sondergerichte. RDisH. 10. 7. 34 Foerster 1635 S. 128; RDisH. 22. 4. 36 ZBR. **4** 175; RDStH 25. 1. 39 E. **2** 147.

3. Die Bindung des Dienststrafrichters entfällt dadurch, daß das Strafgericht mit Rücksicht auf ein Amnestiegesetz von einer **Bestrafung abgesehen und das Verfahren eingestellt hat**. Dies gilt auch dann, wenn der Strafrichter schon auf Grund mündl. Verhandlung einen strafrechtlichen Tatbestand festgestellt hat. War das Strafverfahren schon vor der mündl. Verhandlung auf Grund der Amnestie eingestellt, so kommt eine Bindung erst recht nicht in Frage. RDisH. 26. 6. 34 Foerster 1935 S. 127; RDisH. 11. 12. 36 ZBR. **8** 36; RDStH. 24. 11. 37 RVerwBl. **59** 318; Dienststraff. RG. 14. 12. 38 ZBR. **9** 193; Wittland 330; Behnke 226; Wittmack ZBR. **7** 224 ff.; Reuß BeamtJahrb. **38** 274; Busse BeamtJahrb. **38** 279 ff.; RDStH. v. 2. u. 24. 11. 37 bei Busse BeamtJahrb. **38** 274; RDStH. 24. 4. 38 DVerw. **39** 152 verneint ganz allgemein die Bindung im Falle der Einstellung auf Grund eines Straffreiheitsgesetzes; s. auch RDStH. 15. 6. 38 E. **1** 180; s. auch oben S. 165.

Allerdings kann neuerdings, z. B. nach der 2. DurchfVdg. zum Straffreiheitsges. v. 30. 4. 38 der Angeklagte die Einstellung verhindern und in einem sogen. Reinigungsverfahren die Fortführung des Strafverfahrens herbeiführen; eine Einstellung nach durchgeführtem Reinigungsverfahren auf Grund einer Amnestie führt aber ebenfalls nicht zur Bindung des Dienststrafrichters, mag auch hier die Schuldfrage erschöpfend festgestellt sein. Reuß a. a. O. will ebenfalls Bindung nur bei Verurteilung oder Freispruch, nicht aber bei Einstellung im Reinigungsverfahren zulassen. Behnke 226 f. verneint ebenfalls die Bindung bei allen Einstellungsurteilen, auch wenn sie im sogen. Reinigungsverfahren ergangen sind. Eine Bindung ist aber jedenfalls dann gegeben, wenn nur der Schuldspruch rechtskräftig geworden, das noch über das Strafmaß schwebende strafgerichtliche Verfahren aber auf Grund Amnestiegesetzes nachträglich eingestellt ist. RDisH. 12. 11. 35 Foerster 1936 S. 129; Behnke 227.

§ 13 Abs. 3 findet ferner keine Anwendung, wenn die Bestrafung nicht durch strafgerichtliches Urteil, sondern durch einen gerichtlichen endgültigen Strafbefehl erfolgt ist. Der Dienststrafrichter ist also an die einem gerichtlichen Strafbefehl zugrunde liegenden tatsächlichen Feststellungen nicht gebunden. RDisH. 20. 2. 35 Foerster 1936 S. 107, 108.

Auch ausländische Urteile binden den Dienststrafrichter nicht, können aber als Urkundenbeweis verwertet werden. RDisH. 16. 12. 24 DJZ. **26** 1423; 3. 10. 27 Foerster-Simons 261. Dasselbe gilt von verwaltungsgerichtlichen Feststellungen und von Urteilen der Parteigerichte. OVG. **100** 285; RDStH. 20. 5. 38 E. **1** 124; 14. 11. 38 RVerwBl. **60** 174; 26. 7. 39 DVerw. **40** 156 = E. **2** 115; s. auch § 14 RDStO.

In der **rechtlichen Beurteilung** ist das Dienststrafgericht völlig frei. So auch Wittmack ZBR. **7** 230, Breithaupt 85, Reuß BeamtJahrb. **35** 134 und Behnke 227, 228; Heyland 250. Es darf nicht etwa in dieser Hinsicht die Entscheidung des Strafrichters ohne weiteres als richtig unterstellen. So kann und muß z B. der Dienststrafrichter nachprüfen, ob der Beschuldigte, der vom Strafrichter wegen eines Beamtendelikts verurteilt worden ist, bei der Begehung der Tat Beamter im staatsrechtlichen Sinne war. RDisH. 2. 10. 24 DRichtZtg. **25** 14.

Auf dem Gebiete der **Strafzumessung** ist der Dienststrafrichter selbstverständlich nicht gebunden. Er hat aber hierbei die tatsächlichen Feststellungen des Strafrichters zugrunde zu legen. RDisH, 15. 6. 36 Foerster 1634 S. 111. Er hat andererseits frei darüber zu befinden, ob in dem vom Strafrichter festgestellten Sachverhalt eine disziplinarisch zu ahnende Verfehlung zu erblicken ist. Er darf auch in jedem Falle aus der geistigen Erkrankung des Beschuldigten zur Zeit der Tat Milderungsgründe für das abzuurteilende Dienstvergehen herleiten. Er darf also in jedem Falle die Frage der verminderten Zurechnungsfähigkeit bei der Strafzumessung selbständig prüfen. RDisH. 25. 6. 35 Foerster 1935 S. 128.

An die Feststellungen, die in einem anderen Verfahren als einem Strafverfahren, z. B. in einem Zivilprozeßverfahren vor den ordentlichen Gerichten getroffen worden sind, ist der Dienststrafrichter nicht gebunden; s. näheres unten § 14. Das gilt auch für das Steuerstrafverfahren, RDStH. 16. 3. 38 E. **1** 102.

Wegen des Parteigerichtsverfahrens s. oben Anm. II 6 Vorbem. vor § 1.

Liegt ein strafgerichtliches Urteil nicht vor, so bedarf es für die dienststrafrechtliche Würdigung des Tatbestandes nicht seiner strafrechtlichen Bestimmung. RDisH. 18. 6. 25 Foerster-Simons 283.

§ 14.

Das Dienststrafverfahren kann ausgesetzt werden, wenn die Beurteilung des Dienstvergehens von der Beurteilung einer Frage abhängt, über die in einem anderen — schwebenden oder einzuleitenden — Verfahren entschieden werden soll. Das Dienststrafverfahren ist spätestens nach der endgültigen Erledigung dieses Verfahrens fortzusetzen. Die in dem anderen Verfahren getroffenen tatsächlichen Feststellungen sind nicht bindend, können aber der Entscheidung im Dienststrafverfahren zugrunde gelegt werden, ohne daß sie nochmals geprüft zu werden brauchen.

Es kommt mitunter vor, daß Fragen, die für das Dienststrafverfahren von entscheidender Bedeutung sind, auch außerhalb eines Strafverfahrens (s. § 13) in einem anderen schwebenden oder einzuleitenden Verfahren entschieden werden sollen. Gedacht ist insbes. an einen bürgerlichen Rechtsstreit, an Patent-, Verwaltungsstreit- und Steuerstrafverfahren, ferner auch an Verfahren vor Standesehrengerichten. Das Verhältnis zwischen Parteigerichtsverfahren und Dienststrafverfahren wird außerhalb der RDStO. geregelt. Begr. S. auch Vorbem II 6 vor § 1.

Unter „Frage" im Sinne des Satz 1 kann sowohl ein Rechtsverhältnis als auch eine Tatfrage verstanden werden. Begr. Das erstere ist z. B. der

Fall, wenn in einem Zivilprozeß entschieden werden muß, ob der, gegen den sich das Dienststrafverfahren richtet, Beamter im Sinne des DBG. ist. Da nur gegen Beamte in diesem Sinne ein Dienststrafverfahren zulässig ist (s. oben Anm. 18 zu § 1), so hängt die Beurteilung des Dienstvergehens von dieser Vorfrage ab. Es kann dann in einem solchen Falle das Dienststrafverfahren **bis zur endgültigen (rechtskräftigen) Erledigung des anderen Verfahrens ausgesetzt werden.** Natürlich muß es sich aber stets um eine solche Klage handeln, die für die Beurteilung des Dienstvergehens von entscheidender Bedeutung ist. Es empfiehlt sich die Aussetzung vielfach, damit nicht etwa in den beiden Verfahren die in Rede stehende Frage verschieden beantwortet wird. Denn wenn auch die in dem anderen Verfahren getroffenen tatsächlichen Feststellungen — im Gegensatz zu § 13 Abs. 3 — für den Dienststrafrichter nicht bindend sind, so können sie doch nach freiem Ermessen des Dienststrafgerichts ohne Nachprüfung der Entscheidung des Dienststrafrichters zugrunde gelegt werden. Von dieser Befugnis wird das Dienststrafgericht wohl in der Regel Gebrauch machen und nur ausnahmsweise zu anderweiten Feststellungen Anlaß haben. In jedem Falle muß aber die Anhörung des Beschuldigten nach § 53 Abs. 2 Satz 2 erfolgen. Behnke 235.

Die Aussetzung kann, soweit es sich um ein förml. Dienststrafverfahren handelt, entweder durch die Einleitungsbehörde (§ 29) oder, sobald die Anschuldigungsschrift bei der Dienststrafkammer eingegangen ist, durch diese erfolgen. Die Aussetzung kann auch im Verfahren des Dienstvorgesetzten erfolgen. Das Dienststrafverfahren muß spätestens nach der endgültigen Erledigung des anderen Verfahrens fortgesetzt werden.

§ 15.

(1) Die Einleitung oder Fortsetzung eines Dienststrafverfahrens wird nicht dadurch gehindert, daß der Beschuldigte, nachdem er das Dienstvergehen begangen hat, geisteskrank oder sonst verhandlungsunfähig geworden ist.

(2) In diesem Fall beantragt die Einleitungsbehörde (§ 29) beim Amtsgericht die Bestellung eines Pflegers zur Wahrnehmung der Rechte des Beschuldigten in dem weiteren Verfahren. Das Amtsgericht hat dem Antrag zu entsprechen. Der Pfleger muß Beamter sein.

1. Ist der Beamte **schon zur Zeit der Begehung des ihm vorgeworfenen Dienstvergehens geisteskrank** gewesen, so kommt ein Dienststrafverfahren regelmäßig nicht in Frage, so daß auf diesen Fall § 15 keine Anwendung findet. Denn jedes Dienstvergehen und jede Disziplinarbestrafung wegen eines solchen setzt voraus, daß den Beamten **ein Verschulden** trifft. § 22 Abs. 1 Satz 1 DBG.

Die Vorschriften des § 51 StGB. in der Fassung des Art. 3 Ziff 4 G. 24. 11. 33 (RGBl. I 995) und des § 105 BGB. sind entsprechend anzuwenden. Wer zur Zeit der Verfehlung nicht zurechnungsfähig war, kann in der Regel nicht zur Verantwortung gezogen werden. RDisH. v. 17. 2. 25 JurRundsch. **25** 418. Er muß sogar schon dann freigesprochen werden, wenn mit der Möglichkeit seiner Unzurechnungsfähigkeit zu rechnen ist. RDisH. 26. 8. 36 Foerster **37** 80, Ein Verschulden kann aber auch im Falle des § 51 StGB., nämlich dann vorliegen, wenn sich der Beamte die Unzurechnungsfähigkeit, Geisteskrankheit usw. durch Trunksucht, Ausschweifungen anderer Art usw. selbst zugezogen hat. RDisH. 26. 8. 36 Foerster 1937 S. 80. Er muß dann für die in der Trunkenheit begangenen und seine Zurechnungsfähigkeit ausschließenden Verfehlungen einstehen. RDStH. 23. 2. 39 E. **2** 68; Behnke 70.

Verminderte Zurechnungsfähigkeit sowie Willens- und Geistesschwäche reichen nicht aus, um den Beamten straflos zu machen; sie können aber (vgl. auch § 51 Abs. 2 StGB. in der neuen Fassung) für das Strafmaß von Bedeutung sein, besonders wenn sie erheblich sind. OVG. **99** 255.

Geistesschwäche eines Beamten kann u. U. auch zur Freisprechung oder Einstellung des Dienststrafverfahrens führen und Veranlassung zur Einleitung der Zwangspensionierung gemäß § 75 DBG. geben.

2. § 15 behandelt den Fall, **daß der Beschuldigte zur Zeit der Begehung des Dienstvergehens nicht geisteskrank war,** also dienststrafrechtlich zur Verantwortung gezogen werden kann, **jedoch später geisteskrank oder sonst verhandlungsunfähig** geworden war. Die Behandlung eines solchen Falles bot bisher große Schwierigkeiten. Nunmehr kann in dem Falle, daß der Beschuldigte nach Begehung des Dienstvergehens geisteskrank oder sonst dauernd verhandlungsunfähig geworden ist, ein Dienststrafverfahren eingeleitet oder fortgeführt werden. Rechtspolitische Bedenken stehen nicht entgegen, da den allgemeinen Zwecken des Dienststrafrechts entsprechend, auch ein solches Verfahren nicht in erster Linie Strafcharakter hat, d. h. nicht die Sühne für eine Verletzung der Rechtsordnung, sondern die Reinigung des Beamtenkörpers bezweckt. Begr. Es ist aber dafür gesorgt, daß die Rechte des geisteskranken oder sonst verhandlungsunfähigen Beschuldigten, der sich nicht selbst verteidigen kann, anderweit gewahrt werden. Es ist dies unter entsprechender Anwendung der für das Zwangszurruhesetzungsverfahren im § 75 DBG. ergangenen Vorschriften geschehen, Ebenso wie dort der Dienstvorgesetzte die Bestellung eines Pflegers für den Beamten beantragt, so beantragt hier die Einleitungsbehörde (§ 29) bei dem für den Wohnsitz des Beschuldigten zuständigen Amtsgericht die **Bestellung eines Pflegers** (§§ 1909 ff. BGB.) zur Wahrnehmung der Rechte des Beschuldigten in dem weiteren Verfahren.

Der Pfleger muß Beamter sein, also jemand, der mit den Gepflogenheiten des Dienstes, den dienstlichen Pflichten usw. vertraut ist. Begr. Er ist nach § 10 Abs. 1 DBG. zur Annahme des Amtes verpflichtet. Die Einleitungsbehörde wird bei Stellung des Antrages in der Regel dem Amtsgericht einen für die sachgemäße Wahrnehmung der Rechte des Beschuldigten geeigneten

Beamten bezeichnen. Bei der Auswahl wird auf die Besonderheit des Falles Rücksicht zu nehmen und in schwierigen und verwickelten Fällen eine besonders gewandte und tunlichst in Beamtensachen erfahrene Persönlichkeit vorzuschlagen sein. Das Amtsgericht muß dem Antrage entsprechen, darf also nicht nachprüfen, ob der Beschuldigte tatsächlich geisteskrank oder verhandlungsunfähig ist, kann aber auch einen anderen als den von der Behörde Vorgeschlagenen bestellen. Behnke 237. Seine baren Auslagen wird der Pfleger aus der Reichskasse beanspruchen können. Reuter RVerwBl. 58 881, Nach der 2. DurchfVdg. v. 27. 8. 38 (RGBl. I 1069) Nr. 2 zu den §§ 97—99 gehören die baren Auslagen des Pflegers zu den Kosten im Sinne der §§ 97—101.

Ist bereits ein Vormund oder Pfleger für den Beschuldigten anderweit bestellt, der Beamter ist, so kann dieser auch als Pfleger im Sinne des § 15 Abs. 2 bestätigt werden. Tritt der Fall des Abs. 1 schon vor Einleitung des förmlichen Verfahrens z. B. während der Vorermittlungen ein, so hat sich der Dienstvorgesetzte wegen des Antrags auf Bestellung eines Pflegers an die Einleitungsbehörde zu wenden. Begr.

Zustellungen und Ladungen sind statt an den Beschuldigten an den Pfleger zu richten. Der Pfleger ist allein befugt, Rechtsmittel einzulegen.

3. Ist der Beschuldigte nur **vorübergehend** verhandlungsunfähig, so braucht die Bestellung eines Pflegers nach § 15 nicht zu erfolgen. Es kann vielmehr das Verfahren bis zur Dauer von 4 Wochen ausgesetzt werden. § 59 Abs. 2. Es gilt dies aber nur, wenn das Verfahren bereits bis zur Hauptverhandlung gediehen ist. Auch in anderen Lagen des Verfahrens ist eine Aussetzung auf kürzere Zeit denkbar.

4. § 15 findet ferner keine Anwendung, **wenn die Geisteskrankheit nicht mit Verhandlungsunfähigkeit verbunden ist.** Die Einleitung oder Fortführung des Dienststrafverfahrens ohne Bestellung eines Pflegers ist vielmehr zulässig, wenn die Art der Geisteskrankheit des Beschuldigten eine ausreichende Wahrnehmung seiner Interessen in dem Verfahren insbes. auch in der mündlichen Verhandlung durch den Beschuldigten selbst ermöglicht. RDisH. 27. 1. 32 Foerster 1933 S. 130. Somit kann nur solche Geisteskrankheit zur Bestellung eines Pflegers führen, die den Beschuldigten an der zielbewußten Vertretung seiner Interessen und zweckdienlichen Verteidigung hindert. Ob Verhandlungsunfähigkeit vorliegt, entscheidet die Einleitungsbehörde, gegebenenfalls nach Einholung eines ärztlichen Gutachtens.

§ 16.

Die Gerichte und Verwaltungsbehörden haben auf Ersuchen des Dienstvorgesetzten, des Untersuchungsführers oder des Vorsitzenden eines Dienststrafgerichts in Dienststrafsachen Amts- und Rechtshilfe zu leisten; um die eidliche Vernehmung von Zeugen und Sachverständigen können nur die Amtsgerichte ersucht werden. Hat der Dienstvorgesetzte um die Vernehmung ersucht, so entscheidet das Amtsgericht über die Vereidigung.

1. Es war bisher mangels einer gesetzlichen Regelung streitig, ob die Gerichte und Verwaltungsbehörden dem Ersuchen der im Dienststrafverfahren tätigen behördlichen Stellen um Amts- und Rechtshilfe folgen müssen. **Jetzt ist durch § 16 die Streitfrage im Sinne der Bejahung der Frage endgültig geklärt.** Als „Verwaltungsbehörden", die Amts- und Rechtshilfe zu leisten haben, gelten auch die Behörden der Körperschaften, Anstalten und Stiftungen des öffentlichen Rechts oder deren Verwaltungsstellen (vgl. § 112 Abs. 5 RDStO, und § 151 Abs. 6 DBG.). DurchfV. Nr. 1 zu § 16.

Voraussetzung der Amts- und Rechtshilfepflicht ist die örtliche Zuständigkeit der ersuchten Stelle und daß sonst der Ausführung des Ersuchens keine gesetzlichen Vorschriften entgegenstehen, Auch sollen grundsätzlich fremde Behörden nur dann beansprucht werden, wenn die ersuchende Stelle nicht denselben Dienstort hat (Ausnahmen z. B. bei eidlichen Vernehmungen im Falle des § 16 Satz 1 Halbs. 2). Auch im förml. Dienststrafverfahren wird der Untersuchungsführer in der Regel die Beweiserhebungen persönlich bewirken, soweit sie an seinem Dienstort oder in dessen Nähe erledigt werden können.

2. Das Gesetz hat auch die weitere Streitfrage, ob **schon der Dienstvorgesetzte** (§ 2 Abs, 5 DBG.) im sogen. Vorverfahren und im Dienststrafverfahren des Dienstvorgesetzten die Rechtshilfe in Anspruch nehmen dürfe, im bejahenden Sinne geklärt. Damit ist dem Dienstvorgesetzten in dankenswerter Weise die Möglichkeit restloser Aufklärung des Sachverhalts gegeben. Er kann also das nötige zuverlässige Beweismaterial beschaffen, um sich schlüssig zu machen, ob er ein eigenes Verfahren oder ein förmliches Dienststrafverfahren in die Wege leiten oder mangels ausreichenden Verdachts einer Verfehlung von einem solchen Verfahren absehen und es bei einer mißbilligenden Äußerung (§ 5 Abs. 3) belassen oder endlich von jeder weiteren Maßnahme absehen solle. Nur insofern ist der Dienstvorgesetzte einer Beschränkung unterworfen, als er nicht wie der Untersuchungsführer und der Vorsitzende eines Dienststrafgerichts das Amtsgericht mit bindender Kraft um eidliche Vernehmung von Zeugen und Sachverständigen ersuchen kann. Dies gilt selbst dann, wenn der Dienstvorgesetzte für andere Zwecke das Recht zur eidlichen Vernehmung hätte. Vielmehr entscheidet, wenn das Ersuchen von einem Dienstvorgesetzten ausgeht, das Amtsgericht darüber, ob die Vereidigung der Zeugen und Sachverständigen, um deren Vernehmung es ersucht worden ist, erfolgen solle oder nicht, Begr. Aber auch das Amtsgericht ist bei seiner Entschließung über die Vereidigung nicht etwa frei, sondern darf sie nach § 17 Abs. 1 nur vornehmen, wenn Gefahr im Verzug ist — z. B. weil das baldige Ableben eines Zeugen oder Sachverständigen zu erwarten ist — oder wenn der Eid mit Rücksicht auf die Bedeutung der Aussage oder als Mittel zur Herbeiführung einer wahren Aussage erforderlich ist, Diese Einschränkung der Vereidigung ist geboten, um die Häufigkeit der Eidesleistungen zu verringern und damit der Entwertung des Eides vorzubeugen. Nur wenn die Aussage für den Ausgang des Verfahrens von besonderer Bedeutung oder

für die restlose Aufklärung des Sachverhalts unerläßlich ist, oder Gefahr im Verzug ist, darf zur Vereidigung von Zeugen und Sachverständigen geschritten werden. Dieser wichtige Grundsatz, der im § 17 Abs. 4 festgelegt ist, beherrscht das gesamte Dienststrafverfahren und zwar sowohl das förmliche wie das Verfahren des Dienstvorgesetzten und gilt natürlich erst recht für das formlose Vorverfahren, Übrigens hat das Gericht auch zu prüfen, ob die Vereidigung nach den §§ 60, 61 StPO, zulässig ist.

3. Der **Untersuchungsführer** und **der Vorsitzende eines Dienststrafgerichts** haben beim Ersuchen um Rechtshilfe größere Machtbefugnis als der Dienstvorgesetzte. Sie haben selbst darüber zu befinden, ob sie bei dem Ersuchen um Vernehmung von Zeugen und Sachverständigen die Vereidigung verlangen sollen oder nicht. Sie dürfen nach § 17 Abs. 4 die Vereidigung nur fordern, wenn sie davon überzeugt sind daß Gefahr im Verzug oder der Eid mit Rücksicht auf die Bedeutung der Aussage oder als Mittel zur Herbeiführung einer wahren Aussage erforderlich ist. Kommen sie nach pflichtmäßigem Ermessen zu der Überzeugung, daß die Vereidigung von Zeugen und Sachverständigen aus einem der vorbezeichneten Gründe geboten ist und verlangen sie deshalb die eidliche Vernehmung, so muß das Amtsgericht sie ohne eigene Nachprüfung bewirken.

4. Die wichtigsten und häufigsten Ersuchen um Amts- und Rechtshilfe sind die **Ersuchen um Vernehmung von Zeugen und Sachverständigen.** Diese können, wenn die Vernehmung uneidlich erfolgen soll, außer an die Amtsgerichte auch an Verwaltungsstellen, z.B. an Polizeibehörden, Gemeindevorsteher u. dgl. erfolgen. Zu den „Verwaltungsbehörden" im Sinne des § 16 gehören auch die Behörden oder Verwaltungsstellen (vgl. § 112 Abs. 5) von Körperschaften des öffentlichen Rechts. Begr. Soll aber eine Vereidigung erfolgen, so können nur die Amtsgerichte ersucht werden. Das Ersuchen ist an das Amtsgericht zu richten, in dessen Bezirk die Zeugen und Sachverständigen im Zeitpunkt der Vernehmung ihren Wohnsitz oder dauernden Aufenthalt haben. § 157 GVG. Das Amtsgericht kann das Ersuchen nur aus den im § 158 Abs. 2 GVG. erwähnten Gründen ablehnen oder auch weil die ersuchende Behörde an dem Ort ihren Sitz hat, an dem die Amtshandlung vorzunehmen ist. Letzteres gilt aber nur, wenn es sich um uneidliche Vernehmungen oder um Vernehmungen in der Untersuchung oder während des Hauptverfahrens handelt. Denn der Untersuchungsführer und das Dienststrafgericht können Zeugen und Sachverständige selbst eidlich vernehmen (§ 46 Satz 1 u. § 61 Abs. 2), bedürfen also keiner Rechtshilfe, wenn die Zeugen und Sachverständigen am Sitz des Dienststrafgerichts wohnen.

Das um Rechtshilfe ersuchte Amtsgericht muß sich ebenfalls wie andere um Rechts- oder Amtshilfe angegangene Behörden nicht nur in den Schranken seiner eigenen Befugnisse, sondern auch der der ersuchenden Behörde halten. Über Beschwerden wegen verweigerter Rechtshilfe entscheidet das dem ersuchten Amtsgericht übergeordnete Oberlandesgericht endgültig. § 159 GVG.

Sollen Zeugen im Auslande vernommen werden, so sind die allgemeinen Vorschriften über die Rechtshilfe im Auslande zu beachten; vgl. aber RDisH. 5. 7. 97 Schulze-Simons 449.

Im Verfahren gegen Wehrmachtbeamte ist um die eidliche Vernehmung von Zeugen und Sachverständigen in erster Linie das militärische Gericht zu ersuchen, in dessen Bezirk die Amtshandlung vorgenommen werden soll. V. v. 24. 6. 37 (RGBl. I S. 722) zu § 16.

Eine Amtshilfe kann z. B. in Frage kommen, wenn es sich um amtliche Auskünfte handelt. Solche werden den Dienststrafbehörden von Gerichten und Verwaltungsbehörden zu erteilen sein, wenn sie sich im Rahmen ihrer Zuständigkeit bewegen und nicht etwa die Pflicht zur Geheimhaltung wie z. B. bei Steuer- oder Post- oder Telegraphenbehörden entgegensteht.

5. Die **Vernehmung des Beschuldigten** im Wege der Rechtshilfe ist nicht ausgeschlossen, jedoch nur unter besonderen Umständen denkbar, z. B. bei sehr weiter Entfernung des Beschuldigten vom Sitze des Dienstvorgesetzten, des Untersuchungsführers oder des Dienststrafgerichts. In der Untersuchung wird solche Rechtshilfe, die nicht etwa bloß an ein Amtsgericht, sondern auch an andere behördliche Stellen, z.B. die Polizei gerichtet werden kann, nur sehr selten sein, da die Vernehmung des Beschuldigten oft den wichtigsten Teil der Untersuchung bildet und meist nur von dem Dienstvorgesetzten, Untersuchungsführer oder dem Dienststrafgericht selbst, die das ganze Material kennen und übersehen, zweckmäßig und erschöpfend gestaltet werden kann.

6. Da § 16 nur von den Vernehmungen, die auf Ersuchen erfolgen, handelt, bleibt die Befugnis jedes Dienstvorgesetzten, die ihm unterstehenden Beamten seiner Behörde oder einer ihm nachgeordneten oder seiner Aufsicht (auch Kommunalaufsicht) unterstehenden Behörde **dienstlich zu vernehmen** oder uneidlich vernehmen zu lassen, unberührt. Begr. DurchfV. Nr. 2 zu § 16.

7. **Die öffentlichen Behörden,** die Gerichte, insbes. auch die Dienststrafgerichte **und die Parteigerichte** haben einander Amts- und Rechtshilfe zu leisten. § 6 G. zur Sicherung von Partei und Staat v. 1. 12. 33 (RGBl. I 1016) und § 44 der Richtlinien. Die Aktenversendung hat seitens der staatlichen Stellen auf Ersuchen an das Oberste Parteigericht zu erfolgen, ferner an die übrigen Parteigerichte, sofern sie zum Zwecke der Amts- und Rechtshilfe hierum ersuchen. Personal- und Dienststrafakten dürfen aber nur dem Obersten Parteigericht und den Gaugerichten übersandt werden; vgl. dazu RuPrMdI. v, 2. 11. 36 u. 8. 9. 37 (MBl. **36** 1491 u. **37** 1504); RJM. 23. 1. 38 DJ. 130. Weiter ist den Parteigerichten Akteneinsicht und Aktenauskunft auf Antrag zu gewähren. Die Einsicht erfolgt in den Geschäftsräumen der betr. Behörde. Die Aktenauskunft kann mündlich oder schriftlich erteilt werden. Krüger NSBZ. **37** 226; RJM. 23. 1. 38 DJ, 130. Die Bekanntgabe des Inhalts von Strafakten und Dienststrafakte ist zu versagen, soweit dadurch der Untersuchungszweck gefährdet wird oder die Notwendigkeit der Geheimhaltung entgegensteht. In noch nicht abgeschlossenen Strafverfahren und Dienst-

strafverfahren ist ferner eine Versendung der Akten wegen der damit verbundenen Verzögerung nur in besonders dringenden Fällen und zwar im Bereich der Justiz nur mit Zustimmung des RJM's zulässig. RJM. 23. 1. 38 DJ. 130 Ziff. 6 Abs. 3.

§ 17.

(1) Die Stellen, die die Beweiserhebung anordnen, entscheiden — unbeschadet des § 16 Satz 2 — über die Form, in der Beweise zu erheben sind. Niederschriften über Aussagen von Personen, die schon in einem anderen gesetzlich geordneten Verfahren vernommen worden sind, können im Dienststrafverfahren ohne nochmalige Vernehmung verwertet werden.

(2) Dienstliche Auskünfte von Behörden und Beamten sind schriftlich einzufordern.

(3) Über jede Beweiserhebung ist eine Niederschrift aufzunehmen.

(4) Die Vereidigung von Zeugen und Sachverständigen ist nur zulässig, wenn Gefahr im Verzug oder wenn der Eid mit Rücksicht auf die Bedeutung der Aussage oder als Mittel zur Herbeiführung einer wahren Aussage erforderlich ist.

1. § 17 stellt **eine Reihe von Vorschriften über die Beweiserhebung** auf. Sie gelten gleichmäßig für alle Beweiserhebungen, mögen sie im Vorverfahren, im Verfahren des Dienstvorgesetzten, in der Untersuchung oder im förmlichen Dienststrafverfahren erfolgen. Gleichzeitig soll Abs. 1 verhindern, daß vom Dienststrafgericht etwa die Unterlassung einer bestimmten Art der Beweiserhebung, z. B. die Abstandnahme von der Vernehmung eines Zeugen, dessen Bekundung sich schon anderweitig (z. B. aus Protokollen, Aktenvermerken, Auskünften einer Behörde oder dgl.) ergibt, als Verfahrensmangel angesehen wird. Begr.

2. Beweiserhebungen können anordnen: der Dienstvorgesetzte, der Untersuchungsführer oder das Dienststrafgericht. Diese Stellen entscheiden **über die Form,** in der Beweise zu erheben sind, z. B. ob Zeugen oder Sachverständige förmlich zu vernehmen sind oder ob ihre Aussagen aus anderen Verfahren zugrunde zu legen sind oder ob sie sich schriftlich äußern sollen. Grundsätzlich sollen die Vernehmungen von Zeugen und Sachverständigen uneidlich erfolgen. Es können aber der Untersuchungsführer oder das Dienststrafgericht bestimmen, ob die zu vernehmenden Zeugen und Sachverständigen eidlich zu hören sind. Jedoch müssen sie dabei Abs. 4 § 17 beachten, wonach **die Vereidigung nur zulässig ist, wenn Gefahr im Verzug oder wenn der Eid mit Rücksicht auf die Bedeutung der Aussage oder als Mittel zur Herbeiführung einer wahren Aussage erforderlich ist.** Diese Vorschrift will eidliche Vernehmungen einschränken und gilt für die Vorermittlungen, die Untersuchung und die Hauptverhandlung. Nur der Dienstvorgesetzte hat nicht die Befugnis, Zeugen und Sachverständige eidlich zu vernehmen. Denn nur dem Untersuchungsführer und dem Dienststrafgericht ist im § 46 Satz 1 u. § 58 dieses Recht zugesprochen. Hält der Dienstvorgesetzte die Vereidigung für geboten,

so muß er darum das zuständige Amtsgericht ersuchen; dieses entscheidet aber über die Zulässigkeit der Vereidigung selbständig, braucht also dem Wunsche des Dienstvorgesetzten um eidliche Vernehmung von Zeugen und Sachverständigen nicht zu entsprechen.

3. Zur Vereinfachung und Beschleunigung des Dienststrafverfahrens dient die Vorschrift des § 17 Abs. 1 Satz 2. **Danach können Niederschriften über Aussagen von Personen, die in einem anderen gesetzlich geordneten Verfahren** — z. B. in einem gerichtlichen Straf- oder Zivilprozeßverfahren, oder in einem Ermittlungsverfahren der Staatsanwaltschaft, oder in einem strafgerichtlichen Wiederaufnahmeverfahren (RDStH. 30. 3. 38 E 1 179), nicht aber in einem bloß polizeilichen Untersuchungsverfahren oder in einem Parteigerichtsverfahren (Behnke 242) — **aufgenommen worden sind, im Dienststrafverfahren ohne nochmalige Vernehmung verwertet werden.** Bisher war mangels einer entsprechenden Vorschrift streitig, ob Zeugen oder Sachverständige, die in einem vorangegangenen gerichtlichen Straf- oder Zivilverfahren bereits vom Richter gehört waren, in einem nachfolgenden Dienststrafverfahren noch einmal vernommen werden müssen. Jetzt ist diese Streitfrage beseitigt und die Verwertung solcher Zeugenaussagen und Sachverständigengutachten ohne nochmalige Vernehmung für zulässig erklärt worden. Daß die betr. Verfahren schon rechtskräftig erledigt sein müßten, ist nicht erforderlich. Auch Niederschriften von Aussagen in einem eingestellten Straf- oder Dienststrafverfahren können verwertet werden. Behnke 243. Die so verwerteten Niederschriften müssen dem Beschuldigten mitgeteilt werden. Die Niederschriften über solche Aussagen können nach § 61 Abs. 1 Satz 2 durch Verlesen zum Gegenstand der Hauptverhandlung gemacht werden. Sie können der Urteilsfindung zugrunde gelegt werden, soweit sie Gegenstand der Hauptverhandlung waren. § 62 Abs. 2 Satz 1. Außer den Aussagen von Zeugen und Sachverständigen kommen aber auch Auslassungen von Angeschuldigten und Parteien im Zivilprozeß in Betracht, wenn sie in Niederschriften in einem gesetzlich geordneten Verfahren enthalten sind. Breithaupt 91; Behnke 242.

Ein Zwang, solche früheren Vernehmungen dem Dienststrafverfahren zugrunde zu legen, besteht aber nicht. Eine nochmalige Vernehmung solcher Zeugen wird vielmehr geboten sein, wenn ihre Aussagen nach irgendeiner Richtung hin Bedenken erregen oder wenn die Zeugen neue wesentliche Tatsachen bekunden sollen.

4. **Dienstliche Auskünfte** von Behörden und Beamten, z. B. über tatsächliche Vorgänge, Qualifikationen und dgl., **sind schriftlich einzufordern.** Es genügt also nicht, sie etwa fernmündlich einzuholen und das Ergebnis in einem Aktenvermerk niederzulegen. Die schriftliche Einforderung bietet die Gewähr dafür, daß Irrtümer oder Mißverständnisse, die sich bei bloß mündlichen Anfragen ergeben können, vermieden werden. Mitunter werden die schriftlich eingehenden Auskünfte Anlaß zu weiteren Ermittlungen und Aufklärungen durch Zeugenvernehmungen, Anhörung des Beschuldigten u. dgl. geben.

5. Über jede Beweiserhebung ist eine Niederschrift aufzunehmen. Zu dieser Beweiserhebung im weiteren Sinne gehört auch die Vernehmung des Beschuldigten. Über Form und Inhalt der Niederschrift ist gemäß § 20 die Vorschrift des § 188 StPO. entsprechend anzuwenden. Es ist nicht vorgeschrieben, daß diese Niederschrift wörtlich die Aussagen der Zeugen, oder die Gutachten der Sachverständigen enthalten müsse. Es genügt, wenn der *wesentliche* Inhalt der Bekundungen oder Gutachten zu Papier gebracht wird. Verboten ist aber die wörtliche Wiedergabe der Auslassungen nicht und es empfiehlt sich, besonders bei wichtigen Bekundungen und Gutachten hiervon Gebrauch zu machen, da hierdurch Zweifel, die sonst leicht auftauchen können, beseitigt und nochmals nötig werdende Vernehmungen vermieden werden. Es ist dann aber die Niederschrift den Beteiligten behufs der Genehmigung vorzulesen oder zur eigenen Durchlesung vorzulegen. Die erfolgte Genehmigung ist zu vermerken und die Niederschrift von den Beteiligten entweder zu unterschreiben oder darin anzugeben, weshalb die Unterschrift unterblieben ist.

Es ist nicht zulässig, an Stelle der Niederschrift über Beweiserhebungen bloße Aktenvermerke aufzunehmen. *Behnke* 241.

Nicht vorgeschrieben ist ferner für das Vorverfahren und das Verfahren des Dienstvorgesetzten **die Zuziehung eines Schriftführers.** Nur für die „Untersuchung" ist nach § 45 Abs. 1 die Zuziehung eines vereideten Schriftführers erforderlich; dies verkennt RDStH. 23. 11. 38 E. 2 80. Dies ist angeordnet, weil die „Untersuchung" von besonderer Bedeutung für das Dienststrafverfahren ist und wie bisher den Schwerpunkt des förmlichen Dienststrafverfahrens bildet.

Für die Beweiserhebungen im Vorverfahren und im Verfahren des Dienstvorgesetzten hat man davon abgesehen, die Zuziehung eines besonderen Schriftführers vorzuschreiben. Es kann deshalb in diesen Verfahren die Beweiserhebung ohne einen besonderen Schriftführer vor sich gehen. Es kann also der Vernehmende selbst die Niederschrift aufnehmen. Es steht aber nichts im Wege, auch in diesen Fällen einen besonderen Schriftführer zuzuziehen. Denn die Zuziehung eines Schriftführers dient dazu, Mißverständnisse und Irrtümer zu vermeiden, die sich leicht bei den vom Vernehmenden allein aufgenommenen Verhandlungen einstellen können. Der dann zugezogene Schriftführer braucht aber nicht besonders vereidigt zu werden, auch wenn er kein Beamter, sondern ein Angestellter ist. Auch weibliche Personen können als Schriftführer zugezogen werden. Ist ein Schriftführer zugezogen, so ist die Niederschrift außer von dem Dienstvorgesetzten auch von dem Schriftführer und den etwa vernommenen Personen (Zeugen usw.) zu unterschreiben.

§ 18.

Der Beschuldigte kann im Dienststrafverfahren weder verhaftet noch vorläufig festgenommen noch — abgesehen von dem Fall des § 48 — zwangsweise vorgeführt werden.

1. **Die Verhaftung, vorläufige Festnahme** und **zwangsweise Vorführung** sind schwere, in die persönliche Freiheit eines Menschen tief eingreifende Maßnahmen. Sie sind nur dann zulässig, wenn ohne sie im ordentlichen Strafverfahren nicht auszukommen ist. Im Dienststrafverfahren sind sie zur ordnungsmäßigen Durchführung des Verfahrens nicht erforderlich und deshalb ausdrücklich ausgeschlossen. Verhaftungen, die außerhalb des Dienststrafverfahrens erfolgen, werden durch § 18 nicht berührt. Begr. Weder der Untersuchungsführer noch das Dienststrafgericht dürfen solche Zwangsmittel anwenden.

2. Eine **Ausnahme** ist hinsichtlich **der zwangsweisen Vorführung** nur im Falle des § 48 gemacht. Es handelt sich dabei um die Unterbringung, Verwahrung und Untersuchung des Beschuldigten in einer öffentlichen Heil- und Pflegeanstalt. Um diese zur Vorbereitung eines Gutachtens über den Gesundheitszustand des Beschuldigten zu ermöglichen, kann dieser, wenn er die Anstalt nicht freiwillig aufsucht, zwangsweise vorgeführt werden. Denn sonst wäre die Beobachtung eines renitenten Beschuldigten in der Anstalt nicht möglich und das Dienststrafverfahren könnte nicht ordnungsmäßig durchgeführt werden.

§ 19.

(1) Die in diesem Gesetz vorgeschriebenen Zustellungen werden ausgeführt:

1. durch Übergabe an den Empfänger gegen Empfangsschein oder, wenn er die Annahme oder die Ausstellung des Empfangsscheins verweigert, durch Anfertigung einer Niederschrift darüber,

2. durch eingeschriebenen Brief mit Rückschein,

3. nach den Vorschriften der Zivilprozeßordnung über die Zustellung von Amts wegen,

4. an Behörden auch durch Vorlegung der Akten mit den Urschriften der zuzustellenden Schriftstücke; der Empfänger hat den Tag der Vorlegung in den Akten zu vermerken.

(2) Die Zustellung nach Abs. 1 Nr. 3 kann durch jeden Beamten ausgeführt werden. Die öffentliche Zustellung wird auf Antrag der Einleitungsbehörde oder des Untersuchungsführers von der Dienststrafkammer bewilligt. Die zuzustellende Ausfertigung ist an der Gerichtstafel der Dienststrafkammer anzuheften; enthält das Schriftstück eine Ladung, so ist außerdem ein Auszug einmalig in das Ministerialblatt des Reichsministeriums des Innern einzurücken.

(3) Alle anderen Mitteilungen erfolgen formlos.

(4) Der Beamte muß Zustellungen und Mitteilungen unter der Anschrift, die er seinem Dienstvorgesetzten angezeigt hat, gegen sich gelten lassen.

1. § 19 behandelt **das Zustellungswesen.**

Für Zustellung von Ladungen gilt folgendes:

a) Stets zuzustellen sind:

Die Ladungen des Beschuldigten, seines Verteidigers und des Vertreters der Einleitungsbehörde zur Hauptverhandlung (§ 58 Abs. 3 und § 59 Abs. 2);

die Ladungen der Zeugen und Sachverständigen im Verfahren vor der Dienststrafkammer (§ 58 Abs. 1 Satz 2 und § 61 Abs. 3) und dem Reichsdienststrafhof (§ 75), sowie im Wiederaufnahmeverfahren (§ 90 Abs. 2 und § 91 Abs. 2), und zwar unter Hinweis auf die gesetzlichen Folgen des Ausbleibens (vgl. §§ 48, 72 StPO.);

die Anordnung des persönlichen Erscheinens des Beschuldigten nach § 59 Abs. 1 Satz 3.

b) Von einer förmlichen Zustellung kann bei der Ladung der Zeugen und Sachverständigen in der Untersuchung (§ 46), des Beschuldigten nach §§ 47 und 49 und des Vertreters der Einleitungsbehörde nach § 50 abgesehen werden, wenn anderweitig Gewähr geboten ist, daß die Ladung den Empfänger erreicht. Dies gilt insbesondere für Ladungen zu einzelnen Terminen im Lauf einer sich über mehrere Tage erstreckenden Beweiserhebung.

c) Ladungen, die nicht förmlich zugestellt werden, sind mündlich unter Aufnahme eines Aktenvermerks oder schriftlich zu übermitteln.

DurchfV. Nr. 1 zu § 19.

Abgesehen von den Ladungen sind an zahlreichen Stellen des Gesetzes Zustellungen vorgeschrieben, z. B. einer Dienststrafverfügung (§ 25), der Einleitungsverfügung (§ 28), der Anschuldigungsschrift (§ 55) des Urteils (§ 65) u. a.

2. Die Regelung des Zustellungswesens im § 19 entspricht dem praktischen Bedürfnis, sucht zu Nr. 1, 2 und 4 **gewisse Erleichterungen der Zustellung** zu schaffen und überläßt es im übrigen den beteiligten Behörden und Beamten unter den verschiedenen Möglichkeiten zu wählen. Die Vorschriften der ZPO. (§ 19 Abs. 1 Nr. 3 RDStO.) über die Zustellung von Amts wegen sind in den §§ 208 bis 213 ZPO. enthalten. Danach muß bei der Zustellung eine Zustellungsurkunde von dem zustellenden Beamten aufgenommen und der Tag der Zustellung auf der Postsendung vermerkt werden. RDStH. 16. 12. 38 E. **2** 132. Jedoch ist zur Erleichterung der Zustellung von Amts wegen nach der ZPO. nachgelassen, daß sie durch jeden Beamten, z. B. einen auf der Geschäftsstelle des Dienststrafgerichts tätigen oder durch den Untersuchungsführer, nicht etwa nur durch einen Gerichtswachtmeister oder einen Postbeamten erfolgen kann. Als Behörde im Sinne des Abs, 1 Nr. 4 gilt auch der Vertreter der Einleitungsbehörde. DurchfV. Nr. 2 zu § 19. In der Ostmark und in den sudetendeutschen Gebieten sowie im Protektorat Böhmen und Mähren gelten bis zur Einführung des Zivilprozeßrechts des Reichs die Vorschriften der österr. Zivilprozeßordnung bzw. die in den sudetend. Gebieten bzw. für die Protektoratsangehörigen geltenden Vorschriften über die Zustellung von Amts wegen. Art. II § 9 Nr. 2 Vdg. v.

28. 9. 38 (RGBl. I 1241); VII 33 DurchfBest. v. 30. 3. 39 (RGBl. I 688); § 3 V 21 V. 7. 12. 39 (RGBl. I 2378).

3. **Ist der Aufenthalt eines Beamten unbekannt,** so genügt es nicht, wenn nach den Vorschriften über gerichtliche Ersatzzustellungen in der letzten bekannten Wohnung im Inland (§ 182 ZPO.) verfahren und das Schriftstück bei der Postanstalt usw. niedergelegt wird; vielmehr muß eine öffentliche Zustellung nach den Vorschriften der ZPO. §§ 203 ff. erfolgen. Die Behörde kann also die Zustellung in der letzten Wohnung nicht vornehmen, wenn sie den Aufenthalt des Beamten nicht kennt. Sie wird Ermittlungen nach seinem Aufenthalt anzustellen haben, und wenn die Nachforschungen zu keinem Ergebnis führen, so muß die öffentliche Zustellung erfolgen. Diese Art der Zustellung muß auf Antrag der Einleitungsbehörde oder des Untersuchungsführers von der Dienststrafkammer durch Beschluß der Kammer, nicht durch den Vorsitzenden allein, besonders bewilligt werden. Die zuzustellende Ausfertigung ist an der Gerichtstafel der Dienststrafkammer anzuheften; enthält das Schriftstück eine Ladung, so ist außerdem ein Auszug einmalig in das Ministerialblatt des Reichsministerium des Innern einzurücken.

4. **Die Zustellung ist wirksam,** wenn die vorerörterten Vorschriften beobachtet sind. Ist dies nicht der Fall, z. B. wenn die Einleitungsverfügung durch eingeschriebenen Brief ohne Rückschein (RDStH. 26. 7. 39 DVerw. **40** 156 = ZBR. **10** 65) erfolgt ist, so wird der Lauf einer Frist auch dann nicht eröffnet, wenn der Beamte das zuzustellende Schriftstück tatsächlich erhalten oder von seinem Inhalt sonst Kenntnis erlangt hat, RDStH. 16. 12. 38 E. **2** 132; 16. 5. 39 (DVerw. **40** 12 = E. **2** 104) oder wenn der Beamte auf Geltendmachung der Zustellungsmängel verzichtet hat. Sind aber die Vorschriften eingehalten, so kommt es nicht darauf an, ob der Beamte das Schriftstück erhalten hat. Jedoch braucht, wenn der Beschuldigte das zuzustellende Schriftstück nachweisbar erhalten hat, in dem Mangel kein schwerer Verfahrensmangel im Sinne des § 73 Abs. 1 Nr. 3 erblickt zu werden. RDStH. 26. 7. 39 DVerw. **40** 156 = ZBR. **10** 65; ein schwerer Mangel liegt aber vor, wenn die Zustellung eine Frist in Lauf setzen soll. RDStH. 16. 12. 38 E. **2** 132.

Der Beamte muß auch Zustellungen und Mitteilungen unter der Anschrift, die er seinem Dienstvorgesetzten angezeigt hat, gegen sich gelten lassen. Dies entspricht dem Grundsatz von Treu und Glauben, der auch das Beamtenrecht beherrscht. Hat der Beamte seinem Dienstvorgesetzten eine bestimmte Anschrift angegeben, so muß dieser sich darauf verlassen können, daß sie richtig ist. Ist sie falsch, so muß der Beamte, der durch seine falsche Angabe die ihm gegenüber dem Dienstvorgesetzten obliegende Treuepflicht verletzt hat, die Folgen tragen. RDStH. 15. 12. 37 bei Behnke 254.

5. **Andere Mitteilungen** als Zustellungen erfolgen formlos. Sie können also mündlich oder durch einfachen Brief nach freiem Ermessen der Behörde erfolgen. Sie sind vorgesehen z. B. im §§ 21 Abs. 2 Satz 1, 22 Abs. 1, 28

Abs. 1 Satz 3 und 44 Abs. 2 Satz 1; vgl. auch oben Anm. 1 u. DurchfV. Nr. 1 zu b.

6. § 19 hat um deswillen besondere Bedeutung, **als nach § 163 DBG. Entscheidungen, die dem Beamten nach den Vorschriften des DBG. bekannt zu geben sind, nach § 19 zuzustellen sind,** wenn durch sie eine Frist in Lauf gesetzt wird oder Vermögensrechte des Beamten durch sie berührt werden. Jedoch kann nach § 163 Satz 3 DBG. die Zustellung dadurch ersetzt werden, daß die Entscheidung dem Beamten unter Anfertigung einer Niederschrift eröffnet wird; auf Antrag ist dem Beamten eine Abschrift der Niederschrift zu geben. Diese Art der Ersatzzustellung ist für die Zustellungen nach der RDStO. nicht zugelassen.

§ 20.

Zur Ergänzung dieses Gesetzes sind die Vorschriften des Gerichtsverfassungsgesetzes (Sitzungspolizei, Gerichtssprache, Beratung und Abstimmung) und der Strafprozeßordnung anzuwenden, soweit nicht die Eigenart des Dienststrafverfahrens entgegensteht.

1. Über die **Sitzungspolizei, Gerichtssprache, Beratung** und **Abstimmung** enthält die RDStO. keine besonderen Vorschriften, verweist vielmehr auf das GVG., soweit nicht die Eigenart des Dienststrafverfahrens entgegensteht.

Die **Sitzungspolizei** (§§ 176—183 GVG.) übt der Verhandlungsleiter, in der Hauptverhandlung der Vorsitzende aus. Er kann bei der Verhandlung Beteiligte, die sich ungebührlich benehmen, aus dem Sitzungszimmer verweisen und Ungebührstrafen verhängen. Gegen Rechtsanwälte und Verwaltungsrechtsräte können Ungebührstrafen nicht verhängt werden. RGes. 11. 3. 21 (RGBl. 230). Über die im § 181 GVG. bezeichnete Beschwerde gegen eine Ordnungsstrafe entscheidet im Dienststrafverfahren der Reichsdienststrafhof, auch soweit es sich um eine Beschwerde gegen Maßnahmen des Untersuchungsführers handelt. Behnke 265. Die **Gerichtssprache** (§§ 184 bis 191 GVG.) ist die Deutsche. Wegen der Zuziehung eines **Dolmetschers** s. §§ 185 ff. GVG. Über die **Beratung** und **Abstimmung** s. §§ 193—198 GVG. und unten § 65 Anm. 1.

2. Die RDStO. bringt keine erschöpfenden verfahrensrechtlichen Vorschriften. Streitig war bisher, ob **allgemein die Vorschriften der StPO.** auf die Dienststrafuntersuchung angewendet werden könnten. Jetzt ist diese Streitfrage im Sinne der bisher herrschenden Auffassung durch § 20 geklärt. **Danach sind die Vorschriften der StPO. anzuwenden, soweit die RDStO. über die betreffende Frage nichts enthält und nicht die Eigenart des Dienststrafverfahrens entgegensteht.** Danach ist bei jeder Vorschrift der StPO. sorgfältig zu prüfen, ob sie nach den Vorschriften der RDStO. und dem Wesen und Zweck des Dienststrafverfahrens auf das letztere übertragen werden kann. PrOVG. **54** 457; **82** 484; Schulte-Wissermann BeamtJahrb. **32** 435; Wittland BeamtJahrb. **35** 623.ff. u, 703 ff.; Behnke 268. Die RDStO. hat davon abgesehen, im einzelnen anzugeben, welche Vorschriften der StPO.

diese Vorbedingungen für ihre Anwendbarkeit im Dienststrafverfahren erfüllen. Es ist also der Praxis, der Wissenschaft und der Rechtsprechung überlassen, in jedem einzelnen Falle zu prüfen, ob und inwieweit die Vorschriften der StPO. anwendbar sind. Jedenfalls finden auf das Dienststrafverfahren diejenigen Vorschriften keine Anwendung, die sich aus den besonderen Grundlagen des bürgerlichen Strafprozesses ergeben, z. B. aus der Verlegung des Schwerpunktes des Verfahrens in die Hauptverhandlung, dem Grundsatze der Unmittelbarkeit, der Mündlichkeit und Öffentlichkeit der Hauptverhandlung, dem sogen. Legalitätsprinzip, d. h. dem Zwange zur Strafverfolgung, ferner den besonderen Fristen usw.

Nadler-Wittland nehmen im deutschen Beamtenrecht 1 (beamtenrechtl. Gesetze S. 276—309) an, daß von der StPO. für das Dienststrafverfahren folgende Vorschriften in Frage kommen: §§ 3, 6, 15, 19, 22—31, 33—38, 42–53, 55–58 Abs. 1, 60, 61, 63, 64, 66b–e, 67,78, 79 Abs. 2 u. 3, 80–81b, 83—86, 93—97, 98 Abs. 4, 99, 101—110 Abs. 1—3, 111, 133, 136, 137 Abs. 2, 146, 149, 184, 188, 192, 193 Abs. 4 u. 5, 194, 195, 214 Abs. 2, 216 Abs. 2, 218—220, 222, 223 Abs. 1 u. 2, 224, 225—227, 228 Abs. 1 u. 2, 229, 235, 238—244, 245 Abs. 3, 246—248, 257—259, 260 Abs. 1, 261, 267, 267b, 268, 271, 272—275, 296—303, 307—309, 310 Abs. 2, 315, 316 Abs. 1, 318, 326, 327, 329 Abs. 2, 331, 361 Abs. 1, 365, 373 Abs. 2, 449, 458 Abs. 1 u. 3, 462 Abs. 1, 2 u. 4, 466 u. 469. Hiermit deckt sich im wesentlichen die Zusammenstellung der anwendbaren Vorschriften der StPO. bei Behnke 269—271.

Im folgenden ist die Anwendbarkeit der Vorschriften der StPO. bei den einzelnen Paragraphen der RDStO. näher angegeben.

Dabei ist zu beachten, daß das jeweils geltende, nicht etwa das zur Zeit des Inkrafttretens der RDStO. geltende Strafprozeßrecht anzuwenden ist. PrOVG. **92** 255; Wittland BeamtJahrb. **35** 626.

In der Ostmark gelten bis zur Einführung des Gerichtsverfassungsrechts und des Strafprozeßrechts des Reichs die entsprechenden Vorschriften des österreichischen Strafprozeßrechts. Art. II § 9 Nr. 3 Vdg. v. 28. 9. 38 (RGBl. I 1241).

3. Im Verfahren gegen **Wehrmachtbeamte** sind zur Ergänzung der RDStO. die Vorschriften der Militärstrafgerichtsordnung und ihres Einführungsgesetzes anzuwenden, soweit nicht die Eigenart des Dienststrafverfahrens entgegensteht. Im Fall des § 242 Abs. 2 MStGO. ist der nächste Disziplinarvorgesetzte zuständig. V. vom 24. 6. 37 (RGBl. I 722) zu § 20.

2. Vorermittlungen.

§ 21.

(1) Werden Tatsachen bekannt, die den Verdacht eines Dienstvergehens rechtfertigen, und hält der Dienstvorgesetzte ein Dienststrafverfahren für angezeigt, so veranlaßt er die zur Aufklärung des Sachverhalts erforder-

lichen Ermittlungen. Dabei sind nicht nur die belastenden, sondern auch die entlastenden und die für die Strafbemessung bedeutsamen Umstände zu ermitteln.

(2) Das wesentliche Ergebnis der Ermittlungen ist dem Beschuldigten bekanntzugeben. Er ist über die ihm zur Last gelegte Verfehlung unter Aufnahme einer Niederschrift zu hören; er kann sich auch schriftlich äußern.

(3) Der Beschuldigte kann beantragen, daß weitere Ermittlungen vorgenommen werden. Der Dienstvorgesetzte entscheidet, ob dem Antrag stattzugeben ist.

(4) Als Dienstvorgesetzter gilt bei einem Ruhestandsbeamten die vor Beginn des Ruhestandes für den Beamten zuletzt zuständige oberste Dienstbehörde; sie kann ihre Befugnisse auf nachgeordnete Behörden übertragen. Besteht die hiernach zuständige oberste Dienstbehörde nicht mehr, so bestimmt der Reichsminister des Innern, wer als Dienstvorgesetzter gilt.

1. In der Praxis wird in der Regel ein Dienststrafverfahren — sei es ein förmliches oder ein Verfahren des Dienstvorgesetzten — erst eingeleitet, nachdem **Vorermittlungen** stattgefunden haben. Die Vorermittlungen sind ein beiden Arten des Dienststrafverfahrens vorgelagertes gemeinsames Vorverfahren. Reuß BeamtJahrb. **37** 335; RVerwBl. **58** 873 u. VerwArch. **42** 395; Behnke 272; Wittland 362; **a. M.** Mumm JW. **37** 1353; Wittmack DVerwBl. **37** 387. Meist erfährt zunächst der unmittelbare Dienstvorgesetzte (§ 2 Abs. 5 DBG.) Tatsachen, die den Verdacht eines Dienstvergehens begründen. Er hat sich dann darüber schlüssig zu machen, ob ein Dienststrafverfahren — sei es ein förmliches oder ein eigenes Verfahren — geboten sei. Es gilt auch hier das Opportunitätsprinzip (s. Anm. 1 zu § 3). Hält er ein Dienststrafverfahren für erforderlich, so muß er die zur Aufklärung des Sachverhalts erforderlichen Ermittlungen veranlassen. Hierbei finden die allgemeinen Vorschriften der §§ 11—20 Anwendung. Behnke 273. Er kann die Ermittlungen selbst vornehmen oder sie durch einen von ihm beauftragten Beamten vornehmen lassen. Die Ermittlungen können in eingehender Vernehmung des beschuldigten Beamten, in der Anhörung von Zeugen und Sachverständigen, Heranziehung von Akten und Urkunden, Einnahme des Augenscheins u. dgl. bestehen. Eine Vereidigung von Zeugen und Sachverständigen darf der Dienstvorgesetzte selbst nicht vornehmen; vielmehr hat er hierum, wenn er sie für erforderlich hält, das zuständige Amtsgericht zu ersuchen. Dieses entscheidet nach § 16 Satz 2 über die Vereidigung und darf sie nach § 17 Abs. 4 nur vornehmen, wenn Gefahr im Verzug oder wenn der Eid mit Rücksicht auf die Bedeutung der Aussage oder als Mittel zur Herbeiführung einer wahren Aussage erforderlich ist.

Vorermittlungen dürfen nicht mehr angestellt werden, sobald das förml. Dienststrafverfahren eingeleitet worden ist. RDStH. 9. 6. 39 DVerw. **40** 92.

Dienstvorgesetzter für die Kommunalbeamten ist in den Fällen des § 21 Abs. 1 u. 3 der Dienstvorgesetzte nach § 2 Abs. 5 DBG.; hat ein Beamter keinen Dienstvorgesetzten, so ist die Aufsichtsbehörde Dienstvorgesetzter. § 5 Abs. 2 DurchfV. v. 3. 7. 37 (RGBl. I S. 730).

Handelt es sich um ein Dienststrafverfahren gegen einen ärztlichen Beamten (§ 18 RÄrztO.) wegen eines Berufsvergehens (§ 51 a. a. O.), so ist der Reichsärztekammer auf ihren Antrag vom Dienstvorgesetzten Gelegenheit zu geben, sich gutachtlich vom Standpunkt des Berufsstandes aus zu dem Gegenstand der Beschuldigung zu äußern und ihr zu diesem Zweck in Ermittlungs- und Untersuchungsvorgänge Einsicht zu gewähren. § 55 a. a. O.

2. Auf die Erforschung der **objektiven Wahrheit** kommt es an. Der Vorgesetzte muß sich dies stets vor Augen halten und darf nicht etwa einseitig nur die den Beamten belastenden Umstände ermitteln. Vielmehr muß er auch das Entlastungsmaterial zusammentragen und die für die Strafbemessung bedeutsamen Umstände, wie z. B. verminderte Zurechnungsfähigkeit, jugendliches Alter, bisherige Führung, häusliche Verhältnisse u. dgl. berücksichtigen. Der Dienstvorgesetzte darf das Verfahren nicht etwa ganz nach seinem Ermessen regeln. Er muß das wesentliche Ergebnis der Ermittlungen dem Beschuldigten bekannt geben, ebenso wie dieser nach § 42 Abs. 1 Satz 2 DBG. Anspruch darauf hat, über Beschwerden und Behauptungen tatsächlicher Art, die ihm nachteilig werden können, gehört zu werden. Der Dienstvorgesetzte muß ihn über die ihm zur Last gelegte Verfehlung hören. Auch formlose Vorermittlungen dürfen sich nicht hinter dem Rücken des Beamten abspielen. Begr. Auch muß der Dienstvorgesetzte über eine mündliche Vernehmung des Beschuldigten eine Niederschrift aufnehmen. Ob der Dienstvorgesetzte einen Schriftführer zuziehen will, ist seinem Ermessen überlassen; s. oben Anm. 5 zu § 17.

Der Beamte kann sich nach dem Ermessen des Dienstvorgesetzten auch schriftlich äußern. Dies wird besonders dann oft am Platze sein, wenn nach dem Bildungsstande und der schriftlichen Gewandtheit des Beamten anzunehmen ist, daß er auch ohne besondere Vernehmung seine Verteidigung zweckmäßig gestalten wird. Eine Niederschrift ist auch dann nicht notwendig, wenn der Beschuldigte mit Zustimmung seines Vorgesetzten durch einen Rechtsanwalt eine schriftliche Äußerung einreicht. RDStH. 30. 11. 38 bei Behnke 274. Die Einsichtnahme in die Akten kann er nicht verlangen; doch kann sie ihm der Dienstvorgesetzte gewähren. Der Beamte kann seine Aussage verweigern und kann nicht gezwungen werden, zu seiner Vernehmung zu erscheinen und sich auf die Beschuldigungen zu äußern. Behnke 276; a. M. Dienststrafs. RG. 21. 9. 38 ZBR. **9** 194; s. auch unten Anm. 1 Abs. 5 zu § 47.

Während der Vorermittlungen kann der Beschuldigte nicht vorläufig des Dienstes enthoben, sondern ihm nur nach § 6 DBG. die Führung der Dienstgeschäfte untersagt werden. Behnke 275.

3. Im übrigen ist es dem Ermessen des Dienstvorgesetzten überlassen, ob und in welchem Umfange Ermittlungen anzustellen sind. Dieses **weite**

Ermessen wird jeden gewissenhaften Dienstvorgesetzten zu besonderer Vorsicht mahnen. Er wird sich vor Augen halten müssen, daß er in seiner Person gewissermaßen die Funktionen des Anklägers, Untersuchungsführers, Verteidigers und Richters vereinigt. **Peinlichste Gewissenhaftigkeit** ist daher bei diesem Verfahren besonders am Platze. Dies folgt schon aus der Fürsorgepflicht, die der Dienstvorgesetzte dem Beamten gegenüber beobachten muß; s. Reuß RSVZ. **37** 511. Beschlagnahmen und Durchsuchungen außerhalb der Diensträume (vgl. auch unten Anm. 1 Abs. 2 zu § 25 u. Anm. 6 zu § 46) darf der Dienstvorgesetzte nicht vornehmen. Abweichendes gilt für den Untersuchungsführer s. § 46 Satz 2.

Hat die Staatsanwaltschaft oder eine andere Behörde in Sachen, die die allgemeine Strafsphäre betreffen, sich bereits mit der Angelegenheit befaßt und ihrerseits Ermittlungen angestellt, und hat etwa schon die Staatsanwaltschaft die Anklageschrift verfaßt, so wird in der Regel der Dienstvorgesetzte von eigenen Ermittlungen zunächst absehen können, wenn nicht sonstige von den Justizbehörden nicht berücksichtigte dienstliche Verfehlungen mit im Spiele sind. Jedoch wird er, ehe er weitere Maßnahmen trifft, nach Anhörung des Beschuldigten in der Regel das weitere Verfahren bis zur Erledigung des Strafverfahrens aussetzen; s. Busse BeamtJahrb. **38** 39 ff. und oben Anm. I 1 ff. zu § 13. Dagegen nimmt Behnke 273 an, daß die Vorermittlungen in jedem Falle, auch beim Vorliegen eines strafgerichtlichen Urteils oder eines staatsanwaltlichen Ermittlungsverfahrens erforderlich sind.

4. Da der **Beamte** in diesem Vorverfahren stets **über die Beschuldigung zu hören** und ihm das wesentliche Ergebnis der Ermittlungen mitzuteilen ist, so ist er in der Lage, den Sachverhalt nach dem Stande der Untersuchung zu prüfen und mündlich oder schriftlich zu seiner Verteidigung sachdienliche Ausführungen zu machen. Er kann auch beantragen, daß weitere Ermittlungen vorgenommen werden. Der Dienstvorgesetzte ist aber nicht etwa verpflichtet, diesem Antrage zu entsprechen. Er entscheidet vielmehr nach freiem pflichtmäßigen Ermessen darüber, ob dem Antrage stattgegeben ist. Ein Recht auf Anwesenheit bei Beweiserhebungen (wie bei der Untersuchung) hat der Beschuldigte nicht. Behnke 276.

5. Ein **Verteidiger** darf aber in diesem Vorermittlungsverfahren nicht zugezogen werden. Vielmehr darf ein solcher nur im förmlichen Dienststrafverfahren und erst dann in Tätigkeit treten, wenn das Verfahren mit dem Eingang der Anschuldigungsschrift bei der Dienststrafkammer anhängig geworden ist. §§ 49 Abs. 3, 53 Abs. 3 u. § 56 Abs. 1. Es steht aber nichts im Wege, daß der Beschuldigte in diesem Verfahren sich des Rates eines Rechtsanwalts bedient und durch diesen Erklärungen abgeben läßt, die zu seiner Entlastung und zur weiteren Aufklärung des Sachverhalts dienen. Reuß BeamtJahrb. **37** 336 ff. u. JW. **40** 2209 ff.; Wittmack Deutsch. VerwaltungsBl. **34** 385; Heyland 252 Anm. 4; Behnke 275. Dabei muß aber der Beschuldigte seine Pflicht zur Amtsverschwiegenheit (§ 8 DBG.) beachten und darf dem

Anwalt solche unter dieser Verschwiegenheitspflicht stehende Tatsachen nur mit Genehmigung seines Dienstvorgesetzten mitteilen. Mumm JW. **37** 1382.ff.; Reuß JW. **37** 1385.ff. und BeamtJahrb. **37** 338; einschränkend Wittmack a. a. O.

6. Das vorstehend geschilderte Ermittlungsverfahren kommt auch **für Ruhestandsbeamte** in Frage, jedoch nur, wenn es sich um so schwere Verfehlungen handelt, daß sie zur Aberkennung oder Kürzung des Ruhegehalts führen könnten. Bloße Strafen der Warnung, des Verweises und der Geldbuße können gegen Ruhestandsbeamte nicht verhängt werden. Kommt also nur eine solche Strafe in Frage, so erübrigen sich besondere Ermittlungen. Abweichendes gilt aber für die Wartestandsbeamten. Gegen diese können die gedachten milderen Strafen verhängt werden.

Als Dienstvorgesetzter, der die erforderlichen Ermittlungen gegen Ruhestandsbeamte anzustellen hätte, gilt die vor Beginn des Ruhestandes für den Beamten zuletzt zuständige oberste Dienstbehörde (§ 2 Abs. 4 DBG.), die aber ihre Befugnisse auf nachgeordnete Behörden übertragen kann. Diese Übertragung ist im Bereich der Justiz durch RJM. 13. 1. 40 (DJ. 91) erfolgt und zwar auf die höhere Reichsjustizbehörde, die hinsichtlich der Versorgungsbezüge als Regelungsbehörde gilt. Die Befugnisse der obersten Dienstbehörde sind für die Kommunalbeamten dem letzten Dienstvorgesetzten, soweit ein solcher nicht vorhanden ist, dem Nachfolger im Amt übertragen. § 5 Abs. 1 DurchfV. v. 3. 7. 37 (RGBl. I 430). Zu beachten ist, daß die während der aktiven Dienstzeit begangenen Verfehlungen schwererer Art ohne Einschränkung — s. aber die Übergangsvorschrift des § 115 Abs. 2 für die sogen. Altpensionäre — gegen die Ruhestandsbeamten geahndet werden können; die im Ruhestand begangenen Verfehlungen können nur dann zum Gegenstand eines Vorermittlungsverfahrens gemacht werden, wenn sie sich als staatsfeindliche Betätigung, Verletzung der Amtsverschwiegenheit und unerlaubte Annahme von Belohnungen und Geschenken (§ 22 Abs. 1 Satz 2 DBG.) darstellen.

7. Auch wenn keine Dienststrafe, sondern nur **eine mißbilligende Äußerung,** eine Rüge, ein Vorhalt oder Ermahnung in Frage kommt (§ 5 Abs. 3), sind regelmäßig besondere Ermittlungen erforderlich. Für diese sind keine besonderen Vorschriften erlassen. Der Dienstvorgesetzte kann sie also völlig nach seinem freien Ermessen gestalten. § 21 findet hier keine Anwendung, ist vielmehr nur am Platze, wenn ein Dienststrafverfahren eingeleitet werden soll. Vgl. über das völlig formlose Verfahren in diesen Fällen Anm. 3 zu § 5.

§ 22.

(1) Ergeben die Ermittlungen kein Dienstvergehen, oder hält der Dienstvorgesetzte eine Dienststrafe nicht für angezeigt, so stellt er das Verfahren ein und teilt dies dem Beschuldigten mit.

(2) Ungeachtet der Einstellung kann der höhere Dienstvorgesetzte wegen desselben Sachverhalts eine Dienststrafe verhängen oder die Einleitungsbehörde das förmliche Dienststrafverfahren einleiten.

1. Nach Abschluß der Ermittlungen, deren wesentliches Ergebnis nach § 21 Abs. 2 dem Beschuldigten mitzuteilen ist, macht sich der Dienstvorgesetzte darüber schlüssig, was er auf Grund des abgeschlossenen Verfahrens veranlassen soll. Er kann, wenn er kein Dienstvergehen für vorliegend erachtet oder wenn er zwar ein solches feststellt, aber wegen Geringfügigkeit oder aus anderen Gründen, z. B. wegen bisheriger guter Führung des Beschuldigten, eine Dienststrafe nicht für angezeigt hält, **das Verfahren einstellen** und muß dann die Einstellung dem Beschuldigten mitteilen. Die Einstellungsverfügung kann mündlich und ohne Angabe von Gründen erfolgen. Auch ihre Mitteilung geschieht nach § 19 Abs. 3 formlos; es genügt also eine mündliche Benachrichtigung. Kosten der Ermittlungen können bei der Einstellung dem Beschuldigten nicht auferlegt werden. Behnke 279.

Der Dienstvorgesetzte kann aber auch, obwohl dies im Gesetze nicht hervorgehoben ist, **mit der Einstellung gegen den Beschuldigten** nach § 5 Abs. 3 **eine Mißbilligung,** Zurechtweisung, Ermahnung, Rüge, Hinweis oder dgl. verhängen. Solche Fälle sind sehr häufig. Oft stellt sich heraus, daß Tatsachen, die zunächst den Verdacht eines Dienstvergehens rechtfertigten, minder erheblich sind und deshalb nicht mit einer eigentlichen Dienststrafe, sondern mit einer mißbilligenden Äußerung ausreichend gesühnt werden; s. näheres oben Anm. 3 zu § 5. Gegen die Verhängung solcher mißbilligenden Äußerungen des Dienstvorgesetzten (§ 5 Abs. 3) ist unbefristete Beschwerde im Dienstaufsichtswege zulässig.

Dienstvorgesetzter für die Kommunalbeamten ist im Fall des § 22 Abs. 1 der Dienstvorgesetzte nach § 2 Abs. 5 DBG. Hat ein Beamter keinen Dienstvorgesetzten, so ist die Aufsichtsbehörde Dienstvorgesetzter. § 5 Abs. 2 DurchfV. v. 3. 7. 37 (RGBl. I S. 730).

2. Die Einstellungsverfügung des Dienstvorgesetzten geht nicht in Rechtskraft über. Begr. Vielmehr kann **trotz der Einstellung** der **höhere** Dienstvorgesetzte — ohne an eine Frist gebunden zu sein (abweichendes gilt im Falle des § 27) — wegen desselben Sachverhalts **eine Dienststrafe verhängen** (§ 23) oder es kann, wenn auch diese Strafe nicht ausreichend erscheint, die Einleitungsbehörde **das förmliche Dienststrafverfahren** einleiten (§§ 28 ff.). Letzteres ist aber nur tunlich, wenn die Einleitungsbehörde annimmt, daß die Verfehlung mit einer Warnung, einem Verweis oder einer Geldbuße nicht genügend gesühnt werde, vielmehr eine Strafe am Platze sei, die nur im förml. Dienststrafverfahren verhängt werden kann (Gehaltskürzung, Entfernung aus dem Dienst bei aktiven Beamten; Kürzung oder Aberkennung des Ruhegehalts bei Ruhestandsbeamten).

Diese Stellung des höheren Dienstvorgesetzten oder der Einleitungsbehörde gegenüber dem unmittelbaren Dienstvorgesetzten ist erforderlich, um eine straffe Disziplin zu gewährleisten und den schuldigen Beamten angemessen zu bestrafen. Natürlich wird von diesen Maßnahmen nicht ohne zwingende Gründe Gebrauch gemacht werden, da sie sonst leicht zu einer Erschütterung der Autorität des unmittelbaren Dienstvorgesetzten führen können.

Höherer Dienstvorgesetzter ist im Falle des § 22 Abs. 2 für die Kommunalbeamten die Aufsichtsbehörde; hat ein Beamter keinen Dienstvorgesetzten, so ist höherer Dienstvorgesetzter die nächsthöhere Aufsichtsbehörde. § 5 Abs. 3 Nr. 1 DurchfV. v. 3. 7. 37 (RGBl. I S. 730).

3. Stellt der Dienstvorgesetzte nicht ein, so **verhängt er entweder die Dienststrafe** selbst oder er führt, wenn die von ihm in Aussicht genommene Dienststrafe den Rahmen seiner Strafgewalt übersteigt, **die Entscheidung des höheren Dienstvorgesetzten oder der Einleitungsbehörde herbei;** s. § 23.

4. Es kann aber der Dienstvorgesetzte, der das Verfahren eingestellt hat, es wegen desselben Sachverhalts, z. B. wenn er neue wesentliche Verdachtsmomente festgestellt hat, nicht wieder aufnehmen; **a. M.** Wichert RDStO. Anm. 6 zu § 22. Die Strafgewalt steht nunmehr nur dem höheren Dienstvorgesetzten zu.

§ 23.

Stellt der Dienstvorgesetzte das Verfahren nicht ein, und hält er seine Strafgewalt für ausreichend, so verhängt er die Dienststrafe. Andernfalls führt er die Entscheidung des höheren Dienstvorgesetzten oder der Einleitungsbehörde herbei.

1. Hält der Dienstvorgesetzte auf Grund der angestellten Ermittlungen kein Dienstvergehen für vorliegend oder doch eine Dienststrafe nicht für angezeigt, so stellt er nach § 22 das Verfahren ein. Hält er die Einstellung nicht für angezeigt, vielmehr eine Dienststrafe für geboten, **so verhängt er sie** gemäß §§ 24 ff. Hält er eine Warnung oder einen Verweis für erforderlich, so ist er stets zur Verhängung einer solchen Strafe zuständig. Anders liegt es bei der Geldbuße. Hier sind die Dienstvorgesetzten — abgesehen von der obersten Dienstbehörde — nicht befugt, eine Geldbuße bis zum zulässigen, im § 6 bestimmten Höchstbetrage festzusetzen. Vielmehr ist je nach der Stufe, die der Dienstvorgesetzte einnimmt, seine Befugnis zur Verhängung von Geldbußen mehr oder weniger beschränkt. Ist der Dienstvorgesetzte der Ansicht, daß für die Verfehlung eine höhere Geldbuße angebracht ist, als er sie verhängen kann, **so hat er an den höheren Dienstvorgesetzten** unter Darlegung des Sachverhalts **zu berichten** und dessen Entscheidung herbeizuführen. Hält der höhere Dienstvorgesetzte den Strafrahmen, der für den nachgeordneten Dienstvorgesetzten maßgebend ist, für ausreichend, so weist er ihn an, im Rahmen seiner Befugnisse eine Dienststrafe festzusetzen. Anderenfalls verhängt er selbst innerhalb des für ihn maßgebenden weiteren Strafrahmens eine Dienststrafe oder berichtet an seinen höheren Dienstvorgesetzten zwecks Verhängung einer in dessen — erweiterten — Strafrahmen fallenden Dienststrafe oder veranlaßt die Einleitung des förml. Dienststrafverfahrens. Für die Kommunalbeamten ist im Falle des § 23 Dienstvorgesetzter der Dienstvorgesetzte nach § 2 Abs. 5 DBG. und höherer Dienstvorgesetzter die

Aufsichtsbehörde. § 5 Abs. 2 und Abs. 3 Nr. 1 DurchfV. v. 3. 7. 37 (RGBl. I 730).

2. Ist der unmittelbare Dienstvorgesetzte aber der Ansicht, daß eine schwerere Strafe als Geldbuße am Platze sei, so **hat er die Entscheidung der Einleitungsbehörde herbeizuführen.** Denn eine solche schwerere Strafe (Gehaltskürzung, Entfernung aus dem Dienst, Kürzung oder Aberkennung des Ruhegehalts) kann nur im förmlichen Dienststrafverfahren verhängt werden. Die Einleitungsbehörde kann aber, wenn sie ein förml. Dienststrafverfahren nicht für angezeigt hält, entweder selbst eine Dienststrafe verhängen, falls sie mit der nächst höheren Dienststelle identisch ist, oder die Sache an den zuständigen Dienstvorgesetzten zur Verhängung einer Strafe innerhalb seines Strafrahmens abgeben.

3. Dienststrafverfügung.

§ 24.

(1) Jeder Dienstvorgesetzte ist zu Warnungen und Verweisen gegen die ihm nachgeordneten Beamten befugt.

(2) Geldbußen können verhängen

1. **die oberste Dienstbehörde bis zum zulässigen Höchstbetrage (§ 6),**
2. **die der obersten Dienstbehörde unmittelbar nachgeordneten Dienstvorgesetzten bis zur Hälfte des zulässigen Höchstbetrags,**
3. **die übrigen Dienstvorgesetzten bis zu einem Viertel des zulässigen Höchstbetrags.**

(3) Die oberste Dienstbehörde kann für ihren Geschäftsbereich die Befugnis der im Abs. 2 Nr. 3 bezeichneten Dienstvorgesetzten zur Verhängung von Geldbußen weiter abstufen.

1. § 24 handelt von der **Zuständigkeit der Dienstvorgesetzten** zur Verhängung von Dienststrafen. Dienstvorgesetzter ist nach § 2 Abs. 4 DBG., wer für beamtenrechtliche Entscheidungen über die persönlichen Angelegenheiten des ihm nachgeordneten Beamten zuständig ist. Vorgesetzte, d. h. solche Beamte, die eine solche Zuständigkeit nicht haben, sondern nur einem Beamten für seine dienstliche Tätigkeit Weisungen erteilen können, können keine Dienststrafen verhängen. Dienstvorgesetzter kann nur ein Beamter sein. Wer Dienstvorgesetzter und Vorgesetzter ist, bestimmt sich nach dem Aufbau der öffentlichen Verwaltung. § 2 Abs. 5 DBG. Mitunter entstehen Zweifel, wer Dienstvorgesetzter und wer bloßer Vorgesetzter ist.

Zu den **Dienstvorgesetzten** gehört der Beamte, der das volle Dienstaufsichtsrecht und nicht bloß eine beschränkte Leitungs- und Kontrollbefugnis hat. Es ist also nicht der sachliche, sondern der persönliche Vorgesetzte gemeint. Deshalb konnte z. B. der Landrat nach der bisherigen Verwaltungsübung in Preußen gegen den Bürgermeister einer kreisangehörigen Stadt in städtischen Angelegenheiten keine Warnung und keinen Verweis verhängen; denn in diesen Angelegenheiten führte der Regierungspräsident die Aufsicht. Es gilt jedoch nach § 112 Abs. 1 RDStO. der Reichsminister des Innern im Sinne der RDStO. als oberste Dienstbehörde **der Beamten der Gemeinden, Gemeindeverbände und gemeindlichen Zweckverbände**; er kann seine Befugnisse auf nachgeordnete Behörden übertragen. Er bestimmt durch Verordnung, wer als nachgeordnete Behörde, Dienstvorgesetzter und höherer Dienstvorgesetzter im Sinne der RDStO. anzusehen ist. Er kann die Zuständigkeit zur Verhängung von Warnungen, Verweisen und Geldbußen abweichend von den Vorschriften des § 24 regeln.

Hiernach unterliegen also auch die Beamten der Selbstverwaltung der staatlichen Dienststrafgewalt.

Bei Militäranwärtern gilt als Dienstvorgesetzter und oberste Dienstbehörde im Sinne der §§ 24, 26 u. 27 der Oberbefehlshaber des Wehrmachtteils, dem der Militäranwärter bei der Entlassung aus dem aktiven Wehrdienst angehört hat. Er kann seine Dienststrafbefugnisse auf nachgeordnete Dienststellen übertragen. § 41 Abs. 1 Satz 3 u. 4 WFVG. v. 26. 8. 38 (RGBl. I 1077).

2. Gegen die zu **einer anderen Behörde abgeordneten oder beurlaubten Beamten** übt während der Dauer der Beschäftigung für die während der Abordnung oder Beurlaubung begangenen Dienstvergehen die letztere Behörde ausschließlich in Abweichung von § 29 Abs. 2 Satz 2 die Strafbefugnis aus, soweit nicht der neue Dienstvorgesetzte dem anderen Dienstvorgesetzten ihre Ausübung überläßt. DurchfV. Nr. 5 zu § 34. Dasselbe gilt von den probeweise bei Zivilbehörden beschäftigten Beamten; doch bleiben zur Ahndung militärischer Vergehen nach wie vor die Wehrmachtbehörden zuständig.

Bekleidet ein Beamter mehrere Ämter (z. B. Hauptamt und Nebenamt, Ehrenamt neben dem Berufsamt), so kann der für jedes Amt zuständige Dienstvorgesetzte Dienststrafen im Rahmen seiner Befugnis verhängen, Geldbußen jedoch nur nach Maßgabe der Dienstbezüge aus diesem Amt. Der bestrafende Dienstvorgesetzte hat dem anderen Dienstvorgesetzten die Bestrafung mitzuteilen. DurchfV. Nr. 4 zu § 24.

3. Warnungen und Verweise können **nur für sich allein**, nicht aber in Verbindung mit Geldbuße verhängt werden. § 4 Abs. 2.

4. Warnungen und Verweise können ebenso wie Geldbußen auch gegen **richterliche Beamte und Notare verhängt werden.** Bisher konnten gegen diese Beamtengruppen in Preußen nach der PrRiDStO. § 11 und auch im Reich nach § 1 Nr. 1 Vdg. v. 15. 3. 35 nur Warnungen, nicht aber Verweise und Geldbußen verhängt werden. Diese Ausnahmestellung der Richter ist durch die RDStO. und der Notare durch § 70 RNotO. beseitigt. Sie werden im Verfahren des Dienstvorgesetzten ebenso wie alle anderen Beamten behandelt. Jedoch kann der unmittelbare Dienstvorgesetzte, der Präsident des Landgerichts, gegen einen Notar durch Dienststrafverfügung nur Warnung oder Verweis, nicht aber Geldbußen verhängen. § 71 Abs. 1 RNotO. Ferner gelten für richterliche Beamte und Notare einige Ausnahmen nach § 108 RDStO. und §§ 69 ff. RNotO. für das förmliche Dienststrafverfahren, die vorl. Enthebung vom Dienst und die Einbehaltung von Dienstbezügen.

Über die Dienststrafbefugnis **gegenüber den Beamten des höheren Dienstes der preußischen allgemeinen und inneren Verwaltung** s. Erl. d. RuPrMdJ. v. 20. 5. 38 (MBl. 897).

5. **Geldbußen** können nur **bis zum zulässigen Höchstbetrag** verhängt werden. Nach § 6 darf die Geldbuße die **einmonatigen Dienstbezüge** des Beamten nicht übersteigen. Bei unbesoldeten Beamten und Beamten, die nur während der Dauer eines Beschäftigungsauftrages Bezüge haben, wie z. B. Gerichtsassessoren, Supernumerare usw. ist **300 RM.** die obere Grenze für die Geldbuße. Bei Beamten, die Gebühren beziehen, sind **1000 RM.** die Höchstgrenze. § 6 Satz 2 u. 3. Bei den Notaren ist die Höchstgrenze **5000 RM.**, bei Notarassessoren **500 RM.** § 50 Abs. 2 RNotO. Den Höchstbetrag darf nur die oberste Dienstbehörde als Geldbuße festsetzen. Oberste Dienstbehörde des Beamten ist die oberste Behörde seines unmittelbaren Dienstherrn (§ 2 Abs. 4 DBG.). Oberste Behörde ist im Reich und in den Ländern die oberste Behörde des Verwaltungszweigs, dem der Beamte dem Haushaltsplan nach angehört, z. B. der zuständige Reichs- oder Landesminister oder die Chefs der sonstigen obersten Reichsbehörden; dies gilt auch für die Leiter und Lehrer an nichtstaatlichen öffentlichen Schulen. Als oberste Dienstbehörde im Sinne des § 24 Abs. 2 Nr. 1 gilt auch der Präsident des Preußischen Oberverwaltungsgerichts und der Präsident der Preußischen Oberrechnungskammer. DurchfV. Nr. 2 zu § 24. Oberste Dienstbehörde der Reichsbankbeamten ist der Präsident der Deutschen Reichsbank. § 7 Abs. 3 ReichsbankG. v. 15. 6. 39 (RGBl. I 1015). Bei den übrigen Dienstvorgesetzten ist die zulässige Höchstgrenze je nach ihrer Stellung in der Behördenorganisation verschieden abgestuft. Begr. Bei den letzteren kann die oberste Dienstbehörde (§ 2 Abs. 4) für ihren Geschäftsbereich deren Befugnis zur Verhängung von Geldbußen weiter abstufen. § 24 Abs. 3. Auf Grund dieser Vorschrift hat der RJM. durch V. vom 21. 6. 37 (DJ. 954) diese Bestimmung getroffen.

Im förmlichen Dienststrafverfahren dürfen Geldbußen bis zu dem im § 6 bestimmten Höchstbetrag festgesetzt werden; der Dienststrafrichter nimmt also hier dieselbe Stellung ein, wie die oberste Dienstbehörde.

Bei der Bemessung der Höhe der Geldbuße müssen einerseits die Schwere der Verfehlung, andererseits aber auch die wirtschaftlichen Verhältnisse des Beamten berücksichtigt werden.

Die Geldbuße kann **nur für sich allein**, nicht neben einer anderen Dienststrafe, etwa einer Warnung oder einem Verweis verhängt werden. § 4 Abs. 2. Über die Ermittlung der Dienstbezüge für die Bemessung der Geldbuße, über die Bemessung des Höchstbetrags der Geldbuße beim Zusammentreffen mehrerer Dienstvergehen sowie die Bekleidung mehrerer Ämter s. oben Anm. 4 u. 5 zu § 6.

6. Wegen der **Vollstreckung** der Dienststrafen der Warnung, des Verweises und der Geldbuße s. § 102 Abs. 2—4. Geldbußen, die der Dienstvorgesetzte verhängt, fließen dem unmittelbaren Dienstherrn, also z. B. bei Beamten der Gemeinden der Gemeinde, zu. Geldbußen, die durch Urteil eines Dienststrafgerichts verhängt werden, sind, auch wenn es sich um mittelbare Reichsbeamte handelt, an das Reich abzuführen. § 102 Abs. 5.

7. **Für die Verhängung von Warnungen, Verweisen und Geldbußen gegen Kommunalbeamte** (Beamte der Gemeinden, der Gemeindeverbände und der gemeindlichen Zweckverbände) ist die Zuständigkeit für die Verhängung von Warnungen, Verweisen und Geldbußen in den §§ 1 und 2 der DurchfV. vom 3. 7. 37 (RGBl. I 730) näher bestimmt.

Für die Beamten der Körperschaften, Anstalten und Stiftungen des öffentlichen Rechts, die der Aufsicht des Reichsministers des Innern oder der Innenminister der Länder unterstehen, gelten die vorstehenden Vorschriften sinngemäß. § 6 DurchfV. v. 3. 7. 37.

§ 25.

Die Dienststrafe wird durch eine schriftliche, mit Gründen versehene Verfügung verhängt, die dem Beschuldigten zuzustellen oder verhandlungsschriftlich zu eröffnen ist.

1. Ehe die Dienststrafe verhängt werden kann, müssen **Vorermittlungen** gemäß §§ 21 ff. angestellt werden. Denn diese Vorschriften gelten nicht nur für das förmliche, sondern auch für das Verfahren des Dienstvorgesetzten. Dasselbe gilt von den §§ 11 ff., so daß also auch in den Fällen der §§ 24 ff. um Rechtshilfe ersucht werden kann. Ob die eidliche Vernehmung von Zeugen und Sachverständigen erfolgen kann, entscheidet das Amtsgericht, wenn, wie es im Verfahren des Dienstvorgesetzten der Fall ist, das Ersuchen um Vernehmung von dem Dienstvorgesetzten ausgeht.

Beschlagnahme und Durchsuchungen dürfen nur im förmlichen Dienststrafverfahren erfolgen. § 46 Satz 2. Wohl aber können die Dienstvorgesetzten kraft ihrer Dienstaufsicht jederzeit bei den ihnen unterstellten Beamten Dienstzimmer und Dienstschränke durchsuchen und dienstlich überlassene Gegenstände beschlagnahmen lassen. Die Dienststrafe darf der Dienstvorgesetzte (§ 2 Abs. 5 DBG.) erst verhängen, wenn er **von der Einstellung** des Verfahrens **abgesehen** und die ihm nach § 24 zustehende **Strafgewalt für ausreichend befunden hat.**

Wegen der Möglichkeit, daß bei den Vorermittlungen der Beschuldigte sich des Rats und der Hilfe eines Rechtsanwalts bedienen darf, s. oben Anm. 5 zu § 21.

2. Die Strafen können nur durch eine **schriftliche, mit Gründen versehene** Verfügung verhängt werden, die dem Beschuldigten nach § 19 zuzustellen ist. Auch verhandlungsschriftlich, d. h. durch mündliche Eröffnung der Strafe mit den Gründen unter Aufnahme einer Niederschrift über diese Eröffnung können solche Strafen erteilt werden. Jedoch ist bloße mündliche Erteilung ohne Aufnahme einer Niederschrift unzulässig. PrOVG. **79** 425. Bei der

Verhängung der Strafen sind das **Dienststrafgesetz, die verhängte Starfe und das zu ahndende Dienstvergehen** genau zu bezeichnen. PrOVG. **79** 421. Auch sind die einzelnen der Bestrafung zugrunde liegenden Tatsachen unter Angabe von Ort und Zeit so genau und besonders zu bezeichnen, daß der Beamte die gegen ihn erhobenen Vorwürfe mit Sicherheit erkennen und seine Verteidigung dagegen einrichten kann. PrOVG. **82** 166 u. 474. Allgemeine Angaben genügen nicht. Bezugnahme auf einen Vorbescheid, der keine Tatsachen enthält, genügt nicht. Die Dienststrafverfügung muß also den Tatbestand erkennen lassen, hinsichtlich dessen die Strafgewalt des Staates gegenüber dem bestraften Beamten verbraucht wird. PrOVG. **81** 444. **Kosten** (bare Auslagen) des Ermittlungsverfahrens können dem Beamten ganz oder teilweise auferlegt werden. Sie können von den Dienstbezügen abgezogen werden, auch soweit diese nicht pfändbar sind (130 RM. monatlich und drei Zehntel des Mehrbetrags (§ 5 Abs. 1 V. 30. 10. 40, RGBl. I 1451). Sie fließen dem unmittelbaren Dienstherrn zu. § 97 Abs. 1.

Der Dienstvorgesetzte kann aber trotz Verhängung der Strafe nach freiem Ermessen von der Auferlegung der Kosten an den Beamten absehen, wenn er dies nach Lage der Sache für angezeigt hält.

3. **Der Dienstvorgesetzte,** der bei der Angelegenheit **beteiligt ist,** sich also mit ihr amtlich befaßt hat, ist von der Verhängung von Strafen **nicht ausgeschlossen.**

4. Strafen können **nicht mehr verhängt werden** wegen solcher Verfehlungen, die **im förmlichen Dienststrafverfahren** durch Urteil oder Einstellung des Verfahrens erledigt sind. Zulässig ist aber die Verhängung von Strafen für solche Verfehlungen, die sich vor einer früheren Bestrafung ereignet haben, damals aber nicht bekannt waren

5. Von allen Dienststrafen ist zu den **Personalakten** des Beamten Nachricht zu geben.

6. Wegen der **Vollstreckung** der Dienststrafen s. § 102 Abs. 2—4.

7. Für **Beamte der uniformierten staatlichen Vollzugspolizei** kann der RMdJ. andere Formen der Verhängung und Vollstreckung von Dienststrafen, als in den §§ 25 und 102 vorgeschrieben sind, zulassen. § 111 Satz 2. Diese sind bestimmt in Art. 4 der vorl. DurchfV. v. 3. 2. 38 (RGBl. I 119).

§ 26.

(1) Der Beschuldigte kann gegen die Dienststrafverfügung, wenn sie nicht von der obersten Dienstbehörde erlassen ist, innerhalb zweier Wochen nach Zustellung oder Eröffnung schriftlich Beschwerde erheben. Die Beschwerde ist bei dem Dienstvorgesetzten, der die Dienststrafverfügung erlassen hat, einzulegen. Die Frist wird auch gewahrt, wenn während ihres Laufes die Beschwerde bei dem Dienstvorgesetzten eingelegt wird, der über sie zu entscheiden hat.

(2) Der Dienstvorgesetzte, der die Dienststrafverfügung erlassen hat, ist nicht berechtigt, die Dienststrafe aufzuheben oder zu mildern. Er hat

die Beschwerde spätestens innerhalb einer Woche dem nächsthöheren Dienstvorgesetzten vorzulegen. Dieser entscheidet.

(3) Gegen die auf die Beschwerde ergehende Entscheidung sind weitere Beschwerden bis an die oberste Dienstbehörde zulässig; die oberste Dienstbehörde kann jedoch den Beschwerdezug durch Verordnung allgemein oder für einzelne Beamtengruppen beschränken. Abs. 1 und 2 gelten sinngemäß.

(4) Die Entscheidung der obersten Dienstbehörde ist in allen diesen Fällen endgültig.

1. Gegen die Dienststrafverfügung ist nur die **Beschwerde** bis zur obersten Dienstbehörde zulässig, die an **eine Frist von zwei Wochen** gebunden ist. Die Frist läuft von der Zustellung (s. § 19) oder der verhandlungsschriftlich bewirkten Eröffnung ab.

Früher gab es keine Rechtskraft, so daß Ordnungsstrafen noch nach Jahren mit der Beschwerde angefochten werden konnten. Dieser Rechtszustand war sehr unerfreulich, da die Angelegenheit u. U. noch nach sehr geraumer Zeit, wo sich die Sachlage nicht mehr aufklären ließ, auf Beschwerde des Beamten von neuem erörtert werden mußte. Die Rechtskraft nach Ablauf der Frist besteht aber nur für den Beamten; vgl. Wittland Beamt-Jahrb. **32** 133; JW. **32** 908. Denn der höhere Dienstvorgesetzte oder die oberste Dienstbehörde können nach § 27 eine Dienststrafverfügung des nachgeordneten Dienstvorgesetzten **innerhalb eines Jahres** aufheben und anders in der Sache entscheiden oder die Einleitung des förmlichen Dienststrafverfahrens veranlassen. Der Beamte wird dadurch längere Zeit unter dem Druck gehalten, daß bei Gelegenheit eine neue schwerere Strafe wegen des erledigten Vorkommnisses über ihn verhängt werden kann. Allerdings kann der unmittelbare Dienstvorgesetzte keine schwerere Strafe verhängen; wohl aber kann dies der höhere Vorgesetzte, so daß mit einem endgültigen Abschluß der Angelegenheit erst nach Jahresfrist gerechnet werden kann. Das ist zwar ein für den Beamten unerfreulicher Rechtszustand. Er läßt sich aber im Staatsinteresse nicht vermeiden, da eine zu geringe Bestrafung eines Beamten dem Allgemeininteresse zuwiderläuft. Die Dienststrafen (Geldbußen) können, ohne daß die Frist von zwei Wochen oder der Erfolg einer etwaigen Beschwerde abgewartet werden müßte, sofort vollstreckt werden oder gelten (bei Verweis oder Warnung) sofort mit der Zustellung der Strafverfügung als vollstreckt. § 102 Abs. 2 u. 3.

2. Die Beschwerdefrist von je zwei Wochen ist eine **Ausschlußfrist (Notfrist).** Sie kann also selbst mit Zustimmung der Behörde nicht verlängert werden. Nichtfristgemäße Beschwerden dürfen nicht ohne weitere sachliche Prüfung als unzulässig zurückgewiesen, müssen vielmehr ebenso wie fristgemäße Beschwerden spätestens innerhalb einer Woche dem nächsthöheren Dienstvorgesetzten vorgelegt werden. Breithaupt 110; Heyland 253; a. M. Wittland 389; Wichert RDStO. S. 44 Anm. 3. Der höhere Dienstvorgesetzte braucht aber die nicht fristgemäße Beschwerde nicht als unzulässig zu verwerfen, kann vielmehr auch in solchen Fällen die Strafverfügung aufheben oder ändern. Breithaupt 112; Heyland 252. Gegen die Fristversäumnis gibt es die Wiedereinsetzung in den vorigen Stand, s. unten Anm. 6 zu § 68; Koenig BeamtJahrb. **36** 245; Behnke 294; Heyland 253. Über den Antrag auf Wiedereinsetzung entscheidet der für die Entscheidung über die Beschwerde zuständige Dienstvorgesetzte.

3. Die Beschwerde muß **schriftlich**, und zwar bei der strafenden Behörde eingelegt werden. Die Frist wird aber auch gewahrt, wenn die Beschwerde während ihres Laufes bei dem höheren Dienstvorgesetzten eingelegt wird. Zweckmäßig ist es aber, die Beschwerde bei der Behörde einzulegen, die den Strafbescheid erlassen hat. Die strafende Behörde kann selbst die Strafe zugunsten des Beamten nicht mildern, sie auch nicht verschärfen oder aufheben. Sie muß die Beschwerde spätestens innerhalb einer Woche dem nächsthöheren Dienstvorgesetzten zur Entscheidung vorlegen.

Die Beschwerde kann auch durch einen Rechtsanwalt, der sich durch eine Vollmacht auszuweisen hat, eingelegt werden. Mumm JW. **37** 1382 ff.; Reuß JW. **37** 1385 ff. und JW. **40** 2209 ff.; Heyland 253; a. M. RFM. 25. 8. 38 „Mitteil. des Reichsrechtsanwaltsk. 1938 S. 243; Wittland 389; Behnke 294.

4. Der Instanzenzug ist nicht beschränkt, so daß die Angelegenheit stets zur Entscheidung der obersten Dienstbehörde gebracht werden kann. Auch für die weiteren Beschwerden gilt die Frist von 2 Wochen und schriftliche Beschwerdeeinlegung. Jeder weitere Dienstvorgesetzte, dessen Strafbescheid angefochten wird, darf die Dienststrafe nicht aufheben oder mildern und muß die Beschwerde spätestens innerhalb einer Woche dem nächsthöheren Dienstvorgesetzten vorlegen. Um eine Beschwerdehäufung zu verringern, kann die oberste Dienstbehörde den Beschwerdezug allgemein, oder für einzelne Beamtengruppen beschränken. „In Betriebsverwaltungen mit zahlreichem Personal kommen kleine Dienststrafen verhältnismäßig häufig vor, werden auch in der Regel von dem bestraften Beamten als berechtigt hingenommen. Für diese Verwaltungen kann eine einzige Beschwerdestufe genügen. Andere Verwaltungen müssen nach der Art ihrer Behördenorganisation Wert darauf legen, in jedem Falle eine förmliche Beschwerdemöglichkeit bis an den Minister zu schaffen. Beiden Bedürfnissen trägt § 26 Abs. 3 Rechnung." Begr. So entscheidet im Bereich der Deutschen Reichsbahn auf Beschwerde gegen eine Dienststrafverfügung des Dienstvorgesetzten der nächsthöhere Dienstvorgesetzte endgültig. RVerkehrsM. 14. 9. 37 (RGBl. I 1011). Die Beamten der Selbstverwaltung können nicht wie bisher in Preußen (s. § 94 Abs. 2 PrBDStO. alter Fassung) die Entscheidung der Dienststrafkammer herbeiführen.

Für die Angehörigen der uniformierten Ordnungspolizei ist der Beschwerdezug gemäß Art. 5 der vorl. DurchfV. v. 3. 2. 38 (RGBl. I S. 119) beschränkt.

Hat die oberste Dienstbehörde selbst als erste Instanz entschieden, so gibt es keine Beschwerde, auch nicht etwa an das Kabinett; auch die Anrufung eines Dienststrafgerichts ist nicht zulässig. Jedoch kann die oberste Dienstbehörde nach § 27 die von ihr erlassene Dienststrafverfügung innerhalb eines Jahres aufheben.

Die oberste Dienstbehörde des Beamten (s. auch oben Anm. 5 zu § 24) ist nach § 2 Abs. 4 DBG. die oberste Behörde seines unmittelbaren Dienstherrn. Hiernach haben die unmittelbaren Reichsbeamten, z. B. die Justiz- und Finanzbeamten, einen Beschwerdezug bis zu dem betr. Reichsminister. Dagegen ist bei Gemeindebeamten, für die die oberste Dienstbehörde nach § 2 Abs. 4 DBG. der Bürgermeister (Oberbürgermeister) sein würde, eine Sonderregelung im § 112 Abs. 1 RDStO. getroffen. Diese war nötig, da es sonst an jeder Beschwerdemöglichkeit fehlen würde. Hiernach gilt nach § 112 Abs. 1 der Reichsminister des Innern als oberste Dienstbehörde im Sinne der §§ 26, 27 für die Beamten der Gemeinden, Gemeindeverbände und gemeindlichen Zweckverbände; er kann seine Befugnisse auf nachgeordnete Behörden übertragen; vgl. im übrigen Anm. 5.

Während des Krieges entfällt die weitere Beschwerde, wenn der für die Einleitung des förmlichen Dienststrafverfahrens zuständige Dienstvorgesetzte die Strafverfügung erlassen oder wenn er als nächst höherer Dienstvorgesetzter über die Beschwerde entschieden hat. § 6 Satz 1 V. 17. 5. 40 (RGBl. I 781). Es bleibt aber der Beschwerdeweg mindestens bis zu dem Dienstvorgesetzten, der als Einleitungsbehörde zuständig ist. Nr. 6 Erl. d. RMdJ. 30. 2. 40 (MBl. 1021). Eine weitere Beschwerde ist daher künftig nur noch dann zulässig, wenn die Dienststrafbefugnis auf Grund des § 24 Abs. 3 durch die oberste Dienstbehörde, wie es z. B. im Bereich der Reichsfinanz- und der Reichspostverwaltung und bei den Beamten der Schutzpolizei- und der Gendarmerie geschehen ist, weiter abgestuft und die Dienststrafverfügung von einem der Einleitungsbehörde nicht unmittelbar nachgeordneten Dienstvorgesetzten verhängt worden war. Behnke 768 und VerwBl. **61** 328. Im Bereich der Reichsbahnverwaltung ist die weitere Beschwerde nach wie vor in jedem Falle ausgeschlossen. Die V. d. RVerkehrsM. 14. 9. 37 (RGBl. I 1011) gilt auch im Kriege.

5. Im Verfahren gegen Kommunalbeamte steht gegen Dienststrafverfügungen, durch die Warnungen, Verweise und Geldbußen verhängt werden, dem Beschuldigten die Beschwerde an die Aufsichtsbehörde zu; hat eine Aufsichtsbehörde die Dienststrafverfügung erlassen, so ist die Beschwerde an die nächsthöhere Aufsichtsbehörde zulässig; s. näheres § 3 DurchfV. v. 3. 7. 37 (RGBl. I 731). Diese DurchfV. gilt auch während des Krieges. § 6 Satz 2 V. 17. 5. 40)RGBl. I 781). Es soll also der Beschwerdezug auch im Kriege stets bis zur staatlichen Aufsichtsbehörde zulässig sein.

Für die Beamten der Körperschaften, Anstalten und Stiftungen des öffentlichen Rechts, die der Aufsicht des Reichsministers des Innern oder den Innenministern der Länder untersteht, gilt § 3 DurchfV. sinngemäß. § 6 DurchfV.

6. Es umgrenzt eine Strafverfügung, die von einem dazu zuständigen Dienstvorgesetzten erlassen ist, den Inhalt des nichtförmlichen Dienststrafverfahrens ähnlich wie die Anschuldigungsschrift im förmlichen Verfahren dergestalt, daß die im Rechtsmittelzuge angerufenen Instanzen **andere Dienstvergehen nicht zur Grundlage der Bestrafung machen,** sondern höchstens zur Beurteilung der Gesamtpersönlichkeit des Beamten heranziehen dürfen. PrOVG. **81** 449.

7. Das Beschwerdeverfahren wird fortgeführt, wenn der Beamte nach Einlegung der Beschwerde **aus dem Amt geschieden** ist; es gilt hier nicht derselbe Grundsatz wie im förmlichen Dienststrafverfahren. PrOVG. **81** 449 ff. und Wittland BeamtJahrb. **33** 69. In solchem Falle darf aber die Strafverfügung nur aufgehoben oder bestätigt, nicht aber verschärft oder gemildert werden. Behnke 294.

8. Die vorstehenden Vorschriften gelten nur, wenn es sich um **Dienststrafen im technischen Sinne** handelt. Deshalb ist gegen die Verhängung von „Strafdienst" (s. oben Anm. 3 zu § 4) nur die unbefristete Beschwerde im Dienstaufsichtswege gegeben. PrOVG. **72** 427. Dasselbe gilt von mißbilligenden Äußerungen.

9. Zweifelhaft war früher, ob im Beschwerdeverfahren eine **reformatio in peius** zulässig sei, ob also in der höheren Instanz die Vorentscheidung auch zu Ungunsten des beschwerdeführenden Beamten abgeändert, also verschärft werden könne. Jetzt ist das unbedenklich zu bejahen. Denn da nach § 27 der höhere Dienstvorgesetzte oder die oberste Dienstbehörde innerhalb Jahresfrist jede Dienststrafverfügung des nachgeordneten Dienstvorgesetzten verschärfen können, so muß dies auch auf Beschwerde zulässig sein. Denn sonst könnte jeder Beamte dadurch der Gefahr einer Verschärfung der Strafe entgehen, daß er Beschwerde einlegen würde. Der Beamte muß also damit rechnen, daß die Beschwerdeinstanz die Sache noch schlimmer ansieht als die erste Instanz und eine schwerere Strafe gegen ihn verhängt oder gar die Einleitung des förml. Dienststrafverfahrens veranlaßt. Zustimmend Heyland 254. Hinzukommt, daß der Grundsatz der Unzulässigkeit der reformatio in peius überhaupt nicht mehr gilt; s. unten Anm. 5 zu § 67.

§ 27.

Der höhere Dienstvorgesetzte oder die oberste Dienstbehörde können eine Dienststrafverfügung des nachgeordneten Dienstvorgesetzten, die oberste Dienstbehörde auch eine von ihr selbst erlassene Dienststrafverfügung innerhalb eines Jahres, nachdem sie erlassen ist, aufheben und in der Sache anders entscheiden oder die Einleitung des förmlichen Dienststrafverfahrens veranlassen. Vor der Entscheidung ist der Beschuldigte zu hören. § 26 gilt sinngemäß.

1. Die Dienststrafverfügungen gehen nur für den Beamten, nicht aber für die Dienstvorgesetzten nach Ablauf der kurzen Beschwerdefrist (2 Wochen)

in Rechtskraft über. Allerdings kann derjenige Dienstvorgesetzte, der die Dienststrafe festgesetzt hat, weder auf Beschwerde noch sonst die Dienststrafe aufheben, mildern oder verschärfen. Abweichendes gilt für die oberste Dienstbehörde, wenn sie selbst die Dienststrafe festgesetzt hat. Das Recht zur Aufhebung, Milderung oder Verschärfung einer Dienststrafe haben, entsprechend dem Führergrundsatz (Begr.), nur der höhere Dienstvorgesetzte oder die oberste Dienstbehörde (wegen des Begriffs „oberste Dienstbehörde" s. oben Anm. 5 zu § 24). Sie können, auch wenn keine Beschwerde oder eine verspätete Beschwerde eingelegt ist, eine Dienststrafverfügung des nachgeordneten Dienstvorgesetzten aufheben und in der Sache anders (also sowohl schärfer, wie milder) entscheiden oder wenn sie die Verfehlung durch eine geringere Strafe nicht für genügend gesühnt erachten, nach Aufhebung der Dienststrafverfügung die Einleitung des förmlichen Dienststrafverfahrens veranlassen. Dies ist auch dann zulässig, wenn der Beschuldigte eine ihm auferlegte Geldbuße noch nicht zurückgezahlt erhalten hat. PrOVG. **95** 248; entscheidend ist nur, daß die Dienststrafverfügung, durch die die Geldbuße verhängt war, aufgehoben worden ist. Ohne zwingende Veranlassung wird die höhere oder oberste Behörde von diesen Befugnissen keinen Gebrauch machen, da sonst leicht die Autorität der nachgeordneten Behörde erschüttert werden kann. Für die Kommunalbeamten ist höherer Dienstvorgesetzter in den Fällen des § 27 die für die Entscheidung über die Beschwerde nach § 3 DurchfV. v. 3. 7. 37 (RGBl. I S. 730) zuständige Behörde. § 5 Abs. 3 Nr. 2 dieser DurchfV.

Um den Beamten nicht ungemessene Zeit unter dem Druck zu halten, daß nach vielleicht langer Zeit bei Gelegenheit eine neue schwerere Strafe verhängt werden oder gar die Einleitung des förmlichen Dienststrafverfahrens wegen des längst erledigten Vorkommnisses erfolgen kann, hat man im Interesse der Erhaltung der Dienstfreudigkeit des Beamten (Begr.) für diese Maßnahmen (Aufhebung der Dienststrafverfügung und anderweite Entscheidung) **eine Ausschlußfrist von einem Jahre** gesetzt. Diese Frist **beginnt** mit dem Erlaß, nicht mit der Zustellung der Dienststrafverfügung des nachgeordneten Dienstvorgesetzten; a. M. Behnke 298. Ist Beschwerde erhoben, so rechnet die Frist vom Erlaß der hierauf ergehenden Entscheidung. Behnke 298. Ist die Frist fruchtlos verstrichen, so darf wegen desselben Tatbestandes künftig weder eine Dienststrafe verhängt, noch das förml. Dienststrafverfahren eingeleitet werden. Auf diese Weise ist der Beamte ausreichend dagegen geschützt, daß etwa noch nach Jahren die längst gesühnte Verfehlung von höheren Dienstvorgesetzten schärfer angesehen und geahndet wird oder gar das Dienststrafgericht sich mit der Sache befaßt. Andererseits ist aber durch diese Vorschrift auch dem Staatsinteresse genügend Rechnung getragen. Die zuständigen Behörden haben innerhalb der Jahresfrist genügend Zeit, sich darüber schlüssig zu werden, ob nicht eine — dem Allgemeininteresse zuwiderlaufende — zu geringe oder zu hohe Bestrafung des Beamten vorliegt. Natürlich muß Vorkehrung getroffen werden, daß die höheren Dienstvorgesetzten von der Entscheidung alsbald Kenntnis erhalten. Denn sonst können sie die Prüfung nicht vornehmen.

Ehe von der Maßnahme des § 27 Gebrauch gemacht wird, **muß der Beschuldigte gehört werden.** Die Anhörung kann mündlich oder schriftlich erfolgen und wird oft Anlaß zu weiteren Ermittlungen geben; s. Reuß RSBZ. **37** 512. Hat der Beamte Beschwerde eingelegt, so erübrigt sich eine besondere Anhörung. § 27 hat aber offenbar wohl nur den Fall im Auge, daß keine Beschwerde eingelegt ist, vielmehr die Dienststrafverfügung von Amts wegen abgeändert werden soll. Denn sonst hätte nicht § 26 im Satz 3 des § 27 sinngemäß für anwendbar erklärt werden können.

Gegen die auf Grund des § 27 getroffenen Entscheidung, die dem Beschuldigten zuzustellen oder verhandlungsschriftlich zu eröffnen ist, kann der Beschuldigte binnen 2 Wochen nach Zustellung oder Eröffnung schriftlich Beschwerde einlegen. Auch im übrigen finden die Vorschriften des § 26 auf die nach § 27 getroffene Verfügung Anwendung. Es beginnt also mit dem Erlaß der anderweiten Dienststrafverfügung eine neue Jahresfrist zu laufen.

Ist eine Dienststrafverfügung für alle Beteiligten in Rechtskraft übergegangen, so kann sie nicht in einem Wiederaufnahmeverfahren angegriffen werden. Denn ein solches Verfahren findet nur statt gegenüber rechtskräftigen Entscheidungen eines Dienststrafgerichts in den im § 83 bezeichneten Fällen.

Waren nur Disziplinarmaßregeln ohne Dienststrafcharakter (mißbilligende Äußerung § 5 Abs. 3) verhängt, so findet § 27 keine Anwendung. Solche Maßregeln können jederzeit von den höheren Dienstvorgesetzten aufgehoben und durch eigentliche Dienststrafen ersetzt werden. RDisH. 26. 5. 24 Schulze-Simons 496. Der Grundsatz „ne bis in idem" wird dadurch nicht verletzt. RDStH. 29. 9. 40 DVerw. **41** 86. Denn wäre dies nicht angängig, so könnte in Fällen, wo strenge Dienststrafen am Platze wären, der Dienstvorgesetzte sich aber auf eine Mißbilligung beschränkt hätte, das Staatsinteresse, das allen Einzelinteressen vorgeht, nicht genügend gewahrt werden.

4. Einleitung des förmlichen Dienststrafverfahrens.

§ 28.

Das förmliche Dienststrafverfahren gliedert sich in die Untersuchung und in das Verfahren vor dem Dienststrafgericht. Es wird durch schriftliche Verfügung der Einleitungsbehörde eingeleitet. Die Verfügung wird dem Beschuldigten zugestellt und, wenn dieser Mitglied der Nationalsozialistischen Deutschen Arbeiterpartei ist, dem Stellvertreter des Führers in Abschrift mitgeteilt. Die Einleitung wird mit der Zustellung wirksam.

1. Das förmliche Dienststrafverfahren **bezweckt,** durch strenge Dienststrafen der Erziehung und Reinigung des Beamtentums zu dienen. PrOVG. 7. 12. 34 RVerwBl. **35** 256. PrOVG. **97** 238; Zschuke RSBZ. **37** 136. Zu diesen Dienststrafen, die nur von den Dienststrafgerichten im förmlichen Dienststrafverfahren verhängt werden dürfen (§ 11 Abs. 1), gehören Gehaltskürzung, Entfernung aus dem Dienst, Kürzung und Aberkennung des Ruhegehalts.

Dadurch ist natürlich nicht ausgeschlossen, daß auch in diesem Verfahren auf eine geringere Strafe oder gar auf Freisprechung erkannt wird. Die die Disziplinaruntersuchung einleitende Behörde gibt freilich durch den Einleitungsbeschluß zu erkennen, daß sie zunächst von der Ansicht ausgehe, es werde das Verfahren mit einer der vier schwersten Strafen enden. Ist sie dieser Ansicht nicht, glaubt sie vielmehr, daß die Verfehlung durch eine geringere Strafe ausreichend gesühnt werde, so darf sie das förmliche Dienststrafverfahren nicht einleiten.

Das Dienststrafverfahren dient aber auch zum Schutze des Beamten gegen willkürliche Bestrafung, insbes. willkürliche Entziehung des Amts und in ihm sind daher in jeder Lage des Verfahrens von Amts wegen auch alle den Beamten entlastenden Punkte zu erörtern. PrOVG. **80** 429; **52** 481; **97** 238.

Ein förmliches Dienststrafverfahren kann auch gegen einen Beamten, der Parteimitglied ist, dann in Frage kommen, wenn er durch ein Parteigericht aus der Partei ausgeschlossen ist. Denn die Parteigerichte sind angewiesen, diesen Ausschluß der zuständigen Behörde zwecks Einleitung eines Dienststrafverfahrens mitzuteilen. Anordnung des obersten Parteirichters v. 28. 9. 34, Amtl. Mitteilungsblatt „Der Parteirichter" 1934 S. 29.

Gegen die Angestellten und Arbeiter der Behörden gibt es ein besonders förmliches Dienststrafverfahren wegen politischer Unzuverlässigkeit. § 17 c AllgTarifO. (Rhaush.u.BesBl. **38** 121 ff.).

2. **Das förmliche Dienststrafverfahren besteht aus der Untersuchung** (früher Voruntersuchung genannt) und **aus dem Verfahren vor dem Dienststrafgericht.** Die Untersuchung kann aber nach dem Ermessen der Einleitungsbehörde auch unterbleiben. § 44 Abs. 1.

Für größere **Beschleunigung** der Dienststrafverfahren, die sich häufig unerträglich lange hinziehen, müßte mit allen Mitteln gesorgt werden; vgl. dazu Pfeiffer, VerwArch. **27** 438 ff.; PrMJ. v. 7. 6. 27 (MBl. 609); RJM. v. 2. 8. 27 (RMBl. 343). Denn die Disziplinarverfehlungen müssen im Staatsinteresse und im Interesse der betroffenen Beamten bald geklärt und gesühnt werden.

3. Der Untersuchung geht ein **Ermittlungsverfahren** nach den §§ 21 ff. voraus, das von der dem Beamten unmittelbar vorgesetzten Behörde geführt und die Prüfung der Frage, ob das förmliche Dienststrafverfahren einzuleiten sei, vorbereiten soll. Es soll durch Aufklärung der tatsächlichen Verhältnisse der vorgesetzten Dienstbehörde erst die Unterlagen für ihre Entscheidung darüber beschaffen, ob ein Dienststrafverfahren überhaupt einzuleiten ist oder nicht; s. näheres oben S. 184 ff.

4. Ein Dienststrafverfahren **darf nicht eingeleitet werden wegen solcher Verfehlungen, die bereits in einem früheren Dienststrafverfahren,** sei es

durch Verurteilung oder durch Freisprechung **erledigt worden** sind. Denn dies würde dem Grundsatze „ne bis in idem" widersprechen; vgl. PrOVG. **93** 232; s. auch PrOVG. **61** 443; RDisH. 5. 4. 32 (Foerster **1933** 132 ff.; RuPrVBl. **55** 873). Dienstverfehlungen im Fortsetzungszusammenhang dürfen also in einem späteren neuen Dienststrafverfahren nicht mehr berücksichtigt werden, wenn sie durch Urteilsfällung als mitabgegolten gelten müssen. RDStH. 5. 1. 39 E. **2** 22, 26. Dies gilt auch für solche derartige Taten, die erst nach der früheren Verurteilung bekannt geworden sind. PrOVG. **93** 232; s. auch unten Anm. 3 a. E. zu § 62. Ist es aber früher wegen einer Verfehlung überhaupt nicht zur Aburteilung gekommen, so kann diese Pflichtverletzung später disziplinarisch verfolgt werden, da die Behörde ihre Ansicht über die Beurteilung eines Dienstvergehens im Laufe der Zeit ändern kann.

Eine in derselben Sache ergangene Dienststrafverfügung muß aufgehoben werden, ehe das förml. Dienststrafverfahren eingeleitet werden kann; s. oben § 27 und Behnke 298 ff.

Es kann auch das Dienststrafgericht in einem neuen Verfahren auf solche Verfehlungen zurückkommen, die zeitlich vor einem früheren, rechtskräftig abgeschlossenen Verfahren liegen, aber erst später zur Kenntnis der Behörde gekommen sind.

Inwieweit gegenüber einem rechtskräftigen freisprechenden Strafurteil der Grundsatz ne bis in idem keine Anwendung findet, s. oben S. 162.

5. Ein **Zurruhesetzungsverfahren** sollte bisher während eines Dienststrafverfahrens nicht eingeleitet und ein bereits schwebendes bis zum Abschluß des Dienststrafverfahrens ausgesetzt werden. Dies ist jetzt nicht mehr erforderlich. Denn nach § 12 kann auch gegen Ruhestandsbeamte im förml. Dienststrafverfahren eingeschritten werden. Es kann auch während des Dienststrafverfahrens die Versetzung in den Wartestand unbedenklich erfolgen, falls die Voraussetzungen hierfür vorliegen. Denn der Wartestandsbeamte scheidet aus dem Beamtenverhältnis nicht endgültig aus und bleibt auch weiter dem Dienststrafgesetz unterworfen.

6. Solange der Beamte, dem das Dienstvergehen zur Last fällt, **nicht bekannt ist,** kann kein förmliches Dienststrafverfahren, sondern nur ein Ermittlungsverfahren eingeleitet werden. Breithaupt 75; Reuß BeamtJahrb. **38** 8; Wittland 400; Behnke 303; Heyland 254 Anm. 1. In diesem Verfahren ist für die Tätigkeit des Untersuchungsführers kein Raum. Um eidliche Vernehmungen von Zeugen und Sachverständigen muß daher in solcher Lage des Verfahrens das zuständige Amtsgericht ersucht werden; s. oben § 16.

7. Gegen ausgeschiedene Beamte kann ein Dienststrafverfahren nicht eingeleitet werden. PrOVG. **45** 464. Gegen Ruhestandsbeamte kann jetzt im Rahmen des § 12 eingeschritten werden. Eine Einleitungsverfügung ist aber nicht um deswillen wirkungslos, weil an demselben Tage die Entlassung des Beamten verfügt ist. Denn die Entlassung wirkt erst mit der Kundgebung nach außen. RDStH. E. **1** 23.

8. Gegen einen **Beamten auf Widerruf** (§ 30 DBG.), der eines Dienstvergehens beschuldigt wird, findet ein förmliches Dienststrafverfahren nicht statt. § 107 Satz 1. Er kann durch Ausübung des Widerrufs jederzeit entlassen werden (§§ 61, 62 DBG.). Um aber die zum Widerruf Veranlassung gebenden Tatsachen einwandfrei feststellen zu können, gewährt § 107 Satz 2 die Möglichkeit, einen Beamten mit der Untersuchung zu beauftragen, der die Rechte und Pflichten eines Untersuchungsführers (§§ 44 ff.) hat.

9. Die **Einleitung** des förml. Dienststrafverfahrens erfolgt durch schriftliche Verfügung der Einleitungsbehörde (§ 29). Diese Verfügung stellt sich als staatlicher Verwaltungsakt dar. Reuß BeamtJahrb. **38** 5; Behnke BeamtJahrb. **35** 649 spricht von einem „Staatshoheitsakt". Mündlich kann ein förmliches Dienststrafverfahren nicht eingeleitet werden. Reuß a. a. O. Die Verfügung braucht zwar von dem Aussteller nicht selbst geschrieben, muß aber von ihm unter Angabe des Ortes und Datums eigenhändig und namentlich unterschrieben werden. Der Leiter der Einleitungsbehörde kann sich von dem zuständigen Beamten bei der Unterschrift vertreten lassen. Reuß a. a. O.; Behnke a. a. O. 657 und Kommentar 303; Wittland 402. Die Anregung zu der Einleitung gibt oft der Antrag eines Dienstvorgesetzten. Dieser Antrag wird zweckmäßig so abzufassen sein, daß er die einzelnen Beschuldigungspunkte unter Anführung der belastenden Tatsachen und das Ergebnis der vorläufigen Ermittlungen zusammenfaßt. Dadurch wird der Einleitungsbehörde die Arbeit erheblich erleichtert.

Die Einleitung des förmlichen Dienststrafverfahrens ist eine für den Beschuldigten folgenschwere Maßnahme; sie bedeutet die entscheidende erste Verfolgungshandlung (Begr.) und hat schon an sich eine oft nicht wieder gutzumachende Ehrenminderung und starke Beeinträchtigung des Ansehens des Beschuldigten zur Folge; vgl. v. Eynern RuPrVBl. **53** 228. Nur bei schweren Beschuldigungen und hinreichendem Verdacht wird sie in Frage kommen können. Es bedarf also jedesmal reiflicher und ernster Überlegung, ob diese schwere Maßnahme nach der ganzen Sachlage geboten ist. Es steht aber nur der Einleitungsbehörde das pflichtmäßige Ermessen zu, ob sie wegen eines Dienstvergehens ein Verfahren einleiten oder, solange es noch nicht bei der Dienststrafkammer anhängig ist, fortsetzen will. Die Dienststrafgerichte müssen aber, wenn eine Pflichtverletzung vorliegt, den Beschuldigten bestrafen und dürfen ihn nicht bei geringfügigen Verfehlungen freisprechen. RDStH. 26. 10. 38 RVerwBl. **60** 108 = DVerw. **39** 279.

Gegenstand eines Dienststrafverfahrens kann nur ein positives pflichtwidriges Handeln oder ein pflichtwidriges Unterlassen eines Beamten sein; es können aber nicht allgemeine Rechtsbegriffe zum Gegenstand von Anschuldigungen gegen den Beamten gemacht werden. PrOVG. **84** 441; Wittland 403.

Bei der Einleitung des Verfahrens zum Ausdruck zu bringen, daß es mit dem Ziele der Entfernung aus dem Dienst eingeleitet werde — wie dies häufig geschieht — ist nicht zu billigen. Denn dadurch werden unwillkürlich die bei dem Verfahren beteiligten Beamten, Behörden und Gerichte von vornherein zuungunsten des Beamten beeinflußt; ähnlich Wittland 404; Behnke 304 und BeamtJahrb. **35** 651. Dagegen nimmt Reuß BeamtJahrb. **38** 9 an, daß die Einleitungsbehörde befugt sei, mit bindender Wirkung für die Dienststrafgerichte die von ihr für erforderlich erachtete Strafe nach oben, z. B. auf Gehaltskürzung, zu begrenzen. Dieser Auffassung kann nicht beigetreten werden. .Die Dienststrafgerichte müssen in jedem Fall bei Bemessung der Strafe freie Hand behalten.

Man hat aber einem früher vielfach geäußerten Wunsche der Beamtenschaft im Gegensatz zu § 25 PrBDStO. nicht entsprochen und den Beamten selbst nicht die Möglichkeit gegeben, gegen sich die Einleitung des förmlichen Dienststrafverfahrens zu beantragen, um sich von dem Verdacht einer Dienstverfehlung zu reinigen. Es verträgt sich dieser Wunsch nicht mit dem autoritären Führerstaat. Nur die zuständige Einleitungsbehörde kann beurteilen, ob es das staatliche Interesse verlangt, ein Dienststrafverfahren einzuleiten. Dem Beschuldigten, der nur seine eigenen Interessen zu berücksichtigen pflegt, kann man die Entscheidung darüber, ob das mit großen Weiterungen verbundenen förmliche Dienststrafverfahren einzuleiten sein möchte, nicht überlassen. Everling Ztschr. d. Akad. f. D. R. **38** 725; Behnke 205, 301 und 302. Fischbach 349 und Breithaupt 74 halten zwar den Beamten für befugt, die Einleitung des förml. Dienststrafverfahrens zu beantragen, schränken aber diese Möglichkeit unter Verneinung eines subjektiven öffentlichen Rechts des Beamten auf Eröffnung solchen Verfahrens derart ein, daß im Ergebnis keine Abweichung von den vorstehenden Sätzen zu erkennen ist. Daß der Beamte bei der zuständigen Stelle ein solches Verfahren anregen kann, ist nicht zu bestreiten. Ob aber dieser Anregung Folge zu geben ist, liegt im pflichtmäßigen Ermessen der zuständigen Behörde. Ähnlich Behnke 171; Goedecke bei Pfundtner-Neubert RDStO. S. 21; Wittland 404; Heyland 256; s. hierzu auch Töwe, DRechtspfl. **37** 101.

10. Der Inhalt der Einleitungsverfügung besteht darin, daß die Anschuldigungspunkte im einzelnen unter kurzer zusammenfassender Hervorhebung des Sachverhalts angegeben werden. Dem Beschuldigten soll auf diese Weise ermöglicht werden, sich alsbald auf seine Verteidigung vorzubereiten. PrOVG. **84** 441. Konkrete Einzelheiten brauchen aber in dem Einleitungsbeschluß nicht angegeben zu werden. PrOVG. **88** 390 = JW. **32** 2755; s. dazu Wagner JW. **32** 2755; s. auch PrOVG. **89** 404 und RDisH. Foerster **1937** 118. Dagegen meint Reuß BeamtJahrb. **35** 11, daß nach der RDStO, ein konkreter Sachverhalt, an den der Untersuchungsführer gebunden sei, in die Einleitungsverfügung aufgenommen werden müsse; a. M. Behnke 304. Die Einleitung wird nur erfolgen, wenn der beschuldigte

Beamte nach dem vorliegenden Beweismaterial der ihm zur Last gelegten Handlung hinreichend verdächtig erscheint und diese Handlung sich als ein im förmlichen Dienststrafverfahren zu ahndendes Dienstvergehen darstellt.

Ergibt demnächst die Untersuchung neues Material oder werden sonst dem Dienstvorgesetzten neue Verfehlungen bekannt, so kann nachträglich die Ausdehnung des Dienststrafverfahrens und der Untersuchung auf diese Punkte durch die Einleitungsbehörde verfügt werden. PrOVG. **80** 429, Ohne solche Ausdehnung darf der Untersuchungsführer neue Punkte nur mit Zustimmung des Vertreters der Einleitungsbehörde erörtern; s. § 50 Abs. 2 Satz 2 Halbs. 2 RDStO. und Reuß a. a. O.; Wittland 403. Bei der Ausdehnung ist das für den Inhalt der Einleitungsverfügung Gesagte zu beachten. Eine neue Einleitungsverfügung ist aber nicht erforderlich. Es genügt der Antrag des Vertreters der Einleitungsbehörde, die Untersuchung auf neue Punkte auszudehnen. § 50 Abs. 2 Satz 1.

Den Umfang des Verfahrens begrenzt nicht die Einleitungsverfügung, sondern die Anschuldigungsfrist. PrOVG. **80** 429; s. unten § 62. Die Einleitungsverfügung steht also nicht dem strafprozessualen Eröffnungsbeschlusse gleich. Die in der Einleitungsverfügung nicht erwähnten Verfehlungen müssen aber, wenn sie in der Anschuldigungsschrift berücksichtigt werden sollen, in der Untersuchung erörtert worden sein, und es muß dem Beschuldigten Gelegenheit gegeben worden sein, zu ihnen Stellung zu nehmen. Es genügt aber, wenn dem Beschuldigten durch Übersendung der Abschrift der Gutachten und der Niederschriften über die Zeugenvernehmung dis Ergebnis der Untersuchung auch hinsichtlich der in der Einleitungsverf. nacht erwähnten Verfehlungen genügend bekannt gemacht und ihm Gelegenheit zu seiner Verteidigung gegeben worden ist.

Die Einleitung des förmlichen Dienststrafverfahrens hat zur Folge, daß der Anspruch des Beamten auf Gewährung von Dienstalterszulagen für die Dauer des Verfahrens ruht. § 4 Abs. 1 Satz 2 RBesG. Der Anspruch erlischt, wenn einer der im § 82 Abs. 1 genannten Fälle eintritt. Endet das Dienststrafverfahren auf andere Weise, so ist der Beamte hinsichtlich des Aufsteigens im Gehalt so zu behandeln, wie wenn kein Dienststrafverfahren gegen ihn stattgefunden hätte. Es kann jetzt auch nicht mehr die Verfehlung im Verfahren des Dienstvorgesetzten geahndet werden.

Die Ernennung des Untersuchungsführers wird regelmäßig in der Verfügung über die Einleitung des Dienststrafverfahrens erfolgen; sie kann aber auch später erfolgen. Dasselbe gilt von der Bestellung des Vertreters der Einleitungsbehörde. § 44 Abs. 2 RDStO. Im Verfahren gegen Justizbeamte findet die besondere Bestellung eines Vertreters der Einleitungsbehörde nicht statt; s. § 109 Abs. 1 Nr. 5. Mit der Einleitungsverfügung kann auch die Anordnung der vorl. Dienstenthebung des Beschuldigten und der vorl. Einbehaltung eines Teils seiner Bezüge verbunden werden. Es kann auch in die Einleitungsverfügung die Anordnung aufgenommen werden, daß von einer Untersuchung abgesehen werde. Diese Anordnungen können aber auch in besonderen Verfügungen getroffen werden.

Der Dienstvorgesetzte ist nicht gehindert, wegen einer gegen ihn selbst begangenen Achtungsverletzung die Einleitung des Dienststrafverfahrens zu verfügen. PrOVG. 82 486.

Die Einleitung des förmlichen Dienststrafverfahrens ist der obersten Dienstbehörde, bei Gemeindebeamten der Aufsichtsbehörde unter Vorlage einer Abschrift der Einleitungsverfügung mitzuteilen.

11. Die schriftliche Verfügung muß **dem Beschuldigten,** um ihn über das ihm Vorgeworfene alsbald zu unterrichten, und ihm die Möglichkeit, seine Verteidigung alsbald vorzubereiten, zu geben, nach § 19 in Ausfertigung oder beglaubigter Abschrift **zugestellt werden.** Ist der Beschuldigte Mitglied der NSDAP. oder Parteianwärter, so muß die Einleitungsverfügung dem Stellvertreter des Führers unmittelbar in je 3 Stücken unter Angabe der Mitgliedsnummer des Beamten in der NSDAP., etwaiger Ehrenzeichen und Parteiämter (RuPrMdJ. 15. 3. 38, MBl. 457) in Abschrift (formlos) mitgeteilt werden. Denn es kann in Frage kommen, ob nicht auf Grund der im förmlichen Dienststrafverfahren gegen ihn erhobenen Beschuldigungen ein Verfahren vor den Parteigerichten einzuleiten sein möchte; in der Regel wird allerdings wohl der Ausgang des Dienststrafverfahrens abgewartet werden, ehe gegen den Beamten von Partei wegen vorgegangen wird; s. oben Vorbem. vor § 1 unter II 6. Hiernach ist die vorgesetzte Parteidienststelle als am Verfahren sachlich beteiligt anzusehen; es ist ihr aber nicht gestattet, in diesem Verfahren in der Untersuchung vertreten zu sein. Nur für die Hauptverhandlung ist das im § 60 Abs. 2 vorgesehen. Dasselbe kann aber mangels gesetzlicher Vorschrift nicht auch für die Untersuchung gelten. Dem Stellvertreter des Führers oder seinen Beauftragten (z. B. Gauleiter) kann also die Anwesenheit bei den Untersuchungsverhandlungen nicht gestattet werden.

Bei Einleitung eines förmlichen Dienststrafverfahrens von besonderer politischer Bedeutung ist, unbeschadet der Mitteilung an den Stellvertreter des Führers, auf dem Dienstwege zu berichten. RuPrMdJ. 15. 3. 38 (MBl. 457) Abs. 3.

Die Mitteilung an den Stellvertreter des Führers unterbleibt, wenn der Beschuldigte, der Mitglied der NSDAP. ist. Wehrmachtsbeamter ist, § 113 Abs. 3.

Die Einleitung eines Dienststrafverfahrens gegen einen Notar oder Notarassessor hat der Generalstaatsanwalt dem Präsidenten der Notarkammer mitzuteilen. RJM. 14. 6. 37 DJ. 921.

Beamte, die **Mitglieder der NSDAP.** sind, haben wegen ihrer dienstlichen Verfehlungen u. U. auch ein Parteigerichtsverfahren zu gewärtigen. Für solche Verfehlungen, die sie im Dienst begangen haben, ist dann nicht das Kreisgericht, sondern das Gaugericht zuständig. Das Parteigerichtsverfahren kann in solchen Fällen nur mit Genehmigung des Obersten Parteigerichts eingeleitet werden. Vfg. des Vorsitz. des Oberst. Parteigerichts v. 31. 3. 36 „Parteirichter" **36** S. 38.

12. Die Einleitungsverfügung wird **mit der Zustellung wirksam.** Es kann also nunmehr nach § 30 Abs. 1 Satz 2 ein weiteres Dienststrafverfahren gegen den Beschuldigten, der mehrere Ämter bekleidet, wegen desselben Sachverhalts nicht eingeleitet werden. Ferner kann nunmehr die Einleitungsbehörde nach §§ 78, 79 den Beschuldigten vorläufig des Dienstes entheben und die Einbehaltung eines Teils der Dienstbezüge anordnen.

13. Eine formelle Beschwerde gegen die Einleitungsverfügung ist nicht zulässig; s. dazu Wittland BeamtJahrb. **35** 717; Behnke 306; RG. **89** 111; RDisH. 4. 2. 1884 Schulze-Simons 436.

14. Fehler der Einleitungsverfügung, z. B. Erlaß der Verfügung durch eine örtlich oder sachlich unzuständige Behörde oder Unterlassung der förmlichen Zustellung (Reuß BeamtJahrb. **35** 14; Wittland RDStO. 404) oder wesentliche Mängel des sachlichen Inhalts machen das ganze Verfahren hinfällig; es muß eingestellt und von neuem ordnungsmäßig eingeleitet werden; s. § 52 Abs. 1 Nr. 1; Behnke BeamtJahrb. **35** 637 ff.; Wittland 402; Heyland 256.

15. Die Vorschriften über das Dienststrafverfahren finden auf das berufsgerichtliche Verfahren gegen **Ärzte** einschließlich des Wiederaufnahmeverfahrens entsprechende Anwendung, soweit nicht die §§ 65 Abs. 2 ff. ÄrzteO. entgegenstehen. § 65 Abs. 1 a. a. O.

16. Gegen Reichsminister, Reichsstatthalter sowie die Vorsitzenden und Mitglieder der Landesregierungen findet ein Dienststrafverfahren nicht statt. §§ 161 Satz 2, 177 DBG.

§ 29.

(1) Einleitungsbehörden sind

a) für Beamte, deren Ernennung sich der Führer und Reichskanzler vorbehalten hat, mit Ausnahme der unter c bezeichneten, die für die Dienstaufsicht zuständigen obersten Reichsbehörden; diese können ihre Befugnis mit Zustimmung des Reichsministers des Innern auf unmittelbar nachgeordnete Behörden übertragen, sie jedoch im Einzelfall wieder an sich ziehen,

b) für andere Beamte, mit Ausnahme der unter c bezeichneten, die für die Ernennung zuständigen Behörden,

c) für Beamte der Gemeinden, Gemeindeverbände und der anderen Körperschaften, Anstalten und Stiftungen des öffentlichen Rechts die Behörden, die der für die Aufsicht zuständige Reichsminister im Benehmen mit dem Reichsminister des Innern bestimmt,

d) für an nichtstaatlichen öffentlichen Schulen tätige beamtete Lehrpersonen, die der staatlichen Bestätigung bedürfen, die Behörden,

die der Reichsminister für Wissenschaft, Erziehung und Volksbildung im Einvernehmen mit dem Reichsminister des Innern bestimmt. Die obersten Reichsbehörden können auch für die unter b bis d genannten, ihrer Aufsicht unterstehenden Beamten die Befugnis der Einleitungsbehörde allgemein oder im Einzelfall an sich ziehen.

(2) Zuständig ist die Einleitungsbehörde, der der Beschuldigte im Zeitpunkt der Einleitung untersteht, bei einem nicht wieder beschäftigten Wartestandsbeamten und bei einem Ruhestandsbeamten die Behörde, die bei seinem Eintritt in den Wartestand oder in den Ruhestand zuständig war; besteht diese Behörde nicht mehr, so bestimmt die oberste Reichsbehörde, welche Behörde zuständig ist. Die Zuständigkeit der Einleitungsbehörde nach Satz 1 wird durch eine Beurlaubung oder Abordnung des Beschuldigten nicht berührt.

1. Die zur Einleitung des förmlichen Dienststrafverfahrens **sachlich zuständigen Behörden** sind überaus zahlreich.

Recht mißlich war es früher, daß vielfach, z. B. in Preußen, dieselben Behörden oder Beamten, die das Verfahren einleiteten, auch das Dienststrafgericht bildeten oder in ihm den Vorsitz hatten. Dadurch war die Unparteilichkeit der betreffenden Beamten, die über den Beschuldigten Recht zu sprechen hatten, nicht in vollem Umfange gewährleistet, da naturgemäß derjenige, der das Verfahren in Gang gebracht, also zum mindesten den hinreichenden Verdacht einer schweren Verfehlung für gegeben erachtet hatte, schon von vornherein in gewisser Weise zuungunsten des Beschuldigten voreingenommen war. Die RDStO. hat in Übereinstimmung mit dem RBG. diesem Übelstand Rechnung getragen und die Urteilsfindung in andere Hände gelegt.

2. Hinsichtlich der Einleitungsbehörden sind Unterschiede zwischen **nichtrichterlichen** und **richterlichen** Beamten nicht gemacht. Nach §§ 33, 34 PrRiDStO. konnte gegen richterliche Beamte und Notare die Einleitung des förml. Dienststrafverfahrens nur durch einen Beschluß des Dienststrafgerichts erfolgen; jetzt ist auch für sie Einleitungsbehörde der Reichsminister der Justiz, der seine Befugnis mit Zustimmung des RMdJ. auf unmittelbar nachgeordnete Behörden, also die Oberlandesgerichtspräsidenten, übertragen kann. Diese Vorschriften gelten, gleichviel, ob ein allgemeines Dienststrafgericht, die besonderen Dienststrafgerichte der Reichsjustizverwaltung (§ 109) oder der besondere Dienststrafsenat des Reichsgerichts (§ 110) zur Entscheidung im Dienststrafverfahren zuständig sind. Wittland DJ. 37 346.

3. Für Beamte, **deren Ernennung sich der Führer und Reichskanzler vorbehalten hat** — es sind dies die Inhaber von Planstellen der Reichsbesoldungsgruppe A 2 c 2 und aufwärts und der entsprechenden Landesbesoldungsgruppen, s. Erlaß v. 10. 7. 37 (RGBl. I 769) — sind Einleitungsbehörde mit Ausnahme der unter c) bezeichneten mittelbaren Reichsbeamten die für die Dienstaufsicht zuständigen obersten Reichsbehörden; letztere haben aber mit Zustimmung des RM. des Innern die Delegationsbefugnis auf unmittelbar nachgeordnete Behörden, können sie jedoch im Einzelfall wieder an sich ziehen.

Einleitungsbehörde im Sinne des § 29 Abs. 1 Satz 1 a ist

a) für Beamte der zum unmittelbaren Geschäftsbereich des Preußischen Ministerpräsidenten gehörenden Verwaltungen und Betriebe der Preußische Ministerpräsident,

b) für Beamte der zum Geschäftsbereich des Preußischen Finanzministers gehörenden Verwaltungen und Betriebe der Preußische Finanzminister,

c) für alle Beamte des höheren Dienstes seines Geschäftsbereichs der Pr. M. des Innern Erl. v. 20. 5. 38 (MBl. Sp. 898); für sonstige preußische Landesbeamte der zuständige Reichsminister.

Als für die Dienstaufsicht zuständig im Sinne des § 29 Abs. 1 Satz 1 a gilt die oberste Reichsbehörde, die auf Grund des Erlasses des Führers und Reichskanzlers über die Ernennung der Beamten und die Beendigung des Beamtenverhältnisses v. 10. 7. 37 (RGBl. I 769) und der dazu erlassenen Ausführungsbestimmungen für die Vorlage der Ernennungsvorschläge an den Führer und Reichskanzler zuständig ist.

DurchfV. Nr. 1 u. 2 zu § 29.

Für andere unmittelbare Reichsbeamte sind Einleitungsbehörden im Sinne des § 29 Abs. 1 Satz 1 b die für die Ernennung zuständigen Behörden oder, soweit sie die Ausübung des Ernennungsrechts auf andere Behörden weiterübertragen haben, diese Behörden. DurchfV. Nr. 3 zu § 29.

Für **mittelbare Reichsbeamte** (Abs. 1 c § 29) und für die an **nichtstaatlichen** öffentlichen Schulen tätigen beamteten **Lehrpersonen,** die der staatlichen **Bestätigung** bedürfen (Abs. 1 d § 29), kommen als Einleitungsbehörden die von den zuständigen Reichsministern (§ 29 Abs. 1 c und d) im Benehmen mit dem Reichsminister des Innern bestimmten in Betracht. Die beamteten Lehrer an staatlichen Schulen gehören zur Zuständigkeit der für Länderbeamte maßgebenden Einleitungsbehörden.

Die obersten Reichsbehörden können auch bei den ihrer Aufsicht unterstehenden Beamten die Befugnis der Einleitungsbehörde allgemein oder im Einzelfall an sich ziehen. Sie werden dies mitunter bei besonders wichtigen Dienststrafsachen tun. Das Oberkommando der Wehrmacht und der Reichspostminister haben sich die Einleitung gegen alle unterstellten Beamten vorbehalten. V. v. 24. 6. 37 (RGBl. I S. 722) und Nr. 3 V. 12. 7. 37 (Amtsblatt RPostM. S. 386).

Die Befugnisse der Einleitungsbehörde im Sinne des § 29 Abs. 1 Satz 2 umfassen sämtliche der Einleitungsbehörde nach dem Gesetz zustehenden Anordnungen. Die oberste Reichsbehörde kann sich jedoch die Bestellung des Untersuchungsführers sowie des Vertreters der Einleitungsbehörde (§ 44 Abs. 2) für bestimmte, ihrer Aufsicht unterstehende Gruppen von Beamten allgemein vorbehalten, unter Belassung der übrigen Befugnisse bei der

Einleitungsbehörde. Die Vorschrift des § 29 Abs. 1 Satz 2 gilt auch für die oben genannten preußischen Behörden. DurchfV. Nr. 4 zu § 29.

Wird die Zuständigkeit der nach § 29 Abs. 1 zuständigen Behörde als Ernennungs- oder Dienstaufsichtsbehörde durch Gesetz, Verordnung oder Erlaß des Führers und Reichskanzlers geändert, so ändert sich auch ihre Zuständigkeit als Einleitungsbehörde. DurchfV. Nr. 5 zu § 29; RDStH. 26. 7. 39 (DVerw. **40** 156). = ZBR. **10** 65.

Ist ein bei Verkündung der DurchfV. v. 21. 6. 37 (RGBl. I S. 690) anhängiges förmliches Dienststrafverfahren vor dem 1. 7. 37 von einer Behörde eingeleitet worden, die hierfür nach damaligem Recht unzuständig war, nach der RDStO. aber zuständig ist, so gilt der Mangel der Zuständigkeit als geheilt. 2. DurchfV. v. 27. 8. 38 (RGBl. I S. 1069) Nr. 8 zu § 29. Es ist dann die etwa von einer Dienststrafkammer wegen des Zuständigkeitsmangels erfolgte Einstellung des Verfahrens aufzuheben. RDStH. 23. 9. 38 RVerwBl. **59** 1115.

Für Wehrmachtbeamte s. V. v. 24. 3. 37 (RGBl. I 722) in der Fassung der V. v. 13. 12. 38 (RGBl. I S. 1816) zu § 29 DBG.

Die zuständigen Einleitungsbehörden sind in vielen Erlassen enthalten; vgl. die Zusammenstellung bei Behnke S. 313—329.

4. **Die örtliche Zuständigkeit** der Einleitungsbehörde richtet sich nicht etwa nach der begangenen Tat, sondern nach dem Amt, das der Beschuldigte im Zeitpunkt der Einleitung bekleidet. Durch eine Beurlaubung oder Abordnung des Beschuldigten ändert sich diese Zuständigkeit nicht. Ist also ein Beamter von seiner Stammbehörde zu einer anderen Behörde oder Körperschaft beurlaubt oder dort kommissarisch tätig, so ist zur Einleitung das förml. Dienststrafverfahrens nur die Mutterbehörde zuständig. Behnke 329 u. BeamtJahrb. **35** 644. Letztere muß daher von etwaigen Verfehlungen des Beamten von der Beschäftigungsbehörde benachrichtigt werden. Die örtliche Zuständigkeit der Einleitungsbehörde bleibt auch bestehen, wenn der Beschuldigte in den Bereich einer anderen Einleitungsbehörde oder in den Ruhestand versetzt wird. Im Sinne des § 29 Abs. 2 ist für die Einleitung bei einem nicht wieder beschäftigten Wartestandsbeamten und bei einem Ruhestandsbeamten die Behörde zuständig, die bei seinem Eintritt in den Wartestand oder in den Ruhestand zuständig gewesen wäre, wenn die Vorschriften des § 29 Abs. 1 damals schon gegolten hätten. Dienststrafverfahren sind aber nicht deshalb unwirksam, weil sie entgegen dieser Vorschrift eingeleitet werden sind. 2. DurchfV. vom 24. 8. 38 (RGBl. I 1066) Nr. 7 zu § 26.

5. Im förmlichen Dienststrafverfahren **gegen Kommunalbeamte** sind Einleitungsbehörden die im § 4 V. 3. 7. 37 bezeichneten Behörden.

Diese Vorschriften gelten sinngemäß für die Beamten der Körperschaften, Anstalten und Stiftungen des öffentlichen Rechts, die der Aufsicht des RM. des Innern oder der Innenminister der Länder unterstehen. § 6 V. 3. 7. 37 und 2. DurchfV. 27. 8. 38 (RGBl. I 1069) Nr. 6 zu § 29.

6. Die Zuständigkeit der einleitenden Behörde ist in jeder Lage des Verfahrens von **Amts wegen zu prüfen.** Die Einleitung durch eine **unzuständige Behörde** ist **rechtsunwirksam** und führt zur Einstellung des Verfahrens. PrOVG. 84 437; 88 389; Behnke 312.

§ 30.

(1) Bekleidet ein Beschuldigter mehrere Ämter, die nicht im Verhältnis von Haupt- zu Nebenamt stehen, und beabsichtigt die Einleitungsbehörde, zu deren Geschäftsbereich eines dieser Ämter gehört, ein förmliches Dienststrafverfahren gegen ihn einzuleiten, so teilt sie dies den für die anderen Ämter zuständigen Einleitungsbehörden mit. Ein weiteres Dienststrafverfahren kann gegen den Beschuldigten wegen desselben Sachverhalts nicht eingeleitet werden.

(2) Bekleidet ein Beschuldigter mehrere Ämter, die im Verhältnis von Haupt- und Nebenamt stehen, so kann nur die für das Hauptamt zuständige Einleitungsbehörde ein förmliches Dienststrafverfahren gegen ihn einleiten. Abs. 1 Satz 2 gilt entsprechend.

(3) Die Einleitungsbehörde kann Dienststrafverfahren, die sie gegen mehrere Beschuldigte wegen des gleichen Sachverhalts eingeleitet hat, bis zum Eingang der Anschuldigungsschrift bei der Dienststrafkammer (§ 53) durch Verfügung miteinander verbinden und wieder trennen.

(4) Sind mehrere Einleitungsbehörden beteiligt, so entscheiden auf Antrag einer Einleitungsbehörde die zuständigen obersten Dienstbehörden gemeinsam über Verbindung und Trennung der Verfahren und darüber, welche Einleitungsbehörde für den Fortgang des Verfahrens zuständig sein soll.

1. § 30 Abs. 1 behandelt den — nicht häufigen — Fall, daß ein Beschuldigter **mehrere Ämter** bekleidet, **die nicht im Verhältnis von Haupt- und Nebenamt stehen.** Es handelt sich also um solche Ämter, die die Arbeitskraft des Beamten etwa in gleicher Weise in Anspruch nehmen. Solche Ämter sind selten. Sie kommen z. B. vor, wenn ein Universitätsprofessor gleichzeitig mit halber Kraft eine Richterstelle innehat. In solchen Fällen soll nicht, wie es bisher rechtens war, jede der für die Ämter zuständigen Einleitungsbehörden befugt sein, ein förml. Dienststrafverfahren gegen den Beschuldigten einzuleiten. Es soll eine Häufung der Dienststrafverfahren verhindert werden, einmal um nicht unnötige Doppelarbeit zu leisten und Doppelbestrafung herbeizuführen, sondern auch um zu verhindern, daß in den verschiedenen Dienststrafverfahren dieselbe Verfehlung abweichend beurteilt wird, was der Staatsautorität Abbruch tun muß; s. auch Begr. Jetzt gilt das Prioritätsprinzip. Die Einleitungsbehörde, die zuerst den Entschluß gefaßt hat, das förml. Dienststrafverfahren durchzuführen, hat dies Verfahren allein zum Abschluß zu bringen. Die anderen Einleitungsbehörden dürfen wegen

desselben Sachverhalts kein weiteres Verfahren — auch nicht ein Verfahren des Dienstvorgesetzten — einleiten. Um dieser Vorschrift entsprechen zu können, müssen sie von der Behörde, die das förml. Dienststrafverfahren einleiten will, von dieser Absicht unter Mitteilung des Sachverhalts benachrichtigt werden. Diese Nachricht wird mitunter dazu führen, daß die andere Behörde aus Zweckmäßigkeitsgründen die Einleitung des Verfahrens übernimmt.

Wird in dem eingeleiteten Verfahren auf Entfernung aus dem Dienst erkannt, so erstreckt sich diese Strafe und ihre Rechtsfolgen nach § 8 Abs. 2 auf alle weiteren Ämter, die der Bestrafte im unmittelbaren oder mittelbaren Reichsdienst bei Rechtskraft des Urteils bekleidet. Schon mit Rücksicht auf diese Vorschrift erübrigt sich ein weiteres förml. Dienststrafverfahren auf Grund einer Einleitungsverfügung der für die übrigen Ämter zuständigen Behörden. Wird nur auf Gehaltskürzung erkannt, so erfaßt diese alle Ämter, die der Bestrafte bei Rechtskraft des Urteils bekleidet. DurchfV. Nr. 1 Satz 3 zu § 7.

2. § 30 Abs. 2 behandelt den Fall, daß ein Beschuldigter **mehrere Ämter** bekleidet, **die im Verhältnis von Haupt- zu Nebenamt stehen.** Dieser Fall ist häufig, da zahlreiche Beamte neben ihrem Hauptamt ein Nebenamt bekleiden. **Es kann dann nur die für das Hauptamt zuständige Einleitungsbehörde ein förmliches Dienststrafverfahren gegen den Beschuldigten einleiten.** Ein weiteres Dienststrafverfahren — auch nicht ein solches des Dienstvorgesetzten — durch die für das Nebenamt zuständige Einleitungsbehörde darf wegen desselben Sachverhalts gegen den Beschuldigten nicht eingeleitet werden. Es gilt das auch dann, wenn es sich um eine Verfehlung handelt, die in dem Nebenamt begangen ist. Die vorgesetzte Dienstbehörde des Nebenamts wird daher bei den in ihrem Bereich verübten Verfehlungen die Behörde des Hauptamts zwecks disziplinarischen Einschreitens zu benachrichtigen haben, falls ein förml. Dienststrafverfahren in Frage kommt. Auf diese Weise werden mehrfache Dienststrafverfahren wegen derselben Beschuldigung, die zu verschiedenen Ergebnissen führen und eine Doppelbestrafung zur Folge haben können, vermieden. Kommt es in dem von der für das Hauptamt zuständigen Behörde eingeleiteten förml. Dienststrafverfahren rechtskräftig zur Entfernung aus dem Dienst, so verliert der Bestrafte damit kraft Gesetzes (§ 8 Abs. 2) auch alle Nebenämter, die er im unmittelbaren oder mittelbaren Reichsdienst bekleidet.

Vorausgesetzt ist aber im Falle des § 30 Abs. 2, daß es sich bei den mehreren Ämtern um **staatliche** Ämter handelt. Steht aber ein Beamter, z. B. ein Lehrer, der gleichzeitig im Nebenamt Küster und Organist ist, sowohl im staatlichen wie im kirchlichen Dienst, so findet § 30 Abs. 2 keine Anwendung. Vielmehr entscheiden in solchen Fällen die weltlichen und kirchlichen Dienststrafbehörden selbständig. Es ist also ein weiteres kirchliches förml. Dienststrafverfahren nötig, um den Beamten auch aus seinem Kirchenamt zu entfernen. Die Behörden werden aber tunlichst, z..B. bei der Einleitung des Verfahrens, Ernennung des Untersuchungsführers, Verhängung der vorläufigen Dienstenthebung usw. in Fühlung miteinander entscheiden. Regelmäßig wird das staatliche Dienststrafgericht — zumal wenn das staatliche Amt das Hauptamt ist — zuerst entscheiden und nach dem Spruch die Akten der Kirchenbehörde vorlegen. Nach Abfassung der erstinstanzlichen Entscheidung wegen des Schulamts soll dies Verfahren regelmäßig rechtskräftig zum Abschluß gebracht werden, ehe die Kirchenbehörde ihre Dienststrafentscheidung fällt. Abweichendes gilt, wenn überwiegend kirchliche Rücksichten eine alsbaldige erstinstanzliche kirchliche Entscheidung notwendig erscheinen lassen, insbes. also Verfehlungen im Kirchenamt in Rede stehen. Die Regierung hat daher stets der Kirchenbehörde von der von der Dienststrafkammer gefällten Entscheidung Mitteilung zu machen und sie von einer etwaigen Berufung zu benachrichtigen.

Alles dies gilt aber nicht für das Verfahren des Dienstvorgesetzten. In diesem kann die staatliche und kirchliche Behörde wegen der amtlichen Verfehlungen, die sich in ihrem Bereich ereignet haben, selbständig und ohne Rücksicht auf die anderen Behörden vorgehen. Bei außeramtlichen Verfehlungen wird aber auch hier in der Regel der weltlichen Behörde der Vortritt zu lassen sein.

Soweit es sich um ein **Verfahren des Dienstvorgesetzten** bei staatlichen Behörden handelt, s. Anm. 2 zu § 24.

Mitunter sind mehrere Ämter mit verschiedenen Dienstherrn kraft Gesetzes in einer Person vereinigt, so z. B. wenn ein Gemeindebeamter zugleich staatlicher Polizeibeamter ist; er untersteht dann auch der Disziplin der staatlichen Behörde. PrOVG. **16** 404.

Ist der Beamte **zum Zwecke der Beschäftigung in einem anderen Geschäftsbereich beurlaubt** oder **kommissarisch abgeordnet,** so handhabt die Strafgewalt des Dienstvorgesetzten die Beschäftigungsbehörde in Abweichung von § 29 Abs. 2 Satz 2 für die während der Abordnung oder Beurlaubung begangenen Dienstvergehen, soweit nicht der neue Dienstvorgesetzte die Ausübung dem andern Dienstvorgesetzten überläßt, DurchfV. Nr. 5 zu § 21. Das förml. Dienststrafverfahren hat die für das Amt, aus dem der Beamte beurlaubt oder abgeordnet ist, zuständige Behörde in die Wege zu leiten. § 29 Abs. 2 Satz 2.

Die Disziplinarbestrafung der **Rechtsanwälte, die zugleich Notare sind,** durch das Anwaltsehrengericht erfolgt unabhängig von der Bestrafung durch die für den Notar zuständigen Dienststrafgerichte. Es soll aber bei Verfehlungen eines Rechtsanwalts, der gleichzeitig Notar ist (Anwaltsnotar), nur entweder das ehrengerichtliche oder das Dienststrafverfahren durchgeführt werden. Das gilt nicht nur für das förmliche, sondern auch das Verfahren der Aufsichtsbehörde. Wagner DJ. **37** 1978; Schoetensack DJ. **37** 1980. Ob aber über eine Verfehlung des Anwaltsnotars im Dienststrafverfahren oder im ehrengerichtlichen Verfahren für Rechtsanwälte zu entscheiden ist, bestimmt sich danach, ob die Verfehlung vorwiegend mit dem Amt als Notar oder der

Tätigkeit als Rechtsanwalt im Zusammenhang steht. Bei Meinungsverschiedenheiten entscheidet der Generalstaatsanwalt bei dem Oberlandesgericht. § 74 RNotO. Jedoch hat nach § 70 Abs. 3 RNotO. die Entfernung aus dem Amt bei einem Notar, der als Rechtsanwalt zugelassen ist, zugleich die Ausschließung von der Rechtsanwaltschaft zur Folge, Nach § 36 RNotO. erlischt das Amt des Notars, wenn die Zulassung als Rechtsanwalt fortfällt, also insbes. auch, wenn der Anwaltsnotar im ehrengerichtlichen Verfahren aus der Anwaltschaft ausgeschlossen wird. Nach § 2 Vdg. v. 27. 3. 38 (RGBl. I S. 321) hat bei einem Notar, der nebenberuflich als Rechtsanwalt beim Amtsgericht zugelassen ist (§ 8 Abs. 1 RNotO.) die ehrengerichtliche Ausschließung von der Rechtsanwaltschaft zugleich den Verlust des Notaramts zur Folge.

3. Sind förml. Dienststrafverfahren **wegen des gleichen Sachverhalts gegen mehrere Beschuldigte eingeleitet,** so kann (nicht muß) die Einleitungsbehörde bis zum Anhängigwerden des Verfahrens bei der Dienststrafkammer, d. h. nach § 53 Abs. 3 bis zum Eingang der Anschuldigungsschrift bei der Kammer, die mehreren Verfahren durch Verfügung miteinander verbinden und wieder trennen. Ist für jedes Verfahren ein besonderer Vertreter und ein besonderer UFührer bestellt worden, so muß mit der Durchführung seines Amtes einer unter Ablösung der übrigen beauftragt werden. Behnke 333. Solche Verbindung ist dann nicht möglich, wenn für die Aburteilung der Beschuldigten verschiedene Dienststrafgerichte zuständig sind, z. B, für richterliche und nichtrichterliche Beamte, für Beamte der Reichsjustizverwaltung und andere Beamte. So auch Wittland BeamtJahrb. **35** 632. Dagegen nimmt Behnke 333 an, daß auch in solchen Fällen eine Verbindung für die Dauer der Untersuchung zulässig sei, wenn die mitwirkenden Personen (Untersuchungsführer und Vertreter der Einleitungsbehörde) den in den Sondervorschriften verlangten Voraussetzungen genügen. Wegen der Möglichkeit der Verbindung von Dienststrafverfahren durch die Dienststrafkammer s. § 54 Abs. 1.

Das Gesetz regelt nicht den Fall, daß gegen denselben Beschuldigten mehrere Dienststrafverfahren wegen verschiedener Dienstvergehen von verschiedenen Dienstherrn, denen der Beschuldigte nacheinander unterstellt war, eingeleitet sind. In letzterem Falle dürfte § 30 Abs. 4 entsprechend anzuwenden sein. Nicht zulässig dürfte sein, was Goedecke bei Pfundtner-Neubert RDStO. 23 und Behnke 334 vorschlagen, das eine Verfahren nach § 52 Abs. 2 einzustellen und das andere auf die weiteren Beschuldigungen auszudehnen.

Ein Dienststrafverfahren gegen einen Notar kann mit einem sonstigen Dienststrafverfahren, für das die im Bereich der Justizverwaltung errichteten Dienststrafgerichte zuständig sind (also bei Dienstvergehen, die in oder bei Ausübung der Rechtspflege begangen sind, § 109), verbunden werden, wenn die Gegenstände beider Verfahren im Zusammenhang stehen. Die Dienststrafgerichte entscheiden im Fall der Verbindung in der für Richter vorgeschriebenen Besetzung (§ 109 Abs. 1 Nr. 1a Satz 3 u. 2a Satz 3).

Abs. 4 § 30 bestimmt näheres über den Fall, daß für die Verbindung und Trennung der Verfahren **mehrere Einleitungsbehörden** beteiligt sind; s. hierzu Behnke 333.

4. **Wegen der Zuständigkeit zur Anordnung der vorläufigen Dienstenthebung und der Einbehaltung der Dienstbezüge** in Fällen, in denen der Beschuldigte mehrere Ämter bekleidet und wegen der Folgen dieser Maßnahme für die mehreren Ämter s. § 80 Abs. 2.

5. Wegen der **gemeindlichen Ehrenämter** s. § 112 Abs. 6.

5. Dienststrafgerichte.

§ 31.

(1) Dienststrafgerichte sind die Dienststrafkammern und der Reichsdienststrafhof.

(2) Die Dienststrafgerichte sind unabhängig und nur dem Gesetz unterworfen.

(3) Die Mitglieder der Dienststrafgerichte üben ihre Tätigkeit in richterlicher Unabhängigkeit aus. Auf den sachlichen Inhalt einer in Ausübung dieser Tätigkeit getroffenen Entscheidung kann ihre Versetzung in den Ruhestand nach § 71 des Deutschen Beamtengesetzes nicht gestützt werden.

1. **Die Organisation der Dienststrafgerichte** schließt sich an die bewährte Organisation an, wie man sie im RBG. für die Reichsbeamten in den Reichsdisziplinarkammern und dem Reichsdisziplinarhof geschaffen hatte. Diese letzteren Dienststrafgerichte erwiesen sich als unparteiisch und unabhängig und gewährleisteten in ihrer Spitze, dem Reichsdisziplinarhof, eine einheitliche Rechtsprechung.

Dagegen ließ die Organisation der Dienststrafgerichte in den Ländern, besonders auch in Preußen, viel zu wünschen übrig. Sie ließ besonders bei den unmittelbaren nichtrichterlichen Staatsbeamten die so dringend nötige Unabhängigkeit und Unparteilichkeit des Richterkollegiums vielfach vermissen. Zudem brachte die Vielheit der Dienststrafgerichte erster Instanz mit ihrer oft zweifelhaften Zuständigkeit ein kaum übersehbares Durcheinander in die Organisation dieser Gerichtshöfe.

Die Selbstverwaltungsbeamten hatten zwar in Preußen in der Berufungsinstanz in dem Oberverwaltungsgericht ein einwandfreies und unabhängiges Kollegium, dagegen erwies sich die erste Instanz mit den Bezirks- und Kreisausschüssen, die z. T. mit wenig geeigneten Laienbeisitzern besetzt waren, als keine sachgemäße Dienststrafbehörde.

Die RDStO. hat die Einheitlichkeit in der Organisation der Dienststrafgerichte nicht ausnahmslos durchgeführt. Denn außer den in den §§ 31 bis 43 behandelten **Dienststrafkammern** und dem **Reichsdienststrafhof** sind für die richterlichen Beamten, die Beamten der Reichsjustizverwaltung (soweit es sich um Dienstvergehen handelt, die in oder bei Ausübung der

Rechtspflege begangen sind), für die Mitglieder des Reichsgerichts, des Reichsverwaltungsgerichts, des Reichsfinanzhofs, des Reichserbhofgerichts, die hauptamtlichen Mitglieder des Volksgerichtshofs und die unabhängigen Mitglieder des Rechnungshofs des Deutschen Reiches sowie die richterlichen Mitglieder der obersten Verwaltungsgerichte der Länder und die unabhängigen Mitglieder der Pr. Oberrechnungskammer und für die Wehrmachtbeamten **besondere Dienststrafgerichte** vorgesehen (§§ 108—110, 113, 118).

Der Einheitlichkeit der Rechtsprechung dient der im § 42 vorgesehene, beim Reichsdienststrafhof gebildete, **große Dienststrafsenat.** Solange das Reichsverwaltungsgericht, bei dem der Reichsdienststrafhof gebildet wird, noch nicht besteht, ist der Reichsdienststrafhof als selbständige Behörde mit dem Sitz in Berlin durch den RMdInnern errichtet worden. § 114.

2. **Anhängige Dienststrafverfahren** sind mit dem Inkrafttreten der RStDO., d. h. mit dem 1. Juli 1937, in der Lage, in der sie sich befanden, auf die nach der RDStO. zuständigen Behörden, soweit es sich um schon bei Dienststrafgerichten anhängige Verfahren handelte, auf die nach den Vorschriften der RDStO. gebildeten Dienststrafgerichte (Dienststrafkammern und Reichsdienststrafhof) übergegangen. Die Dienststrafverfahren aber, die vor den Dienststrafkammern bei den Oberlandesgerichten und dem Dienststrafsenat beim Reichsgericht anhängig waren, sind am 1. 7. 37 auf die im § 109 bezeichneten Dienststrafgerichte übergegangen. § 116.

Während des Krieges können durch Verfügung des RMdI. Dienststrafkammern aufgehoben oder mit anderen zusammengelegt werden. Die Dienststrafkammer Ansbach ist mit Wirkung vom 1. 1. 41 aufgehoben und ihr Bezirk der Dienststrafkammer München zugeteilt worden. RMdI. 20. 12. 40 MBl. 2271. In diesem Falle gehen anhängige Dienststrafverfahren in der Lage, in der sie sich befinden, auf das nach der Verfügung zuständige Dienststrafgericht über. § 1 V. 14. 5. 40 (RGBl. I 781). Bei dem RDStH. sind im Wege der Geschäftsverteilung 2 Senate durch Nichtbesetzung während des Krieges eingespart worden. Behnke 763.

3. Nach § 31 Abs. 2 u. 3 ist die **Unabhängigkeit** der Dienststrafgerichte und ihrer Mitglieder gewahrt. § 31 Abs. 3 hebt ausdrücklich hervor, daß die Mitglieder der Dienststrafgerichte ihre Tätigkeit in richterlicher Unabhängigkeit ausüben, also den Weisungen ihrer Dienstvorgesetzten nicht zu folgen brauchen. Hinsichtlich der richterlichen Beamten, die nur im Nebenamt als Dienststrafrichter tätig werden und durch ihr Hauptamt nicht nur sachliche, sondern auch persönliche Unabhängigkeit genießen, scheint dieser Satz zwar zuzutreffen. Da sie aber nur auf die Dauer von 3 Jahren zu Mitgliedern der Dienststrafgerichte ernannt werden, müssen sie immer damit rechnen, daß sie, wenn ihre Rechtsprechung beanstandet wird, nach Ablauf der 3 Jahre nicht wieder ernannt werden. Für die Unabhängigkeit bei den Dienststrafgerichten nützt es ihnen also nichts, daß sie in ihrem Hauptamt als Richter unabhängig sind. Um wahre Unabhängigkeit auch für das Nebenamt des Dienststrafrichters

zu gewährleisten, müßte deshalb die Ernennung zu Mitgliedern der Dienststrafgerichte für die Dauer des Hauptamts erfolgen. Andererseits fordert es aber das Staatsinteresse, Mitglieder der Dienststrafgerichte, die sich aus irgendwelchen Gründen nicht bewährt haben, innerhalb kürzerer Zeit aus ihrer Tätigkeit durch Nichtwiederernennung nach Ablauf der dreijährigen Frist ausscheiden zu können. Es müssen hier wie auch sonst die Staatsinteressen jedem anderen Interesse vorgehen.

Noch weniger günstig ist es mit der Unabhängigkeit der zu Beisitzern der Dienststrafgerichte berufenen nichtrichterlichen Beamten bestellt. Denn einmal werden auch diese nur auf 3 Jahre ernannt, so daß sie ebenso wie die Richter durch Nichtwiederernennung nach Ablauf dieser Zeit matt gesetzt werden können. Sodann aber fehlt es ihnen in ihrem Hauptamt an der richterlichen Unabhängigkeit, so daß sie auch in diesem Amt wegen der Art ihrer Rechtsprechung in den Dienststrafgerichtshöfen durch Versetzung, Nichtbeförderung usw. beeinträchtigt werden können. Man hat auch in die RDStO. eine dem § 37 Satz 2 PrBDStO. entsprechende Vorschrift, wonach durch die Versetzung eines Mitgliedes sein Amt nicht erlosch, nicht aufgenommen. Es kann also jetzt die Beendigung der Mitgliedschaft dadurch herbeigeführt werden, daß das Mitglied in ein Amt außerhalb des Bezirks der Dienststrafkammer versetzt wird; s. § 40 Abs. 1 Nr. 3. Übrigens gibt es auch außer der Versetzung Maßnahmen, die dem Beamten nachteilig sind, wie z. B. Nichtbeförderung, Übertragung eines weniger angenehmen Dienstkreises usw. Aber auch hier wird man die Staatsinteressen, die die Ausschaltung ungeeigneter Mitglieder erforderlich erscheinen lassen können, in den Vordergrund rücken müssen.

Zudem findet sich im § 31 Abs. 3 eine Vorschrift, die die Unabhängigkeit der Mitglieder der Dienststrafgerichte tunlichst sichern soll. Danach findet § 71 DBG. auf sie nur beschränkte Anwendung. Nach dieser Vorschrift kann nämlich ein Beamter auf Lebenszeit oder auf Zeit vom Führer und Reichskanzler in den Ruhestand versetzt werden, wenn er nicht mehr die Gewähr dafür bietet, daß er jederzeit für den nationalsozialistischen Staat eintreten wird. Nach § 171 Abs. 1 Satz 3 DBG. kann aber die Versetzung eines richterlichen Beamten in den Ruhestand auf Grund von § 71 nicht auf den sachlichen Inhalt einer in Ausübung der richterlichen Tätigkeit getroffenen Entscheidung gestützt werden. Eine gleichlautende Vorschrift ist im § 31 Abs. 3 Satz 2 für die Mitglieder der Dienststrafgerichte enthalten. Die Grenzlinien zwischen dem sachlichen und einem sonstigen nicht streng zur Sache gehörigen Inhalt ihrer Entscheidung werden allerdings nicht immer leicht zu ziehen sein. So können z. B. Äußerungen der Mitglieder der Dienststrafgerichte in ihrer Entscheidung, die nicht streng zur Sache gehören, sondern vielleicht ohne Not nebenbei gemacht sind, Anlaß zur Prüfung geben, ob nicht auf politische Unzuverlässigkeit der Mitglieder geschlossen werden kann.

Selbstverständlich kann aber jedes Mitglied eines Dienststrafgerichts wie jeder andere Beamte wegen derjenigen Handlungen und Äußerungen zur Rechenschaft gezogen werden, die mit seiner Tätigkeit als Dienststrafrichter nicht zusammenhängen und vielleicht sogar außerhalb des Dienstes getätigt sind. Denn die Unabhängigkeit ist dem Mitglied des Dienststrafgerichts nicht um seiner selbst willen, sondern nur im Interesse der Allgemeinheit gegeben, die an einer unparteiischen und unbeeinflußten Rechtsprechung das größte Interesse hat.

4. Die Dienststrafgerichte sind, abgesehen von den eigentlichen Dienststrafentscheidungen im förml. Dienststrafverfahren, auch **noch in einer Reihe von anderen Fällen in besonders geregelten Verfahren** zur Entscheidung berufen. Es kommen in Betracht: Das Verfahren bei unerlaubtem Fernbleiben vom Amt (§ 105), die Entziehung des Unterhaltsbeitrages (§ 96) und die Entziehung der Versorgung im Falle des § 135 Abs. 3 DBG.

5. **Dienststrafgerichte für die Wehrmachtbeamten** sind die Wehrmachtdienststrafkammern und der Wehrmachtdienststrafhof. Es sind sieben Wehrmachtdienststrafkammern gebildet bei den Oberstkriegsgerichtsräten der Dienstaufsichtsbezirke der Wehrmachtteile (vier für das Heer, eine für die Kriegsmarine und zwei für die Luftwaffe); s. die im Anhang mit den Änderungen abgedruckte V. v, 24. 6. 37 (RGBl. I 722) zu den §§ 31, 32. Die Zuständigkeit der einzelnen Wehrmachtdienststrafkammern für die Wehrmachtbeamten ergibt sich aus der genannten Verordnung zu § 33.

Der Vorsitzende der Wehrmachtdienststrafkammer ist der Oberstkriegsgerichtsrat; seine Stellvertreter sind Oberkriegsgerichtsräte seines Dienstaufsichtsbezirks. Die Beisitzer müssen aktive Wehrmachtbeamte sein und sollen dem Wehrmachtteil des Beschuldigten angehören. Die Wehrmachtdienststrafkammern entscheiden in der Besetzung von 3 Mitgliedern. Einer der beiden Beisitzer muß rechtskundig sein, d. h. die Befähigung zum Richteramt oder zum höheren Verwaltungsdienst besitzen. Ein Beisitzer soll der Laufbahn des Beschuldigten angehören; s. dazu Loosch „DVerw." 38 206. Die Wehrmachtbeamten werden von militärisch geschulten, dienstlich mit der Wehrmacht verbundenen Richtern abgeurteilt.

Die Befähigung zum höheren Verwaltungsdienst (§ 35 Abs. 4 RDStO.) besitzt, wer die laufbahnmäßig vorgeschriebene große Staatsprüfung für den höheren Verwaltungsdienst (Regierungsassessor, Intendanturassessor) abgelegt hat.

Die Mitglieder der Wehrmachtdienststrafkammern, mit Ausnahme der Vorsitzenden, die durch die V. v. 24. 3. 37 bestimmt sind, bestellt das Oberkommando der Wehrmacht auf Vorschlag der Wehrmachtteile auf drei Jahre.

Ist der Beschuldigte ein Wehrmachtjustizbeamter und handelt es sich um ein Dienstvergehen, das in oder bei Ausübung der Rechtspflege begangen ist, so ist der rechtskundige Beisitzer ein richterlicher Wehrmachtjustizbeamter.

Der Wehrmachtdienststrafhof wird beim Reichskriegsgericht gebildet und besteht aus einem Präsidenten, seinen Stellvertretern, richterlichen und anderen Beisitzern. Alle Mitglieder werden vom Führer und Reichskanzler auf 3 Jahre bestellt.

Der Präsident, seine Stellvertreter und die richterlichen Beisitzer müssen richterliche Beamte des Reichskriegsgerichts, sämtliche Mitglieder aktive Wehrmachtbeamte sein. Die nichtrichterlichen Beisitzer sollen dem Wehrmachtteil des Beschuldigten angehören.

V. v. 24. 6. 37 (RGBl. I 722) mit Änderungen zu den §§ 35—34, 41. Der Wehrmachtdienststrafhof entscheidet in der Hauptverhandlung mit 3 richterlichen Mitgliedern einschl. des Vorsitzenden und 2 weiteren Mitgliedern; im Beschlußverfahren sind nur 3 Mitglieder einschl, des Vorsitzenden tätig.

Im Dienststrafverfahren gegen richterliche Wehrmachtbeamte müssen alle Beisitzer der Wehrmachtdienststrafkammern und des Wehrmachtdienststrafhofs des zweiten Rechtszuges richterliche Wehrmachtjustizbeamte sein. V. v. 24. 6. 37 (RGBl. I 722) zu § 108 Nr. 2. Die MilitärrichterdienststrafO. v. 14. 3. 34 (RGBl. I 207) ist aufgehoben. Nr. 1 DurchfV. zu § 121.

Für das förmliche Dienststrafverfahren gegen einen Wehrmachtbeamten im Generalsrang oder einen Feldbischof ist der Wehrmachtdienststrafhof in einer Besetzung mit sieben Mitgliedern (Beamte im Generalsrang), einschließlich des Vorsitzenden, zuständig. Drei Mitglieder müssen richterliche Beamte des Reichskriegsgerichts, zwei weitere Mitglieder rechtskundig sein. Der Wehrmachtdienststrafhof entscheidet endgültig. V. v. 24. 6. 37 zu III.

Ergangen ist ferner für die Dienststrafgerichte der Wehrmacht die Geschäftsordnung v. 23. 6. 37 (HeeresVBl. S. 306 u. MarineVBl. S. 256).

Die für die Dienststrafgerichte während des Krieges geltenden §§ 1—3 der VereinfachungsV. 17. 5. 40 (RGBl. I 781) gelten nicht für die Dienststrafgerichte für Wehrmachtbeamte. § 8 a. a. O.

a) **Dienststrafkammern.**

§ 32.

Die Dienststrafkammern werden bei Verwaltungsgerichten gebildet. Der Reichsminister des Innern bestimmt Sitz und Bezirk der Dienststrafkammern; er kann bei einer Dienststrafkammer mehrere Abteilungen bilden; er regelt den Geschäftsgang.

1. **Die Dienststrafkammern** werden **bei Verwaltungsgerichten** gebildet. Welcher Art diese Gerichte sein sollen, ist im Gesetz nicht gesagt, vielmehr der Bestimmung des Reichsministers des Innern überlassen. Sie sind Bestandteile der Verwaltungsgerichte und nicht selbständige Behörden und sind nur räumlich und büromäßig mit den Verwaltungsgerichten — zur Vereinfachung und im Interesse der Kostenersparnis — in Zusammenhang gebracht.

Wenngleich die Verwaltungsgerichte zur Zeit noch Gerichte der Länder sind, so gehören die Dienststrafkammern zur Gerichtsbarkeit des Reichs und sind daher gerichtliche Reichsbehörden. Wittland BeamtJahrb. **37** 60. Ihre Mitglieder sind als solche unmittelbare Reichsbeamte, auch wenn sie in ihrem Hauptamt mittelbare Reichsbeamte sind.

Sitze und Bezirke der Dienststrafkammern ergeben sich aus der (am Schlusse des Buches abgedruckten) Anlage 1 zur DurchfV. mit Änderung durch Vdg. v. 4. 10. 38 (RGBl. I 1338). Danach bestehen 25 Dienststrafkammern, meist bei den Bezirksverwaltungsgerichten, in Bayern bei den Regierungen (Verwaltungsrechtliche Senate), in Sachsen, Thüringen, Baden, Württemberg, Mecklenburg, Oldenburg, Hessen, Hamburg und Bremen bei den dortigen Oberverwaltungsgerichten bzw. bei den Verwaltungsgerichtshöfen und in Dortmund bei dem Oberversicherungsamt. .Wer die dienstliche Aufsicht über die Geschäftsführung der Dienststrafkammer führt, ist in der DurchfV. Nr. 1 zu den §§ 32—40 angegeben (vgl. den Abdruck am Schlusse des Buches). In der Ostmark ist die Dienstaufsicht auf Grund des § 2 V. 16. 6. 39 (RGBl. I 1030) geregelt. In zweiter und letzter Stufe steht überall die Aufsicht dem Reichsminister des Innern zu. DurchfV, Nr. 1 Satz 3 zu den §§ 32 bis 40.

Sind die gebildeten Bezirke so groß, daß sie mit einer Abteilung der Dienststrafkammer nicht auskommen, vielmehr die Geschäfte wegen ihres Umfangs nur in mehreren Abteilungen rechtzeitig und sachgemäß erledigt werden können, so kann der RMdI. bei einer Dienststrafkammer **mehrere Abteilungen** bilden.

Die Aufgaben der **Geschäftsstelle** der Dienststrafkammern werden von der Geschäftsstelle des Verwaltungsgerichts, bei dem die Dienststrafkammer gebildet ist, wahrgenommen.

Die Dienststrafkammern führen als Dienstsiegel das kleine Reichssiegel nach dem Erlaß über die Reichssiegel vom 16. März 1937 (RGBl. I S. 307) mit der Umschrift „Dienststrafkammer X (Name des Ortes)".

Die Entscheidungen, Ersuchen usw. der Dienststrafkammer ergehen unter der Behördenbezeichnung „Dienststrafkammer X (Name des Ortes)". Die Überschrift der Urteile lautet: „Im Namen des deutschen Volkes". Die Ausfertigungen und Auszüge der Urteile und Beschlüsse erteilt die Geschäftsstelle der Dienststrafkammer unter Beidrückung des Dienstsiegels (s. oben) mit dem Vermerk:

„Ausgefertigt
Ort, Datum
Geschäftsstelle
Unterschrift".

AusfV. Nr. 10, 11 und 12 zu den §§ 32—40.

2. **Für Beamte der Reichsjustizverwaltung** sind Dienststrafkammern bei jedem Oberlandesgericht für seinen Bezirk errichtet. § 109 Abs. 1 Nr. 1a.

3. Über das **besondere Dienststrafrecht** für die Mitglieder der höchsten Gerichte und unabhängigen Behörden s. § 110.

4. In der **Ostmark** sind bei den zuständigen Reichsstatthaltern Dienststrafkammern in Wien, Linz, Graz und Innsbruck gebildet worden. V. v. 16. 6. 39 (RGBl. I 1030). Für den **Reichsgau Danzig Westpreußen** ist beim

Regierungspräsidenten in Danzig, für den **Reichsgau Posen** bei dem Regierungspräsidenten in Posen eine Dienststrafkammer gebildet worden. Art. I § 2 Nr. 21; V. 24. 12. 39 (RGBl. I 2489). Für die **sudetendeutschen Gebiete** und das **Protektorat Böhmen und Mähren** ist beim Regierungspräsidenten in Außig eine Dienststrafkammer als selbständige Behörde gebildet worden. VII 34 DurchfBest. v. 30. 3. 39 (RGBl. I 689); § 3 V 2 V. 7. 12. 39 (RGBl. I 2378).

§ 33.

(1) Zuständig ist die Dienststrafkammer, in deren Bezirk der Beschuldigte bei Einleitung des förmlichen Dienststrafverfahrens seinen dienstlichen Wohnsitz hat. Liegt der dienstliche Wohnsitz im Ausland, so ist die Dienststrafkammer in Berlin zuständig; für bestimmte Arten von Beamten im Grenzdienst kann jedoch die oberste Reichsbehörde im Einvernehmen mit dem Reichsminister des Innern die dem dienstlichen Wohnsitz am nächsten liegende Dienststrafkammer als zuständig bezeichnen.

(2) Bei wiederbeschäftigten Wartestandsbeamten ist der Sitz der Behörde, bei anderen Wartestandsbeamten und bei Ruhestandsbeamten der Wohnsitz oder, wenn ein Wohnsitz im Inland nicht besteht, der letzte dienstliche Wohnsitz maßgebend.

1. **Die örtliche Zuständigkeit** der Dienststrafkammer, von der § 33 handelt, ist in jeder Lage des Verfahrens von Amts wegen zu prüfen, § 16 StPO. findet keine Anwendung. PrOVG. **96** 248. Sie richtet sich im Gegensatz zum Strafverfahren nicht nach der begangenen Tat, sondern nach dem Amt, das der Beschuldigte bekleidet bzw. nach seinem mit dem Amt meist zusammenfallenden **dienstlichen Wohnsitz.** Entscheidend ist der dienstliche Wohnsitz im Zeitpunkt der Einleitung des Verfahrens, nicht etwa zur Zeit der Entscheidung des Dienststrafgerichts; ein Wechsel des dienstlichen Wohnsitzes im Laufe des Verfahrens ist also für die örtliche Zuständigkeit der Dienststrafkammer ohne Bedeutung. Wittland BeamtJahrb. **33** 67; RDisH. 8. 2. 28 Foerster-Simons 276; PrOVG, 28. 7. 36 RVerwBl. **58** 301. Liegt der dienstliche Wohnsitz im Ausland, so ist die Dienststrafkammer in Berlin zuständig. Gegen verschiedene Beteiligte, die ihren dienstlichen Wohnsitz bzw, bei Wartestands- und Ruhestandsbeamten ihren Wohnsitz im Bereich verschiedener Dienststrafkammern haben, ist die Verbindung der Dienststrafverfahren zulässig. PrOVG. **96** 248. Sind mehrere Einleitungsbehörden beteiligt, so entscheiden auf Antrag einer Einleitungsbehörde die zuständigen obersten Dienstbehörden gemeinsam über die Verbindung und darüber, welche Einleitungsbehörde für den Fortgang des Verfahrens zuständig sein soll. § 30 Abs. 4. Diese Vorschriften sind im Interesse der Beschleunigung und sachgemäßen Erledigung der Verfahren zu begrüßen.

Dienstlicher Wohnsitz ist in der Regel der Amtssitz, d. h. der Sitz der Behörde oder Dienststelle, bei der der Beamte angestellt oder beschäftigt ist. Der Sitz der Behörde ist auch entscheidend bei wiederbeschäftigten Wartestandsbeamten. Über den Zuständigkeitsstreit zwischen zwei Kammern s. § 34. Über Verhinderung des zuständigen Gerichts s. § 15 StPO.

2. Der dienstliche Wohnsitz ist oft ein anderer als der **bürgerliche Wohnsitz.** Letzterer bestimmt sich nach § 7 BGB. und ist für die Zuständigkeit der Dienststrafkammer nur bei nicht wieder beschäftigten Wartestandsbeamten und bei Ruhestandsbeamten von Bedeutung. Liegt bei ihnen — was wegen § 52 und § 128 Abs. 1 Nr. 2 DBG. nur selten der Fall sein wird — der Wohnsitz im Ausland, so ist der letzte dienstliche Wohnsitz maßgebend.

3. Besonders geregelt ist die Zuständigkeit der Dienststrafkammer für bestimmte Arten von Beamten **im Grenzdienst,** z. B. Zollbeamte, Postbeamte, Reichsbahnbeamte. Für sie kann die oberste Reichsbehörde im Einvernehmen mit dem RMdJ. die Dienststrafkammer als zuständig bezeichnen, die dem Dienstwohnsitz des Beamten am nächsten liegt. So ist nach der V. des RFM. v. 16. 7. 37 (Amtsbl. der RFV. S. 98) zuständig für Beamte der Reichsfinanzverwaltung, Abteilung für Zölle und Verbrauchsabgaben, die zu einer in das Ausland vorgeschobenen Grenzzollstelle gehören und im Ausland ihren dienstlichen Wohnsitz haben, die Dienststrafkammer, die für den Sitz des übergeordneten Oberfinanzpräsidenten zuständig ist. Bei Beamten im Grenzdienst der Deutschen Reichsbahn mit dem dienstlichen Wohnsitz im Ausland ist die für den Sitz der Reichsbahndirektion zuständige Dienststrafkammer zuständig. RVerkehrsM. 14. 9. 37 (RGBl. I S. 1011).
Für die Wehrmachtbeamten ergibt sich die Zuständigkeit der Wehrmachtdienststrafkammern nach der Vdg. vom 13. 12. 38 (RGBl. I 1816) zu § 33 RDStO.

4. Von der Möglichkeit der **Verweisung einer Sache von der zuständigen an eine andere Dienststrafkammer** (vgl. z. B. § 90 RVG.) ist bewußt Abstand genommen worden, um etwaigen Maßnahmen, die den Anschein einer unsachlichen Einflußnahme auf die Rechtsprechung der Dienststrafgerichte erwecken könnten, von vornherein den Boden zu entziehen. Begr. PrOVG. **86** 417 und **99** 258. Vielmehr muß, wenn sich nach Eingang der Anschuldigungsschrift die sachliche Unzuständigkeit der Dienststrafkammer herausstellt, also ein Gericht der in den §§ 109, 110 und 113 zuständig ist, Einstellung erfolgen. Wittland 444. Solche Einstellung kommt auch dann in Betracht, wenn sich eine örtliche Unzuständigkeit der angegangenen Dienststrafkammer herausstellt; bei Streit über die örtliche Zuständigkeit kommt § 34 in Betracht; dagegen will Behnke 346 in allen Fällen örtlicher Unzuständigkeit § 34 anwenden.

5. Die örtlich zuständige Dienststrafkammer ist **sachlich** auch zuständig für die Aburteilung von Dienstvergehen, die in einem früheren Dienstverhältnis begangen sind. §§ 2, 10. Auch seine sachliche Zuständigkeit hat das Gericht in jeder Lage des Verfahrens von Amts wegen zu prüfen. § 20 RDStO. in Verbindung mit § 6 StVO.

§ 34.

Streitigkeiten über die Zuständigkeit von Dienststrafkammern entscheidet auf Antrag einer Dienststrafkammer oder einer anderen am Verfahren beteiligten Behörde der Reichsdienststrafhof durch Beschluß.

1. Es braucht sich nicht nur um einen **Streit zwischen zwei Dienststrafkammern** zu handeln, indem entweder beide Gerichte sich für zuständig oder für unzuständig erklärt haben. Der Streit kann auch **zwischen einer Dienststrafkammer** und **einer anderen am Verfahren beteiligten Behörde,** z. B. einer Einleitungsbehörde oder ihrem Vertreter entstehen. Auf Antrag einer solchen Behörde oder einer Dienststrafkammer schlichtet der Reichsdienststrafhof in der Besetzung des § 43 Satz 1 den Streit durch Beschluß ohne mündliche Verhandlung. Dieser Beschluß ist endgültig und wird mit der Zustellung rechtskräftig. § 77. Wird die Zuständigkeit eines Dienststrafgerichts von dem Beschuldigten bestritten, so wird darüber, wenn das Gericht seine Zuständigkeit für gegeben erachtet, nicht nur mit der Berufung anzukämpfen sein; vielmehr ist, wenn der Beschuldigte beantragt, aus Gründen der Zuständigkeit das Verfahren an eine andere Dienststrafkammer abzugeben, gegen einen diesen Antrag ablehnenden Beschluß der Dienststrafkammer die Beschwerde an den Reichsdienststrafhof zulässig. PrOVG. **94** 261. Übrigens hat der Dienststrafrichter den Einwand der örtlichen Unzuständigkeit — um diese wird es sich in den Fällen des § 34 wohl ausschließlich handeln — in jeder Lage des Verfahrens zu prüfen; s. näheres Anm. 1 zu § 33. Nicht zulässig ist es, ein einmal bei einer Dienststrafkammer anhängiges Verfahren wegen Unzuständigkeit dieser Behörde an eine andere Behörde zu verweisen. PrOVG. **86** 417; **99** 258; s. oben Anm. 4 zu § 33.

Hat sich eine Dienststrafkammer durch Beschluß für unzuständig erklärt, so findet dagegen in sinngemäßer Anwendung des § 304 StPO. die an eine Frist nicht gebundene Beschwerde an den Reichsdienststrafhof statt. So lange darüber nicht entschieden ist, bleibt für einen Zuständigkeitsstreit gemäß § 34 kein Raum. DienststrafH. v. 8. 12. 32 RuPrVBl. **54** 335 = DJZ. **33** 699 = JW. **33** 1222.

2. Streitigkeiten über die Zuständigkeit von Dienststrafkammern bei den Oberlandesgerichten in Dienststrafsachen **gegen Beamte der Reichsjustizverwaltung** werden vom Dienststrafsenat beim RG. auf Antrag einer Dienststrafkammer oder einer anderen am Verfahren beteiligten Behörde durch Beschluß ohne mündliche Verhandlung entschieden. § 109 Abs. 1 Nr. 2 a Satz 1.

Dreht sich der Streit darum, ob eine bei einem Verwaltungsgericht oder eine bei einem Oberlandesgericht gebildete Dienststrafkammer (§ 109) zuständig ist, so ist die Einleitungsbehörde nach § 109 allein zuständig; § 34 ist dann unanwendbar. Behnke 347.

3. Die Zuständigkeit der Dienststrafkammern wird dadurch nicht verändert, daß der Beschuldigte nach Einleitung des Dienststrafverfahrens von seiner bisherigen Dienststelle in den Bereich einer anderen Dienststrafkammer

versetzt wird. Eine Änderung der Zuständigkeit der Dienststrafkammern kann daher, wenn das Verfahren eingeleitet ist, nicht eintreten; s. oben Anm. 1 zu § 33.

§ 35.

(1) Mitglieder der Dienststrafkammer sind der Vorsitzende, seine Stellvertreter, rechtskundige und andere Beisitzer.

(2) Die Mitglieder müssen auf Lebenszeit ernannte Beamte im Alter von mindestens dreißig Jahren sein, die ihren dienstlichen Wohnsitz im Bezirk der Dienststrafkammer haben.

(3) Der Vorsitzende der Dienststrafkammer und seine Stellvertreter müssen planmäßige richterliche Beamte der Verwaltungsgerichtsbarkeit oder der ordentlichen Gerichtsbarkeit sein.

(4) Die rechtskundigen Beisitzer müssen die Befähigung zum höheren Verwaltungsdienst oder zum Richteramt besitzen.

Jede Dienststrafkammer besteht aus 3 Gruppen von Mitgliedern:

a) aus einem Vorsitzenden und seinen Stellvertretern. Diese müssen im Hauptamt planmäßige (§ 28 Abs. 2 Nr. 3 DBG.) Richter der ordentlichen Gerichtsbarkeit oder der Verwaltungsgerichtsbarkeit sein.

Zur ordentlichen Gerichtsbarkeit gehören nach Art. 103 Weim. V. das Reichsgericht und die Oberlandesgerichte, Landgerichte und Amtsgerichte und zwar nicht bloß soweit sie die streitige, sondern auch die freiwillige Gerichtsbarkeit ausüben. Dazu kommen die Arbeitsgerichte und Landesarbeitsgerichte sowie neuerdings der Volksgerichtshof, die Anerbengerichte, Gesundheitsgerichte, und das Erbhofgericht.

Den Gegensatz zur ordentlichen Gerichtsbarkeit bildet die Verwaltungsgerichtsbarkeit, z. B. die Oberverwaltungsgerichte und Bezirksverwaltungsgerichte, ferner das Reichswirtschaftsgericht, auf dessen ständige Mitglieder Art. 104 WeimV. Anwendung findet. G. v. 31. 3. 28 (RGBl. I 135). Daß die Richter der Verwaltungsgerichte in den Dienststrafgerichten nur dann Verwendung finden dürfen, wenn sie in ihrem Amte ebenso wie die Richter der ordentlichen Gerichtsbarkeit nicht nur die sachliche, sondern auch die persönliche Unabhängigkeit und Unabsetzbarkeit besitzen, ist nicht zur Bedingung gemacht.

b) Aus rechtskundigen Beisitzern. Diese brauchen nicht berufsrichterliche Beamte der ordentlichen Gerichtsbarkeit oder der Verwaltungsgerichtsbarkeit zu sein. Es wird nur verlangt, daß sie die Befähigung zum höheren Verwaltungsdienst oder zum Richteramt besitzen. Als zum höheren Verwaltungsdienst befähigt gilt, wer nach der Vdg. über die Ausbildung für den höheren Dienst in der allgemeinen und inneren Verwaltung vom 29. 6. 37 (RGBl. I S. 666) ausgebildet und geprüft ist, oder nach den bisherigen landesrechtlichen Vorschriften die Befähigung zum höheren Verwaltungsdienst besitzt. AusfV. Nr. 7 zum §§ 32—40. Wer in der Ostmark als zum höheren Verwaltungsdienst befähigt gilt, bestimmt § 4 V. v. 16. 6. 39 (RGBl. I 1030). Nicht festangestellte rechtskundige Beamte, wie Assessoren usw. kommen nicht in Frage, da alle Mitglieder auf Lebenszeit ernannte Beamte (vgl. § 28 DBG.) sein müssen.

e) Aus Beisitzern aus der Beamtenschaft (Beamtenbeisitzer). Diese müssen zu den Beamten sowohl des höheren, gehobenen, mittleren und einfachen Dienstes gehören. Dies folgt aus § 37 Abs. 1, wonach bei jeder Entscheidung ein Beamter als Beisitzer mitwirkt, der der Laufbahn und möglichst dem Verwaltungszweig des Beschuldigten angehören soll. Dadurch soll erzielt werden, daß bei der Verhandlung und Entscheidung ein Beisitzer mitwirkt, der mit den dienstlichen und sozialen Verhältnissen des Beschuldigten besonders vertraut ist und auch die nötige Sachkunde besitzt, um die dem Beschuldigten zur Last gelegten Verfehlungen richtig beurteilen zu können. Nach Bach RVerwBl. **59** 286 hat sich die Mitwirkung von Beamtenbeisitzern durchaus bewährt; sie sind bei der Findung des Rechts, insbes. bei der Beurteilung der Dienstvergehen und der Festsetzung der Strafe infolge ihrer Lebenserfahrung und Fachkenntnisse den richterlichen Mitgliedern eine wertvolle Hilfe.

Da nur ein Beamtenbeisitzer mitwirkt, wird eine Berücksichtigung der Laufbahn und des Verwaltungszweiges bei der Bestimmung der Reihenfolge, in der die Beisitzer zur Teilnahme an den Sitzungen berufen werden, vielfach kaum möglich sein. Immerhin soll es, soweit angängig, geschehen. In ihrer Mitwirkung drückt sich der Gemeinschaftsgedanke innerhalb der Beamtenschaft aus. Begr.

Das Mindestdienstalter **für alle Mitglieder beträgt dreißig Jahre.** Es kommen also in der Regel nur solche Beamte in Frage, die eine längere Beamtenzeit hinter sich haben; jedoch ist nicht vorgeschrieben, daß ein Mitglied eine gewisse Mindestdienstzeit hinter sich haben müsse.

Ferner müssen alle 3 Gruppen auf Lebenszeit (§ 28 DBG.) (also nicht auf Zeit oder Widerruf) ernannt sein und ihren dienstlichen Wohnsitz, wenn auch nicht am Sitze der Dienststrafkammer, so doch **in deren Bezirk haben;** Versetzung außerhalb des Bezirks bringt das Amt des Dienststrafrichters nach § 40 Abs. 1 Nr. 3 zum Erlöschen. Wartestandsbeamte können nicht Mitglieder sein (vgl. § 40 Abs. 1 Nr. 3). DurchfV. Nr. 6 zu den §§ 32—40.

Über die Besonderheit in der Zusammensetzung der Dienststrafkammer bei den richterlichen Beamten und den Beamten der Reichsjustizverwaltung s. §§ 108, 109.

§ 36.

(1) Der Reichsminister des Innern bestellt die Mitglieder der Dienststrafkammer auf drei Jahre; er kann sie bei Ablauf ihrer Amtszeit wiederbestellen.

(2) Wird während der Amtszeit die Bestellung neuer Mitglieder erforderlich, so werden sie nur für den Rest der Amtszeit bestellt.

(3) **Die Beteiligung der Nationalsozialistischen Deutschen Arbeiterpartei bei der Auswahl der Mitglieder regelt der Reichsminister des Innern im Einvernehmen mit dem Stellvertreter des Führers.**

1. **Alle Mitglieder** der Dienststrafkammer **werden nach dem Führerprinzip vom Reichsminister des Innern auf die Dauer von 3 Jahren ernannt.** Gehören die Mitglieder andren Verwaltungen an, als der Verwaltung des Innern, so wird die Ernennung im Einvernehmen mit der zuständigen obersten Dienstbehörde erfolgen. Es werden tunlichst alle Verwaltungen, namentlich die größeren, nach einem Verteilungsschlüssel Mitglieder in die Dienststrafgerichte entsenden. Eine bestimmte Zahl von Mitgliedern ist im Gesetze nicht vorgesehen. Es werden aber erheblich mehr Mitglieder zu ernennen sein, als bei den einzelnen Entscheidungen nach dem Gesetze mitzuwirken haben, Denn sonst könnten bei Behinderung einzelner Mitglieder durch Krankheit, Urlaub usw. Schwierigkeiten eintreten, auch eine Überlastung der Mitglieder, die meist nur im Nebenamt den Dienststrafgerichten angehören, könnte möglich sein. Nach Ablauf der 3 Jahre können dieselben Personen wieder ernannt werden. Es kann aber auch selbst gegen den Willen des Betreffenden von einer Wiederernennung ohne Angabe von Gründen abgesehen werden. Denn sowohl die Ernennung wie die Wiederernennung nimmt der RMdJ. nach seinem von keiner Seite nachprüfbaren Ermessen vor.

Wird während der Amtszeit die Ernennung neuer Mitglieder erforderlich, z. B. weil Mitglieder sterben oder in den Ruhestand treten oder sonst aus dem Dienst ausscheiden, so werden die neuen Mitglieder nur für den Rest der Amtszeit, also für weniger als 3 Jahre ernannt.

Während des Krieges gilt § 2 V. 17. 5. 40 (RGBl. I 781). Danach bestimmt, wenn die vom RMdJ. zu Vorsitzenden oder Stellvertretern des Vorsitzenden bestimmten Beamten abwesend, z. B. zum Wehrdienst eingezogen, in das besetzte Gebiet abgeordnet oder zwar ortsanwesend aber durch andere Aufträge voll beansprucht oder sonst behindert sind, die Behörde, die nach Nr. 1 DurchfV. v. 29. 6. 37 zu den §§ 32—40 sowie nach V. über die Dienststrafkammern in der Ostmark v. 16. 6. 39 (RGBl. I 1030) die dienstliche Aufsicht über die Geschäftsführung der Dienststrafkammer führt, für die Dienststrafkammer Außig der dortige Regierungspräsident, den Vorsitzenden und seine Stellvertreter aus der Zahl der rechtskundigen Beisitzer der Dienststrafkammer. Fehlen auch diese, so muß der RMdJ. solche neu bestellen oder aber nach § 1 V. 17. 5. 40 die Dienststrafkammer aufheben oder mit einer anderen zusammenlegen. Behnke RVerwBl. **61** 327. Die Amtszeit der Mitglieder der Dienststrafkammern mit Ausnahme der Wehrmachtdienststrafgerichte, der Dienststrafkammern in der Ostmark und der Dienststrafkammer in Außig ist um die Zeit vom 1. 7. 40 bis 30. 6. 41 verlängert worden. Dies gilt nicht für die Mitglieder eines Dienststrafgerichts, die bei Ablauf ihrer derzeitigen Amtszeit nach § 39 ihr Amt nicht ausüben können. § 9 V. 17. 5. 40 (RGBl. I 781); RMdJ. 30. 5. 40 (MBl. 1021) Nr. 2. Die Beisitzer der Dienststrafgerichte sollen bei der Ladung zu Terminen darauf hingewiesen werden, daß ihre Amtszeit bis zum 30. 6. 41 verlängert ist. Eine allgemeine Benachrichtigung der Mitglieder der Dienststrafgerichte hiervon hat zur Vermeidung unnötiger Verwaltungsarbeit zu unterbleiben. Nr. 7 Erl. d. RMdJ. 30. 5. 40 (MBl. 1021). Für die Mitglieder der Dienststrafkammer in der Ostmark und im Sudetengau (Außig) erübrigt sich eine Verlängerung der Amtszeit, weil sie bis zum 30. 6. 42 bzw. 31. 12. 42 bestellt worden sind.

2. Bei der Auswahl der Mitglieder der Dienststrafgerichte wird darauf zu achten sein, daß tunlichst **erfahrene Beamte** mit abgeklärter Lebens- und Berufsauffassung und zuverlässiger nationalsozialistischer Gesinnung bestimmt werden. Dadurch, daß die Ernennung bei den Dienststrafkammern einheitlich vom Reichsminister des Innern und beim Reichsdienststrafhof vom Führer und Reichskanzler erfolgt und außerdem bei der Auswahl der Mitglieder die NSDAP. zu beteiligen ist, ist gewährleistet, daß die Rechtsprechung in Dienststrafsachen nach nationalsozialistischen Grundsätzen erfolgt. Die Mitglieder werden auch geistig bewegliche Personen sein müssen, die geeignet sind, sich mit Erfolg an der oft nicht einfachen Rechtsprechung in Dienststrafsachen zu beteiligen. In erster Linie kommen Beamte in Frage, die das Amt freiwillig übernehmen wollen. Es ist aber jeder Beamte nach § 10 Abs. 1 DBG. zur Übernahme dieses Nebenamtes verpflichtet. Beamte, die von einer Beförderung vorläufig ausgeschlossen sind, kommen nicht in Betracht.

Die Beteiligung der NSDAP. bei der Auswahl der Mitglieder regelt der RMdJ. im Einvernehmen mit dem Stellvertreter des Führers.

3. Eine **Vergütung** für ihre Tätigkeit wird den Mitgliedern der Dienststrafkammern zur Zeit nicht gewährt. Sie versehen ihr Amt als unbesoldetes Nebenamt; jedoch erhalten die nicht am Sitze der Dienststrafkammer wohnenden Mitglieder die Reisekostenvergütungen, die ihnen nach dem Gesetz über Reisekostenvergütung der Beamten vom 15. 12. 33 (RGBl. I 1067) in der Fassung vom 4. 5. 37 (RGBl. I 575) zustehen. DurchfV. Nr. 8 zu §§ 32—40. Diese Vergütung wird ihnen nicht von ihrer Beschäftigungsbehörde, sondern vom Vorsitzenden des Dienststrafgerichts angewiesen. Reuter RVerwBl. 58 881.

4. Wegen der Besonderheiten für **Beamte der Reichsjustizverwaltung** s. § 109 und für die Wehrmachtbeamten s. V. v. 13. 12. 38 (RGBl. I 1816) zu § 36 RDStO.

§ 37.

Die Dienststrafkammer entscheidet mit drei Mitgliedern, dem Vorsitzenden (oder seinem Stellvertreter) und zwei Beisitzern, von denen einer rechtskundig sein muß; einer der Beisitzer soll der Laufbahn und möglichst dem Verwaltungszweig des Beschuldigten angehören.

1. Bei den Dienststrafkammern besteht **das entscheidende Kollegium aus 3 Mitgliedern.** Dies gilt auch für die Dienstkammern bei den Oberlandesgerichten. § 109 Abs. 1 Nr. 1a. Auch an den außerhalb der Spruchsitzungen zu treffenden Entscheidungen müssen ein Vorsitzender und zwei Beisitzer mitwirken. Die Mehrheit haben die rechtskundigen Mitglieder einschl. des Vorsitzenden. Das Stimmverhältnis spielt bei der Dienststrafkammer (anders beim Reichsdienststrafhof § 75 Abs. 2) keine Rolle, da die Kammer nur mit 3 Mitgliedern entscheidet. Die wertvolle beratende Mitwirkung eines sonstigen Beisitzers aus der Beamtenschaft ist beibehalten. Praktisch wird aber, namentlich im ersten Rechtszug, künftig der Vorsitzende, als der Führer des Gerichts, den Ausschlag bei der Entscheidung geben.

Der sonstige Beisitzer soll (nicht muß) der Laufbahn des Beschuldigten, die für die Beamten des höheren, des gehobenen, des mittleren und des einfachen Dienstes verschieden ist, angehören; möglichst soll er aber außerdem auch dem Verwaltungszweig des Beschuldigten, z. B. Post-, Eisenbahn-Finanz-, Gemeinde- usw. Verwaltung angehören. Wegen der Beamten der Reichsjustizverwaltung s. § 109 Abs. 1 Nr. 1 a. Hier wird der nicht zu den Richtern der ordentlichen Gerichtsbarkeit gehörende Beisitzer regelmäßig der Laufbahn des Beschuldigten angehören; vgl. auch RJM. 19. 6. 37 (DJ. 954) Abs. 3. Im Verfahren gegen einen Richter tritt an die Stelle des anderen Beisitzers ein weiterer planmäßiger richterlicher Beisitzer der Verwaltungs- oder der ordentlichen Gerichtsbarkeit. § 108 Nr. 2. Im Verfahren gegen einen Notar wirkt in der Dienststrafkammer neben einem richterlichen Beisitzer ein im Bezirk des Oberlandesgerichts ansässiger Notar als Beisitzer mit. § 71 Abs. 2 Satz 2 RNotO.

Da alle Mitglieder der Dienststrafkamer, mit Ausnahme der Notare, Beamte im Sinne des DBG. sind und den allgemeinen Beamteneid (§ 4 DBG.) geleistet haben, erübrigt es sich, sie bei ihrer Ernennung noch besonders auf die Pflicht zur gewissenhaften Ausübung ihres Amtes hinzuweisen. Auch bei den Notaren, die im Verfahren gegen einen Notar mitwirken, ist dies nicht nötig, da sie nach § 14 RNotO. ebenfalls dem Führer den Treueid geleistet haben.

2. Der Vorsitzende der Dienststrafkammer bestimmt die **Reihenfolge,** in der seine Stellvertreter ihn im Falle seiner Verhinderung vertreten. Sind mehrere Abteilungen gebildet, so regelt er den Vorsitz in diesen.

Der Vorsitzende stellt ferner zu Beginn des Kalenderjahres die Reihenfolge der Teilnahme der nicht hauptamtlichen rechtskundigen Beisitzer und der andern Beisitzer an den Sitzungen nach der Reihenfolge der vom RMdJ. mitgeteilten Ernennungsliste fest; Mitglieder, die während der Amtszeit (§ 36) neu ernannt werden, sind der Liste anzufügen. Bei der Heranziehung der Beisitzer zu den einzelnen Sitzungen ist von der festgestellten Reihenfolge auszugehen, mit der Maßgabe des § 37, 2. Halbsatz, daß einer der Beisitzer der Laufbahn und möglichst dem Verwaltungszweig des Beschuldigten angehören soll. Hierbei gelten als „Laufbahn" der höhere, der gehobene, der mittlere und der einfache Dienst, als „Verwaltungszweig" die allgemeine und innere Verwaltung, die Polizeiverwaltung, die Verwaltung der Gemeinden und Gemeindeverbände und die den Fachministerien unterstehenden Fachverwaltungen (Finanz-, Post-, Verkehrs-, Justiz-, Schulverwaltung usw.) DurchfV. Nr. 2 und 4 zu den §§ 32—40.

Durch diese Regelung soll vermieden werden, daß für einzelne bestimmte Sachen einzelne der nach den Laufbahnen zu bestimmenden Beisitzer von Fall zu Fall ausgesucht werden können. Denn sonst wäre u. U. eine unparteiische Rechtsprechung gefährdet. Da die Reihenfolge nur innerhalb der einzelnen Laufbahnen bestimmt wird, wird es oft möglich sein, einen der Laufbahn des Beschuldigten angehörenden Beisitzer zu der Sitzung heranzuziehen. Die Bestimmung der Reihenfolge ist nicht in die Hand eines Kollegiums, sondern nach dem Führerprinzip in die Hand des Vorsitzenden gelegt. Nach Möglichkeit gilt ähnliches auch für die Berücksichtigung der einzelnen Verwaltungszweige.

Ob die Reihenfolge auch für die Teilnahme an den außerhalb der Spruchsitzungen zu treffenden Entscheidungen gilt, ist zweifelhaft, wird jedoch zu bejahen sein; a. M. Wicher ZBR. **4** 225.

Der Vorsitzende verteilt die Geschäfte. Als Berichterstatter (§ 61 Abs. 1) sind in erster Linie die hauptamtlich ernannten rechtskundigen Beisitzer heranzuziehen. DurchfV. Nr. 3 zu §§ 32—40.

Wegen des Geschäftsgangs bei den Dienststrafgerichten des § 109 s. unten Anm. 2 g zu § 109.

3. Die Dienststrafgerichte können als solche nicht abgelehnt werden. PrDienststrH. v. 7. 7. 32 RuPrMBl. **53** 877 = JW. **33** 1223 = DJZ. **33** 339; Behnke 360. Abweichendes galt nach § 90 RBG., wonach auf Antrag des Beschuldigten oder des Beamten der Staatsanwaltschaft auch eine Dienststrafkammer für befangen und an ihrer Stelle eine andere durch das Berufungsgericht ernannte Kammer zur Aburteilung berufen werden konnte.

4. Hinsichtlich der Ausschließung und Ablehnung einzelner Mitglieder der entscheidenden Dienststrafbehörden sind in Ermangelung von einschlägigen Vorschriften in den Dienststrafgesetzen nach § 20 die Bestimmungen der StPO. §§ 22 ff. entsprechend anwendbar, soweit sie mit der Eigenart des Dienststrafverfahrens vereinbar sind. Wittland BeamtJahrb. **35** 634 ff.; Behnke 354 ff. Hiernach gilt folgendes:

a) Kraft Gesetzes von der Entscheidung ausgeschlossen sind die Mitglieder, die selbst durch die zur Aburteilung stehende Tat verletzt sind oder zu dem Beamten in einem nahen Verwandtschafts- oder Schwägerschaftsverhältnis stehen oder in der Sache als Vertreter der Einleitungsbehörde tätig gewesen (RDisH. v. 31. 1. 33 ZBR. **5** 141) oder endlich in der Untersuchung als Zeuge oder Sachverständiger (auch als Gutachter s. RDisH. v. 13. 7. 81 Schulze-Simons 463) vernommen sind, vorausgesetzt, daß die Anschuldigung und die Beweisaufnahme wesentlich auf den Wahrnehmungen oder dem sachverständigen Urteile des betreffenden Mitglieds beruhen. Dagegen ist der Dienststrafrichter vom Richteramt nicht ausgeschlossen, wenn er bei den disziplinaren Vorermittlungen als Dienstvorgesetzter mitgewirkt oder eine Dienststrafe wegen der gleichen Verfehlung verhängt hat (a. M. Behnke 356) oder in einem denselben Sachverhalt betreffenden Strafverfahren als Zeuge oder Sachverständiger vernommen worden ist. DisHfnichtrB. v. 19. 4. 26 Amtl. Sammlg. 32 = PrBBl. **44** 480; Wittland 459, oder wenn er im Strafverfahren als Richter, Staatsanwalt oder Verteidiger mitgewirkt hat. Behnke 355; RDisH. 26. 2. 24 Schulze-Simons 464

In der Berufungsinstanz ist ein Mitglied ausgeschlossen, das bei der durch die Berufung angefochtenen Entscheidung mitgewirkt hat. § 23 Abs. 1 StPO.

Der Untersuchungsführer ist von der Teilnahme an der Entscheidung ausgeschlossen. § 20 RDStO. in Verb. mit § 23 Abs. 2 StPO.; Wittland BeamtJahrb. **35** 635; Breithaupt 130.

Wegen des Wiederaufnahmeverfahrens s. § 93.

b) Ein Mitglied des Dienststrafgerichts kann sowohl in den Fällen zu a, wie auch wegen Besorgnis der Befangenheit vom Vertreter der Einleitungsbehörde oder dem Beschuldigten abgelehnt werden. Den zur Ablehnung Berechtigten sind auf Verlangen die zur Mitwirkung bei der Entscheidung berufenen Mitglieder des Gerichts namhaft zu machen. § 24 Abs. 3 StPO. Es müssen aber, um das Gesuch begründet erscheinen zu lassen, objektive Gründe vorgebracht werden, die geeignet sind, Mißtrauen gegen die Unparteilichkeit des Dienststrafrichters zu erwecken. PrOVG. **53** 448, **82** 464; **83** 411; RDisH. v. 10. 2. 81 Schulze-Simons 464. Es ist nicht nötig, daß der Richter wirklich befangen ist, sondern es genügt, daß vom Standpunkt des Beschuldigten aus vernünftige Gründe vorliegen, an der Unbefangenheit des Richters zu zweifeln. RDisH. v. 1. 4. 31 Foerster-Simons 297; RGSt. **61** 69. Es kommt bei der Ablehnung einer Gerichtsperson wegen Befangenheit nicht darauf an, ob an der Unparteilichkeit des abgelehnten Richters überhaupt gezweifelt werden kann, sondern nur darauf, ob ein hinreichender Grund vorliegt, der geeignet ist, das Mißtrauen der Parteien — also der Anklagebehörde und des Beschuldigten — gegen die Unparteilichkeit des Abgelehnten zu rechtfertigen. PrOVG. v. 18. 8. 30 RuPrVBl. **51** 563. Es ist also zu prüfen, ob nach den Gesamtverhältnissen des jeweiligen Falles ein berechtigter Anlaß vorliegt, Mißtrauen in die Unparteilichkeit der abgelehnten Gerichtsperson zu hegen. Dazu reicht es nicht aus, daß die ablehnende Partei nur der Meinung ist, der Unparteilichkeit des abgelehnten Richters mißtrauen zu dürfen; es muß vielmehr ein objektiv hinreichender Grund für diese Meinung vorhanden sein. PrOVG. v. 29. 6. 28 RuPrVBl. **49** 1021. Ebensowenig ist die Ablehnung begründet, wenn ein Vertagungsantrag des Beschuldigten aus sachlichen Gründen abgelehnt worden ist. PrDienststH. v. 7. 7. 32 RuPrVBl. **53** 877 = JW. **33** 1223. Über offenbar nicht ernstlich gemeinte, nur zur Verschleppung der Sache vorgebrachte Ablehnungsgesuche kann ohne weiteres hinweggegangen werden. RDisH. v. 2. 4. 06 Schulze-Simons 466, 40; PrOVG. **53** 448; OVG. v. 12. 3. 31 RuPrVBl. **52** 355; Breithaupt 130; Behnke 360. Der Willkür sittlich tiefstehender Beschuldigter, die mit den Gerichtshöfen durch Ablehnung ihr Spiel treiben, muß energisch entgegengetreten werden. RGSt. **30** 273; RGZ. **41** 402.

c) Das Ablehnungsgesuch muß bis zum Beginn der mündlichen Verhandlung bei der Dienststrafkammer, der der Dienststrafrichter angehört, angebracht werden. RDisH. v. 22. 10. 23 Schulze-Simons 470; RDisH. v. 13. 10. 25 Foerster-Simons 275. Die mündliche Verhandlung beginnt nach § 61 Abs. 1 mit dem Vortrag des Berichterstatters. Eine Glaubhaftmachung des Ablehnungsgrundes ist geboten. Der Eid ist als Mittel der Glaubhaftmachung ausgeschlossen. Es kann aber zur Glaubhaftmachung auf das Zeugnis des abgelehnten Richters Bezug genommen werden. Der abgelehnte Richter hat sich über den Ablehnungsgrund dienstlich zu äußern. § 26 Abs. 2 und 3 StPO. Es empfiehlt sich, eine mündliche Ablehnung mit ihrem genauen Wortlaut in die Niederschrift über die mündliche Verhandlung aufzunehmen. PrOVG. **82** 462. Über das Gesuch entscheidet das Dienststrafgericht, dem der Abgelehnte angehört und zwar mit derselben Zahl von Mitgliedern, die für die mündliche Hauptverhandlung vorgesehen ist. RDisH. v. 1. 4. 31 Foerster-Simons 297. Über das Ablehnungsgesuch braucht aber nicht nach vorheriger mündlicher Verhandlung entschieden zu werden. PrOVG. **77** 528. Die Entscheidung, die die Ablehnung für unbegründet erklärt, kann nur gleichzeitig mit der Einlegung der Berufung gegen die Hauptentscheidung angefochten werden. § 28 Abs. 2 StPO. Der abgelehnte Richter darf an der Beschlußfassung über das Ablehnungsgesuch nicht teilnehmen. Der Beschluß, durch den das Ablehnungsgesuch für begründet erklärt wird, ist endgültig. § 28 Abs. 1 StPO.

Einer Entscheidung bedarf es nicht, wenn der Abgelehnte das Ablehnungsgesuch für begründet hält. § 27 Abs. 3 StPO.

Das Gericht hat aber auch dann zu entscheiden, wenn zwar kein Ablehnungsgesuch vorliegt, ein Mitglied des Gerichts aber von einem Verhältnis Anzeige macht, das seine Ablehnung rechtfertigen könnte oder wenn sonst Zweifel darüber bestehen, ob ein Mitglied kraft Gesetzes ausgeschlossen sei. § 30 StPO.

Die §§ 22—30 StPO. finden auch auf den Schriftführer entsprechende Anwendung; über seine Ausschließung oder Ablehnung entscheidet das Gericht, dem er beigegeben ist. § 31 StPO.

Wegen der Ablehnung des Untersuchungsführers s. Anm. 4 zu § 44.

War das Gericht bei seiner Entscheidung nicht ordnungsmäßig besetzt oder hat dabei ein kraft Gesetzes ausgeschlossener oder mit Erfolg abgelehnter Richter teilgenommen, so liegt ein erheblicher Verfahrensmangel vor, der in der Regel im zweiten Rechtszug zur Aufhebung und Zurückverweisung führen wird; s. hierzu näheres Behnke 360, 361.

§ 38.

(1) Der Vorsitzende kann Beisitzern, die sich ohne vorherige Entschuldigung ihren Pflichten entziehen, die dadurch verursachten Auslagen auferlegen. Bei nachträglicher genügender Entschuldigung kann er seine Anordnung ganz oder teilweise aufheben.

(2) Auf Einspruch des Betroffenen entscheidet die Dienststrafkammer endgültig. Der Betroffene darf bei der Entscheidung nicht mitwirken.

§ 38 trifft Vorkehrungen dafür, daß säumige Beisitzer sich nicht ungestraft ihren Pflichten entziehen. Bei der Zuverlässigkeit der Richter und sonstigen Beamten wird die Vorschrift wohl kaum je praktisch werden.

Wegen der Beitreibung solcher Auslagen, zu denen z. B. Zeugengebühren sowie Tagegelder und Fahrkosten der übrigen Beisitzer gehören, s. § 103.

§ 39.

Ein Mitglied der Dienststrafkammer, gegen das ein förmliches Dienststrafverfahren oder wegen eines Verbrechens oder vorsätzlichen Vergehens ein Strafverfahren eingeleitet oder dem nach § 6 Abs. 1 des Deutschen Beamtengesetzes die Führung seiner Dienstgeschäfte verboten ist, kann während dieses Verfahrens oder der Dauer des Verbots sein Amt nicht ausüben.

Mitglieder einer Dienststrafkammer, die in ein förmliches Dienststrafverfahren verwickelt sind oder gegen die wegen schwerer Verfehlung eine strafgerichtliche Untersuchung eingeleitet ist, oder die nach § 6 Abs. 1 DBG. zwangsweise beurlaubt sind (hierbei kommen nur Beamte in Frage, die im Hauptamt zu den nichtrichterlichen Beamten gehören; denn § 6 Abs. 2 DBG. der sich auf Richter bezieht, ist im § 39 nicht erwähnt), können ihr Amt nicht ausüben. Wer über andere richten will, muß selbst fleckenlos dastehen. Die Einleitung einer strafgerichtlichen Untersuchung liegt nur vor, wenn die gerichtliche Voruntersuchung eröffnet (§§ 178 ff. StPO.) oder der Beschluß des Gerichts über die Eröffnung des Hauptverfahrens ergangen ist (§ 203 StPO.). Ein bloßes Ermittlungsverfahren der Staatsanwaltschaft oder Polizei oder des Dienstvorgesetzten genügt nicht; s. auch oben Anm. 3 zu § 13 I.

§ 40.

(1) Das Amt eines Mitglieds der Dienststrafkammer erlischt, wenn das Mitglied

1. **im Strafverfahren zu einer Freiheitsstrafe oder an Stelle einer Freiheitsstrafe zu einer Geldstrafe oder im förmlichen Dienststrafverfahren zu Geldbuße oder einer schwereren Strafe rechtskräftig verurteilt wird,**
2. **aus der Nationalsozialistischen Deutschen Arbeiterpartei ausgeschlossen oder ausgestoßen wird,**
3. **in den Wartestand oder in ein Amt außerhalb des Bezirks der Dienststrafkammer versetzt oder als Hochschullehrer entpflichtet wird, oder**

4. auf andere Weise aus dem Hauptamt scheidet, das es bei seiner Bestellung bekleidet hat.

(2) Das Amt des Vorsitzenden oder Stellvertreters des Vorsitzenden erlischt ferner, wenn die Voraussetzungen des § 35 Abs. 3 wegfallen.

1. § 39 behandelt die Fälle, in denen ein Mitglied der Dienststrafkammer sein Amt **nicht ausüben** darf, ohne jedoch sein Amt zu verlieren. § 40 dagegen führt die Gründe an, die **zum Erlöschen des Amtes** kraft Gesetzes ohne besondere Verfügung führen. Auch hier ist zunächst entscheidend ebenso wie im § 39 der Gesichtspunkt, daß der, der über andere zu Gericht sitzen will, selbst fleckenlos dastehen muß. Außerdem aber erlischt das Amt, wenn die Voraussetzungen des § 35 Abs. 2, die für die Bekleidung des Amtes gegeben sind, nicht mehr vorliegen, wenn also die Eigenschaft als aktiver Beamter nicht mehr besteht, vielmehr das Mitglied in den Wartestand, den Ruhestand oder in das Privatleben übergetreten ist oder endlich wenn der Beamte nicht mehr seinen dienstlichen Wohnsitz im Bezirk der Dienststrafkammer hat, vielmehr in ein Amt außerhalb des Bezirks der Dienststrafkammer versetzt wird.

2. Im einzelnen ist zu den **Gründen des Erlöschens des Amtes als Mitglied der Dienststrafkammer** folgendes zu sagen:

a) **Jede Freiheitsstrafe,** also auch eine Festungs- oder Haftstrafe und eine an Stelle einer Freiheitsstrafe erkannte Geldstrafe (§ 27 b StGB.) führt zum Erlöschen der Mitgliedschaft. Von den Dienststrafen haben nur die Strafen der Warnung und des Verweises niemals diese Folge, wohl aber schon irgend eine **Geldbuße,** wenn sie im förmlichen Dienststrafverfahren verhängt ist; Gehaltskürzung und Entfernung aus dem Dienst führen stets zum Verlust der Mitgliedschaft.

b) **Ausschluß** oder **Ausstoßung aus der NSDAP.** (nicht auch aus einer Gliederung der NSDAP. oder einem ihr angeschlossenen Verbande) gelten bei der engen Verbindung zwischen Partei und Staat mit Recht als eine so schwere Maßnahme, daß ein so gebrandmarkter Beamter nicht länger die Ehrenstellung eines Dienststrafrichters bekleiden kann.

c) **Wartestandsbeamte, entpflichtete Hochschullehrer** (s. § 173 DBG. u. G. v. 9. 4. 38 (RGBl. I 377) und in ein Amt außerhalb des Bezirks **versetzte Beamte** (s. § 35 DBG.) haben nicht mehr die Eigenschaften, die ein Mitglied der Dienststrafkammer des Bezirks haben muß.

d) Endlich erlischt das Amt als Mitglied der Dienststrafkammer, **wenn das Hauptamt endet.** Dieser Fall tritt ein, außer durch Tod, durch Ausscheiden oder Entlassung aus dem Beamtenverhältnis und durch Eintritt in den Ruhestand (§§ 50 ff. DBG.).

Als Ausscheiden aus dem Hauptamt im Sinne des § 40 Abs. 1 Nr. 4 gilt es ferner, wenn der Beamte, auch ohne den unmittelbaren Dienstherrn zu wechseln, in eine höhere Laufbahn aufsteigt oder in einen anderen Verwaltungszweig (vgl. oben Anm. 2 zu § 37) versetzt wird; dagegen nicht, wenn er innerhalb des Bezirks der Dienststrafkammer an eine andere Behörde desselben Verwaltungszweiges versetzt oder in derselben Laufbahn befördert wird. DurchfV. Nr. 9 zu §§ 32—40.

e) Das **Amt des Vorsitzenden** oder **Stellvertreters des Vorsitzenden** erlischt ferner, wenn sie nicht mehr planmäßige richterliche Beamte der Verwaltungsgerichtsbarkeit oder der ordentlichen Gerichtsbarkeit sind, wenn sie also z. B. in den reinen Verwaltungsdienst übergetreten sind.

f) Auch ein **freiwilliges Ausscheiden auf Antrag eines Mitglieds** würde zum Erlöschen des Amtes führen. Ob aber einem solchen Antrag stattzugeben sein möchte, hat lediglich die Bestellungsbehörde (RMdJ.) zu ermessen. Sie wird einem solchen Antrag nur aus zwingenden Gründen entsprechen.

3. Der Leiter der Behörde, der ein zum Mitglied eines Dienststrafgerichts bestellter Beamter angehört, wird zweckmäßig **dem Vorsitzenden des Dienststrafgerichts anzeigen,** wenn bei einem Mitglied ein Erlöschungsgrund eingetreten ist; vgl. Anw. des PrMdJ. 11. 3. 32 (MBl. 282).

b) Reichsdienststrafhof.

§ 41.

(1) Der Reichsdienststrafhof wird bei dem Reichsverwaltungsgericht gebildet. Er gliedert sich in Dienststrafsenate. Das Nähere bestimmt der Reichsminister des Innern.

(2) Der Reichsdienststrafhof besteht aus einem Präsidenten, seinen Stellvertretern, richterlichen und anderen Beisitzern.

(3) Der Präsident, seine Stellvertreter und die richterlichen Beisitzer müssen Mitglieder des Reichsverwaltungsgerichts sein.

(4) Die Mitglieder des Reichsdienststrafhofs (Abs. 2) werden vom Führer und Reichskanzler auf drei Jahre bestellt.

(5) Im übrigen gelten § 35 Abs. 2, §§ 36, 38 bis 40 sinngemäß.

1. Der **Reichsdienststrafhof** als Dienststrafgericht des zweiten Rechtszuges wird **bei dem Reichsverwaltungsgericht** gebildet und ist dann ein Bestandteil dieses Gerichts, also keine selbständige Behörde. Da dieses nach § 3 Abs. 2 G. 3. 4. 41 (RGBl. I 201) seinen Sitz in Berlin hat, hat auch der Reichsdienststrafhof seinen **Sitz in Berlin.**

Bis zur Errichtung des Reichsverwaltungsgerichts war der Reichsdienststrafhof als **selbständige Behörde** mit dem Sitz in Berlin durch den RMdJ. errichtet worden. Er tagt zur Zeit im Gebäude des PrOVG. in Berlin.

Der Präsident, seine Stellvertreter und die richterlichen Beisitzer müssen Mitglieder des Reichsverwaltungsgerichts sein. § 41 Abs. 3. Bis zur Errichtung des letzteren mußten sie Mitglieder eines obersten Verwaltungsgerichts sein. § 114.

Für die Beamten der Reichsjustizverwaltung ist als Dienststrafgericht des zweiten Rechtszuges bei Dienstvergehen, die in oder bei Ausübung der Rechtspflege begangen sind, ein **Dienststrafsenat beim Reichsgericht** gebildet. § 109 Abs. 1 Nr. 2 a. Für Wehrmachtbeamte ist der Wehrmachtdienststrafhof zuständig; s. S. 219.

Für das förmliche Dienststrafverfahren gegen **ein Mitglied des Reichsgerichts,** des **Reichsverwaltungsgerichts,** des **Reichsfinanzhofs,** des **Reichserbhofgerichts,** ein **hauptamtliches Mitglied des Volksgerichtshofs,** oder gegen ein unabhängiges Mitglied des **Rechnungshofs des Deutschen Reiches** ist ein **besonderer Dienststrafsenat beim Reichsgericht** gebildet; er entscheidet im ersten und einzigen Rechtszuge. § 110 Abs. 1 und 5.

2. Der Reichsdienststrafhof gliedert sich in **Dienststrafsenate.** Der RMdJ. hat durch Erl. v. 20. 8. 37 (RMBl. 539) die Zahl dieser Senate auf fünf bestimmt. Es bearbeiten: der I. Dienststrafsenat die Sachen aus dem Bezirk der Dienststrafkammern Berlin, Frankfurt (Oder), Schleswig, Hannover, Breslau, Kassel, Darmstadt, München, Stuttgart, Wien, Linz, Innsbruck, Graz und Außig; der II. Dienststrafsenat die Sachen aus dem Bezirk der Dienststrafkammern Königsberg, Stettin, Schwerin, Oldenburg, Hamburg, Magdeburg, Dresden, Ansbach und Jena; der III. Dienststrafsenat die Sachen aus dem Bezirk der Dienststrafkammern Münster, Dortmund, Düsseldorf, Köln, Koblenz, Saarbrücken und Karlsruhe. Der IV. und V. Dienststrafsenat sind zur Zeit nicht besetzt.

Da es leicht möglich ist, daß die einzelnen Senate in einer Rechtsfrage zu verschiedenen Ergebnissen kommen — was leider auch bei den Senaten des bisherigen Reichsdisziplinarhofs in Leipzig zum Schaden der Rechtspflege nicht selten vorkam — ist im § 42 der **große Dienststrafsenat** geschaffen, dessen Rechtsauffassung für alle Dienststrafsenate maßgebend ist.

3. Der Reichsdienststrafhof **besteht** aus einem Präsidenten, seinen Stellvertretern, richterlichen und anderen Beisitzern.

Der Präsident, seine Stellvertreter und die richterlichen Beisitzer *müssen* Mitglieder des Reichsverwaltungsgerichts sein. Solange der Reichsdienststrafhof bei dem Reichsverwaltungsgericht noch nicht eingerichtet war, sondern nach § 114 als selbständige Behörde fungierte, mußten die vorbezeichneten Mitglieder Mitglieder eines obersten Verwaltungsgerichts, z. B. des Pr. Oberverwaltungsgerichts, sein.

Die anderen Beisitzer können beliebig aus dem Kreise der Beamten entnommen werden; es ist nicht wie bei den Dienststrafkammern erforderlich, daß die weiteren Beisitzer der Laufbahn und möglichst dem Verwaltungszweig des Beschuldigten angehören. Denn § 37 ist nicht für anwendbar erklärt worden. *Goedecke* bei Pfundtner-Neubert RDStO. S. 27 hält mit Recht auch hier die Berücksichtigung der Laufbahnen und Verwaltungszweige der anderen Beisitzer (außer den richterlichen) für sehr erwünscht, weist aber zutreffend auf die Schwierigkeiten hin, die oft solcher Berücksichtigung im Wege stehen werden. Übrigens ist in der GeschäftsO. für den RDStH. unter II Nr. 4 vorgesehen, daß nach Möglichkeit wenigstens einer der Beisitzer der Laufbahn und dem Verwaltungszweig des Beschuldigten angehören soll.

Dagegen müssen auch die Mitglieder des Reichsdienststrafhofs auf Lebenszeit ernannte Beamte im Alter von mindestens 30 Jahren sein und ihren dienstlichen Wohnsitz im Bezirk des Reichsdienststrafhofs haben § 41 Abs. 5

in Verbindung mit § 35 Abs. 2. Sie können also ihren Wohnsitz in irgend einem Orte des Reiches haben.

4. Alle Mitglieder des Reichsdienststrafhofs werden vom Führer und Reichskanzler **auf 3 Jahre bestellt;** er kann sie bei Ablauf ihrer Amtszeit wiederbestellen. Wird während der Amtszeit die Bestellung neuer Mitglieder erforderlich, so werden sie nur für den Rest der Amtszeit bestellt. Die Beteiligung der NSDAP. bei der Auswahl der Mitglieder regelt der RMdJ. im Einvernehmen mit dem Stellvertreter des Führers. § 41 Abs. 4 u. 5 in Verbindung mit § 36.

Die Amtszeit der Mitglieder des Reichsdienststrafhofs ist um die Zeit vom 1. 7. 40 bis 30. 6. 41 vorlängert worden. Dies gilt nicht für die Mitglieder, die bei Ablauf ihrer derzeitigen Amtszeit nach § 39 ihr Amt nicht ausüben können. § 9 V. 17. 5. 40 (RGBl. I 781). Wegen der Verständigung von der Verlängerung der Amtszeit gilt das oben S. 228 Gesagte auch hier.

Für die nichtrichterlichen Mitglieder stellt der Vorsitzende des Senats vor Beginn jedes Kalenderjahres die Reihenfolge fest, in der sie an den Sitzungen nach der Reihenfolge des ihm vom Präsidenten des Reichsdienststrafhofs mitgeteilten Verzeichnisses teilnehmen sollen; s. näheres die im Anhang des Buches abgedruckte Geschäftsordnung für den Reichsdienststrafhof zu II Nr. 4 v. 20. 8. 37 (RMBl. 539).

5. Wegen der **Bestrafung säumiger Beisitzer** und wegen der Fälle, in denen ein Mitglied des Reichsdienststrafhofs **sein Amt nicht ausüben kann** oder **verliert,** gelten §§ 38—40 sinngemäß. § 41 Abs. 5.

§ 42.

(1) Will ein Dienststrafsenat in einer Rechtsfrage von der Entscheidung eines anderen Dienststrafsenats oder des Großen Dienststrafsenats (Abs. 3) abweichen, so hat er die Rechtsfrage unter Begründung seiner Rechtsauffassung an den Großen Dienststrafsenat zu verweisen. Dies gilt nicht, wenn der Senat, von dessen Entscheidung er abweichen will, der Abweichung zustimmt.

(2) Ein Dienststrafsenat kann die Entscheidung des Großen Dienststrafsenats auch in einer Rechtsfrage von grundsätzlicher Bedeutung herbeiführen, wenn nach seiner Auffassung die Fortbildung des Rechts oder die Sicherung einer einheitlichen Rechtsprechung es erfordern. Hält der Vertreter der obersten Dienstbehörde (§ 75 Abs. 1) aus einem solchen Grunde die Entscheidung des Großen Dienststrafsenats für erforderlich, so ist die Sache dem Großen Dienststrafsenat vorzulegen.

(3) Der Große Dienststrafsenat besteht aus dem Präsidenten des Reichsdienststrafhofs, seinen Stellvertretern und je einem richterlichen Mitgliede, das der Vorsitzende jedes Dienststrafsenats von Fall zu Fall zur Mitwirkung in den Großen Dienststrafsenat entsendet.

(4) Bei Stimmengleichheit wird die Stimme des dem Dienstalter nach, bei gleichem Dienstalter der Geburt nach jüngsten Mitglieds nicht mitgezählt; der Berichterstatter hat jedoch immer Stimmrecht.

(5) Die Entscheidung der Rechtsfrage durch den Großen Dienststrafsenat ist in der zu entscheidenden Sache bindend.

1. Der für die Reichsbeamten bisher als Berufungsinstanz zuständige Reichsdisziplinarhof litt bei seiner wechselnden Besetzung sehr unter dem Mangel der Einheitlichkeit. § 42 hat daher einen wichtigen Schritt **zur Vereinheitlichung der Rspr.** des obersten Dienststrafgerichts unternommen. Vorbilder waren das RG. mit seinen Plenarentscheidungen und das RVA. mit seinem Großen Senat. Da die Plenarentscheidungen sich nicht bewährt haben (horror pleni), hat man in Übereinstimmung mit dem RVersAmt, dem § 66 RAbgO. und der neuen Vorschrift des § 136 GVG. in der Fassung des G. 28. 6. 35 (RGBl. I S. 844) einen besonderen Senat, den **Großen Dienststrafsenat,** geschaffen, dem die Wahrung der Rechtseinheit auf dem wichtigen Gebiete des Dienststrafrechts obliegt und der abweichende Entscheidungen (§ 42 Abs. 1) verhindern soll. Er hat aber nur über Rechtsfragen, zu denen auch Fragen des Verfahrensrechts gehören, zu befinden und zwar ohne mündliche Verhandlung und zwar u. U. schon vor der Hauptverhandlung vor dem erkennenden Senate. § 138 GVG. wird entsprechende Anwendung zu finden haben. Es wird also vor der Entscheidung der Vertreter der obersten Dienstbehörde zu hören sein. Der Große Senat entscheidet stets nur über die Rechtsfrage; es muß also stets noch eine abschließende Entscheidung durch den zuständigen Dienststrafsenat ergehen und zwar unter Zugrundelegung der Entscheidung der Rechtsfrage durch den Großen Dienststrafsenat. Behnke 376. Erfordert die Entscheidung der Sache eine erneute mündliche Verhandlung vor dem Dienststrafsenat, so sind die Beteiligten unter Mitteilung der ergangenen Entscheidung der Rechtsfrage zur Verhandlung zu laden.

Wichtig ist auch die in Übereinstimmung mit § 137 GVG. in der Fassung des Art. 3 Ziff. 1c des G. v. 26. 5. 35 (RGBl. I S. 844) und § 48 Abs. 2 MStGO. in der Fassung v. 29. 9. 36 (RGBl. I S. 751) getroffene Bestimmung in Abs. 2. Allzu häufig wird wohl von der Vorschrift nicht Gebrauch gemacht werden, da die Abgabe an den Großen Dienststrafsenat nur zulässig ist, wenn die Rechtsfrage grundsätzliche Bedeutung hat und wenn gleichzeitig die Fortbildung des Rechts oder die Sicherheit einer einheitlichen Rechtsprechung es erfordern. Andererseits muß die Sache dem Großen Dienststrafsenat vorgelegt werden, wenn der Vertreter der obersten Dienstbehörde dies aus den bezeichneten Gründen für erforderlich hält. Der Große Senat kann in solchen Fällen die Entscheidung nicht ablehnen (Behnke 376), hat sich aber bloß auf die Entscheidung der Rechtsfrage zu beschränken und darf nicht in der Sache selbst entscheiden. Die letztere Entscheidung liegt stets dem erkennenden Senat ob.

Die Zusammensetzung des Großen Dienststrafsenats bürgt für eine sachgemäße Entscheidung der Streitfragen. Besonders wichtig ist dabei, daß je ein richterliches Mitglied jedes Dienststrafsenats, das der Vorsitzende von Fall zu Fall zur Mitwirkung in den Großen Dienststrafsenat entsendet, im

Großen Dienststrafsenat mitentscheidet. Es steht nichts im Wege, daß der Vorsitzende eines Dienststrafsenats sich selbst entsendet, wenn er nicht etwa schon als Stellvertreter des Präsidenten des Reichsdienststrafhofs im Großen Dienststrafsenat mitzuwirken hat. Goedecke bei Pfundtner-Neubert RDStO. S. 27. Allzu häufig wird der Große Senat wohl nicht zusammentreten, zumal er nicht in Tätigkeit tritt, wenn der Senat, von dessen Entscheidung ein anderer Senat abweichen will, der Abweichung zustimmt. Er entscheidet mit einfacher Stimmenmehrheit; bei Stimmengleichheit ist nach § 42 Abs. 4 zu verfahren.

Die Entscheidung der Rechtsfrage durch den Großen Senat ist für den Senat, der ihm die Sache zur Entscheidung unterbreitet hat und für die Dienststrafkammer, an die etwa die Sache von dem Senat zurückverwiesen wird, bindend. § 42 Abs. 5.

2. Trotz der Vorschrift des § 42 ist aber die Einheit der Rspr. nicht vollständig gewahrt. Denn **für die Beamten der Reichsjustizverwaltung** ist als besonderes Dienststrafgericht des zweiten Rechtszuges ein Dienststrafsenat beim Reichsgericht geschaffen. Dieser kann in einer Rechtsfrage von der Entscheidung eines Dienststrafsenats oder des Großen Dienststrafsenats des Reichsdienststrafhofs abweichen. Endlich kann auch der für die Mitglieder des RG. usw. gebildete besondere Dienststrafsenat beim RG. von den Entscheidungen des Reichsdienststrafhofs abweichen. Wenn auch dieser besondere Dienststrafsenat wohl nur sehr selten in Tätigkeit treten und seine etwa abweichende Rspr. praktisch kaum ins Gewicht fallen wird, so wird die viel häufigere Tätigkeit des für die Beamten der Reichsjustizverwaltung geschaffenen Dienststrafsenats beim RG. leicht zu abweichenden Entscheidungen in Rechtsfragen führen können. Behnke 376 meint, daß im Rahmen des Abs. 2 § 42 auch Rechtsfragen, die zwischen dem RDStH. und dem Dienststrafsenat beim Reichsgericht streitig sind, zur Nachprüfung durch den Großen Senat gebracht werden könnten. Wenn dies auch zutrifft, so ist, wenn sich der Große Senat der Ansicht des Dienststrafsenats beim RG. nicht anschließt, der letztere an die Auffassung des Großen Senats nicht gebunden

§ 43.

Jeder Dienststrafsenat beschließt mit zwei richterlichen Mitgliedern, einschließlich des Vorsitzenden, und einem weiteren Mitglied. Er entscheidet in der Hauptverhandlung mit drei richterlichen Mitgliedern, einschließlich des Vorsitzenden, und zwei weiteren Mitgliedern.

Der Reichsdienststrafhof gliedert sich in **fünf Dienststrafsenate.** § 41 Abs. 1 Satz 2 und Anm. 2 zu § 41. Zur Zeit sind nur 3 Senate besetzt; s. Anm. 2 zu § 41. Jeder Dienststrafsenat hat im **Beschlußverfahren,** z. B. in den Fällen der §§ 66 Abs. 3 Satz 2 und 73 Abs. 1 **3 Mitglieder** und in **der Hauptverhandlung 5 Mitglieder.** Die richterlichen Mitglieder (2 bzw. 3) haben stets die absolute Mehrheit, also einen überwiegenden Einfluß auf die Entscheidung im Beschlußverfahren und in der Hauptverhandlung. Die weiteren — nicht richterlichen — Mitglieder sind mehr als sachkundige Berater gedacht.

Während des Krieges beschließen die Senate des RDStH.s mit 2 richterlichen Mitgliedern, einschließlich des Vorsitzenden; die Stimme des letzteren gibt den Ausschlag. Es werden also die wichtigen Beschlüsse des § 73 Abs. 1 einschl. der Beschlüsse über die Einstellung des Verfahrens aus formellen Gründen nur mit 2 Mitgliedern gefaßt. Die Senate entscheiden in der Hauptverhandlung mit 2 richterlichen Mitgliedern, einschließlich des Vorsitzenden, und einem weiteren Mitglied. § 3 V. 17. 5. 40 (RGBl. I 781).

Wegen der Geschäftsverteilung beim Reichsdienststrafhof s. die im Anhang abgedruckte Geschäftsordnung v. 20. 8. 37 (RMBl. 539).

6. Untersuchung.

§ 44.

(1) Die Einleitungsbehörde kann von der Untersuchung absehen, wenn sie den Sachverhalt für aufgeklärt ansieht; sie hat den Beschuldigten davon in Kenntnis zu setzen.

(2) Andernfalls bestellt sie bei oder nach der Einleitung des Verfahrens einen Beamten zum Untersuchungsführer sowie einen weiteren Beamten zu ihrem Vertreter in dem Verfahren und teilt dies dem Beschuldigten mit. Sie kann Hilfsuntersuchungsführer bestellen.

(3) Der Untersuchungsführer ist in der Durchführung der Untersuchung unabhängig und, abgesehen von den Fällen des § 50, an Weisungen nicht gebunden. Sein Amt erlischt aus den gleichen Gründen wie das Amt eines Mitgliedes der Dienststrafkammer nach § 40 Abs. 1 Nr. 1, 2 oder 4. Er kann abberufen werden, wenn die Voraussetzungen des § 40 Abs. 1 Nr. 3 bei ihm eintreten. Über seine Ablehnung entscheidet die Einleitungsbehörde endgültig.

(4) Der Vertreter der Einleitungsbehörde hat ihren Weisungen zu folgen.

1. Bisher war im RBG. und in der PrBDStO. die Untersuchung (früher vielfach Voruntersuchung genannt) obligatorisch. **Die Untersuchung ist** nach § 44 Abs. 1 **nicht mehr notwendiger Teil des Verfahrens.** Vielmehr kann die Einleitungsbehörde (§ 29) im Interesse der Beschleunigung des Verfahrens (s. RDStH. 10. 3. 39 DVerw. **40** 123) von der Untersuchung absehen, wenn sie den Sachverhalt für aufgeklärt ansieht. Dies kann z. B. der Fall sein, wenn der Beschuldigte ein Geständnis abgelegt hat und gegen die Glaubwürdigkeit des Geständnisses keine Bedenken bestehen und ein Widerruf desselben nicht zu erwarten ist; ferner wenn durch die nach §§ 21 ff. vorgenommenen Vorermittlungen bereits genügende Klarheit über die Sachlage geschaffen worden ist; endlich auch, wenn die Angelegenheit bereits in einem vorangegangenen rechtskräftig abgeschlossenen Strafverfahren, das mit Verurteilung geendet hat, eingehend und bedenkenfrei erörtert worden ist; s. auch Begr. Jedoch wird in allen Fällen der Beschuldigte, wenn er bisher noch nicht gehört ist, über die Beschuldigungen zu hören, jedenfalls ihm Gelegenheit zu geben sein, hierzu Stellung zu nehmen; dies kann dann aber nicht nur, wie Reuß VerwArch. **42** 398 annimmt, in der „Untersuchung", sondern auch in den Vorermittlungen geschehen. 2. DurchfV. zur RDStO. v. 27. 8. 38 (RGBl. I 1069) und dazu RDStH. 7. 9. 38 (RVerwBl. **59** 1054) und 10. 3. 39 (DVerw. **40** 123). Es ist also nicht etwa erforderlich, in solchen Fällen eine förmliche „Untersuchung" anzuordnen. Die Vorermittlungen — ohne förmliche Untersuchung — werden auch bei einem rechtskräftig abgeschlossenen vorangegangenen Strafverfahren mitunter nicht zu entbehren sein, so z. B. wenn dem Beschuldigten die Gründe des Strafurteils nicht oder nicht in vollem Umfang bekannt geworden sind. Ender RVerwBl. **60** 430. Berichte von Dienststellen oder Beschwerden von Privatpersonen sind aber keine ordnungsmäßigen Vorermittlungen. RDStH. 10. 3. 39 a. a. O. Auch im ehrengerichtlichen Verfahren gegen Rechtsanwälte kann von der Voruntersuchung abgesehen werden. § 74 Abs. 1 RechtsanwO.

Jedoch wird bei allen zweifelhafteren und verwickelteren Fällen ohne Untersuchung nicht auszukommen sein. Sie wird also wohl die Regel bilden. Denn ohne gründliche „Untersuchung" wird meist keine ausreichend sichere Grundlage für die Hauptverhandlung zu gewinnen sein; vgl. § 61. Auch Behnke 352 empfiehlt nach den in der Praxis gemachten Erfahrungen nur mit großer Vorsicht von der Untersuchung abzusehen. „Verschleppungsbestrebungen des Beschuldigten, die in größeren Verfahren gelegentlich zutage getreten sind, wird ein Untersuchungsführer, der die Zügel der Untersuchung fest in der Hand hat, mit Erfolg entgegentreten können, umsomehr, wenn — wie schon nach bisherigem Reichsrecht — ein Verteidiger dem Beschuldigten in der Untersuchung noch nicht zur Seite steht, während auf der anderen Seite die Einleitungsbehörde durch ihren Vertreter ausreichende Handhaben hat, um das Verfahren vorwärts zu treiben." Begr. Sieht die Einleitungsbehörde von der Untersuchung ab, so muß sie den Beschuldigten — formlos — davon in Kenntnis setzen. Eine formelle Zustellung dieser Benachrichtigung nach § 19 ist nicht erforderlich. Diese Benachrichtigung bezweckt, dem Beschuldigten noch vor der Fertigung der Anschuldigungsschrift Gelegenheit zu geben, sich zu den einzelnen Anschuldigungen der Einleitungsbehörde gegenüber zu äußern und diese möglicherweise auf die Notwendigkeit einer Untersuchung hinzuweisen. Der gesetzliche Zweck der Abstandnahme von einer Untersuchung — eine Beschleunigung des Verfahrens — wird dann nicht erreicht, wenn die Anschuldigungsschrift sich nicht auf das Ergebnis der bisherigen Beweisaufnahme berufen kann, sondern für die behaupteten Tatsachen neue Beweismittel, die in der Hauptverhandlung erhoben werden sollen, anführt. Nach der amtl. Begründung zur RDStO. soll gerade die Belastung der Hauptverhandlung mit Beweisaufnahmen vermieden werden.

Sieht die Einleitungsbehörde von der Untersuchung nicht ab, so ist die Untersuchung ein Teil und zwar die Grundlage des förmlichen Verfahrens. Sie entspricht nicht der gerichtlichen Voruntersuchung der §§ 178 ff. StPO. Sie ist vielmehr die Untersuchung selbst. Everling RuPrVBl. **55** 786; Wittland 483. **Ihr Zweck** ist, den Beschuldigten gegen eine nicht hinreichend sorgfältige Prüfung der ihm zur Last gelegten Verfehlungen zu schützen. Es soll ihm in diesem die Hauptverhandlung vorbereitenden Verfahren im weitesten Umfange Gelegenheit gegeben werden, sich zu verteidigen und die ihm gemachten Vorwürfe zu entkräften. PrOVG. **80** 429. Andererseits muß das Sachverhältnis durch Vernehmung von Zeugen und Sachverständigen, durch Herbeischaffung und Prüfung der zur Aufklärung dienenden Urkunden sowie durch Ortsbesichtigungen und sonstige Augenscheinseinnahmen und durch Klarstellung der zur Beurteilung der Sachlage erforderlichen dienstlichen Verhältnisse in umfassendster Weise erörtert und aufgeklärt werden. Diese erschöpfenden Ermittlungen müssen schon um deswillen angestellt werden, weil das in der Untersuchung gesammelte Material die Grundlage bildet für die Entscheidung der wichtigen Frage, ob das Verfahren mit oder ohne Verhängung einer Dienststrafe einzustellen oder ob eine Anschuldigungsschrift zu verfassen sei.

Es ruht sogar im Gegensatz zum Strafverfahren auch nach der RDStO. der Schwerpunkt des ganzen Dienststrafverfahrens in der Untersuchnug, falls sie angeordnet ist. PrOVG. **83** 418. Es findet nämlich nach § 61 eine Beweisaufnahme in der Regel nur in der Untersuchung, nicht aber vor dem entscheidenden Dienststrafgerichte statt. Es werden deshalb auch die Zeugen schon in der Untersuchung mitunter eidlich vernommen. In der Hauptverhandlung soll regelmäßig eine Wiederholung der Beweisaufnahme nicht stattfinden; s. § 58 Abs. 1 Satz 2, wonach der Vorsitzende die Zeugen und Sachverständigen zur Hauptverhandlung nur dann laden soll, wenn er ihr persönliches Erscheinen für erforderlich hält. Man hat von der nochmaligen Vernehmung der Zeugen und Sachverständigen dann, wenn der Vorsitzende ihr persönliches Erscheinen nicht für geboten hält, der Umständlichkeit und Kosten wegen abgesehen, die entstehen würden, wenn die Zeugen usw. vor dem vielleicht weit entfernten Dienststrafgericht erscheinen müßten.

Eine „Untersuchung", die einem anderen Verfahren, z. B. in einem Zwangspensionierungsverfahren geführt ist, genügt nicht. PrOVG. **77** 491.

Für tunlichste Beschleunigung der Untersuchung muß der Untersuchungsführer sorgen. Er muß zielbewußt und planmäßig vorgehen und insbes. die Beweisaufnahme schnell zu Ende führen.

2. Hält die Einleitungsbehörde (§ 29 Abs. 1) die Untersuchung für erforderlich, so **bestellt** sie bei oder nach der Einleitung des förmlichen Dienststrafverfahrens, die nach § 28 Satz 2 durch schriftliche Verfügung erfolgt, **einen Beamten zum Untersuchungsführer** und **einen weiteren Beamten zu**

ihrem Vertreter in dem Verfahren (früher wurde dieser im RBG. und in der PrDStO. als „Beamter der Staatsanwaltschaft" bezeichnet).

Im förmlichen Dienststrafverfahren gegen Beamte der Reichsjustizverwaltung gemäß § 109 (nicht auch im regelmäßigen Dienststrafverfahren gegen diese Beamte Behnke 383) erübrigt sich die Bestellung eines Vertreters der Einleitungsbehörde. Denn dessen Aufgaben werden von der Staatsanwaltschaft beim Oberlandesgericht kraft Gesetzes (§ 109 Abs. 1 Nr. 5) wahrgenommen. Erfolgen Beweiserhebungen in der Untersuchung oder im Rahmen der Hauptverhandlung außerhalb des Ortes, an dem das betr. Oberlandesgericht seinen Sitz hat, so sind zur Entlastung der Beamten der StA. beim OLG. und zur Ersparnis von Reisekosten in der Regel Beamte der StA. bei dem LG. heranzuziehen, in dessen Bezirk die Beweise erhoben werden.

Die Bestellung dieser beiden für das Verfahren sehr wichtigen Persönlichkeiten hat die Einleitungsbehörde **dem Beschuldigten mitzuteilen.** RDStH. 9. 11. 38 RVerwBl. **60** 18. Diese Mitteilung kann formlos ohne förmliche Zustellung (§ 19) erfolgen. Da aber die Einleitungsverfügung nach § 28 Satz 3 dem Beschuldigten förmlich zugestellt werden muß und die Bestellung der beiden Beamten oft alsbald zusammen mit der Einleitung des Verfahrens erfolgen wird, so wird auch die Benachrichtigung über die Bestellung der Beamten zusammen mit der Einleitungsverfügung dem Beschuldigten zugestellt werden können. Durch die Mitteilung wird der Beschuldigte in die Lage versetzt, Bedenken gegen die Persönlichkeit des Untersuchungsführers oder des Vertreters der Einleitungsbehörde geltend zu machen. Er kann den Untersuchungsführer ablehnen; über seine Ablehnung entscheidet die Einleitungsbehörde endgültig. § 44 Abs. 3 Satz 4; s. näheres unten Anm. 2. Dagegen ist solche Ablehnung gegenüber dem Vertreter der Einleitungsbehörde nicht angängig. Gegen dessen Persönlichkeit ist nur die Beschwerde im Dienstaufsichtswege gegeben. Behnke BeamtJahrb. **36** 8. Erst durch seine ausdrückliche Bestellung erhält der Vertreter der Einleitungsbehörde die Berechtigung, die ihm übertragenen Befugnisse wahrzunehmen. RDStH. 9. 11. 38 RVerwBl. **60** 18. Ein Wechsel in der Person des Vertreters der Einleitungsbehörde während des Verfahrens ist zulässig. Behnke 385.

Der Vertreter der Einleitungsbehörde muß, wenn er nicht schon bei Einleitung des Verfahrens bestellt wird, bald nachher ernannt werden. Denn nach § 50 sowie DurchfV. zu § 50 ist der Vertreter der Einleitungsbehörde zur Vernehmung des Beschuldigten und zu allen Beweiserhebungen, abgesehen von Beschlagnahmen und Durchsuchungen, zu laden. Er muß also spätestens schon zu diesem Zeitpunkt bestellt sein. Schriftliche Bestellung ist aber nicht erforderlich. PrOVG. 4. 3. 34 RVerwBl. **58** 505; a. M. Ender RVerwBl. **68** 428. Die Bestellung ist aber auch dann erforderlich, wenn eine Untersuchung nicht für geboten erachtet wird.

Während des Krieges entfällt die Beteiligung eines Vertreters der Einleitungsbehörde an der Untersuchung. Seine Befugnisse in der Untersuchung, mit Ausnahme des Rechts auf Teilnahme an den Beweiserhebungen, z. B. Akteneinsicht, Stellung von Beweisanträgen und von Anträgen nach § 50 Abs. 2 nimmt erforderlichenfalls die Einleitungsbehörde selbst (durch den Sachbearbeiter) wahr. Die Vertretung der Einleitungsbehörde bei den Zeugenvernehmungen und anderen Beweiserhebungen kommt also während des Krieges nicht in Frage. § 5 Abs. 1 V. 17. 5. 40 (RGBl. I 781); Nr. 4 Erl. d. RMdJ. 30. 5. 40 (MBl. 1021).

3. **Der Untersuchungsführer** wird in der Regel aus den Beamten ausgewählt werden, die zum Geschäftsbereich der Einleitungsbehörde gehören; aus einem anderen Geschäftsbereich kann er nur mit Zustimmung des Leiters der betr. Behörde bestellt werden. Es ist aber nicht zulässig, daß der Beamte, der das Verfahren eingeleitet hat, zum Untersuchungsführer bestellt wird. RuPrMdJ. v. 5. 10. 36 (MBl. 1326); PrOVG. 17. 3. 36 (JW. **36** 3280 = PrOVG. **97** 234 = RVBl. **57** 533); RDStH. 23. 5. 38 bei Everling RVerwBl. **59** 718 und v. 9. 12. 38 (DVerw. **40** 108 = E. **2** 101). Auch der Vertreter der Einleitungsbehörde darf nicht zum Untersuchungsführer bestellt werden. PrOVG. **82** 486; Everling RVerwBl. **56** 719. Verstöße gegen diese Vorschriften machen das Dienststrafverfahren gesetzwidrig und führen zur Einstellung des Verfahrens. PrOVG. **94** 234. Die Wahl wird auf eine erfahrene, sachkundige und unparteiische Persönlichkeit fallen. Es empfiehlt sich nicht, den direkten Vorgesetzten des Beamten oder einen Beamten von geringerem Rang zu bestellen. Everling RVerwBl. **56** 720. In der Regel wird es ein Beamter des höheren Dienstes sein. Daß er die Befähigung zum Richteramt oder höheren Verwaltungsdienst haben müsse, ist im Gesetz nicht vorgeschrieben. Dem Wunsch mancher Kreise, nur richterliche Beamte zu Untersuchungsführern zu bestellen, ist nicht entsprochen worden. Freilich ist der Richter nach seiner Vorbildung und praktischen Betätigung sowie seiner Unabhängigkeit für die Untersuchungstätigkeit besonders geeignet. Es stehen aber den einzelnen Verwaltungen nicht immer solche Richterpersönlichkeiten zur Verfügung; auch hat mitunter bei Verfehlungen gegen die besonderen Dienstpflichten ein Beamter der betreffenden Verwaltung eine genauere Kenntnis der einschlägigen Verhältnisse und kann deshalb den Sachverhalt mitunter leichter feststellen als ein Richter, der dem Verwaltungszweig mit seinen Besonderheiten fernsteht.

Bei größeren Bezirken hat es sich bewährt, einen Beamten für die Funktion als Untersuchungsführer (oder als Vertreter der Einleitungsbehörde) ständig zu verwenden. Everling RVerwBl. **56** 720. Wird der Untersuchungsführer durch eine örtlich oder sachlich unzuständige Einleitungsbehörde bestellt, so liegt ein wesentlicher Verfahrensmangel vor, der zur Einstellung des Verfahrens nach § 52 Abs. 1 Nr. 1 zwingt. Heyland 257; **a. M.** Wittland 488, der nur bei sachlichen Mängeln der Untersuchung die Einstellung des Verfahrens zulassen will.

Nur Beamte können nach der ausdrücklichen Vorschrift des Gesetzes zu Untersuchungsführern bestellt werden. RDStH. 25. 1. 38 DVerw. **39** 88

= E. **1** 187. Jeder Beamte ist nach § 10 Abs. 1 DBG. zur Übernahme des Amtes verpflichtet. Beamte im Ruhestand oder frühere, ohne Ruhegehalt ausgeschiedene Beamte dürfen nicht bestellt werden. Auch ein „Syndikus" darf, auch wenn er rechtskundig ist, nicht bestellt werden, wenn er nicht Beamter ist, RuPrMdJ. 5. 10. 36 (MBl. 1326). Ist das trotzdem geschehen, so ist das ganze Untersuchungsverfahren nichtig. In der Berufungsnistanz muß dann, da eine Heilung des Mangels durch Zurückverweisung an die Vorinstanz nicht möglich ist, auf Einstellung des Verfahrens erkannt werden. PrOVG. **97** 230; s. auch §§ 73 Satz 2, 63 Abs. 3, wenn nicht die Zurückverweisung an die Vorinstanz zur Behebung des Mangels durch Rückgabe der Anschuldigungsschrift an die Einleitungsbehörde nach der 2. DurchfV. zur RDStO. erfolgt.

Ob und inwieweit dem Untersuchungsführer für seine Tätigkeit eine Vergütung gewährt werden kann, richtet sich nach § 14 DBG. in Verbindung mit den Nr. 11 ff. der Vdg. v. 6. 7. 34 (RGBl. I 753). Danach kann grundsätzlich eine solche Vergütung nicht gewährt werden, da die Tätigkeit des Untersuchungsführers, zu deren Übernahme der Beamte auch ohne Vergütung verpflichtet ist (§ 10 Abs. 1), nur als Ausweitung seines hauptamtlichen Tätigkeitsfeldes anzusehen ist; natürlich muß der Beamte gegebenenfalls im Hauptamt entsprechend entlastet werden.

Es ist zulässig, neben dem Untersuchungsführer Hilfsuntersuchungsführer zu bestellen, die zur Unterstützung des Untersuchungsführers tätig werden. Solche Bestellung kann seitens der Einleitungsbehörde notwendig werden, wenn dies bei sehr vielen Anschuldigungspunkten und zahlreichen Zeugen zur Beschleunigung des Verfahrens mit Rücksicht auf den Umfang der Sache oder die Schwierigkeit der Ermittlungen zweckmäßig erscheint. Es darf aber diese Bestellung nicht etwa als willkommene Entlastung eines jeden Untersuchungsführers zur Regel werden. Begr. Vielmehr wird solche Bestellung, um die Einheitlichkeit und Zersplitterung der Untersuchung nicht zu gefährden, zu den seltenen Ausnahmen gehören. So auch Behnke 387 und NSBZ. **37** 169. Die Hilfsuntersuchungsführer müssen Beamte sein und unterstehen bei der Führung der Geschäfte den Weisungen des Untersuchungsführers. Im übrigen haben sie die Befugnisse des Untersuchungsführers. Werden ihre Maßnahmen beanstandet, so entscheidet zunächst der Untersuchungsführer; erst gegen seine Entscheidung ist die Beschwerde zulässig, soweit überhaupt solche Beschwerde gegeben ist. § 184 Abs. 3 Satz 2—4 StPO. und unten Anm. 6 Abs. 3. Im übrigen ist das Amt des Untersuchungsführers ein höchst persönliches; er darf nicht einen Stellvertreter bestellen oder einen anderen Beamten mit Untersuchungshandlungen beauftragen, falls es sich nicht um Rechtshilfe handelt. OVG. **100** 282; RDStH. 25. 5. 39 bei Behnke 387. Es kann aber während des Verfahrens ein Wechsel in der Person des Untersuchungsführers eintreten. Behnke 385.

4. **Der Untersuchungsführer** ist in der Durchführung der Untersuchung **unabhängig** und an Weisungen seiner vorgesetzten Behörde oder einer son-

stigen Stelle, z. B. der Einleitungsbehörde, nicht gebunden. Jedoch muß er in den Fällen des § 50 den Anträgen des Vertreters der Einleitungsbehörde entsprechen.

Danach ist jetzt die sachliche Unabhängigkeit des Untersuchungsführers gewährleistet. Seine persönliche richterliche Unabhängigkeit ist freilich nur dann verbürgt, wenn er zu den richterlichen Beamten gehört.

Er übt **richterliche Machtbefugnisse** aus. PrOVG. **84** 442 und 453 ff. Er hat daher grundsätzlich dieselben Rechte und Pflichten wie der Untersuchungsrichter im ordentlichen Strafverfahren. Er kann, auch wenn er kein richterlicher Beamter ist, Zeugen und Sachverständige eidlich vernehmen. Er darf aber in den Sachen, in denen er die Untersuchung geführt hat, in den Dienststrafgerichten nicht mitwirken. Wittland 489; **a. M.** Schulte-Wissermann BeamtJahrb. **32** 438.

5. Bisher konnte nach der herrschenden Ansicht des Schrifttums und der höchstrichterl. Rspr. der Untersuchungsführer im Dienststrafverfahren wegen Besorgnis der Befangenheit nicht abgelehnt werden. Jetzt gelten nach § 20 in Verb. mit § 44 Abs. 3 Satz 4 für den Untersuchungsführer die §§ 22—30 StPO. über **die Ausschließung und die Ablehnung** entsprechend; s. oben Anm. 4 zu § 37. Die gesetzlichen Ausschließungsgründe sind in den §§ 22 u. 23 StPO. enthalten. Die Mitwirkung in einem vorangegangenen Strafverfahren ist aber kein Ausschließungsgrund. RDisH. bei Schulze-Simons 464.

Nach § 24 StPO. kann der Untersuchungsführer sowohl in den Fällen, in denen er von der Ausübung des Richteramtes kraft Gesetzes ausgeschlossen ist, als auch wegen Besorgnis der Befangenheit abgelehnt werden. Wegen Besorgnis der Befangenheit findet die Ablehnung statt, wenn ein Grund vorliegt, der geeignet ist, Mißtrauen gegen die Unparteilichkeit des Untersuchungsführers zu rechtfertigen. Das Ablehnungsrecht steht dem Beschuldigten und dem Vertreter der Einleitungsbehörde zu.

Das Ablehnungsgesuch ist bei der zuständigen Einleitungsbehörde (§ 29) anzubringen. Der Ablehnungsgrund ist glaubhaft zu machen z. B. durch eidesstattliche Versicherungen. Zur Glaubhaftmachung kann auf das Zeugnis des abgelehnten Untersuchungsführers Bezug genommen werden. Der abgelehnte Untersuchungsführer hat sich über den Ablehnungsantrag zu äußern. Er darf vor Erledigung des Antrages nur solche Handlungen vornehmen, die keinen Aufschub gestatten. RDStH. 9. 6. 39 E. **2** 143.

Über die Ablehnung entscheidet die Einleitungsbehörde endgültig. § 44 Abs. 3 Satz 4. Beschwerde — abgesehen von Dienstaufsichtsbeschwerde — ist also nicht zugelassen.

Die Einleitungsbehörde hat auch dann zu entscheiden, wenn ein Ablehnungsgesuch nicht angebracht ist, ein Untersuchungsführer aber von einem Verhältnis Anzeige macht, das seine Ablehnung rechtfertigen könnte oder wenn aus anderer Veranlassung Zweifel darüber entstehen, ob der Untersuchungsführer kraft Gesetzes ausgeschlossen sei.

Einer Entscheidung bedarf es nicht, wenn der Abgelehnte das Ablehnungsgesuch für begründet hält.

6. Gegen die Bestellung des Untersuchungsführers ist **Beschwerde nicht zulässig.** RDiſG. v. 2. 7. 83 Schulze-Simons 422; RDiſH. 29. 1. 34 Foerster 1935 S. 134. Es gibt nur die Möglichkeit der Ablehnung; s. oben Anm. 5. Natürlich können aber Einwendungen gegen die Bestellung des Untersuchungsführers — auch abgesehen vom Falle der Ablehnung — bei der Einleitungsbehörde vorgebracht werden. Über solche Einwendungen befindet aber die Einleitungsbehörde allein und endgültig. Eine Beschwerde wegen der Nichtberücksichtigung der Einwendungen gibt es nicht. PrDienststrH. v. 28. 2. 34 JW. 792. Die Einleitungsbehörde kann die Bestellung mit Rücksicht auf die Unabhängigkeit des Untersuchungsführers nicht widerrufen; nur dann kann sie ihn **abberufen,** wenn er in den Wartestand oder in ein Amt außerhalb des Bezirks der Dienststrafkammer versetzt oder als Hochschullehrer entpflichtet wird. § 44 Abs. 3 Satz 3 in Verb. mit § 40 Abs. 1 Nr. 3.

Sein Amt erlischt, wenn er im Strafverfahren zu einer Freiheitsstrafe oder an Stelle einer Freiheitsstrafe zu einer Geldstrafe (§ 27 b StGB.) oder im förmlichen Dienststrafverfahren zu Geldbuße oder einer schwereren Strafe rechtskräftig verurteilt wird, ferner wenn er aus der NSDAP. ausgeschlossen oder ausgestoßen wird oder wenn sein Hauptamt endet (durch Entlassung, Zurruhesetzung usw. s. §§ 50 ff. DBG.). § 44 Abs. 3 Satz 2 in Verbindung mit § 40 Abs. 1 Nr. 1, 2 und 4. Außerdem erlischt während des Krieges sein Amt mit dem Tage seiner Einberufung zum Dienst bei der Wehrmacht. § 5 Abs. 4 V. 17. 5. 40 (RGBl. I 781). Im übrigen endet das Amt des Untersuchungsführers erst mit dem endgültigen Abschluß des Verfahrens; Dabei muß die Möglichkeit der Ergänzung der Untersuchung nach § 53 Abs. 4 berücksichtigt werden.

Gegen Verfügungen des Untersuchungsführers gibt es im allgemeinen keine förmliche Beschwerde, Es ist nur die allgemeine frist- und formlose Dienstaufsichtsbeschwerde zulässig. Sie kann aber keinen Erfolg haben, soweit die Unabhängigkeit des Untersuchungsführers reicht.

7. **Der Vertreter der Einleitungsbehörde** (früher vielfach Beamter der Staatsanwaltschaft genannt) muß in allen Fällen, also auch dann bestellt werden, wenn eine „Untersuchung" nicht für erforderlich erachtet wird. Über die Ausnahmen **während des Krieges** s. oben Anm. 2 Abs. 5. Er muß Beamteneigenschaft haben. Auch Beamte auf Zeit oder auf Widerruf oder Wartestandsbeamte können bestellt werden. Ein Ruhestandsbeamter kann aber nicht zum Vertreter bestellt werden. PrOVG. **82** 490; **92** 236. Er gilt als Organ der Einleitungsbehörde, ist lediglich ihr verlängerter Arm oder ihr Sprachrohr (Begr.) und hat deren Weisungen zu folgen. § 44 Abs. 4. Es ist zulässig, daß die Einleitungsverfügung von demselben Beamten gezeichnet wird, der zum Vertreter der Einleitungsbehörde bestellt wird. RuPrMdJ. 5. 10. 36 (MBl. 1326). Der Vertreter ist nicht gebunden an die Weisungen seines Dienstvorgesetzten, der mit der Einleitungsbehörde nicht

identisch ist. Über Stellung und Aufgaben des Vertreters der Einleitungsbehörde s. Geletscky ZBR. **4** 69 ff. Er hat die Interessen des Dienstes und der Disziplin zu vertreten. Es hat daher in erster Linie die Interessen der Behörde wahrzunehmen, Diese können es erfordern, auch zugunsten eines — vielleicht sehr tüchtigen und brauchbaren — beschuldigten Beamten insbes. dann einzutreten, wenn er nach Ansicht des Vertreters der Einleitungsbehörde schuldlos oder minder belastet ist.

In der Auswahl der Persönlichkeit ist die Einleitungsbehörde grundsätzlich frei. In der Regel wird sie ihren Vertreter ihrem Geschäftsbereich entnehmen; er braucht nicht ein Beamter des höheren Dienstes zu sein. Sie kann auch einen Beamten eines anderen Geschäftsbereichs wählen, wenn dessen Behörde zustimmt. Diese Zustimmung ist auch dann nötig, wenn der Vertreter aus den der Staatsaufsicht unterstehenden Selbstverwaltungskörpern, z. B. Stadtverwaltungen entnommen werden soll und die Aufsichtsbehörde Einleitungsbehörde ist. Es können auch mehrere Vertreter, insbes. auch ein Vertreter des Vertreters, bestellt werden. § 224 StPO. ist entsprechend anwendbar. Der bestellte Vertreter darf aber nicht ohne Zustimmung der Einleitungsbehörde seine Geschäfte einem anderen — auch nicht nur vertretungsweise — übertragen. Die Bestellung eines Vertreters des Vertreters der Einleitungsbehörde liegt nur der Einleitungsbehörde ob. Es genügt also nicht, daß der bisher berufene Beamte ohne weiteres durch seinen ständigen Vertreter im Amt oder durch einen anderen Beamten seiner Behörde vertreten wird. Wird dagegen an Stelle des ursprünglichen Vertreters der Einleitungsbehörde ein anderer Beamter ohne ausdrückliche Bestellung im Dienststrafverfahren tätig, so ist er unzuständig und die von ihm vorgenommene Handlungen z. B. Einlegung der Berufung, sind unwirksam. RDStH. 9. 11. 38 RVerwBl. **60** 18 = E. **2** 106; 23. 12. 38 DVerw. **39** 215; Behnke BeamtJahrb. **36** 7 ff. Die Einleitungsbehörde kann ihren Vertreter jederzeit abberufen und durch einen anderen Beamten ersetzen. Die Abberufung des bisherigen und die Bestellung eines neuen Vertreters muß dem Beschuldigten mitgeteilt werden.

Zum Vertreter der Einleitungsbehörde kann auch ein Beamter ernannt werden, der in einem voraufgegangenen Strafverfahren als Richter mitgewirkt hat. RDisH. 28. 11. 28 F. 13. 98. Der Untersuchungsführer kann zum Vertreter der Einleitungsbehörde nicht bestellt werden. § 44 Abs. 2; Wittland 489; dies gilt jedenfalls bis zum Schlusse der Untersuchung. PrOVG. **82** 486. Der Untersuchungsführer kann nicht nach Abschluß der Untersuchung aufgefordert werden, die Anschuldigungsschrift einzureichen, PrOVG. **82** 486. Während des Krieges kann die Einleitungsbehörde den Untersuchungsführer nach Abschluß der Untersuchung zu ihrem Vertreter im Verfahren vor der Dienststrafkammer (§§ 53 ff.), insbes. also zur Abfassung der Anschuldigungsschrift bestellen. § 5 Abs. 2 V. 17. 5. 40. Ein Mitglied der Dienststrafkammer kann nicht zum Vertreter der Einleitungsbehörde bestellt werden, da durch solche Maßnahme das Mitglied der Kammer in ungesetzlicher Weise von solchen Verhandlungen ausgeschaltet werden könnte, bei denen er nach dem Sitzungsplan zur Teilnahme als Richter berufen ist. Der Leiter der Einleitungsbehörde selbst kann nicht als „Vertreter der Einleitungsbehörde" auftreten; RDStH. 16. 5. 39 DVerw. **40** 12 = E. **2** 104. **a. M.** Ender RVerwBl. **60** 428. Denn im Verfahren vor den Dienststrafgerichten kann die Einleitungsbehörde, abgesehen von bestimmten, besonders geregelten Ausnahmen (§ 53 Abs. 4 Halbs. 1, § 86 Abs. 1 Nr, 2, § 21) grundsätzlich nicht unmittelbar, sondern nur durch den von ihr zu ihrem Vertreter in dem Verfahren bestellten Beamten rechtswirksam handeln; RDStH. 16. 5. 39 DVerw. **40** 12 = E. **2** 104.

Über den Fortfall der Beteiligung des Vertreters der Einleitungsbehörde an der Untersuchung **während des Krieges** s. oben Anm. 2 Abs. 5.

Der bestellte Vertreter kann im zweiten Rechtszuge die Einleitungsbehörde nicht vertreten; vielmehr tritt an seine Stelle ein Vertreter der obersten Dienstbehörde. § 75 Abs. 1 Satz 1.

8. Im Dienststrafverfahren gegen **Wehrmachtbeamte** sollen zum Untersuchungsführer und zum Vertreter der Einleitungsbehörde nur rechtskundige Beamte (§ 35 Abs. 4) bestellt werden. V. v. 24. 6. 37 (RGBl. I 722).

§ 45.

(1) Der Untersuchungsführer hat einen Schriftführer zuzuziehen und ihn, wenn er nicht Beamter ist, auf dieses Amt zu vereidigen.

(2) Über die Ablehnung des Schriftführers entscheidet der Untersuchungsführer endgültig.

1. Während des ganzen Untersuchungsverfahrens, sowohl bei der Vernehmung des Beschuldigten, wie auch der Zeugen und Sachverständigen und beim Augenschein ist ein **Schriftführer** zuzuziehen. Abweichendes gilt für das Vorverfahren und das Verfahren des Dienstvorgesetzten (s. Anm. 5 zu § 17). Für die Untersuchung ist die Zuziehung eines Schriftführers vorgeschrieben, weil das Untersuchungsverfahren von besonderer Bedeutung für das Dienststrafverfahren ist und den Schwerpunkt des förmlichen Dienststrafverfahrens bildet. Der Schriftführer wird zugezogen zur Vermeidung von Mißverständnissen und Irrtümern, die sich leicht bei den vom Untersuchungsführer allein aufgenommenen Verhandlungen einstellen könnten. Der Schriftführer braucht kein Beamter zu sein und zur Schriftführung, *wenn* er Beamter ist, nicht besonders vereidigt zu werden. Hat er den allgemeinen Diensteid geleistet, so braucht er nicht noch besonders durch Handschlag an Eidesstatt und Hinweis auf den geleisteten Diensteid verpflichtet zu werden. Ist er nicht Beamter, so hat der Untersuchungsführer den Schriftführer für das Schriftführeramt besonders zu vereidigen. Die Eidesformel ist im Gesetz nicht bestimmt; sie wird etwa dahin lauten, daß der Schriftführer gelobt, sein Amt gewissenhaft wahrzunehmen, Die Vereidigung ist aktenkundig zu machen. Auch weibliche Personen können als Schriftführer zugezogen werden. Eine bloße Verpflichtung durch Handschlag an Eidesstatt genügt nicht. RuPrMdJ. 5. 10. 36 (MBl. 1326). Die Nichtzuziehung eines Schriftführers oder die Zuziehung einer ungeeigneten Person zu diesem Amt ist ein so wesentlicher Formfehler, daß in solchem Falle zur Erneuerung des Verfahrens geschritten werden muß. Behnke 393 u. BeamtJahrb. **36** 540 ff.; PrOVG. **16** 395; eine Nachholung der Vernehmungen unter Zuziehung eines Schriftführers ist nicht mehr zulässig, nachdem die Anschuldigungsschrift dem Dienststrafgericht eingereicht worden ist. PrOVG. v. 8. 2. 29 RuPrVBl. **50** 516. Dagegen nimmt PrDisHfnichtrB. v. 17. 11. 24 (DJZ. **25** 345 = JW. **25** 1681) an, daß die unter Leistung des Zeugeneides erfolgten Vernehmungen durch den Untersuchungsrichter als eidliche Vernehmungen im Sinne des § 46 Satz 1 anzusehen seien, auch wenn überhaupt kein Schriftführer oder ein nicht vereideter zugezogen sei. Der dann vorliegende Mangel des Verfahrens mache dessen Erneuerung nur erforderlich, wenn nach den Umständen des Einzelfalls sich Zweifel an der Richtigkeit des Inhalts der Niederschrift ergäben.

Die Niederschrift, die für Beweiserhebungen nach § 17 Abs. 3 vorgeschrieben ist, muß Ort und Tag der Verhandlung sowie die Namen der mitwirkenden oder beteiligten Personen angeben und ersehen lassen, ob die wesentlichen Förmlichkeiten des Verfahrens beobachtet sind. Sie ist den vernommenen Personen behufs der Genehmigung vorzulesen oder zum eigenen Durchlesen vorzulegen; sie sollen dadurch Gelegenheit zur Berichtigung und Ergänzung erhalten. In die Niederschrift ist ein Genehmigungsvermerk aufzunehmen. Die Niederschrift ist sowohl von dem Schriftführer, als auch — unter entsprechender Anwendung des § 188 StPO. — von dem Untersuchungsführer, dem Beschuldigten und den Zeugen und Sachverständigen zu unterschreiben; RDStH. 23. 11. 38 E. **2** 80; 9. 6. 39 E. **2** 141, gegebenenfalls muß in der Niederschrift angegeben werden, weshalb die Unterschrift des Beschuldigten und der Zeugen oder Sachverständigen unterblieben war. Solange diese Mängel nicht geheilt sind, ist eine Verwertung der Aussagen und Gutachten zu Ungunsten des Beschuldigten nicht zulässig. PrOVG. v. 7. 4. 37 RVerwBl. **58** 700 u. RDStH, 23. 11. 38 E. **2** 80. Auch eine vom Untersuchungsführer bei einer Augenscheinseinnahme aufgenommene Skizze und der Vermerk, der hierüber zu den Untersuchungsakten gebracht wird, muß vom Schriftführer unterschrieben werden, PrOVG. **88** 400. Eine Beseitigung der Mängel in den vorbezeichneten Fällen ist nicht mehr zulässig, sobald die Anschuldigungsschrift bei der Dienststrafkammer eingegangen ist, PrOVG. **80** 430; **84** 442; PrOVG. 7. 4. 37 RVerwBl. **58** 700.

2. **Die Ablehnung des Schriftführers** ist zulässig. Es finden auch hier gemäß § 20 RDStO. u. § 31 StPO. die §§ 22—30 StPO. Anwendung; s. oben Anm. 4 zu § 37. Über die Ablehnung entscheidet aber der Untersuchungsführer endgültig; Beschwerde findet nicht statt. Auch die **Ausschließungsgründe,** die für den Dienststrafrichter gelten (s. oben Anm. 4 zu § 37) finden auf den Schriftführer entsprechende Anwendung.

§ 46.

Der Untersuchungsführer kann Zeugen und Sachverständige eidlich vernehmen. Er kann Beschlagnahmen und Durchsuchungen anordnen und sie durch die dazu sonst berufenen Behörden ausführen lassen. Polizeibehörden und Vertreter der Einleitungsbehörde sind nicht befugt, eine Beschlagnahme oder Durchsuchung im Dienststrafverfahren anzuordnen.

1. **Den Gegenstand der Untersuchung** bilden die in der Einleitungsverfügung bezeichneten Anschuldigungspunkte. Bei mehreren Beschuldigungen braucht die Untersuchung sich nicht auf solche zu erstrecken, die die Einleitungsbehörde für aufgeklärt hält. Behnke 381. Der Vertreter der Einleitungsbehörde kann beantragen, die Untersuchung auf neue Punkte, die den Verdacht eines Dienstvergehens rechtfertigen, zu erstrecken. Der Untersuchungsführer muß den Anträgen entsprechen; er kann von sich aus nur mit Zustimmung des Vertreters der Einleitungsbehörde die Untersuchung auf neue Punkte ausdehnen. § 50 Abs. 2.

2. Der Untersuchungsführer hat die Untersuchungshandlungen regelmäßig **selbst** vorzunehmen. Eine Ausnahme gilt, wenn Hilfsuntersuchungsführer bestellt sind. § 44 Abs. 2 Satz 2; s. Anm. 3 zu § 44.

Vorermittlungen (s. § 21) sind nunmehr nicht mehr zulässig. Die Aufklärung des Sachverhalts darf nur noch durch den Untersuchungsführer erfolgen. Es genügt nicht, daß ihm die von dem Vertreter der Einleitungsbehörde erhobenen Ermittlungen vorgelegt werden und er sich darauf beschränkt, die Aussagen den zu vernehmenden Personen vorzulegen und sich dann ihre Richtigkeit bestätigen zu lassen. RDStH. 9. 6. 39 DVerw. 92 = E. 2 141.

3. Der Untersuchungsführer **beginnt** seine Tätigkeit mit der **Ladung und Vernehmung des Beschuldigten**; s. näheres § 47.

4. Nach Anhörung des Beschuldigten **erhebt der Untersuchungsführer die erforderlichen Beweise**, sofern nicht etwa ein glaubwürdiges Geständnis vorliegt und nicht die Besorgnis besteht, daß dies vom Beschuldigten später widerrufen werden könne.

Streitig war früher, ob allgemein die Vorschriften der StPO. über die Beweisaufnahme auf die Dienststrafuntersuchung Anwendung finden können. Jetzt ist die Streitfrage durch § 20 entschieden. Danach ist bei jeder Vorschrift der StPO. sorgfältig zu prüfen, ob sie sich nach den Vorschriften der Dienststrafgesetze und der Eigenart des Dienststrafverfahrens ohne weiteres auf das letztere übertragen läßt. PrOVG. **54** 457; **82** 484; Schulte-Wissermann BeamtJahrb. **32** 435. Daß die Vereidigung der Zeugen, soweit sie überhaupt angeordnet wird, durch den Untersuchungsführer erst nachher zu erfolgen hat, ergibt § 59 Abs. 1 StPO. in der Fassung des G. v. 24. 11. 33 (RGBl. I 1008). In der Gegenüberstellung von Zeugen ist der Untersuchungsführer nicht beschränkt.

Daß Zeugen und Sachverständige, die in einem vorangegangenen Straf- oder Zivilverfahren bereits vernommen sind, in einem nachfolgenden Dienststrafverfahren nicht notwendig noch einmal vernommen zu werden brauchen, ergibt § 17 Abs. 1 Satz 2. Danach können Niederschriften über Aussagen solcher Personen im Dienststrafverfahren ohne nochmalige Vernehmung verwertet werden. Es ist das auch dann zulässig, wenn die Zeugen oder Sachverständigen in dem früheren Verfahren nur uneidlich vernommen worden sind oder wenn das frühere Verfahren nicht durch Urteil, sondern durch Einstellung erledigt worden ist. Die Verwertung wird regelmäßig erfolgen, wenn die Zeugen usw. bereits eingehend eidlich vernommen sind und sich gegen ihre Auslassungen keine Bedenken ergeben. Die Verwertung darf aber nur erfolgen, wenn dem Beschuldigten Gelegenheit zur Äußerung gegeben ist. RuPrMdJ. 5. 10. 36 (MBl. 1626).

Natürlich ist eine neue Vernehmung erforderlich, wenn die Zeugen und Sachverständigen neue wesentliche Tatsachen bekunden bzw. begutachten sollen.

Inwieweit der Untersuchungsführer Gerichte oder Verwaltungsbehörden im Wege der Amts- oder Rechtshilfe in Anspruch nehmen kann, ergibt § 16; s. auch Anm. 2, 3 und 4 zu § 16. Eidliche Vernehmungen im Wege der Rechtshilfe können nur durch die Amtsgerichte erfolgen. § 16 Satz 1 Halbs. 2.

5. **Die Vernehmung der Zeugen und Sachverständigen** geschah früher grundsätzlich eidlich, soweit dies nicht nach den Bestimmungen der allgemeinen Prozeßgesetze verboten ist. Jetzt ordnet Satz 1 § 46 das Gegenteil an (kann eidlich vernehmen). Die Vereidigung von Zeugen und Sachverständigen soll beschränkt werden. Sie ist nur vorzunehmen, wenn Gefahr im Verzug ist oder wenn sie der Untersuchungsführer mit Rücksicht auf die Bedeutung der Aussage oder zur Herbeiführung einer wahrheitsgemäßen Aussage für erforderlich hält. § 17 Abs. 4. Auch hat er die Vereidigung erst nach der Vernehmung zu bewirken. § 59 Abs. 1 StPO. Die Vereidigung kann sich auch dann empfehlen, wenn sich dadurch die nochmalige Vernehmung in der Hauptverhandlung erübrigt; jedenfalls wird sie dann geboten sein, wenn die Zeugen usw. voraussichtlich infolge von Krankheiten, weiter Entfernung usw. in der Hauptverhandlung nicht werden erscheinen können. Die eidliche Vernehmung der Zeugen kann der Untersuchungsführer auch dann bewirken, wenn er nicht zu den richterlichen Beamten gehört. Amtseidliche Versicherungen bei Zeugenaussagen statt der Vereidigung sind unzulässig.

Die zur Verweigerung des Zeugnisses berechtigenden Gründe der §§ 52, 53, 55 StPO. finden entsprechende Anwendung. Als Zeugen zu vernehmende Beamte im Sinne des DBG. dürfen, auch wenn sie nicht mehr im Dienste sind, über Umstände, auf die sich ihre Pflicht zur Amtsverschwiegenheit bezieht, nur mit — vom Untersuchungsführer einzuholenden — Genehmigung ihrer vorgesetzten oder zuletzt vorgesetzt gewesenen Dienstbehörde, die Reichsminister und Reichsstatthalter nur mit Genehmigung des Führers und Reichskanzlers, die Vorsitzenden und Mitglieder der Landesregierungen nur mit Genehmigung des Reichsstatthalters vernommen werden. § 54 StPO, und jetzt §§ 5, 9, 159 und 177 DBG. Insbes. ist § 54 Abs. 2 StPO. durch § 9

Abs. 1 DBG. ersetzt worden; s. dazu Reuß JW. 1938 S. 2964 und das dort angeführte Schrifttum, insbes. Heyland 188 Anm. 29; Nadler-Wittland R. 265/66; der Kreis der Fälle, in denen die Genehmigung der Aussage zu verweigern ist, ist also erweitert worden.

Von der Vereidigung ist abzusehen bei Personen, die zur Zeit der Vernehmung das 16. Lebensjahr noch nicht vollendet haben oder die wegen mangelnder Verstandesreife oder wegen Verstandesschwäche vom Wesen und der Bedeutung des Eides keine Vorstellung haben und bei Personen, die nach den Bestimmungen der Strafgesetze unfähig sind, als Zeugen eidlich vernommen zu werden. § 60 Nr. 1 und 2 StPO. Ferner ist die Beeidigung von Personen, die der Tat, die den Gegenstand der Untersuchung bildet oder der Beteiligung an ihr oder der Begünstigung oder Hehlerei verdächtig oder deswegen bereits verurteilt sind, nach § 60 Nr. 3 StPO. in der Fassung des G. v. 24. 11. 33 (RGBl. I 1008) unzulässig. RDisH. v, 30. 3. 25 Schulze-Simons 445. Für die sinngemäße Anwendung des § 60 Nr. 3 StrPO. im Dienststrafverfahren bedeutet der Begriff der „Tat" den gesamten tatsächlichen Vorgang, in dem ein Dienstvergehen des angeschuldigten Beamten gefunden wird. Diese „Tat" kann insofern rechtlich verschieden beurteilt werden, als sie für den Beschuldigten ein Dienstvergehen, für den Teilnehmer eine nach dem Strafgesetz strafbare Handlung darstellt. Auf die Verschiedenheit der Ausgestaltung der „Tat" kommt es für die Anwendung des § 60 Nr. 3 nicht an. So muß z. B. in einem Dienststrafverfahren gegen einen Beamten wegen eines durch Ehebruch begangenen Dienstvergehens die Frau, mit der er Ehebruch getrieben haben soll, als Zeugin unbeeidigt vernommen werden, wenngleich gegen sie — unter gewissen Voraussetzungen — nur ein nach dem allg. Strafgesetz verfolgbarer strafrechtlicher Tatbestand in Frage kommt. OVG. **83** 402.

Sind Zeugen gegen die Vorschrift des § 60 Nr. 3 StPO. vereidigt, so liegt darin kein wesentlicher Mangel des Verfahrens, da die Wertung der eidlichen Aussage dem freien Ermessen des Gerichts überlassen ist. PrOVG. 4. 3. 37 RVerwBl. **58** 505.

Die Vernehmung der Zeugen und der Sachverständigen erfolgt nicht in Abwesenheit des Beschuldigten und des Vertreters der Einleitungsbehörde. Vielmehr ist die sogen. **Parteiöffentlichkeit** eingeführt. Der Beschuldigte und der Vertreter der Einleitungsbehörde können allen Beweiserhebungen beiwohnen und Fragen an die Zeugen und Sachverständigen stellen. Sie sind zu diesen — abgesehen von Beschlagnahmen und Durchsuchungen — zu laden. § 49 Abs. 1 Satz 2; § 50 Abs. 1. Der Ausschluß des Beschuldigten von der Teilnahme an Beweisaufnahmen kann einen schweren Verfahrensmangel darstellen. Ist er aber nach den Zeugenvernehmungen eingehend gehört und hat er die Verfehlungen zugegeben, so ist er in seiner Verteidigung nicht beschränkt, so daß dann ein wesentlicher Mangel des Verfahrens nicht mehr vorliegt. RDStH. 11. 9. 40 DVerw. **41** 87.

Während des Krieges entfällt die Beteiligung eines Vertreters der Einleitungsbehörde an der Untersuchung. § 5 Abs. 1 Satz 1 V. 17. 5. 40 (RGBl. I 781). Demnach entfällt während des Krieges die Vertretung der Einleitungsbehörde bei den Zeugenvernehmungen und anderen Beweiserhebungen. Nr. 4 Satz 1 u. 2 Erl. d. RMdJ. 30. 5. 40 (MBl. 1021).

Der Untersuchungsführer kann den Beschuldigten von der Teilnahme an Beweiserhebungen ausschließen, wenn er dies aus besonderen dienstlichen Gründen (z. B. wenn der Dienstvorgesetzte über Führung und Leistungen des Beschuldigten als Zeuge vernommen wird) oder mit Rücksicht auf den Untersuchungszweck (z. B. wenn zu befürchten ist, daß ein Zeuge in Gegenwart des Beschuldigten nicht die Wahrheit sagen werde), für erforderlich hält; er muß ihn dann aber über das Ergebnis dieser Beweiserhebungen unterrichten. § 49 Abs. 1 Satz 3,

Die Anwesenheit anderer als der vorbezeichneten Personen stellt einen wesentlichen Mangel des Verfahrens dar. OVG. **100** 285.

Über die Ladung der Beamten als Zeugen und Sachverständigen s. oben S. 110.

Der Führer und Reichskanzler ist als Zeuge in seiner Wohnung zu vernehmen. § 49 StPO. Die Reichsminister sind an ihrem Amtssitze oder, wenn sie sich außerhalb ihres Amtssitzes aufhalten, an ihrem Aufenthaltsorte zu vernehmen. Zu einer Abweichung von dieser Vorschrift bedarf es der Genehmigung des Führers und Reichskanzlers. § 159 Abs. 2 DBG. Dasselbe gilt nach § 177 a. a. O. für die Reichsstatthalter und die Vorsitzenden und Mitglieder der Landesregierungen.

Die Ladung, Vernehmung und Beeidigung der Zeugen und Sachverständigen erfolgt im allgemeinen nach den Bestimmungen der StPO.; vgl. §§ 48 ff. und 72 ff. StPO. Dabei ist zu beachten, daß § 51 Abs. 4 durch § 14 EG. z. MilitärstrafprO. 4. 1. 33 (RGBl. I 921) und die §§ 57—66e durch Art. I G. v. 24. 11. 33 (RGBl. I 1008) eine neue Fassung erhalten haben. Die Ladung der Zeugen usw. erfolgt nach § 19; förmliche Zustellung der Ladung ist nach Nr. 1 b DurchfV. zu § 19 nicht geboten, wenn anderweit Gewähr geboten ist, daß die Ladung den Empfänger erreicht. Die im § 63 StPO. benannten Personen (Verlobte, Ehegatten, nahe Verwandte) können die Beeidigung des Zeugnisses verweigern und sind hierüber von dem Untersuchungsführer zu belehren. Die Zeugen haben die ihnen vorzulesenden Aussagen zu genehmigen und zu unterschreiben. RDStH. 9. 6. 39 DVerw. **40** 92 = E. **2** 141.

Auch die Sachverständigen werden regelmäßig zu vernehmen sein. Wegen der Frage der Vereidigung gilt dasselbe wie für die Vereidigung der Zeugen. Zweckmäßig wird es oft sein, daß die Sachverständigen vor ihrer Vernehmung — namentlich in schwierigen Beweisfragen — ein schriftliches Gutachten einreichen; vgl. im übrigen die §§ 72—85 StPO. § 81 StPO. ist durch § 48 RDStO. ersetzt; s. auch § 9 Abs. 1 Satz 2 DBG.

Zu beachten ist, daß Angehörige der NSDAP. und ihrer Gliederungen über dienstliche Angelegenheiten der Partei u. U. nur mit Genehmigung der zuständigen Parteidienststellen als Zeugen oder Sachverständige vernommen werden dürfen; s. näheres G. 1. 12. 36 (RGBl. I 994); RJM. DJ. **36** 1833 u. Dienstanw. d. Stellvertr. des Führers v. 1. 12. 36 (RGBl. I 994) uud AusfV. v. 2. 12. 36 (RGBl. I 997) mit Änderung v. 25. 4. 39 (RGBl. I 855); s. 2. Dienstanw. 22. 9. 37 (DJ. 1598). Das G. v. 1. 12. 36 findet auf das Nationalsozialistische Fliegerkorps und den Reichsluftschutzbund Anwendung. V. 12. 3. 40 (RGBl. I 563).

Unwirksam ist die Vernehmung von Zeugen durch einen ersuchten Richter, der selbst zuvor in derselben Dienststrafsache als Zeuge vernommen worden war; § 22 Ziff. 5 StPO. findet sinngemäß Anwendung.

Hinsichtlich der Gebühren der Zeugen und Sachverständigen finden die Vorschriften der Gebührenordnung für Zeugen und Sachverst. v. 21. 12. 25 (RGBl. I 471) mit Änderungen Anwendung.

Gegen Zeugen, die unentschuldigt ausbleiben oder ihr Zeugnis oder ihre Eidesleistung ohne gesetzlichen Grund verweigern, kann der Untersuchungsführer Strafen verhängen, da er sonst an einer erfolgreichen Durchführung der Untersuchung gehindert wäre. §§ 51, 70 StPO.; PrOVG. **84** 453. Die Dauer der Zwangshaft (§ 70 Abs. 2 a. a. O.) wird sich nach der Erheblichkeit des Dienstvergehens zu richten haben. Der Untersuchungsführer braucht sich also nicht etwa zur Durchführung des Zeugniszwangs an die ordentlichen Gerichte zu wenden. Wegen der Ordnungsstrafen und Zwangsmaßnahmen gegen Soldaten und Wehrmachtbeamte s. RMdLuftf. 10. 8. 37 (RMBl. 511 = DJ **37** 1334).

Beschwerden gegen solche Strafbeschlüsse des Untersuchungsführers wie gegen seine sonstigen beschwerdefähigen Maßnahmen, z. B. über Zubilligung von Zeugen- und Sachverständigengebühren und über unterbliebene Zuziehung zu Beweisaufnahmen entscheidet nicht die vorgesetzte Dienstbehörde, sondern die Dienststrafkammer. Dienststrafsenat beim RG. 2. 4. 36 DJustiz **36** 1194; PrOVG. **90** 431. Die §§ 304 u. 306 StPO. finden entsprechende Anwendung. Eine weitere Beschwerde (an den Reichsdienststrafhof) ist nicht zulässig. RDisH. 24. 10. 32 Foerster 1933 S. 133. Dies wird nach § 20 RDStO. gelten müssen, obwohl § 66 nur die Zulässigkeit von Beschwerden gegen die Dienststrafkammer behandelt. Über die Beschwerden wegen Verweigerung oder Verzögerung der Untersuchung entscheidet die dem Untersuchungsführer vorgesetzte Dienstbehörde. Im übrigen sind Beschwerden gegen die Art der Führung der Untersuchung nicht zulässig.

Gegen den Beschuldigten kann der Untersuchungsführer eine Ordnungsstrafe wegen Ungebühr nicht festsetzen (str.).

6. Der Untersuchungsführer hat sich nicht auf die Vernehmung von Zeugen und Sachverständigen zu beschränken, sondern **auch die sonstigen zur Aufklärung der Sache dienenden Beweise herbeizuschaffen.** Dabei hat er auch die zugunsten des Beschuldigten sprechenden Punkte aufzuklären.

Zu den sonstigen Beweisen gehören die Augenscheinseinnahme (s. § 86 StPO.), die Herbeischaffung von Akten, Urkunden, Untersuchungsstücken usw., Einholung von Auskünften u. dgl. Amtliche Auskünfte über das dienstliche und außerdienstliche Verhalten des Beschuldigten, seine dienstlichen Leistungen und die Art seiner Dienstauffassung können von den Dienststrafgerichten nicht ohne weiteres verwendet werden; vielmehr wird es der Vernehmung des Beamten, der die Auskunft erteilt hat, als Zeugen bedürfen. PrOVG. **88** 400.

Zur Beschlagnahme von Gegenständen, die als Beweismittel im Dienststrafverfahren von Bedeutung sein können (§§ 94 ff. StPO.), und zu Durchsuchungen (§§ 102 ff. StPO.) ist der Untersuchungsführer, nicht etwa der Vertreter der Einleitungsbehörde oder die Polizeibehörde befugt. § 46 Satz 3. Diese Maßnahmen sind auch bei anderen Personen, insbes. Nichtbeamten zulässig; Sommer ZBR. **3** 214; Behnke 401; **a. M.** Friedrichs ZBR. **4** 79 und Wittland BeamtJahrb. **35** 701, der Durchsuchungen bei anderen Beamten als dem verdächtigen Beamten für unzulässig hält. Der Untersuchungsführer kann sie durch die dazu sonst berufenen Behörden (Polizei, Gerichtsvollzieher) ausführen lassen.

Die Dienststellenleiter dürfen eine Durchsuchung der den Beamten zum Gebrauch während des Dienstes überlassenen Diensträume, Schreibtische, Dienstschränke usw. zwecks Feststellung von strafbaren oder disziplinarisch zu ahndenden Handlungen anordnen und vornehmen; daß sie einen unzulässigen Eingriff in das Grundrecht der Freiheit der Person (Art. 114 WeimV.) darstellen würde, kann nach jetziger Staatsauffassung nicht mehr (anders früher Giese-Heyland BeamtJahrb. **30** 116 ff.) anerkannt werden, Die dienstlichen Interessen gehen denen des einzelnen Beamten vor. Ebenso Breithaupt 100 Anm. 2,

Nicht befugt ist der Untersuchungsführer zur Beschlagnahme von Briefsendungen und Telegrammen gemäß § 99 StPO., weil Ausnahmen von dem Grundsatze der Unverletzlichkeit des Brief- und Telegraphengeheimnisses nur durch Gesetz bestimmt werden dürfen und daher die in der StPO. nachgelassenen Ausnahmen keine entsprechende Anwendung gemäß § 20 auf das Dienststrafverfahren gestatten. Rheinbaben 248; a. M. Behnke 401. In solchen Fällen muß daher der Untersuchungsführer das Amtsgericht um Vornahme der Beschlagnahme ersuchen; **a. M.** Daniels BeamtJahrb. **31** 13, der auch das Amtsgericht hierzu nicht für befugt hält. Zur Verhaftung, vorläufiger Festnahme und zwangsweiser Vorführung des Beschuldigten ist der Untersuchungsführer nicht befugt. § 18; nur im Falle des § 48 ist eine zwangsweise Vorführung zulässig.

Streitig war, ob der Beamte verpflichtet ist, sich — falls dies zur Aufklärung der Sachlage erforderlich ist — von einem Arzt untersuchen und beobachten zu lassen. Nach der richtigen Ansicht und § 73 Abs. 1 Satz 3 DBG. wird man ihn hierzu nicht zwingen können. § 81 a StPO. in der Fassung des G. v. 24. 11. 33 (RGBl. I 1008) findet keine entsprechende Anwendung.

Abweichendes gilt für die Einweisung des Beamten in eine öffentliche Heil- und Pflegeanstalt gemäß § 48. Weigert der Beschuldigte sich ohne ausreichenden Grund, sich von einem Arzt untersuchen und beobachten zu lassen, so können aus seinem Verhalten ungünstige Schlüsse gezogen werden. Auch eine disziplinarische Bestrafung wegen Ungehorsams wird wegen dieses Verhaltens des Beschuldigten angängig sein.

§ 47.

Der Beschuldigte ist zu Beginn der Untersuchung zu laden und, falls er erscheint, zu vernehmen, auch wenn er bereits während der Vorermittlungen gehört worden ist. Ist er aus zwingenden Gründen am Erscheinen verhindert, und hat er dies rechtzeitig mitgeteilt, so ist er erneut zu laden.

1. In der Regel beginnt die Untersuchung **mit der Vernehmung des Beschuldigten.** Dieser wird zu seiner Vernehmung vorgeladen und zwar auch dann, wenn er im vollen Umfang geständig ist. Von einer förmlichen Zustellung der Ladung kann nach Nr. 1b DurchfV. zu § 19 abgesehen werden, wenn die Gewähr besteht, daß der Empfänger die Ladung erhält. Zwischen der Vorladung und der ersten Vernehmung muß eine von dem Untersuchungsführer nach freiem Ermessen zu bestimmende nicht zu kurze Frist liegen, um dem Beschuldigten Zeit zur Vorbereitung zu lassen. RuPrMdJ. 5. 10. 36 (MBl. 1326). Der Vertreter der Einleitungsbehörde ist auch zu der Vernehmung des Beschuldigten zu laden. DurchfV. zu § 50. Er muß also spätestens zu diesem Zeitpunkt bestellt sein. RDStH. 9. 12. 38 DVerw. 108. Im Kriege gilt abweichendes s. oben S. 243. Bei der Vorladung werden dem Beschuldigten die Anschuldigungspunkte nicht mitgeteilt, da er sie schon aus der ihm zugestellten Verfügung über die Eröffnung des Verfahrens erfahren hat. § 28 Abs. 1 Satz 3. Er weiß also bei seiner ersten Vernehmung genau, um was es sich im einzelnen handelt; auf diese Weise kann er sich genügend auf seine Verteidigung vorbereiten und das zu seiner Entlastung dienende Material herbeischaffen. Der Beschuldigte kann zum Erscheinen nicht gezwungen werden. § 18. Erscheint er aber, so muß er über alle Anschuldigungspunkte und zweckmäßig auch nach § 136 Abs. 3 StPO. über seine persönlichen Verhältnisse, die für das Strafmaß und die Zubilligung eines Unterhaltsbeitrags (§ 64) im Falle der Entfernung aus dem Dienst von Bedeutung sein können, gehört werden, auch wenn er bereits während der Vorermittlungen (§§ 21 ff.) gehört worden ist. Die Vernehmung erfolgt zu einer Niederschrift, die datiert sein muß. (RDStH. 9. 12. 38 DVerw. 108 = E. 2 101),unter Zuziehung des Schriftführers; einseitige Aktenvermerke des Untersuchungsführers über Angaben, die der Beschuldigte zu seiner Verteidigung gemacht hat, können die protokollarische Vernehmung des Beschuldigten unter Zuziehung des Schriftführers nicht ersetzen. PrOVG. **54** 441. Eine schriftliche Äußerung des Beschuldigten kann nur dann als ausreichendes Gehör in der Untersuchung angesehen werden, wenn der Untersuchungsführer

mit ihm den Tatbestand in dienststrafrechtlicher Hinsicht erörtert hat oder der Beschuldigte der nach § 47 erforderlichen Ladung nicht nachgekommen ist. RDStH. 2. 11. 39 DVerw. **40** 141 = ZBR. **10** 67.

Da nach § 17 Abs. 1 Satz 2 Niederschriften über Aussagen von Personen, die schon in einem andern gesetzlich geordneten Verfahren, z. B. einem gerichtlichen Strafverfahren, vernommen worden sind, im Dienststrafverfahren ohne nochmalige Vernehmung verwertet werden können, so muß der Untersuchungsführer, falls er von einer nochmaligen Vernehmung absehen will, dem Beschuldigten Gelegenheit geben, sich zu diesen Aussagen zu äußern; sonst ist die Untersuchung unvollständig und gesetzwidrig. PrOVG. 21. 10. 36 RVerwBl. **57** 1146.

Das Unterlassen des Gehörs des Beschuldigten zu Beginn der Untersuchung stellt einen schweren Verfahrensmangel dar, der nur bei besonderer Sachlage später geheilt werden kann, insbes. wenn die nachträgliche Anhörung später ohne Nachteil für den Beschuldigten bewirkt werden kann; s. hierzu Ender RVerwBl. **60** 429. Die erste Vernehmung des Beschuldigten ist von besonderer Bedeutung und kann nicht gründlich genug bewirkt werden. Sie gibt vielfach der ganzen Beweisaufnahme erst Richtung und Ziel. Vor dieser Vernehmung darf eine Beweisaufnahme nicht stattfinden. Sie darf auch dann nicht unterbleiben, wenn ein Strafverfahren vorangegangen ist, in dem der Beschuldigte gehört worden ist. RDStH. 2. 11. 39 DVerw. **45** 141 = ZBR. **10** 67.

Ist der Beschuldigte ohne Schuld, z. B. durch Krankheit, am Erscheinen verhindert und hat er dies rechtzeitig mitgeteilt und um Vertagung gebeten, so ist er erneut zu laden.

Zur Vernehmung gehört z. B. auch die Teilnahme an Kriegen. RDisH. 24. 2. 19 Schulze-Simons 310, ferner auch die Zugehörigkeit zur NSDAP., SA. oder SS sowie etwaige Verdienste vor oder nach der Machtergreifung durch den Nationalsozialismus. Die aus den Dienstakten festgestellten Dienstvorstrafen können von dem Beamten nicht als zu Unrecht erlassen angefochten werden. RDisH. v. 30. 1. 1882 und v. 4. 2. 1884 bei Schulze-Simons 307 und Schulze Rspr. 108. Nach seinem Religionsbekenntnis sollte er nicht befragt werden. Art. 136 Abs. 3 WeimV.; das wird jetzt im neuen Staat wieder durchaus zulässig sein. Geheim zu haltende Angelegenheiten darf er auch zu seiner Verteidigung nur mit Genehmigung des Dienstvorgesetzten vorbringen. §§ 8, 9 DBG.

Der Beamte ist berechtigt, seine Aussage zu verweigern. RDisH. v. 19. 4. 15 Schulze-Simons 132 und v. 26. 5. 25 DRichtZ. **25** 158; Breithaupt 101; Heyland 259. Er braucht sich nicht selbst zu beschuldigen.. Daß aber der Beschuldigte, ohne gegen seine Amtspflicht zu verstoßen, in jedem Dienststrafverfahren wissentlich die Unwahrheit sagen dürfe, entspricht nicht der nationalsozialistischen Berufsauffassung, die von jedem Beamten in jeder Lage Aufrichtigkeit fordert, Ein weiteres Recht, als das der Verweigerung der Aussage, wird man dem Beschuldigten nicht zubilligen dürfen. PrOVG.

14. 10. 36 RVerwBl. **57** 1146; RDStH. 15. 3. 38 RVerwBl. **59** 707, 708 = E. **1** 144 = DVerw. **39** 88; 15. 7. 38 E. **1** 32; s. auch 13. 12. 37 E. **1** 33; Heyland 259, Wittland 506, Behnke 271 u. 404.

Hat der Beamte seine Aussage gemacht, so darf er sich bei Vermeidung disziplinarischer Bestrafung nicht weigern, die über seine Vernehmung aufgenommene, seine Aussage richtig wiedergebende Niederschrift zu unterschreiben. PrOVG. v. 15. 4. 04 im PrVBl. **26** 100; Breithaupt 153; Behnke 405; **a. M.** Wittland 506.

Wird die Untersuchung später auf weitere Anschuldigungspunkte ausgedehnt, so muß der Beschuldigte auch über diese gehört werden. § 50 Abs. 2 Satz 3.

Der Beschuldigte muß vom Untersuchungsführer oder einem etwa bestellten Hilfsuntersuchungsführer selbst vernommen werden. Es kann um die Vernehmung nicht ohne weiteres ein anderer nichtrichterlicher Beamter ersucht werden. Wittland 505 und DJustiz **35** 353. Denn die Vernehmung des Beschuldigten bildet sehr oft den wichtigsten Teil der Untersuchung und kann nur von dem Untersuchungsführer bzw. dem etwa bestellten Hilfsuntersuchungsführer selbst, der das ganze Material kennt und übersieht, zweckdienlich und erschöpfend gestaltet werden. Jedoch darf er auch zur Vernehmung des Beschuldigten in besonderen Fällen, z. B. bei sehr weiter Entfernung des Beschuldigten vom Sitze des Untersuchungsführers, Gerichte oder Verwaltungsbehörden im Wege der Amts- oder Rechtshilfe in Anspruch nehmen. § 16 Satz 1.

2. **Erscheint der Beschuldigte nicht,** so muß die Untersuchung ohne seine Anhörung durchgeführt werden, falls nicht der Untersuchungsführer seine schriftliche Äußerung herbeizuführen für zweckmäßig erachtet. Aus dem Nichterscheinen läßt sich natürlich kein Schluß auf ein Zugeständnis ziehen. Im Gegenteil wird bis zu einer anderweiten Äußerung des Beschuldigten anzunehmen sein, daß er seine Schuld in vollem Umfange bestreiten will. Zwangsweise Vorführung des Beschuldigten ist nicht statthaft. § 18. Schriftliche Eingaben des Beschuldigten kann der Untersuchungsführer berücksichtigen und wird dies in der Regel tun, wenn sie sachdienliche Angaben enthalten.

Wenn der Beschuldigte in der Hauptverhandlung nicht erscheint, so gilt Besonderes; s. § 59.

Ist der Beschuldigte nicht vernehmungsfähig, und zwar infolge körperlicher Leiden oder geistiger Gebrechen, so muß die Untersuchung einstweilen ausgesetzt werden. Denn sie setzt notwendig voraus, daß der Beschuldigte in jeder Lage des Verfahrens zu einer Äußerung imstande ist. Dies gilt um so mehr, als der Beschuldigte die Möglichkeit haben muß, allen Beweiserhebungen beizuwohnen. § 49 Abs. 1 Satz 1 u. 2. Ist er aber in Haft, so hat er einen Anspruch auf Anwesenheit nur bei solchen Terminen, die an der Gerichtsstelle des Ortes abgehalten werden, wo er sich in Haft befindet, § 193 Abs. 4 StPO. findet entsprechende Anwendung. Wittland BeamtJahrb. **35** 709. Hat der Beschuldigte einen Pfleger gemäß § 15, so ist dieser zur Vernehmung zu laden.

§ 48.

(1) Zur Vorbereitung eines Gutachtens über den Geisteszustand des Beschuldigten kann die Dienststrafkammer auf Antrag des Untersuchungsführers anordnen, daß der Beschuldigte in eine öffentliche Heil- und Pflegeanstalt gebracht und dort verwahrt und untersucht wird. Der Untersuchungsführer hat den Beschuldigten von dem Antrag in Kenntnis zu setzen. Der Vorsitzende der Dienststrafkammer bestellt von Amts wegen für dieses Untersuchungsverfahren einen Beamten zum Verteidiger und stellt ihm den Beschluß der Dienststrafkammer zu.

(2) Gegen den Beschluß ist Beschwerde zulässig; sie hat aufschiebende Wirkung.

(3) Die Verwahrung in der Anstalt darf nicht länger als sechs Wochen dauern.

1. Bisher war es streitig, ob der Beamte gegen seinen Willen zur Vorbereitung eines Gutachtens über seinen Geisteszustand unter entsprechender Anwendung des § 81 StPO. **in einer öffentlichen Heil- und Pflegeanstalt bis zur Dauer von 6 Wochen untergebracht werden könne.** Man hielt vielfach eine solche Maßnahme für einen unzulässigen Eingriff in die persönliche Freiheit des Beschuldigten. Dagegen wiesen manche darauf hin, daß es mit den besonderen Zwecken des Dienststrafverfahrens nicht vereinbar sei, daß ein Beamter, der im Falle seiner Zurechnungsfähigkeit vielleicht Dienstentlassung zu erwarten hätte, im Amt belassen werden müsse, nur weil die Frage der Zurechnungsfähigkeit nicht einwandfrei entschieden werden könne.

Dieser letzteren Auffassung hat sich § 48 angeschlossen. Die Allgemeinheit hat ein Interesse daran, daß einwandfrei festgestellt wird, ob ein Beamter nach seinem Geisteszustand für seine Tat verantwortlich gemacht werden kann. Es entspricht dies der heutigen Staatsauffassung, nach der die Interessen des Einzelnen hinter denen des Gemeinwohls zurücktreten müssen. Die Vorschrift des § 48 gilt sinngemäß auch für das Verfahren vor der Dienststrafkammer (§ 53 Abs. 5), nicht aber während der Vorermittlungen. Behnke 407. Wenn der Beschuldigte sich nicht freiwillig in die Anstalt begibt, so kann er im Wege des Zwanges durch Polizeiorgane und dgl. dort untergebracht werden. Die Unterbringung dient übrigens nicht nur zur Klärung der Schuldfrage, sondern bildet auch die Grundlage für die weitere Frage, ob etwa dem nach Begehung des Dienstvergehens geisteskrank oder sonst verhandlungsunfähig gewordenen Beschuldigten zur Fortsetzung des Dienststrafverfahrens nach § 15 ein Pfleger zu bestellen sein möchte.

Die Kosten der Unterbringung sind Kosten des Dienststrafverfahrens und fallen dem zur Last, der auch sonst die Kosten des Verfahrens zu tragen hat. §§ 98 ff.

Im Verfahren gegen Beamte auf Widerruf nach § 107 ist § 48 nicht anwendbar. RDStH. 15. 11. 37 E. **1** 148.

2. Um aber bei dem immerhin schweren Eingriff in die persönliche Freiheit des Beamten etwaige Mißgriffe tunlichst auszuschalten, hat § 48 eine Reihe von **besonderen Garantien** für den Beschuldigten geschaffen. Diese bestehen in folgendem:

a) Die Untersuchung kann nur auf Antrag des Untersuchungsführers erfolgen. Die Einleitungsbehörde oder ihr Vertreter sind nicht befugt, den Antrag zu stellen; jedoch können sie die Stellung eines solchen Antrages beim Untersuchungsführer anregen. Ob dieser aber der Anregung entsprechen will, hängt von seinem pflichtmäßigen Ermessen ab. Denn nach § 44 Abs. 3 ist er in der Durchführung der Untersuchung unabhängig und, abgesehen von den Fällen des § 50 an Weisungen nicht gebunden. Ein Fall des § 50 Abs. 1 Satz 3 liegt aber m. E. nicht vor, da es sich bei der Unterbringung nicht um eine Beweiserhebung, sondern nur um eine Vorbereitung zu einer solchen handelt. Vor Stellung des Antrags wird der Untersuchungsführer in der Regel einen Sachverständigen anhören. Behnke 408. Im Verfahren vor der Dienststrafkammer bedarf es eines Antrages nicht (§ 53 Abs. 5); diese Kammer kann also auch von Amtswegen die Untersuchung anordnen.

b) Die Entscheidung über die Unterbringung liegt nicht einem Verwaltungsorgan, sondern der unabhängigen Dienststrafkammer ob. Die Kammer kann dem Antrage entsprechen, hat also nach ihrer freien Überzeugung zu prüfen und zu entscheiden, ob sie dem Antrage stattgeben will oder nicht. Dem Antrag wird nur stattzugeben sein, wenn alle anderen Mittel zur einwandfreien Feststellung des Geisteszustandes versagen, insbes. also zuverlässige ärztliche Gutachten nicht vorliegen oder die Ärzte erklären, daß ohne längere Untersuchung und Beobachtung des Beschuldigten in einer öffentlichen Heil- und Pflegeanstalt ein sicheres Urteil über den Geisteszustand des Beschuldigten nicht möglich sei.

c) Es ist die Unterbringung nur in einer öffentlichen, nicht einer privaten Anstalt gestattet; eine solche bietet größere Gewähr für sachgemäße Behandlung und Beurteilung des Beamten.

d) Der Untersuchungsführer hat den Beschuldigten von dem Antrag — formlos — in Kenntnis zu setzen. Dadurch ist der Beschuldigte alsbald in die Lage versetzt, zu dem Antrag Stellung zu nehmen.

e) Der Vorsitzende der Dienststrafkammer bestellt von Amts wegen für dieses Untersuchungsverfahren einen Beamten zum Verteidiger. Unter dem Untersuchungsverfahren ist bloß das Verfahren vor und während der Unterbringung, und nicht das gesamte Verfahren vor dem Untersuchungsführer zu verstehen. Mit Abschluß dieses begrenzten Verfahrens endet die Tätigkeit des Verteidigers, so daß er nach Schluß der Untersuchung vor, bei und nach der Hauptverhandlung für den Beschuldigten nicht mehr tätig sein kann. Der Verteidiger muß ein Beamter sein; ein Behördenangestellter oder Rechtsanwalt oder Verwaltungsrechtsrat kann also nicht zum Verteidiger bestellt werden. War bereits ein Pfleger nach § 15

Abs. 2 bestellt, so kann dieser zum Verteidiger bestellt werden. Die Kammer kann vor der Entscheidung weitere Ermittlungen anstellen.

f) Dem Verteidiger muß der Beschluß der Dienststrafkammer nach § 19 zugestellt werden. Daneben ist der Beschluß auch dem Untersuchungsführer zuzustellen. Der Verteidiger hat Anspruch auf Ersatz der baren Auslagen; sie gehören zu den baren Auslagen des Verfahrens. 2. DurchfV. 27. 8. 38 (RGBl. I 1069).

g) Die Verwahrung in der Anstalt darf nicht länger als 6 Wochen dauern. Die Kammer kann eine kürzere Dauer anordnen.

h) Gegen den Beschluß der Kammer, der ohne mündliche Verhandlung erfolgt, ist Beschwerde und zwar nach § 66 Abs. 2 innerhalb von 2 Wochen seit Zustellung des Beschlusses seitens des Beschuldigten oder seines Verteidigers oder seines etwa bestellten Pflegers zulässig; sie hat aufschiebende Wirkung. Es darf also die Unterbringung nicht eher erfolgen, als bis über die Beschwerde entschieden oder die Beschwerdefrist abgelaufen ist. Die Vollstreckung hat der Untersuchungsführer zu veranlassen. Behnke 409.

Wird der Antrag des Untersuchungsführers abgelehnt, so kann er ebenfalls Beschwerde einlegen.

Ergibt die Untersuchung die Geisteskrankheit des Beschuldigten zur Zeit der Begehung des Dienstvergehens, so muß das Verfahren eingestellt werden. Behnke 409.

3. **Wird gegenwärtige Geisteskrankheit oder sonstige Verhandlungsunfähigkeit des Beschuldigten festgestellt,** so wird zur Wahrnehmung der Rechte des Beschuldigten in dem weiteren Verfahren ein **Pfleger** nach § 15 Abs. 2 bestellt, der ebenfalls Beamter sein muß.

§ 49.

(1) Der Beschuldigte kann an den Beweiserhebungen teilnehmen. Er ist zu allen Beweiserhebungen, abgesehen von Beschlagnahmen und Durchsuchungen, zu laden. Der Untersuchungsführer kann den Beschuldigten von der Teilnahme ausschließen, wenn er dies aus besonderen dienstlichen Gründen oder mit Rücksicht auf den Untersuchungszweck für erforderlich hält; der Beschuldigte ist jedoch über das Ergebnis dieser Beweiserhebungen zu unterrichten.

(2) Der Untersuchungsführer soll Beweisanträgen des Beschuldigten stattgeben, soweit sie für die Schuldfrage, das Strafmaß oder für die Gewährung eines Unterhaltsbeitrages (§ 64) von Bedeutung sein können.

(3) Ein Verteidiger ist während der Untersuchung nicht zugelassen.

1. **Die Untersuchnng ist nicht öffentlich.** Andere Amtspersonen als der Untersuchungsführer und der Schriftführer dürfen den Vernehmungen nicht beiwohnen. Auch der Vorgesetzte des Untersuchungsführers (PrOVG. 11. 6. 37 RVerwBl. 58 822) und, falls der Beschuldigte Mitglied der NSDAP. ist der Stellvertreter des Führers bzw. sein Beauftragter (Gauleiter usw.) dürfen

nicht zugegen sein. § 60 Abs. 2, wonach der Stellvertreter des Führers einen Beauftragten entsenden kann, gilt nur für die Hauptverhandlung. Zustimmend Heyland 267 Anm. 6. Dagegen sind der Beschuldigte und der Vertreter der Einleitungsbehörde berechtigt, den Beweiserhebungen beizuwohnen. Es ist also die sog. **Parteiöffentlichkeit** in die Untersuchung eingeführt worden. Damit ist die Stellung des Beschuldigten und des Vertreters der Einleitungsbehörde erheblich günstiger geworden als in vielen früheren Dienststrafordnungen. Sie können nunmehr auch Fragen an die Zeugen und Sachverständigen richten, auf Widersprüche und Unklarheiten im Beweisverfahren hinweisen und sich auch sonst über die Aussagen der Zeugen und die Gutachten der Sachverständigen im unmittelbaren Anschluß an die Aussagen und Gutachten äußern. Alles das dient in hervorragendem Maße der Aufklärung des Sachverhalts und der Entlastung der Hauptverhandlung. Begr. Die Parteiöffentlichkeit ist auch gegeben, soweit die Vernehmung des Beschuldigten in Frage kommt. Denn auch bei der Vernehmung des Beschuldigten darf der Vertreter der Einleitungsbehörde zugegen sein; er ist sogar zu dessen Vernehmung zu laden. DurchfV. zu § 50.

Ein **Verteidiger** ist im Gegensatz zu § 20 PrBDStO., wonach sich der Beschuldigte in jeder Lage des Verfahrens des Beistandes eines Verteidigers bedienen konnte, während der Untersuchung nicht zugelassen. Der Beschuldigte kann sich vielmehr eines Verteidigers erst in dem Verfahren vor dem Dienststrafgericht bedienen. § 56. Dies ist bedauerlich, da der Beschuldigte oft — besonders in schwierigen und verwickelten Dienststrafsachen — des Beistandes eines Verteidigers schon in der Untersuchung dringend bedarf; so auch Reuß JW. **37** 138 und **40** 2209 ff. u. Behnke 413 . Es steht aber nichts im Wege, daß der Untersuchungsführer nach pflichtmäßigem Ermessen im Einzelfall dem Beschuldigten, z. B. bei Beweisterminen, die er wegen Erkrankung selbst nicht mehr nehmen kann, gestattet, zwar nicht einen Verteidiger im engeren Sinne, wohl aber einen rechtlichen Helfer und Berater zuzuziehen, der aber nicht die Rechte eines Verteidigers hat. Reuß BeamtJahrb. **37** 337 u. VerwArchiv **42** 400 u. 401; Heyland 259; Mumm JW. **37** 1383; Wittmack DVerwBl. **37** 387; s. auch oben Anm. 5 zu § 21 (S. 187); **a. M.** Behnke 413. Über die Möglichkeit der Akteneinsicht durch den Rechtsbeistand in der Untersuchung s. Wittmack a. a. O.

Ob in der Untersuchung der etwaige gesetzliche Vertreter eines Beschuldigten zuzulassen sei, liegt im Ermessen des Untersuchungsführers. § 149 Abs. 3 StPO.

Verstöße gegen das Recht des Beschuldigten auf Teilnahme an den Beweiserhebungen gelten vielfach als schwere Verfahrensmängel die die ganze Untersuchung unwirksam machen; s. näheres Behnke 411, 412.

2. Um ihr Recht der Teilnahme an den Beweiserhebungen wirksam ausüben zu können, **sind der Beschuldigte und der Vertreter der Einleitungsbehörde zu allen Beweiserhebungen,** abgesehen von Beschlagnahmen und Durchsuchungen (§§ 94 ff. StPO.), also insbes. zu allen Vernehmungen von Zeugen und Sachverständigen und zu Augenscheinseinnahmen **zu laden.** Über die Form der Ladung s. oben S. 181. Es empfiehlt sich, bei jedem Rechtshilfeersuchen das ersuchte Gericht oder die ersuchte Verwaltungsbehörde auf die §§ 49, 50 besonders hinzuweisen, damit die Ladung des Beschuldigten und des Vertreters der EinlBehörde nicht unterbleibt. Ender 429. Denn die Unterlassung der Ladung stellt einen schweren Verfahrensmangel dar, der nur bei besonderer Sachlage, insbes. wenn sie ohne nachteilige Folgen für den Beschuldigten geblieben ist, geheilt werden kann. Ender RVerwBl. **60** 429. **Während des Krieges** entfällt die Beteiligung eines Vertreters der Einleitungsbehörde an der Untersuchung. § 5 Abs. 1 Satz 1 V. 17. 5. 40 (RGBl. I 782); deshalb kommt auch seine Ladung zu Beweiserhebungen nicht in Frage. Die Akteneinsicht nimmt erforderlichenfalls die Einleitungsbehörde selbst durch ihren Sachbearbeiter wahr. Nr. 4 Satz 3 Erl. d. MdJ. 30. 5. 40 MBl. 1021.

Der Untersuchungsführer kann den Beschuldigten von der Teilnahme an der Beweisaufnahme ausschließen, wenn er dies aus besonderen dienstlichen Gründen, z. B. wenn es sich um Zeugen handelt, die dem Beschuldigten dienstlich unterstellt waren, oder mit Rücksicht auf den Untersuchungszweck, z. B. um Verdunkelungen zu verhindern oder um Zeugen zur freien Aussprache zu bestimmen, für erforderlich hält; er muß dann aber den Beschuldigten über das Ergebnis dieser Beweiserhebungen unterrichten und zwar mündlich, was die Regel bilden wird, oder auch schriftlich.

Der Vertreter der Einleitungsbehörde unterliegt natürlich diesen Beschränkungen bei der Beweisaufnahme nicht. Er kann bei allen Beweiserhebungen und zwar auch bei der Vernehmung des Beschuldigten (DurchfV. zu § 50) ohne Einschränkung teilnehmen; er kann sich aber auch, wenn ihm diese Teilnahme nicht geboten erscheint (vgl. PrOVG. 4. 3. 37 RVerwBl. **58** 505), jederzeit durch Einsicht in die Akten über den Stand der Untersuchung unterrichten. § 50 Abs. 1 Satz 2. Er kann sich zu diesem Zweck die Akten in sein Amtszimmer verabfolgen lassen. Auf baldige Rückgabe wird er Bedacht nehmen müssen, um den Fortgang der Untersuchung nicht aufzuhalten. Der Beschuldigte hat kein Recht, während der Untersuchung die Akten einzusehen; dieses Recht hat er erst nach Zustellung der Anschuldigungsschrift. § 57.

Während des Krieges entfällt die Beteiligung des Vertreters der Einlbehörde; s. Abs. 2.

3. **Bei der Stellung von Beweisanträgen** ist zu unterscheiden, ob sie vom Beschuldigten oder vom Vertreter der Einleitungsbehörde herrühren.

a) Hat der Beschuldigte solche Anträge gestellt, so soll der Untersuchungsführer ihnen stattgeben, soweit sie für die Schuldfrage, das Strafmaß oder für die Gewährung eines Unterhaltsbetrags (§ 64 Abs. 1) von Bedeutung sein können. Da es sich hier nur um eine Sollvorschrift handelt, ist ihre Nichtbefolgung kein wesentlicher Mangel des Verfahrens. Da die Gewährung eines Unterhaltsbeitrags neben der Strafe der Entfernung aus dem Dienst oder auf Aberkennung des Ruhegehalts davon abhängt, ob mildernde Umstände vorliegen und der Beschuldigte nach seiner wirtschaftlichen Lage der Unterstützung bedürftig und ihrer nicht unwürdig erscheint, so soll auch den auf diese Umstände abzielenden Beweisanträgen des Beschuldigten entsprochen werden. Dabei wird der Untersuchungsführer nicht engherzig verfahren dürfen und sich stets vor Augen halten müssen, daß auch alle zugunsten des Beschuldigten sprechenden Umstände gründlich aufgeklärt werden müssen.

b) Hat der Vertreter der Einleitungsbehörde (bzw. während des Krieges die EinlBehörde selbst) Beweisanträge gestellt, so muß der Untersuchungsführer diesen Anträgen stattgeben. § 50 Abs. 1 Satz 3. Insofern ist letzterer in seiner Stellung nicht frei und ungebunden. Es hat also die Einleitungsbehörde, deren Organ der Vertreter ist, einen starken Einfluß auf die Ausgestaltung der Beweisaufnahme in der Untersuchung.

4. Wegen der **Ausgestaltung der Beweisaufnahme** im einzelnen s. Anm. 3 ff. zu § 46.

§ 50.

(1) Der Vertreter der Einleitungsbehörde ist zu allen Beweiserhebungen, abgesehen von Beschlagnahmen und Durchsuchungen, zu laden. Er kann daran teilnehmen, sich aber auch jederzeit durch Einsichtnahme in die Akten über den Stand der Untersuchung unterrichten. Seinen Beweisanträgen muß der Untersuchungsführer stattgeben.

(2) Der Vertreter der Einleitungsbehörde kann beantragen, die Untersuchung auf neue Punkte, die den Verdacht eines Dienstvergehens rechtfertigen, zu erstrecken. Der Untersuchungsführer muß den Anträgen entsprechen; er kann von sich aus die Untersuchung auf neue Punkte ausdehnen, wenn der Vertreter der Einleitungsbehörde zustimmt. Der Untersuchungsführer hat dem Beschuldigten Gelegenheit zu geben, sich auch zu den neuen Anschuldigungen zu äußern.

1. Wegen der **Erläuterungen zu Abs. 1** s. Anm. 2 und 3 zu § 49. Bemerkenswert ist, daß der Vertreter der Einleitungsbehörde auch zur Vernehmung des Beschuldigten zu laden ist. DurchfV. zu § 50. Die Einflußnahme der Einleitungsbehörde durch ihren Vertreter auf den Gang des Verfahrens ist gegenüber dem bisherigen Recht stark ausgebaut. Sie soll bis zum Tätigwerden des Dienststrafgerichts — unbeschadet der Pflicht des Untersuchungsführers, die Untersuchung objektiv zu führen — die eigentliche Herrin des Verfahrens sein. Begr.; s. auch Anm. 2a. **Während des Krieges** wird ein besonderer Beamter zum Vertreter der Einleitungsbehörde bei der Untersuchung nicht bestellt, so daß auch seine Ladung zur Vernehmung des Beschuldigten und zu Beweiserhebungen nicht in Frage kommt. Die übrigen Befugnisse, wie Akteneinsicht, Stellung von Beweisanträgen und von Anträgen gemäß § 50 Abs. 2 nimmt erforderlichenfalls die Einleitungsbehörde selbst (durch ihren Sachbearbeiter) wahr. § 5 V. 17. 5. 40 (RGBl. I 781), und Nr. 4 Erl. d. RMdJ. v. 30. 5. 40 (MBl. 1021).

2. **Den Gegenstand der Untersuchung** bilden die in der schriftlichen Einleitungsverfügung (§ 28 Satz 2) bezeichneten Anschuldigungspunkte. Im Laufe der Untersuchung kann das Verfahren auf neue Punkte, die den Verdacht eines Dienstvergehens rechtfertigen, erstreckt werden. Dies geschieht aber nicht durch einen besonderen Beschluß der Einleitungsbehörde. Vielmehr **dehnt der Untersuchungsführer** entweder durch besondere Verfügung oder stillschweigend **die Untersuchung auf neue Punkte aus.** So auch Breithaupt 158; Behnke 415; a. M. Wittland 522; Heyland 255 u. Wichert 100. Es geschieht dies:

a) entweder auf Antrag des Vertreters der Einleitungsbehörde. Während des Krieges, während dessen kein Vertreter der Einleitungsbehörde bei der Untersuchung bestellt wird, hat den Antrag die Einleitungsbehörde selbst durch ihren Sacharbeiter zu stellen; s. oben Anm. 1. Diesem Antrag muß der Untersuchungsführer entsprechen. Die Einleitungsbehörde hat es also in der Hand, ganz nach ihrem Ermessen das Verfahren, ohne daß sie selbst einen neuen Beschluß faßt, auf neue Punkte ausdehnen zu lassen. Da sie auch, wie oben Anm. 3 zu § 49 gezeigt, auf die Ausgestaltung der Beweisaufnahme nach § 50 Abs. 1 Satz 3 einen maßgebenden Einfluß hat, so zeigt sich, daß sie und nicht der Untersuchungsführer bis zur Anhängigmachung der Sache bei der Dienststrafkammer das Verfahren beherrscht. Das entspricht auch dem Führerprinzip im neuen Staat. Denn die Einleitungsbehörde ist es, die das Verfahren in Gang gebracht hat und auch fernerhin in den wichtigsten Punkten weiterhin dirigiert. Sie muß natürlich, um von diesen Machtbefugnissen ausreichend Gebrauch machen zu können, sich fortlaufend über den Fortgang des Verfahrens unterrichten lassen.

b) oder von Amts wegen. In diesem Falle kann aber der Untersuchungsführer die Ausdehnung der Untersuchung auf neue Punkte nur vornehmen, wenn der Vertreter der Einleitungsbehörde (bzw. im Kriege die Einleitungsbehörde selbst) zustimmt. Wird diese Zustimmung versagt, so muß der Untersuchungsführer die Erörterung der neuen Punkte unterlassen; s. auch Reuß RVerwBl. **58** 875. Auch hier zeigt sich wieder die überragende Stellung der Einleitungsbehörde und ihres Vertreters.

3. Wird die Untersuchung auf neue Punkte ausgedehnt, so **muß** natürlich **dem Beschuldigten** von dem Untersuchungsführer **Gelegenheit gegeben werden, sich auch zu den neuen Anschuldigungen zu äußern.** Die Äußerung kann mündlich oder schriftlich oder zu Protokoll erfolgen. Sie wird häufig Anlaß zu neuen Ermittlungen geben. Bei neuen Beweisanträgen des Beschuldigten und des Vertreters der Einleitungsbehörde (bzw. im Kriege die EinlBehörde selbst), sind die §§ 49 Abs. 2 und 50 Abs, 1 Satz 3 zu beachten.

§ 51.

(1) Hält der Untersuchungsführer das Ziel der Untersuchung für erreicht, so hat er dem Beschuldigten Gelegenheit zu geben, sich abschließend zu äußern. Er kann dem Beschuldigten von dem für das Verfahren erheb-

lichen Inhalt der Personalakten Kenntnis geben und ihm in die sonstigen Akten auch Einsicht gewähren.

(2) Nach der abschließenden Anhörung des Beschuldigten (Abs. 1 Satz 1) legt der Untersuchungsführer die Akten mit einem zusammenfassenden Bericht der Einleitungsbehörde vor.

1. Ist der Untersuchungsführer der Ansicht, daß die Untersuchung restlos erschöpft ist, **so hat er dem Beschuldigten Gelegenheit zu geben, sich abschließend zu äußern.** Die Äußerung kann mündlich, schriftlich oder zu Protokoll erfolgen. Sie muß jedenfalls aktenkundig gemacht werden, oder es muß, wenn der Beschuldigte erklärt, von einer abschließenden Äußerung absehen zu wollen, dies in den Akten vermerkt werden. Ein Verzicht auf solche Äußerung wird nicht selten sein, weil ja der Beschuldigte allen Beweisaufnahmen — mit Ausnahme etwaiger Beschlagnahmen und Durchsuchungen — hat beiwohnen und dabei sich hat äußern können.

Mitunter kann aber die Schlußäußerung des Beschuldigten Anlaß zu weiteren Beweiserhebungen bieten. Ob der Untersuchungsführer dem Vertreter der Einleitungsbehörde die Schlußäußerung zur Kenntnis vorzulegen hat, hängt von seinem Ermessen ab. Er wird es tun, wenn sie wesentliches enthält. Auch im übrigen braucht der Untersuchungsführer dem Vertreter der Einleitungsbehörde nicht Gelegenheit zur abschließenden Äußerung zu geben. Denn dieser kann jederzeit die Akten einsehen. Während des Krieges muß die Einsichtnahme durch die EinlBehörde selbst (durch ihren Sachbearbeiter) erfolgen.

2. Der Untersuchungsführer kann ferner nach Beendigung der Untersuchung dem Beschuldigten von Amts wegen oder auf Antrag **Einsicht in die Untersuchungsakten** einschließlich der etwaigen Beiakten (Strafakten usw.) gewähren. Doch hängt es von dem Ermessen des Untersuchungsführers ab, ob und in welchem Umfang er ihm Einsicht in die Akten gewähren will. Jedenfalls wird er die Einsicht versagen, wenn eine Gefährdung des Untersuchungszwecks zu befürchten ist. Auch zu einem früheren Zeitpunkt kann die Einsicht des Beschuldigten in die Akten von dem Untersuchungsführer u. U. gestattet werden. Ein Recht auf Einsichtnahme in die Untersuchungsakten hat der Beschuldigte aber erst nach Zustellung der Anschuldigungsschrift. § 57. Dagegen kann der Vertreter der Einleitungsbehörde bzw. im Kriege die Einleitungsbehörde selbst, die Akten jederzeit einsehen. § 50 Abs. 1 Satz 2. Der Untersuchungsführer kann dem Beschuldigten von Amts wegen oder auf Antrag auch Kenntnis von dem Inhalt der Personalakten, die an sich jetzt wieder nach RMdJ. v. 12. 4. 34 und PrFM. 8. 5. 34 (PrBesBl. 204) im Gegensatze zu Art. 129 Abs. 3 Satz 3 WeimV. Geheimakten sind, geben; jedoch soll er die Kenntnis auf den für das Verfahren erheblichen Inhalt der Personalakten beschränken; eine Einsicht in die Personalakten kommt nicht in Frage. Der Untersuchungsführer wird aber die Mitteilung des für das Verfahren erheblichen Inhalts der Personalakten herbeizuführen haben, wenn er dies nach pflichtmäßigem Ermessen für die Zwecke der Untersuchung für geboten erachtet. Über den bezeichneten Inhalt hinaus darf er aber den Inhalt der Personalakten nicht mitteilen, da diese Akten unbedingt Geheimakten sind und auch von der sie führenden Behörde dem Beamten nicht zugänglich gemacht werden dürfen. Meeske RSBZ. 1937 S. 17 ff.; Reuß DVerwBl. **38** 494 ff. (wenn auch mit gewissen Einschränkungen und Bedenken). Der erhebliche Inhalt der Personalakten beschränkt sich auf Tatsachen; Werturteile sind nicht offen zu legen. Reuß DVerwBl. **38** 496 ff.; Wittland 524. Dagegen kann der Vertreter der Einleitungsbehörde bzw. während des Krieges diese selbst, die Personalakten des Beschuldigten natürlich jederzeit in vollem Umfange einsehen.

3. Ist die Anhörung des Beschuldigten abgeschlossen und eine etwaige weitere Beweisaufnahme beendet, so fertigt der Untersuchungsführer einen zusammenfassenden, knappen und doch vollständigen **Bericht** über das Ergebnis der Untersuchung an. Hierin wird er sich zu den einzelnen Anschuldigungspunkten, über die Schuldfrage sowie über das Strafmaß und insbes. über die Frage zu äußern haben, ob eine Einstellung des Verfahrens mit oder ohne Verhängung einer Dienststrafe oder die Anfertigung einer Anschuldigungsschrift nach Lage der Sache geboten sei. U. U. wird auch in diesem Bericht der persönliche Eindruck wiederzugeben sein, den der Untersuchungsführer von den von ihm vernommenen Personen gewonnen hat. Behnke 418 nimmt dagegen an, daß der Bericht sich der dienststrafrechtlichen Beurteilung zu enthalten hat. Dieser Bericht erleichtert der Einleitungsbehörde ihre Entschließung, ob das Verfahren einzustellen oder eine Anschuldigungsschrift anzufertigen ist, außerordentlich. Die Akten sind dem Bericht beizufügen. Der Bericht bildet keinen Bestandteil der Akten und kann deshalb von dem Beschuldigten und seinem Verteidiger nicht eingesehen werden. RDStH. 9. 11. 38 bei Behnke 418.

4. Hält die Einleitungsbehörde **fernere Handlungen des Untersuchungsführers** für nötig, z. B. weitere Zeugenvernehmungen zur besseren Aufklärung des Sachverhalts, so sind diese bei dem Untersuchungsführer zu beantragen. Dieser hat dem Antrage zu entsprechen, soweit es sich um Beweisanträge oder um neue Punkte handelt. § 50 Abs. 1 Satz 3 u. Abs. 2 Satz 2. Auch nach Einreichung der Anschuldigungsschrift bei der Dienststrafkammer (§ 53 Abs. 3) ist die Tätigkeit des Untersuchungsrichters noch nicht immer beendet. Er kann nämlich wieder in Tätigkeit treten, wenn neue Anschuldigungspunkte, die einer ergänzenden Untersuchung bedürfen, zum Gegenstand der Verhandlung gemacht werden sollen. § 53 Abs. 4. Schon aus diesem Grunde ist es nicht angängig, daß die Einleitungsbehörde nach Abschluß der Untersuchung (§ 51) etwa den Untersuchungsführer zu ihrem Vertreter in dem weiteren Verfahren bestellt. Goedecke bei Pfundtner-Neubert RDStO. S. 35.

Während des Krieges kann aber nach Abschluß der Untersuchung die Einleitungsbehörde den Untersuchungsführer zu ihrem Vertreter im Verfahren vor der Dienststrafkammer (§§ 53 ff.) bestellen, ihm insbes. auch aufgeben, eine Anschuldigungsschrift nach ihren Weisungen anzufertigen. § 5 Abs. 2 V. 17. 5. 40. Mit dieser Bestellung erlischt das Amt des Untersuchungsführers, so daß, wenn später weitere Untersuchungshandlungen notwendig werden, ein anderer Beamter zum Untersuchungsführer ernannt werden muß. Behnke 767 und RVerwBl. **61** 329.

§ 52.

(1) Die Einleitungsbehörde muß das förmliche Dienststrafverfahren, solange es noch nicht bei der Dienststrafkammer anhängig ist (§ 53 Abs. 3), einstellen, wenn

1. es nicht rechtswirksam eingeleitet oder sonst unzulässig ist,

2. der Beschuldigte stirbt,

3. der Beschuldigte aus dem Beamtenverhältnis ausscheidet oder entlassen wird,

4. bei einem Ruhestandsbeamten die Folgen einer gerichtlichen Verurteilung oder der Aberkennung der deutschen Staatsangehörigkeit nach § 132 des Deutschen Beamtengesetzes eintreten,

5. der Beschuldigte als Ruhestandsbeamter auf seine Rechte als solcher der obersten Dienstbehörde gegenüber schriftlich verzichtet. Durch einen solchen Verzicht erlöschen die Ansprüche auf Ruhegehalt und Hinterbliebenenversorgung sowie die Befugnis, die Amtsbezeichnung und die im Zusammenhang mit dem früheren Amt verliehenen Titel zu führen und die Uniform zu tragen.

(2) Die Einleitungsbehörde kann das förmliche Dienststrafverfahren, solange es noch nicht bei der Dienststrafkammer anhängig ist (§ 53 Abs. 3), einstellen, wenn sie dies nach dem Ergebnis der Untersuchung oder aus anderen Gründen für angebracht hält; sie kann in diesem Fall auch eine Dienststrafe im Rahmen der ihr nach § 11 Abs. 2, § 24 zustehenden Befugnis verhängen oder, wenn sie ihre Dienststrafgewalt nicht für ausreichend hält, die Entscheidung des höheren Dienstvorgesetzten herbeiführen. Wird eine Dienststrafe verhängt, so können die Kosten des Verfahrens dem Beschuldigten auferlegt werden. Gegenüber einem Ruhestandsbeamten kann die Einleitungsbehörde das Verfahren auch dann einstellen, wenn sie ein Dienstvergehen (§ 12 Satz 2) zwar für erwiesen, die Aberkennung oder die Kürzung des Ruhegehalts aber nicht für gerechtfertigt hält.

(3) In den Fällen des Abs. 1 und des Abs. 2 Satz 1 und 3 gelten § 22 Abs. 2 und § 27 sinngemäß.

(4) Die Einstellungsverfügung ist zu begründen und dem Beschuldigten zuzustellen.

1. Die Frage, wann ein förmliches Dienststrafverfahren eingestellt werden muß oder eingestellt werden kann, sei es von der Einleitungsbehörde oder von dem Dienststrafgericht, war im bisherigen Reichs- und Landesrecht nicht erschöpfend geregelt. § 52 füllt in Verbindung mit § 63 Abs. 3, diese Lücke aus. § 52 stellt die Fälle zusammen, in denen **die Einleitungsbehörde das förmliche Dienststrafverfahren, solange es noch nicht bei der Dienststrafkammer anhängig ist,** d. h. solange die Anschuldigungsschrift noch nicht bei der Dienststrafkammer eingegangen ist (§ 53 Abs. 3), **einstellen muß** (Abs. 1) oder **einstellen kann** (Abs. 2).

Der Hauptfall der Einstellung wird in Abs. 2 behandelt; es ist der, der sich auf das Ergebnis der Untersuchung stützt, das eine Weiterführung des förmlichen Dienststrafverfahrens nicht rechtfertigt. Weil dies der wichtigste und häufigste Fall der Einstellung ist, hat man die Vorschriften über die Einstellung des Verfahrens vor dem Anhängigwerden bei der Dienststrafkammer im unmittelbaren Anschluß an die Beendigung der Untersuchung und den Schlußbericht des Untersuchungsführers gestellt. Streng genommen gehören die übrigen Fälle der Einstellung nicht an diese Stelle des Systems, weil sie nicht etwa auf diesen Zeitpunkt des Verfahrens (Beendigung der Untersuchung) beschränkt sind, sich vielmehr auch früher oder später (bis zum Eingang der Anschuldigungsschrift bei der Dienststrafkammer) ereignen und dann zur Einstellung führen *müssen* (Abs. 1) oder *können* (Abs. 2), wenn die Einstellung aus anderen Gründen, als nach dem Ergebnis der Untersuchung erfolgen soll; vgl. § 63 Abs. 3.

Nach Eingang der Anschuldigungsschrift bei der Dienststrafkammer ist nur diese und nicht mehr die Einleitungsbehörde zur Einstellung des Verfahrens befugt; die Einstellung kann durch die Dienststrafkammer entweder durch Beschluß (*bis* zum Beginn der Hauptverhandlung) oder (*nach* Eröffnung der Hauptverhandlung) durch Urteil erfolgen; s. näheres § 63 Abs. 1 und 3.

Die recht verwickelte Regelung der Einstellung in der RDStO. mit ihren verschiedenen Fällen, ihren Voraussetzungen und Wirkungen schildert übersichtlich und erschöpfend *Behnke* in DVerw. **40** 365 ff.

2. Abs. 1 enthält die Fälle, in denen die Einleitungsbehörde **einstellen muß.** Es sind dies folgende:

a) wenn das förmliche Dienststrafverfahren *nicht rechtswirksam eingeleitet ist.* Dies ist z. B. der Fall, wenn es von einer sachlich unzuständigen Behörde eingeleitet ist. Denn die Verfügung sachlich unzuständiger Behörden kann in der Regel keine rechtliche Wirkung haben; s. oben Anm. 4 u. 5 zu § 33; RG. 15. 5. 34 ZBR. **6** 221. Dasselbe gilt, *wenn das Verfahren sonst unzulässig ist,* z. B. gegen einen Nichtbeamten, etwa einen Behördenangestellten, eingeleitet worden ist (s. RDStH, 21. 12. 38 E. **2** 1) oder gegen den Grundsatz „ne bis in idem" verstößt (weitere Fälle bei *Behnke* 423), oder wenn das spätere Verfahren, insbes. die Untersuchung an einem wesentlichen und unheilbaren Mangel leidet; s. auch unten Anm. 3 c zu § 73. Die Einstellung aus Abs. 1 Nr. 1 hat bei solchen Verfahrensmängeln keine Rechtskraftwirkung; es kann also derselbe Sachverhalt in einem neuen — fehlerfreien — Dienststrafverfahren erörtert werden; s. hierzu sowie überhaupt über die Frage der Rechtskraftwirkung bei Einstellungen des Verfahrens Wittland 532 u. 536; Behnke 563.ff.; Hoerber BeamtJahrb. **38** 485 ff. Die Einstellung kommt aber nicht in Frage, wenn es sich um Verfahrensmängel handelt und der Vorsitzende der Dienststrafkammer die Anschuldigungsschrift nach der 2. DurchfV. v. 27. 8. 38 (RGBl. I 1069) an die Einleitungsbehörde zur Behebung der Mängel zurückgibt.

b) wenn der Beschuldigte stirbt. Mit dem Tode des Beamten erlischt die Dienststrafgewalt des Staates und damit die Möglichkeit der Fortführung eines förml. Dienststrafverfahrens. Dagegen erfolgt die Einstellung nicht, wenn der Beschuldigte, nachdem er das Dienstvergehen begangen hat, geisteskrank oder sonst verhandlungsunfähig geworden ist. Denn in diesem Falle wird nach § 15 die Fortführung des Verfahrens durch Bestellung eines Pflegers ermöglicht. Dagegen kommt es zur Einstellung, wenn sich auf Grund der Untersuchung herausgestellt hat, daß der Beschuldigte schon zur Zeit der Tat geisteskrank war. Diese Einstellung erfolgt dann aber nicht auf Grund des Abs. 1 § 52, sondern des Abs. 2 a. a. O.

c) wenn der Beschuldigte aus dem Beamtenverhältnis ausscheidet oder entlassen wird. Ein Ausscheiden erfolgt durch Verlust des Reichsbürgerrechts, Verlegen des Wohnsitzes in das Ausland ohne Genehmigung und durch gerichtliche Verurteilung zu einer Strafe, die den Amtsverlust kraft Gesetzes nach sich zieht. §§ 51—55 DBG.

Die Entlassung aus dem Beamtenverhältnis erfolgt bei Eidesverweigerung, bei Weigerung der Fortführung des Amts nach Zeitablauf bei Beamten auf Zeit, bei nichtdeutscher oder artverwandter Abstammung des Beamten oder seiner Ehefrau, auf Antrag des Beamten, durch Widerruf bei Widerrufsbeamten und bei Verheiratung weiblicher Beamten. §§ 57—65 DBG. Von besonderer praktischer Bedeutung ist die Entlassung auf Antrag. Nach § 60 DBG. kann nämlich der Beamte jederzeit, also auch wenn ein förmliches Dienststrafverfahren oder ein Strafverfahren gegen ihn anhängig ist, seine Entlassung aus dem Dienst verlangen. Dem Verlangen muß, wenn es in der vorgeschriebenen Schriftform gestellt ist, entsprochen werden; es kann die Entlassung nur solange hinausgeschoben werden, bis der Beamte seine Amtsgeschäfte ordnungsmäßig erledigt hat. Einen ausdrücklichen Verzicht auf seine Beamtenrechte, insbes. auf Dienstbezüge, Ruhegehalt und Hinterbliebenenversorgung braucht der Beamte nicht auszusprechen. Denn nach § 66 Abs. 2 DBG. verliert er diese Rechte mit der Entlassung ohne weiteres. Deshalb ist es nicht zu billigen, wenn die Behörde dem Beamten, gegen den ein Straf- oder Dienststrafverfahren anhängig ist, die Stellung eines Entlassungsantrags nahe legt, ohne ihn auf die schweren Folgen dieses Antrages hinzuweisen und ohne ihn darauf aufmerksam zu machen, daß selbst wenn gegen ihn auf die schwerste Dienststrafe (Entfernung aus dem Dienst) erkannt werde, doch

u. II, mit der Möglichkeit der Zubilligung eines Unterhaltsbeitrags (§ 64) gerechnet werden könne.

Der Antrag auf Entlassung kann von dem Beamten solange gestellt werden, bis das förml. Dienststrafverfahren durch ein rechtskräftiges Urteil abgeschlossen ist. Für die Dauer des Aufbaus der Wehrmacht braucht aber bis zum 31. 12. 41 Anträgen von Beamten auf Entlassung nicht entsprochen zu werden. § 2 G. 25. 3. 39 (RGBl. I 577).

Eine Dienststrafe darf im Falle der Entlassung auf Antrag nicht wie bei der Einstellung gemäß Abs. 2 verhängt werden. Es können dem Beamten aber gemäß § 98 Abs. 2 die in dem gesamten Verfahren entstandenen Kosten ganz oder teilweise auferlegt werden, wenn nach dem Ergebnis der Untersuchung die Verhängung einer Dienststrafe gerechtfertigt gewesen wäre. Es dürfte im Rahmen der Fürsorgepflicht der Behörde liegen, auch hierauf den Beamten, der seine Entlassung beantragen will, hinzuweisen.

d) wenn bei einem Ruhestandsbeamten die Folgen einer gerichtlichen Verurteilung (§ 132 DBG.) oder des Verlustes des Reichsbürgerrechts (DurchfV. zu § 52) oder der Aberkennung der deutschen Staatsangehörigkeit oder der Verlegung des Wohnsitzes oder dauernden Aufenthalts in das Ausland gemäß § 128 Abs. 2 DBG. eintreten, ihm also kraft Gesetzes der Anspruch auf Ruhegehalt und Versorgung verloren geht.

e) wenn der Beschuldigte als Ruhestandsbeamter auf seine Rechte als solcher verzichtet. Der Verzicht ist also in diesem Falle rechtswirksam. Mit diesem Verzicht, der der obersten Dienstbehörde (bei Kommunalbeamten s. über diesen Begriff § 5 Abs. 1 Nr. 1 DurchfV. v. 3. 7. 37, RGBl. I 730) gegenüber schriftlich abgegeben werden muß, erlöschen alle Ansprüche auf Ruhegehalt, Hinterbliebenenversorgung usw. Deshalb erübrigt sich die Weiterführung des förml. Dienststrafverfahrens. Es muß deshalb als gegenstandslos eingestellt werden, Dasselbe gilt bei Ruhestandsbeamten des früheren Rechts, die bei Inkrafttreten des DBG. keine Ansprüche auf Versorgungsbezüge erworben haben; s. § 184 Abs, 1 Satz 3 u. RDStH. 1. 2. 38 RVerwBl. **59** 474. Für den aktiven Beamten ergibt sich die entsprechende Folge aus den §§ 60, 66 Abs. 2 DBG. Begr.

War der Beamte vorläufig vom Dienst enthoben so endet diese Maßnahme mit der Einstellung des förml. Dienststrafverfahrens. § 81 Abs. 2. Die nach § 79 einbehaltenen Bezüge verfallen in den Fällen des § 52 Abs. 1 Nr. 3—5 unter den Voraussetzungen des § 82 Abs. 1 Nr. 3, werden also dann dem ausgeschiedenen Beamten nicht nachgezahlt. Der Verfall der einbehaltenen Bezüge in den Fällen des § 52 Abs. 1 Nr. 1 tritt unter den Voraussetzungen des § 82 Abs. 1 Nr. 4 ein.

3. Abs. 2 enthält die Fälle, in denen die Einleitungsbehörde **einstellen kann.** Es sind dies die in der Praxis am häufigsten vorkommenden; sie schließen sich meist an das Ergebnis der Untersuchung an.

Diese Einstellung erfolgt **mit Rücksicht auf das Ergebnis der Untersuchung** oder **aus anderen Gründen.** Diese Maßnahme wird am Platze sein, wenn die Einleitungsbehörde nach dem Ergebnis der Untersuchung zweifelsfrei annimmt, daß das Dienststrafgericht entweder auf Freisprechung, Einstellung oder nur auf eine Warnung, einen Verweis oder eine Geldbuße erkennen wird. Gewinnt aber die Einstellungsbehörde aus dem Untersuchungsmaterial den Eindruck, daß es voraussichtlich zur Verhängung einer schwereren Strafe, also einer Gehaltskürzung oder der Entfernung aus dem Dienst oder bei Ruhestandsbeamten der völligen oder teilweisen Aberkennung des Ruhegehalts kommen wird, so darf sie nicht einstellen, sondern muß das Verfahren weiter fortführen.

Die Einstellung ist aber in den Fällen des Abs. 2 § 52 nur zulässig, solange das förml. Dienststrafverfahren noch nicht bei der Dienststrafkammer anhängig ist, also die Anschuldigungsschrift noch nicht bei der Dienststrafkammer eingegangen ist (§ 53 Abs. 3).

Ein Verfahren, das zu Unrecht eingestellt und dann wieder von derselben Behörde eingeleitet wird, ist kein neues Verfahren, sondern nur die Fortsetzung des einmal eröffneten Verfahrens.

Die Entscheidung über die Einstellung ist in den bezeichneten Fällen in die Hand der Einleitungsbehörde gelegt; s. auch RDStH. 8. 2. 38 RVerwBl. **59** 475 = E. **1** 153. Dies bedeutet eine wesentliche Änderung gegenüber dem Verfahren nach § 98 RBG. und § 41 PrBDStO. Denn nach diesen Vorschriften hatte über die Einstellung die oberste Reichsbehörde bzw. der Fachminister zu entscheiden. Die jetzige neue Regelung bedeutet eine erhebliche Vereinfachung und Beschleunigung des Verfahrens. Es braucht nun nicht erst, wie bisher, von der Einleitungsbehörde — meist wird es eine Provinzialbehörde sein — an die oberste Verwaltungsstelle berichtet zu werden. Vielmehr trifft die Einleitungsbehörde, die bisher schon das ganze Verfahren in der Hand gehabt hat, unmittelbar die Entscheidung. **Dabei kann sie auch eine Dienststrafe verhängen** und zwar entweder eine Warnung oder einen Verweis oder eine Geldbuße bis zu dem für sie im § 24 Abs. 2 festgesetzten Höchstbetrage. Hält sie eine höhere Geldbuße für angebracht, so muß sie die Entscheidung des höheren Dienstvorgesetzten herbeiführen.

Stellt sie ein, ohne eine Dienststrafe zu verhängen, so dürfen dem Beschuldigten Kosten nicht auferlegt werden. Dagegen können ihm die Kosten des Verfahrens dann auferlegt werden, wenn eine Dienststrafe verhängt wird. § 52 Abs. 2 Satz 2. Diese Vorschrift enthält gegenüber dem früheren Rechtszustand eine Neuerung. Ein Zwang, dem Beschuldigten die Kosten aufzuerlegen, besteht aber nicht. Bei besonderer Sachlage wird die Einleitungsbehörde hiervon absehen oder dem Beschuldigten nur einen Teil der Kosten auferlegen; s. Wittland 542. Soweit die Kosten nicht dem Beschuldigten auferlegt werden, hat sie der unmittelbare Dienstherr zu tragen.

Die vorerörterten Bestimmungen gelten auch im Dienststrafverfahren gegen richterliche Beamte. Die Einstellung wird also auch in solchen Fällen nicht wie früher in Preußen (s. § 42 Abs. 1 PrRiDStO.) von dem

Dienststrafgericht, sondern von der Einleitungsbehörde bewirkt. Sie kann bei der Einstellung auch gegen einen Richter eine Dienststrafe (Warnung, Verweis oder Geldbuße) verhängen. Dies war nach der PrRiDStO. nicht zulässig.

Gegenüber einem Ruhestandsbeamten kann die Einleitungsbehörde das Verfahren auch dann einstellen, wenn sie ein Dienstvergehen im Sinne des § 12 Satz 2 zwar für erwiesen, die Aberkennung oder die Kürzung des Ruhegehalts aber nicht für gerechtfertigt hält. Denn auf andere Strafen darf nach § 9 Abs. 1 Satz 1 gegen Ruhestandsbeamte nicht erkannt werden, so daß es zwecklos sein würde, dem Verfahren Fortgang zu geben, wenn nur mit einer geringeren Strafe (Warnung, Verweis oder Geldbuße) gerechnet wird. In diesem Falle ist der Beschuldigte bei der Einstellung zugleich für schuldig zu erklären, die in dem gesamten Verfahren entstandenen Kosten ganz oder teilweise zu tragen. § 98 Abs. 2.

Die Machtvollkommenheit der Einleitungsbehörde ist nun aber nicht unbegrenzt, sondern **stark eingeengt.** Denn wenn sie auf Grund des Abs. 2 § 52 Satz 1 und 3 ohne Verhängung einer Dienststrafe einstellt, so kann der höhere Dienstvorgesetzte wegen desselben Sachverhalts eine Dienststrafe verhängen (in den Fällen des § 52 Abs. 2 Satz 1) oder die Fortführung des förml. Dienststrafverfahrens anordnen. (Dies auch im Falle des § 52 Abs. 2 Satz 3). Außerdem können aber der höhere Dienstvorgesetzte oder die oberste Dienstbehörde, wenn eine Dienststrafe in den Fällen des § 52 Abs. 2 Satz 1 mit der Einstellung verbunden worden ist, innerhalb eines Jahres, nachdem sie erlassen ist, die Dienststrafverfügung aufheben und in der Sache anders entscheiden oder die Fortführung des förml. Dienststrafverfahrens veranlassen. § 52 Abs. 3 in Verbindung mit § 22 Abs. 2 und § 27. Bei dieser Sachlage glauben Goedecke bei Pfundtner-Neubert RDStO, S. 34 und Behnke 421 empfehlen zu sollen, daß die Einleitungsbehörde in allen zweifelhaften Fällen die Entscheidung der höheren Behörde einholen solle, bevor sie einstellt. Damit würde aber der Zweck der neuen Vorschrift, die die Entscheidung in die Hand der Einleitungsbehörde legt, um das Verfahren zu vereinfachen und zu beschleunigen, vereitelt und die höhere Behörde mit Dienststrafsachen übermäßig belastet werden. Es wird daher die Entscheidung der höheren Behörde nicht etwa in allen zweifelhaften Fällen, sondern nur in solchen von besonderer Bedeutung einzuholen sein. Zustimmend Heyland 262 Anm, 18.

Höherer Dienstvorgesetzter für die Kommunalbeamten ist in den Fällen des § 52 Abs. 2 die Aufsichtsbehörde; wenn sie aber selbst Einleitungsbehörde ist, die nächsthöhere Aufsichtsbehörde. DurchfV. v. 3. 7. 37 (RGBl. I S. 730) § 5 Abs. 3 Nr. 3.

Die Einstellungsverfügung gemäß Abs. 2 kann schließlich auch aus anderen Gründen als auf Grund des Ergebnisses der Untersuchung ergehen, z. B. aus politischen Gründen oder weil der Beschuldigte nach Abschluß der Untersuchung sich durch besondere Verdienste einer milderen Beurteilung würdig gezeigt hat u. dgl.

4. Die Einstellungsverfügung ist sowohl in den Fällen des Abs. 1 wie des Abs. 2 schriftlich abzufassen und zu begründen. Bei gleichzeitig verhängter Dienststrafe muß also angegeben werden, was dem Beschuldigten zur Last gelegt wird und weshalb von der Durchführung des förml. Verfahrens abgesehen wird. Behnke 427. Sie ist dem Beschuldigten nach § 16 in Ausfertigung zuzustellen. 3 Abschriften der Einstellungsverfügung sind dem Stellvertreter des Führers zuzustellen, wenn das Verfahren sich gegen einen Beamten richtete, der Mitglied der NSDAP. oder Parteianwärter ist. RuPrMdJ. 15. 3. 38 (MBl. Sp. 457) Wenn das förml. Dienststrafverfahren aus den Gründen des § 52 Abs. 1 Nr. 3—5 **und** Abs. 2 Satz **3** eingestellt wird und nach dem Ergebnis der Untersuchung die Verhängung einer Dienststrafe gerechtfertigt gewesen wäre, ist der Beschuldigte zugleich für schuldig zu erklären, die in dem gesamten Verfahren entstandenen **Kosten** ganz oder teilweise zu tragen. § 98 Abs. 2.

5. Gegen die Einstellung als solche ist ein besonderes Rechtsmittel nicht gegeben; es findet nur die **Dienstaufsichtsbeschwerde** bis zur höchsten Instanz statt. Der Beamte kann also die Fortsetzung des Dienststrafverfahrens nicht verlangen. PrOVG. **50** 431. Ist aber mit der Einstellung eine Dienststrafe verhängt, so ist, wenn sie nicht von der obersten Dienstbehörde erlassen ist, **die Beschwerde** innerhalb von 2 Wochen nach Zustellung gegeben. § 26 Abs. 1 Satz 1.

6. Nicht zulässig ist es, daß die Einstellung im Falle des Abs. 2 **nur auf einzelne Anschuldigungspunkte erstreckt wird.** Die Einleitungsbehörde kann also nicht durch besondere Einstellungsverfügung einzelne Anschuldigungspunkte aus der weiteren Untersuchung ausscheiden. Wittland Beamt-Jahrb. **33** 62; Behnke 426. Vielmehr hat sie in solchen Fällen durch Anweisung an ihren Vertreter zu entscheiden, welche Vorwürfe in die Anschuldigungsschrift aufzunehmen und welche fallengelassen werden sollen. Eine besondere Einstellungsverfügung findet also wegen der letzteren Punkte nicht statt. PrOVG. **80** 435.

7. Die Einstellungsverfügung gemäß Abs. 2 führte bisher in allen Fällen zur **Beseitigung der Strafgewalt der Dienstvorgesetzten,** und zwar auch dann, wenn in Verbindung mit der Einstellung keine Dienststrafe verhängt war. PrOVG. **26** 421; **50** 432. Dies wird aber jetzt nur insoweit gelten, als die der Einleitungsbehörde unterstellten Dienstvorgesetzten in Frage kommen. Denn für die höheren Dienstvorgesetzten gelten, wie Anm. 3 drittletzter Absatz hervorgehoben ist, auch hier § 22 Abs. 2 und § 27. Die Einstellungsverfügung hat also ebensowenig Rechtskraftwirkung wie die Einstellung des Verfahrens nach § 22 Abs. 1. Begr. Da aber nach § 52 Abs. 3 und § 27 die höheren Dienstvorgesetzten nur innerhalb eines Jahres unter Aufhebung der mit der Einstellung verbundenen Dienststrafe anders entscheiden oder die Fortführung des förml. Dienststrafverfahrens veranlassen können, so tritt nach fruchtlosem Ablauf dieser Frist Rechtskraft der Einstellungsverfügung, wenn mit ihr eine Dienststrafe verbunden war, ein und damit ist dann auch für die Behörden der Dienstanspruch des Staates erloschen; die Einstellung ohne Strafe hat aber keine Rechtskraftwirkung; s. hierzu Behnke 428 u. RGBZ. **37** 170. Übrigens kann die oberste Reichsbehörde, auch wenn sie nicht Einleitungsbehörde ist, jedes Verfahren, solange es nicht bei der Dienststrafkammer anhängig geworden ist, nach § 29 Abs. 1 Satz 1a u. Satz 2 an Stelle der Einleitungsbehörde selbst einstellen. Goedecke bei Pfundtner-Neubert RDStO. S. 34.

Die Wiederaufnahme eines nach § 52 eingestellten Verfahrens ist nicht zulässig. Behnke 429.

7. Verfahren vor der Dienststrafkammer bis zur Hauptverhandlung.

§ 53.

(1) Der Vertreter der Einleitungsbehörde verfaßt nach ihren Weisungen eine Anschuldigungsschrift und legt sie mit den Akten der Dienststrafkammer vor.

(2) Die Anschuldigungsschrift soll die Tatsachen, in denen ein Dienstvergehen erblickt wird, und die Beweismittel geordnet darstellen. Sie darf diese Tatsachen zuungunsten des Beschuldigten nur insoweit verwerten, als ihm in der Untersuchung Gelegenheit gegeben worden ist, sich dazu zu äußern.

(3) Mit dem Eingang der Anschuldigungsschrift ist das Verfahren bei der Dienststrafkammer anhängig.

(4) Teilt die Einleitungsbehörde der Dienststrafkammer mit, daß sie neue Anschuldigungspunkte zum Gegenstand der Verhandlung machen wolle, so hat die Dienststrafkammer das Verfahren auszusetzen, bis der Vertreter der Einleitungsbehörde nach Ergänzung der Vorermittlungen oder der Untersuchung einen Nachtrag zur Anschuldigungsschrift vorlegt oder die Fortsetzung des Verfahrens beantragt.

(5) § 48 gilt sinngemäß; eines Antrags bedarf es nicht.

1. Der Vertreter der Einleitungsbehörde wird in der Regel den Leiter der EinlBehörde nach Abschluß der Untersuchung auf Grund des Schlußberichts des Untersuchungsführers (§ 51 Abs. 2) oder, falls eine Untersuchung nicht stattgefunden hat, der Vorermittlungen zur Entschließung über die weiteren Maßnahmen zu beraten haben. Enden RVerwBl. **60** 428. **Wird das Verfahren nicht eingestellt,** so fertigt der Vertreter der Einleitungsbehörde nach ihren Weisungen eine **Anschuldigungsschrift** an. PrOVG. 9. 4. 35 RVBl. **35** 679. Er wird sich vor Einreichung der Schrift an die Dienststrafkammer vergewissern müssen, ob die Einleitungsbehörde (§ 26) mit ihrem Inhalt und ihrer Fassung einverstanden ist. Die Einleitungsbehörde hat das Recht, die Anschuldigungsschrift, wenn sie sie nicht für ausreichend begründet hält oder die geführte Untersuchung nicht für vollständig erachtet, ihrem

Vertreter zurückzugeben, da dieser ihren Weisungen bei Anfertigung der Schrift zu folgen hat; vgl. PrOVG. **83** 406.

Der Untersuchungsführer darf die Anschuldigungsschrift bei Vermeidung der Nichtigkeit nicht anfertigen. RDStH. 9. 12. 38 DVerw. **40** 108 = E. **2** 101. Eine Ausnahme tritt aber ein, wenn während des Krieges die EinlBehörde ihn nach Abschluß der Untersuchung zu ihrem Vertreter nach § 5 Abs. 2 V. 17. 5. 40 bestellt hat; s. näheres unten Anm. 5 u. 6 zu § 53.

Die Anschuldigungsschrift ersetzt im Dienststrafverfahren den strafprozessualen Eröffnungsbeschluß, bildet zusammen mit etwaigen Nachträgen (§ 53 Abs. 4) die Grundlage des Verfahrens und begrenzt den Gegenstand der mündlichen Verhandlung und Entscheidung, so daß sich das Urteil auf andere Anschuldigungspunkte, als die in der Anklage und ihren etwaigen Nachträgen aufgenommenen nicht erstrecken darf. RDisH. 29. 1. 34 Foerster 1935 S. 24; PrOVG. **80** 429; **83** 407; **84** 442; **89** 406; **93** 249. Dies gilt selbst dann, wenn in der mündlichen Verhandlung der Vertreter der Einleitungsbehörde und der Beschuldigte damit einverstanden sind, daß noch andere Anschuldigungspunkte mit abgeurteilt werden. Die Anschuldigungsschrift wird zweckmäßig der Darstellung des Sachverhalts eine Mitteilung der persönlichen und dienstlichen Verhältnisse des Beschuldigten voranzuschicken haben. Behnke 432. Sie braucht nur die einzelnen Tatsachen, in denen ein Dienstvergehen erblickt wird, und die Beweismittel geordnet hervorzuheben. Schlußfolgerungen aus diesen Tatsachen und Anträge auf Bestrafung sind nicht nötig; a. M. Behnke 433; auch der Inhalt der Zeugenaussagen und der Gutachten der Sachverständigen braucht in ihr nicht mitgeteilt zu werden. Sie wird aber eine geschlossene konkrete Sachdarstellung bieten müssen und darf nicht etwa allgemein — ohne eigene Würdigung — auf das Ergebnis der Untersuchung bezugnehmen. Der Sachverhalt darf nicht in allgemeinen Redewendungen wiedergegeben werden; er muß vielmehr in zeitlicher, örtlicher und sachlicher Beziehung bestimmte Tatsachen erkennen lassen. PrOVG. **93** 250; RDStH. 17. 12. 37 E. **1** 132; 15. 2. 39 RVerwBl. **60** 388; 8. 3. 39 RVerwBl. **60** 546 = E. **2** 110; RDStH. 18. 5. 38 RVerwBl. **59** 883; Reuß RVerwBl. **55** 879 u. DVerwBl. **38** 499. Diese Tatsachen müssen also in einer Form in die Anschuldigungsschrift aufgenommen werden, daß der Beschuldigte erkennen kann, welcher Sachverhalt als erwiesen angesehen und ihm zum dienststrafrechtlich zu ahndenden Vorwurf gemacht wird. Inwieweit das geschehen ist, ist Auslegungsfrage. RDStH. 15. 3. 38 (RVerwBl. **59** 707 = DVerw. **39** 887). Gegenstand der Verhandlung und Entscheidung ist nicht die Anschuldigungsformel, sondern der Inhalt der Anschuldigungsschrift, soweit sie bestimmte Anschuldigungspunkte erkennen läßt; mitunter werden belastende Tatsachen in der Anschuldigungsschrift nur zur Charakterisierung des Angeschuldigten angeführt, ohne sie zu eigentlichen Anschuldigungspunkten zu machen. Dabei ist die formelhafte Zusammenfassung des Anschuldigungsstoffes in Zweifelsfällen ein wichtiges Auslegungsmittel. Im übrigen kann als Auslegungsmittel gelten, daß der gesamte in der Anschuldigungsschrift behandelte Sachverhalt als zur Anklage gestellt anzusehen ist, falls nicht ohne weiteres erkennbar wird, daß die Hervorhebung bestimmter Einzeltatsachen nur erfolgt ist, um die Anklage auf diese zu beschränken oder die Persönlichkeit des Beschuldigten zu kennzeichnen oder die zur Erhärtung einer Beschuldigung angetretene Beweisführung zu unterstützen. RDStH. **1** 4 ff.; PrOVG. **97** 249; Behnke 438 ff.

In der Anschuldigungsschrift können Zeugenaussagen als Beweismittel angeführt werden, wenn diese auch nur in einem vorausgegangenen Zivilverfahren abgegeben sind. Denn nach § 17 Abs. 1 Satz 2 können Niederschriften über Aussagen von Personen, die schon in einem andern gesetzlich geordneten Verfahren — und zu diesen gehört auch ein Zivilverfahren — vernommen sind, im Dienststrafverfahren ohne nochmalige Vernehmung verwertet werden.

Eine bloße Verweisung in der Anschuldigungsschrift auf andere Akten und Vorgänge, z. B. auf die Personalakten oder Strafakten ist unzulässig. Reuß DVerwBl. **38** 500; Behnke 436 ff. Ebensowenig genügt die bloße Bezugnahme auf die Entscheidung des obersten Parteigerichts. RDStH. 18. 5. 38 RVerwBl. **52** 883 oder eines Gaugerichts. RDStH. 26. 7. 39 DVerw. **40** 156 = E. **2** 115.

Wird ein in der Einl.verfügung erhobener Vorwurf in erweiterter Form zum Gegenstand der Anschuldigungsschrift gemacht, so ist es nicht erforderlich, daß der Beschuldigte schon während der Untersuchung auf diese Möglichkeit besonders hingewiesen worden ist. Zur Wahrung der Rechte des Beschuldigten genügt es, daß die in der Anschuldigungsschrift verwerteten Tatsachen in der Untersuchung erörtert worden sind, und der Beschuldigte Gelegenheit gehabt hat, sich dazu zu äußern. In welcher Form das Untersuchungsergebnis in der Anschuldigungsschrift wiedergegeben und verwertet wird, ist Sache der Einleitungsbehörde und ihres Vertreters; der Beschuldigte braucht davon nicht vorher unterrichtet zu werden. RDStH. 8. 3. 39 RVerwBl. **60** 545 = D. Verw. **39** 524 = E. **2** 110.

Hat keine formelle Untersuchung stattgefunden, was nach § 44 Abs. 1 zulässig ist, so muß sich natürlich die Anschuldigungsschrift darauf beschränken, die Ergebnisse der Vorermittlungen, die nach den §§ 21 ff. erfolgt sein müssen, zu berücksichtigen.

Die Dienststrafgerichte sind selbstverständlich an Anträge des Vertreters der Einleitungsbehörde nicht gebunden und können auch eine strengere Strafe als die beantragte verhängen; auch können sie in den Tatsachen, in denen der Vertreter der Einleitungsbehörde ein Dienstvergehen nicht erblickt, ein solches feststellen.

Die Anschuldigungsschrift darf nur die in der Einleitungsverfügung erwähnten oder später durch Nachtragsverfügung in die Untersuchung einbezogenen Anschuldigungspunkte enthalten. Neue, in der Untersuchung hervortretende, Verfehlungen können mit abgeurteilt werden, wenn die Untersuchung oder die Vorermittlungen auf sie ausgedehnt, sie in dieser mit dem Beschuldigten erörtert und dann in die Anschuldigungsschrift aufgenommen worden sind. PrOVG. **93** 250; RDStH. 10. 3. 39 DVerw. **40** 123. Erst nach Schluß der Untersuchung hervorgetretene neue Tatsachen dürfen jedenfalls in Sachen, die nicht Dauerdelikte betreffen, ohne Untersuchung oder Ergänzung der Vorermittlungen nicht in die Anschuldigungsschrift aufgenommen werden. PrOVG. **80** 429. Treten in einer Sache, in der schon eine Anschuldigungsschrift eingereicht ist, neue Verfehlungen des Beschuldigten hervor, die noch nicht mit ihm in der Untersuchung oder in den Vorermittlungen erörtert sind, so genügt zu deren Einbeziehung in das Verfahren nicht die Einreichung einer neuen Anschuldigungsschrift. Es bleibt vielmehr nur übrig, wegen der neuen Verfehlungen eine ergänzende Untersuchung oder ergänzende Vorermittlungen einzuleiten, nach deren Abschluß einen Nachtrag zur Anschuldigungsschrift anzufertigen, die Verhandlung und Entscheidung über sie mit der auf die erste Anschuldigungsschrift zu verbinden und dieserhalb das Verfahren solange auszusetzen. PrOVG. **80** 429. Die Einleitungsbehörde hat in solchen Fällen der Dienststrafkammer mitzuteilen, daß sie neue Anschuldigungspunkte zum Gegenstand der Verhandlung machen wolle. Die Dienststrafkammer hat dann das Verfahren auszusetzen, bis der Vertreter der Einleitungsbehörde nach Ergänzung der Ermittlungen einen Nachtrag zur Anschuldigungsschrift vorlegt oder, wenn er dies nicht für erforderlich hält, die Fortsetzung des Verfahrens beantragt. Das Dienststrafgericht darf aber nicht etwa von sich aus die Ausdehnung des Verfahrens auf neue Punkte anregen. Reuß RVerwBl. **58** 880. Ein Aussetzungsantrag ist auch nur zulässig bis zum Abschluß der Hauptverhandlung des ersten Rechtszuges, d. h. bis zur Verkündung des Urteils der Dienststrafkammer. RDStH. 15. 3. 38 RVerwBl. **59** 885 = E. **1** 133; Behnke 445. Unzulässig ist es auch, daß der Dienststrafrichter an Stelle eines dem Beschuldigten in der Anschuldigungsschrift zum Vorwurf gemachten speziellen pflichtwidrigen Handelns oder Unterlassens einen veränderten Tatbestand oder eine andere Dienstverfehlung als die ihm in der Anschuldigungsschrift ausdrücklich zum Vorwurf gemachte, als erwiesen ansieht und zum Gegenstand einer Bestrafung des Beschuldigten macht.

In der Anschuldigungsschrift dürfen Tatsachen, in denen ein Dienstvergehen erblickt wird, zuungunsten des Beschuldigten nur insoweit verwertet werden, als ihm in der Untersuchung, oder falls solche nicht stattgefunden hat, in den Vorermittlungen Gelegenheit gegeben ist, sich dazu zu äußern. 2. DurchfVdg. v. 27. 8. 38 (RGBl. I 1069) Ziff. 1 zu § 53; RDStH. 6. 5. u. 7. 9. 38 RVerwBl. **59** 863 u. 1034 = E. **1** 139; RDStH. 10. 3. 39 DVerw. **40** 123. Insbes. muß ihm die Möglichkeit gegeben sein, sich zu Zeugenaussagen, die ihm ungünstig sind, zu äußern. RDStH. 8. 4. 38 RVerwBl. **59** 862; s. auch RDStH. 9. 5. 40 DVerw. 380. Dasselbe gilt von dem Inhalt der Personalakten, soweit er Gegenstand der Anschuldigung ist. Reuß RSBZ. **37** 512 u. 513 u. RVerwBl. **58** 879 u. 880 u. DVerw. **38** 500.

Die Anschuldigungsschrift begrenzt aber den Prozeßstoff nur in tatsächlicher Beziehung, nicht auch in der rechtlichen Beurteilung. Wenn

z. B. ein tatsächlicher Vorgang in der Anschuldigungsschrift nur als unerlaubte entgeltliche Nebenbeschäftigung beurteilt ist, so kann das Gericht hiervon abweichen und in diesem Vorgang eine unerlaubte Geschenkannahme erblicken. PrOVG. **97** 245; 14. 10. 36 RVerwBl, **58** 103; Behnke 439 ff.

Im übrigen sind nicht nur der Wortlaut, sondern auch der Sinn, mithin der gesamte Inhalt der Anschuldigungsschrift, für die Urteilsfindung maßgebend. RDStH. 22. 11. 37 E. **1** 4 ff. Der Satz, daß in dem schwereren Vorwurf der geringere enthalten sei, gilt für das Dienststrafrecht nicht; ist also einem Beschuldigten in der Anschuldigungsschrift, z. B. der Vorwurf gemacht, er habe in „gewinnsüchtiger Absicht" gehandelt, so kann er nicht etwa bestraft werden, wenn sich später herausstellt, er habe zwar die beanstandete Handlung, z. B. eine unrichtige Liquidation bewirkt, aber nicht in gewinnsüchtiger Absicht gehandelt. RDStH. 15. 3. 38 E. **1** 140.

Die nach beendeter Untersuchung von der zuständigen Behörde (der Einleitungsbehörde) fallengelassenen Anschuldigungspunkte werden in die Anschuldigungsschrift nicht aufgenommen. Eine besondere Einstellungsverfügung ist wegen dieser Punkte nicht erforderlich. Andererseits können Anschuldigungspunkte, die in die Anschuldigungsschrift aufgenommen sind, nach Einreichung der Anschuldigungsschrift bei der Dienststrafkammer nicht mehr fallen gelassen werden. Reuß RVerwBl. **58** 874.

2. Mit der Anschuldigungsschrift sind die **Akten an die Dienststrafkammer zu übersenden.** Hierbei ist eine Nachweisung über die persönlichen und dienstlichen Verhältnisse des beschuldigten Beamten beizufügen. Für die Angaben ist der Tag der Aufstellung der Nachweisung maßgebend. Dabei ist insbesondere anzugeben, ob der Beamte einen Anspruch auf Ruhegehalt erworben hat; der Jahresbetrag ist anzugeben. **Mit dem Eingang der Anschuldigungsschrift ist das Verfahren bei der Dienststrafkammer anhängig geworden.**

3. Verwertet die Anschuldigungsschrift Tatsachen, zu denen sich der Beschuldigte weder in der Untersuchung noch in Vorermittlungen hat äußern können, oder leidet das in zulässiger Weise eingeleitete Dienststrafverfahren an sonstigen Verfahrensmängeln, zu dem auch Mängel der Anschuldigungsschrift gehören, **so kann der Vorsitzende der Dienststrafkammer die Anschuldigungsschrift an die Einleitungsbehörde zur Behebung der Mängel zurückgeben.** § 53 Abs. 4 gilt sinngemäß. 2. DurchfVdg. v. 27. 8. 38 (RGBl. I 1069) Nr. 2 zu § 53. Macht der Vorsitzende von dieser Befugnis Gebrauch, so hat die Dienststrafkammer das Verfahren auszusetzen, bis der Vertreter der Einleitungsbehörde die Mängel behoben und einen Nachtrag zur Anschuldigungsschrift vorgelegt oder die Fortsetzung des Verfahrens beantragt hat. Durch diese Vorschrift soll vermieden werden, daß ein Dienststrafverfahren vorzeitig an Formmängeln scheitert. Die Zurückgabe der Anschuldigungsschrift kann aber nur von dem Vorsitzenden der Dienststrafkammer, nicht aber von der Kammer selbst und nur bis zum Beginn der Hauptverhandlung vor der Dienststrafkammer bewirkt werden. Ist sie erfolgt, so ist damit die Anhängigkeit des Verfahrens vor der Kammer aufgehoben und das Ver-

fahren in den Stand zurückversetzt, in dem es sich vor Einreichung der Anschuldigungsschrift bei der Dienststrafkammer befand, so daß es nunmehr nach Ergänzung der Vorermittlungen oder der Untersuchung und Beseitigung etwaiger sonstiger Mängel entweder — was der Regelfall sein wird — zur Wiedereinreichung der berichtigten, erweiterten oder eingeschränkten Anschuldigungsschrift oder auch zur Einstellung des Verfahrens kommen kann. Ender RVerwBl. **60** 431.

Solche Fälle können z. B. dann vorkommen, wenn die der Anschuldigung zugrunde liegenden Tatsachen einem vorangegangenen Strafurteil entnommen sind, ohne daß dem Beschuldigten im Dienststrafverfahren Gelegenheit gegeben ist, sich zu diesen Tatsachen zu äußern. RDStH. 7. 9. 38 RVerwBl. **59** 1034. Fehlen aber Prozeßvoraussetzungen, z. B. die Beamteneigenschaft des Beschuldigten, so kommt eine Aussetzung nicht in Frage, da solche Mängel nicht zu beheben sind. Behnke 445. Abgesehen hievon muß die Einleitungsbehörde zur Behebung der Mängel eine Untersuchung stattfinden lassen, in der erforderlichenfalls der Beschuldigte zu hören und eine Beweisaufnahme zu veranstalten ist. Keine Untersuchung ist nötig, wenn nur Mängel der Anschuldigungsschrift in Rede stehen. Behnke 448.

4. Nach Einreichung der Anschuldigungsschrift kann die **Einleitungsbehörde den weiteren Lauf des Verfahrens nicht mehr aufhalten** und das Verfahren ihrerseits nicht mehr einstellen. Ihr Vertreter darf dann auch nicht mehr die erhobene Anklage fallen lassen. PrOVG. **83** 404; PrOVG. 3. 9. 36 RVBl. **36** 1011. Ein Eingreifen bleibt dann nur noch im Wege der Niederschlagung durch den Führer und Reichskanzler möglich. Begr. Jedoch kann die Einleitungsbehörde auch jetzt noch neue Anschuldigungspunkte zum Gegenstand der Verhandlung machen; s. Anm. 1 Abs. 7. Sie kann aber jetzt nicht mehr mehrere Dienststrafverfahren miteinander verbinden oder wieder trennen. Dies Recht hat jetzt nur noch die Dienststrafkammer. § 54 Abs. 1.

Die Dienststrafkammer kann nunmehr ihrerseits das Verfahren nach § 48 — ohne einen Antrag — in Gang bringen und nach Bestellung eines Verteidigers zur Vorbereitung eines Gutachtens über den Geisteszustand des Beschuldigten seine Unterbringung in einer öffentlichen Heil- und Pflegeanstalt zur Verwahrung und Untersuchung anordnen. Gegen die Anordnung ist Beschwerde binnen 2 Wochen seit Zustellung des Beschlusses zulässig, die aufschiebende Wirkung hat. Über die Beschwerde entscheidet der Reichsdienststrafhof durch Beschluß. § 48 Abs. 2.

Nach Beginn der Hauptverhandlung werden wesentliche Verfahrensmängel, die vor der Einreichung der Anschuldigungsschrift lagen, nur zur Einstellung des Verfahrens, nicht aber — wenn sie in der Berufungsinstanz festgestellt werden — zur Aufhebung und Zurückverweisung führen können; s. unten Anm. 3 c zu § 73 letzter Absatz. Dagegen nimmt RDStH. **1** 139 an, daß in solchen Fällen die Zurückverweisung auch zu dem Zweck erfolgen könne, damit der Vorsitzende der Dienststrafkammer Gelegenheit nehmen könne nach der neuen Vorschrift der 2. DurchfV. Nr. 2 zu § 53 die Anschuldigungsschrift der Einleitungsbehörde zur Behebung des Mangels zurückzugeben. Im übrigen empfiehlt Ender RVerwBl. **61** 161 ff. die Erfordernisse der Anschuldigungsschrift im Interesse der Beschleunigung des Verfahrens nicht zu überspannen und nicht jede äußerlich mangelhafte Anschuldigungsschrift, über deren Auslegung allgemeines Einverständnis besteht, an die Einleitungsbehörde zur Behebung der Mängel zurückzugeben.

5. **Während des Krieges** ist dem § 53 Abs. 2 genügt, wenn dem Beschuldigten bis zum Eingang der Anschuldigungsschrift bei der Dienststrafkammer von der Einleitungsbehörde Gelegenheit zur Äußerung gegeben worden ist. Dies gilt bis zum Wiedereingang der Anschuldigungsschrift auch im Falle der 2. DV. v. 27. 8. 38 (s. oben Anm. 3 zu § 53), wenn die Anschuldigungsschrift an die Einleitungsbehörde zurückgegeben worden ist, weil dem Beschuldigten in der Untersuchung oder in den Vorermittlungen keine Gelegenheit zur Äußerung gegeben war. § 4 Abs. 1 V. 17. 5. 40 (RGBl. I 781). Dieser Vorschrift unterliegen alle am 20. Mai 1940 noch nicht rechtskräftig abgeschlossenen Verfahren. § 4 Abs. 2 a. a. O. Hierdurch wird zwar der Grundsatz des § 21 RDStO., wonach die Einleitung des förml. Dienststrafverfahrens regelmäßig Vorermittlungen des Dienstvorgesetzten voranzugehen haben, nicht berührt. Sind aber solche Vorermittlungen vor Einleitung des förml. Verfahrens unterblieben (z. B. mit Rücksicht auf ein vorangegangenes strafgerichtl. Verfahren) und ist auch nach § 44 Abs. 1 von der Untersuchung abgesehen worden, so bedarf es auch im Falle der 2. DurchfV. zu § 53 nicht mehr einer förml. Untersuchung nach § 44 ff., sondern nur einer Anhörung des Beschuldigten durch die Einleitungsbehörde (nicht durch den Dienstvorgesetzten, falls dieser nicht gleichzeitig Einleitungsbehörde ist). Nr. 3 Erl. d. RMdJ. 30. 5. 40 (MBl. 1021); s. auch Behnke 765.

6. **Während des Krieges** kann nach Abschluß der Untersuchung, bei der nach § 5 Abs. 1 a. a. O. ein Vertreter der Einleitungsbehörde nicht beteiligt ist, die Einleitungsbehörde den Untersuchungsführer zu ihrem Vertreter im Verfahren vor der Dienststrafkammer bestellen. § 5 Abs. 2 a. a. O. Es soll also die Bestellung eines besonderen Beamten zum Vertreter der Einleitungsbehörde erspart werden. Danach entfällt die Vertretung der Einleitungsbehörde bei den Zeugenvernehmungen und anderen Beweiserhebungen. Die übrigen Befugnisse, wie Akteneinsicht, Stellung von Beweisanträgen und von Anträgen nach § 50 Abs. 2 nimmt erforderlichenfalls die Einleitungsbehörde selbst (durch ihren Sachbearbeiter) wahr. Nr. 4 Erl. d. RMdJ. 30. 5. 40 (MBl. 1021).

Durch die Regelung des § 5 Abs. 1 u. 2 V. 17. 5. 40 (RGBl. I 781) wird auch erreicht, daß der Untersuchungsführer auf Grund seiner eingehenden Aktenkenntnis in der Lage ist, die Anschuldigungsschrift (§ 53) zu verfassen, ohne daß sich ein anderer Beamter in den Gegenstand einzuarbeiten braucht. Nr. 5 Erl. d. RMdJ. 30. 5. 40 (MBl. 1021). Macht jedoch die Einleitungsbehörde von der Möglichkeit des § 5 Abs. 2 17. 5. 40 keinen Gebrauch, so muß sie einen anderen Beamten zu ihrem Vertreter im Verfahren vor der Dienststrafkammer (§§ 53 ff.) bestellen. Wird aber der Untersuchungsführer zum Vertreter der Einleitungsbehörde bestellt, so erlischt sein Amt als Untersuchungsführer. § 22 Nr. 4 StPO. Werden daher im weiteren Verfahren neue Untersuchungshandlungen, etwa zur Vorbereitung einer Nachtragsanschuldigung nach § 53 Nr. 4 erforderlich, so muß hierfür ein anderer Beamter als Untersuchungsführer bestellt werden. Behnke 767 u. RVerwBl. **61** 329.

§ 54.

(1) Die Dienststrafkammer kann bei ihr anhängige Dienststrafverfahren in jeder Lage durch Beschluß miteinander verbinden oder wieder trennen.

(2) Der Reichsdienststrafhof kann Dienststrafverfahren, die bei verschiedenen Dienststrafkammern anhängig sind, auf Antrag einer Einleitungsbehörde oder einer beteiligten Dienststrafkammer oder eines Beschuldigten in jeder Lage durch Beschluß miteinander verbinden oder wieder trennen und die zuständige Dienststrafkammer bestimmen.

1. Während § 30 Abs. 3 die **Verbindung** und **Trennung** mehrerer Dienststrafverfahren **bis zum Eingang der Anschuldigungsschrift bei der Dienststrafkammer,** also bis zu dem Zeitpunkt, wo sie bei dieser Kammer anhängig geworden sind, durch die Einleitungsbehörde behandelt, befaßt sich § 54 Abs. 1 mit der Frage der Verbindung und Trennung solcher Dienststrafverfahren, **die bereits bei der Dienststrafkammer anhängig geworden sind.** Solche Maßnahmen können von Amts wegen oder auf Antrag eines Beteiligten erfolgen (anders Abs. 2). Es werden hier wie in § 30 Abs. 3 hauptsächlich solche Dienststrafverfahren in Betracht kommen, die sich gegen einen Beschuldigten wegen des gleichen Sachverhalts richten; vgl. § 3 StPO. Die Dienststrafkammer kann jederzeit vor oder in der Hauptverhandlung bis zur Urteilsverkündung nach freiem Ermessen durch Beschluß darüber befinden, ob sie solche Verfahren, sobald sie mit dem Eingang der Anschuldigungsschrift bei ihr anhängig geworden sind, mit einander verbinden und wieder trennen soll. So kann z. B. eine Wiedertrennung geboten sein, wenn das Verfahren gegen einen der Beschuldigten wegen dessen Abwesenheit oder schwerer Erkrankung in absehbarer Zeit nicht durchgeführt werden kann, während bei einem anderen Beschuldigten solche Hindernisgründe nicht vorliegen.

Gegen den Beschluß ist Beschwerde an den Reichsdienststrafhof nicht zulässig, da es sich um eine der Urteilsfällung vorausgehende Entscheidung im Sinne des § 66 Abs. 1 handelt.

2. Abs. 2 des § 54 regelt die Fälle der Verbindung und Wiedertrennung solcher Dienststrafverfahren, **die bei verschiedenen Dienststrafkammern** anhängig sind. Hier kann der Reichsdienststrafhof als gemeinsames höheres Gericht in jeder Lage des Verfahrens vor oder nach der Hauptverhandlung, aber nur auf Antrag eines Beteiligten, nicht von Amts wegen, die erforderlichen Maßnahmen treffen und die zuständige Dienststrafkammer bestimmen.

§ 55.

Der Vorsitzende der Dienststrafkammer stellt dem Beschuldigten eine Ausfertigung der Anschuldigungsschrift und der Nachträge (§ 53 Abs. 4) zu und bestimmt eine Frist, innerhalb deren der Beschuldigte sich schriftlich äußern kann.

1. **Eine Ausfertigung der Anschuldigungsfrist und der etwaigen Nachträge** (s. oben Anm. 1 zu § 53) **wird dem Beschuldigten** von dem Vorsitzenden der Dienststrafkammer gemäß § 19 **zugestellt.** Zweckmäßig legt daher der Vertreter der Einleitungsbehörde die Anschuldigungsschrift in doppelter Ausfertigung der Dienststrafkammer vor. Dem Verteidiger braucht die Anschuldigungsschrift nicht zugestellt zu werden. Reuß JW. 38 210. Dem Beschuldigten wird zweckmäßig bei der Zustellung der Anschuldigungsschrift mitzuteilen sein, daß er sich nunmehr nach § 56 der Hilfe eines Verteidigers bedienen könne. Reuß a. a. O.; Behnke 452 empfiehlt, dem Verteidiger eine Abschrift der Anschuldigungsschrift zu übersenden. Mit der Zustellung ist nicht die Ladung zur Hauptverhandlung zu verbinden. Vielmehr wird bei der Zustellung der Anschuldigungsschrift und etwaiger Nachträge eine **Frist bestimmt,** innerhalb deren der Beschuldigte sich zu den Anschuldigungspunkten und den vorgesehenen Beweismitteln schriftlich äußern kann. Die Frist wird je nach dem Umfang und der Bedeutung der Anschuldigungsschrift verschieden lang zu bemessen sein; das Gesetz hat absichtlich von der Bezeichnung einer bestimmten Frist Abstand genommen. Die Frist wird nicht zu kurz zu bemessen sein, damit der Beschuldigte sich einen Verteidiger nehmen und dieser die Ausarbeitung der Gegenerklärung bewirken kann. Die Frist kann auf Antrag verlängert werden. Eine Pflicht zur Äußerung auf die Anschuldigungsschrift besteht für den Beschuldigten nicht. U. U. wird die Äußerung des Beschuldigten, z. B. wenn sie neue Tatsachen oder Beweismittel enthält, dem Vertreter der Einleitungsbehörde zur Gegenerklärung mitzuteilen sein.

Auch verspätete Äußerungen sind zu berücksichtigen. Behnke 453.

§ 56.

(1) Der Beschuldigte kann sich in dem Verfahren vor der Dienststrafkammer der Hilfe eines Verteidigers bedienen. Von Amts wegen wird ein Verteidiger, abgesehen von dem Fall des § 48 Abs. 1 Satz 3, nicht bestellt.

(2) Verteidiger können die bei einem deutschen Gericht zugelassenen Rechtsanwälte und Verwaltungsrechtsräte sowie Rechtslehrer an deutschen Hochschulen sein.

1. Im § 20 PrBDStO. war vorgesehen, daß der Beschuldigte in jeder Lage des förmlichen Dienststrafverfahrens sich des Beistandes eines Verteidigers bedienen könne. Dagegen hat die RDStO. in Übereinstimmung mit § 101 Abs. 3 RBG. die **Tätigkeit eines Verteidigers erst für das Verfahren vor dem Dienststrafgericht zugelassen.** Das Verfahren wird dort nach § 53 Abs. 3 erst mit dem Eingang der Anschuldigungsschrift anhängig. Erst mit

diesem Zeitpunkt kann die Tätigkeit des Verteidigers einsetzen. Begr. Über die Bedeutung der Verteidigung, die den Grundsatz des rechtlichen Gehörs des Beschuldigten erst zur vollen Entfaltung bringt, s. Reuß BeamtJahrb. **37** 332 ff. und JW. **38** 209 ff. Im Untersuchungs- oder gar im Vorermittlungsverfahren, auch wenn es erst zur Ergänzung wegen neuer Anschuldigungen oder zur Mängelbehebung erfolgt (Behnke 455), darf ebenso wie im Dienststrafverfahren des Dienstvorgesetzten ein Verteidiger nicht offiziell tätig werden; s. aber Anm. 5 zu § 21. Mehrere Beschuldigte können einen gemeinschaftlichen Verteidiger haben. § 146 Abs. 1 StPO. Andererseits kann auch ein Beschuldigter mehrere Verteidiger haben. § 227 StPO. findet auf das Dienststrafverfahren entsprechende Anwendung.

Im Wiederaufnahmeverfahren kann schon im ersten Stadium, dem sog. Zulassungsverfahren, ein Verteidiger zugelassen werden. § 86 Abs. 3.

2. **Zu Verteidigern** können wie bisher die bei einem deutschen Gericht zugelassenen Rechtsanwälte und Verwaltungsrechtsräte, die es in Preußen nach dem PrG. v. 25. 5. 26 (GS. 163) in der Fassung v. 4. 10. 33 (GS. 367) gibt; vgl. auch G. v. 12. 6. 33 (PrGS. 209 u. 19. 4. 37 (GS. 61), auch Anwaltsassessoren (Behnke 454) und außerdem Rechtslehrer an deutschen Hochschulen (Dozenten, Honorarprofessoren, ordentl. und außerord. Professoren an den rechtswiss. Fakultäten) gewählt werden. Andere Personen können nicht gewählt werden; insbes. ist es auch nicht mehr wie nach § 20 Abs. 2 PrBDStO. zulässig, Beamte aller Art zu wählen.

Der Beschuldigte hat zu beachten, daß er auch seinem Verteidiger gegenüber zur Amtsverschwiegenheit verpflichtet ist (§ 9 Abs. 2 DBG.) und er ihm nur solche unter der Verschwiegenheitspflicht stehende Tatsachen mitteilen darf, die aus den Dienststrafakten, die nach § 57 der Einsichtnahme durch den Verteidiger unterliegen, ohne weiteres zu ersehen sind. Will er ihm noch andere Tatsachen mitteilen, zu deren Geheimhaltung er verpflichtet ist, so muß er hierzu die Genehmigung seines Dienstvorgesetzten einholen. Reuß JW. **34** 1385 ff.; Wittl. 563; **a. M.** Schunke, Mitteil. d. Reichsrechtsanwk. **39** 179.

3. Der Verteidiger, der in Abwesenheit des Beschuldigten auftritt, muß sich durch eine **Vollmacht,** die nicht beglaubigt zu sein braucht, ausweisen; sonst kann er zurückgewiesen werden. Die Vollmacht ist urkundensteuerfrei. § 27 Abs. 6 Nr. 1 UrkStG. 5. 5. 36 (RGBl. I 407). Eine Mitteilung des Beschuldigten zu den Dienststrafakten, daß er einer — näher zu bezeichnenden — Person Vollmacht erteilt habe, ist eine ausreichende Bevollmächtigung.

4. **Von Amts wegen** wird ein Verteidiger im förml. Dienststrafverfahren nicht bestellt. Nur im Fall des § 48 Abs. 1, also bei der Unterbringung des Beschuldigten in einer öffentlichen Heil- und Pflegeanstalt zur Vorbereitung eines Gutachtens über seinen Geisteszustand, hat der Vorsitzende der Dienststrafkammer von Amts wegen für dieses Untersuchungsverfahren dem Beschuldigten einen Beamten zum Verteidiger zu bestellen.

Ob dem Beschuldigten auf Antrag ein Verteidiger von der Dienststrafkammer bestellt werden kann, ist streitig. Man wird sich jedoch gegen die Zulässigkeit eines solchen Antrages aussprechen müssen, Anträge auf Bestellung eines Verteidigers sind also grundsätzlich abzulehnen. Wittland Deutsche Justiz **35** 353 u. BeamtJahrb. **35** 711; Behnke 454.

5. Es ist zulässig, einen **Pfleger** gemäß § 15 für den geisteskranken oder sonst verhandlungsunfähigen Beschuldigten im förml. Dienststrafverfahren zu bestellen.

Ein anderer gesetzlicher Vertreter des Beschuldigten ist nach Einreichung der Anschuldigungsschrift als Beistand zuzulassen und auf sein Verlangen zu hören. Zeit und Ort der Hauptverhandlung sollen ihm rechtzeitig mitgeteilt werden. Dies gilt entsprechend für den Ehemann einer beschuldigten Beamtin § 149 Abs. 1 und 2 StPO.

Diese gesetzlichen Vertreter können dem Beschuldigten einen Verteidiger bestellen.

6. Die **Kosten der Verteidigung** können, wenn der Beschuldigte freigesprochen oder das förml. Dienststrafverfahren aus andern als den im § 98 Abs. 2 bezeichneten Gründen eingestellt wird, unter besonderen Umständen (s. Anm. 2 zu § 100) dem Reich auferlegt werden. Es muß dies aber ausdrücklich geschehen; sonst trägt das Reich diese Kosten nicht. Dasselbe gilt auch für das Wiederaufnahmeverfahren. § 100.

7. Die Deutsche GebOfRA. findet auf die Tätigkeit der Rechtsanwälte und Verwaltungsrechtsräte im Dienststrafverfahren dergestalt Anwendung, daß das Verfahren vor der Dienststrafkammer im Sinne der GebO. dem Verfahren vor dem Schöffengericht gleichgeachtet wird; s. § 91 Abs. 1 Nr. 3 RAGebO. in der Fassung v. 5. 7. 27 (RGBl. I 162); PrOVG. 1. 12. 36 RVerwBl. **58** 263. Nach § 63 dieser GebO. in der Fassg. v. 6. 11. 40 (RGBl. I 1473) erhält der RA. als Verteidiger im Hauptverfahren vor dem Schöffengericht 40 RM. Damit ist seine gesamte Tätigkeit in der Instanz abgegolten. Vgl. im übrigen — auch wegen der Vertretung im Vorverfahren (s. oben Anm. 5 zu § 21) Mumm JW. **37** 1384 u. Wittmack DVerwBl. **37** 390, 391.

§ 57.

Der Beschuldigte und sein Verteidiger können nach Zustellung der Anschuldigungsschrift die der Dienststrafkammer vorgelegten Akten, mit Ausnahme von Personalakten, einsehen und Abschriften daraus entnehmen. Der Vorsitzende der Dienststrafkammer kann ihnen auch Auszüge aus den Personalakten, soweit diese Belastendes enthalten, vorlegen.

1. Die Rechte des Beschuldigten und seines Verteidigers auf **Akteneinsicht** waren durch die PrVDStO. bedeutend erweitert worden. Es mußte ihnen nämlich schon vor Zustellung der Anschuldigungsschrift die Einsicht gewährt werden, wenn hierdurch nicht der Untersuchungszweck gefährdet wurde. Ein solches Recht besteht jetzt nicht mehr. Der Beschuldigte und sein Verteidiger haben also kein Recht, die Akten eher einzusehen, als bis ihnen die Anschuldigungsschrift zugestellt ist und sie nunmehr zur Vorbereitung der Verteidigung sich mit dem Akteninhalt vertraut machen müssen. Es steht aber nichts im Wege, daß ihnen die Einsicht von der Einleitungsbehörde oder dem Untersuchungsführer schon früher gestattet wird.

2. **Nach Zustellung der Anschuldigungsschrift** können sowohl der Beschuldigte wie sein Verteidiger **die der Dienststrafkammer** vom Vertreter der Einleitungsbehörde **vorgelegten Akten** einschließlich der Beiakten, z. B. Strafakten, mit Ausnahme von Personalakten, **jederzeit** auf der Geschäftsstelle der Dienststrafkammer **einsehen** und Auszüge und Abschriften entnehmen. Sie können aber nicht verlangen, daß das Dienststrafgericht ihnen Auszüge und Abschriften erteilt. RDisH. 29. 6. 08 Schulze-Simons 454; Koenig BeamtJahrb. **37** 111. Werden aber solche auf Antrag erteilt, so können hierfür in entsprechender Anwendung der §§ 75 Abs. 2 u. 76 DGKG. Schreibgebühren schon vor Erlaß des Urteils und unabhängig von dessen Ergebnis und der damit verbundenen Kostenentscheidung in Ansatz gebracht werden. KGDienststrafK. 4. 11. 37 JW. **38** 660.

Der Vertreter der Einleitungsbehörde hat ein viel weitgehendes Recht und kann sich nach § 50 Abs. 1 Satz 2 auch während der Untersuchung jederzeit durch Einsichtnahme in die Akten einschl. der Personalakten über den Stand der Untersuchung unterrichten. Über die Frage, welche Akten dem Dienststrafgericht von anderen Behörden vorenthalten werden können s. Reuß JW. **38** 2961 ff.

3. Das Recht auf Akteneinsicht erstreckt sich nicht auf die Handakten des Vertreters der Einleitungsbehörde und auf solche Vorgänge, die den inneren dienstlichen Geschäftsgang beim Dienststrafgericht (z. B. die Senatsakten beim RDStH.) berühren. Koenig BeamtJahrb. **37** 111. Sie erstreckt sich auch nicht **auf die Personalakten,** da diese jetzt wieder Geheimakten sind. PrOVG. **95** 244 = JW. **35** 2676; PrOVG. 27. 5. 36 JW. **36** 2277. Jedoch handelt es sich hierbei nur um die Personalakten im formellen Sinne und es bilden Dienststrafakten nicht Teile der Personalakten im Sinne des § 57, sondern sind auch nach Beendigung des Dienststrafverfahrens gesondert zu führen, so daß bei einem neuen Dienststrafverfahren die Akten des früheren Dienststrafverfahrens eingesehen werden können. Reuß DVerwBl. **38** 492; **a. M.** Wittland 568. Jedoch hebt Reuß DVerwBl. **38** 463 mit Recht hervor, daß Unterlagen, die nicht in die Personalakten gehören, nicht dadurch der Einsichtnahme entzogen werden können, daß sie — rein äußerlich — zu den Personalakten genommen werden.

Es kann der Vorsitzende der Dienststrafkammer dem Beschuldigten und seinem Verteidiger Auszüge aus den Personalakten, soweit diese Belastendes, z. B. ungünstige Äußerungen der Dienstvorgesetzten über die Führung, Kenntnisse und Charaktereigenschaften enthalten, vorlegen; a. M. Krauthausen 213 und Behnke 458, die unter „Belastendes" nur tatsächliche Vorgänge, keine Werturteile verstehen. Gegen die Entscheidungen des Vorsitzenden ist Beschwerde gegeben. Denn wenn auch § 66 nach seinem Wortlaut die Beschwerde nur gegen Entscheidungen der Dienststrafkammer, nicht des Vorsitzenden zuläßt, so ist doch nach den gemäß § 20 RDStO. anwendbaren §§ 304 StPO. die Beschwerde nicht nur gegen die Beschlüsse der Kammer, sondern auch des Vorsitzenden zulässig. So auch RDStH. 30. 7. 38 JW. **38** 2620 = E. **1** 146. Dies gilt nicht bloß von solchen Beschwerden, die sich auf Rechtsverstöße beziehen, sondern auch von solchen, die sich gegen bloße sog. Ermessensentscheidungen richten. Dies nimmt Reuß JW. **38** 2621 ff. gegen RDStH. a. a. O. und OVG. **98** 261 mit Recht an. Der Vorsitzende wird bei seiner Entscheidung berücksichtigen müssen, daß Tatsachen, die in den Personalakten enthalten sind, in die vorzulegenden Auszüge stets dann aufzunehmen sein werden, wenn sie für die Einleitung und die Durchführung des Dienststrafverfahrens von Bedeutung sind. Dienststrafsenat beim RG. 2. 4. 36 DJ. 1194. Es darf die Verteidigung des Beschuldigten, wenn es sich für ihn um wichtige belastende Dinge handelt, nicht durch Verschließung der Personalakten verkümmert werden; es muß ihm vielmehr Gelegenheit gegeben werden, hierzu Stellung zu nehmen. Andere als belastende Umstände dürfen ihm oder seinem Verteidiger nicht mitgeteilt werden, können aber natürlich vom Gericht zugunsten des Beschuldigten verwertet werden.

Auch solche Akten, die — abgesehen von den Personalakten — aus besonderen Gründen, z. B. wegen der von der übersendenden Behörde ausbedungenen Geheimhaltungspflicht (etwa Gaugerichtsakten) Dritten nicht zugänglich gemacht werden dürfen, dürfen weder dem Verteidiger noch dem Beschuldigten vorgelegt, dann aber auch nicht von dem Gericht bei der Urteilsfällung verwertet werden. RDStH. 30. 7. 38 E. **1** 146 = JW. 2620 und Reuß a. a. O. und JW. **38** 2961 ff.; RG. 4. StrafS. 15. 7. 38 JW. **38** 2959; s. auch RGSt. **42** 291.

4. Auf Antrag des Beschuldigten oder des Verteidigers, der nicht am Sitze des Dienststrafgerichts wohnt, **können die Untersuchungsakten** ohne die Personalakten zur Einsicht an eine Reichs-, Landes- oder Gemeindebehörde, am zweckmäßigsten an das für den Wohnsitz des die Einsicht Begehrenden zuständige Amtsgericht **gesandt** werden. RFM. v. 23. 2. 25 (RFBl. 51). Sie können auch dem Verteidiger in seine Wohnung verabfolgt werden. Kummerow ZBR. **5** 7 hält die Verabfolgung der Akten in die Wohnung des Verteidigers wegen der Gefahr des Verlustes sowie der nicht rechtzeitigen Rückgabe für nicht unbedenklich. Dem kann nicht beigetreten werden, da die Person des Verteidigers wohl in den allermeisten Fällen ausreichende Gewähr für Vermeidung dieser Umstände bieten wird, So auch Koenig BeamtJahrb. **34** 111 und Behnke 458.

§ 58.

(1) Nach Ablauf der Frist des § 55 setzt der Vorsitzende den Termin zur Hauptverhandlung an und lädt hierzu den Vertreter der Einleitungsbehörde, den Beschuldigten und seinen Verteidiger. Er lädt ferner die

Zeugen und Sachverständigen, deren persönliches Erscheinen er für erforderlich hält; ihre Namen sollen in den Ladungen des Vertreters der Einleitungsbehörde, des Beschuldigten und seines Verteidigers angegeben werden. Ebenso ordnet er die Herbeischaffung anderer Beweismittel an, die er für notwendig hält.

(2) Ist der Beschuldigte Mitglied der Nationalsozialistischen Deutschen Arbeiterpartei, so ist dem Stellvertreter des Führers eine Abschrift der Ladung (Abs. 1 Satz 1) zu übersenden.

(3) Zwischen der Zustellung der Ladung und der Hauptverhandlung muß eine Frist von mindestens einer Woche liegen, wenn der Beschuldigte nicht auf die Einhaltung der Frist verzichtet; es gilt als Verzicht, wenn der Beschuldigte sich auf die Hauptverhandlung eingelassen hat, ohne zu rügen, daß die Frist nicht eingehalten sei. Liegt der dienstliche Wohnsitz oder der Wohnort des Beschuldigten im Ausland, so hat der Vorsitzende die Frist angemessen zu verlängern.

1. Wenn die Frist des § 55 zur Erklärung des Beschuldigten auf die Anschuldigungsschrift und etwaige Nachträge abgelaufen ist, setzt der Vorsitzende der Dienststrafkammer **den Termin zur Hauptverhandlung an.**

2. **Die Sitzung zur Hauptverhandlung** ist so zu bestimmen, daß zwischen ihr und der Zustellung der Ladung an den Vertreter der Einleitungsbehörde, den Beschuldigten und seinen Verteidiger ein Zeitraum liegt, der es dem Beamten und seinem Verteidiger sowie dem Vertreter der Einleitungsbehörde ermöglicht, die Hauptverhandlung vorzubereiten. PrOVG. **88** 401. Auch muß die Frist, deren Mindestdauer in Übereinstimmung mit § 217 StPO. auf eine Woche seit Zustellung der Ladung bemessen ist, um deswillen geräumig sein, damit der Vertreter der Einleitungsbehörde sich auf eine etwaige Gegenerklärung des Beschuldigten oder seines Verteidigers äußern und etwaige vom Beschuldigten oder seinem Verteidiger beantragte erhebliche Beweise beschaffen kann. Ist die Frist zu kurz bemessen, so kann dies unter Umständen zur Vertagung der mündlichen Verhandlung führen, auch mitunter als wesentlicher Mangel des Verfahrens, der auf Berufung zur Aufhebung des Urteils erster Instanz Anlaß geben kann, angesehen werden. PrOVG. v. 1. 3. 29 RuPrVBl. **50** 317; RDStH. 9. 5. 40 DVerw. 380. So ist es in einem Falle zur Aufhebung und Zurückverweisung gekommen, in dem der Beschuldigte wegen zu kurzer Ladungsfrist keinen Verteidiger bestellen konnte. RDStH. 17. 2. 38 RVerwBl. **59** 692 = E. **1** 155. Der Beschuldigte kann aber auf die Einhaltung der Frist verzichten; es gilt als Verzicht, wenn es sich auf die Hauptverhandlung eingelassen hat, ohne die Nichteinhaltung der Frist zu rügen. Hat er aber die Rüge der Nichteinhaltung der Ladungsfrist ausdrücklich aufrechterhalten, und um Vertagung der Verhandlung gebeten und sich nach Ablehnung seines Vertagungsantrages auf die Verhandlung eingelassen, so liegt darin kein Verzicht auf Einhaltung der Ladungsfrist. RDStH. 9. 5. 40 DVerw. 380.

Eine angemessene Verlängerung der Frist muß erfolgen, wenn der dienstliche Wohnsitz oder der Wohnort des Beschuldigten im Ausland liegt; auch im übrigen kann der Vorsitzende auf begründeten Antrag des Beschuldigten oder seines Verteidigers die Frist angemessen verlängern. Reuß JW. **38** 210.

3. In der **Ladung** wird zweckmäßig dem Beschuldigten, falls nicht schon die Bestellung eines Verteidigers zu den Akten bekannt geworden ist, mitzuteilen sein, daß er sich des Beistandes eines Verteidigers bedienen, oder wenn er nicht erscheine, sich durch einen Verteidiger vertreten lassen könne. Es kann aber auch, falls er seinen dienstlichen Wohnsitz nicht im Ausland hat, sein persönliches Erscheinen von dem Vorsitzenden der Dienststrafkammer unter der Androhung angeordnet werden, daß bei seinem Ausbleiben ein Verteidiger zu seiner Vertretung nicht werde zugelassen werden. § 59 Abs. 1.

Die Ladung ist sowohl dem Vertreter der Einleitungsbehörde wie dem Beschuldigten, seinem etwa nach § 15 bestellten Pfleger und seinem Verteidiger, falls er schon benannt ist, nach § 19 zuzustellen. Nr. 1 a DurchfV. zu § 19. Hat der Vertreter der Einleitungsbehörde seinen dienstlichen Wohnsitz nicht am Orte der Dienststrafkammer, so kann ihm die Einleitungsbehörde für die Hauptverhandlung einen am Sitz der Dienststrafkammer wohnenden Terminvertreter bestellen. Breithaupt 172. Vertritt der Verteidiger mehrere Beschuldigte, so wird ihm nur eine Ladung zugestellt; in der Ladung sind sämtliche Beschuldigte, gegen die die Hauptverhandlung stattfinden soll, soweit der Verteidiger für sie auftritt, zu bezeichnen. § 218 Abs. 2 StPO.

Das Erscheinen des Beschuldigten kann nicht erzwungen werden. Das Nichterscheinen hat keine anderen Folgen als die, welche sich auch sonst ergeben, wenn der Beschuldigte nicht erscheint und sich deshalb nicht mündlich verteidigen kann. Der Beschuldigte hat ein Recht auf Erscheinen in der Hauptverhandlung und dieses Recht darf ihm nicht verkümmert werden.

Nach § 58 Abs. 1 Satz 2 hat der Vorsitzende der Dienststrafkammer die Zeugen und Sachverständigen, deren persönliches Erscheinen er für erforderlich hält, gemäß § 19 RDStO. und Nr. 1 a DurchfV. zu § 19 (unter Hinweis auf die im § 51 StPO. bezeichneten Folgen unentschuldigten Ausbleibens) zu laden. Er wird dabei auch zur Ersparung unnötiger Kosten vorsichtig sein müssen und nur solche — und zwar bereits früher vernommene oder neu zu vernehmende — Zeugen und Sachverständige zur mündlichen Verhandlung vorladen dürfen, deren Vernehmung zur Aufklärung des Sachverhalts dringend geboten ist, z. B. um Widersprüche zwischen ihren Aussagen und den Aussagen des Beschuldigten oder anderer Zeugen aufzuklären, einen persönlichen Eindruck von der Glaubwürdigkeit wichtiger Zeugen zu gewinnen und dgl. Er hat aber zu beachten, daß eine Wiederholung der Beweisaufnahme, deren Schwerpunkt in der Untersuchung liegt, in der Hauptverhandlung regelmäßig nicht erfolgen darf und daher die Ladung von Zeugen und Sachverständigen zur Hauptverhandlung eine Ausnahme sein soll. Behnke 461. Er kann aber auch solche Zeugen und Sachverständige laden, die in der Untersuchung uneidlich vernommen sind, deren Vereidigung er aber für nötig hält. Wittland JW. **32** 909. Die Namen der vom Vorsitzenden geladenen Zeugen und Sachverständigen sind in der Ladung des Beschuldigten und seines Verteidigers sowie des Vertreters der Einleitungsbehörde anzugeben, damit diese sich über die Ladung weiterer Personen schlüssig machen können. Verlangt der Beschuldigte oder der Vertreter der Einleitungsbehörde die Ladung von Zeugen oder Sachverständigen oder die Herbeischaffung anderer Beweismittel zur Hauptverhandlung, so hat er unter Angabe der Tatsachen, über die der Beweis erhoben werden soll, seine Anträge beim Vorsitzenden der Kammer zu stellen. Die hierauf ergehende Verfügung ist ihm bekannt zu machen. Soweit den Beweisanträgen stattgegeben ist, sind sie dem Gegner des Antragstellers mitzuteilen. § 219 StPO.

Lehnt der Vorsitzende die vom Beschuldigten oder vom Vertreter der Einleitungsbehörde beantragte Ladung weiterer Personen als Zeugen oder Sachverständige ab, so können sie diese Personen oder auch andere, die ihnen wichtig erscheinen, unmittelbar laden. § 220 Abs. 1 StPO.; PrOVG. 14. 10.36 RVerwBl. **58** 103; Wittland NSBZ. **34** 172; Mumm JW, **37** 1382; Behnke 464. Die Ladung erfolgt nach § 19. Eine vom Beschuldigten unmittelbar geladene Person ist nur dann zum Erscheinen verpflichtet, wenn ihr bei der Ladung die gesetzliche Entschädigung für Reisekosten und Versäumnis bar dargeboten oder deren Hinterlegung bei der Geschäftsstelle der Dienststrafkammer nachgewiesen wird, Ergibt sich in der Hauptverhandlung, daß die Vernehmung einer unmittelbar geladenen Person zur Aufklärung der Sache dienlich war, so hat die Dienststrafkammer auf Antrag anzuordnen, daß ihr die gesetzliche Entschädigung aus der Reichskasse zu gewähren sei. § 220 Abs. 2 und 3 StPO.

Der Beschuldigte hat die von ihm unmittelbar geladenen oder zur Hauptverhandlung zu stellenden Zeugen und Sachverständigen rechtzeitig dem Vertreter der Einleitungsbehörde mit Wohn- oder Aufenthaltsort anzugeben. Dieselbe Verpflichtung hat der Vertreter der Einleitungsbehörde gegenüber dem Beschuldigten, wenn er seinerseits Zeugen oder Sachverständige unmittelbar zur Hauptverhandlung lädt. § 222 StPO. Bei beamteten Zeugen und Sachverständigen ist auch im Falle dieser unmittelbaren Ladung die Genehmigung des Dienstvorgesetzten nicht etwa von dem, der die Ladung bewirkt, sondern von dem Vorsitzenden der Dienststrafkammer einzuholen. Die Dienststrafkammer ist aber nicht verpflichtet, diese Personen in der Hauptverhandlung zu hören. Denn nach § 61 Abs. 2 werden diese Personen nicht vernommen, wenn die Dienststrafkammer ihre Vernehmung für unerheblich erklärt.

Ist anzunehmen, daß die Hauptverhandlung sich auf längere Zeit erstreckt, so kann der Vorsitzende bestimmen, daß alle oder einzelne Zeugen und Sachverständige zu einem späteren Zeitpunkt als dem Beginn der Hauptverhandlung geladen werden. § 214 Abs. 2 StPO.

Der Vorsitzende hat auch die Herbeischaffung anderer Beweismittel — abgesehen von Zeugen und Sachverständigen — z. B. von Urkunden, Akten usw. anzuordnen, soweit er sie für notwendig hält.

Hiernach ist dem Vorsitzenden als dem Führer des Gerichts über die Ausgestaltung der Beweisaufnahme in der Hauptverhandlung ein weitgehendes Ermessen eingeräumt, das ihn zur sorgfältigen Prüfung der Sachlage und der Akten schon vor der Hauptverhandlung zwingt.

In den Fällen des § 223 StPO, und auch sonst aus Zweckmäßigkeitsgründen (Behnke 463) kann die Dienststrafkammer durch Beschluß — nicht der Vorsitzende allein — die kommissarische Vernehmung von Zeugen und Sachverständigen durch einen beauftragten oder ersuchten Richter vor der Hauptverhandlung anordnen. Zu solchen Vernehmungen müssen die Beteiligten (Vertreter der Einleitungsbehörden, der Beschuldigte und sein etwaiger Verteidiger) geladen werden. Auch sonst kann das Dienststrafgericht die von ihm für erforderlich gehaltenen Beweiserhebungen auch schon vor der Hauptverhandlung beschließen und durchführen, z. B. über neue Schutzbehauptungen des Beschuldigten; um die — wenn zulässige — eidliche Vernehmung von Zeugen kann das zuständige Amtsgericht ersucht werden. RDStH. 18. 7. 39 E. 2 119.

Ist der Beschuldigte Mitglied der NSDAP, oder Parteianwärter, so ist dem Stellvertreter des Führers nebst einer Abschrift der Anschuldigungsschrift (DurchfV. zu § 58) in 3 Stücken eine Abschrift der an den Vertreter der Einleitungsbehörde, den Beschuldigten und den Verteidiger ergangenen Ladung — formlos — ebenfalls in 3 Stücken unmittelbar (s. RuPrMdJ, 15. 3. 38 MBl. 457) mitzuteilen. Dabei ist anzugeben, welche Mitgliedsnummer der NSDAP. der Beamte führt, ob er Ehrenzeichenträger ist und welche Parteiämter er innehat. RuPrMdJ. 15. 3. 38 (MBl. 457). Der Stellvertreter des Führers kann nach § 60 Abs. 2 einen Beauftragten in die Hauptverhandlung entsenden. Diese Vorschriften gelten nicht für Wehrmachtsbeamte. § 113 Abs. 3.

8. Hauptverhandlung.

§ 59.

(1) Die Hauptverhandlung findet statt, auch wenn der Beschuldigte nicht erschienen ist. Er kann sich durch einen Verteidiger vertreten lassen. Der Vorsitzende der Dienststrafkammer kann aber, sofern der Beschuldigte seinen dienstlichen Wohnsitz nicht im Ausland hat, das persönliche Erscheinen des Beschuldigten anordnen und ihm dabei androhen, daß bei seinem Ausbleiben ein Verteidiger zu seiner Vertretung nicht zugelassen werde.

(2) Ist der Beschuldigte vorübergehend verhandlungsunfähig, so kann das Verfahren bis zur Dauer von vier Wochen ausgesetzt werden; ist er aus zwingenden Gründen am Erscheinen verhindert, und hat er dies rechtzeitig mitgeteilt, so ist ein neuer Termin zur Hauptverhandlung anzusetzen.

1. Der Beschuldigte ist zwar **zum Erscheinen in der Hauptverhandlung nicht verpflichtet** und kann nicht gezwungen werden, der Ladung nachzukommen. Er kann sich vielmehr durch seinen Verteidiger vertreten lassen, aber auch ohne Vertretung der Verhandlung fernbleiben. Er muß sich aber darüber klar sein, daß sein Nichterscheinen sich u. U. für ihn sehr nachteilig auswirken kann, da er dann nicht in der Lage ist, durch Beteiligung an der Verhandlung Unklarheiten, Mißverständnisse usw. aufzuklären und solche Umstände zu entkräften, die ihm nachteilig sind. Es wird ihm also in aller Regel zu empfehlen sein, in der Hauptverhandlung selbst seine Rechte wahrzunehmen. U. U. kann er auch durch den persönlichen Eindruck, den das Gericht von ihm gewinnt, Vorteile hinsichtlich der Schuldfrage, des Strafmaßes und der Zubilligung eines Unterhaltsbeitrages neben der Strafe der Entfernung aus dem Dienst oder der Aberkennung des Ruhegehalts (§ 64 Abs. 1) erzielen.

2. Es ist aber nicht in allen Fällen dem Ermessen des Beschuldigten überlassen, ob er in der Hauptverhandlung erscheinen will. Vielmehr kann — wenn er nicht seinen dienstlichen Wohnsitz im Ausland hat, also Schwierigkeiten mit der Reise zum Termin hat — vom Vorsitzenden der Dienststrafkammer **sein persönliches Erscheinen** mit der Androhung angeordnet werden, daß bei seinem Ausbleiben ein Verteidiger zu seiner Vertretung nicht zugelassen werde. Das persönliche Erscheinen wird z. B. geboten sein, wenn sich das Sachverhältnis ohne seine Anwesenheit nur schwer aufklären läßt oder wenn es erforderlich erscheint, ihn den Zeugen zur Aufklärung von Widersprüchen usw. gegenüberzustellen. Erscheint der Beschuldigte trotz der Androhung nicht, so wird sein Verteidiger nicht zugelassen; im übrigen hat aber sein Nichterscheinen keine weiteren besonderen Nachteile zur Folge (s. aber Anm. 1). Der Ausschluß des Verteidigers beschränkt sich aber auf die Hauptverhandlung; im übrigen ist der Verteidiger nicht verhindert, seine Tätigkeit weiter zu entfalten. Reuß JW. **38** 209.

Ist die Androhung unterblieben und trotzdem bei seinem Nichterscheinen ein Verteidiger nicht zugelassen worden, so ist dies ein so schwerer Mangel des Verfahrens, daß das Berufungsgericht das erste Urteil aufzuheben und die Sache in die Vorinstanz zurückzuverweisen hätte. Denn dann wäre dem Beschuldigten nicht das erforderliche rechtliche Gehör gewährt worden. Bad. VerwGerHof als Disziplinarhof v. 26. 3. 35 RVBl. **57** 76.

3. Der Beschuldigte kann verlangen, daß er in der Hauptverhandlung gehört wird und dort seine Verteidigung entfalten kann. RDisH. 16. 10. 28 Foerster-Simons 295. Hierzu ist er aber nicht in der Lage, wenn er infolge seines körperlichen oder geistigen Zustandes **verhandlungsunfähig** ist; vgl. hierzu Anm. 4 zu § 15. In der Regel wird in einem solchen Falle gemäß § 15 Abs. 2 die Einleitungsbehörde (§ 29) beim Amtsgericht die Bestellung eines Pflegers zur Wahrnehmung der Rechte des Beschuldigten in dem Verfahren beantragen. Ist aber die Verhandlungsfähigkeit nur **vorübergehend**, so kann von der Bestellung eines Pflegers einstweilen abgesehen werden. Es kann dann durch Beschluß der Dienststrafkammer das Verfahren bis zur Dauer von 4 Wochen ausgesetzt werden. Ist der Beschuldigte aber bis zum Ablauf dieser 4 Wochen nicht wieder verhandlungsfähig geworden, so wird zur Pflegerbestellung geschritten werden müssen. Ist dies geschehen, so kann das Verfahren nach § 15 Abs. 1 fortgesetzt werden. Ist er aus zwingenden Gründen, z. B. wegen schwerer Erkrankung am Erscheinen verhindert und hat er dies rechtzeitig mitgeteilt, so muß unter Aufhebung des bisherigen Termins ein neuer Termin zur Hauptverhandlung bestimmt werden. Ist er nicht auf freiem Fuß, so muß er auf sein Verlangen vorgeführt werden. Die Aussetzung des Verfahrens bis zu seiner Entlassung aus der Strafhaft kann er aber regelmäßig nicht verlangen.

Die Verhinderung des Verteidigers ist kein *zwingender* Grund zur Verlegung des Termins (§ 228 Abs. 2 StPO.); jedoch *kann* der Vorsitzende nach seinem Ermessen den Termin verlegen. So auch *Behnke* 467..

4. § 235 StPO. ist entsprechend anzuwenden und dem Beschuldigten, der am Erscheinen in der Hauptverhandlung infolge unabwendbarer Umstände verhindert war, ist die **Wiedereinsetzung in den vorigen Stand** zu gewähren. RDStH. 12. 12. 39 (DVerw. **40** 252); *Koenig* BeamtJahrb. **36** 248; *Wittland* 579; *Heyland* 267; *Behnke* 467. Denn es muß ihm die Möglichkeit zugebilligt werden, sich in der Hauptverhandlung zu verteidigen; ist ihm diese Möglichkeit ohne seine Schuld genommen, so fordert es die Gerechtigkeit, sie ihm nachträglich zu gewähren, es sei denn, daß er seine Rechte durch einen Verteidiger hatte wahrnehmen lassen. Der Beschuldigte kann also nach § 235 StPO. binnen einer Woche nach der Zustellung des Urteils die Wiedereinsetzung in den vorigen Stand unter den gleichen Voraussetzungen wie gegen die Versäumung einer Frist (s. §§ 41—44 StPO. und unten Anm. 6 zu § 68) bei der Dienststrafkammer nachsuchen. Wird das Gesuch abgelehnt, so findet nach § 66 RDStO. Beschwerde an den Reichsdienststrafhof statt. Hatte er aber einen Verteidiger, so ist die Wiedereinsetzung ausgeschlossen.

§ 60.

(1) Die Hauptverhandlung ist nicht öffentlich. Der Reichsminister des Innern und die von ihm ermächtigten Personen sowie Vorgesetzte des Beschuldigten oder von ihnen beauftragte Beamte können der Verhandlung beiwohnen. Der Vorsitzende der Dienststrafkammer kann andere Personen zulassen, wenn ein durch körperliche Gebrechen behinderter Beschuldigter ihrer zur Hilfeleistung bedarf.

(2) Ist der Beschuldigte Mitglied der Nationalsozialistischen Deutschen Arbeiterpartei, so kann der Stellvertreter des Führers einen Beauftragten in die Hauptverhandlung entsenden.

1. Die Hauptverhandlung ist in allen Dienststrafsachen in ganz Deutschland nicht öffentlich. Auch die Urteilsverkündung ist nicht öffentlich. Die Einführung der Öffentlichkeit war seinerzeit im § 103 RBG. und in den preußischen Dienststrafgesetzen hauptsächlich um deswillen erfolgt, weil es der Hebung des Vertrauens aller Bevölkerungskreise zur öffentlichen Verwaltung diene, wenn Dienstvergehen der Beamten öffentlich erörtert würden. Der nationalsozialistische Staat bedarf dieses Mittels, sich des Vertrauens des Volkes zu versichern, nicht. Andererseits dient es zugleich dem Ansehen der Behörde, der der beschuldigte Beamte angehört, wie der Verwaltung überhaupt und der gesamten Beamtenschaft, wenn die Erörterungen über ihre amtlichen Verhältnisse der Öffentlichkeit entzogen sind. Auch die Hauptverhandlung im ehrengerichtlichen Verfahren gegen Rechtsanwälte ist nicht öffentlich. § 85 RAnwO.

2. Die Nichtöffentlichkeit der Verhandlung steht der **Anwesenheit der Vorgesetzten des Beschuldigten** oder der vom Vorgesetzten beauftragten Beamten bei den Verhandlungen vor dem erkennenden Gerichte nicht entgegen. Denn der Dienstvorgesetzte hat ein lebhaftes dienstliches Interesse daran, sich selbst oder durch seine Beauftragten ein Bild von dem Beschuldigten und den gegen ihn erhobenen Vorwürfen in der mündlichen Verhandlung zu machen. Zutritt zur Hauptverhandlung haben ferner auch der Reichsminister des Innern (bei Dienststrafgerichten im Bereich der Justiz der RJM.; s. § 109 Abs. 1 Nr. 4 Satz 2) als Aufsichtsbehörde der Dienststrafgerichte und die von ihm ermächtigten Personen. Zu letzteren gehören besonders solche, die, wie z. B. ausländische Besucher, den Geschäftsgang bei den deutschen Dienststrafgerichten kennen lernen wollen. Im Verfahren gegen Wehrmachtsbeamte tritt an Stelle des Reichsministers des Innern der Chef des Oberkommandos der Wehrmacht. V. v. 13. 12. 38 (RGBl. I 1816) zu § 60 RDStO.

Zur Hilfeleistung gebrechlicher Beschuldigter können auch andere Personen zugelassen werden und zwar auch neben einem Verteidiger. Krauthausen 215.

Ist der Beschuldigte Mitglied der NSDAP., so kann der Stellvertreter des Führers, dem nach § 58 Abs. 2 eine Abschrift der Ladung des Beschuldigten usw. zugegangen ist, **einen Beauftragten in die Hauptverhandlung entsenden.** Dies gilt auch für Beweiserhebungen vor einem beauftragten oder ersuchten Richter, die einen Teil der Hauptverhandlung bilden. v. Bohlen JW. **36** 1924; Keßler und Lefringhausen „Deutsche Rechtspflege **36** 259 ff.; s. ebenda S. 245, nicht aber für die Untersuchung; s. oben Anm. 1 zu § 49. Diese Vorschriften gelten nicht für Wehrmachtbeamte. § 113 Abs. 3.

Der Beauftragte des Stellvertreters des Führers, der sich nur informieren soll, ist nicht Prozeßbeteiligter und nicht befugt, Anträge zu stellen oder sonst in die Verhandlung durch Befragung von Zeugen und Sachverständigen usw. einzugreifen. Er braucht nicht Beamter zu sein; er kann von Fall zu Fall oder auch durch allgemeine Anordnung bestellt werden. Goedecke bei Pfundtner-Neubert RDStO. S. 38.

§ 61.

(1) In der Hauptverhandlung trägt ein vom Vorsitzenden aus den Mitgliedern der Dienststrafkammer ernannter Berichterstatter in Abwesen-

heit der Zeugen das Ergebnis des bisherigen Verfahrens vor. Dabei können Niederschriften über Beweiserhebungen aus dem Dienststrafverfahren oder einem anderen gesetzlich geordneten Verfahren durch Verlesen zum Gegenstand der Hauptverhandlung gemacht werden. Soweit die Personalakten des Beschuldigten Tatsachen enthalten, die für die Gesamtbeurteilung erheblich sein können, sind sie vorzutragen. Ist der Beschuldigte erschienen, so wird er gehört.

(2) Nach Anhörung des Beschuldigten werden die Zeugen und Sachverständigen vernommen, soweit nicht der Beschuldigte und der Vertreter der Einleitungsbehörde auf die Vernehmung verzichten, oder die Dienststrafkammer sie für unerheblich erklärt.

(3) Die Dienststrafkammer kann, wenn sie weitere Beweiserhebungen für erforderlich hält, neue Zeugen oder Sachverständige vernehmen oder eines ihrer Mitglieder damit beauftragen oder eine Behörde darum ersuchen.

(4) Nach Schluß der Beweisaufnahme werden der Vertreter der Einleitungsbehörde, sodann der Beschuldigte und sein Verteidiger gehört. Der Beschuldigte hat das letzte Wort.

1. Der **Grundsatz der Unmittelbarkeit** ist für die Hauptverhandlung nicht eingeführt. Um aber den noch bestehenden Grundsatz der Mittelbarkeit und des sogen. Inquisitionsverfahrens mit seinem Schwergewicht der Untersuchung zu mildern, hat man dem Vorsitzenden das Recht gegeben, Zeugen und Sachverständige, deren Vernehmung er für geboten erachtet, zur Hauptverhandlung zu laden und außerdem dem Beschuldigten und dem Vertreter der Einleitungsbehörde selbst das Recht der Ladung von Zeugen und Sachverständigen gewährt, auch zugelassen, daß in der Hauptverhandlung neue Beweiserhebungen beschlossen werden können. Immerhin wird die unmittelbare Beweiserhebung in der Hauptverhandlung nicht die Regel bilden und in vielen Fällen wird auf Grund der Untersuchungsergebnisse in der Hauptverhandlung ohne Beweisaufnahme auszukommen sein. Denn die weitere Beweiserhebung durch die Dienststrafgerichte soll in geeigneten Fällen die weitere Aufklärung des in der Anschuldigungsschrift angegebenen Sachverhalts vervollständigen, hat aber nicht die zur Feststellung eines Dienstvergehens noch fehlenden tatsächlichen Grundlagen erstmalig zu beschaffen. PrOVG. 3. 9. 36 RVerwBl. **57** 101; RDStH. 15. 3. 39 RVerwBl. **60** 381 = E. **2** 101.

2. Die **Leitung** der Verhandlung, die Vernehmung des Beschuldigten, der Zeugen und Sachverständigen und die **Handhabung der Ordnung** (Sitzungspolizei) liegt dem Vorsitzenden ob. §§ 176 ff. GVG.; s. auch oben S. 183. Wird eine auf die Sachleistung bezügliche Anordnung des Vorsitzenden von einer bei der Verhandlung beteiligten Person als unzulässig beanstandet, so entscheidet die Kammer. § 238 StPO. Während der ganzen Dauer der Hauptverhandlung einschließlich der Urteilsverkündung ist die **ununterbrochene Anwesenheit aller Gerichtspersonen,** zu denen auch der

Vertreter der Einleitungsbehörde sowie der Schriftführer gehören, erforderlich. § 226 StPO. Die Nichtbeachtung dieser Rechtsgarantie führt zur Aufhebung der Vorentscheidung und zur Zurückverweisung an die Vorinstanz. PrOVG. **92** 239.

Über **die Zuziehung eines besonderen Schriftführers** für die Hauptverhandlung s. Anm. 8 zu § 62.

3. Der Gang der Hauptverhandlung entspricht im wesentlichen dem früheren Recht. Begr. Bei ihrem Beginn gibt nach Aufruf der Sache und Belehrung der Zeugen und Sachverständigen (§ 243 Abs. 1 StPO.) zuerst ein vom Vorsitzenden des Dienststrafgerichts aus den Mitgliedern ernannter **Berichterstatter,** der in erster Linie dem Kreise der hauptamtlich ernannten rechtskundigen Beisitzer angehören soll (DurchfV. Nr. 3 Satz 2 zu den §§ 32 bis 40), **in Abwesenheit der Zeugen** (die Sachverständigen können zugegen sein) **eine Darstellung der Sache,** wie sie aus den bisherigen Verhandlungen hervorgeht. Die Verhandlung beginnt also nicht, wie dies im § 104 Abs. 1 RBG. vorgesehen war, mit dem Vortrage des wesentlichen Inhalts der Anschuldigungsschrift seitens des Vertreters der Einleitungsbehörde. Vielmehr bildet vor allen deutschen Dienststrafgerichten der Sachvortrag des Berichterstatters, der insbesondere auch eine Wiederholung der Beweisaufnahme ersetzen soll, die Grundlage der ganzen Verhandlung. Der Berichterstatter wird sich natürlich nicht darauf beschränken, einfach einen Aktenauszug vorzutragen, sondern er wird unter Ordnung des gesamten Materials eine knappe und doch vollständige, klare und übersichtliche objektive Darstellung des gesamten Sachverhalts zu geben haben. Der Sachvortrag hat sich aber auf diejenigen Punkte zu beschränken, die den Gegenstand der Anschuldigungsschrift und ihrer etwaigen Nachträge bilden. § 62 Abs. 1. Der Berichterstatter kann nach seiner Wahl die von ihm auf Grund der bisherigen Verhandlung abgefaßte schriftliche Darstellung der Sache vorlesen oder auch den wesentlichen Inhalt der Darstellung frei vortragen. Ein etwa ernannter Mitberichterstatter (Korreferent) nimmt an der Berichterstattung bei der Verhandlung nicht teil. In Zweifelsfällen entscheidet darüber, ob und in welchem Umfange die Verlesung von Zeugenaussagen, Urkunden u. dgl. stattzufinden habe, das Gericht, ohne durch Anträge der Einleitungsbehörde irgendwie beschränkt zu sein. RDisH. 4. 2. 1884 Schulze-Simons 483. Es können also Niederschriften über Beweiserhebungen aus dem Dienststrafverfahren durch Verlesen zum Gegenstand der Hauptverhandlung gemacht werden. Vorgeschrieben ist aber eine solche Verlesung nicht; es genügt, wenn ihr wesentlicher Inhalt vorgetragen wird. PrOVG. 14. 10. 36 RVerwBl. **57** 1146. Ebenso können Niederschriften von Beweiserhebungen in anderen gesetzlich geordneten Verfahren, z. B. in einem gerichtlichen Straf- oder Zivilverfahren oder in einem staatsanwaltschaftlichen (nicht auch bloß polizeilichen) Ermittlungsverfahren verlesen werden, wenn sie zum Gegenstand der Hauptverhandlung gemacht werden sollen.

Soweit die Personalakten Tatsachen enthalten, die für die Gesamtbeurteilung erheblich sein können, z. B. Qualifikationen, die sich auch auf Charaktereigenschaften, Fleiß, Führung u. dgl. erstrecken, hat der Berichterstatter sie vorzutragen. Der Beschuldigte und sein Verteidiger können dann dazu Stellung nehmen.

4. Der Untersuchungsführer kann als Mitglied des Dienststrafgerichts oder gar als **Berichterstatter** an der mündlichen Verhandlung nicht teilnehmen; er darf der — nichtöffentlichen — Hauptverhandlung überhaupt nicht beiwohnen. RDStH. 9. 12. 38 DVerw. 108 = E. **2** 101. Ist er aber — wie dies im Kriege nach § 5 Abs. 2 V. 17. 5. 40 in der Regel der Fall sein wird, — zum Vertreter der Einleitungsbehörde bestellt, so nimmt er selbstverständlich an der Hauptverhandlung — allerdings nicht als Berichterstatter — teil. Der Berichterstatter muß dem Dienststrafgericht als Mitglied angehören. Es ist also nicht zulässig, bei dem Dienststrafgericht zum Berichterstatter einen Beamten zu bestellen, der nicht zu den Mitgliedern des Dienststrafgerichts gehört. Abweichendes gilt, wenn anzunehmen ist, daß der eigentliche Berichterstatter, der Mitglied des Gerichts ist, sich des Nichtmitglieds nur zur Unterstützung bedient hat. PrOVG, v. 8. 2. 29 RuPrVBl, **50** 316; Wittland 585; a. M. Behnke 472. In der Auswahl des Berichterstatters aus den Mitgliedern des Dienststrafgerichts ist der Vorsitzende nicht beschränkt; er wird aber bei der Schwierigkeit der Stellung des Berichterstatters, der auch das Urteil abzusetzen hat, auf dessen Vorbildung Rücksicht nehmen; es wird daher in der Regel wohl nur ein rechtskundiger Beamter des höheren Dienstes für diese Tätigkeit in Frage kommen. DurchfV. Nr. 3 Satz 2 zu den §§ 32—40.

Nicht zulässig ist es, daß an Stelle des Berichterstatters der Vorsitzende selbst die Sachdarstellung gibt; a. M. PrOVG. 14. 10. 36 RVerwBl. **57** 1146. Denn das Gesetz schreibt ausdrücklich vor, daß ein vom Vorsitzenden aus den Mitgliedern der Dienststrafkammer ernannter Berichterstatter das Ergebnis des bisherigen Verfahrens vorzutragen hat.

5. Nach dem Vortrage des Berichterstatters **wird der Beschuldigte vernommen,** wenn er erschienen ist. Die Vernehmung, die in Abwesenheit der Zeugen erfolgt, hat sich sowohl auf die persönlichen Verhältnisse wie auch auf die einzelnen Anschuldigungspunkte zu erstrecken. Verpflichtet zum Erscheinen ist der Beschuldigte nicht. Er ist auch, wenn er erscheint, nicht verpflichtet, sich zu äußern, setzt sich aber, wenn er etwa hartnäckig jede Äußerung ablehnt, der Gefahr aus nicht nur, daß ohne seine — vielleicht für ihn günstige — Mitwirkung das Verfahren möglicherweise eine für ihn ungünstige Wendung nimmt, sondern auch, daß das Gericht von ihm einen ungünstigen, die Urteilsfindung im Schuldspruch oder im Strafmaß beeinflussenden Eindruck gewinnt. Äußert er sich, so muß er die Wahrheit sagen. Behnke 473.

Über Vertagungsgesuche (z. B. wegen zu kurzer Ladungsfrist oder wegen Krankheit) entscheidet das Gericht nach freiem Ermessen. Genaue Prüfung ist bei einem wegen Verhandlungsunfähigkeit gestellten Vertagungsantrag nötig; es kann dann Aussetzung des Verfahrens nach § 59 Abs. 2 oder Bestellung eines Pflegers nach § 15 Abs. 2 in Frage kommen, Einen Anspruch auf Vertagung hat der in Haft befindliche Beschuldigte nicht. RDisH. 3. 7. 35 Foerster 1936 S. 132.

Bei Vertagung der Hauptverhandlung soll die Dienststrafkammer in der gleichen Besetzung entscheiden, wie in der ersten Verhandlung. DurchfV. Nr. 5 zu §§ 32—40. Die Ladung des Beschuldigten, des Verteidigers und des Vertreters der Einleitungsbehörde zu dem neuen Termin ist nötig, kann aber, wenn die Vertagung nicht länger als 10 Tage erfolgt (§ 229 StPO.), formlos (auch mündlich) erfolgen. Nr. 1 b u. c DurchfV. zu § 19.

Kann der Beschuldigte nicht erscheinen, weil er nicht verhandlungsfähig ist, so darf die mündliche Verhandlung nicht stattfinden. RDisH. v. 16. 10. 28 Foerster-Simons 295; s. Anm. 3 zu § 59.

6. Es werden sodann die geladenen Zeugen und Sachverständigen vernommen und zwar nicht nur die vom Vorsitzenden geladenen, sondern auch die vom Beschuldigten oder seinem Verteidiger oder vom Vertreter der Einleitungsbehörde direkt geladenen. Denn § 61 Abs. 2 macht keinen Unterschied, ob die Zeugen und Sachverständigen vom Vorsitzenden oder Beschuldigten oder vom Vertreter der Einleitungsbehörde geladen sind. Das Gericht ist aber nicht gezwungen, die Zeugen und Sachverständigen in der mündlichen Verhandlung zu vernehmen, die der Vorsitzende nach § 58 Abs. 1 Satz 2 oder der Beschuldigte oder der Vertreter der Einleitungsbehörde geladen hat. Vielmehr ist dem Gericht die Entscheidung darüber überlassen, ob die geladenen Zeugen und Sachverständigen zu vernehmen seien oder nicht. Es kann davon absehen, wenn es die Vernehmung für unerheblich hält. Damit ist in dankenswerter Weise uferlosen Beweisanträgen der Beteiligten wirksam begegnet; den Umfang der Beweisaufnahme bestimmt in jeder Hinsicht das Gericht. Das Gericht muß aber beachten, daß, wenn es die Vernehmung eines Zeugen oder Sachverständigen für unerheblich erklärt, es dies nach § 65 Abs. 1 Satz 3 in seinem Urteil begründen muß. Daher werden Beweisanträge der Beteiligten erst nach reiflicher Überlegung als unerheblich abgelehnt werden dürfen. Wegen der Behandlung verspätet vorgebrachter Beweismittel oder Tatsachen vgl. § 246 StPO. Die Vernehmung ist auch nicht erforderlich, soweit der Beschuldigte und der Vertreter der Einleitungsbehörde darauf verzichten. Auch kann sie dann unterbleiben, wenn das Dienststrafgericht gemäß § 13 Abs. 3 seiner Entscheidung die tatsächlichen Feststellungen eines vorangegangenen strafgerichtlichen Urteils ohne erneute Nachprüfung zugrunde legen will und deshalb die Vernehmung für unerheblich erklärt.

Gesteht der Beschuldigte oder für ihn sein Verteidiger die den Gegenstand der Anschuldigung bildenden Tatsachen ein, so erübrigt sich eine Beweisaufnahme, falls nicht etwa gegen die Glaubwürdigkeit des Geständnisses Bedenken obwalten.

Die Zeugen werden einzeln und in Abwesenheit der später zu hörenden Zeugen vernommen. Sie sind grundsätzlich uneidlich zu vernehmen. Nur in den Fällen des § 17 Abs. 4 findet eine Vereidigung statt. Diese erfolgt nachträglich.

Über die Fälle, in denen Zeugen uneidlich zu vernehmen sind und ihr Zeugnis, bzw. ihre Vereidigung ablehnen können, s. oben S. 253 ff. Die dort erwähnten Vorschriften finden auch in der Hauptverhandlung Anwendung.

Über die Ausübung des Fragerechts der Mitglieder des Gerichts sowie des Vertreters der Einleitungsbehörde, des Beschuldigten und seines Verteidigers gelten die §§ 239—242 StPO. entsprechend; s. unten Anm. 7 Abs. 5.

Das Gericht kann den Beschuldigten, wenn zu befürchten ist, daß ein Mitbeschuldigter oder ein Zeuge bei seiner Vernehmung in Gegenwart des Beschuldigten die Wahrheit nicht sagen werde, während dieser Vernehmung aus dem Sitzungszimmer abtreten lassen. Der Vorsitzende hat aber den wieder vorgelassenen Beschuldigten von dem wesentlichen Inhalt dessen zu unterrichten, was während seiner Abwesenheit ausgesagt oder sonst verhandelt worden ist. § 247 Abs. 1 StPO. Nach der Vernehmung eines jeden Zeugen, Sachverständigen oder Mitbeschuldigten sowie nach der Verlesung eines jeden Schriftstücks soll der Beschuldigte befragt werden, ob er etwas zu erklären habe. § 257 StPO.

Entscheidungen der Dienststrafkammer, die der Urteilsfindung vorausgehen, z. B. die Zurückweisung der Ablehnung eines Sachverständigen durch den Beschuldigten, können in entsprechender Anwendung des § 305 StPO. nicht mit der Beschwerde, sondern nur mit der Berufung angefochten werden.

7. **Eine Wiederholung der Beweisaufnahme** findet in der Regel in der mündlichen Verhandlung nicht statt. Man hat von einer der StPO. entsprechenden Bestimmung, wonach sich die ganze Beweisaufnahme vor den erkennenden Gerichten abspielen soll, abgesehen, und zwar, um die Weiterungen und Kosten zu vermeiden, die entstehen würden, wenn die Zeugen vor dem vielleicht weit entfernten Dienststrafgericht erscheinen müßten. Jedoch werden die vom Vorsitzenden und mitunter auch die vom Beschuldigten und vom Vertreter der Einleitungsbehörde geladenen Zeugen und Sachverständigen zu vernehmen sein, wenn nicht das Gericht ihre Vernehmung für unerheblich oder unwesentlich hält. Mitunter wird also eine Beweisaufnahme stattfinden, s. näheres oben Anm. 6.

Darüber hinaus kann aber das Dienststrafgericht unter Umständen eine **weitere Beweisaufnahme** anordnen. Hierzu kann der Antrag des Beschuldigten, seines Verteidigers oder des Vertreters der Einleitungsbehörde den Anlaß geben; doch kann auch von Amts wegen eine solche Anordnung getroffen werden. Es kann sich dabei um die Vernehmung eines oder mehrerer Zeugen oder die Herbeischaffung anderer Mittel zur Aufklärung der Sache, z. B. Einforderung von Gutachten Sachverständiger, Heranziehung von Akten, Urkunden und dgl. handeln. Solche Beweisaufnahme wird angeordnet werden, wenn sie zur Aufklärung der Sache für erforderlich erachtet wird. RDisH. v. 9. 11. 1878 Schulze-Simons 482. Die Notwendigkeit solcher weiterer Aufklärung wird sich nur im Termin selbst herausstellen können. Denn vor dem Termin können ja ohnehin Zeugen und Sachverständige geladen werden, wenn ihre Vernehmung erforderlich erscheint.

Das freie Ermessen des Gerichts über den Umfang der Beweisaufnahme greift also auch Platz, wenn im Termin neue Beweisanträge gestellt werden. Der Vorsitzende allein kann solche Beweisaufnahme nicht anordnen. Die Ablehnung von Beweisanträgen erfolgt durch Beschluß des Gerichts, der zu begründen und dem Antragsteller bekanntzumachen ist. § 245 Abs. 3 StPO.

Wenn dem Erscheinen eines Zeugen oder Sachverständigen in der Hauptverhandlung für eine längere oder ungewisse Zeit Krankheit oder Gebrechlichkeit oder andere nicht zu beseitigende Hindernisse entgegenstehen, so kann das Gericht seine Vernehmung durch ein Mitglied der Kammer oder einen ersuchten Richter anordnen. § 223 Abs. 1 StPO.

Auch sonst können angeordnete **Beweiserhebungen** entweder durch ein vom Dienststrafgericht zu beauftragendes Mitglied, das dann, wie der Untersuchungsführer, richterliche Funktion hat, oder durch ein zu ersuchendes Amtsgericht oder eine sonstige Behörde erfolgen oder vor dem Dienststrafgerichte selbst stattfinden. Eine solche Beweisaufnahme hat auch dann, wenn sie einem beauftragten Richter übertragen wird, in den für das Hauptverfahren gültigen Formen zu erfolgen, also unter Ladung und gegebenenfalls in Gegenwart des Beschuldigten, seines Verteidigers und des Vertreters der Einleitungsbehörde. § 224 Abs. 1 StPO.; PrOVG. **80** 429; Wittmack DVerwBl. **37** 388. Auch der Beauftragte des Stellvertreters des Führers kann solcher Beweisaufnahme, von der er zu benachrichtigen ist, beiwohnen, wenn der Beschuldigte Mitglied der NSDAP. oder Parteianwärter ist.

Das Dienststrafgericht hat dieselben Befugnisse gegen ungehorsame Zeugen und Sachverständige wie der Untersuchungsführer in der Untersuchung; s. oben Anm. 5 zu § 46. Der Vorsitzende kann Fragen des Beschuldigten an die Zeugen als unzulässig beanstanden; widerspricht der Beschuldigte, so entscheidet auf Antrag das Gericht. Der Vorsitzende hat den beisitzenden Richtern auf Verlangen zu gestatten, Fragen an die Zeugen und Sachverständigen zu richten. Auch ein direktes, selbständiges Fragerecht hat der Beschuldigte, der Verteidiger und der Vertreter der Einleitungsbehörde. § 20 RDStO. in Verbindung mit § 240 StPO. Dagegen nimmt RDisH. v. 4. 2. 1884 Schulze-Simons 483 an, daß der Vorsitzende nach seinem Ermessen dem Beschuldigten oder dem Verteidiger oder dem Vertreter der Einleitungsbehörde die direkte Befragung der Zeugen gestatten könne, ein Recht der Beteiligten aus § 240 Abs. 2 also nicht anzuerkennen sei. Ungeeignete oder nicht zur Sache gehörigen Fragen kann der Vorsitzende zurückweisen. Zweifel über die Zulässigkeit einer Frage entscheidet in allen Fällen die Kammer. §§ 241 Abs. 2 und 242 StPO. Wegen der Beeidigung der Zeugen oder der Sachverständigen in der Hauptverhandlung gilt das für die Untersuchung Gesagte; s. oben Anm. 5 ff. zu § 46 (S. 252 ff.). Es sollen auch hier Eidesleistungen tunlichst eingeschränkt werden. Wegen der Gebühren der Zeugen und Sachverständigen gilt G. v, 21. 12. 25 (RGBl. I 471).

Über Anträge auf Aussetzung einer Hauptverhandlung entscheidet das Gericht. Kürzere Unterbrechungen ordnet der Vorsitzende an. Eine Verhinderung des Verteidigers gibt dem Beschuldigten kein Recht, die Aussetzung der Verhandlung zu verlangen. § 228 Abs. 2 StPO.

Wird infolge von Beweiserhebungen oder aus anderen Gründen die Verhandlung **unterbrochen,** so wird der neue Termin dem Beschuldigten, seinem Verteidiger und dem Vertreter der Einleitungsbehörde mitgeteilt, und zwar dem Beschuldigten auch dann, wenn er in dem bisherigen Termine nicht erschienen war. Ist der Stellvertreter des Führers beteiligt, so ist auch ihm oder seinem Beauftragten der neue Termin mitzuteilen. In dem neuen Termin wird die Verhandlung nicht noch einmal von vorn (mit Berichterstattung usw.) wiederholt, sondern an dem Punkt wieder aufgenommen, an dem sie abgebrochen war. Die unterbrochene Hauptverhandlung muß dann aber nach dem entsprechend anwendbaren (s. Goedecke bei Pfundtner-Neubert RDStO. S. 39) § 229 StPO. spätestens am 11. Tage nach der Unterbrechung fortgesetzt werden; sonst muß mit der Verhandlung von neuem begonnen werden. Die Erneuerung der Verhandlung muß stets erfolgen, wenn die Besetzung des Dienststrafgerichts sich geändert hat. Im Falle einer neuen vollständigen Verhandlung muß wiederum nach § 58 verfahren werden.

8. Nach Schluß der Beweisaufnahme werden **der Vertreter der Einleitungsbehörde** mit seinem Vor- oder Antrage, **der Beschuldigte und sein Verteidiger gehört.** Eine Verlesung der Anschuldigungsschrift ist nicht vorgeschrieben und auch nicht üblich. Der Vertreter der Einleitungsbehörde ist an die in der Anschuldigungsschrift etwa gestellten Anträge nicht gebunden; er kann sie vielmehr verschärfen oder mildern. Freilich wird er in der Regel eine abweichende Stellung nicht ohne Zustimmung der Einleitungsbehörde einnehmen. Mitunter kann aber eine veränderte Sachlage, z. B. infolge einer neuen Beweisaufnahme es rechtfertigen, daß der Vertreter der Einleitungsbehörde seinen Antrag ohne weiteres ändert, indem er sich des stillschweigenden Einverständnisses der Einleitungsbehörde vergewissert hält. Daß das Gericht an die Anträge des Vertreters der Einleitungsbehörde nicht gebunden ist und eine mildere oder strengere, als die beantragte Strafe verhängen kann, ist selbstverständlich. Der Vertreter der Einleitungsbehörde muß während der ganzen Dauer der mündlichen Verhandlung einschließlich der Urteilsverkündung zugegen sein. PrOVG. **92** 239.

Neben dem Beschuldigten muß auch dessen Verteidiger, der sich, falls er nicht neben dem Beschuldigten erscheint, durch eine Vollmacht auszuweisen hat, gehört werden. Doch muß die Verteidigung mündlich bewirkt werden. Die Verlesung von Verteidigungsschriften kann untersagt werden. RDisH. v. 30. 1. 82 Schulze-Simons 512. Dies gilt auch von der Verteidigung des Beschuldigten selbst. Dem Beschuldigten steht das letzte Wort zu.

Daß die vorstehenden Vorschriften beachtet sind, muß sich aus der Sitzungsniederschrift ergeben; s. Anm. 8 zu § 62.

§ 62.

(1) Die Dienststrafkammer kann zum Gegenstand der Urteilsfindung nur die Anschuldigungspunkte machen, die in der Anschuldigungsschrift und ihren Nachträgen dem Beschuldigten als Dienstvergehen zur Last gelegt werden.

(2) Die im Dienststrafverfahren oder in einem anderen gesetzlich geordneten Verfahren erhobenen Beweise können der Urteilsfindung zugrunde gelegt werden, soweit sie Gegenstand der Hauptverhandlung waren. Über das Ergebnis der Beweisaufnahme entscheidet die Dienststrafkammer nach ihrer freien Überzeugung, soweit sich nicht aus § 13 Abs. 3 etwas anderes ergibt.

1. Bei der Entscheidung hat das Dienststrafgericht, ohne an feste Beweisregeln gebunden zu sein, **nach seiner freien,** aus dem ganzen Inbegriffe der Verhandlungen und Beweise (einschließlich der in der Untersuchung erhobenen s. RDisH. v. 23. 3. 78 Schulze-Simons 486) geschöpften **Überzeugung** zu beurteilen, inwieweit die Anschuldigung für begründet zu erachten sei; vgl. § 261 StPO., § 62 Abs. 2 Satz 2 RDStO.

Zu beachten ist dabei der Grundsatz „ne bis in idem“, damit nicht ein und dieselbe Handlung mehrfach zum Gegenstand der Bestrafung gemacht wird.

Das freie Beweiswürdigungsrecht der Dienststrafgerichte ist für den Fall beschränkt, daß von den ordentlichen Gerichten auf Freisprechung rechtskräftig erkannt ist; s. oben § 13 Abs. 2. Im Falle einer rechtskräftigen, strafgerichtlichen Verurteilung und auch bei der Freisprechung im Strafverfahren, soweit die dort erörterten Tatsachen den Tatbestand eines Strafgesetzes nicht erfüllen, können die Dienststrafgerichte die Tatsachen nach freiem Ermessen abweichend vom Strafrichter nur dann feststellen, wenn sie einstimmig die Nachprüfung beschließen. § 13 Abs. 3. Ist eine Einstimmigkeit nicht zu erzielen, so sind die tatsächlichen Feststellungen des Strafrichters auch für sie bindend. Abgesehen hiervon können die Dienststrafgerichte aber die im Dienststrafverfahren, im gerichtlichen Strafverfahren und in einem anderen gesetzlich geordneten Verfahren erhobenen Beweise der Urteilsfindung ohne eine Wiederholung zugrunde legen, soweit sie Gegenstand der Hauptverhandlung waren. § 62 Abs. 2 Satz 1; s. dazu oben § 17 Abs. 1 Satz 2.

Nicht nachprüfbar sind die Vorstrafen des Beamten, soweit sie endgültig feststehen. Die ihnen zugrunde liegenden Dienstvergehen dürfen aber nicht zum Gegenstand selbständiger Anschuldigungen gemacht werden, sondern nur zur Würdigung des allgemeinen dienstlichen Verhaltens dienen. Auch sind gewisse Verwaltungsmaßregeln, z. B. darüber, ob und von welchem Zeitpunkt ab das Beamtenverhältnis endet oder der Beamte in den Wartestand zu versetzen ist, für die Entscheidungen der Dienststrafgerichte bindend, § 146 DBG.; auch darf von dem Dienststrafrichter nicht nachgeprüft werden, ob das dienstliche Bedürfnis die Versetzung des Beschuldigten erfordert hatte.

Dagegen dürfen bloße — etwa in den Personalakten enthaltene — Werturteile der Dienstvorgesetzten über den Beschuldigten, die nicht auf tatsächlichen und deshalb nachprüfbaren Unterlagen beruhen, zu Ungunsten des Beschuldigten nicht verwertet werden, Reuß DVerwBl, **38** 499.

2. Soll eine Verurteilung erfolgen, so müssen **die Anschuldigungspunkte erwiesen** sein; bloße Verdachtsgründe reichen nicht aus. Der Verdacht eines pflichtwidrigen Verhaltens kann aber zur Bestrafung führen, wenn der Beamte solchen Verdacht, mag er auch sachlich unbegründet sein, durch schuldhaftes Verhalten herbeigeführt hat.

3. Die Entscheidung hat sich **nur mit den Anschuldigungspunkten** zu befassen. Die Anschuldigungsschrift mit ihren etwaigen Nachträgen begrenzt den Gegenstand der mündlichen Verhandlung und der Urteilsfindung ebenso wie im Strafverfahren der Eröffnungsbeschluß. PrOVG. **80** 429, 436; PrOVG. v. 29., 30. 9. 30 RuPrVBl. **52** 596; PrOVG. v. 26. 6. 34 RuPrVBl. **55** 796. Dabei ist für das Gericht maßgebend auch, wie die tatsächlichen Vorgänge in der Anschuldigungsschrift gewürdigt werden. RDStH. 15. 3. 38 JW. S, 2310; Reuß RVerwBl. **58** 878 und JW. **38** 2310. Es müssen aber alle Dienstvergehen, auch wenn sie in der Einleitungsverfügung nicht enthalten waren, stets dann zum Gegenstand der Aburteilung gemacht werden, wenn die Untersuchung auf sie ausgedehnt und sie in die Anschuldigungsschrift mit aufgenommen worden sind. RDisH. 30. 9. 36 Foerster 1937 S. 117. Ob die in der Anschuldigungsschrift enthaltenen Punkte erwiesen sind oder nicht, hat das Dienststrafgericht frei zu beurteilen und ist an die Feststellungen der Anschuldigungsschrift nicht gebunden. Andererseits sind Anschuldigungspunkte, die den Gegenstand der Anschuldigungsschrift bilden, bei der Urteilsfindung auch dann zu würdigen, wenn der Vertreter der Einleitungsbehörde sie nachträglich fallen gelassen hat. PrOVG. **84** 442; PrOVG. 14. 10. 36 RVerwBl. **57** 1146; Reuß RVerwBl. **58** 874. Demgegenüber hält Ender RVerwBl. **61** 161 ff. für zulässig und wünschenswert, daß der Vertreter der Einleitungsbehörde die in der Anschuldigungsschrift erhobenen Vorwürfe auf Grund der späteren Beweisergebnisse einschränken dürfe. Über neue, in der Anschuldigungsschrift oder ihren etwaigen Nachträgen nicht erwähnte und in der Untersuchung nicht erörterte Vorwürfe darf das Gericht selbst mit Zustimmung des Beschuldigten und des Vertreters der Einleitungsbehörde nicht verhandeln und entscheiden. RDisH. v. 13. 6. 33 Foerster 1934 S. 133. Vielmehr hat die Einleitungsbehörde, der die neuen Fälle mitzuteilen sind, darüber zu befinden, ob und in welcher Weise die neuen Vorkommnisse Anlaß zu weiteren Disziplinarmaßregeln geben. § 53 Abs. 4; PrOVG. **84** 443. Es kommt dann u. U. eine Aussetzung des Verfahrens durch die Dienststrafkammer in Frage. § 53 Abs. 4.

In der Ostmark tritt für eine gewisse Übergangszeit an die Stelle der Anschuldigungsschrift der Überweisungsbeschluß der Disziplinarkommission. RDStH. 11. 8. 39 DVerw. **40** 172; s. V. 28. 9. 38 (RGBl. I 1125) Art. I Abs. 1 Nr. 9, Art. II Abschn. 9 § 9 Nr. 7.

Das Dienststrafverfahren hat nicht die einzelnen dem Beschuldigten in der Anschuldigungsschrift und ihren etwaigen Nachträgen zum Vorwurf gemachten dienstlichen Verfehlungen, sondern die ihm zur Last gelegte schuldhafte Verletzung der Dienstpflicht zum Gegenstande. PrOVG. 17. 11. 36 RVerwBl. **58** 244. Es kann also auch bei mehreren Verfehlungen nur auf eine einheitliche Strafe erkannt werden. Behnke 177, 178 und 483. Es ist deshalb unzulässig, den Beamten von einzelnen Anschuldigungspunkten freizusprechen, ihn aber zugleich wegen anderer Beschuldigungen zu bestrafen. RDStH. 26. 10. 37 „DVerw." **39** 55 = E. **1** 104; es ist vielmehr in den Gründen des Urteils auszusprechen, inwieweit der Beschuldigte keine Verfehlungen begangen hat; a. M. Reuß ZBR. **8** 184 ff., der die einzelnen Anschuldigungspunkte selbständig beurteilt wissen und nach dem Ergebnis des Verfahrens teils zum Freispruch teils zur Verurteilung kommen möchte. Dem ist entgegenzuhalten, daß in den Gründen des Urteils die einzelnen Anschuldigungspunkte gewürdigt werden müssen, so daß erkennbar wird, inwieweit sie den Beschuldigten belasten.

Handelt es sich nicht um neue selbständige Anschuldigungspunkte, sondern um Tatumstände, die zur Bewertung der Persönlichkeit des Beschuldigten angeführt sind, so können sie, auch wenn die Anschuldigungsschrift sie für zweifelhaft oder für nicht dargetan erachtet oder sie überhaupt nicht erwähnt hat, vom Dienststrafgericht als erwiesen festgestellt werden; s. RDisH. v. 12. 3. 30 JW. **31** 1712; Behnke 480 ff.

Gegenstand der Urteilsfindung sind die einen einheitlichen Vorgang darstellenden und auf einheitlichem Entschluß beruhenden Vorkommnisse selbst dann, wenn sie die Anschuldigungsschrift nicht erwähnt, ihre Zugehörigkeit zu den Anschuldigungspunkten vielmehr erst in der Hauptverhandlung zutage tritt. RDStH. 29. 9. 40 DVerw. **41** 86. Das erstreckt sich im Berufungsverfahren auch noch auf alle begrifflich zu diesen Punkten gehörende Begebenheiten, die erst nach dem angefochtenen Urteil geschehen sind und daher von ihm nicht erfaßt werden konnten. DienststrafS. RG. 2. 4. 36 JW. **36** 1195; Behnke 478. Tatsächliche Vorgänge, die nicht zu den Anschuldigungspunkten gehören, dürfen aber nicht etwa vom Dienststrafgericht für etwaige weitere Vorwürfe verwertet und abgeurteilt werden. Reuß RVerwBl. **58** 878 und JW. **38** 2311. Es dürfen aber alle Fälle der gleichen Art, z. B. des leichtfertigen Schuldenmachens, als untereinander im Fortsetzungszusammenhang stehend abgeurteilt werden, auch wenn sie zum Teil in der Anschuldigungsschrift nicht ausdrücklich erwähnt sein sollten. RDStH. 24. 5. 38 E. **1** 60 und **2** 112; 29. 9. 40 DVerw. **41** 86. Gegenstand der Urteilsfindung ist der gesamte in der Anschuldigungsschrift behandelte Sachverhalt und nicht nur die von dem Vertreter der Einleitungsbehörde vorgenommene rechtliche Beurteilung. RDStH. 13. 10. 38 E. **2** 121.

Handelt es sich um eine Dienstverfehlung im Fortsetzungszusammenhang, so gelten alle die gleichartigen, im Fortsetzungszusammenhang stehenden Handlungen als abgeurteilt und zwar selbst dann, soweit sie erst nachträglich bekannt geworden sind. Es würde also gegen den auch im Dienststrafrecht geltenden Grundsatz „ne bis in idem" verstoßen, wenn nachträglich solche in den Zusammenhang fallenden Handlungen gesondert abgeurteilt werden sollten. PrOVG. **63** 232; RDStH. 15. 3. 38 JW. 2310 und dazu Reuß a. a. O. Sind einzelne zu der fortgesetzten Handlung gehörige Ausführungshandlungen zur Zeit der Entscheidung dem Dienststrafgericht bekannt, so müssen sie auch bei der Urteilsfindung berücksichtigt werden und zwar auch dann, wenn sie mit dem Beschuldigten in der Untersuchung nicht ausdrücklich erörtert worden sind. RDStH. 2. 8. 38 E. **2** 112 = DVerw. **40** 27; 29. 9. 40 DVerw. **41** 86.

4. Bei der Entscheidung dürfen nur die im Verfahren erörterten Verhandlungen und Beweise berücksichtigt werden; **die Privatwissenschaft oder die Privatsachkunde** eines Mitglieds des Gerichts darf niemals, **die Gerichtsoffenkundigkeit** einer Tatsache nur dann berücksichtigt werden, wenn sie in der Hauptverhandlung besprochen ist. PrOVG. v. 13. 12. 29 RuPrVBl. **51** 419 = JW. **31** 1715; RStG. **16** 327. Gerichtskundig sind nur Tatsachen, die allen Mitgliedern des erkennenden Gerichts bekannt sind. Nicht berücksichtigt werden darf nur privates Wissen einzelner Mitglieder des Dienststrafgerichts, das erst in der Beratung geäußert ist, z. B. über den Leumund des Beschuldigten. **Der Inhalt von Akten** darf nur berücksichtigt werden, soweit er Gegenstand der Verhandlung gewesen ist. Es können aber u. U. bei der Strafzumessung Ereignisse berücksichtigt werden, die erst im Laufe des Dienststrafverfahrens eingetreten sind. RDisH. v. 14. 3. 10 und v. 7. 4. 24 Schulze-Simons 313 u. 314.

5. Die **örtliche Zuständigkeit** ist in jeder Lage des Verfahrens zu prüfen; § 16 StPO. findet keine Anwendung; s. auch oben § 34. Auch seine **sachliche Zuständigkeit** hat das Gericht in jeder Lage des Verfahrens von Amts wegen zu prüfen. § 20 RDStO. in Verbindung mit § 6 StPO.

Auch ist in jeder Lage des Verfahrens von Amts wegen zu **prüfen,** ob **ein ordnungsmäßiges gesetzlich zulässiges Dienststrafverfahren** vorliegt. Ein wirksames Dienststrafverfahren liegt aber nur dann vor, wenn es durch eine gesetzlich dafür für zuständig erklärte Dienststelle, durch einen formell ausreichenden, d. h. durch eine den gesetzlichen Formvorschriften entsprechende Einleitungsverfügung eröffnet ist, materiell zulässig war und ordnungsmäßig durchgeführt worden ist. RDStH. 2. 11. 39 DVerw. **40** 141. Nur bei Erfüllung dieser Voraussetzungen sowie beim Vorliegen einer gesetzmäßigen Untersuchung, falls eine Untersuchung überhaupt für geboten erachtet worden ist (s. § 44 Abs. 1), und einer vorschriftsmäßigen Anklageerhebung ist eine materielle Entscheidung des Dienststrafrichters möglich. PrOVG. **82** 458; **84** 439; OVG. v. 9. 1. 34 RuPrVBl. **55** 306; PrOVG. 28. 7. u. 21. 10. 36 RVerwBl. **57** 925 und 1146; PrOVG. **100** 282; s. näheres Wittland BeamtJahrb. **33** 73 ff.; Behnke ebenda **36** 479 ff. und Anm. 3c zu § 73. Solcher Mangel liegt auch dann vor, wenn dem Beschuldigten in der Untersuchung nicht das nötige Gehör geschenkt, er z. B. nicht über solche Zeugenaussagen gehört worden ist, die nur in einem vorangegangenen Strafverfahren gemacht, in der Untersuchung aber nicht wiederholt worden sind. PrOVG. 21. 10. 36 RVerwBl. **57** 1146.

Fehlt es an solchen Voraussetzungen, so wird das Verfahren nach § 63 Abs. 3 einzustellen sein, da nach Einreichung der Anschuldigungsschrift solche Verfahrensmängel nicht mehr geheilt werden können. PrOVG. 28. 7. u. 17. 12. 36 RVerwBl. **57** 925 und **58** 244. Es können aber nach der Nr. 2 der DurchfV. v. 27. 8. 38 solche Verfahrensmängel dadurch beseitigt werden, daß der Vorsitzende der Dienststrafkammer die Anschuldigungsschrift an die Einleitungsbehörde zur Behebung der Mängel zurückgibt.

Im übrigen darf nicht durch Überspannung formalistischer Bedenken eine Gefährdung der Ziele des Dienststrafverfahrens eintreten. PrOVG. 4. 3. 37 RVerwBl. **58** 505. Auch RDStH. 2. 3. 38 (RVerwBl. **59** 559) hebt mit Recht hervor, daß einem Formmangel nur dann eine das Verfahren ungültig machende Bedeutung beizumessen sei, wenn die Rechte der Verfahrensbeteiligten dadurch wesentlich beeinträchtigt worden sind oder der Zweck der Formvorschrift vereitelt worden ist. s. auch Ender RVerwBl. **60** 427 ff.

6. Das Dienststrafgericht hat stets zu prüfen, ob der Beschuldigte für die Verfehlungen verantwortlich gemacht werden kann, d. h. **ob er zur Zeit ihrer Begehung zurechnungsfähig war.** In der Regel wird sich die Zurechnungsfähigkeit ohne weiteres ergeben, so daß sie keiner besonderen Begründung bedarf. Ergeben sich aber Zweifel, so müssen sie durch Vernehmung von Sachverständigen und Zeugen beseitigt werden. § 51 StGB. findet entsprechende Anwendung. Bei nicht zweifelsfreier Feststellung der Zurechnungsfähigkeit ist auf Freisprechung zu erkennen. RDisH. v. 17. 2. 25 in JurRundsch. **25** 418. Über die Möglichkeit, den Beschuldigten zur Vorbereitung eines Gutachtens über seinen Geisteszustand in eine öffentliche Heil- und Pflegeanstalt zu bringen, s. oben § 48 und § 53 Abs. 5. Ein Verschulden des Beamten kann aber auch im Falle des § 51 StGB. dann vorliegen, wenn er sich die Unzurechnungsfähigkeit, Geisteskrankheit usw. durch Trunksucht, Ausschweifungen anderer Art usw. selbst zugezogen hat. Verminderte Zurechnungsfähigkeit oder Willens- und Geistesschwäche reichen nicht aus, um den Beamten straflos zu machen; sie können aber (vgl. § 51 Abs. 2 StGB. in der neuen Fassung) für das Strafmaß von Bedeutung sein. RDisH. 7. 12. 08 Schulze-Simons 372; RDisH. 27. 1. 32 DJZ. **32** 938; RDStH. **1** 29, 30. Jedoch hat RDisH. 17. 11. 31 DJZ. **32** 810 einen wegen Amtsunterschlagung zu Gefängnis verurteilten Beamten trotz seiner Geistesschwäche zur Dienstentlassung verurteilt, weil der Behörde nicht zugemutet werden könne, einen völlig haltlosen geistesschwachen Beamten nach der schweren gerichtlichen Bestrafung im Dienst zu behalten.

Über die Frage der Verhandlungsunfähigkeit des Beschuldigten s. **Anm. 3 zu § 59. § 59 Abs. 2 gilt aber nur bis zum Beginn der Hauptverhandlung.** Goedecke bei Pfundtner-Neubert RDStO. S. 39.

7. Bei der Entscheidung dürfen nur Mitglieder mitwirken, **vor denen die mündliche Verhandlung stattgefunden hat.** Es wäre also z. B. unzulässig und müßte zur Aufhebung der Entscheidung führen, wenn das Urteil, dessen Beratung und Verkündung nicht alsbald, sondern in einem späteren Termin erfolgt, nicht von denselben Mitgliedern beraten und gefällt würde, die bei der Verhandlung mitgewirkt haben.

8. Über die **Niederschrift,** die über die Hauptverhandlung aufzunehmen ist, werden nach § 20 die §§ 271 ff. StPO. entsprechend anzuwenden sein. Es werden außer den Beweiserhebungen auch Ort und Tag der Verhandlung, die Namen der Anwesenden (Richter, Schriftführer, Vertreter der Einleitungsbehörde, die Namen der Beschuldigten, ihrer Verteidiger und etwaiger zusätzlicher Vertreter), die Angabe, daß nicht öffentlich verhandelt sei und die wesentlichen Punkte der Verhandlung sowie die Bezeichnung der verlesenen Schriftstücke und die im Laufe der Verhandlung gestellten Anträge, die ergangenen Entscheidungen und die Urteilsformel in die Niederschrift aufzunehmen sein; s. dazu RDStH. 9. 6. 39 DVerw. **40** 92 = E. **2** 143. Falls der Vertreter der Einleitungsbehörde Anschuldigungspunkte fallen gelassen hat, so muß dies in die Verhandlungsniederschrift aufgenommen werden. Die Unterlassung ist aber kein wesentlicher Verfahrensmangel. PrOVG. 14. 10. 36 RVerwBl. **57** 1146. Die Niederschrift ist vom Vorsitzenden und dem Schriftführer zu unterzeichnen; ist der Vorsitzende verhindert, so unterschreibt für ihn der älteste beisitzende Richter. § 271 StPO. Die Aussagen des Beschuldigten werden regelmäßig nur insoweit wiederzugeben sein, als sie wesentliche neue Angaben enthalten. Die Aussagen der etwa vor der Dienststrafkammer vernommenen Zeugen und Sachverständigen sind nach ihrem wesentlichen Inhalt aufzunehmen, um der Berufungsinstanz ihre Nachprüfung zu ermöglichen. § 273 Abs. 2 StPO. findet Anwendung; RDStH. 20. 3. 39 RVerwBl. **60** 546 = DVerw. **39** 585 = E. **2** 120; RDStH. 9. 6. 39 DVerw. **40** 92 = E. **2** 143. Wörtlich sind die Aussagen nur aufzunehmen, wenn es auf ihren Wortlaut ankommt, worüber der Vorsitzende und im Falle des Widerspruchs eines Beteiligten das Gericht entscheidet. RDisH. 4. 2. 84 Schulze-Simons 483.

Die Niederschrift führt nicht ein Mitglied des Gerichts, sondern ein besonderer Schriftführer; er ist, wenn er nicht Beamter ist, auf dieses Amt zu vereidigen; s. § 45 Abs. 1, der entsprechend anzuwenden ist. Ein Wechsel in der Abfassung der Niederschrift ist dergestalt zulässig, daß jeder Schriftführer den Teil der Niederschrift unterschreibt, den er aufgenommen hat. PrOVG. 29./30. 9. 30 RuPrVBl. **52** 596.

Die Beobachtung der Förmlichkeiten kann entsprechend dem § 274 StPO. nur durch die Niederschrift bewiesen werden. RDisH. 25. 2. 24 Schulze-Simons 457.

9. Über **Beratung** und **Abstimmung** des Dienststrafgerichts s. Anm. 1 zu § 65.

10. Der Dienststrafrichter hat nach der größeren oder geringeren Erheblichkeit des Dienstvergehens **frei zu ermessen, welche Strafe anzuwenden sei.**

Dabei muß er vor allem auf die sonstige Führung und die Gesamtpersönlichkeit des Beschuldigten Rücksicht nehmen. Auch Kriegsleistungen können strafmildernd berücksichtigt werden. RDisH. 26. 2. 29 Foerster-Simons 207. Auch ist von Bedeutung das Gewicht der durch die Dienststrafe zu schützenden Interessen, die Schwere des Verschuldens, der Beweggrund der Verfehlung, Vorsatz oder Fahrlässigkeit, nachteilige Folgen u. dgl. Dabei können auch Vorgänge berücksichtigt werden, die sich erst im Laufe des Dienststrafverfahrens ereignet haben. RDisH. 14. 3. 10 und 7. 4. 24 Schulze-Simons 313, 314. Wird die schwerste Dienststrafe schon von einer unter mehreren Verfehlungen getragen, so braucht in der zweiten Instanz auf die anderen Anschuldigungspunkte nicht eingegangen zu werden. RDStH. 6. 10. 38 E. **2** 70, 73.

Im neuen Staat werden Dienstverfehlungen der Beamten regelmäßig strenger zu ahnden sein als bisher. Denn jede Verfehlung eines Beamten schädigt auch den Staat, den er repräsentiert und setzt damit auch das Ansehen nicht nur des gesamten Beamtentums, sondern auch des Staates herab. Die Strafe muß als Sühne für den verbrecherischen Willen gelten und außerdem abschreckend wirken.

Die Bestrafung eines Beamten hat sich grundsätzlich nach der von ihm begangenen Verfehlung zu richten. Eine schärfere Ahndung derselben Verfehlung innerhalb verschiedener Beamtengruppen ist in der Regel nur dann möglich, wenn die Verfehlung Auswirkungen auf die Sonderheiten des Dienstes der einzelnen Beamtengruppen haben kann und muß. So muß z. B. ein Polizeibeamter, der in Gastwirtschaften Zechschulden gemacht und sich dadurch zu dem Gastwirt in ein Abhängigkeitsverhältnis gebracht hat, strenger bestraft werden, als ein anderer Beamter, weil bei dem Polizeibeamten die Gefahr besteht, daß er bei irgend welchen Verfehlungen des Gastwirts, z. B. Übertretung der Polizeistunde, nicht mit der nötigen Unparteilichkeit einschreitet. RDStH. 14. 11. 37 E. **1** 11 = RVerwBl. **60** 174.

Je höher ein Beamter steht und je größer damit seine Verantwortung ist, um so schärfer muß er bei Verfehlungen bestraft werden. Besonders die Behördenleiter, die der ihnen unterstellten Beamtenschaft ein Vorbild sein sollen, müssen bei Verfehlungen sehr streng bestraft werden; vgl. hierzu RDisH. v. 15. 11. 32 Foerster 1933 S. 45; Wittland BeamtJahrb. 1934 S. 11 ff.

Das freie Ermessen des Dienststrafgerichts bewegt sich aber nur innerhalb des in der RDStO. gegebenen Strafrahmens; stellt es also eine — wenn auch geringfügige — Pflichtverletzung des Beamten fest, so muß es den Beamten verurteilen und darf ihn nicht freisprechen. RDStH. 26. 10. 38 RVerwBl. **60** 108.

Aus der Rechtsprechung sind folgende Entscheidungen hervorzuheben:

Es ist ein Beamter, der die Frage, welchen politischen Parteien er früher angehört habe, bewußt falsch beantwortet und trotzdem erklärt hatte, er habe die Angabe nach bestem Wissen gemacht, mit Dienstentlassung bestraft worden.

PrOVG. v. 4. 6. 34 JW. **34** 2586; RDisH. 4. 7. 34 RVBl. **55** 999. Auch jede kommunistische Betätigung führt zur Entfernung aus dem Dienst. RDisH. ebenda; RDisH. 1. 10. 35 Foerster 1936 S. 30. Mit Dienstentlassung ist ein Beamter bestraft worden, der unterlassen hatte, einen Arbeitskameraden anzuzeigen, der sich, wie ihm bekannt war, kommunistischer Propaganda schuldig gemacht hatte. RDisH. 11. 11. 35 Foerster 1936 S. 75. Jedoch ist ein Beamter wegen eines Verhaltens, das eine Einstellung gegen den nationalsoz. Staat erkennen ließ, mit Rücksicht auf seinen inzwischen eingetretenen ernsten Gesinnungswandel milde bestraft worden. RDisH. 4. 6. u. 19. 9. 35 Foerster 1936 S. 81 u. 83. Dabei ist hervorgehoben worden, daß das bloße Bekenntnis zu einer bestimmten Anschauung ohne entsprechende Betätigung kein Dienstvergehen enthalte. Nur auf Strafversetzung verbunden mit Geldstrafe ist erkannt worden wegen Äußerungen, die zwar dem Wortlaute nach ein abfälliges Urteil über den Führer und leitende Persönlichkeiten der Bewegung enthielten, die aber dem Sinne nach nur einen unangebrachten Witz darstellen sollten. RDisH. 4. 2. 36 Foerster 1937 S. 74. Auch ist in einem Falle wegen mehrfacher gegen den Geist des Nationalsozialismus gerichteter Äußerungen mit Rücksicht auf besondere Milderungsgründe nur auf eine Ordnungsstrafe erkannt worden. RDisH. 2. 3. 36 Foerster 1937 S. 76. Auch ist ein Beamter, der gegen die Pflicht zur Kameradschaftlichkeit und den Geist der Volksgemeinschaft verstoßende Äußerungen gemacht hatte, nur mit Strafversetzung bestraft worden, da ihm starke Verärgerung zugute gehalten wurde. RDisH. 2. 2. 37 Foerster 1937 II S. 40.

Kein Milderungsgrund liegt darin, daß der Beamte aus freien Berufen hervorgegangen ist, also sog. Außenseiter ist. RDisH. v. 29. 6. 31 ZBR. **4** 91 = Foerster-Simons 98; ebensowenig führt der Umstand, daß der Beamte alter Nationalsozialist ist, zu einer milderen Beurteilung. RDisH. v. 16. 10. 33 Foerster 1934 S. 106. Vielmehr müssen Verfehlungen eines Beamten, der eine führende Stelle in der NSDAP. eingenommen hat, besonders streng geahndet werden. RDisH. 9. 4. 35 Foerster 1936 S. 89.

Ist der Beamte im ordentlichen Strafverfahren mit Gefängnisstrafe belegt worden, so wird in der Regel Entfernung aus dem Dienst geboten sein. Bei Gefängnisstrafen von einem Jahr oder längerer Dauer tritt übrigens nach § 53 DBG. kraft Gesetzes Entfernung aus dem Dienst ein, wenn die Tat vorsätzlich begangen war. Auch werden die Strafgerichte voraussichtlich häufiger als früher neben einer Gefängnisstrafe, die nicht ohne weiteres den Amtsverlust kraft Gesetzes nach sich zieht, auf eine Nebenstrafe (Verlust der bürgerl. Ehrenrechte oder Aberkennung der Fähigkeit zur Bekleidung öffentl. Ämter) erkennen; damit tritt ebenfalls ohne weiteres der Amtsverlust ein. § 53 DBG.

Die Verhängung einer milderen Strafe als Entfernung aus dem Dienst gegen einen der Unterschlagung amtlicher Gelder mit Urkundenfälschung überführten Kassenbeamten läßt sich nur dann rechtfertigen, wenn außergewöhnliche Umstände eine mildere Bestrafung zulassen. RDStH. 6. 10.

38 E. 2 70 und die dort angeführten weiteren Entschl. des RDStH.s; s. auch RDStH. 4. 5. 38 RVerwBl. **59** 840 = DVerw. **38** 725 = E. **1** 68; RDStH. 10. 11. 37 RVerwBl. **59** 82 = E. **1** 66; ferner RDStH. 15. u. 16. 3. u. 4. 5. 38 E. **1** 68 ff.; 10. 3. 39 E. **2** 76. Ein solcher Milderungsgrund liegt aber nicht in der Tatsache, daß nur ein geringer Betrag unterschlagen ist. RDStH. 4. 5. 38 VerwBl. **59** 840 = DVerw. **38** 725 = E. **1** 68; s. aber RDStH. 10. 3. 39 E. **2** 76; RDStH. 3. 5. 38 DVerw. **39** 55 = E. **1** 74; PrOVG. **83** 449.

Ferner bestimmt sich die Erheblichkeit eines Dienstvergehens auch nach der Bedeutung der aus ihm erwachsenen Nachteile. RDisH. v. 18. 3. 89 bei Schulze Rspr. 100 ff. Dabei können auch Vorgänge berücksichtigt werden, die sich im Laufe des Dienststrafverfahrens ereignet haben. RDisH. 7. 4. 24 Schulze-Simons 313, 314. Es ist also bei der Strafzumessung außer dem Dienstvergehen das gesamte dienstliche und außerdienstliche Verhalten des Beamten in Betracht zu ziehen. PrOVG. **32** 431; RDisH. 28. 5. u. 7. 10. 35 Foerster 1936 S. 116 u. 112.

Strafmildernd wirkt die Unzulänglichkeit der Leitung und Beaufsichtigung eines Beamten, wenn also die Behörde an den Verfehlungen mitschuldig ist. PrOVG. v. 8. 11. 29 JW. **30** 3452. Selbstmordversuche des Beschuldigten, die seinem Schuldbewußtsein entsprungen sind, sind kein Milderungsgrund. RDisH. v. 4. 12. 33 Foerster 1934 S. 117.

Bei mehreren an dem gleichen Dienstvergehen beteiligten Beschuldigten ist ein Unterschied in der Schwere der Schuld durch verschiedene Bemessung der Dienststrafe, im Falle der Entfernung aus dem Dienst durch Bewilligung oder Nichtbewilligung eines Unterhaltsbeitrags (§ 64) oder verschiedene Bemessung des Beitrags Rechnung zu tragen; dies gilt besonders auch dann, wenn wegen der vom ordentlichen Strafrichter erkannten Strafe nur dem Minderschuldigen ein Gnadenerweis zuteil geworden ist. RDisH. 26. 3. 28 DJZ. **28** Sp. 945.

11. Eine **Verjährung** gibt es im Dienststrafrecht im allgemeinen nicht; s. aber Anm. 2 zu § 115. Es ist aber dem Dienststrafrichter unbenommen, eine Verfehlung mit Rücksicht auf die Länge der seitdem verflossenen Zeit entweder als völlig straffrei zu bezeichnen oder doch erheblich milder zu sühnen, als wenn sie erst neuerdings begangen wäre. OVG. **83** 443.

12. Da gegen **Nichtbeamte** ein Dienststrafverfahren unzulässig ist (s. oben Anm. 14—16 zu § 1), so muß in Zweifelsfällen stets sorgfältig geprüft werden, ob der Beschuldigte **Beamteneigenschaft** hat. Fehlt diese, so muß das Dienststrafverfahren eingestellt werden. § 52 Abs. 1 Nr. 1 u. 3 u. § 63 Abs. 3.

§ 63.

(1) Das Urteil kann nur auf Bestrafung, Freispruch oder Einstellung des Verfahrens lauten.

(2) Auf Freispruch ist zu erkennen, wenn kein Dienstvergehen erwiesen ist.

(3) Die Dienststrafkammer hat das Verfahren einzustellen, wenn die Voraussetzungen des § 52 Abs. 1 vorliegen; vor Beginn der Hauptverhandlung kann sie es in diesen Fällen durch Beschluß einstellen. Sie hat das Verfahren gegen einen Ruhestandsbeamten ferner einzustellen, wenn sie ein Dienstvergehen zwar für erwiesen, die Aberkennung oder die Kürzung des Ruhegehalts aber nicht für gerechtfertigt hält.

1. Die Hauptfälle des Urteilsspruchs sind die der **Bestrafung** oder der **Freisprechung** des Beschuldigten.

Die Entscheidung kann auch **auf die Strafe der Warnung, des Verweises oder der Geldbuße lauten.** Allerdings zielte das Verfahren auf Gehaltskürzung oder Entfernung aus dem Dienst ab. Es wäre aber unpraktisch, wenn man den Dienststrafrichter in Fällen zur Freisprechung nötigen würde, die zwar nicht zur schweren Strafe der Gehaltskürzung oder Entfernung aus dem Dienst, wohl aber zu einer geringeren Strafe Anlaß bieten.

Die Bildung von Gesamtstrafen kommt im Dienststrafverfahren (s. abweichend § 79 StGB. und §§ 460, 462 StPO.) nicht in Betracht.

Bei der Verhängung von Geldbußen müssen die Dienststrafgerichte die Grenzen einhalten, die im § 6 bestimmt sind; sie dürfen also ebenso wie die oberste Dienstbehörde (nach § 24 Abs. 2 Nr. 1) bis zum zulässigen Höchstbetrage des § 6 Geldbußen verhängen. Gegen Notare kann Geldbuße bis zu 5000 RM., gegen Notarassessoren bis zu 500 RM. verhängt werden.

Der Beschuldigte, der zu einer Strafe verurteilt wird, ist nach § 98 Abs. 1 zugleich für schuldig zu erklären, die in dem gesamten Verfahren entstandenen **Kosten** ganz oder teilweise zu tragen; s. auch § 101 Abs. 1. Wegen der Kosten der Einstellung s. insbes. § 98 Abs. 2. Ein auf Entfernung aus dem Dienst lautendes Urteil gilt, wenn der Verurteilte vor Eintritt der Rechtskraft in den Ruhestand tritt, als Urteil auf Aberkennung des Ruhegehalts, ein auf Gehaltskürzung lautendes Urteil sinngemäß als Urteil auf Kürzung des Ruhegehalts. § 102 Abs. 1 Satz 2.

In der Urteilsformel (Tenor) braucht ein ausdrücklicher Schuldausspruch nicht enthalten zu sein; es genügt, daß die Schuld in den Gründen des Urteils festgestellt wird. PrOVG. **100** 287.

Auf **Freispruch** ist zu erkennen, wenn kein Dienstvergehen erwiesen ist. Dies ist auch dann der Fall, wenn der Beschuldigte zwar ein Dienstvergehen begangen hat, aber mangels Zurechnungsfähigkeit dafür nicht verantwortlich gemacht werden kann. Dagegen darf das Dienststrafgericht nicht freisprechen, wenn es eine Pflichtverletzung des Beamten festgestellt hat, sie aber für geringfügig erachtet. Es verfügt über ein pflichtmäßiges Ermessen nur innerhalb des von der RDStO. gegebenen Strafrahmens. RDStH. 26. 10. 38 RVerwBl. **60** 108. Wegen der Kosten s. § 100. Gegen den rechtskräftig freigesprochenen Beschuldigten kann wegen derselben Anschuldigungspunkte ein neues Dienststrafverfahren nicht eingeleitet werden. Das würde dem Grundsatz „ne bis idem" widersprechen. U. U. kann aber eine Wiederaufnahme des Verfahrens in Frage kommen. § 83 Abs. 1 zu b. Auch ist nicht ausgeschlossen, daß gegen den freigesprochenen Beamten eine Mißbilligung oder eine sonstige ähnliche Maßnahme (s. oben S. 134) verhängt wird.

2. Außer auf Bestrafung oder Freispruch kann das Urteil auch **auf Einstellung** lauten. Die Einstellung kommt für das Dienststrafgericht in denselben Fällen in Betracht, in denen die Einleitungsbehörde das Verfahren nach § 52 Abs. 1 einzustellen hat, solange es noch nicht bei der Dienststrafkammer anhängig ist, d. h. bis zum Eingang der Anschuldigungsschrift bei der Dienststrafkammer. Die Fälle sind in den Anm. zu § 52 einzeln aufgeführt und erläutert. Es kann deshalb hier auf diese Angaben verwiesen werden. Dort ist auch über die Rechtskraftwirkung der Einstellung näheres gesagt. Die Dienststrafkammer muß das Verfahren in den bezeichneten Fällen einstellen; abweichend (Kannvorschrift) § 63 Abs. 3 Halbsatz 1.

Vor Beginn der Hauptverhandlung und nach Eingang der Anschuldigungsschrift kann die Dienststrafkammer das Verfahren in diesen Fällen durch Beschluß außerhalb der Hauptverhandlung einstellen. Dieser Beschluß ist, obwohl dies im Gesetz nicht ausdrücklich gesagt ist, im Hinblick auf § 20 RDStO. in Verb. mit § 35 Abs. 2 StPO. förmlich zuzustellen, da durch die Bekanntmachung des Einstellungsbeschlusses die Beschwerdefrist des § 66 Abs. 2 RDStO. in Lauf gesetzt wird. RDStH. 27. 7. 38 RVerwBl. **59** 884 = E. **1** 149.

Ein besonderer Fall der Einstellung durch die Dienststrafkammer betrifft das Verfahren gegen einen Ruhestandsbeamten. Dieses ist nämlich auch dann einzustellen und zwar nicht durch Beschluß, sondern nur auf Grund der Hauptverhandlung durch Urteil, wenn die Kammer ein Dienstvergehen zwar für erwiesen, die Aberkennung oder die Kürzung des Ruhegehalts aber als eine zu schwere Strafe erachtet (Mußvorschrift; s. abw. Kannvorschrift im § 52 Abs. 2 Satz 3). Denn Strafen, die sonst auch der Dienstvorgesetzte verhängen darf (Warnung, Verweis oder Geldbuße), können nach § 9 Abs. 1 Satz 1 gegen Ruhestandsbeamte nicht verhängt werden. Eine Freisprechung wäre in diesem Falle nicht am Platze, da ja der Ruhestandsbeamte eine Verfehlung begangen hat und wegen dieser nur nicht bestraft werden kann. In diesem Falle ist der Beschuldigte bei der Einstellung zugleich für schuldig zu erklären, die in dem Verfahren entstandenen Kosten ganz oder teilweise zu tragen.

Ist in den vorbezeichneten Fällen die Einstellung durch Beschluß erfolgt, so ist Beschwerde nach § 66 zulässig; ist die Einstellung durch Urteil erfolgt, so ist die Berufung nach § 67 gegeben; s. unten Anm. 7 zu § 67.

Zu beachten ist aber, daß der Vorsitzende der Dienststrafkammer, wenn das Dienststrafverfahren an erheblichen Verfahrensmängeln leidet, die Anschuldigungsschrift an die Einleitungsbehörde zur Behebung der Mängel zurückgeben kann und daß es dann nicht zur Einstellung, sondern zur Aussetzung des Verfahrens kommt. 2. DurchfV. 27. 8. 38 (RGBl. I 1069).

§ 64.

(1) Die Dienststrafkammer kann in einem auf Entfernung aus dem Dienst oder auf Aberkennung des Ruhegehalts lautenden Urteil dem Verurteilten einen Unterhaltsbeitrag auf Lebenszeit oder auf bestimmte Zeit bewilligen, wenn besondere Umstände eine mildere Beurteilung zulassen, der Verurteilte nach seiner wirtschaftlichen Lage der Unterstützung bedürftig und ihrer nicht unwürdig erscheint. Der Unterhaltsbeitrag darf für längstens fünf Jahre höchstens fünfundsiebzig vom Hundert und über diesen Zeitraum hinaus höchstens fünfzig vom Hundert des Ruhegehalts betragen, das der Verurteilte in dem Zeitpunkt, in dem das Urteil gefällt wird, erdient hätte oder erdient hatte; er ist nach Hundertteilen dieses Ruhegehalts zu bemessen.

(2) Die Dienststrafkammer kann bestimmen, daß der Unterhaltsbeitrag ganz oder teilweise an Personen, zu deren Unterhalt der Verurteilte gesetzlich verpflichtet ist, gezahlt wird; nach Rechtskraft des Urteils kann dies auch die oberste Dienstbehörde bestimmen.

(3) Die Zahlung des Unterhaltsbeitrages beginnt im Zeitpunkt des Verlustes der Dienst- oder Versorgungsbezüge.

(4) Der Unterhaltsbeitrag erlischt, wenn der Verurteilte wieder zum Beamten ernannt wird. Im übrigen gelten die Vorschriften der §§ 127 bis 129, 132, 134 und 135 des Deutschen Beamtengesetzes sinngemäß; der Verurteilte gilt dabei als Ruhestandsbeamter, der Unterhaltsbeitrag als Ruhegehalt.

1. Unter Umständen kann das Dienststrafgericht in seinem auf Entfernung aus dem Dienst oder auf Ruhegehaltsverlust lautenden Urteil bestimmen, **daß dem Verurteilten ein Unterhaltsbeitrag auf Lebenszeit oder auf bestimmte Zeit zu gewähren sei.** Über die Rechtsnatur des Unterhaltsbeitrags s. Anm. 9. Der Unterhaltsanspruch ist, wie seine Stellung im Gesetz hinter dem Urteil und nicht wie die Unterstützung in § 13 PrBDStO. hinter den Strafen ergibt, keine Einschränkung des Strafmaßes, sondern eine besondere Zuwendung, die das Gericht dem Beschuldigten bei Verhängung der Höchststrafe machen kann. Everling RVerwBl. **59** 460; RDStH. 23. 3. 38 RVerwBl. **59** 561.

Bei dem jetzigen Wortlaute der gesetzlichen Bestimmung „auf bestimmte Zeit" statt wie in manchen früheren Gesetzen „auf gewisse Jahre" ist die frühere Streitfrage, ob der Unterhaltsbeitrag auf weniger als ein Jahr zugebilligt werden dürfe, beseitigt. Jetzt ist unzweifelhaft die Bewilligung für kürzere Zeit als 1 Jahr mit dem Wortlaut des Gesetzes vereinbar. Es darf also zwecks Erleichterung des Überganges in eine andere Beschäftigung weniger als eine Jahreshilfe gewährt werden; ebenso schon nach früherem Recht PrOVG. **83** 448; der Unterhaltsbeitrag kann jetzt auch bis zu einem festbestimmten Tag zugebilligt werden. Er darf auch nach Kalendertagen begrenzt werden. Er kann nicht erst von einem bestimmten Alter, z. B. vom 65. Lebensjahr ab gewährt werden. Es beginnt vielmehr in allen Fällen nach § 64 Abs. 3 die Zahlung des Unterhaltsbeitrags im Zeitpunkt des Verlustes der Dienst- oder Versorgungsbezüge, d. h. in der Regel mit der Rechtskraft des Urteils. Der Zeitpunkt des Beginns des Unterhaltsbeitrags braucht also in dem Urteil nicht festgesetzt zu werden. Es ist somit unzulässig die Zubilligung eines Unterhaltsbeitrags, dessen Bezug sich zeitlich nicht unmittelbar an die Verurteilung zur Entfernung aus dem Dienst anschließen soll. Der Beginn des Unterhaltsbeitrages kann auch nicht auf einen Zeitpunkt festgesetzt werden, der vor der Rechtskraft der Strafe der Entfernung aus dem Dienst liegt. PrOVG. v. 19. 4. 29 RuPrVBl. **50** 542.

Der Unterhaltsbeitrag darf **nur nach Hundertteilen,** nicht nach anderen Bruchteilen des Ruhegehalts zur Zeit der Urteilsfällung (nicht der Rechtskraft des Urteils) festgesetzt werden. Es darf nicht ein fest bestimmter Geldbetrag bewilligt werden.

Nicht zulässig ist es, die Höhe der Unterstützung etwa derart unbestimmt zu lassen, daß sie von der jeweils wechselnden Höhe anderweiter Bezüge abhängig gemacht wird; der Ruhegehaltsteil muß vielmehr vom Dienststrafrichter in ein für allemal fest bestimmten Hundertteilen des Ruhegehalts festgestellt werden, mögen sie auch für bestimmte Zeitperioden höher, für spätere niedriger oder umgekehrt bewilligt sein. PrOVG. **83** 445.

Bei Urteilen eines Dienststrafgerichts, die v o r d e m 1. 7. 37 g e f ä l l t, aber e r s t n a c h d i e s e m Z e i t p u n k t rechtskräftig geworden sind, und in denen ein Unterhaltsbeitrag bewilligt ist, bestimmt sich die Höhe des Ruhegehalts, aus dem gemäß § 64 Abs. 1 Satz 2 der Unterhaltsbeitrag zu berechnen ist, nicht nach dem DBG., sondern den früher in Geltung gewesene Vorschriften, z. B. nach dem Preuß. PG. v. 27. 3. 1872. Bei der Berechnung des Ruhegehalts für die Feststellung der Höhe des Unterhaltsbeitrags ist nur die bis zum Zeitpunkt der Urteilsfällung zurückgelegte ruhegehaltfähige Dienstzeit zu berücksichtigen, nicht die Dienstzeit bis zur Rechtskraft des Urteils. Dienstjahre, die der Verurteilte in der Zeit zwischen der Urteilsfällung und dem Eintritt der Rechtskraft vollendet, bleiben demnach hierbei außer Betracht. In solchen Fällen ist der Unterhaltsbeitrag von dem ungekürzten Ruhegehalt zu berechnen und erst dann nach den Gehaltskürzungsverordnungen zu kürzen. Der gemäß Nr. 1 DurchfV. zu § 64 gekennzeichnete abweichende Rechtszustand gilt nur für Unterhaltsbeiträge, die vom 1. 7. 37 ab bewilligt worden sind. Erl. d. RMdJ. v. 11. 6. 38 (MBl. 993, 994).

Der Unterhaltsbeitrag ist aus dem nach den Gehaltskürzungsverordnungen gekürzten Ruhegehalt zu berechnen, das der Verurteilte zur Zeit der Urteilsfällung erdient hätte, wenn er nicht entlassen wäre oder das ihm bereits zugebilligt war. Es ist das Ruhegehalt zugrunde zu legen, das der Beamte im Zeitpunkt der Dienstentlassung erdient hätte, wenn er m i t seiner Dienstentlassung in den Ruhestand getreten wäre. Der Anspruch auf Aufsteigen in Dienstaltersstufen ruht, solange ein förmliches Dienststrafverfahren schwebte; mit der Dienstentlassung ist dieser Anspruch erloschen und bei dem der Unterstützung zugrunde liegenden Ruhegehalt kann daher ein Aufrücken in Dienstaltersstufen nicht berücksichtigt werden. Dagegen läuft das ruhegehaltfähige Dienstalter während des förml. Dienststrafverfahrens weiter. RG. **162** 385; Wittland Anm. 21 zu § 64. In den Fällen des § 4 BBG. ist bei dem Unterhaltsbeitrag von den nach §§ 4, 8 BBG. bemessenen Bezügen auszugehen. DurchfV. Nr. 1 zu § 64

2. Die Bewilligung der Unterstützung kann **sowohl an unmittelbare, wie auch an mittelbare Reichsbeamte erfolgen,** vorausgesetzt, daß sie einen Anspruch auf Ruhegehalt haben. Auch Kommunalbeamte sowie Lehrer und Lehrerinnen an öffentlichen Volksschulen können dieser Wohltat teilhaftig werden. Auch auf Universitätsprofessoren ist die Vorschrift anwendbar, obwohl sie nach dem G. v. 9. 4. 38 (RGBl. I 377) nicht zur Ruhe gesetzt, sondern unter Belassung des vollen Gehalts emeritiert (entpflichtet) werden. Den auf Widerruf angestellten Beamten kann ein Unterhaltsbeitrag nicht bewilligt werden. Denn gegen diese Beamten findet nach § 107 ein förmliches Dienststrafverfahren nicht statt. Haben sie ein Dienstvergehen begangen, das zur Entfernung aus dem Dienst Veranlassung gibt, so werden sie durch Ausübung des Widerrufs entlassen. Bei der Entlassung kann ihnen nicht etwa ein Teil des Ruhegehalts als Unterhaltsbeitrag zugebilligt werden.

Der Unterhaltsbeitrag kann auch Ruhestandsbeamten in einem auf Aberkennung des Ruhegehalts gerichteten Urteil bewilligt werden. Dasselbe gilt von den gemäß § 4 BBG. entlassenen Beamten.

3. Voraussetzung der Bewilligung des Unterhaltsbeitrags ist, **daß besondere Umstände eine mildere Beurteilung zulassen.** Die Bewilligung enthält stets eine Vergünstigung. Sie wird bei einer Verfehlung schwerer Art in der Regel ausgeschlossen sein oder doch nur in geringem Umfang gewährt werden können. Vgl. die zahlreichen bei Foerster-Simons 212—241, Foerster 1934 S. 118—124, 1935 S. 119—123 u. 1937 S. 102—106 angeführten Entscheidungen des RDisH. Als Umstände, die eine mildere Beurteilung zulassen, können alle diejenigen in Betracht kommen, die überhaupt für die Strafzumessung erheblich sind. Insbesondere brauchen die zu berücksichtigenden Umstände nicht notwendig dem besonderen Tatbestande des abzuurteilenden Disziplinarfalles anzugehören, sondern es können auch andere, außerhalb dieses Tatbestandes liegende, mit der Begehung der Verfehlung nicht im Zusammenhang stehende, Milderungsgründe berücksichtigt werden, z. B. stark geminderte Erwerbsfähigkeit, zahlreiche unversorgte Kinder, dauernde Krankheit in der Familie und sonstige persönliche und häusliche Verhältnisse. RDisH. 4. 11. 35 Foerster 1936 S. 28/29; Behnke 494; RDStH. 10. 11. 37 RVerwBl. **59** 82 und die sonstigen bei Behnke 494 und 495 angeführten Urteile des RDStH. Der Dienststrafrichter muß aber beachten, daß nur „besondere" Umstände die Bewilligung eines Unterhaltsbeitrags rechtfertigen können. Die Bewilligung ist unangebracht, wenn der Beamte sich einer solchen ausnahmsweisen Rücksichtnahme unwürdig gezeigt, z. B. bei den ihm zur Last gelegten Verfehlungen einen Mangel an ehrliebender Gesinnung an den Tag gelegt hat, insbes. wenn der Beamte sich gegen den Nationalsozialismus feindselig eingestellt, sich an einer vom Führer angeordneten Wahl nicht beteiligt hatte und allen Veranstaltungen der Partei ferngeblieben war; in solchem Falle ist von dem Unterhaltsbeitrag abgesehen worden, obwohl der Beamte in vorgerücktem Lebensalter stand und schwer herzleidend war. RDisH. 15. 2. 37 Foerster 1937 II 66. Überhaupt ist die Frage der Würdigkeit, insbes. die bisherige Führung, lange vorwurfsfreie Dienstzeit, Teilnahme am Krieg, schwere Kriegsverletzungen, besondere Verdienste um die nationalsozialistische Erhebung, eifriges Bemühen, die Folgen der Tat wieder gut zu machen, hohes Lebensalter nach dem Wortlaut des Gesetzes bei der Bewilligung besonders zu prüfen. Auch verminderte Zurechnungsfähigkeit kann die Bewilligung eines Unterhaltsbeitrages rechtfertigen RDStH. **1** 33. Unwürdigkeit kann in dem besonderen Tatbestand des Dienstvergehens oder auch in einem sonstigen unwürdigen Verhalten gefunden werden; s. die Einzelfälle bei Behnke 496.

Die Würdigkeit muß nicht nur für eine Unterstützung überhaupt, sondern auch für die im Einzelfall in Betracht kommende gegeben sein. Der Grad der Würdigkeit des Verurteilten ist neben seiner Bedürftigkeit für Höhe und Dauer des ihm zu bewilligenden Unterhaltsbeitrages maßgebend. RDStH. 17. 1. 39 E. **2** 144.

Abwegig ist es, wie es vorgekommen ist, die Bewilligung des Unterhaltsbeitrags an einen Beamten des einfachen Dienstes damit zu begründen, daß der Umgang mit Geld stets eine erhebliche Versuchung bilde, der gering besoldete Beamte, wie der Beschuldigte, besser nicht ausgesetzt werden sollten. Denn in der Natur der Aufgaben vieler Behörden liegt es, daß auch Beamte mit niedrigem Gehalt mit Geld und Geldeswert befaßt werden. Der Beamte darf den Grad seines Verantwortungsgefühls unter keinen Umständen von der Höhe seiner Dienstbezüge abhängig machen. RPostM. v. 3. 10. 27.

4. Die Bewilligung des Unterhaltsbeitrags erfolgt als **Unterstützung.** Es sollen die äußeren Verhältnisse des Beamten, insbes. **seine wirtschaftliche Lage,** dabei in Betracht gezogen werden. Es soll einer etwaigen, durch die dauernde oder vorläufige Unfähigkeit des entlassenen Beamten zu anderweitigem Erwerbe seines Lebensunterhalts verursachten dringenden Hilfsbedürftigkeit Rechnung getragen werden. Die Belassung des Unterhaltsbeitrags auf bestimmte Zeit soll dem Beamten den Übergang in den neuen Beruf erleichtern, aber keine Dauerrente darstellen. S. zahlreiche Entscheid. d. RDisH. bei Foerster-Simons 212—241; PrOVG. **83** 452. Hat daher ein Beamter eine andere Stellung gefunden, so befindet er sich nicht in einer hilfsbedürftigen Lage, mag auch die Stellung unsicher und mit nur geringen Einnahmen verknüpft sein. Die Unterstützung soll auch nicht eine Sicherstellung des vollen Unterhalts des entlassenen Beamten und seiner Familie herbeiführen, vielmehr nur einen Beitrag darstellen. PrOVG. **83** 449, 452. Ist der Beamte aber infolge Alters, Krankheit oder aus sonstigen Gründen zu einer anderweitigen Erwerbstätigkeit nicht mehr fähig, dann kann die ausfallende Erwerbsmöglichkeit durch Belassung eines Unterhaltsbeitrags auf Lebenszeit wenigstens teilweise ausgeglichen werden; s. zahlreiche Entsch. d. RDisH. bei Foerster-Simons 212—241; RDisH. 19. 11. u. 17. 12. 35 Foerster **1936** S. 123, 124; PrOVG. **83** 452. Im übrigen sollen aber Bewilligungen auf Lebenszeit nur in seltenen Ausnahmefällen eintreten. RDisH. 15. 6. 37 Foerster 1937 II S. 20; RDStH. **1** 33. Deshalb dürfen z. B. nicht verhältnismäßig jungen und völlig erwerbsfähigen Beamten erhebliche Teile des gesetzlichen Ruhegehalts, etwa auf eine längere Reihe von Jahren oder gar auf Lebenszeit bewilligt werden. RDisH. v. 6. 11. 11 Schulze-Simons 330. Mitunter sind verhältnismäßig jungen und gesunden Beamten viel zu hohe Teile des Ruhegehalts als Unterhaltsbeitrag bewilligt worden. Es war möglich, bis zu 99% zu bewilligen.

Deshalb sind im § 64 Abs. 1 Satz 2 **Höchstsätze** für den Unterhaltsbeitrag festgesetzt worden. Er darf für längstens 5 Jahre höchstens 75% v. H. und über diesen Zeitraum hinaus höchstens 50 v. H. des Ruhegehalts betragen. Auch diese Höchstgrenzen werden nur selten bewilligt werden. Denn zu hohe Unterhaltsbeiträge schädigen nicht nur die Staatskasse, sondern sind in ihren Folgen auch geeignet, die Bedeutung und die Wirkung der Entfernung aus dem Dienst als des schwersten Dienststrafmittels hinfällig zu machen und einem unwürdigen Beamten die Vorteile der Zurruhesetzung mittels Dienstvergehens erreichbar erscheinen zu lassen unter Umständen, unter denen sie einem würdigen und zum Rücktritt vom aktiven Dienst geneigten Beamten versagt bleiben müssen. Zu hohe Unterstützungssätze nehmen der Entfernung aus dem Dienst fast den Charakter von Strafe und sind deshalb zu vermeiden. RDisH. v. 18. 3. 18 und v. 27. 5. 24 Schulze-Simons 174 und 329. Auf die Höhe und Dauer des Unterhaltsbeitrags kann von Bedeutung sein, daß das Straf- und Dienststrafverfahren durch Schuld des Beschuldigten verschleppt worden ist. RDisH. 5. 4. 37 Foerster 1937 II S. 68. Andererseits ist es angängig, einem Beamten den Unterhaltsbeitrag u. a. auch dann lebenslänglich zu belassen, wenn er wegen einer Kriegsverletzung eine Rente und eine Abfindung erhalten hat; dies gilt besonders dann, wenn er wirtschaftlich ungünstig dasteht. RDisH. v. 17. 11. 30 DJZ. **31** 838; 12. 7. u. 20. 12. 32 Foerster 1933 S. 122 und 123.

Zu berücksichtigen wird auch sein, daß der Verurteilte nach § 141 Abs. 2 Nr. 2 DBG. keine Versorgung aus der Sozialversicherung zu erwarten hat, da bei Entfernung aus dem Dienst im Dienststrafverfahren die Nachentrichtung von Beiträgen zur Sozialversicherung unterbleibt. Bei nicht mehr voll erwerbsfähigen Beschuldigten wird dieser Umstand für die Bemessung des Unterhaltsbeitrags von Bedeutung sein können; s. Goedecke bei Pfundtner-Neubert RDStO. S. 41 und Behnke 497. Auch muß bei Beamten, die der Unfallfürsorge teilhaftig geworden sind, berücksichtigt werden, daß sie — entgegen dem früheren Rechtszustande (s. auch Breithaupt 68) — mit der Entfernung aus dem Dienst auch den Anspruch auf Unfallfürsorge verlieren. Allgemein ist zu beachten, daß der Unterhaltsbeitrag keine Hinterbliebenenversorgung nach sich zieht s. S. 321.

Hiernach gehört die Bedürftigkeit des Beschuldigten begrifflich nicht zu den „besonderen Umständen", die eine mildere Beurteilung zulassen. Vielmehr ist die Frage, ob die äußeren wirtschaftlichen Verhältnisse des Verurteilten die Zubilligung eines Unterhaltsbeitrags rechtfertigen, selbständig neben der Frage nach dem Vorhandensein der besonderen Strafmilderungsgründe zu prüfen. Die Entscheidung nach § 64 ist also eine selbständige, von der Straffrage unabhängiger Teil des Urteilsausspruchs. Behnke JW. **39** 732; Everling RVerwBl. **59** 460; Reuß JW. **38** 1772.

5. **Der Zweck** der Bewilligung des Unterhaltsbeitrags besteht nicht darin, Mängel in der Beweisaufnahme auszugleichen oder die Entfernung aus dem Dienst auf Fälle anwendbar zu machen, für die sie, objektiv betrachtet, eine zu harte Strafe sein würde. Tatbestand und Schuldfrage sind ganz selbständig zu beurteilen, und erst wenn diese Beurteilung zur Verhängung der Entfernung aus dem Dienst führt, kann die Frage entstehen, ob besondere Umstände eine mildere Beurteilung gestatten.

6. **In den Dienststrafurteilen ist gemäß § 65 Abs. 1 Satz 4 hervorzuheben,** welche Erwägungen das Dienststrafgericht veranlaßt haben, einen Unterhaltsbeitrag zuzubilligen. Sollte in einem Urteil eine solche Begründung nicht gegeben worden sein, oder lassen die Urteilsgründe erkennen, daß bei der Bewilligung die oben dargelegten Gesichtspunkte nicht beachtet sind, so hat die Einleitungsbehörde (§ 29) ihren Vertreter zur Einlegung der Berufung anzuweisen.

Die Bewilligung des Unterhaltsbeitrags muß in dem Urteil erfolgen; eine nachträgliche Bewilligung ist unzulässig. Behnke 497 u. BeamtJahrb. **36** 219. Maßgebend für die Berechnung des erdienten Ruhegehalts ist nach dem Gesetz der Zeitpunkt der Fällung des Urteils, nicht der Rechtskraft; s. näheres Behnke 498.

7. Den Vertretern der Einleitungsbehörde liegt es ob, eine den vorstehenden Grundsätzen entsprechende Rechtsprechung tunlichst zu sichern und demgemäß durch geeignete Anträge und erforderlichenfalls **durch Einlegung der Berufung auf die Beobachtung der Grundsätze hinzuwirken.**

8. Der Unterhaltsbeitrag kann nur zugebilligt werden, wenn der Beamte zur Zeit des Dienststrafurteils als Ruhestandsbeamter einen Ruhegehaltsanspruch hat oder als aktiver Beamter einen solchen **Anspruch hätte,** falls er in diesem Zeitpunkt zur Ruhe gesetzt würde. Hat daher der Dienststrafrichter dem Beamten einen Teil des Ruhegehaltsbetrages als Unterhaltsbeitrag zugebilligt, obwohl der Beamte noch keinen Ruhegehaltsanspruch hat, so ist die Zubilligung des Dienststrafrichters wirkungslos. RDisH. v. 17. 12. 29 DJZ. **30** 631; Behnke 494 u. BeamtJahrb. **35** 216 ff. und **36** 491; Breithaupt 183; Heyland 268; **a. M.** Wittland 608. Diese — früher sehr bedeutsame — Frage wird künftig nur selten praktisch werden, da förm-

liche Dienststrafverfahren nur bei Beamten auf Lebenszeit oder Zeit in Frage kommen, diese aber regelmäßig nach Vollendung des 27. Lebensjahrs (s. § 28 DBG.) einen Ruhegehaltsanspruch bereits erworben haben, auch wenn sie noch keine längere Wartezeit erfüllt haben (§ 88 Abs. 1 DBG.).

Die Zubilligung eines Unterhaltsbeitrags braucht aber in den seltenen Fällen, in denen der verurteilte Beamte noch keinen Ruhegehaltsanspruch hatte, nicht erst im ordentlichen Rechtsweg wieder beseitigt zu werden, falls nicht der Beamte freiwillig auf ihn verzichtet. Denn die Zubilligung ist nur unter der stillschweigenden Voraussetzung erfolgt, daß der Beamte sonst, wenn er wegen Dienstunfähigkeit in den Ruhestand versetzt worden wäre, einen Anspruch auf Ruhegehalt hätte. Hiernach muß die vorgesetzte Dienstbehörde jedes Dienststrafurteil, in dem einem Beamten bei der Entfernung aus dem Dienst ein Unterhaltsbeitrag zugesprochen ist, daraufhin prüfen, ob der verurteilte Beamte überhaupt ruhegehaltsberechtigt ist. Dabei ersetzt das Dienststrafurteil lediglich die sonst nötige Voraussetzung der Dienstunfähigkeit. Bei der Prüfung der Frage, eine wie lange Dienstzeit der Berechnung des Ruhegehalts zugrunde zu legen ist, ist zu beachten, daß der Beamte erst mit dem Tage der Rechtskraft des auf Entfernung aus dem Dienst oder Aberkennung des Ruhegehalts lautenden Urteils bzw. mit der Zustellung des Urteils aufhört, Beamter zu sein und seine Dienstzeit daher bis zu diesem Tage einschließlich zu berechnen ist. § 102 Abs. 1 RDStO. Der Unterhaltsbeitrag kann jedenfalls dann belassen werden, wenn der Beamte beim Erlaß des Urteils 2. Instanz, wenn auch noch nicht der 1. Instanz ruhegehaltsberechtigt geworden ist. RDisH. v. 7. 10. 30 DJZ. **31** 93.

Über die Frage, ob der Beamte ruhegehaltsberechtigt ist, entscheidet nicht das Dienststrafgericht, sondern die über die Zurruhesetzung beschlußfassende Behörde und die Festsetzung des Dienststrafrichters erfolgt nur unter der Voraussetzung, daß dem Beamten überhaupt ein Ruhegehaltsanspruch zusteht; s. oben Anm. 8 Abs. 1. Hiernach ist es empfehlenswert, die Frage, ob ein Beamter ruhegehaltsberechtigt ist, schon im Laufe der Dienststrafuntersuchung aufzuklären, damit nicht dem Beamten ein Anspruch in Aussicht gestellt wird, der nicht erfüllt werden kann.

Bezieht ein Beamter das Militärinvalidenruhegehalt, so ist im Tenor des Dienststrafurteils zum Ausdruck zu bringen, ob dieses Ruhegehalt auf den als Unterhaltsbeitrag bewilligten Ruhegehaltsteil anzurechnen oder neben ihm zu gewähren ist. Dasselbe gilt von einem aus einem früheren Zivilbeamtenverhältnis erdienten Ruhegehalt. PrOVG. **83** 445. Es muß sich dabei um im voraus bestimmt feststehende Beträge handeln, über die schon der Dienststrafrichter selbst sich von vornherein bei seiner Entschließung ein zutreffendes Bild machen kann. PrOVG. a. a. O.

9. **Der dem Beamten zugebilligte Unterhaltsbeitrag** hat nicht **die rechtliche Natur eines Ruhegehalts.** Behnke 492 u. BeamtJahrb. **35** 212 ff., der den Unterhaltsbeitrag zutreffend für einen besonderen Renten-

anspruch des Dienststrafrechts hält; ebenso OVG. **94** 255; Wichert RDStO. 81; Fischbach 706; **a. M.** RG. 28. 2. 36 JW. **36** 2213 = ZBR. **7** 251; Klüber BeamtJahrb **33** 119 ff. Es gelten aber für den Unterhaltsbeitrag die Vorschriften der §§ 127—129, 132, 134 u. 135 DBG. über das Ruhen der Versorgungsbezüge, die Regelung für das Zusammentreffen mehrerer Versorgungsbezüge, das Erlöschen der Versorgungsbezüge und die Anzeigepflicht bei Verwendung eines Versorgungsberechtigten, sinngemäß; dabei gilt der Unterhaltsbeitrag als Ruhegehalt. Es sollen also auch bei dem Unterhaltsbeitrag wie bei dem Ruhegehalt u. a. Kürzungen eintreten, um Doppelzahlungen zu vermeiden. Bei Anwendung der §§ 127, 129 DBG. nach § 64 Abs. 4 Satz 2 sind die ruhegehaltfähigen Dienstbezüge (§ 127 Abs. 1) und der unter Zugrundelegung der gesamten ruhegehaltfähigen Dienstzeit sich ergebende Betrag (§ 129) um den Betrag zu kürzen, um den der Unterhaltsbeitrag hinter dem Ruhegehalt, aus dem er errechnet ist, zurückbleibt. DurchfV. Nr. 2 zu § 64; s. hierzu Fischbach 706 und das dort 707 enthaltene Beispiel, woraus hervorgeht, daß der wiederbeschäftigte Beamte nicht günstiger gestellt werden darf, als ein mit dem gesetzlichen Ruhegehalt in den Ruhestand versetzter Beamter. Eine solche Kürzung tritt nicht bei der Anwendung des § 127 auf solche Beamte ein, denen nur ein Teilruhegehalt nach § 4 BBG. oder nach § 4 V. zur Neuordnung des österr. Berufsbeamtentums v. 31. 5. 38 (RGBl. I 607) gewährt worden ist. RFM. 7. 5. 40 (RhaushuBesBl. 135).

Aus alledem folgt aber nicht, daß der Unterhaltsbeitrag die rechtliche Natur des Ruhegehalts hat, vielmehr wird er nur zum Zwecke der Anwendung der bezeichneten Vorschriften so angesehen, als wenn es sich um Ruhegehalt handele. Ein altes früher erdientes Ruhegehalt wird neben dem Unterhaltsbeitrag dem Beamten, der in seinem neuen Amt mit Entfernung aus dem Dienste unter Belassung eines Unterhaltsbeitrags bestraft ist, nur bis zur Erreichung desjenigen Ruhegehaltsbetrages gezahlt, der sich für die Gesamtdienstzeit aus den der Festsetzung des alten Ruhegehalts zugrunde gelegten Dienstbezügen ergibt.

Jedoch berechtigt der vom Dienststrafrichter zugebilligte Unterhaltsbeitrag, der mit dem Tode des Bedachten erlischt, **die Hinterbliebenen des Beamten nicht zum Bezug von Witwen- und Waisengeld**, da der Unterhaltsbeitrag rechtlich nicht dem Ruhegehalt gleichsteht, sondern nur in gewisser Hinsicht (s. Abs. 1) als Ruhegehalt gilt. Goedecke bei Pfundtner-Neubert RDStO. 41; Breithaupt 185; Behnke 492. Dagegen wird das Sterbegeld (Gnadenquartal) des § 93 DBG. von diesem Unterhaltsbeitrag stets gewährt, wenn er auf Lebenszeit zugesprochen ist. Ist er nur auf Zeit bewilligt, so kann das Sterbegeld nur dann gezahlt werden, wenn der Tod des Beamten in die Bewilligungsfrist fällt. DurchfV. z. DBG. zu § 93 Nr. 2 u. 3.

Der Unterhaltsbeitrag unterliegt dem Steuerabzug. RFinanzH. v. 20. 11. 29 und RArbM. v. 20. 2. 30 „Beamtenbund" **30** Beil. zu Nr. 21. Er wird nach einem Ruhegehalt berechnet, das höchstens 80 v. H. beträgt. Er unterliegt der Abtretung, Verpfändung, Pfändung, der Aufrechnung und

Zurückbehaltung wie das Ruhegehalt; s. §§ 39, 126 Abs. 3 DBG.; RG. 28. 2. 36 JW. **36** 2213 = ZBR. **7** 251; s. auch § 3 Nr. 9 V. 30. 10. 40 (RGBl. I 1451), wo nur Sterbe- und Gnadenbezüge für unpfändbar erklärt sind. Auch § 4 Abs. 1 Nr. 4 a. a. O. kommt nicht in Betracht, da die dort für die bedingte Pfändbarkeit vorgesehenen Voraussetzungen auf die Unterhaltsbeiträge des § 64 nicht zutreffen; s. auch Wittland JW. **41** 31; **a. M.** nach früherem Recht (§ 850g Nr. 3 ZPO.) Behnke 493.

Die Kinderbeihilfen (Kinderzuschläge) werden neben dem Unterhaltsbeitrag in voller Höhe gezahlt. Fischbach 706; Behnke 498; RFM. 9. 6. 25 (RBesBl. 145).

Die Dienststrafkammer kann bestimmen, daß der Unterhaltsbeitrag **ganz oder teilweise an Personen gezahlt wird, zu deren Unterhalt der Verurteilte gesetzlich verpflichtet ist.** Hier kommen insbes. die Ehefrau, die Eltern, Kinder, Großeltern und Enkel in Betracht. Dagegen kann eine Unterstützung an eine Schwester nicht zugebilligt werden, da sie gegen den Beamten keinen gesetzlichen Unterhaltsanspruch hat. RDStH. 21. 1. 38 DVerw. **39** 55 = E. **1** 168. Die Zubilligung an die Ehefrau u. s. w. kommt z. B. in Frage, wenn der Verurteilte verschwenderisch oder verschuldet ist, dem Trunke zuneigt oder dgl. Dies kann nach Rechtskraft des Urteils (§ 76) auch die oberste Dienstbehörde bestimmen, der unter Darlegung der Gründe und Beifügung der Dienststrafakten zu berichten ist. Bei Kommunalbeamten sind die Befugnisse der obersten Dienstbehörde dem letzten Dienstvorgesetzten, soweit ein solcher nicht vorhanden ist, dem Nachfolger im Amte übertragen. § 5 Abs. 1 Nr. 1 DurchfV. v. 3. 7. 34 (RGBl. I 730).

Die Zubilligung dieses Unterhaltsbeitrages an die Frau oder die Kinder gewährt ihnen natürlich kein Anrecht auf Hinterbliebenenversorgung. Nach dem Wortlaut des Gesetzes ist es leider nicht zulässig, daß das Urteil oder auch die oberste Dienstbehörde für den Fall des Todes des Beamten den Hinterbliebenen ein Anrecht auf Hinterbliebenenbezüge gewährt. Vielmehr wird der Unterhaltsbeitrag nur so lange gewährt, wie er nach dem Urteil dem Beamten selbst zusteht; er fällt also beim Tode des Beamten fort. Entsprechende Vorschriften gelten auch für den Fall, daß neben dem Ruhegehaltsverluste ein Unterhaltsbeitrag zugebilligt wird. Nicht zulässig ist es aber, neben der Entfernung aus dem Dienst ein Witwengeld zu bewilligen oder die Weiterführung der Amtsbezeichnung mit dem Zusatz „a. D." zu gestatten. RDisH. v. 4. 4. 32 Foerster 1933 S. 116. Höhe und Dauer der Teile des Unterhaltsbeitrags können bei den einzelnen zu berücksichtigenden Personen verschieden bemessen werden. Behnke 501.

10. Die Zahlung des Unterhaltsbeitrags **beginnt** im Zeitpunkt des Verlustes der Dienst- und Versorgungsbezüge. Da aber nach der DurchfV. Nr. 1 Satz 2 Halbs. 1 zu § 102 die Zahlung der Bezüge erst mit dem Ende des Monats, in dem das auf Entfernung aus dem Dienst oder Aberkennung des Ruhegehalts lautende Urteil rechtskräftig wird, einzustellen ist, so beginnt die Zahlung des Unterhaltsbeitrages erst mit dem ersten Tage des auf Eintritt der Rechtskraft folgenden Monats. Behnke 499,

Angewiesen und berechnet wird der Unterhaltsbeitrag von denselben Behörden, von denen die Ruhegehälter festgesetzt und zur Zahlung angewiesen werden. Es erfolgt also die Festsetzung des dem Beamten auf Grund des Dienststrafurteils zu zahlenden Unterhaltsbeitrags durch die oberste Reichsbehörde, die diese Befugnis im Einvernehmen mit dem RMdF. auf andere Behörden übertragen kann. § 126 Abs. 1 DBG. wird entsprechend anzuwenden sein. In allen Fällen, in denen auf Entfernung aus dem Dienst erkannt ist, ist für die Berechnung des Ruhegehalts maßgebend nicht der Zeitpunkt des Ausscheidens aus dem Dienst infolge des rechtskräftigen Dienststrafurteils, sondern nach dem Wortlaut des Gesetzes der Zeitpunkt der Urteilsfällung, der mit dem Zeitpunkt des Ausscheidens aus dem Dienst nicht zusammenzufallen braucht.

11. Im Gnadenwege kann der gewährte Unterhaltsbeitrag erhöht oder die Zeit, für die er zugebilligt ist, verlängert werden; auch kann auf diesem Wege in Fällen, in denen überhaupt kein Unterhaltsbeitrag festgesetzt ist, ein solcher bewilligt werden. § 104 Abs. 1. Die Zuständigkeit richtet sich nach den Erlassen des Führers und Reichskanzlers über die Ausübung des Gnadenrechts; s. Anm. zu § 104. Dies gilt auch, wenn der Beamte im Strafverfahren mit einer Strafe belegt worden ist, die den Verlust des Amtes kraft Gesetzes nach sich gezogen hat, so daß ein Dienststrafverfahren nicht stattfinden konnte. Auch den Hinterbliebenen eines durch rechtskräftiges Dienst- oder Strafurteil aus dem Dienst entfernten Beamten kann im Gnadenwege ein Unterhaltsbetrag oder eine sonstige versorgungsähnliche Leistung gewährt werden. Eine dem § 34 ÄndG. entsprechende Bestimmung, wonach in gewissen Fällen des Amtsverlustes infolge strafgerichtlichen Urteils die oberste Reichsbehörde einen Teil des Ruhegehalts als Unterstützung bewilligen konnte, ist in das DBG. oder die RDStO. nicht übernommen.

An sich ist aber die Zubilligung des Unterhaltsbeitrags, soweit sie durch Urteil erfolgt, kein Gnadenakt. RDisH. v. 9. 1. 22 Schulze-Simons 322.

12. Der Unterhaltsbeitrag kann im Wiederaufnahmeverfahren **wegen veränderter Umstände** auf Antrag der obersten Reichsbehörde von der zuständigen Dienststrafkammer **herabgesetzt oder ganz entzogen werden.** § 96 RDStO. Dagegen ist es nicht etwa zulässig, wegen neuer Verfehlungen des Verurteilten ein Dienststrafverfahren einzuleiten und ihm in diesem den Unterhaltsbeitrag abzuerkennen. OVG. **57** 506; Behnke 492, auch nicht wenn es sich um solche Verfehlungen handelt, die nach § 22 Abs. 1 Satz 2 bei Ruhestandsbeamten als Dienstvergehen gelten. Denn der mit dem Unterhaltsbeitrag Bedachte ist nicht Ruhestandsbeamter, sondern gilt nur in einigen Beziehungen (s. § 64 Abs. 4 Satz 2) als solcher; s. auch Goedecke bei Pfundtner-Neubert RDStO. 41.

13. Der Unterhaltsbeitrag **erlischt,** wenn der Verurteilte wieder zum Beamten ernannt wird. § 64 Abs. 4 Satz 1. Denn dann bezieht er wieder ein

Gehalt und bedarf des Unterhaltsbeitrags nicht mehr. Der Unterhaltsbeitrag erlischt auch beim Tode des Berechtigten; s. oben Anm. 9 Abs. 3.

Ein **Ruhen** des Unterhaltsbeitrages tritt in den Fällen des § 128 DBG. ein Ferner **erlischt** der Unterhaltsbeitrag in den Fällen des § 132 u. § 128 Abs. 2 DBG.

14. Die Berufung kann auf den Unterhaltsbeitrag beschränkt werden. Es wird dann aber nicht der nichtangefochtene Teil rechtskräftig. Großer DienstStS. beim RDStH. 31. 10. 38 bei Behnke 502; a. M. Wittland 617; s. auch unten Anm. 1a zu § 76.

§ 65.

(1) Das Urteil wird durch Verlesen der Urteilsformel und Mitteilung der wesentlichen Urteilsgründe verkündet. Es ist schriftlich abzufassen und mit Gründen zu versehen. Hat die Dienststrafkammer eine Vernehmung nach § 61 Abs. 2 für unerheblich erklärt, so ist dies zu begründen. Hat die Dienststrafkammer einen Unterhaltsbeitrag nach § 64 bewilligt, so sind die Gründe hierfür anzugeben.

(2) Die Mitglieder der Dienststrafkammer, die bei der Entscheidung mitgewirkt haben, sollen das Urteil unterschreiben.

(3) Dem Beschuldigten, dem Vertreter der Einleitungsbehörde und, wenn der Beschuldigte Mitglied der Nationalsozialistischen Deutschen Arbeiterpartei ist, auch dem Stellvertreter des Führers sind Ausfertigungen des Urteils mit Gründen zuzustellen.

1. Über die **Beratung** und **Abstimmung** sind die **Vorschriften des GVG.** (§§ 192–197) anzuwenden, soweit nicht die Eigenart des Dienststrafverfahrens entgegensteht. § 20. Danach leitet der Vorsitzende des Dienststrafgerichts **die — geheime — Beratung,** stellt die Fragen und sammelt die Stimmen. Bei Meinungsverschiedenheiten über den Gegenstand, die Fassung und die Reihenfolge der Fragen und das Ergebnis der Abstimmungen entscheidet das Gericht. Es gilt in Übereinstimmung mit § 108 RBG. und § 192 GVG. für alle Fragen, also auch für die Schuldfrage und die Frage der Strafzumessung **die einfache Mehrheit.** Es sollte dadurch das im neuen Staat vorherrschende Führerprinzip tunlichst verwirklicht werden, Praktisch sollte nunmehr, namentlich in der ersten Instanz, der Vorsitzende als der Führer des Gerichts den Ausschlag bei der Entscheidung geben. Da aber die Dienststrafkammer nur mit 3 Richtern besetzt ist, spielt das Stimmenverhältnis im ersten Rechtszuge überhaupt keine Rolle mehr. Begr. Für die Berufungsinstanz bestimmt § 75 Abs. 2 ausdrücklich einfache Stimmenmehrheit.

Bilden sich in einem Punkte, von der Schuldfrage abgesehen, mehr als zwei Meinungen, deren keine die erforderliche Mehrheit für sich hat, so werden die dem Beschuldigten nachteiligsten Stimmen den zunächst minder nachteiligen so lange hinzugerechnet, bis sich die erforderliche Mehrheit ergibt. Bilden sich in der Schuldfrage zwei Meinungen, ohne daß eine die erforderliche Mehrheit hat, so gilt die mildere Meinung. § 196 Abs. 3 GVG. Bei der Verhängung von Geldbußen oder Gehaltskürzungen kann § 196 Abs. 2 GVG. in Frage kommen.

Der Berichterstatter stimmt zuerst, sodann der etwa ernannte Mitberichterstatter. Im übrigen wird nach dem Dienstalter abgestimmt, und zwar so, daß das jüngste Mitglied zuerst stimmt und der Vorsitzende zuletzt seine Stimme abgibt. Bei gleichem Dienstalter wird nach dem Lebenalter derart gestimmt, daß der jüngere vor dem älteren stimmt. In allen Fällen stimmt der Vorsitzende zuletzt. § 197 GVG. Kein Richter darf sich bei der Fällung des Urteils der Stimme enthalten. § 195 GVG.; PrOVG. v. 13. 12. 29 RuPrVBl. **51** 419 = JW. **31** 1715.

In dem Beratungszimmer dürfen sich während der Beratung und Abstimmung außer den zur Entscheidung berufenen Richtern nur die bei dem Gericht zur ihrer Ausbildung beschäftigten Personen zugegen sein; gehört der Schriftführer nicht zu diesen Personen, so darf er nicht zugegen sein. Auch der Vertreter der Einleitungsbehörde darf sich während der Beratung und Abstimmung in dem Beratungszimmer nicht aufhalten. RDisH. v. 27. 1. 31 ZBR. **3** 275 = Foerster-Simons 278.

Unzulässig **ist**, daß der Vorsitzende in einer Frage, die der Beurteilung des Dienststrafgerichts unterliegt, seine eigene Stellungnahme vor der Beratung bereits bekannt gibt. PrOVG. v. 24. 4. 31 RundschfKomB. **32** 261.

2. Das Urteil, das im Namen des deutschen Volkes erlassen wird, wird durch Verlesen der Urteilsformel und im Anschluß daran durch Verlesung oder durch mündliche Mitteilung der wesentlichen Urteilsgründe am Schlusse der Verhandlung oder spätestens mit Ablauf einer Woche nach dem Schlusse der Verhandlung **verkündet.** Die Verkündung ist Bestandteil der Hauptverhandlung, erfolgt also wie diese nichtöffentlich. Die Verlesung der Urteilsformel hat in jedem Falle der Mitteilung der Urteilsgründe voranzugehen. § 268 Abs. 1 Satz 1—3 StPO. findet entsprechende Anwendung. War die Verkündung des Urteils ausgesetzt, so sind in entsprechender Anwendung des § 268 Abs. 2 StPO. die Urteilsgründe vorher schriftlich festzustellen. Die Verkündung muß in Gegenwart des Beamten der Einleitungsbehörde und des Schriftführers erfolgen. PrOVG. **92** 239. Sie ist in der Niederschrift zu vermerken. Bei der Entscheidung dürfen nur Mitglieder mitwirken, vor denen die mündliche Verhandlung stattgefunden hat. Es wäre also unzulässig und müßte zur Aufhebung der Entscheidung führen, wenn das Urteil, dessen Verkündung in einem späteren Termin erfolgt, nicht von denselben Mitgliedern beraten und gefällt würde, die bei der Verhandlung mitgewirkt haben.

Die Urteilsformel braucht nicht notwendig einen Schuldausspruch zu enthalten. OVG. **100** 287. Bei Verurteilung oder Freisprechung empfiehlt sich aber die Feststellung, daß der Beschuldigte des Dienstvergehens schuldig oder nichtschuldig sei. Behnke 505.

Eine Belehrung des Beschuldigten über das zulässige Rechtsmittel und die für dieses ergangenen Vorschriften über ihre Fristen und Formen ist nicht vorgeschrieben. Es ist Sache jedes Beamten, sich selbst die nötige Kenntnis der für die Rechtsmittel ergangenen Bestimmungen zu verschaffen; notfalls kann er sich auf der Geschäftsstelle der Dienststrafkammer hierüber unterrichten lassen. Hat er also aus Unkenntnis die für die Rechtsmittel gegebenen Fristen versäumt, so liegt hierin kein unabwendbarer Zufall, der zur Wiedereinsetzung in den vorigen Stand führen könnte. RDStH. 17. 6. 40 DVerw. **41** 106.

Erfolgt eine Rechtsmittelbelehrung, so ist zweckmäßig auf die Möglichkeit der reformatio in peius hinzuweisen. Behnke 505.

Die Entscheidung ist mit vollständiger Begründung in tunlichst kurzer Frist (nach § 275 Abs. 1 StPO. binnen einer Woche) nach der Verkündung schriftlich abzufassen und soll in der Urschrift von allen Mitgliedern des Gerichts, die bei der Entscheidung mitgewirkt haben, unterschrieben werden. Letzteres ist nur eine Sollvorschrift, deren Nichtbeachtung nicht einen wesentlichen Mangel des Verfahrens darstellt. Ist ein Richter verhindert, seine Unterschrift beizufügen, so wird dies unter Angabe des Verhinderungsgrundes von dem Vorsitzenden und bei dessen Verhinderung von dem ältesten beisitzenden Richter unter dem Urteil bemerkt. § 227 Abs. 2 StPO. In das Urteil sind aufzunehmen der Sitzungstag sowie die Namen der Richter, des Vertreters der Einleitungsbehörde und des Schriftführers, die an der Sitzung teilgenommen haben. § 275 Abs. 3 StPO. Die Beschlüsse des Dienststrafgerichts brauchen nur vom Vorsitzenden und Berichterstatter unterschrieben zu werden. Wicher ZBR. **4** 227. Dem Berichterstatter liegt nach allgemeiner Gepflogenheit die Absetzung des Urteils ob.

Die Gründe müssen erkennen lassen, welche Tatsachen auf Grund der Beweisaufnahme im Hinblick auf die einzelnen Punkte der Anschuldigungsschrift das Dienststrafgericht für erwiesen erachtet hat, welche Gesichtspunkte für die Strafzumessung bestimmend gewesen und welche Anschuldigungspunkte — und zwar auf Grund welcher Beweismittel — für widerlegt erachtet sind. Es genügt nicht eine Bezugnahme auf die Ausführungen der Anschuldigungsschrift oder den Inhalt sonstiger beigegebener Akten. PrOVG. **82** 462; § 267 Abs. 1—3 StPO. Bei Abweichung der mündlichen und schriftlichen Begründung des Urteils ist letztere maßgebend. PrOVG. 4. 3. 37 RVerwBl. **58** 505.

Hat die Dienststrafkammer eine Vernehmung von Zeugen und Sachverständigen nach § 61 Abs. 2 für unerheblich erklärt und haben der Beschuldigte und der Vertreter der Einleitungsbehörde auf die Vernehmung nicht verzichtet, so hat das Gericht in seinem Urteil zu begründen, weshalb es die Vernehmung für unerheblich gehalten hat.

Hat die Dienststrafkammer neben der Strafe der Entfernung aus dem Dienst oder der Aberkennung des Ruhegehalts einen Unterhaltsbeitrag nach § 64 bewilligt, so sind die Gründe hierfür unter Berücksichtigung der im Gesetz für die Bewilligung angegebenen Voraussetzungen anzugeben.

Es muß in den Gründen auch angegeben werden, weshalb ein Zusammentreffen einer Reihe von Dienstverfehlungen, von denen jede einzelne die Höchststrafe nicht rechtfertigen würde, die Verhängung der Höchststrafe rechtfertigt. PrOVG. 1. 3. 29 RuPrVBl. **50** 317.

Ungenügend begründete Entscheidungen, die z. B. zu den einzelnen Anschuldigungspunkten nicht ausdrücklich Stellung nehmen, unterliegen ohne weiteres der Aufhebung und vielfach der Zurückweisung in die Vorinstanz. Eine Zurückverweisung kommt aber bei einer zwar nicht vollständigen, aber doch vorgenommenen Prüfung der einzelnen Punkte nicht in Betracht. Behnke BeamtJahrb. **36** 220 ff.

Das Urteil braucht aber nicht notwendig alle Anschuldigungspunkte zu würdigen, wenn sich schon aus einzelnen die Entfernung aus dem Dienst ergibt. Jedoch ist dies Verfahren für das Gericht des ersten Rechtszuges abzulehnen, weil das Berufungsgericht möglicherweise die einzelnen Anschuldigungspunkte anders würdigt. PrOVG. **82** 462.ff.; **84** 437; Behnke 486 und BeamtJahrb. **36** 221; Reuß RVerwBl. **55** 876. Aber auch die Nichtaburteilung einzelner Anschuldigungspunkte in der Berufungsinstanz kann bedenklich erscheinen, weil sie dann in einem etwaigen Wiederaufnahmeverfahren nicht zur Aufrechterhaltung des mit der Wiederaufnahme angegriffenen Urteils verwertet werden können. Behnke 489.

Wird der Beschuldigte freigesprochen, so müssen die Urteilsgründe ergeben, ob der Beschuldigte für nicht überführt, oder ob und aus welchen Gründen die für erwiesen angenommene Tat nicht für ein Dienstvergehen erachtet worden ist. § 267 Abs. 5 StPO.

Die Dienststrafurteile dürfen aber nicht einen zu großen Umfang annehmen. Eine möglichst gedrängte Fassung der Erkenntnisse ist dringend erwünscht. Leider wird dies sehr häufig nicht beachtet und es nehmen gerade Dienststrafurteile nicht selten einen unerträglich großen Umfang an. Es liegt dies oft daran, daß das Material nicht genügend durchgearbeitet und ein Aktenauszug geboten, anstatt daß auf eine geordnete und gedrängte Darstellung Bedacht genommen wird.

Die Entscheidung muß sich auch mit der **Kostenfrage** befassen; s. §§ 98, insbes. § 101 Abs. 1.

3. Das schriftliche Urteil ist mit vollständiger Begründung **dem Beschuldigten, dem Vertreter der Einleitungsbehörde** und, wenn der Beschuldigte Mitglied der NSDAP. oder Parteianwärter ist, **auch dem Stellvertreter des Führers** in Ausfertigung in 3 Stücken nach § 19 unmittelbar **zuzustellen.** Bei der Zustellung an den Stellvertreter des Führers ist anzugeben, welche Mitgliedsnummer der NSDAP. der Beamte führt, ob er Ehrenzeichenträger ist und welche Parteiämter er innehat. RuPrMdJ. 15. 3. 38 MBl. Sp. 457. Die Entscheidungen, Ersuchen usw. der Dienststrafkammer ergehen unter der Behördenbezeichnung „Dienststrafkammer X, (Name des Ortes)". Die Überschrift der Urteile lautet: „Im Namen des deutschen Volkes". Die Ausfertigungen und Auszüge der Urteile und Beschlüsse erteilt die Geschäftsstelle der Dienststrafkammer unter Beidrückung des Dienstsiegels (s. oben § 32) mit dem Vermerk: „ausgefertigt

Ort, Datum

Geschäftsstelle

Unterschrift".

DurchfV. Nr. 12 zu §§ 32—40.

Die Zustellung erfolgt auch dann, wenn der Beschuldigte selbst erschienen oder durch einen Rechtsanwalt vertreten war; RDisH. v. 24. 2. 30 Foerster-Simons 289. Die Erteilung einer Ausfertigung des Urteils darf nicht davon abhängig gemacht werden, daß sich der Beschuldigte zur Tragung der Schreibgebühren verpflichtet. Schreibgebühren sind von dem Beschuldigten selbst dann nicht zu erheben, wenn ihm auf Antrag eine Urteilsausfertigung erteilt wird, da diese an die Stelle der von Amts wegen zuzustellenden Ausfertigung tritt.

Bei der Herstellung der Urteilsausfertigung ist ein weiterer Abdruck herzustellen, der im Falle der Einlegung der Berufung bei der Einsendung der Akten an das Berufungsgericht beizufügen ist.

Eine Zustellung des Urteils an den Verteidiger ist nicht vorgeschrieben. Da die Berufungsfrist mit der Zustellung des Urteils an den Beschuldigten beginnt (§ 67 Abs. 1 Satz 1), wird der Verteidiger sich vom Zeitpunkt der Zustellung an den Beschuldigten Kenntnis verschaffen müssen.

Es ist nicht zulässig, das Urteil an Stelle des Vertreters der Einleitungsbehörde an letztere selbst zuzustellen. RDStH. 16. 5. 39 DVerw. **40** 12. Der Vertreter der Einleitungsbehörde hat das Urteil alsbald nach der Verkündung der Einleitungsbehörde mitzuteilen und sich dabei gutachtlich zu äußern, ob nach dem Ergebnis der Hauptverhandlung Berufung geboten sei. Die ihm zuzustellende Urteilsausfertigung hat er sofort der Einleitungsbehörde vorzulegen. Breithaupt 187.

Wird die Zustellung des Urteils nicht ordnungsmäßig (§ 19) bewirkt, so wird die Berufungsfrist des § 67 Abs. 1 nicht in Lauf gesetzt. RDStH. 16. 12. 38 E. **2** 132.

4. Ein Urteil gegen einen Notar oder Notarassessor hat der Generalstaatsanwalt dem Präsidenten der Notarkammer mitzuteilen. RJM. 14. 6. 37 DJ. 921.

5. Offenbare Unrichtigkeiten in Dienststrafurteilen wie Schreibfehler, Rechenfehler u. dgl. können jederzeit auch noch nach Rechtskraft von Amts wegen berichtigt werden. § 319 ZPO. findet entsprechende Anwendung. RDisH. v. 27. 10. 25 Foerster-Simons 284. Materielle Änderungen oder Ergänzungen des Urteils dürfen nachträglich natürlich nicht vorgenommen werden. Ist z. B. versehentlich dem Beschuldigten ein Bruchteil der „Dienstbezüge" statt des „Ruhegehalts" als Unterhaltsbeitrag zugesprochen, so ist eine Berichtigung nicht zulässig. RDisH. 27. 10. 25 Foerster-Simons 284; RDisH. 14. 6. 37 Foerster 1937 II S. 74. Doch können offenbare Widersprüche, Dunkelheiten, Auslassungen usw. eines rechtskräftigen, durch Berufung nicht mehr anfechtbaren Urteils unter Umständen in einem Nachtragsverfahren beseitigt werden. Ist z. B. bei der Strafe der Gehaltskürzung der Betrag, um den die Dienstbezüge vermindert werden sollen, versehentlich im Dienststrafurteil nicht angegeben, so darf nicht etwa die Verwaltungsbehörde den Betrag nach ihrem Ermessen bestimmen, sondern es ist die nachträgliche Festsetzung des Einkommensverlustes durch das erkennende Dienststrafgericht zu bewirken. In welcher Form dies zu geschehen habe, ist zweifelhaft. Eine bloße Auslegung des Urteils wird nicht genügen. In der Regel werden die Beteiligten (Beschuldigter, Verteidiger und Vertreter der Einleitungsbehörde) von neuem vorzuladen und mit ihren Erklärungen zu hören sein. RDisH. 15. 5. 34 Foerster 1935 S. 142 hält es für zulässig, im Beschwerdeverfahren ohne mündliche Verhandlung eine Disziplinarentscheidung in entsprechender Anwendung des § 458 StPO. auszulegen, um Zweifel über die Auslegung oder über die Berechnung der erkannten Strafe zu beseitigen oder über Einwendungen gegen die Zulässigkeit der Strafvollstreckung eine Entscheidung herbeizuführen; so auch Behnke 507.

6. Wegen der **Rechtskraft** des Urteils und der **Vollstreckung** s. § 76 und §§ 102 ff.

9. Rechtsmittel im förmlichen Dienststrafverfahren.

a) Beschwerde.

§ 66.

(1) Gegen nicht endgültige Beschlüsse der Dienststrafkammer ist die Beschwerde an den Reichsdienststrafhof zulässig, gegen Entscheidungen, die der Urteilsfällung vorausgehen, jedoch nur, soweit sie eine Beschlagnahme oder Durchsuchung, eine Straffestsetzung oder eine dritte Person betreffen.

(2) Die Beschwerde ist bei der Dienststrafkammer innerhalb von zwei Wochen seit Bekanntgabe der Entscheidung einzulegen; die Beschwerdefrist wird jedoch auch gewahrt, wenn während ihres Laufes die Beschwerde beim Reichsdienststrafhof eingelegt wird.

(3) Die Dienststrafkammer kann der Beschwerde abhelfen. Andernfalls entscheidet der Reichsdienststrafhof durch Beschluß endgültig.

1. § 66 befaßt sich nur mit **Beschwerden** gegen Beschlüsse und Entscheidungen **der Dienststrafkammer.** Wegen der Beschwerde über Dienststrafverfügungen s. § 26. Wegen der Beschwerde über Verfügungen des Untersuchungsführers s. oben Anm. 5 a. E. zu § 46. Beschwerden über Verfügungen des Vorsitzenden der Dienststrafkammer sind im § 66 nicht vorgesehen, sind aber gemäß § 20 RDStO. nach den §§ 304 ff. StPO. zu beurteilen RDStH. 30. 7. 38 E. **1** 146; s. dazu Reuß JW. **38** 2621 ff. u. PrOVG. **98** 261; Behnke 511; a. M. Heyland 270; Breithaupt 189; Wittland 631. Beschwerden im Dienstaufsichtswege sind keine formellen Beschwerden und sind deshalb in der RDStO. nicht geregelt. Goedecke bei Pfundtner-Neubert RDStO. S. 42.

Nicht endgültige Beschlüsse der Dienststrafkammer **außerhalb der Hauptverhandlung** unterliegen der Beschwerde innerhalb der Frist von 2 Wochen. Hierzu gehören z. B. Beschlüsse der Dienststrafkammer über die Unterbringung eines Beschuldigten zwecks Vorbereitung eines Gutachtens über seinen Geisteszustand in eine öffentl. Heil- und Pflegeanstalt (§ 48 und § 53 Abs. 5).

Sind die Beschlüsse der Dienststrafkammern **endgültig**, so gibt es dagegen natürlich keine Beschwerde. Die betr. Fälle sind in der RDStO. selbst oder in anderen auf das Dienststrafrecht verweisenden Gesetzen, wie z. B. dem DBG. ausdrücklich als endgültig bezeichnet. Begr. z. B. § 38 Abs. 2 Satz 1 (Einspruch eines Beisitzers, dem die durch sein Ausbleiben in Sitzungen usw. verursachten Auslagen auferlegt sind), § 101 Abs. 2 Satz 2 (Beschwerde gegen die Festsetzung der Kosten durch die Geschäftsstelle der Dienststrafkammer), § 105 Abs. 2 (Entscheidung über Verlust der Dienstbezüge bei unerlaubtem Fernbleiben vom Amt) und § 135 Abs. 3 Satz 2 DBG. (Entscheidung der Dienststrafkammer über Entziehung der Versorgung wegen unterlassener Anzeige).

2. Besonderes gilt für die Entscheidungen der Dienststrafkammer, **die der Urteilsfällung vorausgehen**, also insbes. in der Hauptverhandlung vor Fällung des Urteils erlassen werden und mit dem Urteil in innerem Zusammenhang stehen. Hier ist Grundsatz, daß diese Entscheidungen nicht mit der Beschwerde, sondern nur zusammen mit dem Urteil durch Berufung angefochten werden können. Dies entspricht dem § 305 StPO. PrOVG. **97** 238. Dadurch sollen Weiterungen und Verschleppungen vermieden werden. Hierher gehören z. B. der Beschluß über Verbindung und Trennung mehrerer Verfahren (§ 54); ferner die Ablehnung von Beweisanträgen seitens der Beteiligten, Beschlüsse über die Vereidigung von Zeugen und dgl. Dagegen stehen z. B. nicht in solchem inneren Zusammenhang solche Verfügungen des Vorsitzenden oder Beschlüsse der Dienststrafkammer, die sich mit dem Akteneinsichtsverfahren befassen und wegen Verstoßes gegen gesetzliche Bestimmungen angefochten werden; solche sind also nicht von § 66 Abs. 1 betroffen. RDStH. **1** 146; Behnke 513; **a. M.** Reuß JW. **38** 262.

Ausnahmen sind nur dann zugelassen, wenn die Entscheidung für die Betroffenen besonders einschneidend ist, also wenn sie z. B. eine Beschlagnahme oder Durchsuchung, eine Straffestsetzung gegen nichterschienene Zeugen oder Sachverständige oder eine dritte Person betrifft, zu denen auch der Verteidiger des Beschuldigten zu rechnen ist. Reuß JW. **38** 2621; s. RDStH. 30. 7. 38 E. **1** 146. In solchen Fällen ist also die Beschwerde innerhalb von 2 Wochen zulässig. Dasselbe gilt von dem Falle des § 48; s. Anm. 4 Abs. 2 zu § 53 S. 281.

3. In allen Fällen, in denen die Beschwerde zugelassen ist, ist sie **bei der Dienststrafkammer** innerhalb einer Ausschlußfrist von 2 Wochen seit der Zustellung (§ 19) der Entscheidung oder sonstigen Bekanntgabe (z. B. in der Hauptverhandlung) schriftlich oder zur Niederschrift der Geschäftsstelle (§ 306 StPO.) einzulegen. Die Frist wird auch gewahrt, wenn während ihres Laufs die Beschwerde beim RDStH. eingelegt wird. Die Beschwerde kann vom Beschuldigten, seinem Verteidiger und dem Vertreter der Einleitungsbehörde eingelegt werden. Sie hat in der Regel keine aufschiebende Wirkung. § 307 Abs. 1 StPO. Eine Ausnahme gilt im Falle des § 53 Abs. 5 und § 48 Abs. 2. Jedoch kann auch in anderen Fällen das Gericht sowie auch das Beschwerdegericht anordnen, daß die Vollziehung der angefochtenen Entscheidung auszusetzen sei. § 307 Abs. 2 StPO. Wegen Berechnung der Frist s. § 43 StPO.

Ist die Frist nicht gewahrt, so ist die Beschwerde als unzulässig zu verwerfen; jedoch ist die Wiedereinsetzung möglich; s. Anm. 6 zu § 68. Ist sie gewahrt, so kann die Dienststrafkammer oder der Vorsitzende der Beschwerde selbst abhelfen; dann erübrigt sich die Abgabe an den RDStH. Sie können zuvor Ermittlungen anstellen und den Gegner hören. Wird der Beschwerde nicht abgeholfen, so legen sie und zwar der Vorsitzende nach Stellungnahme der Kammer (Behnke 516) die Beschwerde mit Akten und ihren etwaigen Gegenerklärungen zu der Beschwerde dem RDStH. (bzw. dem Dienststrafsenat des RGs) vor. Dieser entscheidet endgültig durch Beschluß, ohne mündliche Verhandlung (§ 309 Abs. 1 StPO.). Er kann die Beschwerde dem Gegner des Beschwerdeführers zur schriftlichen Gegenerklärung mitteilen; er kann etwa erforderliche Ermittlungen anordnen oder selbst vornehmen. § 308 StPO.

Wegen der Kosten s. §§ 99 ff.

b) Berufung.

§ 67.

(1) Gegen das Urteil der Dienststrafkammer ist innerhalb zweier Wochen nach seiner Zustellung Berufung an den Reichsdienststrafhof zulässig. Liegt der dienstliche Wohnsitz oder der Wohnort des Beschuldigten im Ausland, so hat der Vorsitzende der Dienststrafkammer die Berufungsfrist durch eine Verfügung, die zugleich mit dem Urteil zuzustellen ist, angemessen zu verlängern.

(2) Die Kostenentscheidung allein kann nicht angefochten werden.

1. Die Berufung ist gegen das **„Urteil“** der Dienststrafkammer gegeben. Auch eine formwidrig als Beschluß bezeichnete und trotz durchgeführter Hauptverhandlung ohne Begründung ergangene Entscheidung gilt als Urteil, das mit der Berufung angefochten werden kann. Wird der Beschuldigte durch das Urteil zu einer Strafe verurteilt, so kann er selbst dann Berufung einlegen, wenn das Urteil sich mit seinen im ersten Rechtszuge gestellten Anträgen decken sollte. Reuß JW. 38 1763. Eine **Belehrung** über die zustehenden Rechtsmittel ist im Dienststrafverfahren nicht vorgeschrieben. § 268 Abs. 3 StPO. findet keine Anwendung. PrOVG. **80** 437; Behnke 268 u. Beamt-Jahrb. **36** 230 u. 481.

2. Die Berufung kann **ohne Einschränkung eingelegt werden.** Ist dies geschehen, so wird das Berufungsgericht im vollen Umfange in tatsächlicher und rechtlicher Beziehung mit der Sache befaßt. Behnke 529; Wittland 642. Die Berufung kann aber auf das Strafmaß beschränkt werden; s. näheres Anm. 1 zu § 74. Nicht zulässig ist es, die Berufung auf die Kostenentscheidung (§§ 97 ff.) zu beschränken. § 67 Abs. 2. Diese Vorschrift gilt aber nur für Kostenentscheidungen in einem Urteil. Sind diese Kosten durch Beschluß der Dienststrafkammer z. B. bei Einstellung des Verfahrens auferlegt, so kann nur gegen die Kostenentscheidung Beschwerde eingelegt werden. RDStH. 27. 7. 38 RVerwBl. **59** 884 = E. **1** 151; Breithaupt 248.

Die Berufung muß **binnen zweier Wochen** nach der Zustellung der Entscheidung der Dienststrafkammer (§ 65 Abs. 3) eingelegt werden. Die Frist, die früher nach § 111 RBG. 4 Wochen und nach § 49 PrBDStO. einen Monat betrug, ist im Interesse der Beschleunigung des Verfahrens auf zwei Wochen abgekürzt; zwei weitere Wochen stehen zur Begründung zur Verfügung. Über die Art der Zustellung s. oben § 19. Die Frist beginnt mit dem Ablaufe des Tages, an welchem die Entscheidung dem Beschuldigten oder dem Vertreter der Einleitungsbehörde zugestellt worden ist. Dies gilt auch dann, wenn der Beschuldigte im Termin anwesend war oder durch einen Bevollmächtigten vertreten war. RDisH. v. 24. 2. 30 Foerster-Simons 289. Eine Zustellung an den Verteidiger des Beschuldigten ist nicht vorgeschrieben (§ 65 Abs. 3); sie würde den Lauf der Berufungsfrist selbst dann nicht eröffnen, wenn der Verteidiger Zustellungsvollmacht hätte. RDisH. 24. 2. 30 Foerster-Simons 287. Auch sonst kann durch eine mangelhafte Zustellung die Berufungsfrist nicht in Lauf gesetzt werden. Dienststrafs. beim RG. 11. 11. 37 DRechtspfl. **38** 18; RDStH. 16. 12. 38. DVerw. **39** 440 = E. **2** 132. Die Frist läuft für jeden Prozeßbeteiligten besonders. Für ihre Berechnung gilt § 43 StPO. entsprechend. Die Frist beginnt an dem auf die Zustellung folgenden Tage und endigt mit Ablauf des Tages der zweiten Woche, der durch seine Benennung dem Tage entspricht, an dem die Zustellung erfolgt ist. RDStH. 14. 12. 38 RVerwBl. **60** 232; 8. 11. 39 DVerw. **40** 317. Ist also das Urteil z. B. am 2. Mai zugestellt, so läuft die Frist am 16. Mai ab, so daß die erst am 17. Mai eingegangene Berufung verspätet ist. Fällt das Ende der Frist auf einen Sonntag oder allgemeinen Feiertag, so endigt die Frist mit Ablauf des nächstfolgenden Werktags. Für den Vertreter der Einleitungsbehörde besteht ein selbständiger Lauf der Berufungsfrist; auch für ihn ist daher für den Beginn der Berufungsfrist allein die Zustellung an ihn maßgebend. PrOVG. **96** 248. Der Vertreter der Einleitungsbehörde darf nicht schlechter gestellt werden, als der Beschuldigte. Die Berufung kann aber nur der Vertreter der Einleitungsbehörde, nicht diese selbst, einlegen. RDStH. 9. 12. 38 DVerw. 108 = E. **2** 101 und die weiteren bei Behnke 519 angeführten Entsch. des RDStH.; a. M. Heyland 271.

Liegt der dienstliche Wohnsitz oder der Wohnort des Beschuldigten im Ausland, z. B. bei Gesandten, Konsuln usw., so muß der Vorsitzende der Dienstrafkammer die Berufungsfrist durch eine Verfügung, die zugleich mit dem Urteil zuzustellen ist, angemessen verlängern. Abgesehen hiervon ist eine Verlängerung der Berufungsfrist unzulässig. Die wegen des Wohnsitzes oder Wohnortes des Beschuldigten verlängerte Frist kann nicht abermals verlängert werden. Behnke 522; a. M. Wittland 640.

Die Verkündung ist für den Fristbeginn niemals maßgebend. Das Gesetz hat vielmehr den Fristbeginn an die Zustellung des Urteils geknüpft. Dies ist durchaus zu billigen; denn erst nach Einsichtnahme in die schriftliche Begründung des Urteils kann in eine sachgemäße Prüfung der Aussichten der Berufung eingetreten werden.

Wenn die Geschäftsstelle einer Dienststrafkammer die allgemeinen dienstlichen Einrichtungen eines Verwaltungsgerichts, in dessen Räumen sie untergebracht ist, mitbenutzt und der Vertreter der Einleitungsbehörde nach den Umständen annehmen darf, daß Vorkehrungen getroffen sind, die in Fristsachen die Einlieferung von Schriftstücken für das Dienststrafgericht auch außerhalb der Geschäftsstunden ermöglichen, so genügt es zur Wahrung der Frist zur Anmeldung der Berufung, wenn er die Berufungsschrift am letzten Tage der Frist, wenn die Geschäftsstelle des Dienststrafgerichts geschlossen ist, auf dem Hauptbüro der anderen Behörde niederlegt. RDisH. v. 6. 7. 26 Foerster-Simons 290.

Die Frist ist auch gewahrt, wenn die Berufungsschrift am letzten Tage der Frist in den Briefkasten der Dienststrafkammer geworfen ist.

Die Berufung kann auch schon vor Zustellung des Urteils eingelegt werden. Behnke 523 u. BeamtJahrb. **36** 229 und die dort angef. Entsch. des PrOVG.; Dienststrafs. beim RG. 11. 11. 37 DRechtspfl. **38** 18 = ZBR. **8** 220. Es ist also eine in der Zeit von der Verkündung des Urteilsspruchs bis zum Beginn der Berufungsfrist eingelegten Berufung rechtswirksam. RDStH. 10. 1. 39 E. **2** 123 = DVerw. **40** 27; Goedecke bei Pfundtner-Neubert RDStO. 67; Heyland 271; Breithaupt 191; Reuß JW. **38** 213 u. 1768; a. M. Wittland 641.

3. **Der Vertreter der Einleitungsbehörde** muß bei Einlegung der Berufung den Anweisungen der Dienststelle, die ihn bestellt hat, folgen.

Die Einleitungsbehörde hat nach der bisherigen Übung in Preußen ihren Vertreter anzuweisen, Berufung einzulegen,

1. wenn die für die Bewilligung eines Unterhaltsbeitrags aufgestellten Grundsätze (vgl. Anm. zu § 64) im Urteile nicht beachtet sind;

2. wenn in dem mit dem Ziele auf Entfernung aus dem Dienst eingeleiteten Verfahren eine geringere Strafe verhängt worden ist.

Gleichzeitig ist der obersten Dienstbehörde unter eingehender Darlegung des Sachverhalts zu berichten, falls die Durchführung der Berufung nach der Auffassung der Einleitungsbehörde nicht angezeigt erscheint; s. Anw. d. PrMJ. v. 11. 3. 32 (MBl. 283).

4. Der Vertreter der Einleitungsbehörde nimmt im Dienststrafverfahren das öffentliche Interesse des Staates an der Aufrechterhaltung und gerechten Handhabung der Disziplin wahr. Deshalb kann er **auch zugunsten des Beschuldigten Berufung einlegen.** § 296 Abs. 2 StPO. findet entsprechende Anwendung. PrOVG. **54** 457. Ferner hat jede von dem Vertreter der Einleitungsbehörde eingelegte Berufung die Wirkung, daß die angefochtene Entscheidung auch zugunsten des Beschuldigten abgeändert oder aufgehoben werden kann; der Grundsatz des § 301 StPO. findet auch im Dienststrafverfahren Anwendung. PrOVG. **54** 457; **86** 418; RDisH. v. 4. 11. 30 Foerster-Simons 292. Andererseits gilt aber der Grundsatz der Unzulässigkeit der reformatio in peius nicht mehr, so daß bei jeder von dem Vertreter der Einleitungsbehörde zu Gunsten des Beschuldigten eingelegten Berufung auch eine Verschärfung des Urteils zu seinen Ungunsten erfolgen kann; s. Anm. 5.

5. Hat nur der Beschuldigte Berufung eingelegt, so konnte bisher das erste Urteil (auch im Kostenpunkte) zu seinen Ungunsten nicht abgeändert werden. **Eine** reformatio in peius **war unstatthaft.** Dasselbe galt, wenn der Vertreter der Einleitungsbehörde zugunsten des Beschuldigten Berufung eingelegt hatte. **Dieser Grundsatz muß** im Hinblick auf die neue Fassung des § 331, des § 358 Abs. 2 und § 373 Abs. 2 StPO. durch das G. v. 28. 6. 35 (RGBl. I 844) **auch für das Dienststrafverfahren als beseitigt gelten.** Nach § 20 werden diese neuen Vorschriften der StPO., die das Verbot der Schlechterstellung des Beschuldigten beseitigt haben, auch für das Dienststrafverfahren anzuwenden sein. Es soll nicht mehr das Berufungsgericht genötigt sein, die Sachlage gegen seine Überzeugung unrichtig beurteilen und würdigen zu müssen, weil der Beschuldigte oder der Vertreter der Einleitungsbehörde nur zugunsten des Beschuldigten Berufung eingelegt hat. Die einseitige Berücksichtigung der Interessen des Beschuldigten entsprach der liberalistischen Auffassung und läßt sich mit der Gerechtigkeitsidee des neuen Staates nicht vereinigen. RDisH. 17. 3. 36 Foerster 1937 S. 122; Wittland RVBl. **56** 672, 673 und BeamtJahrb. **35** 626. Das Berufungsgericht hat also in den von der Vorschrift betroffenen Fällen das angefochtene Urteil zu berichtigen oder aufzuheben und die Sache zurückzuverweisen, wenn es zur Erreichung des Zieles — Feststellung der wahren Gerechtigkeit — geboten erscheint; es hat aber von einer Änderung des Urteils abzusehen, wenn es trotz eines Rechtsfehlers der wahren Gerechtigkeit und dem gesunden Rechtsempfinden entspricht. Durch nachträgliche Beschränkung der Berufung auf das Strafmaß kann der Verteidiger die reformatio in peius nur abwenden, wenn er zu der Beschränkung ausdrücklich ermächtigt ist. RG. 17. 12. 35 DJZ. **36** 191 (für ordentl. Strafsachen ergangen, aber entsprechend auch für das Dienststrafverfahren anwendbar).

Es kann also der Berufungsrichter, auch wenn nur der Beschuldigte Berufung eingelegt hat, eine höhere Strafe verhängen, wenn er einen einzelnen Anschuldigungspunkt im Gegensatze zum ersten Richter für bewiesen ansieht oder ihn schärfer beurteilt als jener.

6. Hat ein Teil — entweder der Vertreter der Einleitungsbehörde oder der Beschuldigte — Berufung eingelegt, so kann sich der andere Teil, für den die Berufungsfrist abgelaufen ist, der Berufung **nicht anschließen** und seine in der Berufungsinstanz auf Abänderung des Vorderurteils gerichteten Anträge sind unbeachtlich. PrOVG. **12** 432; RDisH. v. 10. 11. 77 Schulze-Simons 504; Behnke 524.

7. Die Berufung kann sich gegen die tatsächliche oder rechtliche Beurteilung der ersten Instanz richten. Das Berufungsgericht hat die Vorentscheidung **auch in tatsächlicher Richtung vollständig zu prüfen,** kann neue Beweise erheben und ist an die tatsächliche Feststellung des Vorderrichters nicht gebunden. Die Parteien können aber in der Berufungsinstanz nur solche neuen Tatsachen und Beweismittel vorbringen, die sich auf die bisherigen Anschuldigungspunkte beziehen, nicht auch solche, die die Grundlage einer neuen Beschuldigung bilden, selbst wenn sie erst nach Erlaß des Urteils sich ereignet haben. Wittland 648; Heyland 264.

Es kann aber keine Berufung eingelegt werden, wenn die Entscheidung nicht in ihrem Endergebnis, sondern **nur in ihrer Begründung** angefochten wird. PrOVG. v. 20. 12. 29 RuPrVBl. **51** 277; PrOVG. 24. 11. 33 a. a. O. **55** 268PrOVG. **100** 292. Es kann also nicht der freigesprochene Beschuldigte Berufung einlegen, wenn er mit der Begründung des ersten Urteils nicht zufrieden ist, weil in diesem nicht, wie er es wünschte, seine Unschuld festgestellt ist, sondern nur mangels Beweises Freisprechung erfolgt ist. Dienststraff. beim RG. 26. 8. 37 DRechtpflRspr. Sp. 273; JW. **39** 722 ff.; dagegen Wittmack ZBR. **7** 224 ff. und Reuß ZBR. **8** 182 ff., der meint, daß der Beschuldigte durch jedes Urteil, das seine Ehre und damit seine Stellung in der Gemeinschaft beeinträchtige, ihn beschwere; auch belasteten die Gründe des Dienststrafurteils, die in die Personalakten des Beschuldigten übergingen, ihn schwer.

Über die Frage, ob ein auf Einstellung lautendes Urteil nicht nur von dem Vertreter der Einleitungsbehörde, sondern auch von dem Beschuldigten mit der Berufung angefochten werden könne s. Behnke 521 u. Reuß JW. **38** 1767. In der Regel sind solche Einstellungsurteile, die meist (§ 52 Abs. 1) nur die Bedeutung von Formalentscheidungen haben, z. B. bei Fehlen von Prozeßvoraussetzungen, Unzuständigkeit des Gerichts, wesentlichen Mängeln des Verfahrens u. dgl. vom Beschuldigten nur dann mit der Berufung anfechtbar, wenn er durch sie als beschwert gelten muß, insbes. wenn sie ihm die Möglichkeit der Erlangung eines Freispruchs genommen haben oder die dienststrafrechtliche Verfolgbarkeit wegen des Gegenstandes des Verfahrens nicht endgültig ausschließen. Reuß JW. **38** 1767; Behnke 521. Wenn also die Einstellung das Verfahren endgültig beendet, so ist für den Beschuldigten — anders für den Vertreter der Einleitungsbehörde — keine Berufungsmöglichkeit gegeben. Behnke 521 ff. u. JW. **39** 722 ff. Man wird aber die Berufung jedenfalls dann zulassen müssen, wenn die Dienststrafkammer in der Begründung ihrer Entscheidung ein Dienstvergehen festgestellt hat, z. B. das Verfahren gegen einen Ruhestandsbeamten gemäß § 63 Abs. 3 Satz 2 mit der Begründung eingestellt hat, daß ein Dienstvergehen zwar vorliege, die Aberkennung oder Kürzung des Ruhegehalts aber nicht gerechtfertigt sei. Denn der Ruhestandsbeamte hat das lebhafteste Interesse daran, den Makel, daß ein Dienstvergehen vorliege, durch Richterspruch in der Berufungsinstanz beseitigt zu sehen; vgl. PrOVG. 26. 5. 37 JW. 2679 = DVerw. **37** 221 = PrOVG. **100** 287; Reuß JW. **38** 1767.

8. **Der Verzicht auf die Berufung** ist nur wirksam, wenn er dem Gerichte gegenüber erklärt wird. § 76 Abs. 1. Ist dies aber der Fall, so ist er unwiderruflich. OVG. **84** 459. Maßgebend für die Wirksamkeit des Verzichts ist der Zeitpunkt, in dem die Erklärung des Verzichts dem Dienststrafgericht zugeht. § 76 Abs. 1. Der Verzicht auf die Berufung kann auch vor Ablauf der Frist zu ihrer Einlegung wiksam erfolgen. § 302 StPO. findet entsprechende Anwendung. Der Verzicht muß aber ausdrücklich sein; aus einem bloßen Stillschweigen des Berechtigten kann ein Verzicht auf das Rechtsmittel nicht hergeleitet werden. Der Verteidiger bedarf zur Erklärung eines Rechtsmittelverzichts der ausdrücklichen Ermächtigung des Beschuldigten. Reuß JW. **38** 1770.

9. **Die Zurücknahme der eingelegten Berufung** ist schon vor Ablauf der Frist zu ihrer Einlegung (§ 302 StPO.) und bis zum Erlasse des Urteils zweiter Instanz zulässig. Jedoch nach Beginn der Hauptverhandlung nur mit Zustimmung des Gegners. § 303 StPO. findet entsprechende Anwendung. DienststrS. RG. 2. 4. 36 DJ. **36** 1195. Sie muß dem Gericht gegenüber erklärt werden und ist dann unwiderruflich. Maßgebend ist der Zeitpunkt, in dem die Erklärung der Zurücknahme dem Dienststrafgericht zugeht. § 76 Abs. 1. Es kann deshalb die zurückgenommene Berufung auch dann nicht wiederholt eingelegt werden, wenn die Berufungsfrist noch nicht abgelaufen ist. Sie kann auch nicht durch Wiedereinsetzung in den vorigen Stand rückgängig gemacht werden. RDisH. v. 7. 4. 24 Schulze-Simons 504. Eine bedingte Zurücknahme der Berufung ist unzulässig. RDisH. v. 18. 6. 28 Foerster-Simons 292. Nach Eingang der Akten bei dem RDStH. ist die Zurücknahme der von dem Vertreter der Einleitungsbehörde eingelegten Berufung nur durch den Vertreter der obersten Dienstbehörde zulässig. RDStH. 20. 3. 38 E. **1** 152; 29. 10. 38 DVerw. **39** 348. Eine von dem Vertreter der Einleitungsbehörde zugunsten des Beschuldigten eingelegte Berufung kann ohne dessen Zustimmung nicht zurückgenommen werden. § 302 Abs. 1 Satz 2 StPO. Der Verteidiger bedarf zur Zurücknahme einer ausdrücklichen Ermächtigung. § 302 Abs. 2 StPO. Auch die Beschränkung des Rechtsmittels

auf das Strafmaß ist nicht widerruflich. RDStH. v. 1. 11. 20 Schulze-Simons 510. Es ist aber zulässig, daß der Beschuldigte, der die Berufung zuerst auf die Zubilligung eines nach seiner Ansicht zu geringen Unterhaltsbeitrags beschränkt hat, das Urteil später innerhalb der Berufungsfrist im ganzen Umfange anficht. RDisH. v. 25. 4. 28 Förster-Simons 293.

§ 68.

Die Berufung ist bei der Dienststrafkammer schriftlich oder durch schriftlich aufzunehmende Erklärung vor der Geschäftsstelle einzulegen. Die Berufungsfrist wird auch gewahrt, wenn während ihres Laufes die Berufung beim Reichsdienststrafhof eingelegt wird.

1. Die Anmeldung der Berufung geschieht **zur Niederschrift** der Geschäftsstelle der Dienststrafkammer oder des Berufungsgerichts **oder schriftlich** bei der Dienststrafkammer, die die anzugreifende Entscheidung erlassen hat. Hat aber der Beschuldigte eine von einer nicht zuständigen Geschäftsstelle aufgenommene Niederschrift unterschrieben und gelangt diese Niederschrift fristgemäß an die Dienststrafkammer oder den Reichsdienststrafhof, so gilt die Berufung als schriftlich rechtzeitig eingelegt. Behnke 526; Wittland 645; Reuß JW. **38** 1769.

Die Berufung kann auch telegraphisch eingelegt werden; das Telegramm muß dann aber stets eine Unterschrift tragen, und zwar, wenn die Berufung von einer Behörde eingelegt ist, die Unterschrift des Beamten, der die volle Verantwortung für Form und Inhalt des Telegramms übernimmt. RDisH. v. 25. 9. 28 Foerster-Simons 286. Eine Anmeldung durch Fernsprecher ist unzulässig. Denn mündlich kann eine Berufung nicht eingelegt werden.

Die Unterschrift des Beschwerdeführers ist unbedingt erforderlich; RDisH. v. 25. 9. 28 Foerster-Simons 286. Durch Beglaubigung kann die Schriftform nicht ersetzt werden. RDisH. v. 14. 11. 23 und v. 1. 7. 24 Schulze-Simons 500. Jedoch erklärt RDisH. v. 21. 4. 31 (Foerster-Simons 285) die mit Zustimmung des Vertreters der Einleitungsbehörde erwirkte Unterstempelung der Berufungsschrift für ausreichend.

Die Anmeldung der Berufung am Schlusse der mündlichen Verhandlung ist nicht zulässig. Denn die Verhandlung ist mit der Verkündung des Urteils zu Ende und spätere Erklärungen des Beschuldigten gehören nicht in die über die mündliche Verhandlung aufgenommene Niederschrift. Zudem entspricht es nicht der Würde des Gerichts, von dem Beschuldigten sofort diejenige Erklärung entgegenzunehmen zu müssen, die seine Unzufriedenheit mit dem soeben verkündeten Urteil deutlich zu erkennen gibt. Behnke 525 u. Beamt-Jahrb. **36** 229 hält die Berufungseinlegung am Schlusse der mündl. Verhandlung für zulässig, wenn das Gericht bereit ist, sie entgegenzunehmen. Nach der Rspr. des PrOVG. ist eine in der Niederschrift über die mündliche Verhandlung beurkundete Berufungseinlegung des Beschuldigten als zulässig anzusehen, wenn hierbei der formellen Vorschrift des Gesetzes genügt ist; s. hierzu PrOVG. **83** 397 u. OLG. Rostock HRR. **30** Nr. 1901.

Der in Haft befindliche Beschuldigte kann die Erklärungen, die sich auf die Berufung beziehen, zur Niederschrift der Geschäftsstelle des Amtsgerichts geben, in dessen Bezirk die Anstalt liegt, in der er verwahrt wird. Zur Wahrung einer Frist genügt es, wenn innerhalb der Frist die Niederschrift aufgenommen wird. § 299 StPO.

2. Das Wort „Berufung" ist bei der Anmeldung **nicht unbedingt erforderlich.** Es genügt, wenn die Erklärung klar ergibt, daß der Beschuldigte mit der gefällten Entscheidung unzufrieden ist und ein Urteil der höheren Instanz herbeiführen will. Auch § 300 StPO. erklärt einen Irrtum in der Bezeichnung des Rechtsmittels für unschädlich. Ein Schreiben des Verteidigers, in dem er mitteilt, daß er beauftragt sei, Berufung einzulegen und fragt, ob und in welcher Frist er schon vor Zustellung des Urteils Berufung einlegen könne, kann nicht als Berufungsschrift angesehen werden. RDisH. v. 30. 10. 29 DJZ. **30** 173. Überhaupt ist das bloße Inaussichtstellen künftiger Berufungseinlegung keine Berufungsanmeldung. RDisH. v. 18. 12. 29 Foerster-Simons 287. Auch eine bedingte Berufungseinlegung ist unzulässig. Reuß JW. **38** 1769; Behnke 516. In der Berufungsschrift brauchen noch keine Anträge enthalten zu sein; diese müssen aber in die Berufungsbegründung aufgenommen werden (§ 69 Abs. 2).

3. Die Berufung muß von einer dazu berechtigten Person eingelegt und diese durch das angefochtene Urteil beschwert sein. RDStH. 23. 12. 38 DVerw. **39** 216. Es kann der Vertreter der Einleitungsbehörde die Berufung nur selbst und nicht auch durch einen Vertreter einlegen. Nur wenn der Vertreter zum Vertreter des Vertreters der Einleitungsbehörde von dieser ausdrücklich bestellt worden ist, kann er die Berufung rechtswirksam einlegen. RDStH. 9. 11. 38 RVerwBl. **60** 18; 23. 12. 38 „DVerw." **39** 215 u. 216; s. auch oben Anm. 7 zu § 44. Der Mangel der Vertretungsbefugnis kann auch nicht durch die nachträgliche Genehmigung der Berufungseinlegung geheilt werden. RDStH. a. a. O. Die Einleitungsbehörde selbst kann die Berufung rechtswirksam nicht einlegen. RDStH. 16. 5. 39 DVerw. **40** 12.

Der Beschuldigte kann die Berufung **auch durch einen Bevollmächtigten,** insbes. den Verteidiger, einlegen; jedoch kann der Verteidiger nicht gegen den ausdrücklichen Willen des Beschuldigten Berufung einlegen. § 297 StPO. Schriftliche Vollmacht ist zur Vermeidung von Weiterungen zweckmäßig, aber nicht erforderlich. Eine mündliche Vollmacht genügt; diese kann als vorliegend angenommen werden, wenn der Beschuldigte durch konkludente Handlungen, z. B. persönliches Erscheinen in der mündlichen Verhandlung der Berufungsinstanz die Berufungseinlegung durch den Bevollmächtigten, insbes. den Verteidiger, stillschweigend bestätigt. RGSt **3** 425; **19** 7.

Der gesetzliche Vertreter eines Beamten kann binnen der für den Beschuldigten laufenden Frist selbständig Rechtsmittel einlegen; vgl. § 298

StPO. Es kann daher für den Beamten dessen Vormund oder ein ihm etwa nach § 15 bestellter Pfleger Berufung einlegen. Die Ehefrau als solche, wenn sie nicht zum Vormund oder Pfleger ihres Mannes bestellt ist, kann aber von dem Rechtsmittel keinen selbständigen Gebrauch machen.

4. Die Berufung muß **bei der Dienststrafkammer** eingelegt werden. Durch die Anmeldung bei einer anderen Behörde wird die Berufungsfrist nicht gewahrt. RDisH. 26. 9. 28 Foerster-Simons 287. Jede unzuständige Behörde hat unverzüglich eine bei ihr eingehende Berufung an die zuständige erste Instanz abzugeben. Nach der Vorschrift des § 68 Satz 2 wird die Frist auch dann gewahrt, wenn während ihres Laufes die Berufung bei der Berufungsinstanz, d. h. dem Reichsdienststrafhof eingelegt wird. Dieser gibt dann die Schrift an die erste Instanz zur weiteren Veranlassung ab.

Die Berufung gilt bei der Dienststrafkammer als eingegangen, sobald sie ein zur Enpfangnahme solcher Schriftstücke beauftragter Beamter dieser Behörde erhalten hat. Darüber hinaus wahrt aber ein eine Berufung enthaltender Brief die Berufungsfrist, wenn die Dienststrafkammer ihre Post bestimmungsgemäß über eine andere Dienststelle empfängt, die ihrerseits ein Postabholfach unterhält und der Brief vor Ablauf der Berufungsfrist in das Abholfach gelangt. RDStH. 21. 4. 39 E. **2** 128 = RVerwBl. **60** 630 = DVerw. **39** 617.

5. Die Frist zur Anmeldung der Berufung ist eine **Ausschlußfrist (Notfrist).** Sie kann daher nicht etwa auf Antrag oder von Amts wegen verlängert werden. StMBeschl. v. 7. 7. 69 (ZBlUV. **70** 4). Eine Ausnahme enthält § 67 Abs. 1 Satz 2.

6. Gegen die Versäumung der Berufungsfrist und der Berufungsbegründungsfrist ist die Wiedereinsetzung in den vorigen Stand zulässig. OVG. **80** 436, 437, 439; **85** 456; RDStH. 19. 4. 39 RVerwBl. **60** 547. Die Wiedereinsetzung kann gewährt werden, wenn die angeführten Entschuldigungsgründe nach den Grundsätzen der StPO. (§ 44) eine Wiedereinsetzung rechtfertigen würden. Es muß also der die Berufung Einlegende oder Begründende durch Naturereignisse oder andere unabwendbare Zufälle an der Einhaltung der Frist verhindert worden sein. RDisH. v. 24. 2. 40 Foerster-Simons 289; RDStH. 14. 12. 38 RVerwBl. **60** 232 = DVerw. **39** 311 = E. **2** 123. Ob im einzelnen Falle ein unabwendbarer Zufall vorliegt, ist Tatfrage. Ein solcher Zufall liegt vor, wenn die richtig adressierte Berufung nur infolge einer nicht voraussehbaren Verzögerung im Geschäftsgange der Behörden verspätet vorgelegt ist. RDisH. v. 21. 1. 76, 30. 6. 1877 und 30. 1. 1882 Schulze-Simons 501. Dasselbe gilt, wenn trotz richtiger Adressierung das Schriftstück — und zwar innerhalb der Berufungsfrist — an eine unzuständige Behörde gelangt ist. RDisH. v. 28. 6. 27 Foerster-Simons 291 oder wenn die Berufungsschrift infolge Versehens der Post verspätet bei der Dienststrafkammer eingegangen ist. RDisH. 9. 7. 35 Foerster 1936 S. 137, wenn also die Schrift rechtzeitig in einen Postbriefkasten eingeworfen ist.

RDStH. 28. 6. 40 DVerw. 399. Ferner wenn bei unrichtiger Adressierung die Berufung von dem zuständigen Gericht bei alsbaldiger Weitergabe noch rechtzeitig an das zuständige Gericht erster Instanz gelangt sein würde. RDisH. v. 2. 12. 1889 Schulze-Simons 501. Nach § 68 Satz 2 ist der Reichsdienststrafhof verpflichtet, die während der Berufungsfrist bei ihm eingegangene Berufungsschrift oder Berufungsbegründungsschrift an die Dienststrafkammer zu senden. Außerdem wird die Frist gewahrt, wenn die Schrift während der Frist beim Reichsdienststrafhof eingeht. Unabwendbarer Zufall liegt auch vor, wenn der Beamte ohne seine Schuld von der Zustellung des Urteils keine Kenntnis erlangt hat. § 44 Satz 2 StPO. Endlich ist Grund für die Wiedereinsetzung gegeben, wenn die Fristversäumnis durch eine unrichtige Rechtsbelehrung des Verurteilten durch das Dienststrafgericht veranlaßt und die Berufung oder die Berufungsbegründung innerhalb der dem Verurteilten bezeichneten — unrichtigen — Frist eingereicht ist. RDStH. 28. 10. 38 (DVerw. **40** 123); PrOVG. **80** 439. In diesem Falle läuft die Wiedereinsetzungsfrist spätestens von dem Tage an, an dem die Behörde den Beschuldigten von der Rechtskraft des Urteils in Kenntnis gesetzt hat. RDisH. v. 28. 4. 30 JW. **31** 1711. Das Fehlen der Rechtsmittelbelehrung in der zugestellten Entscheidung ist aber kein Grund für die Wiedereinsetzung; denn eine solche Rechtsmittelbelehrung ist im Gesetze nicht vorgeschrieben. RDisH. 3. 10. 34 Foerster 1935 S. 143.

Unregelmäßigkeiten im eigenen Geschäftsbetrieb des Vertreters der Einleitungsbehörde rechtfertigen die Wiedereinsetzung selbst dann nicht, wenn sie von einem andern als dem mit der Bearbeitung befaßten Vertreter der Einleitungsbehörde verursacht sind; vielmehr muß die größte nach den Umständen mögliche Vorsicht und Sorgfalt verlangt werden; zum mindesten muß der Vertreter die Ausführung seiner Anordnungen überwachen. RDStH. 14. 12. 38 RVerwBl. **60** 232 = DVerw. **39** 311 = E. **2** 124.

Bei genügender, die Wiedereinsetzung rechtfertigender und glaubhaft zu machender Entschuldigung der Versäumung der Berufungs- oder der Berufungsrechtfertigungsfrist kann das Dienststrafgericht erster Instanz die vorläufige Aussetzung der Vollstreckung des Urteils bis zur Entscheidung des Reichsdienststrafhofs anordnen.

Ein Irrtum über die zulässigen Rechtsmittel rechtfertigt einen Antrag auf Wiedereinsetzung nicht. PrOVG. **80** 436. Ebensowenig die Einreichung der Berufungsanmeldung an eine falsche Stelle. RDisH. v. 14. 11. 28 Foerster-Simons 291; s. auch RDStH. 21. 6. 39 E. **2** 135 (Einreichung der Berufungsbegründungsfrist durch Vermittlung der Einleitungsbehörde). Dagegen hat der RDStH. 27. 4. 39 RVerwBl. **60** 547 = DVerw. 601 = E. **2** 132 im Anschluß an RGSt. **70** 186 ein Verschulden des Verteidigers bei der Versäumung einer Frist als einen unabwendbaren Zufall für den Beschuldigten angesehen, wenn er die Fristversäumung nicht durch eigenes Verschulden mitverursacht habe. Damit ist die frühere Rspr. d. RDisH., die nur das Verschulden von Angestellten eines Rechtsanwalts, nicht aber des

Verteidigers selbst für einen unabwendbaren Zustand ansah (s. die 2. Aufl. dieses Kommentars S. 356) überholt.

Für das Verfahren bei der Wiedereinsetzung gelten die §§ 45—47 StPO. entsprechend. § 20 RDStO. RDStH. 14. 12. 38 RVerwBl. **60** 232 u. 12. 12. 39 DVerw. **40** 252; 8. 11. 39 DVerw. **40** 317. Hiernach ist zwar das Gesuch um Wiedereinsetzung in den vorigen Stand gegen die Versäumung der Berufungsfrist oder Berufungsbegründungsfrist binnen der Ausschlußfrist von einer Woche nach Beseitigung des Hindernisses (PrOVG. **85** 456) unter Angabe und Glaubhaftmachung der Versäumungsgründe (s. RDStH. 12. 12. 39 DVerw. **40** 252 u. 24. 5. 40 DVerw. **40** 299) bei dem Gericht erster Instanz anzubringen; über das Gesuch hat jedoch in entsprechender Anwendung des § 46 StPO. dasjenige Gericht zu entscheiden, das bei rechtzeitig erfolgter Handlung zur Entscheidung in der Sache selbst berufen gewesen wäre, mithin nicht das Gericht erster Instanz, sondern das Berufungsgericht. PrOVG. **80** 439; RDStH. 14. 12. 38 RVerwBl. **60** 232. Das Gesuch des Beschuldigten ist also von der Dienststrafkammer alsbald dem Reichsdienststrafhof zuzuleiten. RDStH. 6. 3. und 17. 6. 40 DVerw. **41** 44 u. 106. Ein Rechtsmittel gegen die Entscheidung, sei es, daß sie das Gesuch für begründet erklärt oder ablehnt, ist deshalb nicht gegeben. Da nach § 46 Abs. 2 StPO. die dem Gesuch stattgebende Entscheidung nicht anfechtbar ist, so hat der von der Dienststrafkammer, also einem unzuständigen Gericht erlassene Beschluß, der dem Gesuch stattgegeben hat, Rechtskraft erlangt, so daß der RDStH. über die Berufung materiell zu entscheiden hat. RDStH. 6. 3. 40 DVerw. **41** 44. Der Vertreter der Einleitungsbehörde, nicht aber der Beschuldigte oder sein Verteidiger, ist vorher zu hören. RDisH. v. 24. 2. 30 DJZ. **30** 902.

Mit dem Gesuch ist zugleich die versäumte Handlung (Einlegung der Berufung, Anfertigung der Berufungsbegründung innerhalb der vorgeschriebenen Fristen) nachzuholen. § 315 Abs. 2 StPO.

§ 69.

(1) Spätestens innerhalb zweier weiterer Wochen nach Ablauf der Berufungsfrist ist die Berufung zu begründen; § 67 Abs. 1 Satz 2 und § 68 gelten sinngemäß.

(2) In der Begründung ist anzugeben, inwieweit das Urteil angefochten wird, welche Änderungen des Urteils beantragt und wie diese Anträge begründet werden.

(3) Neue Tatsachen und Beweismittel, die nach Ablauf der Frist des Abs. 1 vorgebracht werden, braucht das Dienststrafgericht nur zuzulassen, wenn sie nach der Berufungsbegründung entstanden sind oder ihr verspätetes Vorbringen nach der freien Überzeugung des Dienststrafgerichts nicht auf einem Verschulden dessen, der sie geltend macht, beruht.

1. Ist die Berufung rechtzeitig eingelegt (§ 67), so steht **zur schriftlichen Rechtfertigung eine Frist von längstens zwei weiteren Wochen offen.**

Diese Frist läuft nicht etwa vom Tage der Anmeldung der Berufung, sondern erst vom Ablaufe der Berufungsfrist an. Die Gesamtfrist beläuft sich also auf 4 Wochen seit Zustellung des Urteils. RDStH. 14. 12. 38 RVerwBl. **60** 232 = DVerw. **39** 279 = E. **2** 123. Die Bestimmung des § 69 „innerhalb zweier weiterer Wochen" ist also nicht dahin auszulegen, daß nochmals nach § 43 StPO. zu verfahren ist. Es soll damit vielmehr ausgedrückt werden, daß die Fristen zur Einlegung und Begründung der Berufung sich unmittelbar aneinander schließen und für die Berechnung des Ablaufes der Berufungsbegründungsfrist wie eine einzige einheitliche Frist zu behandeln sind. RDStH. 8. 11. 39 DVerw. **40** 317. Eine Verlängerung der Begründungsfrist ist nicht zulässig. Dies hält Reuß JW. **38** 213 mit Recht für bedauerlich, da die kurze zweiwöchige Frist oft — namentlich bei umfangreichen oder schwierigen Dienststrafsachen — nicht ausreichen wird. Nur wenn der dienstliche Wohnsitz oder der Wohnort des Beschuldigten im Ausland liegt, hat der Vorsitzende der Dienststrafkammer von Amts wegen die Rechtfertigungsfrist angemessen zu verlängern

Die Berufungsbegründung ist bei der Dienststrafkammer schriftlich oder durch schriftlich aufzunehmende Erklärung vor der Geschäftsstelle anzubringen. Die Begründungfrist wird auch gewahrt, wenn während ihres Laufs die Begründung beim Reichsdienststrafhof eingereicht wird.

Eine besondere Begründung der Berufung ist **erforderlich.** Bisher war eine solche Begründung weder nach dem RBG. noch nach der PrBDStO. erforderlich. Unterbleibt die Begründung ganz oder wird sie verspätet eingereicht, so muß der Vorsitzende der Dienststrafkammer die Berufung als unzulässig verwerfen. § 70 Abs. 1. Oft wird aber die Begründung schon gleichzeitig mit der Berufung erfolgen. War aber die Zustellung des Urteils mangelhaft, so konnte auch die Frist für die Berufungsbegründung nicht beginnen. Dienststrafs. beim RG. 11. 11. 37 DRechtspfl. **38** 18.

2. In der Begründung muß angegeben werden, **inwieweit das Urteil angefochten wird,** insbes. ob es im ganzen Umfange sowohl in der Schuldfrage wie im Strafmaß — oder nur im Strafmaß oder etwa nur in der Frage der Zubilligung eines Unterhaltsbeitrags neben der — nicht angefochtenen — Strafe der Entfernung aus dem Dienst oder der Aberkennung des Ruhegehalts (§ 64) angegriffen wird. Ferner muß angegeben werden, welche Änderungen des Urteils beantragt werden, ob also etwa Freisprechung oder nur mildere Bestrafung oder Einstellung oder Aufhebung des Urteils und Zurückverweisung in den ersten Rechtszug zur nochmaligen Verhandlung und Entscheidung begehrt wird. Nicht zulässig ist es, die Begründung auf einzelne Anschuldigungspunkte zu beschränken, da die Gesamtheit der in Rede stehenden belastenden Vorgänge ein einheitliches Vergehen darstellt. Krauthausen 221; Wittland 643; Behnke 533 ff.; Everling RVerwBl. **59** 459; **a. M.** Reuß ZBR. 8 186. Den Anträgen muß auch eine Begründung in tatsächlicher und rechtlicher Beziehung beigegeben werden; etwaige neue Tatsachen und Beweismittel sind anzugeben. Im übrigen braucht die Begründung nicht erschöpfend zu sein; vielmehr können auch später weitere Ausführungen gemacht werden. Everling RVerwBl. **59** 458. Es braucht auch in der Begründung nicht ausdrücklich angegeben zu werden, inwieweit das Urteil angefochten wird; es genügt, daß sich das Ziel der Berufung und die Richtung, in der die Vorentscheidung beanstandet wird, irgendwie aus dem Gesamtinhalt der Begründung der Berufung entnehmen läßt. Reuß ZBR. **8** 179; Behnke 529 ff. u. JW. **39** 722 ff.; a. M. Everling RVerwBl. **59** 459; Wittland 647. Denn die Berufung ist insoweit begründet, als sie substantiert ist. Weichen die Begründung und die ausdrückliche Beschränkung der Berufung von einander ab, so ist die letztere wirkungslos. Unzulässig ist eine Begründung, die sich nur auf frühere Schriftsätze bezieht. Behnke 530 u. JW. **39** 728. Es muß also in der Berufung genau angegeben werden, inwieweit das Urteil der Dienststrafkammer als unrichtig und abänderungsbedürftig angesehen wird; es müssen, wenn die tatsächlichen Feststellungen des Urteils angefochten werden sollen, diese im einzelnen angegeben und dargelegt werden, weshalb sie nicht zutreffend sein sollen; ein bloßer Hinweis auf die Anschuldigungsschrift genügt nicht. Ist nur der Antrag auf Änderung der Strafe begründet worden, so ist die Berufung als auf das Strafmaß beschränkt anzusehen. RDStH. 13. 1. 39 RVerwBl. **60** 381 = DVerw. **39** 440.

3. Um Verzögerungen und Verschleppungen zu vermeiden, bestimmt Abs. 3 § 69, daß **neue Tatsachen und Beweismittel** (Zeugen, Sachverständige, Akten, Urkunden u. dgl.), die **erst nach Ablauf der zweiwöchigen Berufungsrechtfertigungsfrist vorgebracht werden,** im allgemeinen nicht berücksichtigt zu werden brauchen. Ausnahmen gelten nur, wenn diese Tatsachen und Beweismittel nach der Berufungsbegründung entstanden sind oder ihr verspätetes Vorbringen nach der freien Überzeugung des Dienststrafgerichts nicht auf einem Verschulden dessen, der sie geltend macht, beruht, dieser also sie z. B. erst später erfahren hat.

Aber auch wenn neue Tatsachen rechtzeitig vorgebracht sind oder ausnahmsweise trotz Fristversäumnis zugelassen werden, dürfen sie, wenn sie die Grundlage neuer Beschuldigungen bilden, in der Berufungsinstanz nicht vorgebracht werden. Es ist dies allerdings in der RDStO. nicht, wie z. B. im § 110 Abs. 2 RBG. ausdrücklich hervorgehoben; es folgt dies aber daraus, daß das Berufungsverfahren sich nur mit dem durch die Anschuldigungsschrift begrenzten Sachverhalt zu beschäftigen hat. Behnke 540 u. BeamtJahrb. **36** 216. Auch würde der Beschuldigte hinsichtlich dieser neuen von dem Vertreter der Einleitungsbehörde vorgebrachten Tatsachen eine Instanz verlieren. Dagegen können neue Tatsachen und Beweismittel, die nur für die Strafzumessung von Bedeutung sind, z. B. über die Führung des Beschuldigten, unbedenklich auch in der Berufungsinstanz zugelassen werden. Behnke a. a. O. und die dort angef. Entsch. d. RDisH.

4. Eine Wiedereinsetzung in den vorigen Stand gegen Versäumung der Berufungsbegründungsfrist ist, wie oben Anm. 6 zu § 68 näher dargelegt ist, zulässig. Sie kann aber nicht beansprucht werden, wenn die Frist dadurch versäumt wird, daß der Schriftsatz durch Vermittlung der Einleitungsbehörde eingesandt worden ist. RDStH. 21. 6. 39 E. 2 135.

§ 70.

(1) Der Vorsitzende der Dienststrafkammer verwirft die Berufung als unzulässig, wenn sie sich nur gegen die Kostenentscheidung richtet oder verspätet eingelegt oder nicht rechtzeitig begründet worden ist. Die Entscheidung ist zuzustellen.

(2) Innerhalb zweier Wochen nach der Zustellung kann die Entscheidung der Dienststrafkammer beantragt werden; § 67 Abs. 1 Satz 2 gilt sinngemäß. Die Dienststrafkammer entscheidet über die Zulässigkeit der Berufung durch Beschluß.

1. Der **Vorsitzende** der Dienststrafkammer, nicht die Dienststrafkammer selbst, hat darüber zu befinden, **ob die Berufung** wegen Versäumung der Berufungs- oder der Berufungsrechtfertigungsfrist (je 2 Wochen, bei im Auslande wohnenden Beschuldigten entsprechend länger) oder weil sie sich nur gegen die Kostenentscheidung richtet, **als unzulässig zu verwerfen ist.** Liegt einer dieser Mängel vor, so **muß** er die Berufung als unzulässig verwerfen. Durch diese Bestimmung wird das Verfahren beschleunigt und der Verschleppung vorgebeugt. Besonders wichtig ist, daß der Vorsitzende die Berufung auch dann als unzulässig verwerfen muß, wenn sie nicht rechtzeitig oder nicht ordnungsmäßig begründet worden ist, d. h. also auch dann, wenn sie innerhalb der Frist überhaupt nicht, oder doch nicht, wie in § 69 Abs. 2 vorgeschrieben, begründet worden ist. Wird die Berufung als unzulässig verworfen, so sind nach § 99 Abs. 1 Satz 1 die durch die Berufung entstandenen Kosten dem aufzuerlegen, der die Berufung eingelegt hat.

Die Berufung des Beschuldigten ist aber auch dann als unzulässig zu verwerfen, wenn sie von einer nicht dazu berechtigten Person eingelegt (s. unten Anm. 3a zu § 73) oder der Beschuldigte durch das Urteil nicht beschwert ist, z. B. bei Einstellung aus § 52 Abs. 1 Nr. 1 in Verbindung mit § 63 Abs. 3, oder wenn nur die Urteilsbegründung angefochten wird; s. oben S. 335.

Diese Entscheidung ist dem, der die Berufung eingelegt hat, und auch dem Gegner, nach § 19 **zuzustellen.**

Hat der Vorsitzende übersehen, daß ein Fall des Abs. 1 vorliegt, so kann und muß die Dienststrafkammer die Verwerfung der Berufung nachholen.

2. Gegen die Entscheidung des Vorsitzenden der Dienststrafkammer gibt es, wenn es sich um **Fristversäumnis** handelt, **2 Rechtsbehelfe:**

a) **Die Wiedereinsetzung in den vorigen Stand;** s. näheres Anm. 6 zu § 68.

b) **Die Anrufung der Dienststrafkammer.** Diese Anrufung muß innerhalb zweier Wochen nach der Zustellung des Bescheides des Vorsitzenden (Anm. 1) erfolgen. Erfolgt sie verspätet, so wird sie von der Kammer als unzulässig verworfen. Auch hier ist aber die Wiedereinsetzung in den vorigen Stand zulässig.

Liegt der dienstliche Wohnsitz oder der Wohnort des Beschuldigten im Ausland, so ist vom Vorsitzenden die zweiwöchige Frist angemessen zu verlängern.

Ist die Anrufung rechtzeitig erfolgt, so entscheidet die Dienststrafkammer über die Zulässigkeit der Berufung durch Beschluß ohne mündliche Verhandlung. Sie hat dabei u. a. (s. oben Anm. 1) zu prüfen, ob die Fristen für die Berufung bzw. für die Berufungsbegründung eingehalten sind. Sie hat aber nicht zu prüfen, ob ein etwaiges Gesuch um Wiedereinsetzung in den vorigen Stand begründet ist. Die Prüfung dieses Gesuches erfolgt in einem besonderen Verfahren; s. Anm. 6 zu § 68.

3. Gegen die Entscheidung des Vorsitzenden der Dienststrafkammer gibt es, soweit es sich um eine Berufung **nur in der Kostenfrage handelt,** nur die Anrufung der Dienststrafkammer. Für die Frist gilt das zu 2 Gesagte. Die Dienststrafkammer entscheidet auch hier über die Zulässigkeit der Berufung durch Beschluß ohne mündliche Verhandlung. Sie hat nur zu prüfen, ob es sich tatsächlich nur um eine Berufung handelt, die sich nur gegen die Kostenentscheidung des ersten Urteils richtet. Eine solche ist nach § 67 Abs. 2 unzulässig und muß deshalb ohne weiteres verworfen werden.

4. Gegen die Entscheidung der Dienststrafkammer in den Fällen der Anm. 2 u. 3 ist **die Beschwerde** gemäß § 66 an den Reichsdienststrafhof zulässig, da der Beschluß der Dienststrafkammer im § 70 Abs. 2 Satz 2 nicht als endgültig bezeichnet ist. Dadurch ist der Verurteilte gegen einen etwaigen Versuch der Dienststrafkammer, die Durchführung der gegen ihr eigenes Urteil eingelegten Berufung auf diesem Wege abzuschneiden, gesichert. Begr. Die Beschwerde ist bei der Dienststrafkammer innerhalb von zwei Wochen seit Bekanntgabe der Entscheidung einzulegen; die Beschwerdefrist wird jedoch auch gewahrt, wenn die Beschwerde während ihres Laufs beim Reichsdienststrafhof eingelegt wird. Die Dienststrafkammer kann der Beschwerde abhelfen. Andernfalls entscheidet der Reichsdienststrafhof durch Beschluß endgültig.

5. Die **Rechtzeitigkeit** der Berufung und der Berufungsbegründung wird vom Vorsitzenden nicht durch besondere Entscheidung festgestellt. Er hat vielmehr, wenn er die Fristen für gewahrt hält, ohne Entscheidung nach den §§ 71 ff. zu verfahren. Die Berufungsinstanz kann eine von dem Vorsitzenden für rechtzeitig gehaltene und daher weitergegebene Berufung und Berufungsbegründung als unzulässig verwerfen, wenn sie die Berufung für verspätet hält. § 73 Abs. 1 Nr. 1.

6. Die **Vollstreckung** des ersten Urteils wird durch die verspätete Berufungseinlegung nicht gehindert; s. aber S. 340.

§ 71.

(1) Wird die Berufung nicht als unzulässig verworfen, so werden die Berufungsschrift und die Berufungsbegründung dem Vertreter der Ein-

leitungsbehörde oder, wenn dieser die Berufung eingelegt hat, dem Beschuldigten in Abschrift zugestellt.

(2) Die Berufung kann innerhalb zweier Wochen nach der Zustellung schriftlich beantwortet werden; § 67 Abs. 1 Satz 2 gilt sinngemäß.

1. Wenn die Berufung nicht durch den Vorsitzenden der Dienststrafkammer oder diese selbst als unzulässig verworfen wird, also zu erwarten ist, daß in eine sachliche Prüfung der Berufung vom Berufungsgericht eingetreten werden wird, **müssen die Berufungsschrift und die Berufungsbegründung** nebst etwaigen Nachträgen **dem Gegner** dessen, der die Berufung eingelegt hat — sei es der Beschuldigte oder der Vertreter der Einleitungsbehörde — in Abschrift nach § 19 **zugestellt** werden. Denn es muß auch dem Gegner Gelgenheit gegeben werden, sich auf die Berufung und ihre Begründung zu äußern. Dies dient zur Klärung der Sachlage und erleichtert dem Berufungsgericht die Entscheidung.

2. Die Berufung und die Berufungsbegründung können (nicht müssen) **innerhalb zweier Wochen** nach der Zustellung schriftlich **beantwortet** werden. Eine Verlängerung dieser Frist ist nicht zulässig (a. M. Behnke 544),, jedoch werden Gegenerklärungen, die nach Ablauf der Frist eingehen, im Interesse der Sache nicht unberücksichtigt bleiben dürfen, wenn sie wesentliche Angaben enthalten.

Ist der Beschuldigte der, der die Gegenerklärung abgeben soll — hat also der Vertreter der Einleitungsbehörde Berufung eingelegt — und wohnt der Beschuldigte im Ausland oder hat er dort seinen dienstlichen Wohnsitz, so hat der Vorsitzende der Dienststrafkammer die Frist zur Gegenerklärung angemessen zu verlängern.

In der Gegenerklärung können neue Tatsachen und Beweise, soweit sie sich auf die Anschuldigungspunkte beziehen, gemäß § 69 Abs. 3 vorgebracht werden. Geschieht dies, so wird von dem Gegner eine weitere Äußerung eingeholt werden müssen.

§ 72.

(1) Nach Ablauf der Frist des § 71 Abs. 2 werden die Akten dem Reichsdienststrafhof übersandt.

(2) Der Vorsitzende des Dienststrafsenats beraumt entweder die Hauptverhandlung an oder überweist die Sache dem Senat zum Beschluß (§ 73).

1. Wenn die zweiwöchige Frist zur Gegenerklärung auf die Berufung und die Berufungsbegründung abgelaufen ist oder auf eine Beantwortung der Berufung und der Berufungsbegründung verzichtet, also das Verfahren bei der Dienststrafkammer für die Berufungsinstanz genügend vorbereitet ist, so werden **die Akten dem Reichsdienststrafhof übersandt.** Sie müssen vollständig geheftet und mit Seitenzahlen versehen sein. Die Personalakten des Beschuldigten und die sonstigen zur Sache gehörigen Akten sowie ein Durch-

schlag des Urteils erster Instanz und eine neue Nachweisung über die persönlichen und dienstlichen Verhältnisse des Beschuldigten sind beizufügen.

Mit dem Eingang der Akten bei dem RDStH. ist das Verfahren bei ihm anhängig. Schon mit diesem Zeitpunkt tritt an die Stelle des Vertreters der Einleitungsbehörde der Vertreter der obersten Dienstbehörde für alle Verrichtungen des Anklagevertreters im Berufungsverfahren. RDStH. 29. 10. 38 DVerw. **39** 348. Nur der Vertreter der obersten Dienstbehörde kann nach diesem Zeitpunkt die vom Vertreter der Einleitungsbehörde eingelegte Berufung zurücknehmen. RDStH. **1** 152; Behnke 545.

Für die Beamten der Reichsjustizverwaltung ist für Dienstvergehen, die in oder bei Ausübung der Rechtspflege begangen sind, Dienststrafgericht des zweiten Rechtszuges **ein Dienststrafsenat des Reichsgerichts.** An diesen sind in den vorbezeichneten Fällen die Akten zu übersenden.

2. **Der Vorsitzende des Dienststrafsenats** beim Reichsdienststrafhof bzw. beim Reichsgericht muß die Akten zunächst einer sorgfältigen Prüfung unterziehen und sich dann darüber schlüssig machen, ob er die Hauptverhandlung anberaumen oder die Sache dem Senat zum Beschluß überweisen soll. Letzteres kommt in Frage, wenn er der Ansicht ist, daß einer der Fälle des Abs. 1 Satz 1 oder 2 § 73 vorliegt, der Senat also voraussichtlich die Sache durch Beschluß nach § 73 Abs. 1 Satz 1 erledigen oder nach § 73 Abs. 1 Satz 2 in Verbindung mit § 63 Abs. 3 das Verfahren einstellen wird.

Beraumt er die Hauptverhandlung an, so muß er nach § 58 verfahren. Zu beachten ist dabei, daß anstelle des Vertreters der Einleitungsbehörde der Vertreter der obersten Dienstbehörde getreten ist. § 75 Abs. 1 Satz 1.

§ 73.

(1) Der Reichsdienststrafhof kann durch Beschluß

1. die Berufung aus den Gründen des § 70 Abs. 1 Satz 1 als unzulässig verwerfen,

2. die Berufung als offensichtlich unbegründet zurückweisen,

3. das Urteil aufheben und die Sache an eine Dienststrafkammer zur nochmaligen Verhandlung und Entscheidung zurückverweisen, wenn er weitere Aufklärungen für erforderlich hält, oder wenn schwere Mängel des Verfahrens vorliegen,

4. die Sache zur Hauptverhandlung verweisen.

Für die Einstellung des Verfahrens gilt § 63 Abs. 3 sinngemäß.

(2) Vor der Beschlußfassung in den Fällen des Abs. 1 Nr. 1 bis 3 ist, wenn der Beschuldigte Berufung eingelegt hat, dem Vertreter der Einleitungsbehörde und, wenn dieser Berufung eingelegt hat, dem Beschuldigten Gelegenheit zur Äußerung zu geben.

(3) Die Beschlüsse sind unanfechtbar; sie sind, außer im Fall des Abs. 1 Nr. 4, schriftlich abzufassen, mit Gründen zu versehen und dem Beschuldigten sowie dem Vertreter der Einleitungsbehörde zuzustellen.

1. Im Verfahren vor dem Reichsdienststrafhof unterscheidet man das **Beschlußverfahren** ohne mündliche Verhandlung und das **Urteilsverfahren** auf Grund einer mündlichen Hauptverhandlung.

2. Die RDStO. hat im Gegensatz zum RBG. und zu der PrBDStO. in großem Umfang ein bloßes **Beschlußverfahren** ohne mündliche Verhandlung zugelassen. Dadurch wird das Verfahren in Dienststrafsachen im zweiten Rechtszuge sehr vereinfacht und beschleunigt. Viele Sachen werden — besonders wegen der weitreichenden Vorschriften im § 73 Abs. 1 Satz 1 Nr. 2 und 3 — im Beschlußverfahren erledigt. Dadurch wird die Geschäftslast des obersten Dienststrafgerichts durch Ausschaltung aussichtsloser Berufungen stark verringert und die erforderliche Zeit für gründliche Behandlung schwieriger und umfangreicher Dienststrafsachen auf Grund einer Hauptverhandlung gewonnen. Auch wird auf diese Weise ermöglicht, Berufungen, die vom Beschuldigten nur eingelegt sind, um tunlichst lange im Genuß der Dienstbezüge oder des Ruhegehalts zu bleiben, schnell zu erledigen.

Es ist in das freie Ermessen des Reichsdienststrafhofs gestellt, ob er die in § 73 Abs. 1 Satz 1 bezeichneten Sachen durch Beschluß ohne mündliche Verhandlung erledigen oder ob er sie zur mündlichen Verhandlung zur Hauptverhandlung verweisen will. Es wird nicht selten vorkommen, daß der Vorsitzende des Dienststrafsenats eine Sache in der Annahme, daß sie sich glatt erledigen lasse, zunächst dem Senat zum Beschluß überweist, daß aber später der Senat zu der Überzeugung kommt, daß ohne Hauptverhandlung nicht auszukommen ist. Er verweist dann auf Grund des § 73 Abs. 1 Nr. 4 die Sache nachträglich zur Hauptverhandlung. Es muß dann der Vorsitzende Termin zu Hauptverhandlung anberaumen.

3. **In folgenden Fällen** kann der Reichsdienststrafhof bzw. der Dienststrafsenat des Reichsgerichts (bei Justizbeamten, wenn es sich um Dienstvergehen handelt, die in oder bei Ausübung der Rechtspflege begangen sind), **durch Beschluß ohne mündliche Verhandlung** entscheiden:

a) Wenn er die Berufung als unzulässig verwerfen will, weil sich die Berufung nur gegen die Kostenentscheidung richtet (§ 67 Abs. 2) oder verspätet eingelegt (§ 67 Abs. 1) oder nicht rechtzeitig oder nicht formgerecht eingelegt oder begründet worden ist (§ 68 Abs. 1 u. § 69). Darüber hinaus muß aber als Grund für die Verwerfung auch gelten, wenn sonstige allgemeine Verstöße vorliegen, z. B. wenn die Berufung von einer nicht dazu berechtigten Person eingelegt worden ist. Denn auch in diesen Fällen der Unzulässigkeit ist regelmäßig eine Hauptverhandlung entbehrlich und die vereinfachte und beschleunigte Entscheidung durch Beschluß geboten. § 73 Abs. 1 Ziff. 1 enthält also keine erschöpfende Aufzählung. RDStH. 9. 11. 38 RVerwBl. **60** 18 = E. **2** 106; 23. 12. 38 DVerw. **39** 216; Wittland 657; Behnke 574. Allerdings werden wohl solche Fälle nur selten sein, weil ja, wenn solche Mängel vorliegen, in der Regel schon der Vorsitzende der Dienststrafkammer oder diese selbst gemäß § 70 die Berufung als unzulässig verworfen haben wird. Das Berufungsgericht kann aber die von den bezeichneten Stellen für zulässig gehaltene Berufung für unzulässig ansehen und verwerfen.

b) Wenn er die Berufung als offensichtlich unbegründet zurückweisen will. Diese Vorschrift kommt nur zur Anwendung, wenn die Berufung zulässig ist und es nicht zur Aufhebung und Zurückverweisung oder zur Einstellung kommt. Sie entspricht dem § 349 Abs. 1 Satz 2 StPO., wo allerdings im Gegensatz zu § 73 Abs. 1 Nr. 2 Einstimmigkeit verlangt wird. Von dieser Befugnis wird ein vorsichtiger Gebrauch zu machen sein. Sie wird nur dann Platz greifen, wenn die Beanstandungen der Berufung sich ganz klar als haltlos erweisen, sei es daß sie sich gegen die tatsächliche oder die rechtliche Seite, die Schuldfrage oder das Strafmaß oder die Frage der Zubilligung eines Unterhaltsbeitrages neben der Strafe der Entfernung aus dem Dienst oder der Aberkennung des Ruhegehalts richten. Sobald in tatsächlicher oder rechtlicher Hinsicht oder bezüglich des Strafmaßes oder des Unterhaltsbeitrags (§ 64) sich irgend welche Bedenken ergeben, wird die Sache zur Hauptverhandlung zu verweisen oder nach § 73 Abs. 3 Nr. 3 an die Dienststrafkammer zurückzuverweisen sein.

c) Wenn er weitere Aufklärungen für erforderlich hält, oder wenn schwere heilbare Mängel des Verfahrens vorliegen. Er kann dann durch Beschluß das Urteil der Dienststrafkammer aufheben und die Sache an eine — nicht notwendig an dieselbe, die das Urteil gefällt hat — Dienststrafkammer zur nochmaligen Verhandlung und Entscheidung zurückverweisen. Die Dienststrafkammer ist an die rechtliche Beurteilung des Berufungsgerichts gebunden. § 358 Abs. 1 StPO. Wird an dieselbe Dienststrafkammer zurückverwiesen, so soll sie in der gleichen Besetzung entscheiden, wie in der ersten Verhandlung. DurchfV. Nr. 5 zu §§ 32—40. Die Zurückverweisung an eine andere — meist benachbarte — Dienststrafkammer wird einmal in Frage kommen, wenn die Kammer, die entschieden hat, nicht zuständig war; sie kann sich aber auch empfehlen, wenn die Vorentscheidung so fehlsam war, daß auch bei erneuter Verhandlung die Findung einer richtigen Entscheidung besonders erschwert erscheint. Handelt es sich um die Notwendigkeit weiterer Aufklärungen, so wird nicht etwa der Reichsdienststrafhof in allen Fällen die Sache an die Vorinstanz zurückverweisen, sondern nur dann, wenn die weiteren Beweiserhebungen am Sitze des Reichsdienststrafhofs bzw. des Dienststrafsenats des Reichsgerichts wegen weiter Entfernung des Wohnsitzes der Zeugen und Sachverständigen usw. besonders erschwert erscheinen, zumal wenn es sich um umfangreiche Vernehmungen handelt, oder wenn das erste Gericht die Sache ungenügend aufgeklärt hat und dem Berufungsgericht nicht zugemutet werden kann, eine Beweiserhebung zu veranstalten, die die erste Instanz bei sachgemäßer Aufklärung selbst hätte bewirken können und müssen. Handelt es sich aber nur um eine Nachprüfung von Aussagen von Zeugen, die bereits vor dem Strafgericht oder vor der Dienststrafkammer vernommen sind, so wird von einer Zurückverweisung an letztere abgesehen werden können. RDStH. 19. 4. 39 RVerwBl. **60** 547.

Liegen schwere heilbare Fehler des Verfahrens vor, so kann ebenfalls die Aufhebung des ersten Urteils und Zurückverweisung der Sache an eine Dienststrafkammer erfolgen.

Das Berufungsgericht hat also, ehe es in eine sachliche Prüfung eintritt, zu untersuchen, **ob das Verfahren erster Instanz nicht an wesentlichen,** zur Wiederholung der Verhandlungen nötigenden **Mängeln leidet**. Über solche Prozeßmängel s. Behnke 549 u. BeamtJahrb. **36** 479 ff. Diese Untersuchung ist von Amts wegen vorzunehmen, ohne daß es hierzu eines Antrags in der Berufung bedürfte. Zu solchen wesentlichen Mängeln gehört z. B., wenn das Gericht erster Instanz örtlich unzuständig oder unvorschriftsmäßig besetzt war (OVG. **86** 437), ferner wenn die Vorschriften über die Art der mündlichen Verhandlung, über die Vorladung und Anhörung des Beschuldigten, über die Zulassung eines Verteidigers, über die Vernehmung und Beeidigung von Zeugen und Sachverständigen (PrOVG. **82** 480; **83** 402; **84** 439) nicht beachtet waren oder als Vertreter der Einleitungsbehörde trotz der Vorschrift des § 44 Abs. 2 ein Nichtbeamter mitgewirkt hat. OVG. **92** 236. Dasselbe gilt, wenn die Entscheidung der Dienststrafkammer nicht begründet worden ist. Ein wesentlicher Mangel des Verfahrens liegt auch vor, wenn die für die Einlegung der Berufung vorgeschriebenen Formvorschriften nicht beachtet, z. B. die Berufung des Vertreters der Einleitungsbehörde durch einen unzuständigen Beamten eingelegt worden ist. RDStH. 9. 11. 38 RVerwBl. **60** 18; ferner aber auch, wenn eine rechtswirksame Anschuldigungsschrift fehlt. RDStH. 9. 12. 38 DVerw. 108; oder wenn dem Beschuldigten keine Gelegenheit gegeben worden ist, sich in der Untersuchung oder sonst zu den Anschuldigungspunkten zu äußern. RDStH. 2. 11. 39 DVerw. **40** 141.

Ferner ist ein wesentlicher Mangel, wenn verhandelt worden ist, obwohl der Beschuldigte wegen Krankheit nicht erscheinen konnte, zumal wenn er unter der Androhung vorgeladen war, daß im Falle seines Ausbleibens ein Verteidiger nicht zugelassen werden würde. RDisH. v. 16. 10. 28 Foerster-Simons 295; ebenso ist ein wesentlicher Mangel, wenn die Androhung nicht erfolgt und trotzdem ein Verteidiger für den nicht erschienenen Beschuldigten nicht zugelassen worden war. Bad. VerwGerHof als Disziplinarhof 26. 3. 35 RVBl. **57** 76.

Ob das Berufungsgericht in solchen Fällen das Urteil erster Instanz schon durch Beschluß ohne mündliche Verhandlung aufheben und die Sache zur nochmaligen Verhandlung und Entscheidung an die Vorinstanz zurückverweisen oder ob es selbst in der Sache entscheiden will, steht in seinem freien Ermessen. PrOVG. **83** 402; § 328 Abs. 2 StPO. findet entsprechende Anwendung. PrOVG. v. 30. 9. 30 RuPrVBl. **52** 596; RDisH. v. 31. 1. 33 ZBR. **5** 141. Handelt es sich um so erhebliche Mängel, daß das Verfahren erster Instanz dem Beschuldigten oder dem Vertreter der Einleitungsbehörde die gesetzlichen Befugnisse in der Verteidigung oder der Anschuldigung in wesenlichem Maße eingeschränkt hat, so wird sich meist eine Zurückverweisung empfehlen. Denn sonst geht den Beteiligten eine ihre Rechte ordnungsmäßig beobachtende Instanz verloren. Dies wird stets der Fall sein, wenn ein unzuständiges Gericht entschieden hatte (§ 328 Abs. 3 StPO.) oder wenn beim Gericht erster Instanz ein kraft Gesetzes ausgeschlossener Richter mitgewirkt hat (PrOVG. v. 20. 9. 29 RuPrVBl. **50** 841) oder wenn über ein — nicht offenbar unzulässiges oder unbegründetes — Ablehnungsgesuch nicht von einem ordnungsmäßig besetzten Gericht entschieden worden ist. RDisH. v. 1. 4. 31 Foerster-Simons 297, oder wenn ein Mitglied der Dienststrafkammer bei einem erheblichen Teil der mündlichen Verhandlung nicht anwesend war. Bad. VerwGerHof als Disziplinarhof 26. 3. 35 RVBl. **57** 76, oder wenn wegen zu kurzer Ladungsfrist der Beschuldigte keinen Verteidiger bestellen konnte. RDStH. 17. 2. 38 RVerwBl. **59** 692. Kein Grund zur Aufhebung liegt vor, wenn die Dienststrafkammer ein Ablehnungsgesuch mit Recht weder als ernstlich gemeint noch als sachlich begründet angesehen und darauf in der Sache erkannt hat. PrDienststrafh. 7. 7. 32 RuPrVBl. **53** 877 = JW. **33** 1223. Formelle Rechtsvorschriften sollen aber nicht überspitzt werden; so ist eine Einstellung nicht angebracht, wenn etwa die Einleitung eines Dienststrafverfahrens von einem Beamten unter unrichtiger Amtsbezeichnung vorgenommen ist. RDStH. 2. 3. 38; 22. 4. 38 E. **1** 172; RVerwBl. **59** 861.

Ein Verfahrensverstoß, der darin besteht, daß ein Beamter als Richter mitgewirkt hat, der in der Sache als Vertreter der Einleitungsbehörde tätig gewesen ist, nötigt nicht ohne weiteres zur Aufhebung des Urteils. RDisH. v. 31. 1. 33 ZBR. **5** 141. Abweichendes gilt, wenn nicht alle Gerichtspersonen, zu denen auch der Vertreter der Einleitungsbehörde gehört, während der ganzen Dauer der mündlichen Verhandlung anwesend gewesen sind. PrOVG. v. 19. 12. 33 RuPrVBl. **55** 269 = JW. **34** 1303.

Gewisse Verfahrensverstöße, nämlich solche, die den Rechtsakt nicht völlig nichtig machen, können durch spätere Vorkommnisse als geheilt gelten und führen dann nicht zur Aufhebung des ersten Urteils; vgl. hierzu Behnke BeamtJahrb. **36** 482 ff. Dies ist z. B. der Fall, wenn der Beschuldigte oder die Zeugen nicht vorschriftsmäßig geladen, aber trotzdem im Termin zur mündlichen Verhandlung erschienen sind. PrOVG. 4. 3. 37 RVerwBl. **58** 585. Ferner wenn zwar der Beschuldigte von der Teilnahme an den Beweiserhebungen in unzulässiger Weise ausgeschlossen war, er aber nach den Zeugenvernehmungen eingehend gehört war und dabei die Verfehlungen zugegeben hatte, so daß er in seiner Verteidigung nicht beschränkt worden ist. RDStH. 11. 9. 40 DVerw. **41** 87. Ferner wenn z. B. zwar in der „Untersuchung" in unzulässigerweise bei der Vernehmung des Beschuldigten und von Zeugen ein Dienstvorgesetzter zugegen gewesen ist, dadurch sich aber die Beweisaufnahme für den Beschuldigten nicht ungünstiger gestaltet hat, als wenn der Dienstvorgesetzte nicht zugegen gewesen wäre. OVG. 11. 6. 37 RVerwBl. **58** 822; ferner wenn der Beschuldigte trotz mangelhafter Zustellung eines Schriftstücks von diesem Kenntnis erlangt hat. RDStH. 26. 7. 39 DVerw. **40** 156 oder wenn der Beschuldigte trotz mangelhafter Zustellung des Urteils von den Gründen desselben Kenntnis genommen hat. Dienststrafs. beim RG. 11. 11.

37 DRechtspfl. **38** 18. Überhaupt dürfen formale Bedenken nicht überspannt werden; s. näheres oben S. 307 und die dort angeführte Rechtsprechung; s. auch Ender RVerwBl. **60** 427 ff. u. RDStH. 9. 12. 38 DVerw. **40** 108. Enthält das erste Urteil Auslassungen, Widersprüche u. dgl., die ohne Wiederholung des erstinstanzlichen Verfahrens lediglich im Wege der Berichtigung oder eines abgekürzten Nachverfahrens beseitigt oder aufgeklärt werden können, so empfiehlt es sich, daß das Berufungsgericht zunächst ohne in eine Verhandlung der Sache einzutreten, die Akten der ersten Instanz zurückgibt.

In den Fällen zu a und b muß über die Kosten des Verfahrens befunden werden. § 101 Abs. 1 und § 99 Abs. 1; im Falle zu c, wo keine endgültige Entscheidung erfolgt, muß von der Kostenfrage abgesehen und diese der ersten Instanz überlassen werden; s. auch unten Anm. 2 zu § 99.

Nicht zulässig ist es, nach § 73 Abs. 1 Ziff. 3 zu verfahren, wenn schon die Entscheidung der Dienststrafkammer wegen eines vor der Untersuchung liegenden Verfahrensmangels, z. B. Einleitung des Verfahrens durch eine unzuständige Stelle (PrOVG. 17. 12. 36 RVerwBl. **58** 244) oder gegen einen Nichtbeamten nicht hätte gefällt werden dürfen; in solchen Fällen ist eine Zurückverweisung nicht zulässig. Denn es würde dann auch durch die Zurückverweisung der Mangel nicht geheilt werden können. PrOVG. 28. 7. u. 21. 10. 36 RVerwBl. **57** 925 u. 1146; 17. 12. 36 RVerwBl. **58** 244. Es muß dann vielmehr das ganze Dienststrafverfahren unter Aufhebung der Vorentscheidung eingestellt werden; s. Anm. 3; OVG. 28. 7. 36 RVerwBl. **58** 30 = PrOVG. **99** 258; 18. 5. 38 RVerwBl. **59** 883; Wittland BeamtJahrb. **33** 75; Behnke BeamtJahrb. **36** 496; Ender RVerwBl. **60** 432; vgl. hierzu Anm. 3 und § 73 Abs. 7 Satz 2. Jedoch kann von der Einstellung abgesehen werden, wenn unter Aufhebung der Vorentscheidung dem Vorsitzenden der Dienststrafkammer aufgegeben wird, wegen Beseitigung der Verfahresnmängel nach der 2. DurchfV. v. 27. 8. 38 zu verfahren. Es muß sich dann aber um heilbare Mängel handeln.

d) Wenn er die Sache zur Hauptverhandlung verweisen will. Der Reichsdienststrafhof (bzw. bei Justizbeamten in den besonderen Fällen des § 109 Abs. 1 der Dienststrafsenat des Reichsgerichts) kann also in allen Fällen, in denen der Vorsitzende zunächst von der Anberaumung der Hauptverhandlung abgesehen und die Sache dem Senat zum Beschluß überwiesen hat, seinerseits doch wieder eine Hauptverhandlung für erforderlich halten und davon absehen, die Sache gemäß der unter a—c erörterten Gesichtspunkte selbst durch Beschluß zu erledigen. Durch diese Befugnis ist ein wirksames Mittel gegen übereilte, das Verfahren im zweiten Rechtszuge abschließende Beschlüsse ohne mündliche Verhandlung gegeben. Von ihm wird gewiß nicht selten Gebrauch gemacht werden, weil dadurch die Gewähr für eine gründliche und gerechte Rechtsprechung in der höchsten Instanz wesentlich verstärkt wird. In diesen Fällen muß der Vorsitzende einen Termin zur Hauptverhandlung anberaumen. Die Verweisung zur Hauptverhandlung ist aber nicht zulässig, wenn eine Einstellung des Verfahrens durch Beschluß in Frage kommt; s. Anm. 4.

4. Der Reichsdienststrafhof (bzw. der Dienststrafsenat des Reichsgerichts) hat nun ferner vor der Hauptverhandlung **das Verfahren durch Beschluß,** der unanfechtbar ist, **einzustellen,** wenn die Voraussetzungen des § 63 Abs. 3 in Verbindung mit § 52 Abs. 1 vorliegen. § 73 Abs. 1 Satz 2. Nach Eröffnung der Hauptverhandlung muß in solchen Fällen die Einstellung durch **Urteil** erfolgen. Es handelt sich dabei zunächst um wesentliche Mängel des Verfahrens, die es von vornherein rechtsunwirksam machen, so z. B. wenn es nicht rechtswirksam eingeleitet oder sonst unzulässig ist, wenn eine Anschuldigungsschrift fehlt oder dem Beschuldigten nicht zugestellt ist (PrOVG. **88** 401) oder wenn keine ordnungsmäßige Untersuchung stattgefunden hat u. dgl. PrOVG. 28. 7. und 21. 10. 36 RVerwBl. **57** 925 und 1146; PrOVG. 11. 6. 37 RVerwBl. **58** 822. Sondann ist Einstellung nach § 73 Abs. 1 Satz 2 in Verbindung mit §§ 63 Abs. 3 u. 52 Abs. 1 Ziff. 1 geboten, wenn Gegenstand des förml. Dienststrafverfahrens ausschließlich ein strafbarer Tatbestand war und wegen dieses im strafgerichtl. Wiederaufnahmeverfahren Freisprechung erfolgt ist. RDStH. 8. 6. 38 RVerwBl. **59** 968.

Ferner ist Einstellung geboten, wenn der Beschuldigte stirbt oder aus dem Beamtenverhältnis ausscheidet oder entlassen wird oder wenn bei einem Ruhestandsbeamten die Folgen einer gerichtlichen Verurteilung oder der Aberkennung der deutschen Staatsangehörigkeit nach § 132 DBG. eintreten (Verlust des Ruhegehalts und des Anspruchs auf Hinterbliebenenversorgung) oder endlich, wenn der Beschuldigte als Ruhestandsbeamter der obersten Dienstbehörde (§ 2 Abs. 4 DBG.) gegenüber auf seine Rechte schriftlich verzichtet; s. oben die Anm. 1 und 2 zu § 52. In diesen Fällen erübrigt sich eine sachliche Entscheidung, weil der Beamte oder Ruhestandsbeamte, der bestraft werden soll, als solcher nicht mehr vorhanden ist. Die Einstellung des — gegenstandslosen — Verfahrens ist somit unabweisbar. Dies gilt auch z. B. wenn ein Notar, der gleichzeitig Rechtsanwalt und nur für die Dauer der Zulassung als Anwalt bei einem bestimmten Gericht zum Notar ernannt ist, sich nach Einlegung der Berufung in der Liste der Rechtsanwälte löschen läßt. Denn damit erlischt sein Amt als Notar; s. hierzu § 36 in Verbindung mit § 8 Abs. 2 RNotO.; PrOVG. **81** 450; **87** 472.

Wird das Verfahren aus den Gründen des § 52 Abs. 1 Nr. 3—5 oder Abs. 2 Satz 3 eingestellt und wäre nach dem Ergebnis der Untersuchung die Verhängung einer Dienststrafe gerechtfertigt gewesen, so sind die Kosten des Verfahrens dem Beschuldigten ganz oder teilweise aufzuerlegen. § 98 Abs. 2.

Soll das Verfahren gegen einen Ruhestandsbeamten nach § 63 Abs. 3 Satz 2 eingestellt werden, so kann dies nicht durch Beschluß, sondern nur auf Grund einer Hauptverhandlung durch Urteil erfolgen.

5. Zu beachten ist, daß, wenn es sich in dem in zulässiger Weise eingeleiteten Dienststrafverfahren um Verfahrensmängel nach der 2. DurchfV.

vom 27. 8. 38 handelt, von einer Einstellung abgesehen werden und die Sache unter Aufhebung der Vorentscheidung an die Dienststrafkammer zurückgewiesen werden kann, damit der Vorsitzende der Dienststrafkammer die Anschuldigungsschrift zur Behebung der Mängel an die Einleitungsbehörde zurückgibt. Diese Aufhebung und Zurückverweisung kann auch dann in Frage kommen, wenn der Beschuldigte in der Untersuchung oder in den Vorermittlungen nicht gehört worden ist und ihm gemäß der KriegsV. v. 17. 5. 40 von der Einleitungsbehörde Gelegenheit zur Äußerung gegeben werden soll; s. auch oben Anm. 5 zu § 53.

6. Vor der Beschlußfassung ist in den in Anm. 3 a—c behandelten Fällen **dem Gegner** dessen, der Berufung eingelegt hat, sei es der Beschuldigte oder der Vertreter der obersten Dienstbehörde (nicht, wie es offenbar unrichtig in Abs. 2 § 73 „dem Vertreter der Einleitungsbehörde" heißt; s. oben Anm. 1 Abs. 2 zu § 72 und Behnke 553), formlos — mündlich oder schriftlich — **Gelegenheit zur Äußerung innerhalb einer angemessenen Frist zu geben.** Diese Äußerung wird nicht selten dem, der Berufung eingelegt hat, wiederum zur Gegenerklärung vorgelegt werden müssen. Denn sonst ist vielfach eine restlose Aufklärung nicht möglich.

7. Die Beschlüsse (Anm. 3 u. 4) sind **unanfechtbar.** Es kann nicht etwa von irgend einer Seite mündliche Verhandlung verlangt werden. Sie müssen aber — bis auf den die Sache zur Hauptverhandlung verweisenden Beschluß — **schriftlich** abgefaßt, mit **Gründen** versehen und dem **Beschuldigten** sowie dem **Vertreter der obersten Dienstbehörde** nach § 19 **zugestellt** werden. Mit der Zustellung werden sie rechtskräftig. § 77.

Wegen der Kosten der Beschlüsse s. §§ 99, 100. Bei Einstellung s. oben Anm. 4 Abs. 3. Im Falle der Zurückverweisung nach § 73 Abs. 1 Nr. 3 ist die Entscheidung über die Kosten der Dienststrafkammer zu überlassen.

§ 74.

Soweit der Reichsdienststrafhof die Berufung für zulässig und für begründet hält, hat er das Urteil der Dienststrafkammer aufzuheben und, wenn er nicht nach § 73 Abs. 1 Nr. 3 verfährt, in der Sache selbst zu entscheiden.

1. Das Berufungsgericht hat, soweit es die Berufung für zulässig hält, die angefochtene Entscheidung in **ihrem ganzen Umfange** nachzuprüfen; jedoch gilt dies dann nicht, wenn nur **wegen des Strafmaßes** Berufung eingelegt ist. Die Beschränkung der Berufung auf das Strafmaß ist zulässig; dadurch wird dem Berufungsgericht die Nachprüfung der Schuldfrage in tatsächlicher und rechtlicher Beziehung entzogen; RDisH. v. 15. 5. 29 Foerster-Simons 294; Dienststrafsenat beim RG. 9. 10. 35 DJustiz **35** 1867 und RDStH. 7. 2. 39 E. **2** 26; Behnke 533 u. JW. **39** 822 ff.; die §§ 318 u. 327 StPO. brauchen nicht mehr sinngemäß angewendet zu werden, da schon § 69 Abs. 2 RDStO. die Beschränkung der Berufung ausdrücklich vorsieht. Auch RDStH. 10. 3. 39 DVerw. **40** 123 E. **2** 139 nimmt an, daß bei Beschränkung der Berufung auf das Strafmaß das Berufungsgericht nicht in der Lage sei, Verfahrensmängel, die die tatsächlichen Feststellungen zur Schuldfrage betreffen, zu berücksichtigen. Die Beschränkung des Berufungsgerichts setzt aber voraus, daß die Vorinstanz das Sachverhältnis und das aus ihm abgeleitete Dienstvergehen einwandfrei festgestellt hat. Fehlt es hieran, so leidet das Verfahren an einem schweren Mangel und kann zur Aufhebung der angefochtenen Entscheidung und zur Zurückverweisung der Sache an die Dienststrafkammer führen. RDStH. 20. 1. 39 E. **2** 95. Der zulässigen Beschränkung der Berufung auf das Strafmaß steht nicht die Tatsache entgegen, daß der Beschuldigte die Feststellungen des ersten Richters in der Schuldfrage angegriffen hat; denn er will damit nur seine Verfehlungen milder erscheinen lassen und eine mildere Bestrafung erzielen. Hat sich also der Beschuldigte in der Berufung dem Schuldspruch unterworfen, so kann er doch geltend machen, daß einzelne Tatsachen weniger belastend seien. RDisH. v. 1. 2. 33 Foerster 1934 S. 135; s. auch PrOVG. **82** 456, 57. Es hat also das Berufungsgericht der vom Vorderrichter getroffenen Entscheidung über die Schuldfrage regelmäßig ohne weiteres beizutreten, wenn die Berufung nur das Strafmaß bei Anerkennung der tatsächlichen Feststellungen des erstinstanzlichen Urteils bemängelt. RDStH. 9. 12. 38 DVerw. 108. Auch zugunsten des Beschuldigten dürfen in solchen Fällen die tatsächlichen Feststellungen des ersten Richters nicht nachgeprüft werden. PrDienststrafH. v. 8. 7. 32 DJZ. **32** 1071 = JW. **33** 1223 = RuPrVBl. **53** 876. Dagegen nimmt Everling RVerwBl. **59** 458 an, daß praktisch fast stets der ganze Sachverhalt geprüft werden müsse, da sich Schuld- und Straffrage nicht trennen ließen und für die Strafe dieselben Vorgänge maßgebend seien wie für die Schuldfeststellung. Everling RVerwBl. **59** 458 weist aber mit Recht darauf hin, daß die Beschränkung der Berufung auf das Strafmaß nicht ohne weiteres dann angenommen werden könne, wenn der Beschuldigte nur Herabsetzung der Strafe begehre, ohne die Schuldfrage zu berühren. Vielmehr müsse die Beschränkung der Berufung ausdrücklich und zweifelsfrei ausgesprochen werden. Ebenso Behnke 534 u. JW. **39** 727; Reuß JW. **38** 1772. Jedoch steht die Rechtskraft des Schuldausspruchs nicht der Nachprüfung der Zulässigkeit der Strafverfolgung überhaupt entgegen. PrDienststrafH. v. 24. 6. 32 JW. **33** 492 = ZBR. **5** 93. Es muß also das Berufungsgericht auch bei Beschränkung der Berufung stets von Amts wegen prüfen, ob Umstände vorliegen, die den Erlaß einer sachlichen Entscheidung hindern, z. B. wenn eine Prozeßvoraussetzung, etwa die Beamteneigenschaft des Beschuldigten fehlt oder das Verfahren aus sonstigen Gründen, z. B. wegen fehlerhafter Einleitung oder mangelhafter Anschuldigungsschrift unzulässig ist. In solchen Fällen ist, wenn solche Mängel vorliegen, Einstellung des Verfahrens geboten. RDStH. 3. 12. 37 RVerwBl. **59** 386; Behnke 539 = DVerw. **39** 24 = E. 1 129. Auch Mängel der Untersuchung und alle sonstigen Verfahrensmängel kommen hier in Betracht. Everling RVerwBl. **59** 460 gegen einschränkend Behnke 537 ff. u. JW. **39** 730; RDStH. 9. 12. 38 E. **2** 101 nimmt aber an, daß bei Beschränkung der Berufung auf das Strafmaß auch Verfahrensmängel im allgemeinen als geheilt gelten müßten; jedoch unheilbar sei der im Fehlen einer rechtswirksamen Anschuldigungsschrift liegende schwere Verfahrensmangel. So auch Behnke 538 ff., der ferner als unheilbaren Verfahrensmangel die Unwirksamkeit der Einleitung des förmlichen Verfahrens hervorhebt.

Wegen der Möglichkeit der Behebung von Verfahrensmängeln durch die Einleitungsbehörde nach Aufhebung der Vorentscheidung und Zurückverweisung an die Vorinstanz infolge Rückgabe der Anschuldigungsschrift durch den Vorsitzenden der Dienststrafkammer s. oben Anm. 5 zu § 73. Macht das Berufungsgericht von dieser Vorschrift Gebrauch, so wird eine Einstellung des Verfahrens vermieden und die Beseitigung von gewissen Mängeln ermöglicht, die vor dem Verfahren der ersten Instanz liegen. RDStH. 9. 6. 39 DVerw. **40** 96; Behnke 549 u. 550.

Die Berufung kann noch in der mündlichen Verhandlung eingeschränkt werden; der Verteidiger kann dies aber nur, wenn er zur Zurücknahme von Rechtsmitteln ausdrücklich ermächtigt ist. RDisH. 14. 12. 36 Foerster 1937 S. 121. Dagegen nimmt Everling RVerwBl. **59** 459 an, daß die Berufungseinschränkung an die zweiwöchige Frist des § 69 Abs. 1 gebunden sei. Dem kann nicht begetreten werden. Es muß die Möglichkeit gegeben sein, auch später, z. B. infolge eines nachträglichen Geständnisses des Beschuldigten, die Berufung einzuschränken und damit die Berufungsverhandlung zu vereinfachen. So auch Behnke 535 u. JW. **39** 728. Eine wirksam gewordene Beschränkung der Berufung kann auch innerhalb der Begründungsfrist nicht widerrufen werden. RDisH. v. 25. 2. 30 Foerster-Simons 294; s. auch RDisH. v. 10. 1. 33 Foerster 1934 S. 138; Behnke JW. **39** 729; a. M. Wittland 643.

Da die einzelnen Handlungen des Beschuldigten als ein einheitliches nur mit einer Strafe zu belegendes Dienstvergehen angesehen werden (s. oben S. 305), so können der Vertreter der Einleitungsbehörde und der Beschuldigte die Beurteilung einzelner Anschuldigungspunkte durch den ersten Richter nicht gesondert anfechten. Ist also das erste Urteil hinsichtlich eines Anschuldigungspunktes in vollem Umfang angefochten, so erfordert die Einheitlichkeit des Dienstvergehens die Nachprüfung aller Anschuldigungspunkte. Wenn das Strafmaß nur zu einem Teile, nämlich nur bezüglich des neben der Entfernung aus dem Dienst zugebilligten Unterhaltsbeitrages (§ 64) angefochten ist, so hat der Berufungsrichter nicht nachzuprüfen, ob der nicht beanstandete Teil der Strafe, also die Entfernung aus dem Dienst zu Recht verhängt worden ist. RDisH. v. 28. 4. 30 Foerster-Simons 232. Darüber, daß die Beschränkung der Berufung auf den Unterhaltsbeitrag überhaupt oder der Höhe nach zulässig ist, vgl. RDisH. 4. 11. 35 Foerster **1936** S. 28; Wittland BeamtJahrb. **35** 719 und 720; Behnke BeamtJahrb. **36** 240. Hat ein Teil z. B. der Beschuldigte das Urteil im ganzen Umfang, der Vertreter der Einleitungsbehörde aber nur wegen des Strafmaßes oder wegen des nach § 64 bewilligten Unterhaltsbeitrags angefochten und nimmt dann der Beschuldigte die Berufung zurück, so hat der Reichsdienststrafhof nur noch über das Strafmaß oder den Unterhaltsbeitrag zu befinden; s. Breithaupt 192.

Die Kostenentscheidung allein kann aber nach der ausdrücklichen Vorschrift des § 67 Abs. 2 nicht angefochten werden. § 318 Abs. 1 Satz 1 StPO. kann also nicht ohne Einschränkung entsprechend angewendet werden; **a. M.** nach früherem Recht Dienststrafsenat beim RG. 9. 10. 35 DJustiz **35** 1887.

Es kann auch die Berufung nicht auf die Geltendmachung von Prozeßmängeln und Prozeßvoraussetzungen, z. B. fehlende Zuständigkeit, Mangel der Beamteneigenschaft, Verfahrensmängel u. dgl. beschränkt werden. Behnke JW. **39** 729; **a. M.** Reuß JW. **38** 1773.

War die Berufung einmal wirksam auf das Strafmaß beschränkt, so kann weiteres Vorbringen nur als Begründung für eine mildere Strafe gelten. Behnke 537 u. JW. **39** 729; **a. M.** Reuß ZBR. **8** 189.

Selbstverständlich ist das Berufungsgericht in der Würdigung des tatsächlichen Materials vollkommen frei und in keiner Weise an die tatsächlichen Feststellungen der ersten Instanz gebunden. Es ist also nicht etwa auf die rechtliche Beurteilung der Sachlage beschränkt, wie dies bei dem Rechtsmittel der Revision der StPO. und der ZPO. der Fall ist. Neue Anschuldigungspunkte dürfen aber in der Berufungsinstanz nicht vorgebracht werden; s. oben S. 343. Der Inhalt der Anschuldigungsschrift ist aber in vollem Umfange nachzuprüfen, wenn nicht die Berufung nur auf das Strafmaß beschränkt ist.

Das Berufungsgericht hat auch stets von Amts wegen zu prüfen, ob die Prozeßvoraussetzungen vorliegen, das Verfahren ordnungsmäßig eingeleitet und durchgeführt ist und die Anschuldigungsschrift keine Mängel enthält. Behnke 554.

Hält das Gericht nach Lage der Sache eine **weitere Aufklärung** für nötig, so hat es diese zu veranlassen. Es kann also schon vor der Hauptverhandlung zur Vermeidung einer Vertagung die nötigen Verfügungen erlassen, namentlich Zeugen und Sachverständigenvernehmungen bewirken, Akten herbeischaffen usw. Es kann die Beweise selbst oder durch einen beauftragten oder ersuchten Richter erheben. Wegen der Berücksichtigung neuer Tatsachen und Beweismittel s. oben § 69 Abs. 3.

Hat die erste Instanz Vorkommnisse, die in der Anschuldigungsschrift behandelt worden sind, ausgeschieden, weil ihretwegen ein gerichtliches Strafverfahren eingeleitet worden ist, so können sie doch von der zweiten Instanz zum Gegenstand ihrer Urteilsfindung gemacht werden, wenn das Strafverfahren inzwischen eingestellt worden ist. RDisH. 6. 12. 34 ZBR. **6** 196.

2. Ist die für zulässig befundene **Berufung unbegründet,** so wird sie zurückgewiesen. Ist sie **begründet,** so hat der Reichsdienststrafhof (bzw. — bei Justizbeamten — der Dienststrafsenat des RG.) **das Urteil der Dienststraf-**

kammer aufzuheben. Ob er dann die Sache an eine Dienststrafkammer zur nochmaligen Verhandlung oder Entscheidung oder zur Beseitigung von Mängeln des in zulässiger Weise eingeleiteten Dienststrafverfahrens gemäß der 2. DurchfV. v. 27. 8. 38 durch die Einleitungsbehörde nach Rückgabe der Anschuldigungsschrift durch den Vorsitzenden der Dienststrafkammer **zurückverweisen** oder ob er **selbst in der Sache entscheiden will,** hängt von seinem freien Ermessen ab; s. hierzu Anm. 3c zu § 73. Wählt er letzteren Weg, so kann das Urteil nach § 63 Abs. 1 nur auf Bestrafung, Freispruch oder Einstellung des Verfahrens lauten. Das Urteil muß auch bestimmen, wer die Kosten des Verfahrens nach den §§ 98 bis 100 zu tragen hat. § 101 Abs. 1. Wegen der Einstellung s. oben Anm. 4 zu § 73.

Bei der etwaigen erneuten Verhandlung hat das Gericht erster Instanz, an das die Sache zurückverwiesen ist, die Rechtsauffassung des Berufungsgerichts seiner Entscheidung zugrunde zu legen. § 358 StPO. ist entsprechend anwendbar. Die Dienststrafkammer darf nicht etwa die „Untersuchung" wieder eröffnen lassen, muß vielmehr etwaige Beweise selbst erheben. PrOVG. 1. 6. 37 RVerwBl. **58** 821. Sie soll in derselben Besetzung entscheiden, wie in der ersten Verhandlung. Nr. 5 DurchfV. zu den §§ 32 ff. Das Gericht erster Instanz darf aber, da der Grundsatz der Unzulässigkeit der reformatio in peius nicht mehr gilt (s. oben Anm. 5 zu § 67), die von ihm ausgesprochene Zubilligung eines Unterhaltsbeitrages neben der Entlassung aus dem Dienst oder der Aberkennung des Ruhegehalts wegfallen lassen, wenn seine Entscheidung auf Berufung des Beschuldigten aufgehoben und die Sache in die Vorinstanz zurückverwiesen war. Die abweichende Entsch. des RDisH. v. 3. 10. 27 DJZ. **28** 99 = Foerster-Simons 300 ist überholt.

Ist der Beschuldigte in den Ruhestand getreten, nachdem gegen eine auf Entfernung aus dem Dienst lautende Entscheidung der ersten Instanz nur der Vertreter der Einleitungsbehörde rechtzeitig Berufung eingelegt hat, um eine Beschränkung der Zubilligung des vom ersten Richter zuerkannten Unterhaltsbeitrags herbeizuführen, so kann die Berufungsinstanz diese Verschärfung aussprechen, ohne den Tenor der Vorentscheidung dahin zu berichtigen, daß anstelle der Entfernung aus dem Dienst Verlust des Ruhegehaltsanspruchs eintritt. Die abweichende Entsch. des RDisH. 14. 5. 34 Foerster 1935 S. 145 hat ihre Bedeutung verloren, da nach § 102 Abs. 1 Satz 2 ein auf Entfernung aus dem Dienst lautendes Urteil auf Aberkennung des Ruhegehalts gilt, wenn der Verurteilte vor Eintritt der Rechtskraft in den Ruhestand tritt.

§ 75.

(1) Im Verfahren vor dem Reichsdienststrafhof tritt an die Stelle des Vertreters der Einleitungsbehörde ein Vertreter der obersten Dienstbehörde. Im übrigen gelten, soweit die §§ 72 bis 74 nichts anderes vorschreiben, die Vorschriften über das Verfahren vor der Dienststrafkammer sinngemäß. Von dem Verlesen von Niederschriften (§ 61 Abs. 1 Satz 2) kann jedoch

abgesehen werden, wenn der Beschuldigte, sein Verteidiger und der Vertreter der obersten Dienstbehörde darauf verzichten.

(2) Der Reichsdienststrafhof entscheidet mit einfacher Stimmenmehrheit.

1. In der mündlichen Verhandlung vor dem Reichsdienststrafhof bzw. — für Justizbeamte — **dem Dienststrafsenat des Reichsgerichts** gelten die Vorschriften über das Verfahren vor der Dienststrafkammer entsprechend; s. oben §§ 54, 56—65. Der Vertreter der obersten Dienstbehörde, der Beschuldigte und sein Verteidiger werden zum Termin zur Hauptverhandlung vorgeladen. Die Verhandlungen vor dem Reichsdienststrafhof finden zur Zeit im Gebäude des PrOVG. in Berlin statt. Das Berufungsgericht entscheidet ebenso wie die erste Instanz abweichend vom Strafprozeßrecht (§ 263 StPO.) nicht mit sog. qualifizierter, sondern mit einfacher Stimmenmehrheit über Schuldfrage und Strafmaß. § 75 Abs. 2. Die Autorität eines starken, sich als Führer des Gerichts fühlenden Vorsitzenden wird sich auf diese Weise leichter durchsetzen. Begr.

An die Stelle des Vertreters der Einleitungsbehörde (§ 44 Abs. 2) tritt ein Verteter der obersten Dienstbehörde. (§ 2 Abs. 4 DBG.) Diese Vorschrift gilt auch während des Krieges, obwohl während dieser Zeit an der Untersuchung ein Vertreter der Einleitungsbehörde nicht beteiligt wird. § 5 Abs. 3 u. 1 V. 17. 5. 40 (RGBl. I 781). Für den Bereich des RuPrMdJ. und der Wehrmacht (s. Loosch „DVerw." **38** 207) sind Beamte als ständige Vertreter der obersten Dienstbehörde bestellt worden. Die oberste Dienstbehörde entscheidet darüber, ob die vom Vertreter der Einleitungsbehörde eingelegte Berufung durchgeführt werden soll. Goedecke bei Pfundtner-Neubert RDStO. 46. Mit Eingang der Akten beim RDStH. wird das Verfahren dort anhängig. Deshalb kann von diesem Zeitpunkt an nur noch der Vertreter der obersten Dienstbehörde und nicht mehr der Vertreter der Einleitungsbehörde rechtsgültige Erklärungen abgeben. RDStH. 29. 10. 38 „DVerw." **39** 348; Behnke 556 f.; a. M. Heyland 273. Im förml. Dienststrafverfahren gegen Beamte der Reichsjustizverwaltung wegen eines in oder bei Ausübung der Rechtspflege begangenen Dienstvergehens werden die Aufgaben des Vertreters der obersten Dienstbehörde von der Reichsanwaltschaft wahrgenommen; es bedarf also nicht der Bestellung eines besonderen Vertreters. § 109 Abs. 1 Nr. 5. Bei dem besonderen Dienststrafsenat beim Reichsgericht des § 110 werden die Aufgaben des Vertreters der Einleitungsbehörde ebenfalls von der Reichsanwaltschaft wahrgenommen. § 110 Abs. 6.

Die Verhandlung vor dem Berufungsgericht wickelt sich wie die vor der ersten Instanz ab. Sie beginnt also ebenfalls mit dem Vortrag des Berichterstatters über die Ergebnisse des bisherigen Verfahrens, wobei das Urteil der Dienststrafkammer vorzulesen ist. Jedoch wird neben dem Berichterstatter ein Mitberichterstatter ernannt. Der Vorsitzende kann sich an der Berichterstattung beteiligen oder sie übernehmen. II Nr. 3 GeschäftsO. v. 20. 8. 37 (RMBl. 539), abgedruckt im Anhang des Buches.

Zur Vereinfachung des Verfahrens können mit Zustimmung des Beschuldigten, seines Verteidigers und des Vertreters der obersten Dienstbehörde (im Verfahren gegen Beamte der Reichsjustizverwaltung der Reichsanwaltschaft) im Gegensatz zum ersten Rechtszuge Niederschriften über Beweiserhebungen aus dem Dienststrafverfahren oder einem anderen gesetzlich geordneten Verfahren auch ohne Verlesen zum Gegenstand der Hauptverhandlung gemacht werden.

Über die Art der Abstimmung, Beratung und Anfertigung der Entscheidung s. II Nr. 6 u. 7 GeschäftsO.

2. Da eine reformatio in peius statthaft ist (s. Anm. 5 zu § 67), so darf **eine schwerere Strafe** gegen den Beschuldigten, der allein Berufung eingelegt hat, verhängt werden, als in erster Instanz; auch hinsichtlich der Kosten darf er ungünstiger gestellt werden. Auch sonst ist der Berufungsrichter in der Beurteilung der Verfehlungen völlig frei, so daß er z. B., auch wenn nur der Beschuldigte Berufung eingelegt hat, eine Straftat für erwiesen erachten kann, die der erste Richter dem Beschuldigten nicht zugerechnet hatte.

3. Eine **gegenstandslose Berufung,** so z. B. wenn der freigesprochene Beamte, dem die Begründung des Urteils nicht gefällt, Berufung eingelegt hat, ist durch Beschluß des Berufungsgerichts zurückzuweisen. Die Beweggründe, aus denen das Rechtsmittel eingelegt ist, müssen unberücksichtigt bleiben; s. oben Anm. 7 zu § 67.

4. Wegen der **Kostenentscheidung** s. §§ 98 ff.

5. Die Urteile der Berufungsinstanz werden mit der **Verkündung rechtskräftig.** § 77. Dabei ist es gleich, ob der Beschuldigte oder sein Verteidiger bei der Hauptverhandlung anwesend war oder nicht. Die Urteile sind zwar nach § 65 Abs. 3 zuzustellen. Die Zustellung ist aber für die Rechtskraft der Berufungsurteile nicht entscheidend.

Der Vertreter der obersten Dienstbehörde (bei Justizbeamten der Reichsanwaltschaft) teilt dieser Behörde die Entscheidung des Berufungsgerichts sofort nach der Verkündung mit.

c) Rechtskraft.

§ 76.

(1) Die Entscheidungen der Dienststrafkammer werden mit Ablauf der Rechtsmittelfrist rechtskräftig, wenn kein Rechtsmittel eingelegt ist. Wird auf Rechtsmittel verzichtet oder ein Rechtsmittel zurückgenommen, so ist der Zeitpunkt maßgebend, in dem die Erklärung des Verzichts oder der Zurücknahme dem Dienststrafgericht zugeht.

(2) Endgültige Entscheidungen der Dienststrafkammer werden mit ihrer Bekanntgabe rechtskräftig.

1. **Die Entscheidungen der Dienststrafkammer** (Urteile oder Beschlüsse) **werden in 3 Fällen rechtskräftig:**

a) die Rechtsmittelfrist von 2 Wochen nach der Zustellung der Entscheidung muß verstrichen sein, ohne daß ein Rechtsmittel eingelegt ist. Keine Rechtskraft tritt ein, wenn der Beschuldigte nach Erlaß der Entscheidung der Dienststrafkammer und vor Ablauf der Rechtsmittelfrist geisteskrank geworden oder gestorben oder aus dem Beamtenverhältnis ausgeschieden ist.

Wird Berufung gegen ein auf Entfernung aus dem Dienst oder Aberkennung des Ruhegehalts lautendes Urteil nur mit dem Ziele Berufung eingelegt, um die Zubilligung, Versagung oder anderweite Bemessung eines Unterhaltsbeitrags (§ 64) zu erwirken, so wird die Entfernung aus dem Dienst oder die Aberkennung des Ruhegehalts, obwohl sie nicht angefochten ist,, nicht etwa schon mit Ablauf der Berufungsfrist rechtskräftig. Die teilweise Rechtskraft und Vollstreckung eines Urteils kann hiernach im Dienststrafrecht nicht zugelassen werden, da sie zu untragbaren Ergebnissen führt. Die Berufung nur wegen des Unterhaltsbeitrags muß aus praktischen Gründen unbedingt zugelassen werden; s. auch oben Anm. 1 Abs. 2 zu § 84. Behnke 656 ff.; Everling RVerwBl. **59** 460; a. M. Wittland BeamtJahrb. **36** 283. Sonst wäre mit der Vollstreckung des rechtskräftigen Teils der Entscheidung das Beamten- bzw. Ruhestandsbeamtenverhältnis beendet und eine Berufung wegen des Unterhaltsbeitrags deshalb nicht mehr zulässig. Gr. Senat des RDStH. v. 31. 10. 38 bei Behnke JW. **39** 730.

b) es muß auf Rechtsmittel verzichtet sein. Nach § 302 StPO., der entsprechend anzuwenden ist, ist der Verzicht auch vor Ablauf der Rechtsmittelfrist wirksam. Ist dieser Verzicht sowohl vom Beschuldigten wie auch vom Vertreter der Einleitungsbehörde ausgesprochen, so wird die Entscheidung sofort rechtskräftig und es braucht nicht etwa der Ablauf der Rechtsmittelfrist abgewartet zu werden. Der Verzicht ist aber erst wirksam, wenn er dem Dienststrafgericht zugegangen ist. Er ist dann unwiderruflich; s. Anm. 9 zu § 67.

c) es muß das eingelegte Rechtsmittel zurückgenommen sein. Auch hier gilt § 302 StPO. entsprechend. Diese Zurücknahme muß dem Gericht gegenüber erklärt werden und ist dann unwiderruflich; s. näheres Anm. 9 zu § 67. Für die Rechtskraft ist in diesem Falle der Zeitpunkt maßgebend, in dem die Erklärung der Zurücknahme dem Dienststrafgericht zugegangen ist.

2. Endgültige Entscheidungen (Beschlüsse und gewisse Urteile) der Dienststrafkammer werden **mit ihrer Bekanntgabe** (Verkündung oder Zustellung (s. § 35 Abs. 1 und 2 StPO.) **rechtskräftig.** Dazu gehört z. B. die Entscheidung über den Einspruch eines Beisitzers der Dienststrafkammer gegen Auferlegung von Auslagen bei Pflichtvernachlässigung. § 38 Abs. 2 und § 105 Abs. 2 Satz 1. Nach § 91 Abs. 1 wird das dort bezeichnete im Wiederaufnahmeverfahren ergangene Urteil sofort mit der Bekanntgabe rechtskräftig.

3. Die **Rechtskraft hat die Wirkung,** daß gegen denselben Beschuldigten wegen desselben Sachverhalts ein neues Dienststrafverfahren nicht eingeleitet werden darf. Jedoch kann u. U. ein Wiederaufnahmeverfahren nach den §§ 83 ff. in Frage kommen. Diese Sätze gelten aber uneingeschränkt nur für die Urteile der Dienststrafgerichte, die auf Freisprechung oder auf eine Dienststrafe lauten. Lauten aber Urteile oder Beschlüsse der Dienststrafgerichte auf Einstellung, so nehmen sie an der Rechtskraft in dem vorbezeichneten Sinne nur in beschränktem Umfange teil; s. hierzu näheres Wittland 682; Behnke 563 ff. u. JW. **39** 722 ff.; Hoerber BeamtJahrb. **38** 485 ff. So sind z. B. die nach § 63 Abs. 3 Satz 1 in Verb. mit § 52 Abs. 1 ergangenen, aus formellen Gründen auf Einstellung lautenden Urteile oder Beschlüsse der materiellen Rechtskraft nicht fähig, so daß die Einleitung eines neuen Dienststrafverfahrens aus demselben Anlaß nach Behebung des Mangels zulässig ist. RDStH. 17. 2. u. 20. 5. 38 bei Behnke 564. Auch ist es zulässig, gegen einen rechtskräftig freigesprochenen Beschuldigten eine Mißbilligung oder eine sonstige ähnliche Maßnahme (s. oben S. 134) zu verhängen. Wegen der Wirkung der Rechtskraft auf die vorl. Dienstenthebung und die Einbehaltung von Dienst- oder Versorgungsbezügen s. § 81 Abs. 2, auf die Vollstreckung s. § 102 Abs. 1 bis 3 und DurchfV. zu § 102.

§ 77.

Die Beschlüsse des Reichsdienststrafhofs werden mit der Zustellung, seine Urteile mit der Verkündung rechtskräftig.

1. **Die Beschlüsse** des Berufungsgerichts (§ 73) ergehen ohne mündliche Verhandlung. Sie sind unanfechtbar (s. § 73 Abs. 3), werden aber erst mit der Zustellung (§ 79) rechtskräftig, die in dem Falle des § 73 an den Beschuldigten und den Vertreter der obersten Dienstbehörde zu bewirken ist.

2. Die **Urteile** des Berufungsgerichts werden mit der Verkündung in der Hauptverhandlung rechtskräftig. Dies gilt auch dann, wenn weder der Beschuldigte noch sein Verteidiger in der Hauptverhandlung erschienen ist. Sie erfolgt nach § 75 in Verbindung mit § 65 durch Verlesen der Urteilsformel und Mitteilung der wesentlichen Urteilsgründe. Die Zustellung des Berufungsurteils, die nach § 65 Abs. 3 an den Beschuldigten, den Vertreter der obersten Dienstbehörde und, wenn der Beschuldigte Mitglied der NSDAP. ist, auch an den Stellvertreter des Führers erfolgen muß, ist also für die Rechtskraft ohne Bedeutung.

10. Vorläufige Dienstenthebung.

Vorbemerkungen.

1. **Die vorläufige Dienstenthebung (Suspension vom Amt) ist keine Strafe, sondern eine vorläufige, durch das dienstliche Interesse gebotene Maßregel.** Sie kann verhängt werden, wenn gegen einen Beamten so erhebliche, durch hinreichende Verdachtsgründe unterstützte Beschuldigungen vorliegen, daß Gehaltskürzung oder Entfernung aus dem Dienst zu erwarten ist und daher die weitere Dienstausübung sich mit der Würde des Amtes und den Erfordernissen des Dienstes nicht vertragen würde. RG. **89** 108, 112.

Gehört der Beschuldigte zu den Beamten, gegen die nicht auf Gehaltskürzung erkannt werden kann, wie dies z. B. bei den Ehrenbeamten der Fall ist, so wird gegen einen solchen Beamten die vorl. Dienstenthebung nur verhängt werden, wenn zu erwarten ist, daß gegen ihn auf Entfernung aus dem Dienst erkannt werden wird. Vorausgesetzt ist aber weiter, daß gegen ihn die Einleitung des förml. Dienststrafverfahrens bereits verfügt ist, oder verfügt wird. Auf das Mittel der vorl. Dienstenthebung kann eine auf straffe Dienstzucht bedachte und schnell zugreifende Verwaltung nicht verzichten. Begr.

Die Anordnung der vorl. Dienstenthebung ist nicht auf bestimmte Fälle beschränkt. Sie kann insbes. auch erfolgen, wenn gegen den Beschuldigten die öffentliche Klage im strafgerichtlichen Verfahren erhoben (s. §§ 198 ff. StPO.) oder gegen ihn ein Haftbefehl erlassen ist. Denn auch in diesen Fällen verträgt sich nicht selten die Weiterführung des Dienstes nicht mit den öffentlichen Interessen. Es muß aber auch in diesen Fällen stets das förmliche Dienststrafverfahren gleichzeitig eingeleitet werden, was nach § 13 Abs. 1 zulässig ist, oder bereits vorher eingeleitet sein. Die bloße Tatsache der Verhaftung oder der Erhebung der öffentlichen Klage im Strafverfahren reicht also nicht aus, um die vorläufige Dienstenthebung zu verhängen.

Mitunter kann auch die vorl. Dienstenthebung wegen Verdunkelungsgefahr erfolgen.

Die vorläufige Dienstenthebung wird nicht dadurch verhindert, daß der Beschuldigte schon tatsächlich an der Ausübung des Amtes, z. B. durch Krankheit behindert ist. Denn dieser Behinderungsgrund kann möglicherweise alsbald wieder fortfallen, so daß dann der Beamte sein Amt wieder übernehmen könnte, wenn er nicht suspendiert wäre. Außerdem hat die vorläufige Dienstenthebung nicht selten vermögensrechtliche Nachteile. Neben der vorl. Dienstenthebung bleibt die einfache Zwangsbeurlaubung nach § 6 DBG. bestehen. Begr. Letztere ist aber niemals mit vermögensrechtlichen Nachteilen verknüpft und ist — abgesehen von richterlichen Beamten — an keine besonderen Voraussetzungen geknüpft; sie soll auch nur bis zur Dauer von 3 Monaten aufrecht erhalten werden.

Bei Notaren ist die vorl. Amtsenthebung auch in den Fällen des § 42 Abs. 1 durch die Aufsichtsbehörde zulässig.

2. **Der Beamte verliert durch die vorläufige Dienstenthebung** nicht sein Amt, sondern **nur die Befugnis zu dessen Ausübung.** Die von ihm trotzdem vorgenommenen Dienstgeschäfte sind aber nicht etwa nichtige Amtshandlungen. Wittland 699 Anm. 11 zu § 78; RGSt. **72** 233; Behnke 569 und BeamtJahrb. **36** 488; a. M. Reuß RSBZ. **37** 202. **Im übrigen behält er, abgesehen von der mitunter eintretenden Einbehaltung eines Teiles der Dienstbezüge alle Rechte und Pflichten eines Beamten.** OVG. **83** 96 ff und 400; er bleibt seinem bisherigen Dienstvorgesetzten nach wie vor unterstellt. RDisH. v. 24. 5. 1880 Schulze-Siemons 161. Er behält auch die Treuepflicht unverändert bei. RGSt. **72** 233. Er bezieht ferner seine Dienstbezüge weiter, und nur zur Sicherstellung des Dienstherrn wegen etwaiger Ansprüche

auf Ersatz der Kosten des Straf- und des Dienststrafverfahrens und wegen Zahlung einer Geldbuße wird u. U. ein Teil seiner Dienstbezüge einbehalten. Die einbehaltenen Dienstbezüge sind erst dann endgültig verwirkt, wenn die Voraussetzungen des § 82 Abs. 1 vorliegen.

Eine eigentliche Residenzpflicht besteht für ihn nicht (§ 18 DBG.). Er muß aber seine vorgesetzte Dienstbehörde über seinen Aufenthalt unterrichten. Er darf auch ohne behördliche Genehmigung keine andere Stellung oder Beschäftigung übernehmen. Die §§ 10 ff. DBG. gelten also auch für ihn. Dies ist schon aus der praktischen Erwägung heraus nötig, daß die vorläufige Dienstenthebung jederzeit wieder aufgehoben werden kann und er dann zur Übernahme seines Amtes verpflichtet ist. Auch ein etwa erteilter Urlaub macht die vorläufige Dienstenthebung nicht gegenstandslos. Der Reichspostminister hat aber allgemein den ihm unterstellten Beamten widerruflich gestattet, während der vorl. Dienstenthebung Nebenbeschäftigung gegen fortlaufende Vergütungen zu übernehmen; sie müssen aber solche Beschäftigungen der Reichspostdirektion melden. Breithaupt 210.

Wird der Beamte vorläufig des Dienstes enthoben, während er ohne Urlaub schuldhaft dem Dienste fernbleibt, so dauert der Verlust der Dienstbezüge fort, bis der Dienstvorgesetzte (§ 2 Abs. 5 DBG.) feststellt, daß der Beamte seine Amtsgeschäfte aufgenommen hätte, wenn er hieran nicht durch die vorl. Dienstenthebung gehindert wäre. § 106. Erst wenn diese Feststellung getroffen ist, kommt die Einbehaltung eines Gehaltsteils nach § 79 Abs. 1 in Frage.

3. Die Tatsache der erfolgten vorläufigen Dienstenthebung ist **für das Dienststrafgericht ohne rechtliche Bedeutung.** Denn es darf seine Entscheidung nur nach dem Inbegriff der in dem Verfahren, nicht der vor diesem stattgehabten Verhandlungen treffen.

4. **Die vorläufige Dienstenthebung kraft Gesetzes** fand sich im § 125 RBG. Sie trat ein, wenn im gerichtlichen Strafverfahren die Verhaftung des Beamten beschlossen oder gegen ihn ein noch nicht rechtskräftig gewordenes Urteil erlassen war, das den Verlust des Amtes kraft Gesetzes nach sich zog, und ferner, wenn im Dienststrafverfahren eine auf Dienstentlassung lautende, noch nicht rechtskräftige, Entscheidung ergangen war. Diese Vorschrift ist in die neue RDStO. nicht aufgenommen worden. „Denn es liegt in der Linie des Opportunitätsprinzips, die Entscheidung darüber in jedem Falle der Behörde zu überlassen und nicht von gewissen gesetzlichen Tatbeständen (wie im § 125 RBG.) abhängig zu machen. Es lassen sich Handlungen eines Beamten denken, die nur im förml. Dienststrafverfahren völlig geklärt werden können, ohne daß dies indessen nach außen durch eine förmliche Enthebung vom Dienst in Erscheinung zu treten braucht." Begr. Dagegen treten bei einem Notar die Wirkungen der vorl. Amtsenthebung in den Fällen des § 42 Abs. 3 RNotO. kraft Gesetzes ein.

5. **Die vorläufige Dienstenthebung ist nur zulässig auf Grund besonderer Anordnung der Einleitungsbehörde (§ 29).** Auch tritt nicht mehr wie

früher im RBG. (§ 128) und in den alten preuß. Disziplinarges. mit der vorläufigen Dienstenthebung ipso iure eine Einbehaltung eines Teils der Dienstbezüge ein. Diese muß vielmehr besonders ausgesprochen werden. Die Voraussetzungen für die vorläufige Dienstenthebung sind leichter, die für die Einbehaltung eines Teils der Dienstbezüge schärfer.

Die vorläufige Dienstenthebung wird nicht sofort mit ihrer Anordnung, sondern erst mit ihrer Bekanntmachung (Zustellung) an den Beamten gemäß § 19 wirksam; dies gilt auch von dem Eintritt der etwa angeordneten vermögensrechtlichen Wirkung der Dienstenthebung. DurchfV. zu § 78.

Bei den **richterlichen Beamten** und Notaren entscheidet an Stelle der Einleitungsbehörde die Dienststrafkammer über die vorl. Dienstenthebung und über die Einbehaltung von Dienstbezügen; s. näheres § 108 Nr. 1 RDStO. und § 69 RNotO. Die vorläufige Enthebung eines Anwaltsnotars vom Amt hat nicht die Wirkung eines Vertretungsverbots für die Anwaltstätigkeit. §§ 42, 69, 72 RNotO. Es ist aber in solchen Fällen trotz der Vorschrift des § 74 RNotO. die Einleitung eines Ehrengerichtsverfahrens mit dem Ziel eines Vertretungsverbots zulässig. Wagner DJ. **37** 1979 und der dort angeführte Erl. des RJM. v. 9. 11. 37; ferner Schotensack DJ. **37** 1981. Die Dienststrafkammer kann einen Notar, der zugleich Rechtsanwalt ist, auch ohne Einleitung eines förmlichen Dienststrafverfahrens vorläufig seines Amtes entheben, wenn gegen ihn die öffentliche Klage vor dem Ehrengericht für Rechtsanwälte erhoben ist. Die Vorschriften über die vorl. Amtsenthebung nach Einleitung eines förml. Dienststrafverfahrens gelten entsprechend. § 4 V. v. 27. 3. 38 (RGBl. I 321). Im übrigen gelten auch sonst sowohl für die richterlichen Beamten wie für die Notare die §§ 78 ff. RDStO. s. § 72 RNotO. Auch Beamte auf Widerruf können bei Anordnung einer Untersuchung vorl. des Dienstes enthoben werden. § 107 Satz 3. Wegen der gemeindlichen Ehrenämter s. § 112 Abs. 6

Besonderes gilt für die **Gerichtsassessoren**. Wird ein Gerichtsassessor eines Dienstvergehens beschuldigt, das nach § 4 Abs. 2 Nr. 2 V. v. 16. 5. 39 (RGBl. I 917) seine Entlassung zu rechtfertigen vermag, so kann der RJM. die vorläufige Dienstenthebung und die Einbehaltung von Gehaltsbezügen (§§ 79—82 RDStO. anordnen. § 4 Abs. 4 a. a. O.

6. Die vorläufige Dienstenthebung endet mit ihrer Aufhebung durch die Einleitungsbehörde § 81 Abs. 1 — bei richterlichen Beamten und Notaren nach § 108 Nr. 1 und § 72 RNotO. durch die Dienststrafkammer — oder mit dem rechtskräftigen Abschluß des Dienststrafverfahrens. § 81 Abs. 2.

7. Die **Wartestands- und Ruhestandsbeamten** können zwar mangels eines Amtes nicht vorläufig des Dienstes enthoben werden. Es kann ihnen aber nach der Vorschrift des § 79 Abs. 3 auf Anordnung der Einleitungsbehörde gleichzeitig mit der Einleitung des förmlichen Dienststrafverfahrens oder später ein Teil ihrer Bezüge ebenso wie den in Dienst befindlichen Beamten vorläufig einbehalten werden; jedoch beträgt die Höchstgrenze der Einbehaltung bei ihnen ein Drittel ihrer Bezüge, während bei aktiven Beamten die Bezüge

bis zur Hälfte einbehalten werden können. Bei Ruhestandsbeamten, die wieder in den aktiven Dienst eingetreten sind, wird durch die Einbehaltung eines Teils der Dienstbezüge das Ruhen eines von dem suspendierten Beamten früher erdienten Ruhegehalts nicht beeinflußt; s. § 7 Abs. 1 Satz 2.

8. Gegen die Verhängung der vorläufigen Dienstenthebung ist **der Rechtsweg unzulässig.** Es kann aber der Rechtsweg mit der Behauptung beschritten werden, es sei dem Beamten während der vorläufigen Dienstenthebung ein größerer als der gesetzlich zulässige Teil seiner Dienstbezüge zurückbehalten worden. Im übrigen ist nur die **Dienstaufsichtsbeschwerde** bis zur obersten Reichsbehörde, nicht aber eine formelle Beschwerde gegeben; bei den richterlichen Beamten und Notaren gilt abweichendes; s. unten Anm. 7 zu § 78. Ein Verteidiger ist in dem Verfahren der vorl. Dienstenthebung nicht zugelassen; doch kann sich der Beschuldigte auch in diesem Verfahren wie im Vorverfahren eines Rechtsanwalts als Beistandes bedienen; s. oben Anm. 5 zu § 21 (S. 187) und Wittmack DVerwBl. **37** 390.

§ 78.

Die Einleitungsbehörde kann einen Beamten vorläufig des Dienstes entheben, wenn das förmliche Dienststrafverfahren gegen ihn eingeleitet wird oder eingeleitet worden ist.

1. Die vorläufige Dienstenthebung **kraft Gesetzes,** wie sie im § 125 RBG. vorgesehen war, **ist beseitigt;** s. näheres Nr. 4 der Vorbem. vor § 78. Abweichendes gilt für Notare s. § 42 Abs. 3 RNotO.

2. Hiernach gibt es nur **die vorläufige Dienstenthebung auf Anordnung der Einleitungsbehörde** (§ 29); bei Richtern und Notaren ist nur die Dienststrafkammer für diese Anordnung zuständig. § 108 Nr. 1 RDStO. und § 72 RNotO. § 78 enthält nur die Grundsätze für die vorläufige Dienstenthebung selbst, nicht auch für die Einbehaltung der Dienstbezüge. Letztere ist im § 79 geregelt. Zum Schutze des Beamten hat man aber auch **bestimmte materielle Voraussetzungen** geschaffen, die vorliegen müssen, um die einschneidende Maßnahme zu rechtfertigen.

Die vorläufige Dienstenthebung ist **nur zulässig,** wenn:

a) der Verdacht eines Dienstvergehens besteht, wegen dessen die Verurteilung des Beamten zu einer der beiden schwersten Strafen, nämlich zur Entfernung aus dem Amt oder Gehaltskürzung gerechtfertigt erscheint. Es müssen also Strafen in Frage kommen, die nur im förmlichen Dienststrafverfahren verhängt werden dürfen.

Daß dringender Verdacht vorliegen müsse, ist nicht erforderlich. Man wird sich jedoch zu der schweren Maßnahme der vorläufigen Enthebung vom Amt wohl nicht entschließen können, wenn der Verdacht nur gering ist.

b) Die Einleitungsbehörde, bzw. bei Richtern und Notaren die Dienststrafkammer, muß es mit den Erfordernissen des Dienstes nicht für vereinbar halten, daß der Beamte bis zur Entscheidung im Dienste verbleibt. Dies ist zwar im § 78 RDStO. nicht besonders hervorgehoben. Es ist aber auch ohne solche Vorschrift erforderlich, daß die Einleitungsbehörde bzw. die Dienststrafkammer diese Feststellung trifft. Denn ohne solche läßt sich die schwere Maßnahme der vorl. Dienstenthebung nicht rechtfertigen. Ob die Voraussetzung vorliegt, entscheidet die Behörde oder die Dienststrafkammer nach freiem pflichtmäßigem Ermessen. Sie wird dabei zu berücksichtigen haben, daß es in der Regel dem Ansehen der Behörde abträglich und den übrigen Beamten gegenüber untunlich ist, einen schwer belasteten Beamten länger im Dienste zu belassen. Die Weiterbeschäftigung eines solchen Beamten kann öffentlich Ärgernis geben, auch die Gefahr der Verdunkelung der Untersuchung nach sich ziehen. Mitunter kann freilich die vorl. Dienstenthebung zugleich auch im Interesse des Beamten liegen, wenn er etwa wegen der Schwere der Vorwürfe, mag er sie auch nicht für begründet halten, seelisch so sehr bedrückt wird, daß er seinen Dienst nicht mehr ordnungsmäßig versehen kann; Krüger DWiss. **37** 60.

Nicht vorgeschrieben ist es, dem Beamten vor der Anordnung der vorläufigen Amtsenthebung Gelegenheit zur Äußerung zu geben über die gegen ihn erhobene Beschuldigung und über die beabsichtigte vorläufige Amtsenthebung. Trotzdem wird die Einleitungsbehörde sie mitunter anordnen. Denn der Beamte ist hierdurch in die Lage versetzt, sich nicht nur gegen die ihm gemachten schweren Vorwürfe zu verteidigen, sondern auch alles anzuführen, was gegen die vorläufige Amtsenthebung mit ihren oft schweren vermögensrechtlichen Nachteilen spricht. Die Äußerungen des Beamten werden der Behörde mitunter Veranlassung geben, das Sachverhältnis weiter aufzuklären. Mitunter wird auch, um die vorl. Dienstenthebung zu vermeiden, schon die Versetzung des Beamten an einen anderen Ort gemäß § 35 DBG. zum Ziele führen; eine solche ist aber bei Richtern und Notaren nicht zulässig. Im Kriege können aber auch die Richter gegen ihren Willen versetzt werden. V. 1. 9. 39 (RGBl. I 1603).

c) Das förmliche Dienststrafverfahren muß gleichzeitig eingeleitet werden oder bereits eingeleitet sein.

Dagegen ist es nicht zulässig, wenn die Voraussetzungen zu a bis c nicht vorliegen, die vorl. Dienstenthebung zu verfügen, etwa wenn ein Haftbefehl erlassen worden ist, oder gegen den Beamten die öffentliche Klage (§§ 170 Abs. 1 StPO.) im strafgerichtlichen Verfahren erhoben ist. Natürlich wird die Verhaftung oder die Erhebung der öffentlichen Klage im Strafverfahren oft Veranlassung geben, das förml. Dienststrafverfahren einzuleiten. Dies ist nach § 13 Abs. 1 zulässig; nur muß das förml. Dienststrafverfahren bis zur Beendigung des strafgerichtl. Verfahrens ausgesetzt werden. Jedoch wird nicht jede öffentliche Klage dieser Art zur Einleitung des förml. Dienststrafverfahrens und zur Verhängung der vorl. Dienstenthebung führen, sondern nur eine solche, die den Schluß rechtfertigt, es werde zur Verhängung einer der beiden schwersten Strafen im förml. Dienststrafverfahren kommen.

3. Die vorläufige Amtsenthebung ordnet die **Einleitungsbehörde** an, d. h. die Behörde, die das förmliche Dienststrafverfahren einzuleiten hat, s. oben § 29. Wird die vorläufige Dienstenthebung gleichzeitig mit der Einleitung verfügt, so wird sie mit Zustellung der Einleitungsverfügung wirksam (vgl. § 28). Wird sie später verfügt, so ist die Verfügung dem Beamten schriftlich mitzuteilen und wird mit dem Zugang wirksam. Satz 2 DurchfV. zu § 78. Eine Begründung der Anordnung ist nicht erforderlich. Die Behörde ist nicht gezwungen, beim Vorliegen der vorerörterten Voraussetzungen die vorl. Dienstenthebung anzuordnen. Vielmehr hat sie nach freiem pflichtgemäßen Ermessen darüber zu befinden, ob sie die schwere Maßnahme verfügen will oder nicht. Sie darf sie aber nur anordnen, wenn die Voraussetzungen zu 2 vorliegen. Damit die Einleitungsbehörde die Voraussetzungen zur Einleitung des förml. Dienststrafverfahrens möglichst schnell erfährt und sie die Amtsenthebung und das förmliche Dienststrafverfahren einleiten kann, haben die Beamten der Staatsanwaltschaft die Behörde von der Erhebung der öffentlichen Klage sofort zu benachrichtigen; s. RMJustiz 21. 5. 35 § 18 und oben Anm. 4 zu § 13. Über die Dauer der vorl. Dienstenthebung braucht bei der Anordnung nichts gesagt zu werden. Denn aus § 81 ergibt sich ihre Beendigung.

Die Anordnung der vorl. Dienstenthebung und ihre Aufhebung sind zu den Dienststrafakten mitzuteilen. Sie sind vom Generalstaatsanwalt, soweit sie sich gegen Notare und Notarassessoren richten, dem Präsidenten der Notarkammer mitzuteilen. RJM. 14. 6. 37 DJ. 921.

4. Der Umstand, daß der Beamte **tatsächlich an der Ausübung seines Amtes,** z. B. durch Abwesenheit, Krankheit usw. verhindert ist, ist **kein Grund, die Anordnung der vorläufigen Dienstenthebung zu unterlassen.** Denn das Ereignis, das den Beamten zur Zeit hindert, seine Dienstgeschäfte zu versehen, kann jeden Augenblick aufhören, indem der Beamte wieder gesund wird, an seinen Wohnort zurückkehrt u. dgl.

5. Für die Dauer der vorl. Dienstenthebung **fallen** ohne Rücksicht darauf, ob eine vorl. Einbehaltung eines Teils der Dienstbezüge angeordnet **ist** oder nicht, **solche Nebenbezüge fort,** deren Gewährung an eine tatsächliche Dienstleistung geknüpft sind, z. B. Anteile an den Prüfungsgebühren, Gebührenanteile der Gerichtsvollzieher usw.

Ist dem vorl. des Dienstes enthobenen Beamten ein Nebenamt übertragen, so erstreckt sich die vorl. Dienstenthebung nach § 80 Abs. 2 auch auf dieses Nebenamt. Wegen der Besonderheit bei gemeindlichen Ehrenämtern s. § 112 Abs. 6 Satz 2.

6. Gegen die Anordnung der vorläufigen Dienstenthebung ist nur **Beschwerde** im Dienstaufsichtswege **zulässig.** Die Beschwerde ist form- und fristlos. RG. **89** 111. Eine besondere formelle Beschwerde ist in der RDStO. nicht gegeben.

Die Beschwerde hat keine aufschiebende Wirkung. Deshalb wird der angegriffene Beschluß bis zur Wiederaufhebung vollstreckt.

7. **Bei den richterlichen Beamten** entscheidet an Stelle der Einleitungsbehörde die Dienststrafkammer auf Antrag oder nach Anhörung des Vertreters der Einleitungsbehörde über die vorl. Dienstenthebung bzw. bei Notaren über die vorl. Amtsenthebung. Gegen die Entscheidung der Dienststrafkammer ist die Beschwerde an das Dienststrafgericht des zweiten Rechtszuges zulässig. § 108 Nr. 1 und § 72 RNotO. Die Beschwerde ist auch zulässig gegen den Beschluß, durch den der Antrag des Beschuldigten auf Aufhebung der vorläufigen Dienstenthebung zurückgewiesen worden ist. Bei richterlichen Wehrmachtsjustizbeamten ist die Wehrmachtdienststrafkammer zuständig. V. v. 24. 6. 37 (RGBl. I 722) II zu § 31 RDStO. Wegen der Gerichtsassessoren s. oben Anm. 5 Vorbem. vor § 78.

Die Dienststrafkammer kann einen Notar, der zugleich Rechtsanwalt ist, auch ohne Einleitung eines förml. Dienststrafverfahrens vorl. seines Amtes entheben, wenn gegen ihn die öffentliche Klage vor dem Ehrengericht für Rechtsanwälte erhoben ist; s. oben Vorbem. vor § 78 Ziff. 5 Abs. 3 S. 365.

Einem vorläufig seines Amtes enthobenen **Notar** kann die Aufsichtsbehörde einen Vertreter oder einen Notarverweser bestellen. (§ 30 Abs. 1 Satz 2 RNotO. und § 1 Abs. 1 Satz 3 V. v. 26. 6. 37, RGBl. I 663). Auch kann der RJM. im Fall des Bedürfnisses einen Notarassessor oder eine sonstige zum Amt eines Notars befähigte Person vorübergehend damit betreuen, das Amt eines Notars auf Rechnung der Notarkammer wahrzunehmen. § 40 RNotO.

8. Über die vorläufige Dienstenthebung **im Falle der Bekleidung mehrerer Ämter** s. § 80.

9. Über die vorl. Dienstenthebung im **Wiederaufnahmeverfahren** s. § 89 Abs. 3.

10. Ein **Polizeivollzugsbeamter auf Widerruf**, dessen Entlassung nach § 8 PBG. in Aussicht genommen ist, kann nach § 10 Abs. 1 PBG. schon vor der Beendigung des Beamtenverhältnisses sofort seines Dienstes enthoben werden. Nach Einleitung einer Untersuchung gemäß § 107 RDStO. kann gegen den Beschuldigten gleichzeitig oder später nicht nur die vorl. Dienstenthebung, die schon vor Einleitung der Untersuchung zulässig ist, sondern auch die Einbehaltung eines Teils der jeweiligen Dienstbezüge und zwar höchstens die Hälfte angeordnet werden. § 107 Satz 3. S. näheres Erl. d. RF. SS u. Chef d. DtPol. v. 14. 2. 39 (MBl. 319).

§ 79.

(1) Die Einleitungsbehörde kann gleichzeitig mit der vorläufigen Dienstenthebung oder später anordnen, daß dem Beamten ein Teil, höchstens die Hälfte, der jeweiligen Dienstbezüge einbehalten wird, wenn im Dienststrafverfahren voraussichtlich auf Entfernung aus dem Dienst oder Aberkennung des Ruhegehalts erkannt werden wird.

(2) Ist in einem auf Entfernung aus dem Dienst lautenden, noch nicht rechtskräftigen Urteil ein Unterhaltsbeitrag bewilligt worden, so ist dem

Beamten mindestens ein dem Betrage des Unterhaltsbeitrages entsprechender Teil der Dienstbezüge zu belassen.

(3) Die Einleitungsbehörde kann bei Wartestands- und Ruhestandsbeamten gleichzeitig mit der Einleitung des förmlichen Dienststrafverfahrens oder später anordnen, daß ein Teil, höchstens ein Drittel, des Wartegeldes oder Ruhegehalts einbehalten wird. Abs. 2 gilt sinngemäß.

1. Früher (§ 128 RBG.) war die vorläufige Dienstenthebung stets mit schwerer wirtschaftlicher Schädigung verknüpft. In allen Fällen führte sie dazu, daß dem Beamten während der ganzen Dauer der vorläufigen Dienstenthebung ein Teil, meist die Hälfte seiner Dienstbezüge, vorläufig einbehalten wurde. Dieser Rechtszustand wurde schon lange als eine große Härte für den Beamten und seine meist schuldlose Familie empfunden. Er führte in vielen Fällen den völligen wirtschaftlichen Ruin der Beamtenfamilie herbei. In richtiger Erkenntnis dieser Sachlage hat die RDStO. die bisherigen schweren vermögensrechtlichen Folgen der vorläufigen Dienstenthebung **ganz erheblich gemildert.**

Manche Beamte oder Amtsträger, die auf Gebühreneinnahmen angewiesen sind, wie z. B. Notare usw. werden schon durch die vorl. Dienstenthebung als solche auch geldlich erheblich geschädigt. Eine vorl. Einbehaltung ist bei ihnen nicht zulässig. Wird aber dem Notar ein Vertreter bestellt (s. Anm. 7 zu § 78), so nimmt dieser die Gebühren für ihn ein, erhält aber von dem Notar eine Vergütung. § 13 V. 26. 6. 37 (RGBl. I 663). Wegen des Notarverwesers s. Anm. 7 zu § 78.

2. Trifft die Einleitungsbehörde (§ 29) keine besondere Anordnung über die Einbehaltung von Dienstbezügen, **so erhält der Beamte** trotz seiner vorläufigen Dienstenthebung **seine vollen Bezüge weiter.** Dann wird allerdings der Beamte trotz seiner vorläufigen Dienstenthebung und trotz seiner damit verbundenen Arbeitseinstellung ebenso bezahlt wie die übrigen Beamten, die weiterarbeiten müssen. Dies erscheint auf den ersten Blick eigenartig. Es ist aber zu bedenken, daß für die allermeisten Beamten die zwangsweise Entziehung der Arbeit und die damit verbundene vorläufige Entfernung vom Amt eine starke seelische und körperliche Beeinträchtigung bedeutet und sie in ihrem Ehrgefühl erheblich kränkt.

3. Die vorläufige Einbehaltung eines Teils der jeweiligen Dienstbezüge **kann** die Einleitungsbehörde anordnen, wenn die unten Anm. 4 angegebenen Voraussetzungen vorliegen. Im Rahmen dieser Voraussetzungen ist es dem freien pflichtmäßigen Ermessen der Behörde überlassen, ob und in welcher Höhe sie eine solche Anordnung treffen will. Die Höhe des einbehaltenen Bruchteils ist ausdrücklich anzugeben. Oft wird die Behörde namentlich mit Rücksicht auf die durch die Notverordnungen ohnehin gekürzten Bezüge, die vielfach kaum zum standesgemäßen Unterhalt des Beamten und seiner Familie ausreichen, eine Einbehaltung nicht beschließen oder sie doch gering bemessen. Dabei werden alle Umstände des einzelnen Falles sorgfältig zu berücksichtigen sein. Welche Bezüge als Dienstbezüge im Sinne des § 79 anzusehen sind, bestimmen die Durchführungsvorschriften. Nr. 1 zu § 79. Danach sind als Dienstbezüge im Sinne des § 79 Abs. 1 die oben in der Anmerkung 4 zu § 6 genannten, nach den Gehaltskürzungsverordnungen gekürzten Bezüge aus allen Ämtern, auf die sich die Einbehaltung nach Nr. 80 Nr. 2 erstreckt, anzusehen. Alle übrigen Bezüge aus diesen Ämtern (z. B. Dienstaufwandsentschädigung) fallen in dem Zeitpunkt weg, in dem die Anordnung wirksam wird.

Die Anordnung der vorl. Einbehaltung und ihre Aufhebung oder Ermäßigung durch die Einleitungsbehörde sind zu den Dienststrafakten mitzuteilen.

Bei richterlichen Beamten entscheidet die Dienststrafkammer auf Antrag oder nach Anhörung des Vertreters der Einleitungsbehörde an Stelle dieser Behörde über die Einbehaltung. Gegen die Entscheidung ist Beschwerde zulässig. § 108 Nr. 1. Wegen der Gerichtsassessoren s. oben Anm. 5 Vorbem. vor § 78.

Wird ein Teil der Dienstbezüge einbehalten, so ist eine Anweisung über die wegfallenden, die einzubehaltenden und die auszuzahlenden Dienstbezüge zu erteilen. Die Einbehaltung bezweckt, den schwer belasteteen Beamten schon während des schwebenden Verfahrens auf verringerte Dienstbezüge anzuweisen und dient außerdem zur Sicherung des Dienstherrn für etwaige Ansprüche gegen den Beamten wegen der Kosten des Strafverfahrens und des Dienststrafverfahrens, also der dem Dienstherrn durch die Schuld des Beamten erwachsenen Kosten, sowie der etwa erkannten Geldbuße. Endgültig wird aber der einbehaltene Teil der Dienstbezüge dem Beamten erst entzogen, wenn die Voraussetzungen des § 82 Abs. 1 vorliegen. An dem Teil der Bezüge, der dem Beamten verbleibt, steht dem Dienstherrn das Aufrechnungs- und Zurückbehaltungsrecht in voller Höhe zu, wenn er einen vollstreckbaren Anspruch auf Schadensersatz wegen vorsätzlicher unerlaubter Handlung, z. B. wegen veruntreuter öffentlicher Gelder hat. § 39 Abs. 2 DBG.; RG. **82** 281; **85** 116 ff.; **135** 1; Reuß RSBZ. **37** 202. Besondere wirtschaftliche Verhältnisse des Beamten und seiner meist unschuldigen Familie können berücksichtigt werden, so daß es nicht etwa in allen solchen Fällen zur Zurückbehaltung der vollen Bezüge oder eines erheblichen Teils kommen wird. Mit den einbehaltenen Bezügen wird also lediglich die Tilgung einer Schuld des Beamten durch Aufrechnung oder Zurückbehaltung bewirkt und es kann deshalb durch die Einbehaltung und Verwendung zu diesem Zweck das Ruhen des neben den Bezügen zu zahlenden Ruhegehalts aus einem früheren Dienstverhältnisse ebensowenig beeinflußt werden, wie wenn der Dienstherr anderweite Ansprüche gegen den Beamten durch Einbehalten von Dienstbezügen aufrechnen würde.

4. Die Anordnung der vorläufigen Einbehaltung kann **nur unter folgenden Voraussetzungen erfolgen:**

Es muß nach § 78 die vorläufige Enthebung vom Dienst erfolgt sein (abweichendes gilt bei Wartestands- und Ruhestandsbeamten s. Anm. 14). Der Beamte muß ferner eines Dienstvergehens dringend verdächtig sein, das voraussichtlich seine Verurteilung zur Entfernung aus dem Dienst oder Aberkennung des Ruhegehalts rechtfertigen würde. Die Voraussetzungen für die Einbehaltung sind schärfer, als die Voraussetzungen für die vorläufige Dienstenthebung. Denn die Maßnahme ist nicht zulässig, wenn nicht Entfernung aus dem Dienst oder völliger Verlust des Ruhegehalts, sondern nur Gehaltkürzung oder Kürzung des Ruhegehalts — was bei der Verhängung der vorl. Dienstenthebung genügen würde — im förml. Dienststrafverfahren in Frage kommen würde. Es soll eben der Vermögensnachteil nur bei ganz schweren Verfehlungen Platz greifen. Bei unbesoldeten Beamten und bei Beamten, die nur Gebühren beziehen (s. auch Anm. 1 Abs. 2), ist die vorl. Einbehaltung nicht möglich.

5. Die Anordnung der Einbehaltung trifft die **Einleitungsbehörde;** (§ 29), bei richterlichen Beamten die Dienststrafkammer (§ 108 Nr. 1). Die Anordnung wird dem Beamten formlos bekannt zu machen sein; es wird ihm dabei mitzuteilen sein, von wann ab die Einbehaltung beginnt. Die Einbehaltung beginnt bei der nächsten Zahlung der Dienst- oder Versorgungsbezüge nach dem Zeitpunkt, in dem die Anordnung der zahlenden Kasse zugegangen ist. Im Fall des schuldhaften Fernbleibens vom Dienst (§ 106) wird die Anordnung in dem Zeitpunkt wirksam, in dem der Beamte nach Feststellung des Dienstvorgesetzten seine Amtsgeschäfte aufgenommen hätte, wenn er hieran nicht durch die vorläufige Dienstenthebung gehindert worden wäre; für die tageweise Berechnung der Bezüge gilt Nr. 91 der Reichsbesoldungsvorschriften. DurchfV. Nr. 3 zu § 79.

Über die Einbehaltung von Dienstbezügen im Falle der Bekleidung mehrerer Ämter s. § 80.

6. Für die **Höhe der Einbehaltung** ist nur eine **obere Grenze** gesetzt. Sie beträgt die Hälfte der jeweiligen Dienstbezüge. Darüber hinaus darf eine Kürzung nicht erfolgen. Es steht nichts im Wege, einen geringeren Bruchteil als die Hälfte anzuordnen; von dieser Befugnis wird gewiß um so häufiger Gebrauch gemacht werden, als die Beamtengehälter ohnehin schon durch die Notverordnungen gekürzt worden sind. Ist in einem auf Entfernung aus dem Dienst lautenden, noch nicht rechtskräftigen Urteil der Dienststrafkammer ein Unterhaltsbeitrag (§ 64) bewilligt worden, so dürfen die Dienstbezüge nur insoweit einbehalten werden, als der verbleibende Teil nicht hinter den Unterhaltsbeitrag zurückbleibt, den das auf Entfernung aus dem Dienst lautende, noch nicht rechtskräftige Urteil bewilligt hat. Denn wenn der Dienststrafrichter erster Instanz die Sache insofern milder angesehen hat, als er einen bestimmten Hundertteil des Ruhegehalts dem zur Entfernung aus dem Dienst Verurteilten auf Zeit oder lebenslang bewilligt hat, so darf nicht die Einleitungsbehörde die Sache insofern schärfer beurteilen, als sie den dem Beamten verbleibenden Teil der Bezüge niedriger bemißt, als der Unterhaltsbeitrag beträgt. Hatte sie in solchen Fällen die Einbehaltung der Bezüge bereits angeordnet, so muß sie die Anordnung gegebenenfalls berichtigen.

7. Welche Bezüge als Dienstbezüge im Sinne des § 79 anzusehen sind, bestimmen die Durchführungsvorschriften, s. oben Anm. 3. § 120 Abs. 2.

Wegen der Kürzung des den vorl. vom Amt entfernten Beamten verbleibenden Gehaltsteils auf Grund der Notverordnungen s. Sölch-Ziegelach 2. ErgänzBd. zum RBesG. S. 48 Anm. 9; v. Mettenheim ZBR. **3** 74.

Die übrigen Bezüge (Kinderzuschläge und Kinderzulage für über 21 Jahre alte Kinder) werden unverkürzt weitergewährt, solange nicht Umstände eintreten, die nach den allgemeinen Bestimmungen die Weitergewährung auch an Beamte, die Dienst verrichten, ausschließen würden.

Die Dienstunkostenentschädigung, nicht auch die Dienstaufwandsentschädigung (s. Lemke ZBR. **5** 106), bleibt bei den zu kürzenden Dienstbezügen außer Betracht; auf diese Bezüge hat an Stelle des vorläufig vom Dienst enthobenen Beamten, der keinen Dienst tut, der Stellvertreter als der tatsächliche Amtsinhaber allein Anspruch. Eine Nachzahlung dieser Bezüge erfolgt auch für den Fall der Freisprechung des suspendiert gewesenen Beamten nicht. Anders liegt es bei den Aufwandsentschädigungen zu Repräsentationszwecken; auf diese behält auch der vom Amt enthobene Beamte einen Anspruch und zwar gegebenenfalls in Höhe des Bruchteils der ihm verbliebenen Bezüge; nach für ihn günstiger Beendigung des Dienststrafverfahrens wird ihm der einbehaltene Teil dieser Aufwandsentschädigungen nachgezahlt.

Die Einbehaltung kommt für die noch nicht gezahlten Dienstbezüge in Frage, auf das bereits gezahlte Einkommen jedoch insoweit, als es in die Suspensionszeit fällt.

Hat der Beamte sachliche Diensteinkünfte, insbes. Tagegelder und Dienstunkostenentschädigungen auf die Zeit der vorläufigen Dienstenthebung bereits bezogen, so muß er sie, da er durch sie grundlos bereichert ist, alsbald zum vollen für den fraglichen Suspensionszeitraum in Betracht kommenden Betrage zurückzahlen. § 812 BGB. Auf den Mangel der Bereicherung kann er sich nicht berufen.

8. Bestritten ist, **ob der vorläufig vom Dienst enthobene Beamte eine etwaige Dienstwohnung zu räumen hat.** Der richtigen Ansicht nach ist er hierzu nicht verpflichtet, wenn er die Wohnung auf Grund eines Rechts, nicht nur auf jederzeitigen Widerruf innehat. § 79 regelt die vermögensrechtlichen Folgen der vorläufigen Dienstenthebung erschöpfend, ohne die Räumungsverpflichtung auszusprechen. Ebenso Breithaupt S. 215.

Hat der Beamte auf die Dienstwohnung keinen Rechtsanspruch, so kann ihm diese natürlich jederzeit und nicht nur im Falle seiner vorläufigen Dienstenthebung genommen werden. Es bedarf hierzu einer Anordnung nach Nr. 10 Abs. 1 Satz 2 Dienstwohnungsvorschr. v. 30. 1. 37 (RHaush.- und BesBl. **37** 9). Wird der Beamte in solchem Falle trotz seiner vorläufigen Dienstenthebung vorläufig in der Dienstwohnung belassen, so hat er sich ausdrücklich zu verpflichten, sie jederzeit auf Verlangen zu räumen.

Auf die Höhe der von dem Beamten zu zahlenden Entschädigung für eine Dienstwohnung, für deren Heizung und Beleuchtung sowie für die Entnahme von Brennstoff ist die Einbehaltung eines Teils der Dienstbezüge ohne Einfluß. Er muß also die volle Vergütung weiterzahlen, obwohl er nur einen Teil des Wohnungsgeldzuschusses erhält. RMfWErzuVB. 15. 6. 36 (DWiss.).

9. Die Gewährung von etwa zulässigen **Gehalts- und Dienstalterszulagen** findet in der Regel, nämlich wenn ein förmliches Dienststrafverfahren oder wegen eines Verbrechens oder Vergehens ein Strafverfahren eingeleitet ist, an vorl. vom Amt entfernte Beamte nicht statt; vielmehr ruht der Anspruch auf diese Zulagen; § 4 RBesG.

10. Der vorl. vom Amt entfernte Beamte behält auch in der Regel die ihm zustehenden freien **Naturalbezüge**; werden sie ihm genommen, so wird die ihm dafür zu gewährende Entschädigung um den entsprechenden Teil gekürzt.

11. Reichssteuern sind nur aus den dem Beamten verbleibenden Dienstbezügen zu entrichten.

Von den einbehaltenen Dienstbezügen sind Steuern erst dann zu entrichten bzw. einzubehalten, wenn dieser Teil nachbezahlt wird und auch nur in Höhe der Nachzahlung; erfolgt nach dem Ausgang des Dienststrafverfahrens keine Nachzahlung (vgl. § 82), so unterbleibt die Versteuerung überhaupt. RFH. v. 22. 4. 31, „Beamtenbund" **33** Nr. 47 Beil. = RundschfKomB. **32** 376 und dazu Spohr ebenda.

12. Ein ruhendes Recht auf Ruhegehalt wird durch die Einbehaltung eines Teils der Dienstbezüge eines wiederverwendeten Ruhestandsbeamten nicht berührt. RVersG. 31. 1. 35 Entsch. **11** 202. Es lebt nicht etwa in solchem Falle wieder auf, da dem Beamten der Teil der Dienstbezüge nicht dauernd entzogen, sondern nur einbehalten wird.

Tritt der Beamte in den Ruhestand oder stirbt er, so hat die Tatsache der vorl. Einbehaltung der Dienstbezüge keinen Einfluß auf die Berechnung des Ruhegehalts oder der Hinterbliebenenbezüge.

13. Über die **Rechtsmittel** gegen die Anordnung der vorläufigen Einbehaltung eines Teils der Dienstbezüge gilt folgendes:

Es ist nur die Beschwerde im Dienstaufsichtswege gegen jeden eine derartige Anordnung treffenden Beschluß zulässig. Sie hat keine aufschiebende Wirkung.

Richterliche Beamte, bei denen die Einbehaltung von Dienstbezügen nicht durch die Einleitungsbehörde, sondern die Dienststrafkammer erfolgt, können gegen die Entscheidung der Dienststrafkammer Beschwerde an das Dienststrafgericht des zweiten Rechtszuges erheben. § 108 Nr. 1 Satz 2.

14. Auch gegen **Wartestands- und Ruhestandsbeamte** ist die Anordnung der Einbehaltung von Dienstbezügen unter den Voraussetzungen des Abs. 3 § 79 zulässig; es darf dabei aber höchstens ein Drittel des Wartegeldes oder Ruhegehalts einbehalten werden. Jedoch muß gleichzeitig das förmliche Dienststrafverfahren eingeleitet werden oder früher angeordnet sein. Für die Einbehaltung eines Teils des Wartegeldes oder Ruhegehalts gilt das oben Anm. 3 Gesagte sinngemäß. Bei den nach § 4 BBG entlassenen Beamten (vgl. § 115 Abs. 3) ist von den nach §§ 4, 8 BBG. zustehenden Bezügen auszugehen. DurchfV. Nr. 2 zum § 79. Bei Bewilligung eines Unterhaltsbeitrages in einem noch nicht rechtskräftigen, auf Entfernung aus dem Dienst oder Aberkennung des Ruhegehalts lautenden Urteil der Dienststrafkammer muß dem Wartestands- oder Ruhegehaltsbeamten mindestens ein dem Betrage des Unterhaltsbetrags entsprechender Teil der Bezüge belassen werden. Eine vorl. Dienstenthebung kommt bei Wartestands- und Ruhestandsbeamten nicht in Frage, da sie kein Amt haben, von dem sie enthoben werden könnten.

§ 80.

(1) Bekleidet der Beschuldigte mehrere Ämter, die im Verhältnis von Haupt- zu Nebenamt stehen, so ist zur Anordnung der vorläufigen Dienstenthebung und der Einbehaltung der Dienstbezüge nur die für das Hauptamt zuständige Einleitungsbehörde befugt.

(2) Die vorläufige Dienstenthebung und die Einbehaltung der Dienstbezüge erstrecken sich auf alle Ämter, die der Beamte bekleidet, soweit sich aus § 112 Abs. 6 nichts anderes ergibt.

1. § 80 Abs. 1 entspricht dem § 30 Abs. 2. Dort ist vorgesehen, daß wenn ein Beschuldigter **mehrere Ämter** bekleidet, die im Verhältnis **von Haupt- zu Nebenamt** stehen, nur die für das Hauptamt zuständige Einleitungsbehörde ein förml. Dienststrafverfahren gegen ihn einleiten kann. Ebenso ist auch **zur Anordnung der vorl. Dienstenthebung** (§ 78) **und der Einbehaltung der Dienstbezüge** (§ 79) **nur die für das Hauptamt zuständige Einleitungsbehörde befugt.** Das Hauptamt überragt eben an Bedeutung das Nebenamt so sehr, daß so wichtige Maßnahmen wie die Verhängung der vorl. Dienstenthebung und der Einbehaltung von Dienstbezügen nur von der für das Hauptamt zuständigen Behörde vorgenommen werden sollen. Ordnet die Behörde, die für das Hauptamt zuständig ist, die vorl. Dienstenthebung und die Einbehaltung der Dienstbezüge an, so erfaßt diese Maßnahme auch die Nebenämter ohne weiteres. Der Beamte darf dann also auch die Nebenämter nicht mehr ausüben und auch seine Einnahmen aus den Nebenämtern werden zu demselben Teile gekürzt wie dies für das Hauptamt vorgesehen ist. Dies folgt aus § 80 Abs. 2.

2. Bekleidet der Beschuldigte **mehrere Ämter, die nicht im Verhältnis von Haupt- und Nebenamt** stehen, so kann jede der für eins der Ämter zuständigen Einleitungsbehörden, die das förmliche Dienststrafverfahren eingeleitet hat, die vorl. Dienstenthebung und die Einbehaltung anordnen. Diese Anordnung erstreckt sich dann auf alle anderen Ämter, mögen dies auch Hauptämter sein. Es muß dann die Einleitungsbehörde, die die Maßnahme verhängt hat, dies den übrigen Einleitungsbehörden mitteilen, damit diese dann veranlassen können, daß die zu ihrem Bereich gehörigen Ämter nicht mehr von dem Beschuldigten wahrgenommen werden und die entsprechende Einbehaltung der Bezüge auch bezüglich dieser Ämter durchgeführt wird. Auch in diesem Falle können also die Maßnahmen nur von einer Einleitungsbehörde getroffen werden.

3. Ist das von dem Beamten bekleidete Hauptamt ein **richterliches**, so ist die Dienststrafkammer für die bezeichneten Maßnahmen allein zuständig, auch wenn das Nebenamt ein nichtrichterliches ist. §§ 80 Abs. 1 und 108 Nr. 1. Stehen die mehreren Ämter, zu denen ein richterliches Amt gehört, nicht im Verhältnis von Haupt- zu Nebenamt, so gilt auch hier das Prioritätsprinzip, so daß die Dienststrafkammer nur dann die Anordnungen treffen kann, wenn sie vor den für die übrigen Ämter zuständigen Einleitungsbehörden Maßnahmen angeordnet hat.

4. Eine **Ausnahme** ergibt sich aus § 112 Abs. 6. Danach kann, wenn eins der Ämter im Sinne des § 30 Abs. 1 Satz 1 ein **gemeindliches Ehrenamt** ist und gegen den Beamten nur wegen eines in dem Ehrenamt oder im Zusammenhang mit diesem begangenen Dienstvergehens ein förmliches Dienststrafverfahren eingeleitet wird, die Anordnung der vorl. Dienstenthebung auf das gemeindliche Ehrenamt und die in Verbindung mit ihm bekleideten Nebenämter beschränkt werden, weil möglicherweise die hauptamtliche Tätigkeit des Beamten durch dieses Verfahren nicht berührt wird.

§ 81.

(1) Die Einleitungsbehörde kann die nach § 78 und nach § 79 getroffenen Anordnungen jederzeit aufheben.

(2) Mit dem rechtskräftigen Abschluß des Dienststrafverfahrens enden die Anordnungen kraft Gesetzes.

1. § 81 behandelt die **Endigungsgründe** für die vorläufige Dienstenthebung (§ 78) und für die Einbehaltung eines Teils der Dienstbezüge. (§ 79.)

2. Die vorläufige Dienstenthebung nach § 78 und die Anordnung **der vorläufigen Einbehaltung eines Teils der Dienstbezüge nach § 79** können auf Antrag des Beamten oder von Amts wegen von der **Einleitungsbehörde jederzeit und zwar formlos aufgehoben werden,** wenn nach Ansicht dieser Behörde die Voraussetzungen fortgefallen sind, die seinerzeit zu den erwähnten Maßnahmen geführt haben. Es wird also vor der Aufhebung während des Verfahrens sorgfältig zu prüfen sein, ob die bisherigen Ergebnisse des Verfahrens eine mildere Beurteilung der Verfehlung rechtfertigen und der Vertreter der Einleitungsbehörde zu einer Milderung seiner Anträge zu veranlassen sein wird. Die Einleitungsbehörde wird bedenken müssen, daß die Aufhebung von dem Beamten und dem Dienststrafgerichte dahin gedeutet werden müßte, daß die vorgesetzte Dienstbehörde eine Weiterverwendung des Beamten in seinem Amt für tragbar halte. Das kann leicht dazu führen, daß das Dienststrafgericht von der Strafe der Entfernung aus dem Dienst absieht. RuPrMfWErzuVB. 18. 7. 36 DWiss. **36** 368.

Auch eine erhebliche Verschlechterung der wirtschaftlichen Lage des Beamten und seiner Familie kann dazu führen, die Einbehaltung eines Teils der Dienstbezüge entweder ganz zu beseitigen oder — was die Einleitungsbehörde nach freiem Ermessen bestimmen kann — herabzusetzen. Dasselbe kann eintreten, wenn nicht mehr wie bisher mit einer der schwersten Strafen (Entfernung aus dem Dienst oder Aberkennung des Ruhegehalts), sondern etwa nur mit Gehalts- oder Ruhegehaltskürzung gerechnet wird oder gar im ersten Rechtszuge bereits auf eine mildere Strafe erkannt worden ist. Wegen der etwaigen Herabsetzung bei Bewilligung eines Unterhaltsbetrags im Urteil erster Instanz s. oben Anm. 14 zu § 79. Natürlich muß die Einbehaltung stets aufgehoben werden, wenn die vorl. Dienstenthebung aufgehoben wird. Denn wenn der Beamte wieder Dienst tut, also Anspruch auf seine vollen Dienstbezüge hat, muß die Einbehaltung fortfallen.

Dies gilt auch dann, wenn das förml. Dienststrafverfahren noch nicht rechtskräftig abgeschlossen ist, sondern noch weiterläuft. Eine Nachzahlung der eingehaltenen Dienstbezüge findet aber zunächst noch nicht statt. Vielmehr findet diese nach § 82 Abs. 2 erst nach rechtskräftigem Abschluß des Dienststrafverfahrens statt, wenn und soweit die einbehaltenen Beträge nicht nach Abs. 1 § 82 verfallen oder nach Abs. 2 Satz 2 § 82 zu kürzen sind. RG. **132** 271.

Die Aufhebung wird regelmäßig schriftlich ergehen und dem Beamten ohne förmliche Zustellung mitgeteilt werden. Gegen die Ablehnung der vom Beamten beantragten Aufhebung ist fristlose Beschwerde nur im Dienstaufsichtswege zulässig.

Bei den **richterlichen Beamten** entscheidet an Stelle der Einleitungsbehörde über die Aufhebung der vorl. Dienstenthebung und der Einbehaltung von Dienstbezügen die Dienststrafkammer und auf Beschwerde das Dienststrafgericht des zweiten Rechtszuges. § 108 Nr. 1. Auch bei den Notaren entscheiden über die Aufhebung der vorl. Dienstenthebung die Dienststrafgerichte. § 72 RNotO. Gegen die Ablehnung der Aufhebung ist Beschwerde innerhalb von 2 Wochen (§ 66 Abs. 1 Satz 1 und Abs. 2) zulässig.

2. Abgesehen von der zu 1 erörterten Aufhebung der Maßnahmen nach den §§ 78 u. 79 enden diese **kraft Gesetzes** mit der rechtskräftigen Erledigung des Dienststrafverfahrens und zwar gleichviel, ob es mit Freisprechung, Bestrafung oder Einstellung endet. Dies gilt auch, wenn bei Wartestands- und Ruhestandsbeamten ein Teil des Wartegeldes oder Ruhegehalts einbehalten worden ist. Die Anordnung bleibt also bestehen, wenn die erste Instanz in einer noch nicht rechtskräftigen Entscheidung auf Freisprechung erkannt hat; jedoch wird in einem solchen Falle nicht selten die Aufhebung der Anordnung von der Einleitungsbehörde (bzw. bei richterlichen Beamten und Notaren von der Dienststrafkammer) verfügt werden.

3. Die vorläufige Dienstenthebung und die vorläufige Gehaltskürzung enden stets, **wenn das Dienstverhältnis beendet wird.** Dies gilt abgesehen von den oben erörterten Fällen, in denen das Dienstverhältnis durch Dienststrafurteil endet, auch sonst, z. B. wenn der Beamte im ordentlichen Strafverfahren rechtskräftig mit einer Strafe belegt wird, die den Amtsverlust kraft Gesetzes nach sich zieht (s. oben Anm. 6 zu § 8), oder wenn er mit Zustimmung der Behörde aus seinem Amt freiwillig ausscheidet.

§ 82.

(1) Die nach § 79 einbehaltenen Beträge verfallen, wenn

1. **im Dienststrafverfahren auf Entfernung aus dem Dienst oder auf Aberkennung des Ruhegehalts oder**
2. **in einem wegen desselben Sachverhalts eingeleiteten Strafverfahren auf eine mit Amts- oder Ruhegehaltsverlust verbundene Strafe erkannt oder**
3. **das Dienststrafverfahren aus den Gründen des § 52 Abs. 1 Nr. 3 bis 5 eingestellt worden ist und die Einleitungsbehörde festgestellt hat, daß nach dem Ergebnis der Untersuchung Entfernung aus dem Dienst oder Aberkennung des Ruhegehalts gerechtfertigt gewesen wäre, oder**
4. **das Dienststrafverfahren auf Grund des § 52 Abs. 1 Nr. 1 eingestellt worden ist und ein innerhalb dreier Monate nach der Einstellung wegen desselben Dienstvergehens eingeleitetes neues Verfahren zur Entfernung aus dem Dienst oder zur Aberkennung des Ruhegehalts geführt hat.**

(2) Die einbehaltenen Beträge sind nachzuzahlen, wenn das Dienststrafverfahren auf andere Weise rechtskräftig abgeschlossen oder von der Einleitungsbehörde eingestellt wird. Die Kosten des Strafverfahrens und des Dienststrafverfahrens, soweit der Verurteilte sie zu tragen hat, und eine ihm auferlegte Geldbuße können von den nachzuzahlenden Beträgen abgezogen werden.

§ 82 behandelt das **endgültige Schicksal der nach § 79 einbehaltenen Bezüge.**

1. Die einbehaltenen Beträge **verfallen ganz** ohne besondere Anordnung kraft Gesetzes (abweichend von § 129 RBG., wonach der zu den Kosten der Untersuchung und der Stellvertretung nicht verwandte Teil dem mit Dienstentlassung bestraften Beamten nachzuzahlen war), in folgenden 4 Fällen:

a) wenn im Dienststrafverfahren rechtskräftig auf Entfernung aus dem Dienst oder auf Aberkennung des Ruhegehaltes erkannt ist. Dabei ist es gleich, ob daneben ein Unterhaltsbeitrag nach § 64 zugebilligt worden ist oder nicht.

b) wenn in einem wegen desselben Sachverhalts eingeleiteten Strafverfahren rechtskräftig auf eine mit Amts- oder Ruhegehaltsverlust verbundene Strafe erkannt ist. In welchen Fällen Strafurteile solche Folgen haben, ist oben Anm. 6 A d zu § 8 und Anm. 2 zu § 9 angegeben.

c) wenn das Dienststrafverfahren aus den Gründen des § 52 Abs. 1 Nr. 3 bis 5 durch Beschluß oder Urteil eines Dienststrafgerichts oder durch Verfügung der Einleitungsbehörde eingestellt ist. Es handelt sich hierbei um die Fälle, in denen der Beschuldigte aus dem Beamtenverhältnis ausscheidet oder entlassen wird oder bei einem Ruhestandsbeamten die Folgen einer gerichtlichen Verurteilung oder der Aberkennung der deutschen Staatsangehörigkeit nach § 132 DBG. eintreten oder der Beschuldigte als Ruhestandsbeamter auf seine Rechte als solcher der obersten Dienstbehörde gegenüber schriftlich verzichtet. Es muß aber ferner die Einleitungsbehörde — insbes. auf Grund des vorliegenden Aktenmaterials, u. U. in Verbindung mit neuen Ermittlungen — festgestellt haben, daß nach dem Ergebnis der Untersuchung eine der beiden schwersten Strafen (Entfernung aus dem Dienst oder Aberkennung des Ruhegehalts) gerechtfertigt gewesen wäre. In diesen Fällen ist dann die Einstellung auf eine Stufe mit dem Amts- oder Ruhegehaltsverlust zu stellen. Der Beschuldigte bleibt trotz der Einstellung ebenso belastet, als wenn er bestraft wäre. Er kann daher auch bei der Behandlung der Einbehaltungsbeträge nicht anders angesehen werden. Die Feststellung wird dem Beschuldigten mitzuteilen sein, obwohl dies nicht vorgeschrieben ist. Gegen die Feststellung ist nur die Dienstaufsichtsbeschwerde zulässig. Behnke 580. Reichen die Unterlagen zu der bezeichneten Feststellung nicht aus, so verfallen die einbehaltenen Beträge nicht.

d) wenn das Dienststrafverfahren auf Grund des § 52 Abs. 1 Nr. 1 (s. oben Anm. 2a zu § 52) wegen nicht rechtswirksamer Einleitung oder sonstiger Unzulässigkeit **eingestellt** worden ist und ein innerhalb dreier Monate nach der Einstellung wegen desselben Dienstvergehens eingeleitetes neues Verfahren zur Entfernung aus dem Dienst oder zur Aberkennung des Ruhegehalts geführt hat. Nach dem bisherigen Rechtszustand war in solchen Fällen der Verfall des Einbehaltungsbetrages nicht zu rechtfertigen. RG. 15. 5. 34 ZBR. **6** 221.

In den vorbezeichneten Fällen zu a—d wird dem Beamten bzw. Ruhestandsbeamten der einbehaltene Gehalt- oder Ruhegehaltsteil nicht nachgezahlt und zwar auch nicht insoweit, als er zu den Kosten der Untersuchung im Straf- und Dienststrafverfahren nicht verwendet worden ist. Vielmehr verfallen die Beträge gänzlich und zwar zugunsten des Dienstherrn, der die Dienstbezüge schuldet und der Beschuldigte ist verpflichtet, die Kosten des Verfahrens, soweit sie ihm auferlegt sind, besonders zu bezahlen. Es ist nicht zulässig, die Kosten auf die einbehaltenen Beträge anzurechnen. Wittland „Beamt-Jahrb.“ **32** 526 und Wittland 730; Behnke 573, 574, 579. Dies ist nur in den Fällen zu Anm. 2 zulässig.

Auch die Gehaltszulagen, die dem Beamten während der Dauer der Dienststrafuntersuchung sonst zugefallen wären, werden beim Verlust des Amtes nicht nachgezahlt.

Ist ein wegen mehrerer Verfehlungen im Dienststrafverfahren beschuldigter Beamter nur wegen einer oder einiger dieser Verfehlungen vorläufig vom Amt enthoben und demnächst wegen dieser Verfehlungen, die zur vorläufigen Amtsenthebung geführt haben, freigesprochen, wegen anderer Verfehlungen aber, wegen deren er nicht enthoben war, mit Entfernung aus dem Dienst bestraft worden, so findet eine Nachzahlung des einbehaltenen Teils der Dienstbezüge nicht statt. Denn entscheidend ist lediglich, daß das Verfahren zur Entfernung aus dem Dienst geführt, sich also nachträglich herausgestellt hat, daß der Beamte zu Recht vom Amte enthoben und mit Einbehaltung eines Teils der Dienstbezüge belastet war, mag dies auch aus anderen Gründen geschehen sein, als wie sie der Dienststrafrichter bei der Verhängung der Strafe angenommen hat.

Für Stellvertretungskosten haftet der Beamte nicht; deshalb kommt auch eine Bezahlung dieser Kosten durch den Beamten nicht in Frage. Behnke 673; Reuß DRW. **41** 670; **a. M.** Arndt „DVerw." **39** 210, 211; Fischbach 324. Es kann aber bei vorsätzlicher Verletzung der Amtspflicht, z. B. bei Amtsunterschlagungen, zur Deckung der notwendigen Kosten der Stellvertretung auch der unpfändbare Teil der Dienstbezüge aufgerechnet werden, wenn der Dienstherr einen vollstreckbaren Anspruch auf Schadensersatz hat. § 39 Abs. 2 DBG.; OLG. Jena v. 5. 12. 31 ZBR. **4** 84; zustimmend auch Reuß DRW. **41** 670; a. M. nach früherem Recht RG. **89** 106. Fischbach 324 ff. will die allgemeine Haftungsvorschriften auch hinsichtlich der Haftung für die Stellvertretungskosten anwenden.

2. Die einbehaltenen Beträge werden **in allen anderen als den Anm. 1 erörterten Fällen nachgezahlt,** wenn das Dienststrafverfahren auf andere Weise als in Anm. 1 hervorgehoben, rechtskräftig abgeschlossen oder von der Einleitungsbehörde eingestellt worden ist.

Dies gilt besonders für den Fall der **Freisprechung** des Beamten oder der **Einstellung** des Verfahrens (abgesehen von den oben Anm. 1 zu c u. d erörterten Fällen der Einstellung), es sei denn, daß im Falle der Einstellung dem Beschuldigten eine Geldbuße oder Kosten nach §§ 52 Abs. 2 Satz 2 und 98 Abs. 2 auferlegt sind; s. Anm. 3.

Auch eine während des Verfahrens etwa einbehaltene Gehaltszulage ist nachzuzahlen. Ein Anspruch auf Verzinsung steht aber dem Beamten nicht zu. Art. 7 Abs. 1 V. 12. 12. 23 (RGBl. I 1181) gilt noch. RG. **150** 364.

Die Nachzahlung erfolgt unter den angegebenen Voraussetzungen auch dann, wenn das dem förmlichen Dienststrafverfahren vorangegangene Strafverfahren zur Verurteilung des Beamten zu einer Strafe geführt hat, die den Amtsverlust nicht nach sich gezogen hatte.

Stets ist aber Voraussetzung für die Nachzahlung, daß das Dienststrafverfahren rechtskräftig abgeschlossen ist; dies gilt selbst in dem Falle, daß die Einbehaltung der Dienstbezüge schon zu einem früheren Zeitpunkt aufgehoben sein sollte. Wittland BeamtJahrb. **37** 76, 77.

Die für Dienstunkosten besonders angesetzten Beträge, insbes. die Dienstunkostenentschädigung, gehören nicht zu den einbehaltenen Dienstbezügen und werden niemals nachgezahlt. RG. **118** 50.

3. Wird auf Gehaltskürzung, Kürzung des Ruhegehalts, Geldbuße, Verweis oder Warnung erkannt oder wird das Verfahren unter Verhängung einer Dienststrafe unter Belastung des Beschuldigten mit den Kosten des Verfahrens nach § 52 Abs. 2 Satz 1 u. 2 eingestellt, so **können** aus dem einbehaltenen Teil der Dienstbezüge gedeckt werden:

a) Die Kosten des Strafverfahrens und des Dienststrafverfahrens, soweit der Verurteilte sie zu tragen hat. Dazu gehören nicht die Kosten der Strafvollstreckung (str.).

b) Die etwa erkannte Geldbuße. Diese kann aus den einbehaltenen Dienstbezügen auch dann gedeckt werden, wenn die Geldbuße, nicht aber die Kosten des Verfahrens, dem Beamten nach § 52 Abs. 2 Satz 1 bei Einstellung des Verfahrens auferlegt sind. Eine Gehaltskürzung, auf die etwa erkannt ist, darf aus dem einbehaltenen Teil der Dienstbezüge nicht gedeckt werden; denn die Gehaltskürzung steht der Geldbuße nicht gleich.

Der übrigbleibende Betrag ist dem Beamten auszuzahlen. Wegen der Stellvertretungskosten, die während der vorl. Dienstenthebung des Beamteu entstanden sind, findet ein Abzug nicht statt; s. oben Anm. 1 a. E. und auch Wittland BeamtJahrb. **32** 526 u. **37** 77 u. Wittland 730; Behnke 573 u. 581. Reicht der einbehaltene Teil der Bezüge zur Deckung der Geldbuße und der Kosten der Verfahren nicht aus, so ist der Fehlbetrag von dem verurteilten Beamten im Verwaltungszwangsverfahren einzuziehen, soweit er nicht mit einer während des Verfahrens vorenthaltenen und nunmehr nachzuzahlenden Gehaltzulage (§ 4 RBesG.) verrechnet werden kann. Über die Höhe des Betrages und die Art der Beitreibung ist der Rechtsweg unzulässig und nur Beschwerde möglich.

Zu beachten ist aber, daß für die Behörde keine Verpflichtung besteht, in solchen Fällen die einbehaltenen Beträge zur Deckung der Kosten und der Geldbuße heranzuziehen. In geeigneten Fällen kann also hiervon abgesehen werden, so daß dann dem Beamten der ganze einbehaltene Betrag nachzuzahlen ist.

4. Stirbt der vorläufig vom Dienst enthobene Beamte vor der Rechtskraft eines ihn verurteilenden Dienststrafurteils, so muß der einbehaltene Teil der Dienstbezüge unverkürzt an die Erben, nicht etwa an die versorgungsberechtigten Hinterbliebenen, ausgezahlt werden.

Abschnitt IV.

Wiederaufnahme des Dienststrafverfahrens.

Vorbemerkungen.

1. Die Wiederaufrollung eines förmlichen Verfahrens zur Wiederherstellung der zu Unrecht verletzten Ehre eines Beamten kann nur in Frage kommen, wenn die Ehre des Beamten auch nach objektiver Auffassung, nicht nach den subjektiven Empfindungen des Beamten gelitten hat. Begr. Man hat deshalb die Zulässigkeit der Wiederaufnahme zu Gunsten des Verurteilten auf die schwersten Fälle, nämlich auf solche beschränkt, in denen es sich um Entfernung aus dem Dienst oder Aberkennung des Ruhegehalts handelt. In diesen Fällen kann der Beschuldigte in einem ordnungsmäßigen Verfahren seine Unschuld dartun und den ihm durch seine frühere Verurteilung erwachsenen Schaden ersetzt verlangen. Die Vorschriften lehnen sich an die §§ 359—373 StPO. an, weichen aber von ihnen mit Rücksicht auf die Besonderheiten, durch die das Dienststrafverfahren sich von dem allgemeinen Strafverfahren unterscheidet, nicht unerheblich ab.

Mit dem Wiederaufnahmeverfahren soll nicht etwa die nochmalige Erörterung von Dienststrafsachen in dem Sinne eingeführt werden, daß der letztinstanzlichen Entscheidung noch eine weitere Instanz angegliedert wird, vielmehr soll eine erneute Erörterung rechtskräftig entschiedener Verfahren in seltenen Fällen aus gewichtigen Gründen bei gesetzlich festgelegten erheblichen Voraussetzungen ermöglicht werden, um offenbare Ungerechtigkeiten zu heilen. PrOVG. v. 20. 3. 34 RuPrVBl. **55** 485; RDStH. 8. 1. 38 RVerwBl. **59** 318 = E. **1** 173; s. auch Bach RVerwBl. **59** 288 und die bei Busse BeamtJahrb. **38** 181 angeführten weiteren Urteile des RDStHs.

2. Die Wiederaufnahme des Verfahrens ist sowohl **zugunsten** wie auch **zuungunsten** des Beamten zulässig. Sie erfolgt aber nur auf Antrag, nicht von Amts wegen. Sie ist zeitlich unbeschränkt zulässig, kann also auch noch nach erfolgter Strafvollstreckung oder Begnadigung erfolgen. Zugunsten des Verurteilten ist sie noch nach seinem Tode zulässig. § 86 Abs. 1 Nr. 1. Wittland JW. **32** 909. Zuungunsten des Verurteilten ist sie nach seinem Tode oder nach seinem Ausscheiden aus dem Dienst oder nach Entlassung aus diesem nicht zulässig. Busse BeamtJahrb. **38** 180. Eine vorläufige Dientstenthebung ist im Wiederaufnahmeverfahren zulässig, wenn die Wiederaufnahme zuungunsten des Beamten erfolgt; Wittland BeamtJahrb. **32** 527 ff.; §§ 78, 79 sind entsprechend anzuwenden.

3. Die Wiederaufnahme ist nur zulässig **bei einem förmlichen Dienststrafverfahren,** nicht auch, wenn vom Dienstvorgesetzten eine Strafe verhängt war. Dienststrafverfahren, die nach den bisherigen Gesetzen rechtskräftig entschieden sind, ohne daß — wie z. B. nach dem RBG. — ein Wiederaufnahmeverfahren zulässig war, können nur wieder aufgenommen werden, wenn das frühere Urteil nach dem 1. Januar 1930 rechtskräftig geworden ist. § 117 Abs. 1. Auf diese Weise wird verhindert, daß Sachen, die schon sehr weit zurückliegen und jetzt kaum noch aufgeklärt werden können, wieder aufgerollt werden. Anders liegt die Sache bei solchen nach den früheren Gesetzen rechtskräftig entschiedenen Dienststrafverfahren, bei denen ein Wiederaufnahmeverfahren zulässig war, wie das nach preuß. Dienststrafrecht seit dem 1. 4. 32 der Fall war; s. § 5 Art. IV G. 11. 1. 32 (PrGS. 27).

Anhängige Wiederaufnahmeverfahren, die nach der RDStO. unzulässig wären, mußten eingestellt werden. Die Kosten des Verfahrens hatte dann das Reich zu tragen. § 117 Abs. 2. Diese Einstellung kam z. B. in Frage, wenn es sich um preuß. Wiederaufnahmeverfahren handelte, die die Beseitigung einer geringeren Strafe als der Strafe der Entfernung aus dem Dienst oder Aberkennung des Ruhegehalts bezweckten. Denn in solchen Fällen war jetzt — im Gegensatz zur PrBDStO. — die Wiederaufnahme nicht mehr zulässig.

4. Die **Entschädigung** eines im Dienststrafverfahren unschuldig verurteilten Beamten erfolgt nur, wenn er **zur Entfernung aus dem Dienst oder Aberkennung des Ruhegehalts** verurteilt war und nunmehr freigesprochen oder mit einer geringeren Dienststrafe belegt wird. Wer zu einer geringeren Strafe als zur Entfernung aus dem Dienst oder Aberkennung des Ruhegehalts verurteilt war, kann das Wiederaufnahmeverfahren nicht betreiben und hat natürlich auch keinen Anspruch auf Entschädigung. § 94 RDStO. in Verbindung mit § 55 DBG. und § 95 RDStO.

Wegen der Entschädigung eines im ordentlichen Strafverfahren mit Amts- oder Ruhegehaltsverlust bestraften und im strafgerichtlichen Wiederaufnahmeverfahren geringer bestraften oder freigesprochenen Beamten s. §§ 55 u. 132 Abs. 1 Satz 2 DBG.

5. Neu ist, daß nach § 83 Abs. 2 die Wiederaufnahme auch zulässig ist, wenn **eine Strafe rechtskräftig verhängt worden ist, die nach Art und Höhe im Gesetz nicht vorgesehen war,** s. Anm. 2 zu § 83.

1. Zulässigkeit der Wiederaufnahme.

§ 83.

(1) Die Wiederaufnahme des Verfahrens ist nur zulässig gegenüber der rechtskräftigen Entscheidung eines Dienststrafgerichts,

a) **in der auf Entfernung aus dem Dienst oder auf Aberkennung des Ruhegehalts erkannt ist, mit dem Ziel einer Aufhebung oder Milderung des Urteils, oder**

b) **in der nicht auf Entfernung aus dem Dienst oder auf Aberkennung des Ruhegehalts erkannt ist, mit dem Ziel, ein auf eine dieser Strafen lautendes Urteil herbeizuführen,**

wenn

1. **Tatsachen oder Beweismittel beigebracht werden, die erheblich und neu sind — als erheblich sind sie anzusehen, wenn sie allein oder in Verbindung mit den früher gemachten Feststellungen eine andere Entscheidung zu begründen geeignet sind; als neu sind Tatsachen und Beweismittel anzusehen, die dem Dienststrafgericht bei seiner Entscheidung noch nicht bekannt waren und von denen der Antragsteller nachweist oder glaubhaft macht, daß er sie nicht schon früher geltend machen konnte —,**
2. **die Entscheidung auf dem Inhalt einer fälschlich angefertigten oder verfälschten Urkunde oder auf einem Zeugnis oder Gutachten beruht, das vorsätzlich oder fahrlässig falsch abgegeben worden ist,**
3. **ein gerichtliches Urteil, auf dessen tatsächlichen Feststellungen das Dienststrafurteil beruht, durch ein anderes rechtskräftiges Urteil aufgehoben worden ist,**
4. **der Beschuldigte nachträglich ein Dienstvergehen glaubhaft eingestanden hat, das in dem ersten Verfahren nicht festgestellt werden konnte,**
5. **ein Dienststrafrichter, der bei der Entscheidung mitgewirkt hat, sich in der Sache einer strafbaren Verletzung seiner Amtspflicht schuldig gemacht hat,**
6. **bei der Entscheidung des Reichsdienststrafhofs ein Mitglied mitgewirkt hat, das von der Ausübung des Richteramts kraft Gesetzes ausgeschlossen war, es sei denn, daß die Gründe für einen gesetzlichen Ausschluß bereits erfolglos geltend gemacht worden waren.**

(2) Die Wiederaufnahme ist auch zulässig, wenn eine Strafe verhängt worden ist, die nach Art oder Höhe im Gesetz nicht vorgesehen war.

1. Die Wiederaufnahme des Verfahrens ist nur **unter zwei Voraussetzungen** zulässig:

a) Es müssen rechtskräftige Urteile oder Beschlüsse eines Dienststrafgerichts vorliegen, in denen entweder auf die schwersten Strafen, nämlich Entfernung aus dem Dienst oder Aberkennung des Ruhegehalts erkannt ist oder nach Ansicht der Einleitungsbehörde hätte erkannt werden müssen. Kommen minder schwere Strafen in Frage, so ist die Wiederaufnahme nicht zulässig. Es soll eben der außerordentliche Rechtsbehelf der Wiederaufnahme nur in ganz besonders schweren Fällen angewendet werden. In anderen minder schweren Fällen mögen zwar der betroffene Beamte oder die Einleitungsbehörde ein erhebliches Interesse an der Richtigstellung des rechtskräftigen Urteils haben; jedoch ist die Allgemeinheit — und das ist im neuen Staat die Hauptsache — an solcher Richtigstellung weit weniger interessiert, zumal es von ihr immer als mißlich empfunden wird, wenn rechtskräftige Urteile später als Fehlsprüche bezeichnet und im Wiederaufnahmeverfahren wieder aufgehoben werden. Dadurch wird das Vertrauen in die Rechtsprechung erschüttert und die Staatsautorität beeinträchtigt. Deshalb ist es zu begrüßen, daß die RDStO. die Möglichkeit der Wiederaufnahme auf die besonders schweren Fälle sowohl zu Gunsten wie zu Ungunsten des Beamten beschränkt hat.

Die Versetzung in den dauernden Ruhestand mit gemindertem Ruhegehalt nach früherem österreichischem Recht (§ 93 Dienstprogmatik) ist als Entfernung aus dem Dienst im Sinn des § 83 Abs. 1a RDStO. anzusehen. RDStH. 12. 6. 40 DVerw. **40** 235; 26. 4. 40 ZBR. **10** 131. Dasselbe gilt für die Amtsenthebung mit Ruhegehalt in Württemberg. RDStH. 21. 7. 39 E. **2** 152.

b) Es muß ein besonderer Wiederaufnahmegrund der in Abs. 1 Nr. 1—6 bezeichneten Art vorliegen. Andere Wiederaufnahmegründe — abgesehen von dem in Abs. 2 des § 83 erwähnten — gibt es nicht. Die Gründe unterscheiden sich in mancher Hinsicht von dem geltenden Strafprozeßrecht. Wittland BeamtJahrb. **32** 135, 136; JW. **32** 909, 910; Behnke 587 ff. Sie sind sämtlich gewichtiger Natur. Nur solche können die — als außerordentlicher Rechtsbehelf anzusehende und mit großen Weiterungen verknüpfte — Wiederaufnahme rechtfertigen. Wittland BeamtJahrb. **32** 133; Krüger RSBZ. „Der Deutsch. VerwB." **38** 482 ff.

Die Behauptung im Wiederaufnahmeantrag, der frühere Dienstvorgesetzte des Antragstellers sei ihm feindlich gesinnt gewesen, und die Untersuchung sei unsachgemäß geführt, kann nur unter besonderer Begründung die Wiederaufnahme rechtfertigen. PrDienststrhof v. 4. 7. 34 RuPrVBl. **55** 801. Die Wiederaufnahme ist auch zulässig, wenn der mit Entfernung aus dem Dienst Bestrafte später wieder Beamter geworden ist. PrDienststrhof v. 14. 1. 33 JW. **33** 1223 = DJZ. **33** 847. Dagegen ist sie nicht zulässig, wenn der Beschuldigte nur die Bewilligung oder Erhöhung oder eine längere zeitliche Dauer eines Unterhaltsbeitrags (§ 64) erreichen will. RDStH. 23. 2. 38 RVerwBl. **59** 561; Busse BeamtJahrb. **38** 181, 182; Behnke Anm. III zu § 83; Wittland 749.

Die Vorschrift des § 363 Abs. 2 StPO., wonach die Wiederaufnahme zu dem Zweck, eine Milderung der Strafe wegen verminderter Zurechnungsfähigkeit (§ 51 Abs. 2 StGB.) herbeizuführen, ausgeschlossen ist, findet im Dienststrafverfahren keine Anwendung. RDStH. 30. 4. 38 E. **1** 174 = DVerw. **39** 24.

2. Sämtliche unter 1 bis 3, 5 und 6 aufgeführten Wiederaufnahmegründe können sowohl von dem Beamten **zu seinen Gunsten** wie auch von der Behörde **zu seinen Ungunsten** verwertet werden. Zu Ungunsten des Beamten ist die Wiederaufnahme nicht zulässig, wenn er aus dem Beamtenverhältnis ausgeschieden oder entlassen ist. (§ 51—66 DBG.) Zuungunsten des Beschuldigten ist die Wiederaufnahme nicht nur zulässig, wenn er rechtskräftig verurteilt ist zu einer anderen Strafe als Entfernung aus dem Amt oder Aberkennung des Ruhegehalts oder wenn er rechtskräftig freigesprochen ist, sondern auch wenn das Verfahren gegen ihn rechtskräftig eingestellt und die Einleitung eines neuen Verfahrens nicht mehr zulässig ist; s. näheres Busse BeamtJahrb. **38** 180; Behnke 585 ff.; Wittland 748; OVG. **93** 255. Nr. 4 enthält einen Wiederaufnahmegrund nur zuungunsten des Beamten.

Im Falle der Nr. 1 können auch solche Tatsachen (nicht bloße Werturteile, gutachtliche Äußerungen u. dgl.) oder Beweismittel beigebracht werden, die der Antragsteller im früheren Verfahren schon gekannt hatte, wenn er sie nicht schon früher geltend machen konnte. Sie müssen aber neu sein, d. h. der entscheidenden Stelle bei Erlaß der Entscheidung nicht bekannt gewesen sein und der Beschuldigte darf sie nicht früher schon haben geltend machen können. Behnke 592 ff. Sie müssen aber ferner auch erheblich, d. h. allein oder in Verbindung mit den früher gemachten Feststellungen eine andere Entscheidung zu begründen geeignet sein; s. PrOVG. v. 20. 3. 34 RuPrVBl. **55** 485 u. RDStH. 15. 6. 38 E. **1** 180; so z. B. die erst später hervorgetretene Möglichkeit des Nachweises der Unzurechnungsfähigkeit des Beschuldigten zur Zeit der Begehung der Verfehlung. RDStH. 2. 12. 37 bei Busse 182; Dienststraffenat beim RG. 27. 1. 38 ZBR. **8** 219. Die Wiederaufnahme ist auch nicht zulässig, wenn sie darauf gestützt wird, es sei damals zu Unrecht Beamteneigenschaft angenommen worden; denn dieser Einwand hätte schon in dem früheren Verfahren geltend gemacht werden können, ist also keine neue Tatsache im Sinne des § 83 Abs. 1 Nr. 1. RDStH. 28. 1. 38 DVerw. **99** 55 = E. **1** 183. Nicht genügt ferner das Vorbringen des Beschuldigten, es habe sich die Beurteilung einer Sachlage oder einer Vorschrift seit Erlaß des Urteils geändert oder es sei inzwischen eine neue für den Fall wesentliche gesetzliche Bestimmung ergangen. Busse a. a. O. S. 182; Behnke 590. Der Beschuldigte kann auch zur Begründung der Wiederaufnahme nicht geltend machen, er habe mit Rücksicht auf Krankheit usw. seine Dienststrafsache nicht genügend bearbeiten können oder er sei sonst pflichtgetreu gewesen und habe den Staat durch seine Handlungen nicht geschädigt; s. die bei Busse a. a. O. und bei Behnke 590 angeführten Urteile des RDStH.

Von besonderer praktischer Bedeutung ist daß unter Nr. 3 alle gerichtlichen Urteile, also auch Strafurteile, fallen, die oft dem Dienststrafverfahren vorangehen und in diesem der Entscheidung ohne neue Sachprüfung zugrunde gelegt werden. Wenn in einem Dienststrafurteil die Feststellungen eines strafgerichtlichen Urteils zugrunde gelegt sind, so ist mit einer gegen die Feststellungen des strafgerichtlichen Urteils gerichteten Begründung die Wiederaufnahme des förmlichen Dienststrafverfahrens nicht unter den rechtlichen Gesichtspunkten des § 83 Nr. 1 oder 2, sondern nur auf dem Wege des § 83 Nr. 3 zu erreichen. Es muß also zunächst die Aufhebung des strafgerichtlichen Urteils im strafprozessualen Wiederaufnahmeverfahren erwirkt werden. OVG. **91** 246.

Im Falle der Nr. 3 kommen alle gerichtlichen Urteile, also außer Zivil- und Strafurteilen der Gerichte, auch Urteile der Dienststrafgerichte, Finanz- und Verwaltungsgerichte, in Betracht. Am häufigsten kommen aber gerichtliche Strafurteile in Betracht, die dem Dienststrafurteil voraufgegangen und für dieses von ausschlaggebender Bedeutung gewesen sind.

Der Fall der Nr. 4 (nachträgliches Geständnis) wird sehr selten sein; der Fall 5 (strafbare Amtspflichtverletzung eines Dienststrafrichters) wird bei der

Zuverlässigkeit der Beamten, zumal der bei den Dienststrafgerichten mitwirkenden, wohl kaum jemals praktisch werden. Wegen des Falles 6 s. oben S. 230.

Weitere Einschränkungen der Wiederaufnahme enthält § 85.

2. Einen besonderen Wiederaufnahmegrund hebt Abs. 2 § 83 hervor. Danach ist die **Wiederaufnahme auch zulässig,** wenn eine **Strafe** verhängt worden ist, die nach **Art oder Höhe** im Gesetz nicht vorgesehen war. Auch hier ist aber die Wiederaufnahme nur zulässig, wenn die Strafe im förml. Dienststrafverfahren verhängt worden ist. Solche Strafen, die nach Art oder Höhe im Gesetz nicht zugelassen sind, sind z. B. die Arreststrafe oder Geldbußen, die den im § 6 Satz 1 bezeichneten Höchstbetrag über- oder unterschreiten, oder Gehaltskürzungen, die über oder unter den Rahmen des § 7 Abs. 1 hinausgehen. Die Zubilligung eines über das Höchstmaß hinausgehenden Unterhaltsbeitrags (§ 64) kann keinen Anlaß zu einem Wiederaufnahmeverfahren bilden, da die Zubilligung dieses Beitrags keine Strafe ist. Busse a. a. O. 184; Behnke 698.

3. Wegen der **zeitlichen Begrenzung** der Wiederaufnahmeverfahren s. § 117 Abs. 1 und 2 und Anm. 3 der Vorbem. vor § 83.

§ 84.

Die Wiederaufnahme des Verfahrens nach § 83 Abs. 1 Nr. 2 und 5 ist nur zulässig, wenn wegen der behaupteten Handlung eine rechtskräftige Verurteilung erfolgt ist, oder wenn ein strafgerichtliches Verfahren aus anderen Gründen als wegen Mangels an Beweisen nicht eingeleitet oder nicht durchgeführt werden kann.

§ 84 lehnt sich an § 364 StPO. an. Es soll vermieden werden, daß die wichtige Frage, ob die behauptete strafbare Handlung (Urkundenfälschung, Meineid, Rechtsbeugung usw.) wirklich geschehen ist, nur nebenbei in einem Wiederaufnahmeverfahren entschieden wird. Vielmehr soll diese Frage erst vom ordentlichen Strafrichter rechtskräftig entschieden sein, ehe an das Wiederaufnahmeverfahren herangegangen werden darf. Ist ein strafgerichtliches Verfahren aus anderen Gründen als wegen Mangels an Beweisen, z. B. wegen Verjährung, Unzurechnungsfähigkeit, Tod der Beschuldigten nicht durchführbar, so kann das Dienststrafverfahren wieder aufgenommen werden.

§ 85.

Die Wiederaufnahme des Verfahrens ist unzulässig, wenn nach dem Dienststrafurteil ein strafgerichtliches Urteil ergangen ist,

1. das sich auf dieselben Tatsachen gründet und sie ebenso würdigt, solange dieses Urteil nicht rechtskräftig aufgehoben ist,

2. durch das der Verurteilte sein Amt oder sein Ruhegehalt verloren hat oder es verloren hätte, wenn er noch im Dienst gewesen wäre oder Ruhegehalt bezogen hätte.

§ 85 zeigt die starke Abhängigkeit des Wiederaufnahmeverfahrens von gewissen zu schweren Strafen führenden Strafurteilen. Eine Wiederaufnahme wird deshalb für unzulässig erklärt, wenn nach dem Urteil des Dienststrafgerichts ein strafgerichtliches Urteil ergangen ist, das in derselben Sache zu demselben Ergebnis kommt oder den Amts- oder Ruhegehaltsverlust kraft Gesetzes nach sich zieht (vgl. über diese Fälle Anm. 6 A d zu § 8 und Anm. 2 zu § 9) oder nach sich ziehen würde, wenn der Verurteilte noch im Dienst gewesen wäre oder Ruhegehalt bezogen hätte. Es soll hiernach nicht der rehabilitiert werden, der später durch schwere kriminelle Strafen als unwürdig gebrandmarkt worden ist. Einem Wiederaufnahmeverfahren könnte in solchen Fällen erst näher getreten werden, wenn das Strafurteil im strafgerichtlichen Wiederaufnahmeverfahren rechtskräftig aufgehoben worden wäre.

Übrigens werden Fälle dieser Art, in denen solche Strafurteile den Dienststrafurteilen nachfolgen, sehr selten sein. Denn in der Regel geht das Strafverfahren dem Dienststrafverfahren voran. § 13 Abs. 1.

2. Verfahren.

Das Gesetz unterscheidet das Zulassungsverfahren (§§ 87, 88) und das entscheidende Verfahren (§§ 89 ff.).

§ 86.

(1) Zur Wiederaufnahme des Verfahrens bedarf es eines Antrages. Antragsberechtigt sind

1. **der Verurteilte und sein gesetzlicher Vertreter, nach seinem Tode sein Ehegatte, seine Verwandten auf- und absteigender Linie und seine Geschwister,**
2. **die Einleitungsbehörde. Besteht die Einleitungsbehörde nicht mehr, so bestimmt die oberste Reichsbehörde eine Behörde, die ihre Befugnisse ausübt.**

(2) Der Antrag ist schriftlich bei dem Dienststrafgericht, dessen Entscheidung angefochten wird, einzureichen. Er muß den gesetzlichen Grund der Wiederaufnahme und die Beweismittel bezeichnen.

(3) Die im Abs. 1 Nr. 1 genannten Personen können sich eines Verteidigers (§ 56 Abs. 2) bedienen.

1. **Der Antrag ist notwendige Voraussetzung** für das Wiederaufnahmeverfahren. Von Amts wegen wird ein solches Verfahren nicht eingeleitet.

Der Antrag kann jederzeit gestellt werden; er ist — abgesehen von der allgemeinen zeitlichen Begrenzung der Wiederaufnahmeverfahren nach § 117 — an keine Frist gebunden.

2. Den Antrag auf Wiederaufnahme können **nicht nur der Verurteilte** und sein gesetzlicher Vertreter (Vormund, Pfleger); s. RDStH. 30. 3. 38

E. **1** 177, sondern **auch nach seinem Tode** der Ehegatte und gewisse nahe Verwandte stellen.

Die **Einleitungsbehörde** (§ 29), d. h. die Behörde, die beim Abschluß des früheren Verfahrens Einleitungsbehörde war (Behnke 605), kann den Antrag sowohl zugunsten wie auch zuungunsten des Verurteilten stellen. Wittland, BeamtJahrb. **32** 138; Behnke 605; PrOVG. **93** 257. Jeder seitens der Einleitungsbehörde gestellte Wiederaufnahmeantrag kann auch von dem Verurteilten gestellt werden. PrOVG. **93** 256. Unter dem „Verurteilten" ist nur der in einem Dienststrafverfahren Verurteilte zu verstehen, nicht aber der, der in einem Strafverfahren verurteilt worden war, also insbes. auch nicht der, der durch ein strafgerichtliches Urteil sein Amt verloren hatte.

Da nach dem Tode des Verurteilten der Ehegatte und nahe Verwandte den Antrag stellen können, zeigt sich, daß eine Wiederaufnahme auch nach dem Tode möglich und durchführbar ist. Auch durch die erfolgte Vollstreckung des Urteils wird der Antrag nicht ausgeschlossen. § 361 Abs. 1 StPO. findet entsprechende Anwendung. Wittland, BeamtJahrb. **35** 723.

Der Antrag kann auch von einem Verteidiger und zwar (§ 56 Abs. 2) von einem bei einem deutschen Gericht zugelassenen Rechtsanwalt oder Verwaltungsrechtsrat oder Rechtslehrer an einer deutschen Hochschule gestellt werden. Der Verteidiger wird sich zweckmäßig als solcher bei Stellung des schriftlichen Antrags durch eine Vollmacht ausweisen. Antragsberechtigt ist aber ohne weiteres auch der Verteidiger, der bereits in dem vorangegangenen Dienststrafverfahren als solcher bestellt war. Denn seine Verteidigungsbefugnis erstreckt sich auch auf ein sich anschließendes Wiederaufnahmeverfahren. Wittland 777 und BeamtJahrb. **35** 723; Behnke 606.

Hiernach kann ein Verteidiger, anders als im förmlichen Dienststrafverfahren, in dem er erst nach Einreichung der Anschuldigungsschrift bei der Dienststrafkammer (§ 53 Abs. 1) als Helfer des Beschuldigten offiziell tätig werden kann, von vornherein im Wiederaufnahmeverfahren mitwirken. Dies ist zu begrüßen, da es sich in Wiederaufnahmeverfahren meist um tatsächlich oder rechtlich schwierige Verhältnisse handelt und deshalb der Beschuldigte oder der sonstige Antragsteller der Unterstützung eines Verteidigers von vornherein besonders bedarf. Er wird auch ebenso wie der Beschuldigte für befugt zu erachten sein, die in dem förml. Dienststrafverfahren entstandenen Akten einzusehen, da sonst der Antrag nicht ordnungsmäßig begründet werden könnte.

3. Der Antrag ist schriftlich bei dem Dienststrafgericht einzureichen, dessen Entscheidung angefochten wird und das nach § 87 über die Zulassung des Antrags zu entscheiden hat. Ist der Antrag bei anderen Stellen eingereicht, so ist er an das nach § 87 zuständige Dienststrafgericht abzugeben.

Der Antrag muß den gesetzlichen Grund der Wiederaufnahme (also einen der im § 83 Abs. 1 Nr. 1—6 oder Abs. 2 angegebenen Gründe) und die Beweismittel (Zeugen, Strafurteile, Geständnis des Beschuldigten usw.) angeben. Unterbleiben diese Angaben, so wird der Antrag nach

§ 88 Abs. 1 verworfen. Größte Sorgfalt bei Begründung solcher Anträge ist also dringend geboten. Jedoch wird das Dienststrafgericht tunlichst dem Antragsteller zur Ergänzung seines Antrages Gelegenheit geben müssen.

§ 87.

Über die Zulassung des Antrags entscheidet das Dienststrafgericht, dessen Entscheidung angefochten wird. Es kann dazu erforderlichenfalls Ermittlungen anstellen.

1. Haben in einem früheren Verfahren beide Instanzen entschieden, so entscheidet über den Antrag in der Regel das Berufungsgericht. Über die Ausnahmefälle, in denen bei dieser Sachlage das Gericht erster Instanz entscheidet, s. Wittland BamtJahrb. **32** 139 ff., Wittland 778 ff.; Behnke 606. So entscheidet die Dienststrafkammer, wenn die erstinstanzliche Entscheidung nur hinsichtlich des Strafmaßes angefochten war und das Berufungsgericht nur über das Strafmaß entschieden hat; denn in diesem Falle richtet sich die Wiederaufnahme hinsichtlich der Tat- und Schuldfrage gegen das erstinstanzliche Urteil. PrOVG. **100** 287; Behnke 606. Ist aber die erstinstanzliche Entscheidung in vollem Umfang angefochten und vom Berufungsgericht nicht nur über die Strafzumessung, sondern auch in der Tat- und Schuldfrage entschieden worden, so ist das Berufungsgericht über den Antrag auf Zulassung der Wiederaufnahme zuständig.

2. Wenn das Dienststrafgericht, dessen Entscheidung angefochten wird oder das nach § 89 Abs. 2 für das weitere Verfahren zuständig wäre, nicht mehr besteht, so tritt an seine Stelle der Reichsdienststrafhof. RDStH 12. 6. 40 DVerw. **40** 235. Er kann die Sache für das weitere Verfahren im Sinne des § 89 Abs. 2 an eine Dienststrafkammer verweisen. § 117 Abs. 3.

3. Das Dienststrafgericht hat von Amts wegen zu prüfen, ob es **zuständig** ist. Verneint es seine Zuständigkeit, so wird es die Sache an das zuständige Dienststrafgericht abzugeben haben. Ein etwaiger Streit zwischen zwei Dienststrafkammern oder zwischen der Einleitungsbehörde bzw. dem Antragsteller und einem Dienststrafgericht über die Zuständigkeit wird nach § 34 vom Reichsdienststrafhof entschieden. Besteht der Streit zwischen einer Dienststrafkammer und dem Reichsdienststrafhof, so ist die Ansicht des letzteren Gerichtshofs maßgebend.

4. Das Dienststrafgericht kann erforderlichenfalls **Ermittlungen** durch Vernehmung von Zeugen, Einforderung von Akten usw. vornehmen, um festzustellen, ob die gesetzlichen Voraussetzungen für die Zulassung des Antrags (§§ 83—86) vorliegen oder ob das Gesuch sachlich offensichtlich unbegründet ist. § 88 Abs. 1.

5. Das nach § 87 ff. zuständige Dienststrafgericht kann **während des Krieges** die Entscheidung über die Zulassung eines Antrags auf Wiederaufnahme des Verfahrens und über den Antrag selbst — was besonders bei zeitraubenden Prüfungen geboten ist — bis auf weiteres aussetzen, es sei denn, daß ein gerichtliches Urteil, auf dessen tatsächlichen Feststellungen das Dienststrafurteil beruht, durch ein anderes rechtskräftiges Urteil aufgehoben worden ist. § 7 V. 17. 5. 40 (RGBl. I 781). In den letztgedachten Fällen ist ein Wiederaufnahmegrund ohne weiteres gegeben und es entspricht der Billigkeit, das Verfahren, dem durch das neue Urteil der Boden entzogen ist, alsbald wieder in Gang zu bringen. Behnke RVerwBl. **61** 329. Andererseits wird von der Aussetzung abzusehen sein, wenn die Unzulässigkeit des Antrags oder die Zulässigkeit und Begründetheit des Antrags sich ohne weiteres ergibt. Behnke 769.

§ 88.

(1) Das Dienststrafgericht (§ 87) verwirft den Antrag durch Beschluß, wenn es die gesetzlichen Voraussetzungen für die Zulassung des Antrags nicht für gegeben oder den Antrag für offensichtlich unbegründet hält.

(2) Der Beschluß ist dem Antragsteller zuzustellen.

(3) Gegen einen nach Abs. 1 ergehenden Beschluß der Dienststrafkammer ist die Beschwerde zulässig.

1. Der Antrag auf Wiederaufnahme ist **in folgenden Fällen zu verwerfen:**

a) wenn die Voraussetzungen des § 83 Abs. 1 zu a) und b) nicht erfüllt sind;

b) wenn nicht einer der Wiederaufnahmegründe des § 83 Abs. 1 Nr. 1—6 oder Abs. 2 vorliegt;

c) wenn die Vorschriften des §§ 84, 85 nicht beachtet sind;

d) wenn der Antragsteller nicht antragsberechtigt ist (§ 86 Abs. 1);

e) wenn der Antrag nicht schriftlich eingereicht ist;

f) wenn der Antrag den gesetzlichen Grund der Wiederaufnahme und die Beweismittel nicht bezeichnet;

g) wenn der Antrag offensichtlich unbegründet ist. Dieser Fall wird z. B. vorliegen, wenn die vorgebrachten Tatsachen oder Beweismittel nicht erheblich oder nicht neu im Sinne des § 83 Abs. 1 Nr. 1 sind, wenn die Urkunde oder Aussage (§ 83 Abs. 1 Nr. 2) nach Lage der Sache die Entscheidung nicht beeinflußt hat, wenn das nachträgliche Geständnis des Beschuldigten (§ 83 Abs. 1 Nr. 4) nicht glaubhaft erscheint u. dgl.

Läßt sich der Mangel in den Fällen zu a)—g) beseitigen, so wird das Dienststrafgericht dem Antragsteller zunächst Gelegenheit zur Behebung der Beanstandung geben; ist das nicht angängig, z. B. wenn die Wiederaufnahme überhaupt nicht zulässig ist, so muß der Antrag durch Beschluß ohne mündliche Verhandlung verworfen werden. Wittland 781. Die Kosten sind in diesem Falle nach § 99 Abs. 2 dem Verurteilten oder den sonst nach § 86 Abs. 1 Nr. 1 Antragsberechtigten aufzuerlegen, wenn der Antrag von dieser Seite gestellt ist. Hat die Einleitungsbehörde den Antrag gestellt, so sind die Kosten dem Reich aufzuerlegen; etwaige notwendige Auslagen des Verurteilten, einschl. der Kosten der Verteidigung können in solchem Falle ebenfalls dem Reich auferlegt werden. § 100.

2. Der Beschluß, durch den der Antrag verworfen wird, ist nur dem Antragsteller nach § 19 **zuzustellen.** Eine mündliche Verhandlung braucht ihm nicht zugrunde zu liegen. Die Einleitungsbehörde ist in diesem Stadium des Verfahrens, wenn der Verurteilte das Verfahren betreibt, noch nicht beteiligt; s. § 90. Gegen den Beschluß, der von einer Dienststrafkammer gefaßt wird, ist innerhalb von 2 Wochen seit der Zustellung die Beschwerde an den Reichsdienststrafhof zulässig. § 66 Abs. 2 und 3 wird entsprechende Anwendung zu finden haben. Hat der Reichsdienststrafhof den Antrag verworfen, so gibt es dagegen kein Rechtsmittel.

§ 89.

(1) Verwirft das Dienststrafgericht den Antrag nicht, so beschließt es die Wiederaufnahme des Verfahrens. Dieser Beschluß berührt das angefochtene Urteil nicht.

(2) Für das weitere Verfahren ist die Dienststrafkammer zuständig, die in dem früheren Verfahren im ersten Rechtszug entschieden hat, im Fall des § 83 Abs. 1 Nr. 6 der Reichsdienststrafhof.

(3) Hat das Dienststrafgericht die Wiederaufnahme des Verfahrens beschlossen, so gelten in den Fällen des § 83 Abs. 1 b die §§ 78—82 sinngemäß.

1. Wird der Antrag **für zulässig erachtet,** so hat das nach § 87 zuständige Dienststrafgericht **durch besonderen Beschluß** die Wiederaufnahme des Verfahrens anzuordnen. Der Beschluß braucht nicht begründet zu werden. Behnke 610. Daß dieser Beschluß dem Antragsteller zuzustellen ist, ist im Gesetze nicht vorgeschrieben. Verboten ist aber die Zustellung nicht und sie empfiehlt sich, um den Antragsteller alsbald über den Erfolg seines Antrages zu verständigen und ihm Rückfragen zu ersparen. Auch dem Gegner des Antragstellers — sei es die Einleitungsbehörde oder eine der im § 86 Abs. 1 Nr. 1 genannten Personen — wird der Beschluß zweckmäßig zuzustellen sein. Die Zustellung an den Antragsgegner wird zweckmäßig zu verbinden sein mit der Zustellung des Antrages, der ihm nach § 90 Abs. 1 zur Erklärung zu übermitteln ist.

Ein Rechtsmittel ist gegen die Anordnung der Wiederaufnahme nicht gegeben. Dies folgt aus der Fassung des § 89 Abs. 1, wonach im Gegensatz zu § 88 Abs. 3 die Zulässigkeit der Beschwerde nicht bestimmt ist.

2. Der die Wiederaufnahme anordnende Beschluß **berührt das angefochtene Urteil nicht.** Es bleibt also das frühere Urteil mit allen seinen Folgen zunächst rechtswirksam weiter so bestehen, als ob es überhaupt nicht angefochten worden wäre. Der Verurteilte erlangt also nach Erlaß des Beschlusses z. B. noch nicht etwa den Anspruch auf seine früheren Dienstbezüge oder sein früheres Ruhegehalt; auch kann aus dem Urteil weiter vollstreckt werden. Dies ist geboten, weil erst das weitere Verfahren eine restlose Klärung der

Sachlage mit sich bringen wird. Erst wenn die das Wiederaufnahmeverfahren beendende Entscheidung das frühere Urteil rechtskräftig aufgehoben hat, tritt diese Entscheidung mit ihren Folgen an die Stelle des früheren Urteils.

3. **Für das weitere Verfahren** ist nicht mehr das Dienststrafgericht zuständig, dessen Entscheidung angefochten ist, sondern die Dienststrafkammer, die im früheren Verfahren im ersten Rechtszug entschieden hat. Es kann also auch das Wiederaufnahmeverfahren durch zwei Rechtszüge hindurch geführt werden. Da mit dem Inkrafttreten der RDStO., d. h. mit dem 1. 7. 37 die bisherigen Dienststrafgerichte aufgehoben sind, so tritt grundsätzlich an die Stelle des aufgehobenen Dienststrafgerichts der Reichsdienststrafhof. Er kann aber für das weitere Verfahren im Sinne des § 89 Abs. 2 die Sache an eine Dienststrafkammer verweisen. § 117 Abs. 3.

Ist die Wiederaufnahme darauf gegründet, daß bei der Entscheidung des Reichsdienststrafhofs ein Mitglied mitgewirkt habe, das von der Ausübung des Richteramts kraft Gesetzes ausgeschlossen war, so ist für das weitere Verfahren der Reichsdienststrafhof und für die Beamten der Reichsjustizverwaltung im Rahmen des § 109 ein Dienststrafsenat beim Reichsgericht zuständig. Abgesehen von den letztgedachten Ausnahmefällen entscheiden also nach Anordnung der Wiederaufnahme wieder zwei Instanzen über die Schuld- und Strafmaßfrage. Auf diese Weise wird eine erneute gründliche Prüfung des gesamten Sachverhalts durch 2 Gerichtshöfe ebenso wie in dem früheren Verfahren gewährleistet; s. hierzu § 92 Abs. 2.

4. Ist vom Dienststrafgericht die Wiederaufnahme des Verfahrens in den Fällen des § 83 Abs. 1 b — also zu **ungunsten** des Beamten — beschlossen, so finden die **Vorschriften über die vorläufige Dienstenthebung** (§§ 78—82) **sinngemäß Anwendung.** Es kann sich schon in diesem Stadium des Wiederaufnahmeverfahrens notwendig erweisen, daß die für das frühere Verfahren zuständige Einleitungsbehörde den Beamten vorläufig des Dienstes enthebt und die Einbehaltung eines Teils seiner Dienstbezüge anordnet.

§ 90.

(1) Der Vorsitzende des nach § 89 Abs. 2 zuständigen Dienststrafgerichts hat der Einleitungsbehörde oder, wenn diese die Wiederaufnahme des Verfahrens beantragt hat, dem Verurteilten oder den anderen im § 86 Abs. 1 Nr. 1 genannten Personen den Antrag und den nach § 89 Abs. 1 ergangenen Beschluß zuzustellen und ihnen dabei eine angemessene Frist zur Erklärung zu bestimmen.

(2) Der Vorsitzende oder ein von ihm beauftragtes Mitglied des Dienststrafgerichts nimmt die erforderlichen Ermittlungen vor, um den Sachverhalt aufzuklären. Dabei gelten sinngemäß die Vorschriften über die Untersuchung mit Ausnahme des § 49 Abs. 3.

(3) Die Einleitungsbehörde, für das Verfahren vor dem Reichsdienststrafhof die oberste Dienstbehörde, ernennt einen Beamten zu ihrem Vertreter in dem Verfahren.

1. Das **weitere Verfahren** vor der nach § 89 Abs. 2 zuständigen Dienststrafkammer **beginnt** damit, daß der Vorsitzende der Kammer der Einleitungsbehörde (§ 29) oder, wenn diese nach § 86 Abs. 1 Nr. 2 die Wiederaufnahme des Verfahrens beantragt hat, dem Verurteilten oder seinem gesetzlichen Vertreter oder den anderen im § 86 Abs. 1 Nr. 1 genannten Personen **den Antrag und den nach § 89 Abs. 1 ergangenen Beschluß zuzustellen** (§ 19) hat. Dabei hat er ihnen **eine angemessene Frist zur Erklärung zu bestimmen.** Diese Frist ist keine Ausschlußfrist. Wittland 791. Es kann also auch noch das berücksichtigt werden, was nach Ablauf der Frist vorgebracht wird. Nicht selten wird die Erklärung, sofern sie wesentliches enthält, dem Antragsteller zur Gegenäußerung mitzuteilen sein.

2. Der Vorsitzende hat sodann zu prüfen, ob **noch weitere Ermittlungen zur Aufklärung des Sachverhalts erforderlich sind.** Verneint er die Notwendigkeit weiterer Ermittlungen, so kommt es entweder nach § 91 Abs. 1 nach Ablauf der in Anm. 1 gekennzeichneten Frist ohne neue mündliche Verhandlung unter Aufhebung der früheren Entscheidung zur Freisprechung oder, was die Regel bilden wird, nach Abs. 2 § 91 zur Hauptverhandlung.

Hält der Vorsitzende aber weitere Ermittlungen für nötig, so hat er sie entweder selbst oder durch ein von ihm beauftragtes Mitglied der Kammer oder im Wege der Rechtshilfe vorzunehmen. Dabei gelten sinngemäß die Vorschriften über die Untersuchung (§§ 44—51). Jedoch ist ein vom Beschuldigten etwa bestellter Verteidiger — im Gegensatz zur Untersuchung nach § 49 Abs. 3 — zuzulassen. Man hat diese Ausnahme geschaffen, da gerade bei Wiederaufnahmen, die oft schwierig und verwickelt sind, der Beschuldigte des Beistandes eines Verteidigers schon im Untersuchungsverfahren oft nicht wird entraten können. Ein besonderer Untersuchungsführer wird nicht bestellt; vielmehr nimmt dessen Funktionen der Vorsitzende oder das von ihm beauftragte Mitglied der Kammer wahr.

Die Einleitungsbehörde ernennt einen Beamten zu ihrem Vertreter in dem Verfahren. Der in dem früheren Verfahren bestellte Vertreter darf im Wiederaufnahmeverfahren nicht wieder ernannt werden. Auch die Bestellung des im früheren Verfahren als Untersuchungsführer tätig gewesener Beamter ist unzulässig. § 93 Abs. 2. Für das Verfahren vor dem Reichsdienststrafhof ernennt die oberste Dienstbehörde ihren Vertreter. Im Verfahren gegen Beamte der Reichsjustizverwaltung in den Fällen des § 109 erübrigt sich die Bestellung eines besonderen Vertreters. Dessen Aufgaben werden von der Staatsanwaltschaft beim Oberlandesgericht bzw. von der Reichsanwaltschaft wahrgenommen. § 109 Abs. 1 Nr. 5.

§ 91.

(1) Nach Ablauf der Frist des § 90 Abs. 1 kann das Dienststrafgericht auf Antrag der Einleitungsbehörde ohne neue mündliche Verhandlung die frühere Entscheidung aufheben und auf Freisprechung erkennen. Diese Entscheidung ist endgültig.

(2) Andernfalls bringt es die Sache zur Hauptverhandlung. Für diese gelten die §§ 58—62 und § 65 sinngemäß.

1. Wenn die Erklärungsfrist verstrichen ist, kommt es entweder zu einem **freisprechenden Urteil** oder **zur Hauptverhandlung.**

2. **Ein freisprechendes Urteil** nach Abs. 1 ist nur zulässig, wenn die Einleitungsbehörde oder ihr dazu besonders ermächtigter Vertreter (Behnke 613) die Freisprechung unter Aufhebung der angefochtenen Entscheidung beantragt, wenn sie also sich von der Unschuld des Beschuldigten völlig überzeugt hat. Schließt sich das Dienststrafgericht dieser Auffassung an, so kann es ohne mündliche Verhandlung durch Urteil (nicht durch Beschluß) die frühere Entscheidung aufheben und auf Freisprechung erkennen. Die Kosten des Wiederaufnahmeverfahrens und des früheren Dienststrafverfahrens sind dabei dem Reich aufzuerlegen. Hält es aber die Freisprechung im Gegensatz zur Einleitungsbehörde nicht für angezeigt oder möchte es die Sachlage noch weiter in der mündlichen Verhandlung klären, so lehnt es den Antrag der Einleitungsbehörde ab und bringt die Sache zur Hauptverhandlung.

Gibt es aber dem Antrage statt und spricht es den Beschuldigten frei, so ist diese Entscheidung endgültig und kann von Niemandem angefochten werden.

3. Kommt es zur **Hauptverhandlung,** so gelten für diese die §§ 58—62 und 65 sinngemäß. Der Vertreter der Einleitungsbehörde hat eine neue Anschuldigungsschrift nicht zu verfassen. § 53 ist nicht für entsprechend anwendbar erklärt worden. So auch Behnke 613; **a. M.** Wittland 797. In der Hauptverhandlung trägt ein Berichterstatter das Ergebnis des bisherigen Verfahrens vor; es werden der Beschuldigte und sodann etwaige Zeugen und Sachverständige vernommen. Wie der Tenor des Urteils zu fassen ist, ergibt § 92 Abs. 1.

Über die **Kosten** des Verfahrens ist nach § 99 Abs. 2 zu befinden.

§ 92.

(1) In der Hauptverhandlung kann das Dienststrafgericht die frühere Entscheidung entweder aufrechterhalten oder aufheben und anders entscheiden; diese Entscheidung kann auch ergehen, wenn das Beamtenverhältnis des Verurteilten nicht mehr besteht.

(2) Gegen eine nach Abs. 1 ergehende Entscheidung der Dienststrafkammer ist Berufung zulässig.

1. In der Hauptverhandlung kann es entweder zur **Aufrechterhaltung** oder **Aufhebung der früheren Entscheidung** kommen.

a) Die frühere Entscheidung ist **aufrecht zu erhalten,** wenn nach dem Gesamtergebnis der früheren und neuen Ermittlungen das frühere Urteil, mag es auf Verurteilung, Freisprechung oder Einstellung lauten, gerechtfertigt erscheint.

b) Erweist sich aber auf Grund der neuen mündlichen Verhandlung das frühere Urteil als unhaltbar, so muß es **aufgehoben** und **anders entschieden werden.**

Diese Entscheidung kann auch ergehen, wenn das Beamtenverhältnis des Verurteilten infolge Todes oder Entfernung aus dem Dienst durch rechtskräftiges Dienststrafurteil oder freiwilligen Ausscheidens nicht mehr besteht.

In den Fällen zu b kann die neue Entscheidung **in 3fach verschiedener Form ergehen:**

aa) Es kommt zur Freisprechung, wenn die frühere Entscheidung auf Bestrafung lautete und das Gericht von der Unschuld des Beschuldigten überzeugt ist.

bb) Es kommt zur Einstellung, und zwar auch des früheren Verfahrens, wenn sich herausstellt, daß einer der Einstellungsgründe des § 52 Abs. 1 Nr. 1 vorliegt, z. B. das frühere Verfahren nicht rechtswirksam eingeleitet oder sonst unzulässig war. Lagen aber Verfahrensmängel vor, die nach der 2. DurchfV. zu § 53 Nr. 2 behoben werden können, so hat das Dienststrafgericht die Anschuldigungsschrift an die Einleitungsbehörde zur Behebung der Mängel zurückzugeben. Behnke 615. Erweist sich nur das Wiederaufnahmeverfahren selbst als unzulässig, so ist auch nur dieses allein einzustellen. Behnke 616.

cc) Es kommt zur Verhängung einer Dienststrafe, sei es, daß im früheren Urteil auf Freisprechung oder auf eine mildere oder härtere Strafe erkannt war.

Ist die Wiederaufnahme vom Beschuldigten oder von der Einleitungsbehörde zugunsten des Verurteilten erfolgt, so kann das frühere Urteil zum Nachteil des Beschuldigten geändert werden; denn eine reformatio in peius ist jetzt zulässig. Wittland BeamtJahrb. **35** 729; Begr.; s. § 358 Abs. 2 StPO. und oben Anm. 5 zu § 67. Behnke 616, 617 macht aber mit Recht darauf aufmerksam, daß der Wegfall des Verbots der reformatio in peius im Wiederaufnahmeverfahren zugunsten des Verurteilten regelmäßig nur für die Berufungsentscheidung praktisch sei, weil die Dienststrafkammer in diesem Falle nur mit einem auf die Höchststrafe lautenden Urteil zu tun habe und dieses nicht mehr verschärfen könne.

2. Gegen eine unter **1.** bezeichnete Entscheidung ist **Berufung** an den Reichsdienststrafhof, bei Beamten der Reichsjustizverwaltung in den Fällen des § 109 Abs. 1 Nr. 2 an den Dienststrafsenat beim Reichsgericht zulässig. Die Berufung folgt den Vorschriften der §§ 67 ff.

3. Wegen der **Kosten** des Verfahrens gilt § 98 ff., insbes. § 99 Abs. 2.

Wird das frühere Urteil aufgehoben, so muß gleichzeitig auch über die Kosten des früheren Verfahrens entschieden werden.

3. Ausschluß von Dienststrafrichtern.

§ 93.

(1) Ein Dienststrafrichter, der im früheren Verfahren an der den ersten oder zweiten Rechtszug abschließenden Entscheidung mitgewirkt hat, ist von der Mitwirkung im Wiederaufnahmeverfahren ausgeschlossen.

(2) Ein Beamter, der im früheren Verfahren als Untersuchungsführer oder als Vertreter der Einleitungsbehörde (Vertreter der Anklage) mitgewirkt hat, darf im Wiederaufnahmeverfahren nicht tätig werden.

§ 93 verbietet, daß ein Dienststrafrichter, der an einer einen Rechtszug abschließenden Entscheidung im früheren Verfahren mitgewirkt hat, im neuen Verfahren irgendwie mitwirkt. Nicht nur der ist also von der Mitwirkung im Wiederaufnahmeverfahren ausgeschlossen, der bei einer „angefochtenen" Entscheidung mitgewirkt hat, sondern auch der, der nicht bei dieser, sondern bei einer anderen im Verlaufe des früheren Verfahrens ergangenen abschließenden Entscheidung mitgewirkt hat. Ebenso darf ein Beamter, der im früheren Verfahren als Untersuchungsführer oder Vertreter der Einleitungsbehörde oder Vertreter der obersten Dienstbehörde (Behnke 618) mitgewirkt hat, im Wiederaufnahmeverfahren an keiner Stelle tätig werden, sei es als Mitglied des Gerichts oder sei es als Vertreter der Einleitungsbehörde oder der obersten Dienstbehörde oder als ersuchter Richter.

Auf diese Weise ist allen billigen Wünschen auf Ausschaltung aller der Persönlichkeiten im Wiederaufnahmeverfahren Rechnung getragen, die durch ihre Beteiligung im früheren Verfahren irgendwie befangen erscheinen können.

4. Entschädigung unschuldig Verurteilter.

Vorbemerkungen.

Die §§ 94 und 95 befassen sich nur mit der Entschädigung solcher Beamten, die **im förmlichen Dienststrafverfahren** unschuldig oder zu hart verurteilt und im nachfolgenden dienststrafrechtlichen Wiederaufnahmeverfahren rehabilitiert worden sind. Über die Entschädigung solcher Beamten, die im **ordentlichen Strafverfahren** unschuldig oder zu hart verurteilt worden sind und im nachfolgenden strafrechtlichen Wiederaufnahmeverfahren die Aufhebung dieses Urteils erzielt haben, bestimmt § 55 DBG. das Nähere; die RDStO. befaßt sich mit diesen Fällen nicht. Beiden Gruppen von Fällen ist gemeinsam, daß sie sich nur mit solchen Fällen befassen, die zum Amtsverlust oder zur Aberkennung des Ruhegehalts, also zu den schwersten Strafen geführt haben, sei es im förmlichen Dienststrafverfahren, sei es im ordentlichen Strafverfahren.

Sowohl das DBG. wie die RDStO. haben eine Entschädigung des Beamten nur dann für geboten gehalten, wenn das frühere strafgerichtliche oder dienststrafrechtliche Urteil mit dem Amtsverlust verbunden war und im Wiederaufnahmeverfahren durch ein Urteil ersetzt worden ist, das entweder auf Freisprechung oder Einstellung oder solche Strafe lautete, die — im Strafverfahren — den Amtsverlust nicht zur Folge hatte oder — im Dienststrafverfahren — eine geringere Dienststrafe als die Entfernung aus dem Dienst darstellte.

Die Entschädigung ist nun aber sowohl im DBG. (§ 132 Abs. 1 Satz 2 in Verbindung mit § 55) wie auch im § 94 RDStO. nicht bloß dem aktiven Beamten, sondern auch dem Ruhestandsbeamten zugebilligt, wenn letzterer zu Unrecht im Strafverfahren eine Strafe erlitten hat, die nach § 132 DBG. mit dem Verlust des Anspruchs auf Ruhegehalt und Hinterbliebenenversorgung verbunden war oder wenn der Ruhestandsbeamte im förml. Dienststrafverfahren zur Aberkennung des Ruhegehalts verurteilt war und im strafgerichtlichen bzw. dienststrafrechtlichen Wiederaufnahmeverfahren rehabilitiert worden ist.

§ 94.

Wird ein zur Entfernung aus dem Dienst oder zur Aberkennung des Ruhegehalts Verurteilter im Wiederaufnahmeverfahren nicht ebenso bestraft, so gilt § 55 des Deutschen Beamtengesetzes sinngemäß.

1. In der RDStO. (§ 94) ist nur der Fall der Entschädigung behandelt, der sich an ein dienststrafrechtliches Wiederaufnahmeverfahren anschließt. Die Entschädigung des im strafrechtlichen Wiederaufnahmeverfahren rehabilitierten Beamten behandelt § 55 DBG und für den Ruhestandsbeamten § 132 DBG., der im Abs. 1 Satz 2 wieder auf § 55 DBG. verweist. Hiernach **gelten die im § 55 DBG. entwickelten Grundsätze** für die Entschädigung der zu Unrecht verurteilten Beamten ganz allgemein auch für die Beamten und Ruhestandsbeamten, die im förml. Dienststrafverfahren zur Entfernung aus dem Dienst oder zur Aberkennung des Ruhegehalts rechtskräftig verurteilt waren und sodann im dienststrafrechtlichen Wiederaufnahmeverfahren entweder freigesprochen oder zu einer geringeren Dienststrafe (Gehalts- oder Ruhegehaltskürzung, Geldbuße, Verweis oder Warnung) verurteilt sind oder bezüglich deren auf Einstellung erkannt ist. Bei Ruhestandsbeamten kommt neben Freisprechung oder Einstellung nur Verurteilung zur Kürzung des Ruhegehalts in Frage, da nach § 9 Abs. 1 Satz 1 geringere Dienststrafen für sie nicht zulässig sind.

Grundmotiv der Entschädigungsvorschrift ist, dem unschuldig oder zu hart Verurteilten den ganzen finanziellen Schaden unter Anrechnung des etwaigen Arbeitsverdienstes zu ersetzen.

Die Rechtsfolgen des § 94 treten kraft Gesetzes ein. Einen besonderen Gerichtsbeschluß kennt die RDStO. nicht.

2. Hiernach gilt **folgender Rechtszustand:**

a) Der Verurteilte erhält von dem öffentlich-rechtlichen Dienstherrn, zu dessen Geschäftsbereich er vor seiner Verurteilung zuletzt gehört hatte, von der Rechtskraft der aufgehobenen Entscheidung oder von der nach § 79

RDStO. erfolgten früheren Einbehaltung von Teilen seiner Dienst- oder Ruhegehaltsbezüge ab bis zur Übertragung eines neuen Amts die Bezüge, die er erhalten hätte, wenn das aufgehobene Urteil dem neuen entsprochen hätte. Er wird also in seinen Bezügen so gestellt, als wenn das frühere Urteil überhaupt nicht ergangen wäre. Da er spätestens von der Rechtskraft der früheren Entscheidung ab überhaupt keine Bezüge mehr bekommen hat, so sind ihm von diesem Tage ab bis zur Rechtskraft der im Wiederaufnahmeverfahren ergangenen Entscheidung erhebliche Nachzahlungen, u. U. auch etwa einbehaltene Dienstalterszulagen (§ 4 RBesG.), Kinderzuschläge, und etwaige Sonderzulagen zu leisten. Bezüge aus Nebenämtern sind aber nach Nr. 2 DurchfV. zu § 55 DBG. nicht nachzuzahlen. Befand sich der Verurteilte bei rechtkräftiger Beendigung des früheren Dienststrafverfahrens im Wartestand, so sind ihm Wartegeldbezüge nachzuzahlen. Der Beamte oder Ruhestandsbeamte muß sich aber auf die nachzuzahlenden Bezüge ein anderes Arbeitseinkommen irgend welcher Art im Sinne des EStеuerG. (Nr. 2 DurchfV. zu § 55 DBG) oder einen Unterhaltsbeitrag (§ 64) anrechnen lassen; er ist zur Auskunft hierüber verpflichtet. § 55 Abs. 7 DBG. Denn sonst würde der Beamte besser dastehen, als wenn er überhaupt nicht bestraft worden wäre. Er würde als Doppelverdiener gelten und unberechtigt bereichert sein.

b) Die ruhegehaltfähige Dienstzeit des Verurteilten wird so berechnet, wie wenn der Amtsverlust nicht eingetreten wäre. Es werden also die Zeiten, die nach Rechtskraft des früheren Urteils verstrichen sind, auf sein ruhegehaltfähiges Dienstalter angerechnet. Eine Versetzung des Beamten in den Ruhestand kann auf seinen Antrag nach § 77 Abs. 1 DBG. jederzeit erfolgen, da er ja die rechtliche Stellung eines Wartestandsbeamten erlangt hat; s. zu c.

c) Der Verurteilte hat, wenn er nicht inzwischen die Altersgrenze erreicht hätte oder — bei Beamten auf Zeit — seine Amtszeit abgelaufen wäre (in diesen Fällen wären ihm von dem bezeichneten Zeitpunkt ab nur die Ruhegehaltsbezüge zu leisten), von der Rechtskraft der das Wiederaufnahmeverfahren abschließenden Entscheidung ab die rechtliche Stellung eines Wartestandsbeamten.

An sich müßte der Beamte in den gedachten Fällen bei strenger Durchführung des Prinzips der völligen Wiederherstellung des früheren Zustandes in sein aktives Beamtenverhältnis mit seiner alten Amtsstelle wieder eingesetzt werden. Das läßt sich aber meist nicht verwirklichen, weil inzwischen seine frühere Stelle regelmäßig anderweit besetzt sein wird. Deshalb hat ihm das Gesetz die Stellung eines Wartestandsbeamten und zwar nicht ex tunc, d. h. vom Tage des Amtsverlustes an, sondern erst ex nunc, d. h. von der Rechtskraft der im Wiederaufnahmeverfahren ergangenen Entscheidung ab eingeräumt, ihm aber dieselben Bezüge zugestanden, die er bekommen hätte, wenn er nicht zur Entfernung aus dem Dienst verurteilt worden wäre; er steht also besser da, als die sonstigen Wartestandsbeamten, die nur einen

Bruchteil ihrer bisherigen Bezüge erhalten, dafür aber — im Gegensatz zu dem Wartestandsbeamten des § 94 — sich anderes Arbeitseinkommen nicht anrechnen zu lassen brauchen; s. näheres *Wittland* BeamtJahrb. **32** 147; *Klüber* ebenda **32** 643 ff. Der Aushändigung einer Ernennungsurkunde bedarf es in dem Falle des § 94 RDStO. in Verbindung mit § 55 DBG. nicht. Vielmehr tritt der Wartestand ohne weiteres kraft Gesetzes ein. Wegen des Ersatzes weiteren Schadens s. § 95. *Klüber* a. a. O. hält für bedenklich, daß ohne Zustimmung der sonst für Beamtenernennungen zuständigen Behörde durch Richterspruch dem Dienstherrn ein Beamter aufgezwungen wird, dessen private Lebenshaltung in der Zwischenzeit von keiner Seite geprüft sei. Dem ist entgegenzuhalten, daß die Prüfung nach § 2 RDStO. in gewissem Umfang nachgeholt werden kann.

Ist der Verurteilte nach Rechtskraft des früheren Dienststrafverfahrens oder der im Wiederaufnahmeverfahren ergangenen Entscheidung gestorben, so treten an die Stelle nachzuzahlender oder fortlaufend zu gewährender Dienst- oder Ruhegehaltsbezüge nach Ablauf der für die in Betracht kommenden Monate zu zahlenden Sterbemonatsbeträge und Sterbegelder (§§ 93 ff. DBG.) die etwaigen Hinterbliebenenbezüge.

a)—c) gelten nicht, soweit der Beamte oder Ruhestandsbeamte *nach* dem mit Amtsverlust verbundenen Urteil zu einer weiteren Strafe verurteilt worden ist, die den Amtsverlust nach sich gezogen hätte, wenn er noch Beamter worden ist, die Amtsverlust nach sich gezogen hätte, wenn er noch Beamter gewesen wäre. § 55 Abs. 3. Denn wer sich später wiederum ebenso schwer vergangen hat, wie ihm im ersten Urteil zur Last gelegt war, kann nicht verlangen, daß er rehabilitiert wird, mag sich auch herausstellen, daß das erste Urteil zu Unrecht ergangen ist. a—c gelten ferner nicht, wenn die oberste Dienstbehörde die im § 55 Abs. 5 vorgesehene Feststellung getroffen hat.

d) *Soweit* der Verurteilte Bezüge gemäß der Vorschriften zu a) erhält, steht ihm ein Entschädigungsanspruch gegenüber der nach G. betr. Entschäd. der im Wiederaufnahmeverfahren freigesprochenen Personen vom 20. 5. 1898 (RGBl. 345) verpflichteten Stelle schon deshalb nicht zu, weil das G. v. 20. 5. 98 nur die Entscheidung im Anschluß an ein *strafgerichtliches* Wiederaufnahmeverfahren behandelt. Durch diese im § 94 vorgesehenen Leistungen und in ihrer Höhe gilt er von dieser Stelle wegen seiner Entschädigungsansprüche abgefunden. Es bleibt ihm aber, wenn er noch darüber hinaus Entschädigungsansprüche auf Grund *entsprechender* Anwendung des genannten Gesetzes geltend machen zu können glaubt, unbenommen, solche zu verfolgen; das Nähere bestimmt § 95 RDStO.

e) Ist der unschuldig oder zu hart Verurteilte vor der Entscheidung im Wiederaufnahmeverfahren *gestorben*, so geht der Teil der Entschädigung, der auf die Zeit bis zu seinem Tode entfällt, auf seine Erben über; alle sonstigen Entschädigungsansprüche, die die Zeit *nach* seinem Tode betreffen, stehen seinen versorgungsberechtigten Hinterbliebenen zu. *Koenig* BeamtJahrb. **36** 441.

§ 95.

(1) Der Verurteilte und die Personen, zu deren Unterhalt er gesetzlich verpflichtet ist, können über die Bezüge nach § 94 hinaus auf Grund entsprechender Anwendung des Gesetzes, betreffend die Entschädigung der im Wiederaufnahmeverfahren freigesprochenen Personen, vom 20. Mai 1898 (Reichsgesetzbl. S. 345) Ersatz des sonstigen Schadens vom Reiche verlangen.

(2) Der Anspruch auf Entschädigung ist zur Vermeidung seines Verlustes innerhalb dreier Monate nach rechtskräftigem Abschluß des Wiederaufnahmeverfahrens bei der obersten Dienstbehörde zu verfolgen. Ihre Entscheidung ist dem Berechtigten zuzustellen. Lehnt sie den Anspruch ab, so gelten für seine Weiterverfolgung die §§ 142 bis 147 des Deutschen Beamtengesetzes.

1. Während § 94 eine beamtenrechtliche Entschädigung in Form von Dienstbezügen und der Einräumung der Stellung eines Wartestandsbeamten vorsieht, **handelt § 95 von dem Ersatz desjenigen Schadens, der über die nach § 94 zu gewährenden Bezüge hinaus geht.**

a) Diesen Schaden können geltend machen: der Verurteilte und die Personen, zu deren Unterhalt er gesetzlich verpflichtet ist; zu den letzteren gehören die Ehefrau und die Verwandten in gerader Linie. Es müssen aber die Voraussetzungen des § 1 G. 20. 5. 1898 vorliegen; es muß also im Wiederaufnahmeverfahren die Freisprechung des Verurteilten erfolgt sein. Dabei muß sich die Unschuld des Verurteilten ergeben haben oder doch dargetan sein, daß ein begründeter Verdacht gegen ihn nicht mehr vorliege (§ 1 Abs. 1 G. 20. 5. 98). Ferner darf der Verurteilte die frühere Verurteilung nicht vorsätzlich oder grob fahrlässig verschuldet haben. Auch muß der geltend gemachte Schaden durch das aufgehobene Urteil und seine Folgen ursächlich entstanden sein. Außerdem muß das Dienststrafgericht die Verpflichtung des Reichs zur Entschädigung durch besonderen Beschluß festgestellt haben (§ 4 a. a. O.).

In der Ostmark gilt bis zur Einführung des G. v. 20. 5. 1898 das G. über die Entschädigung ungerechtfertigt verurteilter Personen v. 2. 8. 32 (BGBl. Nr. 242/32).

b) Der Schaden besteht nur in dem Vermögensschaden, und nicht darüber hinaus auch in dem Schaden, den der Beamte auch sonst körperlich und seelisch durch die ungerechte Verurteilung erlitten hat. Die Beschränkung auf den Vermögensschaden ist zwar in die RDStO. nicht ausdrücklich übernommen worden; da aber der Schade nur auf Grund entsprechender Anwendung der G. vom 20. 5. 1898 erstattet wird und im § 2 Abs. 1 dieses G. nur der durch die Strafvollstreckung entstandene Vermögensschade ersetzt wird, so wird auch im Dienststrafverfahren nur dieser Schade als erstattungsfähig in Frage kommen. Der weitere Schaden des Verurteilten kann z. B. darin bestehen, daß er nach der Entfernung aus dem Dienst und Verlust der Dienstbezüge gezwungen war, Darlehen gegen hohe Verzinsung aufzunehmen oder Möbelstücke mit Verlust zu verkaufen oder unter Aufwendung erheblicher Kosten an einen anderen Ort mit besseren Erwerbsmöglichkeiten umzuziehen. Die Unterhaltsberechtigten können z. B. Schaden erlitten haben, daß sie, da der Verurteilte ihnen keine Unterstützungen mehr gewähren konnte, genötigt waren ihrerseits Darlehen zu hohen Zinsen aufzunehmen.

Die Höchstgrenze des Schadens ist im § 2 Abs. 3 G. 24. 11. 33 (RGBl. I 1000) auf 75 000 RM. oder einen Rentenbetrag von jährlich 4500 RM. bestimmt.

c) Den sonstigen Schaden hat in allen Fällen das Reich zu tragen. Es ist also gleichgültig, ob es sich um einen unmittelbaren oder mittelbaren Reichsbeamten handelt. Auch bei mittelbaren Reichsbeamten ist also für Ersatz des weiteren Schadens nicht der unmittelbare Dienstherr, z. B. die Kommune, oder sonstige öffentliche Körperschaft, sondern das Reich allein zuständig. Damit ist die frühere Streitfrage, wer bei mittelbaren Reichsbeamten den Schaden zu tragen hat gegenstandslos geworden. Zustimmend Behnke 623.

2. Voraussetzung für die weitere Entschädigung nach § 95 ist **ein Anspruch** seitens des Verurteilten oder einer der Personen, zu deren Unterhalt der Verurteilte gesetzlich verpflichtet ist. Nach dem Tode des Verurteilten sind die Erben und die versorgungsberechtigten Hinterbliebenen zur Geltendmachung des Anspruchs berechtigt. Von Amts wegen wird die Entschädigung nicht festgesetzt.

3. Der Anspruch auf Entschädigung ist **binnen einer Ausschlußfrist von 3 Monaten** nach rechtskräftigem Abschluß des Wiederaufnahmeverfahrens bei der obersten Dienstbehörde (§ 2 Abs. 4 DBG.) zu verfolgen. Der Antragsteller muß dabei ziffernmäßig näher angeben, welchen Schaden er im einzelnen gemäß § 95 Abs. 1 ersetzt verlangt. Die oberste Dienstbehörde hat dann über die Höhe des Anspruchs zu entscheiden und ihre Entscheidung dem Berechtigten zuzustellen. (§ 19.) Ist der Anspruch nicht rechtzeitig oder von Nichtantragsberechtigten geltend gemacht, so wird er als unzulässig verworfen. Wiedereinsetzung in den vorigen Stand bei unverschuldeter Versäumung der Frist ist zulässig; s. oben Anm. 6 zu § 68. Lehnt die oberste Dienstbehörde den Anspruch ganz oder teilweise ab, so kann der Berechtigte gegen die Entscheidung gemäß §§ 142 ff. DBG. innerhalb von 6 Monaten nach Bekanntgabe **die Klage vor den Verwaltungsgerichten** und bis zur Errichtung des Reichsverwaltungsgerichts **vor den ordentlichen Gerichten erheben;** §§ 142, 143 Abs. 1 und 182 DBG.

5. Entziehung des Unterhaltsbeitrages.

§ 96.

Auf Antrag der obersten Dienstbehörde kann die Dienststrafkammer beschließen, daß ein nach § 64 bewilligter Unterhaltsbeitrag herabgesetzt oder ganz entzogen wird, wenn sich nachträglich herausstellt, daß der

Bedachte des Unterhaltsbeitrages unwürdig war, oder wenn er sich dessen als unwürdig erweist oder wenn sich seine wirtschaftlichen Verhältnisse wesentlich gebessert haben. Die Dienststrafkammer kann, wenn sie Beweiserhebungen für erforderlich hält, eines ihrer Mitglieder damit beauftragen oder eine Behörde darum ersuchen. Dem Bedachten ist Gelegenheit zur Äußerung zu geben. Wegen der Kosten gelten die §§ 98, 100 und 101 sinngemäß.

1. § 96 behandelt einen eigenartigen Fall der Wiederaufnahme eines rechtskräftig abgeschlossenen Dienststrafverfahrens, in dem neben der Strafe der Entfernung aus dem Dienst oder der Aberkennung des Ruhegehalts nach § 64 **ein Unterhaltsbeitrag bewilligt** war, zuungunsten des Verurteilten. Bisher konnte diese Teilentscheidung, wenn sie rechtskräftig geworden war, nicht mehr geändert werden. Nunmehr erfolgt die Bewilligung von Unterhaltsbeiträgen nur mit der stillschweigenden Klausel „rebus sic stantibus". **Wegen veränderter Umstände** kann ein solcher Unterhaltsbeitrag jederzeit herabgesetzt oder ganz entzogen werden. Die Herabsetzung oder Entziehung wird nicht schon mit der Zustellung des Beschlusses, sondern erst mit Beginn des auf die Rechtskraft des Beschlusses folgenden Monats wirksam. RDStH. 18. 10. 38 bei Behnke 691.

a) Diese Entziehung erfolgt nicht etwa aus eigener Entschließung des Dienststrafgerichts, sondern nur auf Antrag der obersten Dienstbehörde (§ 2 Abs. 4 DBG.), über den nicht hinausgegangen werden darf. RDStH. 17. 1. 39 E. **2** 144; Behnke 630. Für Kommunalbeamte tritt an die Stelle der obersten Dienstbehörde die Aufsichtsbehörde. § 5 Abs. 1 Nr. 2 DurchfV. v. 3. 7. 37 (RGBl. I 730). Dieser Antrag ist bei der Dienststrafkammer zu stellen, die im ersten Rechtszuge in der Hauptsache entschieden hat, mag der Unterhaltsbeitrag auch erst in der Berufungsinstanz zugebilligt sein. DurchfV. Satz 1 zu § 96; RDStH. 2. 3. 38 E. **1** 169 = RVerwBl. **59** 559; 25. 1. 39 E. **2** 147; 8. 8. 39 DVerw. **40** 268. Diese Vorschrift ist getroffen, um dem Beschwerdeführer das Rechtsmittel der Beschwerde, also einen zweiten Rechtszug sicherzustellen. Ein besonderes förml. Dienststrafverfahren wird nicht eingeleitet.

b) Die Dienststrafkammer entscheidet durch Beschluß ohne mündliche Verhandlung. Der Beschluß ist dem Bedachten nach § 19 zuzustellen.

c) Der Unterhaltsbeitrag kann herabgesetzt oder ganz entzogen werden. Die Herabsetzung kann z. B. darin bestehen, daß der bisher lebenslänglich bewilligte Unterhaltsbeitrag nur noch auf eine beschränkte Zeit bewilligt wird oder der bisher auf eine Anzahl von Jahren bewilligte Beitrag auf weniger Jahre beschränkt oder auf einen geringeren Hundertsatz herabgesetzt wird. Die Herabsetzung oder Entziehung kann nur für die Zukunft, nicht mit rückwirkender Kraft erfolgen. RDStH. 8. 8. 39 DVerw. **40** 268. Es kann dabei auch bestimmt werden, daß der Unterhaltsbeitrag ganz oder teilweise an Personen gezahlt wird, zu deren Unterhalt der Verurteilte gesetzlich verpflichtet ist. RDStH. 8. 8. 39 DVerw. **40** 268.

d) Diese Maßgabe darf nur dann getroffen werden, wenn sich nachträglich herausstellt, daß der Bedachte des Unterhaltsbeitrags unwürdig war aus Gründen, die bei Erlaß des Urteils nicht bekannt waren, z. B. daß er bei seiner Verfehlung eine ehrlose Gesinnung gezeigt hatte, die damals noch nicht ersichtlich war.

Ein weiterer Grund liegt vor, wenn er in der Folgezeit sich des Beitrages als unwürdig erweist, z. B. neue schwere Verfehlungen begangen hat, etwa gehässige und von einer niedrigen Gesinnung zeugende Äußerungen über Anordnungen des Staates getan hat. RDStH. 17. 1. 39 E. **1** 144. Auch die Betätigung in der Internationalen Bibelforschervereinigung gilt als solche schwere Verfehlung. RDStH. 26. 10. 38 E. **2** 150.

Endlich kann eine wesentliche Besserung seiner wirtschaftlichen Verhältnisse Anlaß zu der Maßgabe geben, wenn er also des Unterhaltsbeitrags nicht mehr oder nicht mehr in dem bewilligten Umfange bedürftig ist, etwa weil er inzwischen Vermögen erworben oder eine neue auskömmliche Stellung gefunden hat. Ob eine wesentliche Besserung der wirtschaftlichen Verhältnisse stattgefunden hat, ergibt sich aus einer Gegenüberstellung dieser Verhältnisse im Zeitpunkt der Bewilligung des Unterhaltsbeitrages mit denen zur Zeit der Stellung des Entziehungsantrags. Dabei ist von denjenigen Feststellungen des Dienststrafgerichts auszugehen, die für die Bewilligung nach Grund, Höhe und Zeitdauer der Unterstützung maßgebend gewesen sind. RDStH. 13. 2. 40 DVerw. **40** 282.

§ 96 erfaßt auch die vor dem Inkrafttreten der RDStO. bewilligten Unterstützungen. § 115. RDStO. 2. 3. 38 RVerwBl. **59** 559 = E. **1** 169; 25. 1. 39 E. **2** 147; 26. 10. 38 E. **2** 150; 8. 10. 39 DVerw. **40** 268. Wenn das Dienststrafgericht, dessen bewilligte Unterstützung herabgesetzt oder entzogen werden soll, nicht mehr besteht, hat der nach § 117 Abs. **3** zuständige RDStH. das Verfahren im Sinne des § 89 Abs. 2 an die hiernach zuständige Dienststrafkammer zu verweisen. RDStH. 2. 3. 38 u. 25. 1. 39 E. **1** 169; **2** 147; 8. 8. 39 DVerw. **40** 268.

2. Die Dienststrafkammer kann, wenn sie **Beweiserhebungen** für geboten hält, z. B. durch Vernehmung von Zeugen und Sachverständigen, Einholung von Auskünften von Behörden u. dgl., eines ihrer Mitglieder damit beauftragen oder eine Behörde darum ersuchen. Dieser Beauftragte gilt nicht als Untersuchungsführer im Sinne der §§ 44 ff., sondern als Leiter von Ermittlungen im Sinne der §§ 16, 17, 21 ff. Er ist also auch nicht befähigt, Zeugen eidlich zu vernehmen, muß vielmehr hierum nach § 16 das zuständige Amtsgericht ersuchen. Jedenfalls aber muß er dem Bedachten Gelegenheit zur mündlichen oder schriftlichen Äußerung geben. Diese Äußerung wird oft Anlaß zu weiteren Ermittlungen geben. Für die Entscheidung gilt der Grundsatz der Bindung an die tatsächlichen Feststellungen des strafgerichtlichen Urteils gemäß § 13 Abs. 3. RDStH. 25. 1. 39 E. 2 147; Behnke 629. Ein Verteidiger ist in diesem Verfahren nicht zugelassen. Behnke 629 und die dort angeführte Entsch. des RDStH. v. 18. 10. 38.

3. Wegen der **Kosten** gelten die §§ 98, 100 und 101 sinngemäß. Der Bedachte, der in dem Verfahren unterliegt, in dem der Unterhaltsbeitrag herabgesetzt oder ganz entzogen wird, ist für schuldig zu erklären, die entstandenen Kosten ganz oder teilweise zu tragen. Hat aber die oberste Dienstbehörde mit ihrem Antrag nur teilweise Erfolg, so kann die Dienststrafkammer die Kosten angemessen verteilen, soweit sie nicht der Bedachte durch Vorsatz oder grobe Fahrlässigkeit verursacht hat. Wird der Antrag abgelehnt, so fallen die Kosten dem Reich zur Last. Wegen der dem Beschuldigten erwachsenen notwendigen Auslagen s. § 100.

4. Gegen den Beschluß der Dienststrafkammer ist gemäß § 66 die **Beschwerde** an den Reichsdienststrafhof, im Verfahren gegen Beamte der Reichsjustizverwaltung an den Dienststrafsenat beim Reichsgericht gegeben. DurchfV. Satz 2 zu § 96. Die Beschwerde muß innerhalb von zwei Wochen seit Bekanntgabe des Beschlusses bei der Dienststrafkammer eingelegt werden. Die Beschwerde kann sowohl der Bedachte wie die oberste Dienstbehörde erheben. Die Dienststrafkammer kann der Beschwerde abhelfen. Andernfalls entscheidet der Reichsdienststrafhof bzw. der Dienststrafsenat beim RG. durch Beschluß endgültig. Die Wiederaufnahme eines solchen Verfahrens gemäß §§ 83 ff. ist nicht zulässig. RDStH. v. 28. 1. 38 bei Busse BeamtJahrb. 38 180.

Abschnitt V.

Kosten des Dienststrafverfahrens.

§ 97.

(1) Der Dienstvorgesetzte kann einem Beamten, gegen den er eine Dienststrafe verhängt hat, die durch die Ermittlungen entstandenen Kosten ganz oder teilweise auferlegen. Sie können von den Dienstbezügen abgezogen werden, auch soweit diese nicht pfändbar sind. Sie fließen dem unmittelbaren Dienstherrn zu.

(2) Kosten, die nicht nach Abs. 1 von dem Beamten zu erstatten sind, fallen dem unmittelbaren Dienstherrn zur Last.

1. § 97 handelt von den Kosten im **Verfahren des Dienstvorgesetzten;** die §§ 98—101 befassen sich mit den Kosten im **förmlichen Dienststrafverfahren.** In beiden Verfahren werden als Kosten nur bare Auslagen (s. Anm. 2 zu § 98), nicht Gebühren oder Stempel erhoben. DurchfV. Nr. 1 zu den §§ 97—99. Während im Verfahren des Dienstvorgesetzten nach § 97 **in das freie Ermessen** des Dienstvorgesetzten gestellt ist, ob er einem von ihm bestraften Beamten auch die Kosten ganz oder teilweise auferlegen will, **muß im förmlichen Dienststrafverfahren** über die Kosten entschieden werden. Die Vorschrift des § 97 stellt eine Neuerung gegenüber dem bisherigen Recht dar. Denn bisher konnten die außerhalb des förmlichen Dienststrafverfahrens, also durch formlose Ermittlungen entstandenen Kosten dem Bestraften nicht auferlegt werden. Begr. Ist das Verfahren nach § 22 eingestellt worden, ohne daß eine Bestrafung erfolgt ist, so fallen nach § 97 Abs. 2 die Kosten dem unmittelbaren Dienstherrn zur Last.

2. Nur der **Dienstvorgesetzte** (s. § 2 Abs. 4 DBG. und oben Anm. 1 zu § 24) **kann** bei oder auch nach Verhängung einer Dienststrafe (Warnung, Verweis oder Geldbuße) dem bestraften Beamten die durch die Ermittlungen sowohl im Vorverfahren wie im Dienststrafverfahren entstandenen Kosten ganz oder teilweise auferlegen. Es ist seinem freien Ermessen überlassen, ob und gegebenenfalls in welchem Umfang er von dieser Befugnis Gebrauch machen will. Sind nur geringe Kosten entstanden oder handelt es sich um nicht erhebliche Verfehlungen, so wird von der Auferlegung der Kosten in der Regel abzusehen sein. Sind aber — etwa durch das hartnäckige Leugnen des Beschuldigten — erhebliche Kosten, z. B. durch Vernehmung von Zeugen, Ortsterminen u. dgl. entstanden, so wird es geboten sein, dem bestraften Beamten die Kosten ganz oder zum Teil aufzuerlegen. Der Kostenteil ist zweckmäßig, um spätere umständliche Berechnungen zu ersparen, auf einen bestimmten Geldbetrag festzusetzen. Breithaupt 246. Gegen die Belastung mit Kosten kann der Beamte nach § 26 Beschwerde einlegen; § 67 Abs. 2 findet hier keine Anwendung. Reuter RVerwBl. **58** 884; Behnke 634.

3. Sind dem bestraften Beamten Kosten auferlegt, so können sie (ebenso wie etwaige Geldbußen § 102 Abs. 4) — z. B. wenn der Beamte sie nicht bald nach der Dienststrafverfügung freiwillig bezahlt — **von den Dienstbezügen abgezogen werden,** so daß der Beamte dann nur die um die Kosten (und evtl. die Geldbußen) verkürzten Bezüge gezahlt erhält. Dabei brauchen die Pfändungsbeschränkungen nicht eingehalten zu werden. Dies ist durch die LohnpfändV. v. 30. 10. 40 (RGBl. I 1451) nicht geändert worden. Wittland JW. **41** 33. Von der Pfändung sind frei (vgl. § 39 DBG. und § 5 a. a. O.) die Beträge bis zu 130 RM. monatlich ganz und drei Zehntel des überschießenden Betrages. Die Kosten (und evtl. die Geldbußen) können also auch von diesen Teilen der Dienstbezüge gedeckt werden. Wenn hiernach auch der Dienstvorgesetzte bei der Deckung dieser Beträge über die Dienstbezüge in voller Höhe verfügen darf, so wird er doch von dieser Befugnis einen vorsichtigen Gebrauch machen müssen. Denn sonst könnte leicht — besonders bei hohen Kosten- und Geldbußenbeträgen — die wirtschaftliche Existenz des Beamten und seiner Familie gefährdet sein. Oft wird es dem Beamten zu gestatten sein, die schuldigen Summen in Teilbeträgen zu tilgen.

4. Die Kosten fließen dem unmittelbaren Dienstherrn zu. Wenn also z. B. einem Kommunalbeamten, der mittelbarer Reichsbeamter, aber unmittelbarer Gemeindebeamter ist, Kosten auferlegt sind, so fließen diese nicht dem Reich, sondern der Gemeinde als der unmittelbaren Dienstherrin zu. Sind aber von dem bestraften Beamten Kosten nicht zu erstatten, sei es, daß sie ihm nicht auferlegt sind, sei es, daß sie nicht durch die Ermittlungen der Gemeinde entstanden sind, so fallen sie dem **unmittelbaren Dienstherrn,** also der Gemeinde, zur Last.

5. Wegen der **Beitreibung** der Kosten s. § 103.

§ 98.

(1) Der Beschuldigte, der im Dienststrafverfahren verurteilt wird, ist zugleich für schuldig zu erklären, die in dem gesamten Verfahren entstandenen Kosten ganz oder teilweise zu tragen.

(2) Dasselbe gilt, wenn das förmliche Dienststrafverfahren aus den Gründen des § 52 Abs. 1 Nr. 3 bis 5 und Abs. 2 Satz 3 eingestellt wird und nach dem Ergebnis der Untersuchung die Verhängung einer Dienststrafe gerechtfertigt gewesen wäre.

Die §§ 98 ff. handeln von den **Kosten im förmlichen Dienststrafverfahren.**

1. **In zwei Fällen ist** der Beschuldigte für schuldig zu erklären, die entstandenen Kosten, zu denen nur die baren Auslagen, nicht aber Gebühren oder Stempel gehören, ganz oder teilweise zu tragen:

a) **wenn er zu einer Strafe verurteilt wird.** Dabei ist es ohne Bedeutung, ob er zu einer solchen Strafe verurteilt wird, die, wie die Entfernung aus dem Dienst, Gehaltskürzung, Aberkennung oder Kürzung des Ruhegehalts nur im förmlichen Dienststrafverfahren verhängt werden kann oder ob auf eine geringere Strafe erkannt wird. Entscheidend ist für die Kostenfrage lediglich, daß er zu irgend einer, wenn auch noch so geringen Strafe verurteilt ist.

b) **wenn das förmliche Dienststrafverfahren** aus den Gründen des § 52 Abs. 1 Nr. 3—5 und Abs. 2 Satz 3 **eingestellt wird und nach dem Ergebnis der Untersuchung nach Ansicht der Einleitungsbehörde oder des Dienststrafgerichts die Verhängung einer Dienststrafe gerechtfertigt gewesen wäre.** Nicht etwa bei jeder Einstellung des Verfahrens hat also diese Kostenverurteilung zu erfolgen, sondern nur dann, wenn eine Verurteilung nicht mehr erfolgen kann, da der Beschuldigte aus dem Beamtenverhältnis ausgeschieden oder entlassen ist und deshalb die Einstellung erfolgen muß. Hinzu kommen muß aber in diesen Fällen weiter, daß nach dem Untersuchungsergebnis mit der Verhängung einer — wenn auch nur geringen — Dienststrafe zu rechnen gewesen wäre, wenn die Einstellung nicht erfolgt wäre.

Hierher gehören u. a. auch die Fälle, in denen die Einstellung erfolgt, weil gegenüber einem Ruhestandsbeamten das erwiesene Dienstvergehen nicht eine der beiden schwersten Strafen rechtfertigt oder der Beschuldigte aus dem Beamtenverhältnis *ausscheidet* infolge gerichtlicher Verurteilung zu einer Strafe, die den Amtsverlust kraft Gesetzes nach sich zieht. Dasselbe gilt, wenn vom Strafrichter ein Ruhestandsbeamter nach § 132 DBG. zu einer Strafe verurteilt ist, die den Verlust des Ruhegehalts und der Versorgung zur Folge hat.

Wird das Verfahren aus den Gründen des § 52 Abs. 1 Nr. 1 eingestellt, so müssen die Kosten dem Reich auferlegt werden und wegen der notwendigen Auslagen des Beschuldigten gilt § 100 Abs. 1 Satz 1. Besonderes gilt im Falle des § 52 Abs. 2 Satz 1.

Stirbt der Beschuldigte vor Rechtskraft des Urteils und wird deshalb das Verfahren eingestellt, so können weder dem Beschuldigten noch seinen Erben die Kosten auferlegt werden; sie fallen vielmehr dem Reich zur Last.

Reuter RVerwBl. **58** 883 nimmt dagegen an, daß die in jedem Dienststrafverfahren entstehenden Kosten, soweit sie nicht dem Beschuldigten oder im Rahmen des § 100 dem Reich oder den im § 86 Abs. 1 Nr. 1 bezeichneten, im Wiederaufnahmeverfahren hervortretenden Personen auferlegt werden, dem unmittelbaren Dienstherrn und nicht dem Reich zur Last fallen. Wie hier Wittland 859 u. Behnke 635.

2. In den Fällen zu 1. **muß** der Beschuldigte für schuldig erklärt werden, die Kosten ganz oder teilweise zu tragen. Das Dienststrafgericht ist also nicht, wie der Dienstvorgesetzte, im Verfahren des Dienstvorgesetzten (§ 97), befugt, von der Auferlegung der Kosten abzusehen. Die Kosten müssen dem Beschuldigten im Falle zu 1a zugleich mit der Verurteilung auferlegt werden; es ist also nicht zulässig, sie ihm erst später durch besonderen Beschluß aufzuerlegen, s. auch § 101 Abs. 1. Es handelt sich dabei um die in dem **gesamten** Verfahren entstandenen Kosten. Dazu gehören nicht bloß die Kosten des Verfahrens in den beiden Rechtszügen, sondern auch die Kosten, die in den Vorermittlungen und in der Untersuchung entstanden sind.

Zu den Kosten des „gesamten" Verfahrens gehört insbesondere folgendes:

Schreibgebühren für auf Antrag erteilte Ausfertigungen und Abschriften (25 Rpf. für jede angefangene Seite, die 28 Zeilen von durchschnittlich 15 Silben enthält);

Postgebühren

a) für Übersendung der auf Antrag erteilten Ausfertigungen und Abschriften,

b) für Ladungen von Zeugen und Sachverständigen; Telegrammgebühren, Fernsprechgebühren im Fernverkehr; die durch Einrückung in öffentliche Blätter entstehenden Kosten; die an Zeugen und Sachverständige nach dem G. v. 21. 12. 1925 (RGBl. I 471) zu zahlenden Gebühren; die in der Untersuchung entstandenen Tagegelder und Reisekosten des Untersuchungsführers, des Vertreters der Einleitungsbehöcde nnd des Schriftführers;

die Kosten für die Unterbringung und Untersuchung des Beschuldigten in einer öffentlichen Heil- und Pflegeanstalt vgl. § 48;

die baren Auslagen des dem Beschuldigten im Falle des § 48 Abs. 1 bestellten Verteidigers.

die baren Auslagen des auf Grund des § 15 Abs. 2 bestellten Pflegers.

Die Verwaltungskosten der Dienststrafgerichte, insbesondere Reisekosten- und Tagegelder der Mitglieder und die durch die Teilnahme des Vertreters der Einleitungsbehörde (obersten Dienstbehörde) und des Schriftführers an der Hauptverhandlung entstehenden Kosten gehören nicht zu den Kosten des Dienststrafverfahrens im Sinne der §§ 97—101. Dasselbe gilt von den Stellvertretungskosten, die bei einer vorläufigen Dienstenthebung des Beschuldigten entstehen und von den Kosten für die Bereitstellung von Räumen bei auswärtigen Terminen. Reuter RVerwBl. **58** 881.

DurchfV. Nr. 2 und 4 zu §§ 97—99 in der Fassung der 2. DurchfV. v. 27. 8. 38 (RGBl. I 1069).

Die entstandenen Kosten sind, gegebenenfalls mit Abschriften der Berechnungen, in den Vorermittlungs- und Untersuchungsakten zu vermerken. DurchfV. Nr. 3 zu §§ 97—99.

Diese Kosten müssen dem Beschuldigten nach dem Ermessen des Gerichts entweder **ganz** oder **teilweise** auferlegt werden. Eine gänzliche Befreiung des Beschuldigten von den Kosten ist unzulässig. Ob dem Beschuldigten die Kosten ganz oder nur teilweise aufzuerlegen sind, wird sich bestimmen nach dem Grade der Verschuldung, der Höhe der Strafe, den begleitenden Umständen sowie unter Berücksichtigung der Veranlassung, durch die die Auslagen entstanden sind. Eine teilweise Auferlegung wird ferner dann in Frage kommen, wenn der Beschuldigte bei mehreren Anschuldigungspunkten nur wegen einiger Punkte verurteilt worden ist; in diesem Falle werden ihm die Kosten nur insoweit aufzuerlegen sein, als sie durch die Erörterung der demnächst für begründet erachteten Punkte entstanden sind. Dies gilt, obwohl im Dienststrafverfahren mehrere Anschuldigungspunkte nicht „mehrere strafbare Handlungen" darstellen, sondern als einheitliches Dienstvergehen zu beurteilen sind. RDisH. v. 18. 3. 1889 bei Schulze Rspr. 103; s. auch §§ 465, 467 StPO. Hat der Beschuldigte in der Berufungsinstanz zwar keine Freisprechung, aber eine Herabsetzung der Strafe erzielt, so hat er teilweise Erfolg gehabt und es kann dann das Dienststrafgericht nach § 99 Abs. 1 Satz 2 die Kosten angemessen verteilen; soweit sie aber der Beschuldigte durch Vorsatz oder grobe Fahrlässigkeit verursacht hat, werden sie ihm nach § 467 Abs. 1 StPO. stets ganz aufzuerlegen sein. Aber auch abgesehen hiervon kann das Dienststrafgericht auch bei teilweisen Erfolg des Rechtsmittels die Kosten dem, der die Berufung eingelegt hat, ganz auferlegen. Es hat hierüber nach freiem Ermessen zu befinden.

3. **Die Kostenentscheidung allein** kann mit der Berufung nicht angefochten werden. § 67 Abs. 2; s. oben Anm. 2 zu § 67.

§ 99.

(1) Der Beschuldigte, der ein Rechtsmittel zurückgenommen oder erfolglos eingelegt hat, ist für schuldig zu erklären, die durch den Gebrauch dieses Rechtsmittels entstandenen Kosten zu tragen. Hatte das Rechts-

mittel teilweise Erfolg, so kann das Dienststrafgericht dem Beschuldigten einen angemessenen Teil dieser Kosten auferlegen.

(2) Diese Vorschriften gelten sinngemäß für die Kosten, die durch einen Antrag auf Wiederaufnahme des Verfahrens entstanden sind.

1. § 99 befaßt sich mit den **Kosten der Beschwerde- und Berufungsinstanz** im förmlichen Dienststrafverfahren und des **Wiederaufnahmeverfahrens.**

2. Die Kosten der Rechtsmittelinstanz sind dem aufzulegen, dessen Rechtsmittel — es kann Beschwerde oder Berufung sein — erfolglos geblieben oder vor der Entscheidung zurückgenommen worden ist.

Hat das Rechtsmittel teilweisen Erfolg, hat es z. B. zur Milderung der Dienststrafe geführt, so kann das Dienststrafgericht nach freiem Ermessen dem Beschuldigten einen Teil dieser Kosten auferlegen, die Kosten also angemessen verteilen; es kann aber auch bei besonderer Sachlage dem Beschuldigten trotz seines teilweisen Erfolgs die ganzen Kosten auferlegen. Dabei können auch die Kosten des ersten Rechtszugs entsprechend berücksichtigt werden.

Haben *beide Teile* Berufung eingelegt und ist diese auf beiden Seiten erfolglos geblieben, so hat jeder Teil die durch sein Rechtsmittel entstandenen Kosten zu tragen.

Wird das erste Urteil abgeändert und der Beschuldigte freigesprochen, so fallen die Kosten beider Instanzen dem Reich zur Last.

Wird das erste Urteil auf Berufung des Beschuldigten abgeändert und auf eine mildere Strafe erkannt, so hat die Berufung Erfolg gehabt und es werden deshalb die Kosten der Berufungsinstanz dem Reich auferlegt. Es ist nicht richtig, in solchen Fällen dem Beschuldigten diese Kosten aufzuerlegen, da er nach wie vor zu einer Strafe verurteilt sei; auch genügt es nicht, ihm einen Teil der Kosten aufzuerlegen, wenn auch der Vertreter der Einleitungsbehörde Berufung eingelegt hatte. Dabei ist aber vorausgesetzt, daß er die Berufung *auf das Strafmaß beschränkt* hatte. Hat er das erste Urteil in ganzem Umfang angefochten und ist auf mildere Strafe erkannt, so hat er nur teilweise Erfolg gehabt und es kommt dann § 99 Abs. 1 Satz 2 zur Anwendung.

Hat das Berufungsgericht eine Sache zur nochmaligen Verhandlung und Entscheidung an die Dienststrafkammer zurückverwiesen, so kann es über die Kosten nicht entscheiden, da es zur Hauptsache kein Urteil gefällt hat; es muß dann die Dienststrafkammer bei ihrer neuen Entscheidung über die in der Berufungsinstanz entstandenen Kosten mitentscheiden.

Die dem Beschuldigten erwachsenen *außergerichtlichen Kosten*, also auch die Verteidigerkosten, fallen, auch wenn auf mildere Strafe erkannt ist, stets dem Beschuldigten zur Last. Denn abgesehen von dem Falle des § 100 Abs. 1 Satz 2 können dem Reich die dem Beschuldigten erwachsenen notwendigen Auslagen nur bei Einstellung aus anderen als den in § 98 Abs. 2 bezeichneten Gründen oder bei Freisprechung auferlegt werden. Die Kosten, die der Beschuldigte durch Vorsatz oder grobe Fahrlässigkeit, z. B. durch unberechtigtes Leugnen, das zur Vernehmung zahlreicher, mit Zeugengebühren bedachter Zeugen geführt hatte, verursacht hat, wird er in solchen Fällen allein zu tragen haben.

Hat der Vertreter der Einleitungsbehörde das Rechtsmittel eingelegt und hat es keinen Erfolg, so muß das Reich die Kosten tragen. Es muß aber gleichzeitig auch die dem Beschuldigten erwachsenen notwendigen Auslagen tragen (s. hierüber näheres Anm. 2 zu § 100). Die Kosten der Verteidigung gehören nicht ohne weiteres zu den notwendigen Auslagen des Beschuldigten. Das Reich trägt sie nur, wenn sie ihm ausdrücklich im Urteil auferlegt worden sind; s. näheres Anm. 2 zu § 100.

3. **Die Kosten des Wiederaufnahmeverfahrens** werden, da dieses Verfahren nur auf Antrag betrieben und der Antragsteller mit demjenigen gleichgestellt wird, der ein Rechtsmittel eingelegt hat, nach den zu 2. entwickelten Vorschriften behandelt. Auch bezüglich der Kosten der Verteidigung gilt im Wiederaufnahmeverfahren der Grundsatz, daß sie das Reich nur zu tragen hat, wenn sie ihm ausdrücklich auferlegt worden sind.

§ 100.

(1) Die dem Beschuldigten erwachsenen notwendigen Auslagen können dem Reich ganz oder teilweise auferlegt werden, wenn der Beschuldigte freigesprochen oder das förmliche Dienststrafverfahren aus anderen als den im § 98 Abs. 2 bezeichneten Gründen eingestellt wird. Sie sind dem Reich aufzuerlegen, wenn der Vertreter der Einleitungsbehörde ein Rechtsmittel zurückgenommen oder erfolglos eingelegt hat.

(2) Kosten der Verteidigung trägt das Reich nur, wenn sie ihm ausdrücklich auferlegt worden sind. Dies gilt auch für das Wiederaufnahmeverfahren.

1. In zwei Fällen ist der Beschuldigte **nicht verpflichtet, die Kosten zu tragen.**

a) wenn er **freigesprochen** ist. In diesem Falle fallen die Kosten dem Reich zur Last.

b) wenn das förmliche Dienststrafverfahren aus **anderen** als den im § 98 Abs. 2 bezeichneten **Gründen eingestellt** worden ist. Dies ist z. B. der Fall, wenn das Verfahren eingestellt wird, weil es nicht rechtswirksam eingeleitet oder sonst unzulässig ist oder weil der Beschuldigte vor Eintritt der Rechtskraft stirbt, oder endlich weil nach § 52 Abs. 2 Satz 1 das Verfahren nach dem Ergebnis der Untersuchung ohne Verhängung einer Dienststrafe eingestellt wird. Es sind dies also solche Fälle, wo den Beschuldigten an der Einstellung regelmäßig kein Verschulden trifft.

c) wenn der **Vertreter der Einleitungsbehörde** ein Rechtsmittel **zurückgenommen** oder erfolglos eingelegt hat.

2. In den Fällen zu 1 a und b, in denen es nicht zur Kostentragung seitens seitens des Beschuldigten kommt, **können** die dem Beschuldigten erwachsenen **notwendigen Auslagen,** soweit sie im förmlichen Dienststrafverfahren entstanden sind (Reuter RVerwBl. **58** 882), dem Reich auferlegt werden. Dem Beschuldigten können nur tatsächlich entstandene Auslagen erstattet werden, nicht Verdienstausfälle und dergleichen. Zu den notwendigen Auslagen gehören auch Reisekosten des Beschuldigten und von ihm gezahlte Gebühren für die von ihm selbst geladenen Zeugen. Die Dienststrafkammer entscheidet nur über die im ersten Rechtszug entstandenen Auslagen. Ob auch die im Berufungsverfahren entstandenen Auslagen zu erstatten sind, entscheidet der Reichsdienststrafhof. Trifft das Dienststrafgericht keine ausdrückliche Entscheidung, so hat der Beschuldigte keinen Anspruch auf Erstattung dieser Auslagen. AusfV. Nr. 1 und 2 zu § 100; OVG. **88** 402; 27. 10. 36 RVerwBl. **58** 65. Die Entscheidung über die Auslagen kann nur unmittelbar auf Grund der Hauptverhandlung erfolgen; eine nachträgliche Entscheidung hierüber ist unzulässig. Reuter RVerwBl. **58** 883; Behnke 644. Unter Umständen, namentlich wenn sie durch Schuld des Beschuldigten entstanden sind, hat der Beschuldigte die Auslagen allein zu tragen. Die Nichterwähnung der notwendigen Auslagen des Beschuldigten in einer Entscheidung ist dann als Versagung der Belastung des Reichs mit solchen Auslagen anzusehen, wenn die Entscheidung auf Grund mündlicher Verhandlung ergangen war, in der der Beschuldigte den Antrag auf Auferlegung hätte stellen können. Behnke 644. Abweichendes gilt bei Entscheidungen, die ohne mündliche Verhandlung ergangen sind, wenn der Beschuldigte nach Lage der Sache einen solchen Antrag nicht schuldhaft versäumt hat. OVG. **97** 236; s. auch PrOVG. 27. 10. 36 RVerwBl. **58** 65; RDStH. **1** 149 = RVerwBl. **59** 884; Behnke 644.

Notwendige Auslagen sind solche, die dem Beschuldigten im Zeitpunkt ihres Bestehens bei verständiger Beurteilung des Einzelfalles subjektiv notwendig erscheinen. PrOVG. 1. 12. 36 RVerwBl. **58** 263; RDStH. 27. 7. 38 RVerwBl. **59** 884 = E **1** 151; Reuter RVerwBl. **58** 881, 882.

Die Kosten für einen Verteidiger (Gebühren, Reisekosten und Tagegelder) gehören nicht ohne weiteres zu den notwendigen Auslagen. Vielmehr trägt das Reich diese Kosten nur, wenn sie ihm durch das Gericht ausdrücklich auferlegt worden sind. RDStH. 27. 7. 38 a. a. O. Das Gericht wird zu dieser Belastung des Reichs nicht etwa in den Fällen kommen, in denen es die dem Beschuldigten erwachsenen Auslagen dem Reich auferlegt. Vielmehr wird es, um nicht die Reichskasse unnötig zu belasten, im Einzelfall sorgfältig zu prüfen haben, ob aus besonderen Gründen, z. B. wegen der tatsächlichen oder rechtlichen Schwierigkeit der Sache, die Zuziehung eines Verteidigers als notwendig anzuerkennen sein möchte. Ähnlich BadVGH. 17. 12. 28 JW. **30** 3023; s. auch RDisH. 16. 6. 31 Foerster-Simons 303; PrOVG. 1. 12. 36 RVerwBl. **58** 263; Wittland BeamtJahrb. **35** 725; s. auch RDStH. 27. 7. 38 a. a. O; 23. 9. 38 bei Behnke 646; **a. M.** Reuß JW. **40**

2213, der in allen Fällen der Freisprechung die Kosten der Verteidigung dem Reich auferlegen will. Als Gebühren der Verteidigung sind nur die dem Verteidiger nach der Gebührenordnung für Rechtsanwälte v. 5. 7. 27 (RGBl. I 162) zustehenden Sätze anzusehen; s. oben Anm. 7 zu § 56; darüber hinaus vereinbarte Honorare sind nicht zu erstatten. DurchfV. Nr. 3 zu § 100.

Ob — abgesehen von den Verteidigerkosten — im einzelnen die dem Reich auferlegten Auslagen des Beschuldigten notwendig waren, prüft nach § 101 Abs. 2 die Geschäftsstelle der Dienststrafkammer; s. RDisH. 8. 7. 29 Foerster-Simons 305; auf Beschwerde entscheidet die Kammer endgültig.

3. Die dem Beschuldigten erwachsenen notwendigen Auslagen — und auch die sonstigen Kosten des Rechtsmittels — **sind dem Reich aufzuerlegen,** wenn der Vertreter der Einleitungsbehörde ein Rechtsmittel zurückgenommen oder erfolglos eingelegt hat. Voraussetzung ist allerdings nach der Rechtsprechung des RDStH., daß der Vertreter der Einleitungsbehörde allein Berufung eingelegt hat. Bach RVerwBl. **59** 287.

§ 101.

(1) Jede Entscheidung in der Hauptsache muß bestimmen, wer die Kosten des Verfahrens zu tragen hat.

(2) Die Kosten, zu deren Tragung der Beschuldigte verurteilt worden ist, und die dem Reich auferlegten Kosten sind durch die Geschäftsstelle der Dienststrafkammer festzusetzen. Auf Beschwerde gegen die Festsetzung entscheidet die Dienststrafkammer endgültig. § 97 Abs. 1 Satz 2 gilt sinngemäß.

(3) Die im förmlichen Dienststrafverfahren festgesetzten Kosten fließen dem Reiche zu, auch soweit sie bei den Vorermittlungen entstanden sind.

1. Jede Entscheidung (Urteil oder Beschluß) in der **Hauptsache,** d. h. in den zur Anschuldigung stehenden Punkten, nicht in etwaigen Nebenpunkten (z. B. Bestrafung von Zeugen, Beschlüsse über Ablehnung von Richtern, Zuständigkeitsstreitigkeiten usw.) **muß den bezeichnen, der die Kosten des Verfahrens zu tragen hat.** Ist dies im ersten Rechtszug unterblieben, so liegt darin ein so wesentlicher Mangel des Verfahrens, daß es deswegen u. U. zur Aufhebung und Zurückverweisung kommen kann.

Unbedingt nötig ist auch, daß durch die ausdrückliche Kostenentscheidung jeder Zweifel darüber ausgeschlossen wird, wer die Kosten des Verfahrens zu tragen hat. Besonders im zweiten Rechtszuge muß das Berufungsurteil Klarheit darüber schaffen, nicht nur wer die Kosten des zweiten Rechtszuges, sondern auch wer die des ersten Rechtszuges dann zu tragen hat, wenn das erste Urteil ganz oder teilweise abgeändert worden ist.

Die Kostenentscheidung allein kann mit der Berufung nicht angefochten werden. § 67 Abs. 2.

2. Die Kosten werden ziffermäßig in dem Urteil des Dienststrafgerichts nicht festgesetzt Behnke 648;; a. M. Breithaupt 253. Dies ist vielmehr

Sache **der Geschäftsstelle der Dienststrafkammer.** Diese Geschäftsstelle und nicht die des Berufungsgerichts ist auch dann zuständig, wenn die Sache durch Urteil zweiter Instanz erledigt worden ist. Reuter RVerwBl. **58** 884; Wittland 875. Es soll der RDStH. von jeder Kostenabwicklung freigestellt sein. RDStH. 28. 1. 38 RVerwBl. **59** 387 = E. 158. Es werden keine Gebühren, sondern nur bare Auslagen bei den Kosten angerechnet. Was dazu gehört, ist oben Anm. 2 zu § 98 hervorgehoben. Im einzelnen können sich nicht selten Zweifel darüber ergeben, was alles zu den Auslagen zu rechnen ist. Dieselbe Geschäftsstelle hat auch zu prüfen und zu entscheiden, ob im einzelnen die dem Reich auferlegten Auslagen des Beschuldigten notwendig waren. RDisH. 8. 7. 29 Foerster-Simons 305. Die Kosten der Verteidigung müssen aber von dem Dienststrafgericht dem Reich ausdrücklich auferlegt worden sein, wenn die Prüfung der Geschäftsstelle über die Höhe der Verteidigerkosten erfolgen soll. Über die Kosten und deren Betrag ist der Rechtsweg nicht zulässig. Es ist aber gegen die — den Beteiligten zuzustellende — Verfügung der Geschäftsstelle über Festsetzung der Kosten die unbefristete **Beschwerde** zulässig. Die Geschäftsstelle kann der Beschwerde abhelfen; andernfalls entscheidet über die Beschwerde die Dienststrafkammer endgültig.

3. Der Beschuldigte hat die endgültig festgesetzten Kosten zu entrichten. Sie können nach § 101 Abs. 2 Satz 3 in Verbindung mit § 97 Abs. 1 Satz 2 **von den Dienstbezügen** des Beschuldigten **abgezogen werden,** auch soweit sie nicht pfändbar sind; s. hierüber näheres Anm. 3 zu § 97. Die Kosten sind aber nicht mehr einziehbar, wenn der Beschuldigte vor Rechtskraft des ihm die Kosten zur Last legenden Urteils gestorben ist. Abgesehen hiervon erfolgt, wenn der Abzug von den Dienstbezügen nicht zum Ziele führt, **die Beitreibung der Kosten** nach Rechtskraft des Urteils im Wege des Verwaltungszwangsverfahrens. Das Nähere hierüber bestimmen die Durchführungsvorschriften. § 103. Die beigetriebenen Kosten fließen sämtlich dem Reiche zu, selbst soweit sie bei den Vorermittlungen, also oft im Bereiche mittelbarer Reichsbehörden, wie Gemeinden, sonstiger öffentlicher Körperschaften usw. entstanden sind.

Ist der Beamte nach § 78 vorläufig des Dienstes enthoben und ist ihm nach § 79 ein Teil der jeweiligen Dienstbezüge einbehalten, so können nach rechtskräftigem Abschluß des Dienststrafverfahrens die Kosten des Straf- und des Dienststrafverfahrens, soweit der Verurteilte sie zu tragen hat, von den einbehaltenen und nach § 82 Abs. 2 Satz 1 nachzuzahlenden Beträgen abgezogen werden. Dies ist nicht zulässig, wenn die einbehaltenen Beträge nach § 82 Abs. 1 verfallen sind. In diesem Falle muß der Beschuldigte die Kosten noch besonders bezahlen.

Abschnitt VI.

Vollstreckung, Begnadigung.

§ 102.

(1) Entfernung aus dem Dienst und Aberkennung des Ruhegehalts werden mit der Rechtskraft des Urteils wirksam. Ein auf Entfernung aus dem Dienst lautendes Urteil gilt, wenn der Verurteilte vor Eintritt der Rechtskraft in den Ruhestand tritt, als Urteil auf Aberkennung des Ruhegehalts, ein auf Gehaltskürzung lautendes Urteil sinngemäß als Urteil auf Kürzung des Ruhegehalts.

(2) Warnung und Verweis gelten, wenn sie durch Dienststrafverfügung verhängt werden, mit deren Zustellung oder Eröffnung, wenn sie durch Urteil verhängt werden, mit der Rechtskraft als vollstreckt.

(3) Geldbuße, Gehaltskürzung und Kürzung des Ruhegehalts vollstreckt der Dienstvorgesetzte; bei Ruhestandsbeamten gilt § 21 Abs. 4. Die Durchführungsvorschriften bestimmen, wie die Kürzung der Dienstbezüge bei Beamten, die Gebühren beziehen, vollstreckt wird.

(4) Die Geldbuße kann von den Dienstbezügen abgezogen werden, auch soweit diese nicht pfändbar sind.

(5) Geldbußen, die der Dienstvorgesetzte verhängt, fließen dem unmittelbaren Dienstherrn des Beamten zu. Geldbußen, die durch Urteil verhängt werden, sind an das Reich abzuführen.

1. Die **Vollstreckung** der Urteile liegt nicht den Dienststrafgerichten, **sondern den Verwaltungsbehörden** ob. Sie können aber nicht früher vollstrecken, bis die **Rechtskraft des Urteils** feststeht. Über die Rechtskraft haben die Dienststrafgerichte zu befinden. Es ist die von dem Dienststrafgericht bzw. von der Geschäftsstelle dieses Gerichts bei Rücksendung der Akten abzugebende Erklärung, daß das Urteil rechtskräftig sei, für die Verwaltungsbehörde als Grundlage für die Vollstreckung des Urteils anzusehen.

Über die **Rechtskraft der Entscheidungen** bestimmen die §§ 76, 77 das Nähere.

Ist der Beamte **aus dem Amt** in anderer Weise als durch Eintritt in den Ruhestand **ausgeschieden,** so kann die Strafe — es kommen insbes. Geldbuße und Gehalts- bzw. Ruhegehaltskürzung in Betracht — gegen ihn nicht vollstreckt werden; s. unter Anm. 4 u. Behnke 655. Nach dem Tode des Beamten ist jede Vollstreckung unzulässig; s. aber § 7 Abs. 3 und § 9 Abs. 3. Auch gegen die Hinterbliebenen eines Beamten ist die Vollstreckung nicht zulässig. Wittland 883.

Die Vollstreckung von Dienststrafen kann unter entsprechender Anwendung des § 456 Abs. 1 StPO. auf Antrag des Verurteilten aufgeschoben werden, wenn die sofortige Vollstreckung dem Verurteilten oder seiner Familie erhebliche, außerhalb des Strafzwecks liegende Nachteile bereiten würde.

2. Einige Urteile bedürfen **keiner besonderen Vollstreckung.** Sie werden vielmehr mit der Rechtskraft des Urteils ohne weiteres wirksam.

Dazu gehört das Urteil, das die Strafe der Entfernung aus dem Amt oder Aberkennung des Ruhegehalts verhängt hat. Das Beamtenverhältnis endet mit der Rechtskraft des Urteils; dies gilt auch für die Berechnung der Dienstzeit. Die Zahlung der Dienst- und Versorgungsbezüge ist jedoch erst mit dem Ende des Monats einzustellen, in dem das auf Entfernung aus dem Dienst lautende Urteil rechtskräftig wird; Bezüge, die für den folgenden Monat bereits gezahlt sind, sind wieder einzuziehen oder auf einen etwaigen Unterhaltsbeitrag (vgl. § 64 Abs. 3) anzurechnen. DurchfV. Nr. 1 zu § 102.

Die Rechtsfolgen der Verurteilung zu den Höchststrafen treten aber nicht schon ein, wenn bei einer auf den Unterhaltsbeitrag beschränkten Berufung die Höchststrafe selbst unanfechtbar geworden ist; s. oben Anm. 1a zu § 76.

Zur Vereinfachung ist bestimmt, daß ein auf Entfernung aus dem Dienst lautendes Urteil, wenn der Verurteilte vor Eintritt der Rechtskraft in den Ruhestand tritt, z. B. durch Erreichung der Altersgrenze, Ablauf seiner Amtszeit bei Zeitbeamten usw., als Urteil auf Aberkennung des Ruhegehalts und ein auf Gehaltskürzung lautendes Urteil sinngemäß als Urteil auf Kürzung des Ruhegehalts gilt. Es bedarf also in diesem Falle nicht eines neuen Urteils.

3. Früher war streitig, ob die auf **Warnung** oder **Verweis** lautenden Strafverfügungen oder Urteile noch besonders vollstreckt werden müßten. Die Streitfrage ist durch § 102 Abs. 2 im verneinenden Sinne entschieden. Die jetzige Regelung vereinfacht das Verfahren insofern wesentlich, als nunmehr dem bestraften Beamten nicht noch besonders mündlich oder schriftlich die Warnung oder der Verweis erteilt zu werden braucht. Nur bei der verhandlungsschriftlichen Eröffnung findet eine Ausnahme statt. Es gelten Warnung und Verweis, wenn sie durch Dienststrafverfügung verhängt werden, mit deren Zustellung (§ 19) oder verhandlungsschriftlicher Eröffnung (§ 25), wenn sie durch Urteil verhängt werden, mit der Rechtskraft als vollstreckt; in letzterem Falle ist nach § 65 Abs. 3 und § 75 Abs. 1 das Urteil in Ausfertigung mit Gründen dem Beschuldigten zugestellt worden; er hat also daraus ersehen, daß ihm die erwähnte Strafe auferlegt ist.

4. Die **Geldbuße, Gehaltskürzung** und **Kürzung des Ruhegehalts** bedürfen besonderer Vollstreckung. Sie bewirkt der Dienstvorgesetzte (§ 2 Abs. 5 DBG.); auch bei Kommunalbeamten. § 5 Abs. 2 DurchfV. v. 3. 7. 37, (RGBl. I S. 730), für Ruhestandsbeamte s. § 21 Abs. 4 RDStO.). Mit der Vollstreckung der Gehaltskürzung (Kürzung des Ruhegehalts) ist in der Regel bei der auf den Eintritt der Rechtskraft des Urteils folgenden Zahlung der Dienst- und Versorgungsbezüge zu beginnen. DurchfV. Nr. 2 zu § 102. Die Vollstreckung der Geldbuße (§ 102 Abs. 3 Satz 1) wird nicht dadurch gehindert, daß der Bestrafte nach ihrer Verhängung in den Ruhestand tritt. Endet das Beamtenverhältnis auf andere Weise (vgl. § 50 DBG.), so ist die Geldbuße ebensowenig wie eine Gehaltskürzung oder Ruhegehaltskürzung zu vollstrecken. DurchfV. Nr. 3 zu § 102. Nur der Dienstvorgesetzte, nicht etwa das Dienststrafgericht ist zur Bewilligung von Teilzahlungen der Geldbuße befugt. Die Geldbuße kann — ebenso wie die dem Beschuldigten auferlegten Kosten s. § 97 Abs. 1 Satz 2 und § 101 Abs. 2 Satz 3 — von den Dienstbezügen abgezogen werden, auch soweit sie nicht pfändbar sind (§ 39 DBG.); s. näheres oben Anm. 3 zu § 97. Sie kann im Falle des § 82 Abs. 2 Satz 2 von den nachzuzahlenden Beträgen abgezogen werden. Doch wird der Dienstvorgesetzte dafür sorgen müssen, daß die Abzüge nicht eine Höhe erreichen, die die wirtschaftliche Lage des Beamten und seiner Familie gefährdet. Die Geldbußen dürfen im Falle des Unvermögens nicht etwa in Freiheitsstrafen umgewandelt werden. Wie die **Kürzung der Dienstbezüge** bei Beamten, **die** — ausschließlich oder nebenbei — **Gebühren beziehen** wie z. B. Gerichtsvollzieher, vollstreckt wird, ist in den Durchführungsvorschriften Nr. 4 zu § 10 dahin bestimmt, daß die Kürzung nach einem monatlichen Pauschalbetrag berechnet wird, der sich aus dem Durchschnitt der Gesamtbezüge (Gebühren und etwaigen sonstigen Dienstbezügen) der letzten sechs Monate vor Einleitung des förmlichen Dienststrafverfahrens ergibt. Für die Beitreibung gilt § 103.

5. **Geldbußen,** die der Dienstvorgesetzte nach §§ 24 ff. verhängt, **fließen dem unmittelbaren Dienstherrn des Beamten zu,** also z. B. bei Gemeindebeamten den Gemeinden und nicht dem Reich. Geldbußen aber, die durch Urteil verhängt werden, sind ausnahmslos **an das Reich** abzuführen. Dies gilt auch, wenn es sich um mittelbare Reichsbeamte handelt, die einen anderen unmittelbaren Dienstherrn haben, als das Reich. Die Beträge einer Gehalts- und Ruhegehaltskürzung verbleiben dem unmittelbaren Dienstherrn des Beamten. Begr. Diesen Vorschriften etwa entgegenstehende Bestimmungen des Landesrechts sind unwirksam. Erl. d. RMdJ. v. 11. 6. 38 (MBl. 994).

Wegen der **Beitreibung** der Geldbußen und der Kosten s. § 103.

Für **Beamte der uniformierten staatlichen Vollzugspolizei** kann der RMdJ. andere Formen der Vollstreckung von Dienststrafen, als im § 102 vorgeschrieben, zulassen. § 111 Satz 2.

Anhang zu § 102.

Das Erstattungsverfahren.

1. Das **Erstattungsverfahren** (früher Defektenverfahren genannt) ist ein beschleunigtes Verwaltungsverfahren, das den Zweck verfolgt, die Verwaltung vor Benachteiligungen durch schuldhaftes Verhalten ihrer Beamten, Angestellten und Arbeiter zu schützen und für die durch Schuld dieser Beamten usw. entstandenen Fehlbestände am öffentlichen Vermögen durch schleunige und vereinfachte Vollstreckungsmaßregeln Ersatz zu schaffen. Die Verwaltung kann auf diese Weise den ersatzpflichtigen Beamten usw. sofort in Anspruch nehmen, ohne den umständlichen und zeitraubenden Rechtsweg beschreiten zu müssen. Das Verfahren betrifft also nur die vermögensrechtlichen Folgen,

die sich aus dem Vorhandensein eines Fehlbetrages ergeben. Es ist eine verfahrensmäßige Ergänzung des Haushaltsrechts und nicht mehr ausschließlich ein Teil des Beamtenrechts; siehe Reuß DVerwBl. **37** 284 ff. ZBR. **10** 108 ff. Es hat keinen dienststrafrechtlichen oder strafrechtlichen Charakter; von der Durchführung eines Dienststraf- oder Strafverfahrens ist es deshalb nicht abhängig. DurchfV. A Nr. 5.

Daneben kann aber die Verwaltung, auch wenn die Voraussetzungen für den Erlaß eines Erstattungsbeschlusses vorliegen, wegen ihrer Schadensersatzansprüche gegen den Beamten usw. auch den Rechtsweg beschreiten. RG. 7. 2. 36 JW. 2227; DurchfV. A Nr. 5 Satz 3. Das ErstattG. selbst bildet keine Grundlage für die Haftung des Erstattungspflichtigen zum Schadensersatz; es regelt vielmehr nur das Verfahren, in dem die in anderen Gesetzen begründete Haftung geltend gemacht werden kann. PrFM. 22. 10. 38 (MBl. 1778 Nr. 3). Das ErstG. schafft also keine materiellen Haftungsgründe. Reuß ErstG. 35 ff. u. 102 ff. u. ZBR. **10** 108 ff.

Liegen die Voraussetzungen für den Erstattungsbeschluß nicht vor und hat der Beamte dem Dienstherrn durch schuldhafte Amtspflichtverletzung einen Schaden zugefügt, so ist für das vereinfachte Erstattungsverfahren kein Raum, vielmehr muß dann gegen den Beamten gemäß § 23 Abs. 1 DBG. im Rechtsweg vorgegangen werden; vgl. Fischbach RVerwBl. **58** 3708; Klee DRechtspfl. **38** 332; Reuß ErstG. 53.

2. Das Erstattungsverfahren (früher Defektenverfahren) war bisher für die Reichsbeamten in den §§ 134 ff. RBG. und für die preußischen Beamten in der Vdg. vom 24. 1. 1844 (GS. 52) geregelt worden. Diese und andere ähnliche Vorschriften der Länder sind am 1. 7. 37 außer Kraft getreten. An ihre Stelle ist mit dem 1. 7. 37 **das Gesetz über das Verfahren für die Erstattung von Fehlbeständen an öffentlichem Vermögen (Erstattungsgesetz) vom 18. 4. 37 (RGBl. I 461)** getreten; dazu ist die DurchfV. v. 29. 6. 37 (RGBl. I S. 723) ergangen.

Das ErstG. ist in der Ostmark (und zwar hier mit gewissen Maßgaben), im Sudetengau, in den eingegliederten Ostgebieten und für die im Protektorat Böhmen und Mähren errichteten reichseigenen Behördeu eingeführt worden. V. 26. 9. 40 (RGBl. I 1310).

3. Das neue Gesetz findet auf **alle deutschen Beamten, Angestellten und Arbeiter** im Dienste des Reichs und anderer Körperschaften, Anstalten und Stiftungen des öffentlichen Rechts und die Soldaten Anwendung. Zu den Beamten usw., die für den Fehlbestand haftbar gemacht werden können, gehören auch die, deren Dienstverhältnis beendet ist (§ 1 Abs. 1 G.), also auch die Ruhestandsbeamten und die sonst freiwillig oder unfreiwillig aus dem Dienst geschiedenen Beamten, wenn sie zur Zeit der Entstehung des Fehlbestandes Beamte usw. waren.

Das Erstattungsverfahren fand früher nur auf Beamte im staatsrechtlichen Sinne Anwendung; jetzt gilt es auch für Angestellte und Arbeiter, die nicht in einem Beamtenverhältnis (§ 1 Abs. 1 DBG.) stehen, sondern auf Privatdienstvertrag im öffentlichen Dienst angestellt sind. Stirbt ein Beamter usw. nach Erlaß des gegen ihn erlassenen Erstattungsbeschlusses, so richten sich die Sicherungs- und Vollstreckungsmaßnahmen gegen seinen Nachlaß (§§ 727, 731 ZPO.). Mit seinem eigenen Vermögen haftet aber der Erbe nur insoweit, als er nach bürgerlichem Recht für die Schulden des Erblassers mit seinem eigenen Vermögen haftet; §§ 1967 BGB.; RGZ. **7** 335. Der Erbe kann in jeder Lage des Erstattungsverfahrens die Beschränkung seiner Haftung gemäß §§ 1575 ff. BGB. geltend machen. § 5 Abs. 4 G. **Bisher war bestritten, ob ein Erstattungsbeschluß nach dem Tode des Beamten usw. gegen seine Erben erlassen werden könne.** Das G. v. 18. 4. 37 hat sich für die Zulässigkeit im § 2 Abs. 1 ausgesprochen.

Ein Erstattungsverfahren kann auch gegen diejenigen Personen durchgeführt werden, die außer dem Beamten usw. für den Fehlbestand aus irgend einem Rechtsgrunde, z. B. als Bürgen oder aus ungerechtfertigter Bereicherung oder wegen Verletzung der Aufsichtspflicht haften. § 2 Abs. 1 G.; DurchfV. B zu § 3; Neef, Ztschr. d. Akad. f. Deutsches Recht 1937 S. 294 ff.; Fischbach RVerwBl. **58** 370; Reuß BeamtJahrb. **39** 17 u. ErstG. 79 ff.

Ergibt sich bei einer mit der Verwaltung oder Verwahrung öffentlichen Vermögens betrauten Stelle ein Verlust oder Vermögensschaden, so ist von der zuständigen Dienststelle unverzüglich sein Umfang, die Höhe seines Geldwertes, seine Ursache und der tatsächliche oder vermutliche Zeitpunkt seines Entstehens zu ermitteln. Es ist ferner zu ermitteln, wer für den Verlust oder Vermögensschaden haftet

4. **Die Voraussetzungen des Erstattungsverfahrens** sind folgende:

a) Es muß ein Fehlbestand am öffentlichen Vermögen vorliegen. Als Fehlbestand gelten nur:

aa) ein kassen- oder bestandsmäßiger Verlust. Es ist dies der sog. Kassen-(Bestands)fehlbestand (Kassen-[Bestands]defekt). Ein solcher Fehlbestand liegt vor, wenn der tatsächliche Bestand einer Kasse oder eines Lagers oder dgl. infolge von Untreue, Irrtum oder Dienstvernachlässigung sowie von Zufall, Diebstahl, Brand oder sonstigen nicht vorherzusehenden Ereignissen geringer ist als der rechnungsmäßige Sollbestand. RG. 15. 5. 36 ZBR. **7** 252 und SeuffArch. **90** 369; DurchfV. B Nr. 1 zu § 1

bb) ein infolge fehlerhafter Rechnungsweise oder unterlassener oder unzureichender rechnerischer Nachprüfung verursachter Verlust. Es ist das der sog. Rechnungsfehlbestand (Rechnungsdefekt). Er liegt vor, wenn zwar kein Fehlbestand in der Kasse usw. vorliegt, also die Einnahmen und Ausgaben ordnungsmäßig durch Belege nachgewiesen sind, wenn aber die Einnahmen oder Ausgaben infolge unrichtiger Rechnungsweise (eines Rechnens mit falschen Ansätzen und Formeln und falscher Ausrechnung: amtliche Begr.) oder unterlassener oder unzureichender rechnerischer Nachprüfung bewirkt sind. Dagegen ist das Verfahren nicht zulässig, wenn ein Rechnungsfehlbestand im weiteren Sinne vorliegt, also z. B. die Einnahmen oder Ausgaben gegen gesetzliche oder sonstige Vorschriften bewirkt sind, wenn also die Verausgabungen oder Vereinnahmungen auf die Kasse nicht hätten angewiesen werden dürfen, Zahlungen an unrichtige oder nicht gehörig bezeugte Empfänger geleistet sind usw. RG. 15. 5. 36 ZBR. **7** 252. Auch Überschreitungen von Haushaltsansätzen fallen nicht unter das ErstG. Fischbach RVerwBl. **1937** 370; Reuß ErstG. 91.

cc) ein infolge vorsätzlicher strafbarer Handlung verursachter Vermögensschaden. Wenn also z. B. Unterschlagung, Diebstahl und dgl. in Frage kommt, so ist das Erstattungsverfahren auch dann zulässig, wenn die Voraussetzungen zu aa) oder bb) nicht vorliegen, wenn also z. B. der Beamte nicht den Gewahrsam an den veruntreuten Geldern gehabt hat oder hat. Es werden jetzt also nicht mehr wie früher nur die Fälle des schweren Vertrauensbruchs betroffen, dessen sich der Beamte usw. durch widerrechtliche Aneignung der ihm anvertrauten Gelder usw. schuldig gemacht hat. Vielmehr führen alle vorsätzlich strafbaren Handlungen, durch die ein Vermögensschaden verursacht ist, z. B. Diebstahl, zur Einleitung des Erstattungsverfahrens, so, wenn z. B. ein Beamter, der mit Kassengeschäften nicht betraut ist, Kassengelder entwendet.

b) Es muß ein schuldhaftes Verhalten des Beamten usw. vorliegen. Außer Vorsatz kommt jede Fahrlässigkeit in Betracht. Bei leichter Fahrlässigkeit kann aber nach § 6 Abs. 2 Nr. 1 von einem Erstattungsbeschluß abgesehen werden.

c) Es muß ein ursächlicher Zusammenhang zwischen dem Fehlbestand und dem schuldhaften Verhalten des Beamten vorhanden sein.

d) Die Verwaltungsstelle muß die volle Überzeugung haben, daß die vorstehenden Voraussetzungen vorliegen, insbesondere, daß der Beamte usw. schuldhaft gehandelt hat. Ein — wenn auch dringender — Verdacht genügt nicht. Daniels 146; Reuß ErstG. 100.

5. Liegen die Voraussetzungen zu Anm. 4 vor, ist insbesondere ein Erstattungspflichtiger ermittelt, so ist zu entscheiden, **ob ein Erstattungsverfahren durchzuführen ist.** Die Verwaltungsstelle wird ein Erstattungsverfahren nur durchführen, wenn sie sich nach pflichtmäßiger und erschöpfender Prüfung die volle Überzeugung von dem Grunde der Haftung und der Person des Erstattungspflichtigen verschafft hat. DurchfV. A Nr. 4 Satz 1 und 2. Die Verwaltungsbehörde setzt sich aber der Gefahr aus, haftpflichtig gemacht zu werden, wenn sie trotz des Vorliegens der Voraussetzungen von dem Verfahren aus irgend welchen Gründen, etwa weil sie sich von einer Vollstreckung keinen Erfolg verspricht, absieht; vgl. hierzu Reuß ErstG. 101 ff., der mit Recht grundsätzlich das Legalitäts- und nicht das Opportunitätsprinzip für anwendbar hält; wegen der Einschränkung dieses Grundsatzes s. Reuß ZBR. **10** 117.

6. **Zuständig für die Durchführung des Verfahrens ist die Verwaltungsstelle,** bei der der Fehlbestand entstanden ist. § 3 Satz 1 G. Es kann das auch eine Lokalbehörde sein. Fischbach RVerwBl. **58** 371 .Es handelt sich dabei um den Vorstand der Behörde, bei der der Fehlbestand entstanden ist. RJM. 6. 7. 37 (DJ. 1027) II Nr. 3.

7. Hat die zuständige Verwaltungsstelle (s. Anm. 6) den Fehlbestand und die schuldige Person und damit die Voraussetzungen der Anm. 4 festgestellt, **so muß sie den Erstattungsbeschluß** (früher Defektenbeschluß genannt) **erlassen.**

Dieser Beschluß **muß** enthalten:

a) die Namen der Erstattungspflichtigen. Es muß also ein ersatzpflichtiger Beamter usw. vorhanden sein.

b) Den herauszugebenden Gegenstand oder den zu erstattenden Geldbetrag einschließlich der Zinsen und der Auslagen des Verfahrens. Bei den Zinsen handelt es sich um Verzugszinsen gemäß §§ 288 ff. BGB. Diese sind in Höhe des jeweiligen Reichsbankdiskontsatzes (zur Zeit 4 v. H.) zu fordern.

c) Die Bezeichnung der Stelle, z. B. der Kasse, an die zu leisten ist.

d) den Ausspruch der Vollstreckbarkeit.

e) den Geldbetrag, durch dessen Hinterlegung oder sonstige Sicherstellung die Vollstreckung abgewendet werden kann.

f) eine Belehrung über die Rechtsbehelfe (Klage vor den Verwaltungsgerichten, bis zur Errichtung des Reichsverwaltungsgerichtes vor den ordentlichen Gerichten unter Beachtung der im § 8 Abs. 3 G. näher bezeichneten Ausschlußfristen).

g) Den Tatbestand und die Gründe. Es sind insbesondere die zum Ersatz verpflichtenden Tatsachen und Rechtsgründe (s. oben Anm. 4) unter Würdigung des Ergebnisses der Untersuchung zu erörtern.

Fehlen dem Beschlusse nach dem Vorstehenden wesentliche Bestandteile, so ist er rechtunwirksam. Fischbach RSBZ. **37** 282 und RVerwBl. **58** 371. Jedoch wird das Fehlen oder die unrichtige Angabe geringfügiger Teile, z. B. der Angabe der Kasse, an die der Ersatz zu leisten ist, nicht zur Nichtigkeit des Beschlusses führen können. OLG. Naumburg 8. 1. 36 DGemBZtg. **36** 575; OLG. Köln 5. 1. 37 HRR. **37** Nr. 754; Daniels 147; Heyland 298; Reuß ErstG. 191 ff. u. ZBR. **10** 118.

8. Ein Erstattungsbeschluß wird etwa, wie folgt, lauten:

Erstattungsbeschluß.

Der Rentmeister Karl Müller bei dem Amtsgericht in B. wird zur Erstattung des bei der Gerichtskasse in B. zum Kassenzeichen . . . festgestellten Kassenfehlbestandes von 500 (in Buchstaben fünfhundert) RM. nebst 4% Zinsen seit dem 15. Januar 1941 und den Auslagen des Verfahrens an das

Deutsche Reich (Reichsjustizverwaltung) für verpflichtet erklärt. Er hat den Betrag nebst den Zinsen und den Auslagen in Höhe von 10 RM. sofort an die bezeichnete Gerichtskasse zu leisten.

Der Beschluß ist sofort vollstreckbar.

Durch Hinterlegung oder sonstige Sicherstellung von 510 RM. kann die Vollstreckung abgewendet werden.

Gegen den Erstattungsbeschluß kann innerhalb eines Monats nach seiner Zustellung bei dem aufsichtführenden Richter in B. oder dem Landgerichtspräsidenten in C. schriftlich Beschwerde eingelegt werden. Geschieht dies, so können Einwendungen gegen die Erstattungspflicht außerdem durch Klage gegen das Deutsche Reich (Reichsjustizverwaltung), vertreten durch den Generalstaatsanwalt bei dem Oberlandesgericht in Z., bei dem Landgericht in C. geltend gemacht werden. Die Klage ist innerhalb einer Frist von drei Monaten zu erheben. Diese Frist beginnt mit der Zustellung des die Beschwerde ablehnenden Bescheides oder, falls ein solcher Bescheid nicht innerhalb von 6 Monaten nach Eingang der Beschwerde erteilt wird, mit dem Ablauf der 6 Monate. (Die Fassung der Belehrung beruht auf AV. d. RJM. v. 4. 8. 38 (DJ. 1262) zu II Ziff. 4; s. auch Klee DRechtspfl. **38** **333**).

Tatbestand und Gründe.

Der Rentmeister Karl Müller war Rendant bei der Gerichtskasse in B. Als solcher lag ihm die amtliche Verpflichtung ob, die von Kostenschuldnern an die Gerichtskasse eingezahlten Gelder für die Reichskasse zu vereinnahmen. Am 15. Januar 1941 legte der Kaufmann H. der Gerichtskasse eine unter Kostenregister Nr. 622 eingetragene Kostenrechnung über 845 RM. vor und zahlte diesen Betrag gegen Quittung an Müller. Letzterer trug jedoch im Einnahmebuch nur 345 RM. als gezahlt ein, den Rest mit 500 RM. behielt er für sich. Um Soll- und Isteinnahmen in Einklang zu bringen, änderte er im Kostenregister bei der Solleintragung die Zahl 845 RM. in 345 RM. um. Bei der am 5. Februar 1941 stattgefundenen außerordentlichen Kassenprüfung fiel dem prüfenden Beamten diese Änderung im Kostenregister auf. Eine Vergleichung mit den Akten führte zur Feststellung der Fälschung und Unterschlagung. Müller gab auf Vorhalt seine Verfehlung zu und erkannte seine Ersatzpflicht an. Hiernach ist festgestellt, daß Rentmeister Karl Müller amtlich in seinen Gewahrsam gekommene Gelder der Reichskasse unterschlagen hat. Es war daher nach § 1 Abs. 1 und Abs. 2 Nr. 1 und 2 des Erstattungsgesetzes vom 18. 4. 37 (RGBl. I S. 461) die Verpflichtung des Müller zur Erstattung des Kassenfehlbestandes an das Deutsche Reich (Reichsjustizverwaltung) auszusprechen. Der Fehlbestand von 500 RM. ist vom Tage der Untersuchung, d. i. vom 15. 1. 41 ab, mit 4 v. H. zu verzinsen und an die Gerichtskasse in B. zu zahlen.

Nach § 5 Abs. 1 Nr. 2 und § 11 ErstattG. hat Müller die Auslagen des Verfahrens zu tragen.

Nach § 5 Abs. 1 Nr. 4 ErstattG. war der Beschluß für vollstreckbar zu erklären.

Nach § 5 Abs. 1 Nr. 5 a. a. O. war der Geldbetrag zu bezeichnen, durch dessen Hinterlegung oder sonstige Sicherstellung die Vollstreckung abgewandt werden kann.

Die Belehrung über die Rechtsbehelfe ist gemäß § 5 Abs. 1 Nr. 6 und § 8 Abs. 1 und 3 a. a. O. erfolgt.

B., den 6. Februar 1941. Der aufsichtführende Richter

L.

Ein Muster für einen Erstattungsbeschluß der Deutschen Reichspost ist im Amtsbl. des Reichspostm. 1937 S. 594 enthalten.

Mit der Zustellung an den Ersatzpflichtigen wird der Beschluß vollstreckbar. Die Zustellung ist nach § 19 Abs. 1, 2 und 4 RDStO. zu bewirken. DurchfV. B Nr. 1 zu § 5. Ist ein Ersatzpflichtiger nach der Zustellung oder vor der Vollstreckung gestorben, so ist der Beschluß den nach § 2 G. erstattungspflichtigen Erben nebst einem Ergänzungsbeschluß, aus dem sich Grund und Umfang ihrer Inanspruchnahme ergeben, nochmals zuzustellen; s. hierzu Schmeling RVerwBl. **61** 684. In der preuß. Staatsverwaltung ist zugleich mit der Zustellung des Erstattungsbeschlusses an den Erstattungspflichtigen dem zuständigen Fachminister und über jeden Erstattungsfall bei einer staatl. Verwaltungsstelle auch der Oberrechnungskammer in Potsdam eine begl. Abschrift des Beschlusses vorzulegen. Pr.FM. 22. 10. 38 (MBl. 1781).

Es kann die oberste Dienstbehörde (§ 2 Abs. 4 DBG.) auch anordnen, daß der Beschluß vor seiner Zustellung ihrer Bestätigung oder der Bestätigung einer anderen Verwaltungsstelle bedarf. DurchfV. B Nr. 2 zu § 5. Ist eine solche Anordnung nicht getroffen, so ist jeder Beschluß einer zuständigen Verwaltungsstelle sofort vollstreckbar, was zur Beschleunigung und Vereinfachung des Verfahrens wesentlich beiträgt. Es kann aber nach § 5 Abs. 5 die oberste Dienstbehörde (§ 2 Abs. 4 DBG. und oben Anm. 6) jederzeit die Abänderung, Ergänzung oder Aufhebung des Beschlusses anordnen, sie kann ihre Befugnis auf andere Stellen übertragen. Um diese Rechte wahrnehmen zu können, muß ihr jeder Erstattungsbeschluß mitgeteilt werden. Bei den Gemeinden des Reichs sowie den Gemeinde- und Provinzialverbänden in Preußen bedarf es vor der Zustellung des Erstbeschlusses der Bestätigung der Aufsichtsbehörde bzw. der zuständigen Minister; s. näheres Nr. 4 AusfAnw. d. RuPrMdI. v. 3. 11. 37 (MBl. Sp. 1731).

Die Verwaltungsstelle, die den Beschluß erlassen hat, darf ihn ohne ausdrückliche Anordnung der höheren Stelle nicht aufheben. Reuß ErstG. 198.

9. Von einem Erstattungsbeschluß muß abgesehen werden, wenn der Fehlbestand

a) ersetzt ist und zwar auch, wenn der Ersatz von einem Dritten geleistet worden ist (DurchfV. B zu § 6) oder

b) wenn er den Wert von 100 RM. nicht übersteigt. Der RFM. kann diese Summe unter besonderen Verhältnissen erhöhen; aus besonderen Gründen, z. B. wenn eine Tilgung des Fehlbestandes durch Aufrechnung gegen die Dienstbezüge oder sonst innerhalb kürzerer Frist nicht zu erwarten ist, kann aber das Erstattungsverfahren durchgeführt werden.

10. Von einem Erstattungsbeschluß kann abgesehen werden,

a) wenn der Fehlbestand nur infolge leichter Fahrlässigkeit verursacht ist oder

b) wenn der Erstattungspflichtige schriftlich sich zum Ersatz des Fehlbestandes verpflichtet und in einer beglaubigten Erklärung sich der sofortigen Zwangsvollstreckung unterwirft.

11. Aus dem Erstattungsbeschluß und der Unterwerfungserklärung (oben Anm. 10b) findet **die Vollstreckung im Verwaltungswege statt.**

12. Der Erstattungspflichtige kann Einwendungen gegen seine Erstattungspflicht **nur durch Klage vor den Verwaltungsgerichten geltend machen.** § 8 Abs. 1.

Für die Klage ist das Verwaltungsgericht zuständig, in dessen Bezirk die zur Vertretung der Verwaltung befugte Verwaltungsstelle ihren Sitz hat. Für die Entscheidung im letzten Rechtszuge ist, um eine einheitliche Rechtsprechung zu gewährleisten, das Reichsverwaltungsgericht zuständig.

Bis zur Errichtung des Reichsverwaltungsgerichts entscheiden die bisher für die Verfolgung des Erstattungsanspruchs zuständigen Gerichte, nämlich bei Beamten ohne Rücksicht auf den Streitwert die Landgerichte bzw. bei Angestellten und Arbeitern die Arbeitsgerichte in ausschließlicher Zuständigkeit. § 71 Abs. 3 GVG., § 39 Abs. 3 PrAGGVG., RG. **151** 233; ArbGerG. § 2 Abs. 1 Ziff. 2; Reuß ErstG. 241 ff. u. ZLR. **10** 118. Die Revision an das Reichsgericht ist bei Beamten in allen Fällen ohne Rücksicht auf die Beschwerdesumme zulässig. Die Klage ist gegen die Verwaltung zu richten; sie wird durch die oberste Dienstbehörde (§ 2 Abs. 4 DBG. und oben Anm. 6) vertreten, die aber die Vertretung durch eine allgemeine Anordnung anderen Verwaltungsstellen übertragen kann.

Es ist aber stets die geschädigte Verwaltung und nicht die Stelle passiv legitimiert, die den Beschluß gefaßt hat und mit jener Verwaltung nicht wesensgleich ist. Fischbach RSBZ. **37** 282; Reuß ErstG. 260 ff; Heyland 299 u. Daniels 148; DurchfV. B zu § 8; RG. **149** 282 u. RG. 12. 4. 38 HRR. **38** Nr. 829 a = JW. **38** 2059; s. auch Reuß ZBR. **10** 119.

Die Klage muß, wenn die oberste Dienstbehörde (§ 2 Abs. 4 DBG., s. oben Anm. 6) den Erstattungsbeschluß erlassen hat, bei Verlust des Klagerechts innerhalb von 3 Monaten nach Zustellung des Beschlusses erhoben werden. Die Frist ist (ebenso wie die unten erwähnten weiteren Fristen, wenn eine nachgeordnete Verwaltungsstelle beschlossen hat) eine Ausschlußfrist, muß also vom Gericht von Amts wegen berücksichtigt werden. Das Gericht muß also die Klage abweisen, wenn die Frist nicht eingehalten ist. Eine Verlängerung der Frist ist selbst mit Zustimmung der beklagten Verwaltungsstelle nicht zulässig. RG. **128** 4. Ob gegen die Versäumung der Ausschlußfrist die Wiedereinsetzung in den vorigen Stand unter entsprechender Anwendung des § 233 ZPO. zulässig ist, ist bestritten. Dafür wohl mit Recht Reuß ErstG. 247 ff.; a. M. die herrschende Meinung z. B. Daniels 148. Die Frist greift nicht Platz, wenn rechtsungültige und daher nichtige (z. B. wegen Nichtbeachtung wesentlicher Bestandteile des Erstattungsbeschlusses, Unzuständigkeit der beschließenden Behörde und dgl.) Erstattungsbeschlüsse beseitigt werden sollen. RG. **151** 233.

Ist der Beschluß — was die Regel bilden wird — von einer der obersten Dienstbehörde (§ 2 Abs. 4 DBG. und oben Anm. 6) nachgeordneten Verwaltungsstelle erlassen worden, so tritt der Verlust des Klagerechts nach § 8 Abs. 3 Satz 2 G. ein, wenn der Erstattungspflichtige nicht innerhalb eines Monats nach Zustellung des Beschlusses bei dieser oder der nächsthöheren Verwaltungsstelle schriftlich Beschwerde eingelegt oder nicht innerhalb von drei Monaten nach Zustellung des die Beschwerde ablehnenden Bescheides die Klage erhoben hat; ergeht auf eine Beschwerde kein Bescheid, so gilt sie nach Ablauf von 6 Monaten seit ihrem Eingang als abgewiesen, und es muß dann innerhalb von **3** Monaten nach Ablauf der Sechsmonatsfrist die Klage bei Vermeidung ihres Verlustes erhoben werden. Im Regelfalle sind also für den Erstattungspflichtigen eine Reihe von Fristen zu beachten, die etwas verwickelt sind und auch wohl Veranlassung gegeben haben, in dem Erstattungsbeschluß eine Belehrung über die Rechtsbehelfe für nötig zu erachten (§ 5 Abs. 1 Nr. 6 G.).

In allen Fällen muß also vor der Klageerhebung Beschwerde eingelegt werden. Reuß ErstG. 236.

13. Früher war streitig, ob sich das vom Erstattungspflichtigen angegangene Gericht nur mit der Frage zu befassen habe, **ob der Pflichtige nur nach den im Erstattungsbeschluß angegebenen Tatsachen und Rechtsgründen oder auch aus sonstigen Vorgängen und Gründen zur Erstattung des Fehlbestandes verpflichtet sei.** Das RG. hat sich in zahlreichen Entsch. z. B. RG. **146** 201; **149** 282 und RG. 2. 3. 37 HRR. **37** Nr. 965 u. 15. 10. 37 JW. **38** 603 (s. auch RG. JW. **36** 724) auf den Standpunkt gestellt, daß das Gericht nicht darauf beschränkt sei, die im Erstattungsverfahren maßgebenden Gesichtspunkte zu prüfen, sondern darüber hinaus die Schuldfrage und die allgemeine zivilrechtliche Schadensersatzverpflichtung in vollem Umfange zu prüfen habe. Dieser Ansicht hat sich das Erstattungsgesetz in § 8 Abs. 5 angeschlossen. Die Klage muß hiernach auch dann abgewiesen werden, wenn der Kläger zwar zur Erstattung verpflichtet ist, diese Verpflichtung sich aber aus anderen als den im Erstattungsbeschluß angegebenen Tatsachen und Rechtsgründen ergibt; s. näheres Reuß ErstG. 299 ff. und — teilweise abweichend — Schmeling JW. **40** 2218 ff.

14. Die Vollstreckung aus dem Erstattungsbeschlusse wird an sich durch die Erhebung der Klage nicht aufgehalten. Sie kann also bis zur rechtskräftigen Entscheidung fortgesetzt werden. Es kann aber das Gericht nach Erhebung der Klage auf Antrag des Klägers die Vollstreckung des Beschlusses gegen oder ohne Sicherheitsleistung einstweilen einstellen.

15. Um den Beamten usw. vor dauernden Nachteilen zu schützen, die ihm durch eine unbegründete vorläufige Beschlagnahme gemäß § 4 ErstG. oder durch sonstige unbegründete Vollstreckungsmaßnahmen usw. entstanden sind, hat er die Möglichkeit, **den Anspruch auf Ersatz des ihm durch solche Maßnahmen entstandenen Vermögensschadens** innerhalb einer Ausschlußfrist von 6 Monaten bei der zuständigen Verwaltungsstelle geltend zu machen. Wird sein Anspruch durch Bescheid abgelehnt oder innerhalb von 6 Monaten nicht beschieden, so kann er Klage von den Verwaltungsgerichten, bzw. bis zur Errichtung des Reichsverwaltungsgerichts, vor den ordentlichen Gerichten erheben.

§ 103.

Die Durchführungsvorschriften bestimmen, in welcher Weise Geldbeträge (§§ 38, 97, 101, 102 Abs. 4) beigetrieben werden.

Bei den **Geldbeträgen,** die nach näherer Bestimmung von Durchführungsvorschriften beigetrieben werden, handelt es sich um Auslagen, die den Beisitzern der Dienststrafgerichte bei Pflichtvernachlässigung auferlegt werden (§ 38), ferner um Kosten, die dem Beschuldigten durch den Dienstvorgesetzten oder das Dienststrafgericht auferlegt sind (§§ 97 und 101), und um Geldbußen (§ 102 Abs. 4). Die dem Beschuldigten auferlegten Kosten des Dienststrafverfahrens können von einem nach § 64 bewilligten Unterhaltbeitrag abgezogen werden. Im übrigen werden Geldbeträge, soweit nicht nach § 97 Abs. 1 Satz 2, § 101 Abs. 2 Satz 3, § 102 Abs. 4 oder § 82 Abs. 2 Satz 2 verfahren wird, im Verwaltungszwangsverfahren beigetrieben. DurchfV. Nr. 1 und 2 zu § 103. Solange dieses Verfahren noch nicht reichsrechtlich geregelt ist — es ist bisher nur im Bereich der Reichsjustizverwaltung durch V. 11. 3. 37 (RGBl I 290) geregelt —, erfolgt die Beitreibung nach den geltenden landesrechtlichen Vorschriften, in Preußen nach der V. v. 15. 11. 99 (GS. 545) in der Fassung v. 12. 7. 33 (GS. 252).

Im Verfahren gegen Wehrmachtbeamte sind für die Beitreibung von Geldbeträgen die Bestimmungen der Strafvollstreckungsvorschriften (§§ 142 bis 145) für die Wehrmacht vom 27. 10. 33 (RGBl. II S. 979) in der Fassung vom 5. 10. 35 (RGBl. II S. 745) entsprechend anzuwenden. V. v. 24. 6. 37 (RGBl. I 722) zu § 103. Wegen der Postbeamten s. Nr. 4 Abs. 2 V. 12. 7. 37 (Amtsbl. RPostM. 386).

§ 104.

(1) Dem Führer und Reichskanzler steht das Gnadenrecht in Dienststrafsachen für alle Beamten zu. Er übt es selbst aus oder überträgt die Ausübung anderen Stellen.

(2) Wird die Strafe der Entfernung aus dem Dienst im Gnadenwege aufgehoben, so gilt § 54 Abs. 2 des Deutschen Beamtengesetzes sinngemäß.

1. **Niederschlagung** von Dienststrafverfahren. Das Recht hierzu steht dem Führer und Reichskanzler zu. Im Gesetz (RDStO.) ist dies nicht besonders hervorgehoben. Der Führer und Reichskanzler hat sich in dem Erl. v. 1. 2. 35 (RGBl. I S. 74) unter I Nr. 2 die Niederschlagung von Dienststrafverfahren, die bei Dienststrafgerichten bereits anhängig sind, ausdrücklich vorbehalten. Die Niederschlagung ist eine Gnadenmaßnahme, die von sonstigen Maßnahmen zur Beendigung eines anhängigen Verfahrens, z. B. der Einstellung, die durch die Einleitungsbehörde oder das Dienststrafgericht erfolgt (§§ 52, 63 Abs. 3), zu unterscheiden ist.

Es kommt nur die Niederschlagung eines förmlichen, nicht auch eines Dienststrafverfahrens des Dienstvorgesetzten in Betracht. Es muß bereits bei einem Dienststrafgericht anhängig sein.

Die Niederschlagung kann nach freiem Ermessen des Führers und Reichskanzlers erfolgen und zwar sowohl aus politischen Gründen oder sonstigen Erwägungen irgend welcher Art. Wird das Verfahren niedergeschlagen, so ist es endgültig erledigt und kann nicht etwa später wieder aufgenommen werden.

Das Niederschlagungsrecht kann solange ausgeübt werden, bis das Verfahren durch ein rechtskräftiges Urteil beendet ist; es kann also auch noch Platz greifen, wenn ein noch nicht rechtskräftiges Urteil im ersten Rechtszuge ergangen ist. Ist das auf Strafe lautende Urteil rechtskräftig geworden, so kommt nur noch eine Aufhebung oder Milderung der Strafe im Gnadenwege in Betracht.

Ist eine Dienststrafsache noch nicht bei einem Dienststrafgericht anhängig, so können die Wirkungen der Niederschlagung dadurch ersetzt werden, daß die für die Einleitung zuständige Behörde das Verfahren von sich aus oder auf Anweisung der obersten Dienstbehörde einstellt; s. § 52 Abs. 2 Satz 1 (Einstellung auch aus „anderen Gründen" als mit Rücksicht auf das Ergebnis der Untersuchung).

2. **Aufhebung oder Milderung der Dienststrafe.** Hierbei handelt es sich um eine **Begnadigung** im engeren Sinne. Eine solche Begnadigung enthält nach herrschender Ansicht den Verzicht auf den staatlichen Anspruch auf Vollstreckung. Richtiger ist wohl die sog. Restitutionstheorie, nach der alle Folgen der Verurteilung beseitigt werden können, als ob sie gar nicht ergangen wäre; s. dazu Schäfer Deutsche Justiz **34** 332; Wittland Deutsche Justiz **35** 292; Breithaupt 263.

Das Begnadigungsrecht tritt erst nach der Rechtskraft des Urteils ein und hält in der Regel die Vollstreckung nicht auf. Die Behörden können aber die Vollstreckung bis zur Entscheidung über das Gnadengesuch aussetzen, wenn dem Verurteilten erhebliche Begnadigungsgründe zur Seite stehen und die Vollstreckung unwiderbringliche Nachteile haben würde.

Die Begnadigung kann sich entweder auf die Dienststrafe selbst oder nur auf einzelne im Zusammenhang mit ihr getroffene Festsetzungen beziehen; sie kann die Hauptstrafe ganz beseitigen oder auch nur einzelne Wirkungen aufheben, z. B. die Fortführung des mit der Entfernung aus dem Dienst verbundenen Verlustes der Amtsbezeichnung mit dem Zusatz a. D. gestatten. Sie kann den Verurteilten auch von der Tragung der Kosten des Verfahrens ganz oder teilweise befreien.

Ist die Strafe, z. B. Warnung, Verweis oder Geldbuße, bereits vollstreckt, so ist eine Begnadigung nach der Restitutionstheorie doch noch möglich. Wittland „Deutsche Justiz" **35** 294; Daniels BeamtJahrb. **31** 544; Behnke 663. So können z. B. bereits vollstreckte und gezahlte Geldbußen im Gnadenwege zurückgezahlt oder für sie Stundungen und Teilzahlungen bewilligt werden.

War auf Entfernung aus dem Dienst erkannt, so konnte früher diese Strafe, sobald sie mit der Rechtskraft des Urteils wirksam geworden war, nicht mehr im Gnadenwege rückgängig gemacht werden. Jetzt ist es zulässig, einen Beamten oder Ruhestandsbeamten, der als Folge eines Strafurteils sein Amt oder sein Ruhegehalt verloren hat, im Wege der Gnade wieder anzustellen oder ihm das Ruhegehalt wieder zu gewähren; s. dazu § 54 Abs. 2 DBG. Nach dieser für sinngemäß anwendbaren Vorschrift treten, wenn die Strafe der Entfernung aus dem Dienst im Gnadenwege aufgehoben ist, dieselben Folgen ein, wie wenn ein solches Urteil im Wiederaufnahmeverfahren durch ein Urteil ersetzt wird, das diese Folge nicht hat.. Die Wirkungen des Gnadenerweises können auch ex tunc bestimmt werden, so daß dann der Verurteilte die Bezüge seit seiner Entfernung aus dem Dienst nachträglich ausgezahlt erhält. Ist seine bisherige Stelle anderweit besetzt, so muß ihm baldmöglichst eine andere gleichwertige Stelle übertragen werden. Einstweilen erhält er die Rechtsstellung eines Wartestandsbeamten.

Es kann auch dem Beamten im Gnadenwege der Ruhegehaltsanspruch belassen, also der auf Grund straf- oder dienststrafgerichtlicher Verurteilung eingetretene Ruhegehaltsverlust aufgehoben werden. Es kann auch die Erhöhung des vom Dienststrafgericht dem Beamten neben der Strafe der „Entfernung aus dem Dienst" oder der Aberkennung des Ruhegehalts gewährten Unterhaltsbeitrags (§ 64) ausgesprochen oder dem Beamten bzw. dem Ruhestandsbeamten nachträglich ein Unterhaltsbeitrag auf Zeit oder lebenslänglich bewilligt werden. Dies ist auch zulässig, wenn ein Dienststrafverfahren nicht stattgefunden hatte, vielmehr der Beamte bzw. der Ruhestandsbeamte sein Amt bzw. sein Ruhegehalt bereits infolge eines Strafurteils verloren hatte. Wittland Deutsche Justiz **35** 293. Ist dies geschehen, so haben die Hinterbliebenen Anspruch auf das Sterbegeld gemäß § 93 DBG. DurchfV. zu § 93 a. a. O. Nr. 2. Es kann dem Beamten bzw. dem Ruhestandsbeamten sogar der volle gesetzliche Ruhegehaltsbetrag belassen werden, wenn er auch bei ordnungsmäßigem Ausscheiden aus dem Dienst infolge Dienstunfähigkeit usw. ein Ruhegehalt beanspruchen könnte. Das Begnadigungsrecht geht nur auf Milderung oder Beseitigung der Strafe. Die Gnadenstelle kann daher zwar nach freiem Ermessen die Strafe für den Beamten erträglicher machen oder ganz erlassen. Beschränkt ist sie aber insofern, als der Beamte durch den Gnadenakt nicht bessergestellt werden darf, als wenn er überhaupt nicht bestraft worden wäre. Diese Beschränkung gilt aber nur, soweit das eigentliche Gnadenrecht in Betracht kommt; darüber hinaus kann der Führer kraft seiner unumschränkten Macht auch Maßnahmen treffen, die über die eigentlichen Gnadenbefugnisse hinausgehen. Es kann aber die erkannte Dienststrafe nicht in eine solche Strafe umgewandelt werden, die es, wie z. B. die Degradation oder die Arreststrafe überhaupt nicht gibt.

Auch nach dem Tode eines Beamten ist eine Begnadigung insofern möglich, als die für die Hinterbliebenen nachteiligen Folgen des Dienststrafurteils zu ihren Gunsten gemildert werden können. So kann z. B. der Witwe ein Witwengeld bis zur vollen gesetzlichen Höhe auch dann bewilligt werden, wenn der verstorbene Beamte mit Entfernung aus dem Amt — gleichviel ob mit oder ohne Bewilligung eines Unterhaltsbeitrages (§ 64) — rechtskräftig bestraft worden war.

Die vorstehenden Grundsätze gelten auch für die mittelbaren Reichsbeamten. Der Umstand, daß bei einer Milderung der Strafe, z. B. bei Zuerkennung eines höheren Unterhaltsbeitrags (§ 64) oder einer Gewährung desselben auf längere Zeit eine Selbstverwaltungskörperschaft belastet wird, ja daß sogar — wenn das Amt des mit Entfernung aus dem Dienst bestraften Beamten inzwischen anderweit besetzt ist — für dieselbe Stelle in der Gemeinde zwei Beamte vorhanden sein könnten, steht dem nicht entgegen. Ebenso Wittland BeamtJahrb. **33** 402. Die Gnadenbehörde steht eben bei Ausübung des Begnadigungsrechts über allen anderen Behörden. Für den theoretisch-möglichen Fall, daß zwei Beamte für dieselbe Stelle vorhanden sein können, wird man sicherlich dem Beamten bis zur Übertragung einer neuen Stelle die vollen bisherigen Dienstbezüge und Versorgung zusprechen, da man ihm sein früheres — inzwischen anderweit besetztes — Amt zunächst nicht wieder übertragen kann.

3. **Zuständig** für die Gnadenakte ist grundsätzlich der **Führer und Reichskanzler.** Er hat die Ausübung der Gnadengewalt in Dienststrafsachen durch Erlaß v. 1. 2. 35 (RGBl. I 74) geregelt. Dabei hat er sich die Niederschlagung von Dienststrafverfahren, die bei Dienststrafgerichten bereits anhängig sind, vorbehalten; im übrigen hat er die Ausübung des Gnadenrechts hinsichtlich der beamtenrechtlichen Folgen einer strafgerichtlichen Verurteilung von dem allgemeinen Gnadenrecht in Strafsachen abgetrennt. Abschn. II Nr. 7 des Erlasses.

Die gnadenweise Aufhebung der beamtenrechtlichen Folgen einer strafgerichtlichen Verurteilung, sowie der Entfernung aus dem Dienst, die Zuerkennung eines im Dienststrafurteil nicht ausgesprochenen Unterhaltsbeitrages (§ 64) und die Erhöhung eines zugebilligten Unterhaltsbeitrages hat sich der Führer und Reichskanzler hinsichtlich der unmittelbaren Reichsbeamten selbst vorbehalten und die Befugnis zur Begnadigung hinsichtlich aller sonstigen Beamten den aus Abschn. II Nr. 7 a—d ersichtlichen Stellen übertragen.

Über die Ausübung des Gnadenrechts in den einzelnen Verwaltungszweigen sind zahlreiche Verordnungen ergangen; s. die Zusammenstellung bei Behnke 668 ff.

Über die Ausübung des Gnadenrechts in Dienststrafsachen der Notare und Notarassessoren s. Erl. des RJM. v. 29. 6. 37 (DJ. 1054) und dazu DurchfV. des RJM. v. 7. 7. 37 (DJ. 1054).

Der Erlaß v. 1. 2. 35 und die auf Grund dieses Erlasses von den Reichsministern für ihren Geschäftsbereich erlassenen besonderen Anordnungen gelten auch in der Ostmark; Erl. II. 1. § 1 Nr. 20 Vdg. v. 28. 9. 38 (RGBl. I 1225); ebenso in den sudetendeutschen Gebieten. I 35 DurchfBest. v. 30. 9. 39 (RGBl. I 689) und in den eingegliederten Ostgebieten nach Art. I § 2 Nr. 22 V. 24. 12. 39 (RGBl. I 2489).

4. Ob ein Beamter auch **gegen seinen Willen begnadigt werden kann**, ist streitig. U. E. ist dies zulässig; denn aus dem Treueverhältnis, in dem der Beamte zum Führer steht, folgt, daß er auch Gnadenerweisungen aller Art entgegenzunehmen verpflichtet ist. So auch RFM. 12. 11. 34 (RFBl. 257). Der Beamte darf also auf Gnadenerweise nicht verzichten. Brand ZBR. 717.

5. Vorübergehende Bedeutung hatte das **G. über die Aufhebung und Wiedergutmachung der im Kampf für die nationale Erhebung erlittenen Dienststrafen** und sonstigen Maßregelungen v. 23. 6. 33 (RGBl. I S. 390); dazu DurchfV. v. 25. 7. 33 (RGBl. I 535). Es gilt aber noch. RMdJ. 11. 6. 38 (MBl. 993 Abs. 4).

6. **Die frühere Bestimmung** über die **Löschung von Dienststrafen** in den Dienstakten der Beamten s. z. B. Erl. der Reichsregierung v. 30. 1. u. 2. 10. 23 RMBl. 272, 981, ferner Grunds. d. Pr.Staatsm. v. 18. 8. 17 (MBl. **21** 253) sind aufgehoben. Erl. d. RMdJ. v. 11. 6. 38 Abs. 5 (MBl. 994). Danach konnte die Löschung erfolgen, wenn die Strafe dem Beamten durch Gnadenakt erlassen war oder wenn sich der Beamte während einer Bewährungsfrist von 5 Jahren bei Ordnungsstrafen, und von 10 Jahren bei sonstigen Strafen seit Festsetzung der Strafe gut geführt hatte. Die Vermerke in den Personalakten waren mit einem Löschungsvermerk zu versehen. Obwohl diese Bestimmungen aufgehoben sind, so sollen weit zurückliegende geringfügige Dienststrafen dem Beamten nicht zum Nachteil gereichen, wenn er sich seitdem dienstlich und außerdienstlich einwandfrei geführt hat. Erl. d. RMdJ. v. 11. 6. 38 Abs. 5 (MBl. 994). Eine Löschung von Dienststrafen findet nicht mehr statt.

Die im Gnadenweg erlassenen und die sonst früher gelöschten Strafen sollen dem Beamten nicht mehr zum Vorwurf gereichen und in Berichten an vorgesetzte Behörden sowie bei Auskunftserteilung nicht mehr erwähnt werden; auch bei der Beurteilung des Beamten dürfen sie nicht unberücksichtigt werden.

7. Der Dienststrafrichter kann die Verfehlungen, die unter eine **Amnestie** fallen, zur Charakterisierung des Beschuldigten heranziehen und sie zur Bemessung des Strafmaßes bei sonstigen Verfehlungen berücksichtigen. PrOVG. **77** 506; Behnke 667; Reuß BeamtJahrb. **38** 264, 265.

Im übrigen umfaßt eine Amnestie für Strafsachen nicht ohne weiteres auch die Dienstvergehen. RDisH. v. 1. 3. 33 Foerster 1934 S. 17; EhrengerichtsfRAKammer 18. 1. 38 Bd. **32** 2 ff. Dies gilt z. B. auch von der Amnestie v. 7. 8. 34 (RGBl. I 769), die für Dienstvergehen und Dienststrafen keine Straffreiheit gewährt hat. PrOVG. 31. 5. 35 RVerwBl. **56** 679; s. auch **58** 361; RDisH. 22. 1. 35 Foerster **1936** S. 9; vgl. Schäfer JW. **34** 2298; vgl. G. über die Gewährung von Straffreiheit bei Devisenzuwiderhandlungen 15. 12. 36 (RGBl. I 1015); s. dazu DienststrafSenat RG. 18. 4. 39 ZBR. **10** 132; s. auch Sächsisches OVG. 18. 12. 36 RVerwBl. **59** 148. Dasselbe gilt von dem Straffreiheitsgesetz v. 23. 4. 36 (RGBl. I 378) s. RDStH. E. **1** 6 ff. u. 30. 4. 38 (RGBl. I 433); s. Krüger NSBZ. „Der deutsch. VerwB." **38** 484; Reuß BeamtJahrb. **38** 260 ff. Zu vgl. ist ferner der Erlaß v. 10. 4. 38 (RGBl. I 375) über die Wiedergutmachung der im Kampf für die nationalsozialistische Erhebung Österreichs erlittenen Dienststrafen und sonstigen Maßregelungen; dazu DurchfV. v. 18. 5. 38 (RGBl. I 529) mit Änderung v. 30. 8. 38 (RGBl. I 1066). Endlich findet sich eine Spezialamnestie für Dienststrafsachen im § 8 G. betr. die Beamten des Saargebiets v. 8. 2. 35 (RGBl. II S. 53 ff.).

Durch den Gnadenerlaß des Führers v. 21. 10. 39 (RGBl. I 2103) und AusfBest. 24. 10. 39 (RGBl. I 2105, 2126) ist den Beamten und Ruhestandsbeamten Straffreiheit in Dienststrafsachen gewährt worden. Dabei ist von besonderem Interesse, daß nach § 4 Abs. **3** a. a. O. einem Antrag des Beschuldigten, das Verfahren, dessen Einstellung auf Grund des Gnadenerlasses in Aussicht genommen ist, zur Wiederherstellung seiner Ehre fortzusetzen, stattgegeben werden soll. S. zu dem Erlaß Reuß DJ. **40** 89; Wittland ZBR. **10** **33** ff.; Hauenschild DVerw. **40** 7; Behnke 674 ff. Dazu (besonders für die früheren österreichischen Beamten) Erl. d. RMdJ. v. 2. 2. 40 (MBl. 201).

Eine Einstellung des Dienststrafverfahrens auf Grund des § 4 Abs. 2 Erl. 21. 10. 39 kann nicht durch Beschluß, sondern muß durch Urteil der Dienststrafkammer erfolgen. Dagegen ist die Berufung und nicht die Beschwerde gegeben. Es liegt aber kein wesentlicher Mangel des Verfahrens vor, wenn die Dienststrafkammer den „Beschluß" auf Einstellung in derselben Besetzung gefaßt hat, wie sie sie auch bei Fassung eines Urteils gehabt hätte. RDStH. 11. 9. 40 DVerw. **41** 87.

Abschnitt VII.

Verfahren bei Fernbleiben vom Dienst.

§ 105.

(1) Im Fall des § 17 Abs. 2 des Deutschen Beamtengesetzes ist der Antrag des Beamten auf Entscheidung der Dienststrafkammer schriftlich bei dem Dienstvorgesetzten einzureichen und zu begründen. Der Dienstvorgesetzte legt den Antrag mit seiner Stellungnahme der Dienststrafkammer vor.

(2) Die Dienststrafkammer entscheidet ohne mündliche Verhandlung endgültig. Sie kann Beweise wie im förmlichen Dienststrafverfahren erheben. Wegen der Kosten gelten die §§ 99 bis 101 sinngemäß.

(3) Unbeschadet der Feststellung nach § 17 Abs. 2 Satz 2 des Deutschen Beamtengesetzes kann der Dienstvorgesetzte eine Dienststrafe verhängen oder die Einleitungsbehörde das förmliche Dienststrafverfahren einleiten. Im letzteren Fall kann die Dienststrafkammer die beiden Verfahren miteinander verbinden.

1. Über den **Urlaub** s. näheres oben Anm. 10 a—m zu § 3. Ein Beamter, der ohne Urlaub seinem Amt fern bleibt, oder den Urlaub überschreitet, verliert, wenn nicht besondere Entschuldigungsgründe vorliegen, **für die Zeit der unerlaubten Entfernung seine Dienstbezüge.** § 17 Abs. 2 DBG.

Zu den Dienstbezügen gehören alle ihre Bestandteile, also nicht nur wie im Falle der Gehaltskürzung nach § 7 RDStO. das Grundgehalt nebst etwaigen Zulagen, der Wohnungsgeldzuschuß und der etwaige örtliche Sonderzuschlag, sondern auch die Kinderbeihilfen, Dienstaufwandgelder u. dgl.

a) Dieselben Folgen treten auch bei Beamten ein, die, ohne beurlaubt zu sein, ein ihnen übertragenes neues Amt anzutreten unterlassen, insbesondere also auch bei Beamten, die gemäß § 35 DBG. wegen eines dienstlichen Bedürfnisses versetzt sind und sich grundlos weigern, die ihnen übertragene neue Stelle zu übernehmen. Dies gilt auch, wenn die Versetzung im Interesse des Dienstes unter Verletzung des Gesetzes in ein Amt von nicht derselben oder einer gleichwertigen Laufbahn oder von einem niedrigeren Endgrundgehalt erfolgt ist; auch in diesem Falle ist der Beamte zunächst verpflichtet, dieser ungesetzlichen Versetzung (s. § 35) zu folgen; a. M. nach früherem Recht PrOVG. **51** 414; **52** 437.

b) Auch bei den auf Widerruf angestellten Beamten findet § 17 Abs. 2 DBG. Anwendung; denn eine ausdrückliche Vorschrift, zufolge der diese Bestimmung gegen jene Beamten außer Kraft zu treten hätte, ist im Gesetze nicht enthalten.

c) § 17 Abs. 2 ist ferner auch auf die vom Amt vorläufig enthobenen Beamten (s. §§ 78 ff. RDStO.) anwendbar.

Die vorläufige Dienstenthebung für sich ist freilich keine unerlaubte Entfernung vom Amt; denn der Beamte hält sich dann nur infolge der Verfügung der zuständigen Behörde von seinem Amt fern. Wenn aber ein Beamter sich von seinem Amt entfernt und deshalb den Anspruch auf seine Dienstbezüge verwirkt hat, so wird nicht dadurch etwas geändert, daß er später vorläufig vom Amt entfernt wird. Denn sonst würde die vorläufige Dienstenthebung mit Vermögensvorteilen verknüpft sein. So auch RG. **113** 145. Eine andere Auffassung ist nur dann möglich, wenn sichere Anhaltspunkte dafür vorliegen und **von dem Dienstvorgesetzten festgestellt werden,** daß der Beamte sein Amt wieder aufgenommen hätte, wenn er nicht inzwischen durch die vorl. Dienstenthebung hieran gehindert worden wäre. Dies ist im § 106 RDStO. in Übereinstimmung mit RG. **113** 145 und PrDisHsnichtrB. v. 16. 12. 29 Amtl. Sammlg. 68 = DJZ. **30** 369 = RuPrVBl. **51** 184 ausdrücklich ausgesprochen worden. Auch für Kommunalbeamte gilt als Dienstvorgesetzter im Falle des § 106 der Dienstvorgesetzte nach § 2 Abs. 5 DBG., § 5 Abs. 2 DurchfV. v. 3. 7. 37 (RGBl. I 730).

Denn wenn diese Beamten auch von der Ausübung der Amtsobliegenheiten ausgeschlossen sind, so bleiben sie doch nach wie vor Beamte mit allen deren sonstigen Pflichten und sind daher der Dienststrafgewalt der vorgesetzten Dienstbehörden weiter unterworfen. Sie dürfen sich daher ohne Genehmigung ihrer Dienstvorgesetzten weder von ihrem bisherigen Amtssitze entfernen, noch andere Stellungen übernehmen, müssen sich vielmehr stets dienstbereit halten, da sie jederzeit mit der Aufhebung der vorläufigen Dienstenthebung und ihrer Wiedereinstellung in den Dienst rechnen müssen. Sie dürfen also niemals die Grundlage für eine Rückkehrbereitschaft, also die Rückkehrmöglichkeit in ihr Amt, durch ihr Verhalten, z. B. Flucht in das Ausland, bewußt beseitigen. PrOVG. **99** 250. Verstoßen sie gegen diese Pflicht, so müssen sie sich auch gemäß § 17 Abs. 2 DBG. und § 106 RDStO. die Entziehung des ihnen verbliebenen Teils der Dienstbezüge gefallen lassen. Die Dienstbezüge sind eben die Gegenleistung nicht sowohl für die tatsächliche Verrichtung der mit dem Amt verbundenen Geschäfte als für die Führung des Amtes im allgemeinen und die stete Dienstbereitschaft. Gibt der Beamte zu erkennen, daß er seine Dienstgeschäfte ohne die Anordnung der vorl. Dienstenthebung aufgenommen haben würde, z. B. durch Meldung zum Dienstantritt, Anzeige der Dienstunfähigkeit infolge Erkrankung usw., so hat der Dienstvorgesetzte die Feststellung nach § 106 zu treffen. In diesem Falle kann eine Einbehaltung der Dienstbezüge nur noch bis zur Hälfte erfolgen. Behnke 682.

Auch die in den Wartestand versetzten Beamten können wegen unerlaubten Sichfernhaltens vom Amt disziplinarisch bestraft werden, wenn sie sich weigern, eine ihnen zeitweise übertragene Tätigkeit zu übernehmen. §§ 47 Abs. 2, 48 Abs. 2 DBG.

Dagegen ist die Abwesenheit vom Amt infolge Verbüßung einer Freiheitsstrafe keine unerlaubte Entfernung vom Amt und zieht den

Verlust der Dienstbezüge nicht nach sich. Denn die Strafe ist dem Beamten von Rechts wegen auferlegt und ihrer Verbüßung darf er sich nicht entziehen. RG. **38** 317; **40** 245. Der Beamte ist auch nicht dem Dienstherrn wegen schuldhafter Entziehung seiner Arbeitskraft für die Stellvertretungskosten schadensersatzpflichtig. (str.).

2. Die Entziehung der Dienstbezüge wegen unerlaubter Entfernung vom Amte stellt sich als eine **Disziplinarmaßregel** und nicht als ein bloß vermögensrechtlicher Nachteil dar. Sie ist eine Dienststrafe im weiteren Sinne. RG. **52** 20; PrOVG. **90** 413; a. M. Dienststrafkammer Dresden 4. 1. 40 RVerwBl. **61** 319. Nach § 14 Abs. 3 RBG. war die Rechtslage anders. Danach gingen zwar die Reichsbeamten für die Zeit ihrer unerlaubten Entfernung von ihrem Amte ebenfalls ihres Diensteinkommens verlustig, wenn ihnen nicht besondere Entschuldigungsgründe zur Seite standen. Es war aber bei ihnen die Entziehung des Diensteinkommens in den Fällen der geschilderten Art keine Dienststrafe, sondern eine **zivilrechtliche** Folge der Nichterfüllung der Amtspflicht und des dadurch dem Dienstherrn zugefügten Schadens. RG. **52** 20; **113** 146; PrOVG. **90** 412, 413; Behnke 677 u. BamtJahrb. **34** 667 ff. Es konnte also der Reichsbeamte gegen die Entziehung der Dienstbezüge die ordentlichen Gerichte anrufen. Hier konnte er das ihm einbehaltene Gehalt mit der Begründung nachfordern, daß besondere Entschuldigungsgründe für seine urlaublose Entfernung vom Amte vorlägen. RG. **113** 146. Jetzt ist nach § 17 Abs. 2 DBG. und § 105 RDStO. dem Beamten die Beschreitung des ordentlichen Rechtswegs nicht gestattet; widerspricht er dem Verlust der Dienstbezüge, so findet ein besonderes Verfahren statt. Eine Dienstaufsichtsbeschwerde an die höheren Dienstvorgesetzten ist aber zulässig; sieht der Beamte von solcher Beschwerde ab, so entscheidet auf seinen Antrag die Dienststrafkammer über die Berechtigung des Widerspruchs ohne mündliche Verhandlung durch Beschluß endgültig; s. Anm. 4. Jedoch ist dadurch nicht ausgeschlossen, daß neben dem Verlust der Dienstbezüge noch weitere Disziplinarmaßregeln gegen den Beamten ergriffen werden. Es kann nämlich der Dienstvorgesetzte (§ 2 Abs. 5 DBG.) eine Dienststrafe verhängen oder die Einleitungsbehörde (§ 29) das förmliche Dienststrafverfahren einleiten. § 105 Abs. 3 Satz 1. So ist z. B. ein Beamter mit Dienstentlassung bestraft worden, der sich längere Zeit dem Dienst ferngehalten hatte, um unter Verschweigung des Wohnungswechsels ohne Wissen der Behörde eine kaufmännische Tätigkeit auszuüben. RDisH. 17. 3. 31 Foerster-Simons 21 = ZBR. **4** 89. Dieselbe Strafe ist über einen Beamten verhängt worden, der sich eigenmächtig ohne besonderen Grund von seinen Dienstgeschäften mehrere Tage ferngehalten hatte. RDisH. 4. 11. 36 Foerster 1937 S. 5 ff. In dem dieserhalb eingeleiteten Dienststrafverfahren kann dem mit Entlassung aus dem Dienst bestraften Beschuldigten ein Unterhaltsbeitrag (§ 64 RDStO.) belassen werden. RDisH. 4. 11. 36 Foerster 1937 S. 5 ff. In solchen Fällen kann die Dienststrafkammer die beiden Verfahren mit einander verbinden. In dem nach der Verbindung durchgeführten Verfahren ergeht ein einheitliches Urteil. Die gegen das Urteil eingelegte Berufung erstreckt sich im Zweifel auf beide Zweige des Verfahrens. Behnke 680, 681.

3. **Den Verlust der Dienstbezüge stellt der Dienstvorgesetzte** (§ 2 Abs. 5 DBG.) **fest.** § 17 Abs. 2 Satz 2. DBG. Auch bei Kommunalbeamten gilt hier als Dienstvorgesetzter der Dienstvorgesetzte nach § 2 Abs. 5 DBG., § 5 Abs. 2 DurchfV. v. 3. 7. 37 (RGBl. I 730). Diese Verfügung hat nicht nur deklaratorischen, sondern auch konstitutiven Charakter. Sie soll erlassen werden, um den Verlust der Bezüge auch nach außen erkennbar zu machen und jede Möglichkeit eines späteren Zweifels auszuschließen. Ist sie versehentlich unterblieben, so hat der Beamte trotz der unerlaubten Entfernung vom Amt einen Anspruch auf die Dienstbezüge. Denn der Verlust der Dienstbezüge ist nicht die von selbst eintretende gesetzliche Folge der unerlaubten Entfernung vom Amt. Die Feststellung des Verlustes der Bezüge ist auch insofern von Bedeutung, als sie in Verbindung mit dem Antrag des Beamten auf Entscheidung der Dienststrafkammer die Voraussetzung für das besondere Verfahren gemäß § 105 RDStO. bildet. RG. **125** 318. Die Feststellung des Verlustes der Dienstbezüge teilt der Dienstvorgesetzte (§ 2 Abs. 5 Satz 1) dem Beamten nach § 17 Abs. 2 Satz 2 DBG. durch Zustellung mit. § 19. Werden dem Beamten die Dienstbezüge entzogen, so ist die Kasse anzuweisen, die überhobenen Beträge wieder einzuziehen und die für die Zeit der Einkommensentziehung noch nicht gezahlten Einkünfte einzubehalten.

Für die Zeit des unerl. Fernbleibens vom Dienst wird das Besoldungsdienstalter gekürzt.

Ist der Verlust der Dienstbezüge festgestellt, so wirkt diese Feststellung bis zu dem Augenblick, mit dem der Beamte wieder in sein Amt zurückkehrt. Wird nachträglich der Beamte vorläufig seines Amtes enthoben, so erhält er seine Bezüge — und zwar nunmehr infolge der vorläufigen Dienstenthebung u. U. nur zu einem Teil — erst dann wieder, wenn er nicht nur die Absicht, sich von seinem Amt fernzuhalten, aufgibt, und diesen Entschluß seinem Dienstvorgesetzten mitteilt, sondern auch, wenn er durch sein tatsächliches Verhalten, insbesondere durch seine Rückkehr an seinen Amtssitz der Behörde die Möglichkeit gibt, jederzeit über ihn zu verfügen. Einem Beamten, der nach unerlaubter Amtsentfernung wegen des dringenden Verdachts einer strafbaren Handlung in Untersuchungshaft genommen wird, müssen, gleichviel ob er sich freiwillig gestellt hat oder zwangsweise verhaftet ist, vom Augenblick seiner Verhaftung an die Dienstbezüge wieder weitergezahlt werden, da er sich nicht freiwillig von seinem Amt entfernt hält, sondern durch staatlichen Zwang gehindert ist, Dienst zu tun.

Die Behörde darf die Feststellung nur dann aufheben, wenn sie sich überzeugt hat, daß der Beamte ohne Schuld von seinem Amt fern geblieben ist. Durch Aufhebung auch in Fällen, in denen sie weiterhin von der schuldhaften Entfernung überzeugt wäre, würde sie pflichtwidrig handeln. Denn sie muß den Verlust feststellen und darf diese Feststellung nicht wieder zurücknehmen, wenn die Schuld des Beamten feststeht.

4. **Der Beamte kann nach § 17 Abs. 2 Satz 3 DBG. innerhalb einer Ausschlußfrist von einer Woche seit Zugang der Mitteilung über die Entziehung der Dienstbezüge die Entscheidung der nach § 33 zuständigen Dienststrafkammer** gegen die Feststellung des Verlustes der Dienstbezüge **beantragen,** wenn er sich nicht — was ihm freisteht — auf eine Beschwerde im Dienstaufsichtswege beschränken will.

Der Antrag ist nach § 105 Abs. 1 Satz 1 RDStO. schriftlich bei dem Dienstvorgesetzten (§ 2 Abs. 5 DBG.) einzureichen und zu begründen. In der Begründung wird darzulegen sein, entweder daß überhaupt kein Fernbleiben vom Dienst ohne Urlaub vorläge oder daß das Fernbleiben jedenfalls nicht schuldhaft sei. Der Antrag braucht nicht von dem Beamten persönlich gestellt zu werden, kann vielmehr auch von einem Bevollmächtigten, z. B. einem Rechtsanwalt, angebracht werden. Dienststrafkammer Dresden 4. 1. 40 RVerwBl. **61** 319; Reuß JW. **40** 2211 ff.; **a. M.** Wittland 914 u. Behnke 679.

Der Dienstvorgesetzte kann nach vorgenommener Prüfung des Antrags und Anstellung etwa notwendig erscheinender Ermittlungen dem Antrage ganz oder zum Teil entsprechen. Hält er den Antrag für unbegründet oder nur zum Teil für begründet, so legt er den Antrag, auch wenn die Frist von einer Woche nicht eingehalten ist, mit seiner Stellungnahme der Dienststrafkammer vor. § 105 Abs. 1 Satz 2. Die Dienstbezüge sind bis zur Entscheidung der Dienststrafkammer einzubehalten. DurchfV. Nr. 5 zu § 17 DBG.

Das Verfahren ist lediglich als Fortsetzung der Feststellung des Verlustes der Dienstbezüge anzusehen. Es ist deshalb unerheblich, ob der Antrag des Beamten zeitlich nach der Zurruhesetzung oder dem sonstigen Ausscheiden des Beamten erfolgt ist. Behnke 679 u. BeamtJahrb. **34** 680.

Das Verfahren ist von besonderer Art; es spielt sich zwar ähnlich wie ein förmliches Dienststrafverfahren ab, unterscheidet sich aber von ihm grundsätzlich, weil es gleichzeitig einen zivilrechtlichen Einschlag hat. PrOVG. **90** 414.

Hat die Behörde die Feststellungsverfügung nach § 17 Abs. 2 Satz 2 DBG. nachträglich wieder zurückgenommen, weil sie sich inzwischen von der Schuldlosigkeit des Beamten überzeugt hat, so ist der Antrag des Beamten gegenstandslos geworden, da die Verfügung, gegen die sich der Antrag richtet, nicht mehr vorhanden ist. Das Verfahren ist deshalb einzustellen.

5. Die Dienststrafkammer entscheidet **ohne mündliche Verhandlung durch Beschluß** und nicht durch Urteil. Ist die Frist versäumt, so wird der Antrag als unzulässig verworfen. Eine Wiedereinsetzung in den vorigen Stand ist zulässig. Behnke 679; **a. M.** Daniels DBG. 65. Ist der Antrag fristgemäß gestellt, so kann die Kammer Beweise wie im förmlichen Dienst-

strafverfahren erheben; s. §§ 44 ff. Ob in diesem Beweisverfahren ein Rechtsanwalt als Verteidiger des Beamten mitwirken kann, ist zweifelhaft; dafür Wittmack DVerwBl. **37** 390; a. M. Behnke 679.

Im Tenor des den Antrag des Beamten für unbegründet haltenden Beschlusses ist nicht die Verwerfung des Antrags, sondern der Verlust der Dienstbezüge auszusprechen. Dagegen will Behnke 679 den Tenor dahin fassen, daß die Feststellung des Dienstvorgesetzten berechtigt sei

Die Entscheidung der Dienststrafkammer ist **endgültig.** § 105 Abs. 2 Satz 1 RDStO. Ein Rechtsmittel gegen diesen Beschluß gibt es nicht.

Wegen der **Kosten** gelten die §§ 99—101 sinngemäß. Der Beschluß der Dienststrafkammern muß also bestimmen, wer die Kosten des Verfahrens zu tragen hat. Es muß der Beamte, dessen Antrag ohne Erfolg geblieben ist, für schuldig erklärt werden, die durch den Antrag entstandenen Kosten zu tragen. Hat der Antrag teilweise Erfolg, indem z. B. der Verlust der Dienstbezüge nur für eine kürzere Zeit als in der Feststellungsverfügung des Dienstvorgesetzten vorgesehen war, für begründet erachtet wird, so kann die Dienststrafkammer dem Beamten einen angemessenen Teil der durch seinen Antrag entstandenen Kosten auferlegen. Hat der Antrag des Beamten vollen Erfolg, so trägt stets das Reich die Kosten, auch wenn es nicht unmittelbarer Dienstherr ist. Wegen der dem Beamten etwa erwachsenen notwendigen Auslagen gilt § 100. Die Festsetzung der Kosten erfolgt durch die Geschäftsstelle der Dienststrafkammer.

6. Der Verlust der Dienstbezüge erfolgt nicht, wenn der Beamte sein Fernbleiben vom Amt **durch besondere Entschuldigungsgründe,** z. B. Krankheit, Naturereignisse und sonstige unabwendbare Zufälle oder durch den Mangel an Mitteln für die Reise von seinem auswärtigen Wohnort zu den Dienstort rechtfertigen kann. Die Beweislast für das Vorliegen solcher Gründe trifft den Beamten. PrOVG. v. 8. 3. 29 JW. **30** 1256; Behnke BeamtJahrb. **34** 673. Ob solche Entschuldigungsgründe vorliegen, kann nur im Verwaltungswege oder — beim Widerspruch des Beamten gegen die Entziehungsverfügung — in dem besonderen Verfahren erörtert werden. Der ordentliche Rechtsweg ist dem Beamten, der solche Gründe geltend machen will, verschlossen.

Als solcher Entschuldigungsgrund kann es aber nicht gelten, wenn ein wider seinen Willen versetzter Beamter Grund zu der Annahme zu haben glaubt, das neue Amt sei von geringerem Endgrundgehalt als das seitherige. Die vom PrOVG. **53** 445 vertretene gegenteilige Ansicht ist durch die im § 7 DBG. anderweit geregelte Gehorsamspflicht überholt; s. oben Anm. 6 C 4 zu d zu § 3. Krankheit und Ausgeherlaubnis des Arztes ersetzen nicht die Genehmigung zur Entfernung vom Amtssitz. RDisH. v. 16. 10. 28 Foerster-Simons 32. Über die Frage, ob nervöse Störungen oder krankhafte Willensschwäche einen Entschuldigungsgrund abgeben können, s. RDisH. v. 18. 11. 30

Foerster-Simons 25. Ob die von einem Beamten behauptete Dienstunfähigkeit wirklich vorliegt, entscheidet im Streitfall nicht der Beamte selbst oder sein Arzt, sondern der Dienstvorgesetzte nach Prüfung des Sachverhalts. Ist ein Beamter tatsächlich infolge Krankheit dienstunfähig, nimmt seine Behörde aber in einem Grenzfall irrigerweise Dienstfähigkeit an und befiehlt sein Erscheinen zum Dienst, so muß der Beamte dem Befehl Folge leisten; tut er es nicht, so macht er sich des Ungehorsams und gleichzeitig der Verletzung der Residenzpflicht schuldig. RDStH. 5. 8. 38 RVerwBl. **59** 1115. Besondere Entschuldigungsgründe für sein Fernbleiben vom Dienst liegen also in einem solchen Fall nicht vor.

Hat ein Beamter, der durch Maßnahmen seines Dienstvorgesetzten an der Dienstausübung tatsächlich behindert wird, seine fortdauernde Dienstbereitschaft zum Ausdruck gebracht, so liegt keine unerlaubte Entfernung vom Dienst vor. Er darf dann abwarten, daß ihn seine Anstellungsbehörde zur Wiederaufnahme des Dienstes auffordert. PrOVG. v. 22. 12. 31 RuPrVBl. **54** 15.

7. Im Preuß. Dienststrafrecht **mußte,** wenn die unerlaubte Entfernung vom Amt eine längere Zeit (8 Wochen oder bei Aufforderung zur Rückkehr 4 Wochen) gedauert hatte, das Dienststrafgericht auf **Dienstentlassung** erkennen. Eine solche Bestimmung findet sich in der RDStO. nicht. Sie wäre auch unerwünscht, da das Fernbleiben vom Dienst, auch wenn es längere Zeit dauernd, nicht notwendig stets so schwer liegt, daß die schwerste Strafe gerechtfertigt wäre. Natürlich kann, wie oben Anm. 2 dargelegt, bei solcher Sachlage das förmliche Dienststrafverfahren eingeleitet werden. Ob es aber in einem solchen zur Strafe der Entfernung aus dem Dienst kommen wird, richtet sich nach der Lage des Einzelfalles. Ein Zwang zur Verhängung einer bestimmten Strafe besteht nicht. RDStH. 5. 1. 39 E. **2** 22.

8. Ein sog. **Streikrecht** der Beamten gibt es natürlich nicht. Es würde dem Treueverhältnis widersprechen, in dem der Beamte zum Führer steht.

§ 106.

Wird der Beamte vorläufig des Dienstes enthoben (§ 78), während er ohne Urlaub schuldhaft dem Dienst fernbleibt, so dauert der Verlust der Dienstbezüge fort, bis der Dienstvorgesetzte feststellt, daß der Beamte seine Amtsgeschäfte aufgenommen hätte, wenn er hieran nicht durch die vorläufige Dienstenthebung gehindert worden wäre.

§ 106 entscheidet eine bisher viel erörterte Streitfrage. Über die Auslegung der Vorschrift vgl. Anm. 1c zu § 105.

Abschnitt VIII.

Verfahren gegen Beamte auf Widerruf.

§ 107.

Gegen einen Beamten auf Widerruf, der eines Dienstvergehens beschuldigt wird, findet ein förmliches Dienststrafverfahren nicht statt. Die Behörde, die nach § 29 zur Einleitung eines förmlichen Dienststrafverfahrens zuständig wäre, kann einen Beamten mit der Untersuchung beauftragen; dieser Beamte hat die Rechte und Pflichten eines Untersuchungsführers. Wird eine Untersuchung angeordnet, so gelten die Vorschriften der §§ 78 bis 82 sinngemäß.

1. **Beamter auf Widerruf** ist jeder Beamte, der nicht Beamter auf Lebenszeit oder Zeit ist. § 30 Abs. 1 DBG. In der Regel wird jeder Beamte, auch der nur auf Probe oder zur Vorbereitung angenommene, zunächst auf Widerruf angestellt. Auf Lebenszeit kann nur der Beamte angestellt werden, bei dem die Voraussetzungen des § 28 DBG. vorliegen; insbes. muß er auch das 27. (der weibliche Beamte das 35.) Lebensjahr vollendet haben. Der Beamte auf Widerruf ist auch an die Stelle des Beamten auf Kündigung getreten. Kündigungsbeamte gibt es nicht mehr. § 178 Abs. 3 Halbs. 2 bestimmt ausdrücklich, daß, wer Beamter auf Kündigung war, jetzt Beamter auf Widerruf ist. Die Kündigungsbeamten wurden allerdings bisher — auch bei disziplinarischer Veranlassung — regelmäßig durch Kündigung entlassen. Es konnte aber z. B. nach preuß. Dienststrafrecht das förmliche Dienststrafverfahren dann gegen sie eingeleitet werden, wenn eine Gehaltskürzung als ausreichende Strafe erachtet wurde oder ihnen neben der Entfernung aus dem Dienst ein Unterhaltsbeitrag (§ 64) zugebilligt oder der Anspruch aus dem Unfallfürsorgegesetz entzogen werden sollte oder endlich, wenn der Beweis ihrer Schuld nur im förmlichen Dienststrafverfahren durch eidliche Zeugenvernehmungen und dgl. geführt werden konnte; vgl. Brand, Kommentar zu den preuß. Dienststrafordnungen, 3. Aufl., S. 252.

Die letztere Erwägung hat wohl dazu geführt, im § 107 Abs. 2 und 3 ein dem förmlichen Dienststrafverfahren ähnliches Verfahren zuzulassen, um eine einwandfreie Aufklärung des Sachverhalts herbeizuführen. Freilich kann nach § 61 DBG. der Beamte auf Widerruf jederzeit durch den an keine Frist gebundenen Widerruf entlassen werden. Es genügt nach § 62 Abs. 1, diesen Widerruf, um ihn wirksam zu machen, dem Beamten mitzuteilen. In der Regel wird es auch, um schwere Dienstverfehlungen eines Beamten auf Widerruf festzustellen, genügen, formlose Ermittlungen gemäß § 21 anzustellen. Es kommen aber Fälle vor, wo ohne eine eingehende Untersuchung nach Art der in den §§ 44 ff. geregelten, als Grundlage eines förmlichen Dienststrafverfahrens bestimmten Untersuchung, bei der Zeugen und Sachverständige im Rahmen des § 17 Abs. 4 eidlich vernommen werden können, nicht auszukommen ist; s. auch Begr.

2. Die in Anm. 1 erwähnte **Untersuchung,** die gegen einen eines Dienstvergehens beschuldigten Beamten auf Widerruf eingeleitet werden kann, **beginnt** damit, daß die Behörde, die nach § 29 zur Einleitung eines förmlichen Dienststrafverfahrens zuständig ist und der das Sachverhältnis von dem unmittelbaren Dienstvorgesetzten des Beschuldigten unterbreitet worden ist, einen Beamten mit der Untersuchung beauftragt. Bei schwierigeren und verwickelteren Sachen wird die Auswahl auf einen erfahrenen Beamten des höheren Dienstes fallen. Denn von der Sachkunde, Objektivität und Umsicht des Untersuchungsführers hängt es ab, ob eine erschöpfende und sachgemäße Aufklärung des Sachverhalts erfolgen wird. Daran hat nicht nur der Beschuldigte, sondern auch die Allgemeinheit das größte Interesse.

Der beauftragte Beamte hat **die Rechte und Pflichten eines Untersuchungsführers** nach §§ 44 ff. Er ist in der Durchführung der Untersuchung unabhängig und abgesehen von den Fällen des § 50 Abs. 1 Satz **3** und Abs. 2 an Weisungen nicht gebunden. Dadurch wird die völlige Objektivität des Untersuchungsverfahrens gewährleistet. Der Untersuchungsführer hat auch einen Schriftführer zuzuziehen, kann Zeugen und Sachverständige im Rahmen des § 17 Abs. 4 DBG. eidlich vernehmen, Beschlagnahmen und Durchsuchungen anordnen usw. Er hat nicht nur die den Beschuldigten belastenden, sondern auch die ihn entlastenden Umstände zu berücksichtigen. Der Beschuldigte kann an den Beweiserhebungen teilnehmen und ist zu allen Beweiserhebungen, abgesehen von Beschlagnahmen und Durchsuchungen, zu laden. Ein Vertreter der Einleitungsbehörde wird nicht bestellt. Ein Verteidiger hat kein R e c h t, während der Untersuchung zugelassen zu werden, kann aber als Beistand des Beschuldigten nach dem Ermessen des die Untersuchung führenden Beamten mitwirken; s. oben Anm. 5 zu § 21.

§ 48 findet in diesem Verfahren keine Anwendung. RDStH. 15. 11. 37 E. **1** 148.

3. Das **Ergebnis** dieses Untersuchungsverfahrens hat der die Untersuchung führende Beamte **der Behörde,** die ihn beauftragt hat, in einem zusammenfassenden Bericht mit den Akten **mitzuteilen.** Die Behörde macht sich dann darüber schlüssig, ob sie von ihrem Widerrufsrecht Gebrauch machen oder unter Abstandnahme hiervon es bei der Dienststrafe der Warnung, des Verweises oder der Geldbuße oder einer Mißbilligung (§ 5 Abs. 3) bewenden oder endlich ob sie die Angelegenheit ohne irgend welche Maßnahme für erledigt ansehen soll.

Ihre Entschließung wird sie in allen Fällen **dem Beschuldigten mitzuteilen** haben. Dieser hat gegen den etwa ausgesprochenen Widerruf oder die etwa verhängte Mißbilligung nur die B e s c h w e r d e i m D i e n s t a u f s i c h t s w e g e. Gegen die Verhängung einer Dienststrafe ist die B e s c h w e r d e nach § 26 gegeben. Die Kosten des Untersuchungsverfahrens können dem Beschuldigten nur auferlegt werden, wenn es zur Verhängung einer Dienststrafe kommt. § 97; a. M. B e h n k e 684, der es überhaupt für unzulässig hält, dem Beschuldigten die Kosten der Untersuchung aufzuerlegen.

4. Wird die vorgeschilderte Untersuchung angeordnet, so gelten die §§ 78–82 sinngemäß. Es kann also unter den dort vorgesehenen Voraussetzungen die **vorläufige Dienstenthebung** des Widerrufsbeamten und die **Einbehaltung eines Teils seiner Bezüge** von der Einleitungsbehörde angeordnet werden.

5. Wegen der **Polizeivollzugsbeamten** auf Widerruf s. oben S. 369.

6. Besondere Vorschriften sind für die **Gerichtsassessoren** getroffen. Sie sind zwar Beamte auf Widerruf; der Widerruf darf aber nur unter bestimmten Voraussetzungen ausgesprochen werden und zwar in gewissen Fällen nur nach einem Untersuchungsverfahren, in dem die eidliche Vernehmung von Zeugen und Sachverständigen zugelassen und der Beamte zu hören ist; s. näheres § 4 V. v. 16. 5. 39 (RGBl. I 917)

7. Wird ein Widerrufsbeamter **gemäß** § **76 Abs. 1 oder 2 DBG. in den Ruhestand versetzt** oder tritt ein früherer Kündigungsbeamter nach § 179 Abs. 5 Satz 1 in den Ruhestand, so kann nunmehr gegen ihn ein förml. Dienststrafverfahren eingeleitet und durchgeführt werden. Wittland 927; Heyland 281.

Abschnitt IX.

Besondere Vorschriften.

Vorbemerkung.

„Abschnitt IX enthält die Abweichungen von den für alle Beamten geltenden Vorschriften für bestimmte Arten von Beamten. Soweit in diesem Abschnitt nichts Abweichendes bestimmt ist, gelten die vorhergehenden Vorschriften der RDStO. Die Abweichungen sind auf das unbedingt notwendige Maß begrenzt, um die Einheitlichkeit des Dienststrafrechts und der Dienststrafgerichtsbarkeit so wenig wie möglich zu durchbrechen." Begr.

1. Für richterliche Beamte.

§ 108.

Im förmlichen Dienststrafverfahren gegen richterliche Beamte gilt folgendes:

1. **An Stelle der Einleitungsbehörde entscheidet die Dienststrafkammer auf Antrag oder nach Anhörung des Vertreters der Einleitungsbehörde über die vorläufige Dienstenthebung und über die Einbehaltung von Dienstbezügen sowie über die Aufhebung dieser Anordnungen. Gegen die Entscheidung der Dienststrafkammer ist die Beschwerde an das Dienststrafgericht des zweiten Rechtszuges zulässig.**
2. **Sämtliche Beisitzer der Dienststrafkammer und des Dienststrafgerichts des zweiten Rechtszuges müssen planmäßige richterliche Beamte der Verwaltungsgerichtsbarkeit oder der ordentlichen Gerichtsbarkeit sein.**

1. **Richterliche Beamte** sind diejenigen Beamten, die in ihrem Hauptamt eine richterliche Tätigkeit ausüben, für die gesetzlich die Unabhängigkeit gewährleistet ist. DurchfV. zu § 108. **Zu den richterlichen Beamten im Sinne der RDStO. gehören u. a.** (s. auch oben Anm. 7 zu § 1):

a) **Die planmäßigen richterlichen Beamten der ordentlichen Gerichtsbarkeit.** Zu diesen gehören auch die Vorsitzenden und stellv. Vorsitzenden der Arbeitsgerichte, Anerbengerichte, Erbhofgerichte und Erbgesundheitsgerichte sowie die Leiter und beigeordneten Richter der Entschuldungsämter. V. 30. 4. 35 (RGBl. I 572) Art. 2.

Jedoch gehören **die Assessoren und Gerichtsassessoren** nicht zu den richterlichen Beamten im Sinne des § 108. Nach der V. über die Laufbahn für das Amt des Richters und des Staatsanwalts v. 15. 5. 39 (RGBl. I 917) kann der zum Richteramt Befähigte auf seinen Antrag als Anwärter für das Amt des Richters oder Staatsanwalts übernommen werden. Der in den Justizdienst zu übernehmende Assessor führt die Amtsbezeichnung Gerichtsassessor und erhält Bezüge nach den Reichsvorschriften. Ein solcher Gerichtsassessor ist außerplanmäßiger unmittelbarer Reichsbeamter auf Widerruf. Ein förmliches Dienststrafverfahren findet nach § 107 gegen ihn nicht statt, so daß § 108 auf ihn keine Anwendung findet Der Widerruf kann aber nur unter bestimmten Voraussetzungen und in gewissen Fällen nur auf Grund eines Untersuchungsverfahrens ausgesprochen werden; s. näheres oben Anm. 7 zu § 107.

Wird ein solcher Gerichtsassessor von der Justizverwaltung zum Vertreter eines Rechtsanwalts bestellt, so bleibt er richterlicher Beamter; seine Verfehlungen in dieser Zeit sind außeramtliche.

b) **Die Handelsrichter.** Sie sind zwar nicht lebenslänglich angestellt, sondern werden nur auf 3 Jahre ernannt und bekleiden ihr Amt nur als Ehrenamt gemäß § 149 DBG. Trotzdem sind sie richterliche Beamte und ihre Aburteilung erfolgt von den für die richterlichen Beamten bestimmten Dienststrafgerichtshöfen.

Ein förmliches Dienststrafverfahren wird allerdings bei ihnen nur selten praktisch werden, da es sich entweder infolge Ablaufs der Amtsdauer oder freiwilliger Aufgabe des Amtes in den meisten Fällen erübrigen wird. Unabhängig vom förml. Dienststrafverfahren gibt es gegen Handelsrichter noch das besondere Verfahren des § 113 GVG. auf Enthebung vom Amt. Es greift Platz, wenn ein Handelsrichter eine der für die Ernennung erforderlichen Eigenschaften verliert. Daneben kommen aber auch die §§ 32 ff. DBG. für sie in Betracht.

c) **Die richterlichen Beamten der Verwaltungsgerichtsbarkeit.** Begr. Hierzu gehören z. B. die Mitglieder des Reichswirtschaftsgerichts § 8 V. 21. 5. 20 (RGBl. 1167) in der Fassung v. 30. 7. 21 (RGBl. 1046); RG. 31. 3. 28 (RGBl. 135); ferner die Mitglieder der Spruchbehörden in Versorgungssachen s. G. 2. 11. 34 (RGBl. I 1114); des Reichsfinanzhofs (§ 56 RAbgO.); sodann die Mitglieder der in vielen deutschen Ländern bestehenden

Oberverwaltungsgerichte sowie des — neuerdings errichteten — Reichsverwaltungsgerichts, ferner in Preußen die auf Zeit ernannten Mitglieder und Stellvertreter der Bezirksverwaltungsgerichte. §§ 2, 3 Abs. 2, 4 G. v. 15. 12. 33 (GS. 479).

Die Kreis- und Stadtverwaltungsgerichte sind aufgehoben. § 7 V. 6. 11. 39 (RGBl. I 2168).

d) Für die **Notare** und **Notarassessoren** finden die für richterliche Beamte der Reichsjustizverwaltung geltenden Vorschriften der RDStO. entsprechende Anwendung, soweit nicht in der RNotO. abweichendes bestimmt ist. § 69 RNotO.

Die Mitglieder des Rechnungshofs des Deutschen Reiches und der Preuß. Oberrechnungskammer üben keine richterliche Tätigkeit aus und gehören daher nicht zu den richterlichen Beamten, obwohl § 110 auf sie Anwendung findet.

2. In Preußen gab es bisher neben einem Dienststrafgesetz für nichtrichterliche Beamte auch ein solches für die richterlichen Beamten. Es war dies die **Dienststrafordnung für die richterlichen Beamten** v. 27. 1. 32 (GS. 79) in der Fassung des G. v. 18. 8. 34 (GS. 353).

Dem Wunsche aus Richterkreisen, daß das Richterdienststrafrecht im Hinblick auf die richterliche Unabhängigkeit nicht in das allgemeine Dienststrafrecht eingearbeitet, sondern als Sonderrecht in einem besonderen Gesetz erhalten bleiben möchte, hat die RDStO. nicht entsprochen, vielmehr auch die richterlichen Beamten in die RDStO. übernommen und nur im § 108 für sie einige wenige Sondervorschriften geschaffen.

Früher bestanden in Preußen für die richterlichen Beamten u. a. in folgenden Punkten Sondervorschriften, die in die RDStO. nicht mit übergegangen sind:

a) *Verweis und Geldbuße* durften gegen Richter nur im förml. Dienststrafverfahren verhängt werden. Nur die Strafe der *Warnung* durfte im Verfahren des Dienstvorgesetzten verhängt werden. Jetzt können Warnung, Verweis und Geldbuße gegen Richter auch im Verfahren des Dienstvorgesetzten verhängt werden.

b) *Die Einleitung des Dienststrafverfahrens* und die Einstellung der Untersuchung durfte gegen Richter nicht von den Dienstvorgesetzten, sondern *nur von den unabhängigen Dienststrafgerichten* angeordnet werden. Jetzt werden in diesen Punkten die Richter ebenso wie die anderen Beamten behandelt. Nur über die vorl. Dienstenthebung und über die Einbehaltung von Dienstbezügen und die Aufhebung dieser Anordnungen entscheidet ebenso wie in der PrRiDStO. an Stelle der Einleitungsbehörde die Dienststrafkammer, während bei den übrigen Beamten die Einleitungsbehörde diese Entscheidungen trifft.

c) Gegen die Verhängung von Rügen, Ermahnungen und Warnungen konnten früher die Richter *die Dienststrafkammern anrufen*. Dieses Sonderrecht der Richter ist beseitigt.

3. Jetzt hat man **nur auf 2 Gebieten dem Richter wegen seiner Unabhängigkeit** (Begr.) **eine Sonderstellung eingeräumt:**

a) Über die vorläufige Dienstenthebung (§ 78) und über die sich an die vorl. Dienstenthebung mitunter anschließende Einbehaltung von Dienstbezügen (§ 79), sowie über die Aufhebung dieser Anordnungen (§ 81) entscheidet nicht, wie bei den übrigen Beamten, die Einleitungsbehörde, sondern die Dienststrafkammer durch Beschluß. Man wollte bei diesen besonders einschneidenden Maßnahmen die Richter nicht in die Hand der Verwaltungsbehörden, sondern der unabhängigen Gerichte geben. Der Beschluß ist der Einleitungsbehörde und dem Richter bekannt zu machen.

Zuständig ist die für den amtlichen Wohnsitz des Richters zuständige Dienststrafkammer, die nach § 108 Nr. 2 nur mit planmäßigen richterlichen Beamten der Verwaltungsgerichtsbarkeit oder der ordentlichen Gerichtsbarkeit besetzt ist. Sie entscheidet auf Antrag der Einleitungsbehörde durch Beschluß. Will sie von Amts wegen tätig werden, so muß sie den Vertreter der Einleitungsbehörde vorher anhören. Handelt es sich um Verfehlungen eines Richters, die er in oder bei der Ausübung der Rechtspflege begangen hat, so entscheidet nach § 109 Abs. 1 die Dienststrafkammer beim Oberlandesgericht.

Gegen die Entscheidung der Dienststrafkammer kann sowohl der Beamte wie auch der Vertreter der Einleitungsbehörde binnen einer Ausschlußfrist von 2 Wochen seit Bekanntgabe der Entscheidung (§ 66 Abs. 2) Beschwerde an das Dienststrafgericht des zweiten Rechtszuges erheben. Die Dienststrafkammer kann der Beschwerde abhelfen (§ 66 Abs. 3). Geschieht das nicht, so entscheidet bei Verfehlungen, die in oder bei Ausübung der Rechtspflege begangen sind, ein Dienststrafsenat beim Reichsgericht, sonst der Reichsdienststrafhof.

Diese Vorschriften gelten auch für die Notare. §§ 69 und 72 RNotO.

Auch die richterlichen Wehrmachtjustizbeamten können nur von der Wehrmachtdienststrafkammer vorl. des Dienstes enthoben und mit Einbehaltung eines Teils ihrer Bezüge belegt werden; s. Loosch „D. Verwaltg." **38** 206.

b) Die Zusammensetzung der Dienststrafgerichte für die richterlichen Beamten ist abweichend von der für die übrigen Beamten geregelt. Es müssen nämlich nicht nur, wie bei den übrigen Beamten bei den Dienststrafkammern der Vorsitzende und seine Stellvertreter, sondern auch alle Beisitzer planmäßige richterliche Beamte der Verwaltungsgerichtsbarkeit oder der ordentlichen Gerichtsbarkeit sein. Auch die Beisitzer des Dienststrafgerichts des zweiten Rechtszuges müssen derartige planmäßige richterliche Beamte sein (und zwar sowohl beim Reichsdienststrafhof wie auch bei dem Dienststrafsenat beim Reichsgericht). Wegen der Zusammensetzung der Dienststrafgerichte für Notare s. Anm. 2 d zu § 109.

Die vorstehenden Vorschriften beschränken sich im Gegensatz zu § 109 nicht auf solche Dienstvergehen, die in oder bei Ausübung der Rechtspflege begangen sind. Handelt es sich aber um solche Dienstvergehen und kommt ein Richter der Reichsjustizverwaltung als Beschuldigter in Frage, so gelten

— und zwar auch für die Fälle zu 3a (vorl. Dienstenthebung, Einbehaltung von Dienstbezügen) — über die Zusammensetzung der Dienststrafgerichte die Sondervorschriften des § 109.

2. Für Beamte der Reichsjustizverwaltung.

§ 109.

(1) Für das förmliche Dienststrafverfahren gegen Beamte der Reichsjustizverwaltung — mit Ausnahme der Mitglieder des Reichsgerichts — wegen Dienstvergehen, die in oder bei Ausübung der Rechtspflege begangen sind, gilt folgendes:

1. a) Dienststrafgericht des ersten Rechtszuges ist die Dienststrafkammer, die bei jedem Oberlandesgericht für seinen Bezirk errichtet wird. Sie entscheidet mit einem Vorsitzenden und zwei Beisitzern, von denen wenigstens einer ein im Bezirk des Oberlandesgerichts planmäßig angestellter Richter der ordentlichen Gerichtsbarkeit sein muß. Im Verfahren gegen einen Richter müssen beide Beisitzer solche Richter sein.

b) Vorsitzender der Dienststrafkammer ist der Präsident des Oberlandesgerichts. In Fällen der Behinderung vertritt ihn sein ständiger Vertreter. Ist auch der Vertreter behindert, so führt der dem Dienstalter nach, bei gleichem Dienstalter der dem Lebensalter nach älteste richterliche Beisitzer den Vorsitz.

2. a) Als Dienststrafgericht des zweiten Rechtszuges wird ein Dienststrafsenat beim Reichsgericht gebildet. Er entscheidet mit einem Vorsitzenden und vier Beisitzern, von denen wenigstens zwei planmäßig angestellte Richter der ordentlichen Gerichtsbarkeit sein müssen. Im Verfahren gegen einen Richter müssen sämtliche Beisitzer solche Richter sein.

b) Vorsitzender des Dienststrafsenats ist der Reichsgerichtspräsident. In Fällen der Behinderung vertritt ihn sein ständiger Vertreter. Ist auch dieser behindert, so führt der dem Dienstalter nach, bei gleichem Dienstalter der dem Lebensalter nach älteste richterliche Beisitzer den Vorsitz.

3. Die Mitglieder des Dienststrafsenats bestellt der Führer und Reichskanzler, die Mitglieder der Dienststrafkammern der Reichsminister der Justiz, soweit sie nicht durch Nr. 1b und 2b gesetzlich bestimmt sind, auf drei Jahre. § 36 Abs. 3 gilt sinngemäß.

4. Der Reichsminister der Justiz regelt den Geschäftsgang der Dienststrafkammern und des Dienststrafsenats. Er übt für diese Gerichte die sonst dem Reichsminister des Innern zustehenden Befugnisse aus.

5. Die Aufgaben des Vertreters der Einleitungsbehörde werden von der Staatsanwaltschaft beim Oberlandesgericht, die Aufgaben des

Vertreters der obersten Dienstbehörde von der Reichsanwaltschaft wahrgenommen.

(2) Die Einleitungsbehörde entscheidet, ob die Anschuldigung ein Dienstvergehen im Sinne des Abs. 1 Satz 1 betrifft. Liegt nach der Entscheidung der Einleitungsbehörde der Anschuldigung ein Sachverhalt zugrunde, der ganz oder auch nur zum Teil die Voraussetzung des Abs. 1 Satz 1 erfüllt, so sind die im Abs. 1 bezeichneten Dienststrafgerichte zuständig.

1. § 109 bestimmt für **Beamte der Reichsjustizverwaltung** eine **besondere Gerichtsorganisation,** die von den §§ 31—43, die die Organisation der für die übrigen zuständigen Dienststrafgerichte (Dienststrafkammern und Reichsdienststrafhof) regeln, erheblich abweicht. Dabei gilt die Gliederung der Gerichtsbezirke auf dem Gebiete der ordentlichen Gerichtsbarkeit auch für Dienststrafsachen. V. v. 30. 1. 38 (RGBl. I 108). Die Sondervorschriften gelten aber nur für das förml. Dienststrafverfahren. Das Verfahren des Dienstvorgesetzten bestimmt sich auch für die Beamten der Reichsjustizverwaltung einschl. der Richter nach den allgemeinen Vorschriften der §§ 24 ff.

a) **Für Beamte der Reichsjustizverwaltung** gelten die Sondervorschriften des § 109. Zu diesen Beamten gehören die Richter der ordentlichen Gerichtsbarkeit, die Beamten der Reichs- und Staatsanwaltschaft, die Justizbeamten des gehobenen, mittleren und einfachen Dienstes einschließlich der Beamten des Strafvollzugsdienstes. Dabei haben die Richter wieder teilweise anders zusammengesetzte Gerichtshöfe, indem im ersten und zweiten Rechtszuge im Verfahren gegen sie als Beisitzer nur Richter der ordentlichen Gerichtsbarkeit in Frage kommen. § 109 Abs. 1 Nr. 1 a Satz 3 und Nr. 2 a Satz 3.

b) Die besondere Gerichtsorganisation für die Beamten der Reichsjustizverwaltung gilt aber nicht allgemein für alle Dienststrafsachen dieser Beamten, sondern nur **für solche Dienstvergehen, die in oder bei Ausübung der Rechtspflege,** d. h. in Ausübung **richterlicher Tätigkeit,** einschließlich der freiwilligen Gerichtsbarkeit oder einer sonstigen Tätigkeit der Rechtspflege oder in Zusammenhang damit (s. Begr.) begangen sind. „Maßgebend hierfür ist der Gesichtspunkt, daß die eigentliche Rechtspflegetätigkeit und eine dabei begangene Dienstpflichtverletzung in ihrer Eigenart nur von den mit der ordentlichen Rechtspflege ständig betrauten Organen zutreffend beurteilt werden kann. Ein Dienstvergehen dagegen, das ein in der Rechtspflege tätiger Beamter außerhalb dieser Tätigkeit, z. B. außerhalb des Dienstes, überhaupt begeht, unterscheidet sich dienststrafrechtlich in keiner Weise von gleichartigen Vergehen irgend eines anderen Beamten, kann daher von den allgemein zuständigen Dienststrafgerichten abgeurteilt werden.“ Begr.

Die meisten Dienstvergehen, die die Beamten der Reichsjustizverwaltung begehen, werden in oder bei Ausübung der Rechtspflege begangen sein. Dies gilt besonders von den amtlichen Verfehlungen solcher Beamter, während ihre außeramtlichen Verfehlungen nicht in die Sphäre der Rechtspflege fallen. Letztere Verfehlungen werden auch gegen die Justizbeamten von denselben Dienststrafgerichten abgeurteilt, wie gegen alle anderen Beamten; nur die richterlichen Beamten nehmen auch hier wieder insofern eine Sonderstellung ein, als die für sie nach den allgemeinen Vorschriften der §§ 31–43 gebildeten Gerichtshöfe nach § 108 Nr. 2 nur Beisitzer haben dürfen, die planmäßige richterliche Beamte sind. Diese richterlichen Beamten brauchen aber nicht planmäßig angestellte Richter der ordentlichen Gerichtsbarkeit zu sein, wie im Falle des § 109 Abs. 1 Nr. 1a Satz 3 und 2a Satz 3; es können vielmehr hier planmäßige richterliche Beamte der Verwaltungsgerichtsbarkeit oder der ordentlichen Gerichtsbarkeit mitwirken.

Im übrigen hielt der Gesetzgeber **Sonderdienststrafgerichte für Justizbeamte** nur für angezeigt, **wenn dies im Interesse der Rechtspflege,** nicht etwa auch im Interesse dieser Beamten selbst geboten erscheint. Nur wenn solche Verfehlungen in Rede stehen, die in oder bei Ausübung der Rechtspflege begangen sind, die also auf dem Gebiet der Rechtspflege besonders sachkundige Gerichtskollegien erfordern, lassen sich solche besonderen Gerichtshöfe rechtfertigen, bei denen als richterliche Beisitzer nur solche der ordentlichen Gerichtsbarkeit und nicht auch der Verwaltungsgerichtsbarkeit mitwirken. Auf diese Weise sind die Richter der ordentlichen Gerichtsbarkeit selbst auch im förml. Dienststrafverfahren **Hüter einer einwandfreien Rechtspflege.** Niemand kann besser als sie selbst dafür sorgen, daß eine in jeder Hinsicht einwandfreie Rechtspflege in Deutschland geübt wird.

Nicht immer wird es leicht sein, zu entscheiden, ob die Anschuldigung ein Dienstvergehen betrifft, **das in oder bei Ausübung der Rechtspflege begangen ist.** Der Begriff der Rechtspflege steht im Gegensatz zur verwaltenden Tätigkeit und umfaßt nicht nur die richterliche oder rechtsprechende Tätigkeit im engeren Sinne, sondern alle Dienstgeschäfte von Reichsjustizbeamten, die unmittelbar oder mittelbar der Gerichtsbarkeit, der Strafverfolgung und dem Strafvollzug gewidmet sind. Wittland JW. **37** 361; Mumm, DRechtspfl. **37** 168. Die Entscheidung der Frage, ob es sich um ein Dienstvergehen in oder bei Ausübung der Rechtspflege handelt, mußte, um Verzögerungen und sonstige Weiterungen zu vermeiden, in die Hand der Einleitungsbehörde gelegt werden; sie den Dienststrafgerichten zur Entscheidung zu überlassen, würde sich nicht empfohlen haben, da dann oft ausgedehnte, mitunter durch zwei Rechtszüge sich hinziehende Erörterungen darüber stattfinden würden, ob eine Tat bei oder in Ausübung der Rechtspflege begangen ist. Nach § 109 Abs. 2 Satz 1 entscheidet daher hierüber endgültig die Einleitungsbehörde, die ja eine Justizbehörde und damit sachkundig für die Entscheidung dieser Dinge ist. Liegt nach der Entscheidung der Einleitungsbehörde der aus mehreren Punkten bestehenden Anschuldigung ein Sachverhalt zugrunde, der ganz oder auch nur zum Teil die Ausübung der Rechtspflege berührt, so sind die Sonderdienststrafgerichte des Abs. 1 zuständig. Es kann also m. E. nicht vorkommen, daß Justizbeamte, denen in einem förml. Dienststrafverfahren Verfehlungen vorgeworfen werden, die z. T. in oder bei

Ausübung der Rechtspflege, z. T. außerhalb der Rechtspflege begangen sind, von verschiedenen Dienststrafgerichten abgeurteilt werden müssen; so auch Mumm DRechtspfl. **37** 159; Heyland 247; **a. M.** Töwe DRechtspfl. **37** 101.

Die Entscheidung der Einleitungsbehörde über die vorbezeichneten Fragen ist für alle Beteiligten bindend. Es kann also nicht ein Zuständigkeitsstreit über die Frage entstehen, ob es sich tatsächlich um ein Dienstvergehen handelt, das in oder bei Ausübung der Rechtspflege begangen ist.

Für diese Entscheidung der Einleitungsbehörde ist eine besondere Form oder eine ausdrückliche Feststellung nicht vorgeschrieben und zumeist auch unnötig. Sie kommt genügend dadurch zum Ausdruck, daß die nach ihren Weisungen zu fertigende Anschuldigungsschrift an die Dienststrafkammer bei dem Oberlandesgericht gerichtet wird. Mumm, DRechtspfl. **37** 159.

2. In dem Sonderfalle des § 109 Abs. 1 sind **besondere Dienststrafgerichte** tätig und zwar sowohl im ersten wie im zweiten Rechtszuge.

a) Im ersten Rechtszuge wird die Dienststrafkammer nicht, wie im Regelfalle nach § 32 bei Verwaltungsgerichten, sondern bei jedem Oberlandesgericht, mag es auch noch so klein sein, für seinen Bezirk gebildet. Diese Sonderdienststrafkammer entscheidet, ebenso wie die Dienststrafkammer des § 32, mit 3 Mitgliedern. Vorsitzender ist aber der Präsident des Oberlandesgerichts oder sein ständiger Vertreter oder der dienstälteste, bei gleichem Dienstalter der dem Lebensalter nach älteste richterliche Beisitzer, während bei der Dienststrafkammer des § 32 der Vorsitzende und seine Stellvertreter planmäßige richterliche Beamten der Verwaltungsgerichtsbarkeit oder der ordentlichen Gerichtsbarkeit sein müssen. Von den beiden Beisitzern der Sonderkammer muß mindestens einer ein im Bezirk des Oberlandesgerichts planmäßig angestellter Richter der ordentlichen Gerichtsbarkeit sein. Der andere Beisitzer soll, wenn er nicht ebenfalls ein solcher vorbezeichneter Richter ist, der Laufbahn und möglichst dem Verwaltungszweig des Beschuldigten, also der Reichsjustizverwaltung, angehören. Im übrigen müssen auch hier gemäß § 35 Abs. 2 alle Mitglieder (mit Ausnahme der Notare) auf Lebenszeit ernannte Beamte im Alter von mindestens 30 Jahren sein und ihren dienstlichen Wohnsitz im Bezirk der Dienststrafkammer haben.

b) im zweiten Rechtszuge wird anstelle des Reichsdienststrafhofs ein Dienststrafsenat beim Reichsgericht gebildet. Dieser Senat entscheidet in der Hauptverhandlung ebenso wie die Dienststrafsenate beim Reichsdienststrafhof mit 5 Mitgliedern. Der Vorsitzende ist der Reichsgerichtspräsident oder sein ständiger Vertreter oder der dienstälteste oder bei gleichem Dienstalter der dem Lebensalter nach älteste richterliche Beisitzer. Von den Beisitzern des Dienststrafsenats beim RG. müssen wenigstens zwei planmäßig angestellte Richter der ordentlichen Gerichtsbarkeit sein. Die andern Beisitzer brauchen, wenn nicht noch weitere Richter der vorbezeichneten Art hinzutreten, ebenso wie beim Reichsdienststrafhof nicht der Laufbahn und dem Verwaltungszweig des Beschuldigten anzugehören, werden aber jedenfalls meist zu den nichtrichterlichen Justizbeamten gehören.

c) Besonderheiten gelten sowohl im ersten wie im zweiten Rechtszuge im Verfahren gegen einen Richter der Reichsjustizverwaltung. In diesem Verfahren tritt im ersten Rechtszuge an die Stelle des anderen Beisitzers ein weiterer richterlicher Beisitzer, der ebenfalls ein im Bezirk des Oberlandesgerichts planmäßig angestellter Richter der ordentl. Gerichtsbarkeit sein muß. Richter bei Sondergerichten und Sonderbehörden entsprechen diesen Voraussetzungen nur, wenn sie zugleich eine Planrichterstelle bei ordentlichen Gerichten inne haben. Gerichtsassessoren können daher im Dienststrafgericht nicht mitwirken, da sie nicht lebenslänglich ernannt sind.

Im zweiten Rechtszuge müssen alle 4 Beisitzer solche Richter sein, die aber ohne Beschränkung auf bestimmte Bezirke aus ganz Deutschland genommen werden können. Es sollen also Richter der ordentl. Gerichtbarkeit unter ausschließlicher Heranziehung von Berufsgenossen als Dienststrafrichter abgeurteilt werden. Dasselbe gilt auch für das Verfahren, in dem über die vorl. Dienstenthebung, die Einbehaltung von Dienstbezügen und über die Aufhebung solcher Maßnahmen zu befinden ist.

Die vorstehenden Vorschriften gelten auch, wenn zwei miteinander verbundene Verfahren gegen einen Richter und einen nichtrichterlichen Beamten der Justizverwaltung, z. B. einem Staatsanwalt, gleichzeitig verhandelt werden. Goedecke bei Pfundtner-Neubert RDStO. S. 61, 62.

d) Für **Notare** entscheiden im förmlichen Dienststrafverfahren in allen Fällen, also auch wenn es sich nicht um Dienstvergehen handelt, die in oder bei Ausübung der Rechtspflege begangen sind, im ersten Rechtszuge die Dienststrafkammern bei den Oberlandesgerichten und im zweiten Rechtszuge der Dienststrafsenat beim Reichsgericht. In der Dienststrafkammer wirkt neben einem richterlichen Beisitzer der ordentlichen Gerichtsbarkeit ein im Bezirk des Oberlandesgerichts ansässiger Notar als Beisitzer mit; im Dienststrafsenat wirken neben zwei richterlichen Beisitzern der ordentlichen Gerichtsbarkeit zwei Notare als Beisitzer mit. § 71 Abs. 2 RNotO. Ein Dienststrafverfahren gegen einen Notar kann mit einem sonstigen Dienststrafverfahren, für das die im Bereich der Justizverwaltung errichteten Dienststrafgerichte zuständig sind (s. oben Anm. 2 zu a—c), verbunden werden, wenn die Gegenstände beider Verfahren im Zusammenhang stehen. Die Dienststrafgerichte entscheiden im Fall der Verbindung in der für Richter vorgeschriebenen Besetzung (s. oben Anm. 2 c). § 73 RNotO.

In Disziplinarangelegenheiten der Notare aus der Ostmark tritt an die Stelle des Disziplinarsenats des Obersten Gerichtshofs in Wien der Dienststrafsenat des Reichsgerichts in der im Dienststrafverfahren gegen Notare vorgesehenen Besetzung.

Das Verfahren in diesen Angelegenheiten richtet sich bis auf weiteres nach den bisher für das Verfahren vor dem Disziplinarsenat des Obersten Gerichtshofs in Wien geltenden Vorschriften. RJM. 28. 9. 39 DJ. 606.

e) Die Mitglieder des Dienststrafsenats bestellt der Führer und Reichskanzler, die Mitglieder der Dienststrafkammer der RM. der Justiz, soweit sie nicht durch § 109 Abs. 1 Nr. 1 b (Vorsitzender der Dienststrafkammer) und 2 b (Vorsitzender des Dienststrafsenats) gesetzlich bestimmt sind, auf 3 Jahre. Die Beteiligung der NSDAP. bei der Auswahl der Mitglieder der Dienststrafkammer regelt der RM. der Justiz im Einvernehmen mit dem Stellvertreter des Führers.

Die Amtszeit der Mitglieder des Dienststrafsenats und der Dienststrafkammern verlängert sich um die Zeit vom 1. 7. 40 bis 30. 6. 41. Das gilt nicht für die Mitglieder, die bei Ablauf ihrer derzeitigen Amtszeit nach § 39 ihr Amt nicht ausüben können. § 9 V. 17. 5. 40 (RGBl. I 781).

f) Auch der Vertreter der Einleitungsbehörde bzw. der obersten Dienstbehörde braucht nicht, wie sonst gemäß § 44 Abs. 2 und § 75 Abs. 2, besonders bestellt zu werden. Vielmehr werden deren Aufgaben im Dienststrafverfahren gegen Justizbeamte im Rahmen des § 109 im ersten Rechtszuge von der Staatsanwaltschaft beim Oberlandesgericht und im zweiten Rechtszuge von der Reichsanwaltschaft wahrgenommen.

g) Den Geschäftsgang der Dienststrafkammern und des Dienststrafsenats regelt der RM. der Justiz. Er übt für diese Gerichte die sonst dem RMdJ. zustehenden Befugnisse aus. § 109 Abs. 1 Nr. 4. Auf Grund dieser Vorschrift hat der RJM. durch Vfg. vom 19. 6. 37 (DJ. S. 954) folgendes bestimmt:

Die Vorsitzenden der Dienststrafkammern bei den Oberlandesgerichten und des Dienststrafsenats beim Reichsgericht haben vor Beginn des Kalenderjahres für seine Dauer zu bestimmen, in welcher Reihenfolge die Mitglieder der Dienststrafgerichte an den Entscheidungen mitwirken. Dabei sind Mitglieder, die an einer Sache beteiligt waren, zur Mitwirkung in derselben Sache auch weiter heranzuziehen, soweit sie nicht verhindert oder kraft Gesetzes ausgeschlossen sind.

Die Vorsitzenden haben ferner die Geschäfte unter die Mitglieder des Dienststrafgerichts zu verteilen.

Im Sinne des § 37 RDStO. gelten als Laufbahnen die Laufbahngruppen des höheren, des gehobenen, des mittleren und des einfachen Dienstes.

3. Die vorstehend gekennzeichnete Regelung zeigt **ein etwas verwickeltes Bild in der Organisation der Dienststrafgerichte für die Justizbeamten, insbes. die richterlichen Beamten der Justiz.** Die letzteren haben zwar ebenso wie die übrigen Justizbeamten bei Verfehlungen, die nicht in oder bei Ausübung der Rechtspflege begangen sind, dieselben Gerichtshöfe wie alle sonstigen Beamten. Aber auch in diesen Fällen sind die besonderen Vorschriften über die Zusammensetzung der Beisitzer zu beachten, die im § 108 enthalten sind.

4. Für die Richter der Reichsjustizverwaltung, die dem **höchsten Gerichtshof,** dem Reichsgericht oder als hauptamtliche Mitglieder dem Volksgerichtshof angehören, gilt § 109 nicht. Für sie kommt ein besonderer Dienststrafsenat beim Reichsgericht in Betracht. § 110.

5. Die für die Dienststrafgerichte **während des Krieges** geltenden §§ 1—3 V. 17. 5. 40 (RGBl. I 781) gelten nicht für die gemäß § 109 gebildeten Dienststrafgerichte der Reichsjustizverwaltung. § 8 a. a. O.

3. Für Mitglieder des Reichsgerichts, des Reichsverwaltungsgerichts, des Reichsfinanzhofs, des Reichserbhofgerichts und des Rechnungshofs des Deutschen Reichs.

§ 110.

(1) Für das förmliche Dienststrafverfahren gegen ein Mitglied des Reichsgerichts, des Reichsverwaltungsgerichts, des Reichsfinanzhofs, des Reichserbhofgerichts, ein hauptamtliches Mitglied des Volksgerichtshofs oder gegen ein nach § 121 Abs. 1 Satz 1 der Reichshaushaltsordnung unabhängiges Mitglied des Rechnungshofs des Deutschen Reichs wird ein besonderer Dienststrafsenat beim Reichsgericht gebildet. Er entscheidet mit einem Vorsitzenden und sechs richterlichen Beisitzern.

(2) Vorsitzender ist der Reichsgerichtspräsident. Für seine Vertretung gilt § 109 Abs. 1 Nr. 2b.

(3) Von den richterlichen Beisitzern müssen je zwei als richterliche Beisitzer dem Reichsdienststrafhof und dem beim Reichsgericht nach § 109 Abs. 1 Nr. 2 gebildeten Dienststrafsenat angehören. Die übrigen beiden Beisitzer müssen Mitglieder der Behörde sein, der der Beschuldigte angehört.

(4) Die richterlichen Beisitzer werden vom Führer und Reichskanzler auf drei Jahre bestellt.

(5) Der Dienststrafsenat entscheidet endgültig.

(6) Die Aufgaben des Vertreters der Einleitungsbehörde werden von der Reichsanwaltschaft wahrgenommen.

1. **Die Mitglieder der höchsten Gerichte des Reichs,** zu denen der Präsident, die Senatspräsidenten und die Räte des Reichsgerichts und des Reichsfinanzhofs gehören, ferner die ihnen, was Unabhängigkeit betrifft, gleichgestellten Mitglieder des Rechnungshofs des Deutschen Reiches, nehmen auch im Dienststrafrecht eine bevorzugte Stellung ein. Von den Beamten der Reichsjustizverwaltung gehören hierher außer den Mitgliedern des Reichsgerichts, die bisher einem Dienststrafverfahren überhaupt nicht unterworfen waren, noch die hauptamtlichen Mitglieder des Volksgerichtshofs und des Reichserbhofsgerichts. Hierher gehören auch die Mitglieder des Bundesgerichtshofs in Wien. V. 28. 9. 39 (RGBl. I 1225) Art. II § 9 Nr. 8. Alle diese Beamten werden nicht von den sonst zuständigen Dienststrafgerichten (§§ 31 ff., 108 Nr. 2 und 109), sondern von einem nur für sie bestimmten Sondergerichtshof abgeurteilt. Es ist dies **ein neu gebildeter besonderer Dienststrafsenat beim Reichsgericht.**

Das Reichsverwaltungsgericht besteht zur Zeit noch nicht. Bis zu seiner Errichtung wird nach § 114 der Reichsdienststrafhof als selbständige Behörde mit dem Sitz in Berlin errichtet. Seine Mitglieder fallen nicht unter § 110; sie sind auch nur im Nebenamt tätig, werden also dienststrafrechtlich durch die für ihr Hauptamt zuständige Behörde erfaßt; s. § 30 Abs. 2. Die Mitglieder des Rechnungshofs des Deutschen Reichs fallen nur dann unter § 110, wenn sie nach § 121 Abs. 1 Satz 1 der Reichshaushaltsordnung in der Fassung v. 13. 12. 33 (RGBl. II 1011) unabhängig sind. Es sind dies die Mitglieder, die nicht ausschließlich der Präsidialabteilung angehören.

Die Mitglieder des Reichsversicherungsamts, des Reichsversorgungsgerichts und des Reichswirtschaftsgerichts fallen nicht unter § 110.

Dagegen fallen nach § 118 auch die richterlichen Mitglieder der obersten Verwaltungsgerichte der Länder und die unabhängigen Mitglieder der Preußischen Oberrechnungskammer unter § 110.

Es muß sich aber in allen Fällen des § 110 um aktive Mitglieder der betr. Gerichte usw. handeln. Richtet sich ein förml. Dienststrafverfahren gegen frühere, z. B. im Ruhestand befindliche Mitglieder, so sind die regelmäßigen Dienststrafgerichte zuständig. Goedecke bei Pfundtner-Neubert RDStO. S. 63; Heyland 248; a. M. Behnke 699, 700.

2. Der **Sondergerichtshof** des § 110, ein besonderer Dienststrafsenat beim Reichsgericht, entscheidet mit einem Vorsitzenden und 6 richterlichen Beisitzern.

a) Vorsitzender ist der Reichsgerichtspräsident. In Fällen der Behinderung vertritt ihn sein ständiger Vertreter. Ist auch dieser behindert, so führt der dem Dienstalter nach, bei gleichem Dienstalter der dem Lebensalter nach älteste richterliche Beisitzer den Vorsitz.

b) Von den richterlichen Beisitzern müssen je zwei dem Reichsdienststrafhof (§ 41 und § 114) und dem beim Reichsgericht für die Justizbeamten nach § 109 Abs. 1 Nr. 2 gebildeten Dienststrafsenat angehören. Die übrigen beiden Beisitzer müssen Mitglieder der Behörde sein, der der Beschuldigte angehört. Wenn also das förml. Dienststrafverfahren sich z. B. gegen ein Mitglied des Reichsfinanzhofs richtet, so müssen zwei Beisitzer des Gerichtshofs Mitglieder des Reichsfinanzhofs sein.

Die richterlichen Beisitzer werden vom Führer und Reichskanzler auf 3 Jahre bestellt. Wiederbestellung nach Ablauf von 3 Jahren ist zulässig und wird häufig sein.

c) Der Dienststrafsenat entscheidet endgültig, d. h. in erster und einziger Instanz. Ein Rechtsmittel (Berufung) gibt es nicht.

d) Die Aufgaben des Vertreters der Einleitungsbehörde werden von der Reichsanwaltschaft wahrgenommen.

3. **Die sonstigen Vorschriften der RDStO. finden** auch auf die im § 110 bezeichneten Mitglieder höchster Gerichte und Behörden **Anwendung.** Deshalb kann z. B. auch gegen einen unter § 110 fallenden Beamten eine Dienststrafe nach §§ 24 ff. verhängt werden.

4. Die für die Dienststrafgerichte **während des Krieges** geltenden §§ 1—3 V. 17. 5. 40 (RGBl. I 781) gelten nicht für den gemäß § 110 gebildeten besonderen Dienststrafsenat beim RG. § 8 a. a. O.

4. Für Beamte der uniformierten staatlichen Vollzugspolizei.

§ 111.

Der Reichsminister des Innern bestimmt, welche Vorgesetzten der uniformierten staatlichen Vollzugspolizei als Dienstvorgesetzte im Sinne des § 24 Abs. 1, Abs. 2 Nr. 3 und Abs. 3 gelten, und regelt den Beschwerdezug. Er kann andere Formen der Verhängung und Vollstreckung von Dienststrafen, als in den §§ 25 und 102 vorgeschrieben, zulassen.

Die Vorschriften des § 111 gelten nur für **uniformierte staatliche Polizeivollzugsbeamte,** also für die Schutzpolizei des Reiches einschl. Wasserpolizei und die Gendarmerie, nicht für die Polizeivollzugsbeamten der Gemeinden, die nicht uniformierten Kriminalpolizeibeamten und die Beamten der Verwaltungspolizei. Die Polizeivollzugsbeamten haben einen starken militärischen Einschlag und bedürfen daher zur Aufrechterhaltung einer straffen Disziplin im Dienststrafverfahren des Dienstvorgesetzten besonderer Vorschriften, die von den Vorschriften der RDStO. abweichen. Diese erläßt die zuständige oberste Dienstbehörde (Reichsminister des Innern). Es handelt sich dabei um folgende Punkte:

1. Die Zuständigkeit für die Verhängung von Dienststrafen, die nicht dem förmlichen Dienststrafverfahren vorbehalten sind. Es sind dies Warnung, Verweis und Geldbuße. § 24 Abs. 1.

Solche Strafbefugnisse können u. U. auch auf Vorgesetzte übertragen werden, die nicht eigentliche Dienstvorgesetzte im Sinne des § 2 Abs. 5 DBG. und § 24 Abs. 1 Abs. 2 Nr. 3 und Abs. 3 RDStO. sind, z. B. Führer von Polizeikörpern und Polizeischulen, von Polizeiinspektionen, Polizeibereitschaften usw.

2. Das Verfahren der Verhängung und der Vollstreckung solcher Strafen. So kann z. B. angeordnet werden, daß die Ermittlungen nur durch unbeteiligte Beamte und tunlichst nicht durch den unmittelbaren Dienstvorgesetzten, zumal wenn er in die Angelegenheit verwickelt ist, vorgenommen werden. Auch kann größte Beschleunigung der Erledigung der Ermittlungen und der Vollstreckung von Dienststrafen besonders angeordnet werden. Es kann auch von § 25 und von § 102 abgewichen werden.

3. Das Beschwerdeverfahren. Hier kann z. B. angeordnet werden, daß eine Beschwerde frühestens am Tage nach der Bekanntgabe der Strafe und in einer kürzeren Frist als sie in § 26 vorgesehen ist (2 Wochen nach Zustellung oder Eröffnung), zu erheben sei.

4. Die im § 111 vorgesehenen Sonderbestimmungen sind enthalten in der vorl. DurchfV. zur RDStO. für die staatliche uniformierte Ordnungspolizei v. 3. 2. 38 (RGBl. I 117). Diese Bestimmungen sind ergänzt durch Erl. d. Rf. SS u. Chef dDP. v. 29. 6. 38 (MBl. 1089).

5. Durch V. v. 17. 12. 39 (RGBl. I 2427) ist bestimmt, daß für die Bestrafung von Dienstvergehen der den Ausbildungsbataillonen angehörenden Polizeivollzugsbeamten auf Widerruf für die Dauer des Krieges an Stelle der RDStO. die Bestimmungen der Disziplinarordnungen für das Heer (s. oben S. 53) und die Strafvollstreckungsvorschriften für die Wehrmacht gelten; s. näheres §§ 1 u. 2 der V. 17. 12. 39.

5. Für Beamte der Gemeinden, Gemeindeverbände, gemeindlichen Zweckverbände und der anderen Körperschaften, Anstalten und Stiftungen des öffentlichen Rechts.

§ 112.

(1) Der Reichsminister des Innern gilt im Sinne dieses Gesetzes als oberste Dienstbehörde der Beamten der Gemeinden, Gemeindeverbände und gemeindlichen Zweckverbände; er kann seine Befugnisse auf nachgeordnete Behörden übertragen. Er bestimmt, wer als nachgeordnete Behörde, Dienstvorgesetzter und höherer Dienstvorgesetzter im Sinne dieses Gesetzes anzusehen ist. Er kann die Zuständigkeit zur Verhängung von Warnungen, Verweisen und Geldbußen abweichend von den Vorschriften des § 24 regeln.

(2) Als Gemeindeverband im Sinne dieses Gesetzes gilt auch der Siedlungsverband Ruhrkohlenbezirk.

(3) Wer als oberste Dienstbehörde der an nichtstaatlichen öffentlichen Schulen tätigen beamteten Lehrpersonen, die der staatlichen Bestätigung bedürfen, gilt, bestimmt der Reichsminister für Wissenschaft, Erziehung und Volksbildung im Einvernehmen mit dem Reichsminister des Innern. Abs. 1 gilt sinngemäß.

(4) Für die Beamten der anderen Körperschaften, Anstalten und Stiftungen des öffentlichen Rechts gilt Abs. 1 sinngemäß. An die Stelle des Reichsministers des Innern tritt der für die Aufsicht über die Körperschaft, Anstalt oder Stiftung zuständige Reichsminister; er trifft seine Anordnungen nach Abs. 1 Satz 1 zweiter Halbsatz, Satz 2 und 3 im Benehmen mit dem Reichsminister des Innern.

(5) Für die im Abs. 4 bezeichneten Körperschaften usw. gilt § 151 Abs. 6 des Deutschen Beamtengesetzes sinngemäß.

(6) Ist eines der Ämter im Sinne des § 30 Abs. 1 Satz 1 ein gemeindliches Ehrenamt und wird gegen den Beamten nur wegen eines in dem Ehrenamt oder im Zusammenhang mit diesem begangenen Dienstvergehens ein förmliches Dienststrafverfahren eingeleitet, so kann im Urteil die Wirkung der Entfernung aus dem Dienst auf das gemeindliche Ehrenamt und die in Verbindung mit ihm bekleideten Nebenämter beschränkt werden. Die Anordnung der vorläufigen Dienstenthebung (§§ 78, 80) kann entsprechend beschränkt werden.

1. § 112 bezweckt weder Abweichungen materieller noch verfahrensrechtlicher Art, sondern läßt nur in weitem Umfang die Möglichkeit offen, für die Beamten der Gebiets- und sonstigen Körperschaften usw. des öffentlichen

Rechts **die Zuständigkeiten der in Dienststrafverfahren tätig werdenden Behörden nach Bedarf zu regeln.** Da die Neuorganisation der Selbstverwaltungskörperschaften — von der deutschen Gemeindeordnung abgesehen — reichsrechtlich noch nicht abgeschlossen ist, muß sich die RDStO. insoweit mit Rahmenvorschriften begnügen. Begr.

2. § 112 trifft einige **besondere Vorschriften** für die **Beamten der Gemeinden** (Stadt- und Landgemeinden) und **Gemeindeverbände** (Kreise, Provinzen, Siedlungsverband Ruhrkohlenbezirk), der **gemeindlichen Zweckverbände,** sowie **sonstiger Körperschaften, Anstalten** und **Stiftungen des öffentlichen Rechts.** Vgl. hierzu DurchfV. v. 29. 6. 37 (RGBl. I 690) und für die Kommunalbeamten V. v. 3. 7. 37 (RGBl. I 730), die im Anhang des Buches abgedruckt sind.

Zu den Körperschaften des öffentlichen Rechts gehören, abgesehen von den Gemeinden und Gemeindeverbänden, z. B. die öffentlichen Feuerversicherungsanstalten, die Landesversicherungsanstalten, die Industrie- und Handelskammern, Handwerkskammern, landschaftliche und ritterschaftliche Kreditinstitute, Deichverbände, Rentenbanken, Deutsche Siedelungsbank, Landeskulturrentenbanken, der Reichsnährstand (§ 6 der 1. Vdg. über den vorläuf. Aufbau des Reichsnährstandes v. 8. 12. 33 RGBl. I 1060), die Pr. Staatsbank (Seehandlung), die Stadtschaften (öffentliche, von Grundeigentümern gebildete Kreditanstalten, G. v. 8. 6. 18, PrGS. 97), Wohnungskreditanstalten (Satzung v. 21. 6. 32, PrGS. 223, § 1 Abs. 1), die von Gemeinden oder Gemeindeverbänden betriebenen Sparkassen (§ 1 V. v. 20. 7. 32, PrGS. 241) u. a.

Die NSDAP. ist zwar eine Körperschaft des öffentlichen Rechts; sie fällt jedoch nicht unter die Vorschrift des § 112 Abs. 4, da sie keine Beamte im Sinne des DBG. hat.

Allen im § 112 erwähnten Körperschaften des öffentlichen Rechts ist gemeinsam, daß sie eine mehr oder weniger starke Selbstverwaltung ausüben und unter Staatsaufsicht stehen. Ein so straffes Über- und Unterordnungsverhältnis mit Dienstvorgesetzten wie in der unmittelbaren Reichs- und Länderverwaltung besteht bei den zu den mittelbaren Reichsbeamten gehörenden Beamten dieser Körperschaften nicht. Deshalb bedurfte es der besonderen Vorschriften des § 112 Abs. 1—5. In Abs. 6 sind Ausnahmen von § 8 Abs. 2, wonach die Strafe der Entfernung aus dem Dienst und ihre Rechtsfolgen sich auf alle Ämter des Bestraften erstrecken soll, in Rücksicht auf gemeindliche Ehrenämter zugelassen.

2. An vielen Stellen des Gesetzes, z. B. § 26 Abs. 4, § 29 Abs. 1 Satz 2, § 96 u. a. sind Maßnahmen der **obersten Dienstbehörde** vorgesehen. Als solche gilt im Sinne der RDStO. für die im § 112 Abs. 1 u. 2 bezeichneten Beamten der Reichsminister des Innern, der seine Befugnisse auf nachgeordnete Behörden übertragen kann. Für die an nichtstaatlichen öffentlichen Schulen, z. B. an kommunalen höheren Schulen, Mittelschulen usw. tätigen beamteten

Lehrpersonen, die der staatlichen Bestätigung bedürfen, bestimmt der RM. fWErz. u. Vb. im Einvernehmen mit dem RMdJ., wer als oberste Dienstbehörde gilt.

3. Ferner ist oft in der RDStO. von Maßnahmen der **nachgeordneten Behörden** (z. B. §§ 24, 27, 29), der **Dienstvorgesetzten** (z. B. § 11 Abs. 2, §§ 16, 21, 24, 26, 27) und **höheren Dienstvorgesetzten** (§§ 24, 27, 52 Abs. 2 u. a.) die Rede. Wer für die im § 112 bezeichneten Beamten als nachgeordnete Behörde, Dienstvorgesetzter und höherer Dienstvorgesetzter im Sinne der RDStO. anzusehen ist, bestimmt der Reichsminister des Innern durch Verordnung; vgl. hierzu die DurchfV. v. 29. 6. 37 (RGBl. I 690). Die Aufsichtsbehörden der Gemeinden, der Gemeindeverbände und der gemeindlichen Zweckverbände sind bei Behnke 712—716 zusammengestellt.

4. Der Reichsminister des Innern kann ferner die **Zuständigkeit** der im § 112 bezeichneten Behörden zur **Verhängung von Warnungen, Verweisen und Geldbußen abweichend von § 24 regeln.** Vgl. hierzu DurchfV. für die Kommunalbeamten v. 3. 7. 37 (RGBl. I 730); oben Anm. 7 zu § 24 und Anhang. Dabei muß das Führerprinzip und die Autorität der Staatsregierung auch gegenüber den Beamten der Gemeinden gewahrt werden. Dem ist bei der Zuständigkeit zur Verhängung von Dienststrafen auf Grund des § 112 Abs. 1 Rechnung getragen worden.

5. Für die Beamten der **sonstigen Körperschaften** usw. des öffentlichen Rechts gilt das in den Anm. 2—4 Gesagte entsprechend. Nur tritt an die Stelle des Reichsministers des Innern der für die Aufsicht über die Körperschaft usw. zuständige Minister im Benehmen mit dem RMdJ. Soweit in diesen Körperschaften usw. Gemeindebeamte beschäftigt werden, gilt nicht Abs. 4, sondern Abs. 1, z. B. die Gemeindebeamten in der Stadtschaft. Krauthausen 251.

Für Beamte der Körperschaften, Anstalten und Stiftungen des öffentlichen Rechts, die der Aufsicht des

a) Preußischen Ministerpräsidenten,

b) Preußischen Finanzministers

unterstehen, tritt an die Stelle des Reichsministers des Innern zu

a) der Preußische Ministerpräsident,

b) der Preußische Finanzminister.

Der für die Aufsicht zuständige Reichsminister kann seine Befugnisse als oberste Dienstbehörde auch auf die oberste Behörde einer seiner Aufsicht unterstellten Körperschaft übertragen.

DurchfV. Nr. 1 und 2 zu § 112.

6. Für die in Abs. 4 § 112 (oben Anm. 5) bezeichneten Körperschaften usw. gilt § 151 Abs. 6 DBG. sinngemäß. Nach dieser Vorschrift tritt für öffentlich-rechtliche Körperschaften, die nicht Gebietskörperschaften sind und Behörden nicht besitzen, für die im DBG. einer Behörde übertragenen oder zu übertragenden Zuständigkeiten die zuständige Verwaltungsstelle.

7. Eine Sondervorschrift für die Beamten, die ein **gemeindliches Ehrenamt** bekleiden, trifft Abs. 6. Nach § 8 Abs. 2 RDStO. erstrecken sich nämlich die Strafe der Entfernung aus dem Dienst und ihre Rechtsfolgen auf alle Ämter, die der Bestrafte im unmittelbaren oder mittelbaren Reichsdienst bei Rechtskraft des Urteils bekleidet. Wenn aber ein Beamter mehrere Ämter bekleidet, die nicht im Verhältnis von Haupt- zu Nebenamt stehen, und eins dieser Ämter ein gemeindliches Ehrenamt ist, so gilt besonderes, wenn gegen den Beamten nur wegen eines in dem Ehrenamt oder im Zusammenhang mit diesem begangenen Dienstvergehens ein förmliches Dienststrafverfahren eingeleitet wird. Es kann dann in dem Urteil, das auf Entfernung aus dem Amt lautet, die Wirkung auf das gemeindliche Ehrenamt und die in Verbindung mit ihm etwa bekleideten Nebenämter auch ohne Antrag (Behnke 723) beschränkt werden. Die anderen Ämter bleiben also in diesem Falle entgegen der Vorschrift des § 8 Abs. 2 trotz des Urteils dem betr. Beamten erhalten. Der Verlust des besoldeten Amtes im Dienststrafverfahren führt aber nach § 8 Abs. 2 stets auch den Verlust eines etwa daneben bekleideten Ehrenamtes nach sich.

Auch die Anordnung der vorläufigen Dienstenthebung, die sich an sich nach § 80 Abs. 2 auf alle Ämter erstreckt, die der Beamte bekleidet, kann auf das gemeindliche Ehrenamt und die in Verbindung mit ihm etwa bekleideten Nebenämter beschränkt werden.

6. Für Wehrmachtbeamte.

§ 113.

(1) Für die Wehrmachtbeamten werden besondere Dienststrafgerichte gebildet. Das Nähere regelt der Reichskriegsminister im Benehmen mit dem Reichsminister des Innern und dem Reichsminister der Justiz.

(2) Der Reichskriegsminister kann im Einvernehmen mit dem Reichsminister der Justiz bestimmen, welche Vorschriften der Militärstrafgerichtsordnung auf das Dienststrafverfahren gegen Wehrmachtbeamte anzuwenden sind.

(3) Die Vorschriften des § 28 Satz 3, § 36 Abs. 3, § 58 Abs. 2 und § 60 Abs. 2 über die Beteiligung des Stellvertreters des Führers und der Nationalsozialistischen Deutschen Arbeiterpartei finden im Dienststrafverfahren gegen Wehrmachtbeamte keine Anwendung.

1. Wegen der **Wehrmachtbeamten** und der **richterlichen Wehrmachtjustizbeamten** s. oben Anm. 14 zu § 1. Die RDStO. findet auf sie Anwendung, soweit nicht in der im Anhang abgedruckten Verordnung über das Dienststrafverfahen gegen Wehrmachtbeamte V. v. 24. 6. 37 (RGBl. I 722) in der Fassung v. 18. 11. 37 (RGBl. I 1287), V. 13. 12. 38 (RGBl. I 1816- u. 30. 6. 40 (RGBl. I 952) Ausnahmen vorgesehen sind. Die auf Wehrmacht) beamte anwendbaren Vorschriften der Disziplinarstrafordnungen der Wehrmachtteile sind unberührt geblieben. DurchfV. Nr. 2 zu § 121.

2. Es sind für die Wehrmachtsbeamten **besondere Dienststrafgerichte** gebildet worden; s. näheres in der im Anhang abgedruckten V. 24. 6. 37 nebst Änderung durch V. v. 18. 11. 37 (RGBl. I 1287), 13. 12. 38 (RGBl. I 1816) u. 30. 6. 40 (RGBl. I 952) zu §§ 31—41 und III und Anm. 5 zu § 31. S. 219.

Die für die Dienststrafgerichte **während des Krieges** geltenden §§ 1—3 V. 17. 5. 40 (RGBl. I 789) gelten nicht für die gemäß § 113 gebildeten Dienststrafgerichte für Wehrmachtbeamte. § 8 a. a. O.

3. **Welche Vorschriften der MStGO.** auf das Dienststrafverfahren gegen Wehrmachtbeamte anzuwenden sind, kann das Oberkommando der Wehrmacht im Einvernehmen mit dem RM. der Justiz bestimmen. Es sind also solche Bestimmungen abzuwarten. Es läßt sich noch nicht übersehen, inwieweit die RDStO. durch die Vorschriften der Militärstrafgerichtsordnung v. 29. 9. 36 (RGBl. I 751) beeinflußt wird. Jedenfalls finden aber die Vorschriften der RDStO. über die Beteiligung des Stellvertreters des Führers und der NSDAP. (§ 28 Satz 3, § 36 Abs. 3, § 58 Abs. 2 und § 60 Abs. 2) im Dienststrafverfahren gegen Wehrmachtbeamte keine Anwendung. Dagegen findet § 65 Abs. 3 betr. Zustellung einer Urteilsausfertigung an den Stellvertreter des Führers, wenn der Beschuldigte Mitglied der NSDAP. ist, Anwendung.

Abschnitt X.

Übergangs- und Schlußvorschriften.

§ 114.

Solange das Reichsverwaltungsgericht noch nicht besteht, wird der Reichsdienststrafhof als selbständige Behörde mit dem Sitz in Berlin durch den Reichsminister des Innern errichtet; die im § 41 Abs. 3 bezeichneten Mitglieder müssen Mitglieder eines obersten Verwaltungsgerichts sein.

Nach § 41 Abs. 1 Satz 1 wird der Reichsdienststrafhof bei dem Reichsverwaltungsgericht gebildet. Das Reichsverwaltungsgericht ist bisher noch nicht ins Leben gerufen. Deshalb ist zunächst der Reichsdienststrafhof als selbständige Behörde durch den RM. des Innern errichtet worden. Als Sitz dieser Behörde ist Berlin und nicht Leipzig, wo der bisherige Reichsdisziplinarhof seinen Sitz hatte, bestimmt worden, wohl um später die Überleitung der Geschäfte auf das Reichsverwaltungsgericht, das ebenfalls seinen Sitz in Berlin haben wird, zu erleichtern. Der RDStH. ist räumlich und geschäftsmäßig mit dem PrOVG. verbunden.

Präsident des Reichsdienststrafhofs ist, sofern der Führer und Reichskanzler nichts anderes bestimmt, der jeweilige Präsident des Reichsverwaltungsgerichts und, solange dieses noch nicht besteht, der jeweilige Präsident des Preußischen Oberverwaltungsgerichts.

Ist die Stelle des Präsidenten des Reichsverwaltungsgerichts oder des Preußischen Oberverwaltungsgerichts nicht besetzt, so führt der jeweilige Vertreter des Präsidenten des Reichsverwaltungsgerichts oder Preußischen Oberverwaltungsgerichts (Vizepräsident) als Stellvertreter des Präsidenten des Reichsdienststrafhofs dessen Geschäfte.

DurchfV. Nr. 1 und 2 zu § 114.

§ 115.

(1) Dieses Gesetz gilt ohne Rücksicht auf den Zeitpunkt, in dem das Dienstvergehen begangen ist; Dienstvergehen, die nach den bisherigen Vorschriften beim Inkrafttreten dieses Gesetzes verjährt sind, können jedoch nicht mehr verfolgt werden.

(2) Gegen einen Ruhestandsbeamten, der vor dem Inkrafttreten dieses Gesetzes in den Ruhestand getreten ist, kann ein Dienststrafverfahren nur eingeleitet werden wegen eines vor dem Eintritt in den Ruhestand begangenen Dienstvergehens, wenn dies nach den bisher für ihn geltenden Vorschriften zulässig war, wegen Annahme von Belohnungen oder Geschenken, wenn das Dienstvergehen (§ 22 Abs. 1 Satz 2 des Deutschen Beamtengesetzes) nach Inkrafttreten dieses Gesetzes begangen ist. Im übrigen ist die Einleitung eines Dienststrafverfahrens gegen ihn nach den Vorschriften dieses Gesetzes zulässig; dies gilt auch dann, wenn ein wegen derselben Tatsachen eingeleitetes früheres Dienststrafverfahren nur wegen Verfahrensmangels eingestellt worden war.

(3) Die nach § 4 des Gesetzes zur Wiederherstellung des Berufsbeamtentums entlassenen Beamten werden dienststrafrechtlich den Ruhestandsbeamten gleich behandelt.

1. **Die RDStO. gilt im Gegensatz zu § 2a StGB. in der neuen Fassung ohne Rücksicht auf den Zeitpunkt, in dem das Dienstvergehen begangen ist.** Es fallen also auch die vor dem Inkrafttreten der RDStO. (1. 7. 37) begangenen Dienstvergehen unter die neuen Vorschriften. Ob also eine Tat überhaupt dienststrafrechtlich zu ahnden ist und wie sie ihrer Strafbarkeit nach zu bewerten ist, richtet sich nur nach den Bestimmungen der RDStO. und den ihr zugrunde liegenden Auffassungen des neuen Staates. Es kann also eine Tat, die zur Zeit ihrer Begehung dienststrafrechtlich straflos war, jetzt für straffällig gelten. So auch Heyland 235. Dagegen nimmt Behnke 730 ff. an, daß sich die Strafbarkeit eines Verhaltens, das in die Zeit vor dem 1. 7. 37 falle, nach der Rechtslage zur Zeit der Tat richte. Behnke nimmt also an, daß sich nur die Verfolgbarkeit, nicht aber die Strafbarkeit nach dem neuen Recht richte. Jedenfalls kann aber eine Tat, die zur Zeit ihrer Begehung mit anderen Strafen bedroht war, als nach der RDStO., jetzt mit den neuen Strafen, z. B. Gehaltskürzung statt der früheren Strafversetzung, geahndet werden.

RDStH. 3. 12. 37 RVerwBl. **59** 386 = E. **1** 129 u. 2. 8. 38 ZBR. **9** 69 = RVerwBl. **60** 17 = E. **1** 163; Wittland 974. Nicht die veralteten Anschauungen des liberalistischen Zeitalters, sondern die Grundsätze des Nationalsozialismus sind der Beurteilung von Taten eines Beamten zugrunde zu legen. Eine Ausnahme von diesen Grundsätzen gilt nur für das Gebiet der Verjährung. Es können nämlich Dienststrafvergehen, die nach den bisherigen Vorschriften beim Inkrafttreten der RDStO., d. h. am 1. 7. 37, verjährt waren, jetzt nicht mehr verfolgt werden. Dieser Fall kann z. B. bei früheren preußischen Beamten eintreten. Für sie war durch § 15 PrBDStO. v. 27. 1. 32 und § 8 PrRiDStO. vom gleichen Tage, beide am 1. 4. 32 in Kraft getreten, eine fünfjährige Verjährung eingeführt, die mit dem Tage begann, an dem die Verfehlung begangen war. Diese Verjährung ist nun aber durch die am 1. 10. 34 in Kraft getretene Novelle zu den beiden preuß. Dienststrafordnungen v. 18. 8. 34 wieder beseitigt worden. Die Reinhaltung des Beamtenstandes erfordert es — besonders im neuen Staat — daß die Möglichkeit der Ausschließung unwürdiger Elemente aus der Beamtenschaft jederzeit gegeben sei. Begr. Nach Art. V G. v. 18. 8. 34 konnten Dienstvergehen, die am 1. 10. 34 verjährt waren, nicht verfolgt werden. Eine Verjährung sonstiger Verfehlungen über den 1. 10. 34 konnte aber nicht mehr eintreten. Es können deshalb Beamte, die damals unter die Pr. BDienststrafordnung oder die Pr. RichterDienststrafordnung fielen, jetzt nicht belangt werden, wenn ihre Verfehlungen bereits am 1. 10. 34 verjährt waren. Dies war der Fall bei den Verfehlungen, die vor dem 1. 10. 29 begangen waren, falls nicht etwa ein Ruhen nach Satz 3 und 4 Abs. 1 § 15 PrBDStO. bzw. § 8 Abs. 1 Satz 3 und 4 PrRiDStO. den Ablauf der Verjährungsfrist verhindert hatte oder der Fall des Abs. 2 § 15 PrBDStO. bzw. Abs. 2 § 8 PrRiDStO. vorlag. Die Verjährung wird daher in Fällen, die das bisherige preußische Dienststrafrechtsgebiet berühren, mitunter noch in Frage kommen können; RDisH. 9. 2. 38 RVerwBl. **59** 691 = DVerw. **39** 25. Dabei taucht die Frage auf, ob § 15 Abs. 2 PrBDStO. und § 8 Abs. 2 PrRiDStO. nur den Sinn haben können, daß, wenn die Verfehlung des Beamten zugleich gegen ein Strafgesetz verstößt, die Dienststrafverfolgung nicht eher verjähren könne als die Strafverfolgung oder ob bei Beurteilung der dienststrafgerichtlichen Verjährung nur die im § 67 StGB. enthaltenen allgemeinen Verjährungsbestimmungen heranzuziehen sind. Der PrDienststrh. (E. v. 11. 2. 33 DJZ. 915) und das PrOVG. (E. 20. 6. 36 RVerwBl. **57** 211 = OVG. **97** 257) haben sich mit Recht gegen Wittland RVerwBl. **53** 625 ff. für die erstere Auffassung ausgesprochen und angenommen, daß auch die weiteren Vorschriften des StGB. über die Unterbrechung und das Ruhen der strafrechtlichen Verjährung (§ 68 StGB.) im Einzelfalle berücksichtigt werden müßten. Ebenso Daniels BeamtJahrb. **36** 175 ff.; Behnke 735 und die dort mitgeteilten Entsch. des RDStH.

Über die Verjährungsvorschriften in außerpreußischen Ländern s. Behnke 736.

Im übrigen können Teilhandlungen einer im Fortsetzungszusammenhang begangene dienstlichen Verfehlung nicht selbständig verjähren, so daß die Verjährung des Dienstvergehens erst mit Abschluß der letzten Ausführungshandlung beginnen kann. ,RDStH. 15. 3. 38 E. 1 140.

2. **Ruhestandsbeamte, die nach dem Inkrafttreten der RDStO., d. h. dem 1. 7. 37** — in der Ostmark nach dem 1. 10. 38 s. Art. II § 9 Nr. 6 Vdg. v. 28. 9. 38 (RGBl. I 1242) — **in den Ruhestand treten,** unterliegen natürlich in vollem Umfange den Vorschriften der RDStO., insbes. den §§ 2, 4, 9, 10, 11, 12 u. a.; s. oben Anm. 6 zu § 1. Auch wird die Fortsetzung eines förmlichen Dienststrafverfahrens, das gegen einen Beamten zur Zeit seines Eintritts in den Ruhestand schwebte, durch den Eintritt in den Ruhestand auch dann nicht berührt, wenn dieser Eintritt schon vor dem Inkrafttreten der RDStO. — in der Ostmark vor dem 1. 10. 38 s. oben — erfolgte. Denn wohl nach allen bisherigen Dienststrafgesetzen (vgl. z. B. § 75 Abs. 1 Nr. 2 RBG. und § 12 Abs. 2 PrBDStO. in der Fassung v. 27. 1. 32 und § 12a PrBDStO. in der Fassung v. 18. 4. 34) konnte jedes förmliche Dienststrafverfahren, das gegen einen Beamten vor seinem Eintritt in den Ruhestand eingeleitet war, nach seiner Zurruhesetzung mit dem Ziele auf Aberkennung des Ruhegehalts fortgeführt werden.

3. Gegen Ruhestandsbeamte, die **vor dem Inkrafttreten der RDStO.** (1. 7. 37) **in den Ruhestand getreten sind,** kann ein förmliches Dienststrafverfahren in **folgenden Fällen** (s. auch Krüger NSBZ. D. deutsche VerwB. **38** 794 ff. u. RDStH. v. 2. 8. 38, ZBR. **9** 69 = RVerwBl. **60** 17 = E. **1** 163) eingeleitet werden:

a) wegen eines vor dem Eintritt in den Ruhestand begangenen Dienstvergehens, wenn dies nach den bisher, d. h. vor seinem Eintritt in den Ruhestand für sie geltenden Vorschriften zulässig war. Gegen Reichsbeamte war dies nicht zulässig. Dagegen bestanden in manchen Ländern solche Bestimmungen. So konnte nach § 12a PrBDStO. und § 14a PrRiDStO., beide in der Fassung v. 18. 8. 34, gegen solche Ruhestandsbeamte, die nach dem Inkrafttreten der neuen Vorschriften, d. h. nach dem 1. 10. 34 in den Ruhestand getreten waren, ein förmliches Dienststrafverfahren eingeleitet werden wegen solcher Verfehlungen, die sie vor dem Eintritt in den Ruhestand begangen hatten. Gegen solche Ruhestandsbeamte kann also auch jetzt eingeschritten werden, wenn sie zwar nicht nach dem 1. 7. 37 (Inkrafttreten der RDStO.), wohl aber nach dem 1. 10. 34 in den Ruhestand getreten waren. Wittland DJZ. **34** 1198 u. Behnke BeamtJahrb. **34** 490. Wegen der außerpreuß. Vorschriften s. Behnke 738, 739. Dagegen hat die frühere Sächs. Dienststrafk. in d. Entsch. v. 3. 4. 36 (RVerwBl. **57** 649) und ihr folgend die neue Dienststrafkammer Dresden in der Entsch. v. 30. 11. 37 — DK 139/36 — angenommen, daß ein förml. Dienststrafverfahren nach den in der sächs. LanddienststrafO. v. 19. 6. 33 (SächsGBl. 93) verschärften Vorschriften gegen Beamte, die schon vor dem Inkrafttreten dieser DienststrafO. in den Ruhestand getreten waren, zulässig sei und § 115 Abs. 2 dem nicht entgegenstehe; **a. M.** Krüger a. a. O. 795 und Urteil des RDStH. v. 2. 8. 38 ZBR. **9** 69 = RVerwBl. **60** 17 = E. **1** 163.

b) wegen unerlaubter Annahme von Belohnungen oder Geschenken (§ 22 Abs. 1 Satz 2 DBG.) nur, wenn das Dienstvergehen nach dem 1. 7. 37, d. h. dem Inkrafttreten der RDStO., begangen worden ist. Sind solche Verfehlungen vorher begangen, so können sie gegen Ruhestandsbeamte, die vor dem 1. 7. 37 in den Ruhestand getreten sind, nicht verfolgt werden.

c) Im übrigen, d. h. wenn das Dienstvergehen nach dem Eintritt in den Ruhestand begangen war, kann gegen den Ruhestandsbeamten ein Dienststrafverfahren unbeschränkt nach der RDStO. eingeleitet werden, also wegen staatsfeindlichen Verhaltens oder Verletzung der Amtsverschwiegenheit (§ 22 Abs. 1 Satz 2 DBG.) und zwar auch dann, wenn die Verfolgung nach den damals bestehenden Vorschriften nicht zulässig war. RDStH. 28. 2. 39 DVerw. **40** 13 = E. **2** 10. Dies gilt auch dann, wenn ein wegen derselben Tatsachen eingeleitetes Dienststrafverfahren nur wegen Verfahrensmangel vor Inkrafttreten der RDStO. eingestellt war. Es soll also die Verfolgung nur wegen eines rein formalen Mangels nicht ausgeschlossen sein. War aber die Einstellung nur erfolgt, weil der Beamte in den Ruhestand getreten war, so kann das Verfahren jetzt nicht wieder eröffnet werden. Krüger a. a. O. 795.

Der Unterschied zwischen den Fällen zu b u. c ist darauf zurückzuführen, daß das Verbot der Geschenkannahme nach Übertritt in den Ruhestand eine durch § 15 DBG. neu begründete Verpflichtung ist, deren Verletzung erst nach Aufstellung dieser Pflicht möglich ist, während die bisher noch nicht überall unter dienstliche Strafe gestellte staatsfeindliche Betätigung und Preisgabe von Dienstgeheimnissen durch Ruhestandsbeamte schon bisher im neuen Staat als Pflichtverletzung angesehen wurde. Dienststrafk. Dresden v. 30. 11. 37 DK 139/36. In allen diesen Fällen zu a bis c ist aber weiter vorausgesetzt, daß die Verfehlung so schwer ist, daß sie voraussichtlich zur Aberkennung oder Kürzung des Ruhegehalts führen wird.

4. Die nach § 4 BGB. — **wegen politischer Unzuverlässigkeit** — mit einem Ruhegehaltsanspruch entlassenen Beamten werden dienststrafrechtlich **den Ruhestandsbeamten** gleich behandelt, obwohl sie nicht Ruhestandsbeamte, sondern aus dem Dienst entlassen sind und nach § 137 Abs. 1 DBG. nur unter die §§ 126—136 DBG. fallen. Es gelten also für sie entsprechend die in Anm. 3 entwickelten Grundsätze.

§ 116.

Anhängige Dienststrafverfahren gehen mit dem Inkrafttreten dieses Gesetzes in der Lage, in der sie sich befinden, auf die nach diesem Gesetz zuständigen Behörden über; dies gilt nicht für die Dienststrafverfahren, die vor den Dienststrafkammern bei den Oberlandesgerichten und dem

Dienststrafsenat beim Reichsgericht anhängig sind; diese gehen auf die im § 109 bezeichneten Dienststrafgerichte über. Maßnahmen, die nach den bisherigen Gesetzen getroffen worden sind, bleiben rechtswirksam.

1. Die am 1. Juli 1937 — in der Ostmark am 1. 10. 38 nach Art. II § 9 Nr. 7 Vdg. v. 28. 9. 38 (RGBl. I 1242), in den sudetendeutschen Gebieten am 1. 1. 39 nach § 1 V. 15. 12. 38 (RGBl. I 1810) und in den eingegliederten Ostgebieten am 1. 11. 39 nach Art. I § 1 V. 24. 12. 39 (RGBl. I 2489) — anhängigen förmlichen Dienststrafverfahren sind an diesem Tage in der Lage, in der sie sich befanden, auf die nach der RDStO. zuständigen Behörden übergegangen. Über die Überleitung der am 1. 10. 38 schwebenden österreichischen Dienststrafverfahren s. Knief RVerwBl. **60** 477 u. RDStH. 11. 8. 39 E. **2** 16. Die Behörden brauchen nicht etwa nur Dienststrafgerichte zu sein; vielmehr kommen z. B. auch Dienstvorgesetzte und Einleitungsbehörden in Betracht. Die bisherigen Dienststrafgerichte sind mit dem 1. 7. 37 fortgefallen. Es kommt nunmehr, wenn die Verfahren bei einem Dienststrafgericht anhängig waren, im ersten Rechtszuge die **Dienststrafkammer,** in deren Bezirk der Beschuldigte bei der Einleitung des förmlichen Dienststrafverfahrens seinen dienstlichen Wohnsitz oder als Wartestands- oder Ruhestandsbeamter seinen Wohnsitz hatte (§ 33) in Betracht. Ist der erste Rechtszug abgeschlossen und Berufung eingelegt, so ist, da das Reichsverwaltungsgericht noch nicht besteht, nicht der bei letzterem zu bildende Reichsdienststrafhof (§ 41), sondern der als selbständige Behörde mit dem Sitz in Berlin errichtete **Reichsdienststrafhof** (§ 114) für das weitere Verfahren im zweiten Rechtszuge zuständig, falls nicht zunächst noch die Dienststrafkammer gemäß § 70 tätig werden kann.

2. Die Dienststrafverfahren gegen **Beamte der Reichsjustizverwaltung,** die im ersten Rechtszuge am 1. 7. 37 vor den Dienststrafkammern bei den Oberlandesgerichten (§ 2 Abs. 1 V. 15. 3. 35 RGBl. I 379) oder im zweiten Rechtszuge vor dem Dienststrafsenat beim Reichsgericht (§ 3 Abs. 1 a. a. O.) anhängig waren, sind auf die im § 109 Abs. 1 Nr. 1 u. 2 bezeichneten Dienststrafgerichte übergegangen, nämlich im ersten Rechtszuge auf die **bei jedem Oberlandesgericht** für seinen Bezirk **errichtete Dienststrafkammer** und im zweiten Rechtszuge auf den **beim Reichsgericht gebildeten Dienststrafsenat.**

Dieser Übergang hat sich auch in den Fällen vollzogen, in denen der betr. Justizbeamte nicht wegen Dienstvergehen verfolgt wird, die in oder bei Ausübung der Rechtspflege begangen sind. Es kann also nicht vorkommen, daß eine gegen einen Justizbeamten bereits anhängige Dienststrafsache an die — sonst für alle anderen Beamten zuständige — Dienststrafkammer des § 32 oder an den Reichsdienststrafhof übergeht.

3. Maßnahmen, die nach den bisherigen Gesetzen (z. B. nach dem RBG. oder nach der PrBDStO.) **getroffen worden sind, bleiben rechtswirksam.** Solche Maßnahmen sind z. B. Dienststrafverfügungen der Dienstvorgesetzten, die Einleitung des Verfahrens, die Einreichung der Anschuldigungsschrift bei der Dienststrafkammer, Anberaumung des Termins zur Hauptverhandlung, Fällung des Urteils im ersten Rechtszuge, Anordnung der vorläufigen Dienstenthebung und der Einbehaltung eines Teils der Dienstbezüge eines beschuldigten Beamten usw. Dabei ist aber vorausgesetzt, daß die Durchführung des neuen Verfahrens unter der Herrschaft der RDStO. erfolgt. RG. 23. 11. 37 JW. 38 598 = HRR. 38 Nr. 323. Die nach bisherigem Recht erfolgte Bestellung eines Beamten als Untersuchungsführer oder als Anklagevertreter bleibt in den beim Inkrafttreten des Gesetzes anhängigen Verfahren so lange rechtswirksam, als der Beamte nicht von der nach der RDStO. zuständigen Einleitungsbehörde von diesem Amt abberufen wird. DurchfV. Nr. 1 zu § 116. Zu den Maßnahmen, die rechtswirksam bleiben, gehört ferner auch eine nach bisherigem Recht kraft Gesetzes (s. oben Anm. 4 Vorbemerkung vor § 78) eingetretene vorläufige Dienstenthebung und Gehaltseinbehaltung; für ihre Beendigung gelten §§ 81 und 82. DurchfV. Nr. 1 und 2 zu § 116.

Gegenüber Entscheidungen, die vor dem 1. Juli 1937 ergangen sind, gelten die Rechtsmittelfristen des bisherigen Rechts. DurchfV. Nr. 3 zu § 116.

§ 117.

(1) Dienststrafverfahren, die nach den bisherigen Gesetzen rechtskräftig entschieden sind, ohne daß danach ein Wiederaufnahmeverfahren zulässig war, können nur wiederaufgenommen werden, wenn das frühere Urteil nach dem 1. Januar 1930 rechtskräftig geworden ist.

(2) Anhängige Wiederaufnahmeverfahren, die nach diesem Gesetz unzulässig wären, sind einzustellen; die Kosten des Verfahrens trägt das Reich.

(3) Wenn das Dienststrafgericht, dessen Entscheidung im Wiederaufnahmeverfahren angefochten wird (§ 86 Abs. 2, § 87) oder das nach § 89 Abs. 2 für das weitere Verfahren zuständig wäre, nicht mehr besteht, tritt an seine Stelle der Reichsdienststrafhof. Er kann die Sache für das weitere Verfahren im Sinne des § 89 Abs. 2 an eine Dienststrafkammer verweisen.

1. Ein Wiederaufnahmeverfahren gab es bisher für die Reichsbeamten im RBG. nicht. Dagegen war es in einigen Ländern, z. B. in Preußen, Sachsen, Baden, Württemberg (RDStH. 2 152) und Thüringen bereits seit einigen Jahren eingeführt. Rechtskräftig abgeschlossene Dienststrafverfahren, **bei denen ein Wiederaufnahmeverfahren nach den bisherigen Gesetzen,** z. B. nach dem RBG., **nicht zulässig war,** können jetzt nach Einführung des Wiederaufnahmeverfahrens für alle deutschen Beamten nicht etwa ohne Zeitbegrenzung wieder aufgenommen werden. Dies würde bei der Länge der inzwischen verstrichenen Zeit, die eine restlose Aufklärung in den meisten Fällen unmöglich machen würde, zu den größten Unzuträglichkeiten führen. Zudem würden die Dienststrafgerichte durch eine Hochflut von Anträgen aus weit zurückliegender Zeit in ihrer eigentlichen Tätigkeit beeinträchtigt werden. Begr. Das gilt jedoch nur, soweit ein Wiederaufnahmeverfahren bisher überhaupt nicht zulässig war, also insbes. für die unmittelbaren Reichsbeamten.

Begr. § 117 Abs. 1 hat daher in solchen Fällen die Wiederaufnahme auf solche Verfahren beschränkt, in denen das frühere Urteil **nach** dem **1. 1. 30** rechtskräftig geworden ist. Bei allen Urteilen, die **vor** dem 1. 1. 30 rechtskräftig geworden sind, ist eine Wiederaufnahme für die unmittelbaren Reichsbeamten ausgeschlossen. Trotz dieser Begrenzung bedeutet für die unmittelbaren Reichsbeamten die rückwirkende Einführung der Wiederaufnahmemöglichkeit gegenüber allen nach dem 1. 1. 30 rechtskräftig gewordenen Urteilen eine erhebliche Vergünstigung gegenüber dem bisherigen Rechtszustand. Begr. Anders liegt die Sache bei solchen Verfahren, in denen nach Rechtskraft des Urteils schon früher **ein Wiederaufnahmeverfahren zulässig war,** wie z. B. in Preußen usw. (s. oben). Diese können, da die Dienststrafgesetze regelmäßig für die Wiederaufnahme keine zeitliche Begrenzung hatten, auch insoweit wieder aufgenommen werden, als die früheren Urteile vor dem 1. 1. 30 rechtskräftig geworden sind. Jedoch konnten nach den bisherigen preuß. Gesetzen Dienststrafverfahren gegen preuß. Beamte und Richter auch dann wieder aufgenommen werden, wenn das Urteil auf Gehaltskürzung oder auf Warnung, Verweis oder Geldbuße gelautet hatte. Jetzt kann eine Wiederaufnahme stets nur in Frage kommen, wenn die Voraussetzungen der §§ 83 ff. vorliegen.

Während des Krieges kann das nach § 117 zuständige Dienststrafgericht die Entscheidung über die Zulassung eines Antrags auf Wiederaufnahme des Verfahrens und über den Antrag selbst bis auf weiteres aussetzen, es sei denn, daß ein strafgerichtliches Urteil, auf dessen tatsächlichen Feststellungen das Dienststrafurteil beruht, durch ein anderes rechtskräftiges Urteil aufgehoben worden ist. § 7 V. 17. 5. 40 (RGBl. I 781).

2. **Anhängige Wiederaufnahmeverfahren, die nach der RDStO. unzulässig wären, waren einzustellen.** Nach § 83 Abs. 1 RDStO. ist eine Wiederaufnahme nur zulässig, wenn in dem rechtskräftigen Dienststrafurteil entweder auf die schwersten Strafen, nämlich Entfernung aus dem Dienst oder Aberkennung des Ruhegehalts erkannt ist oder nach Ansicht der Einleitungsbehörde hätte erkannt werden müssen. Kommen geringere Strafen in Betracht, so ist die Wiederaufnahme nicht zulässig. Waren in solchen Fällen am 1. 7. 37 Wiederaufnahmeverfahren anhängig, so mußten sie sofort eingestellt werden. Die Kosten des Verfahrens trug das Reich.

3. **Abs. 3 § 117** trifft Bestimmung darüber, welches Gericht in Tätigkeit treten soll, **wenn das Dienststrafgericht,** dessen Entscheidung im Wiederaufnahmeverfahren angefochten wird und das über die Zulassung des Antrags zu entscheiden hat oder das nach Zulassung des Antrags für das weitere Verfahren nach § 89 Abs. 2 zuständig wäre, **nicht mehr besteht.** Diese Vorschrift hatte für die Übergangszeit große Bedeutung, da die vor dem 1. 7. 37 in Tätigkeit gewesenen Dienststrafgerichte mit diesem Tage fortgefallen waren; s. auch RDStH. 2. 3. 38 E. 1 172. Wenn nunmehr Wiederaufnahmeanträge eingehen, könnte zweifelhaft sein, welches Gericht für die Maßnahmen nach den §§ 86 ff. zuständig ist. Es tritt dann an die Stelle der

Dienststrafkammer, deren Entscheidung angefochten wird, der Reichsdienststrafhof (bzw. der Dienststrafsenat beim RG.), der die Sache für das weitere Verfahren im Sinne des § 89 Abs. 2 an eine Dienststrafkammer verweisen kann. Von dieser Befugnis wird wohl regelmäßig Gebrauch gemacht werden, um die Prüfung der Sachlage in zwei Rechtszügen zu ermöglichen. War der Wiederaufnahmeantrag noch vor dem 1. 7. 37 eingegangen, so kommt § 116 Satz 1 zur Anwendung.

Abs. 3 § 117 gilt sinngemäß auch für die Anträge auf Entziehung oder Herabsetzung eines Unterhaltsbeitrags nach § 96. Behnke 749 und die dort angeführten Urteile des RDStH.

§ 118.

§ 110 gilt auch für die richterlichen Mitglieder der obersten Verwaltungsgerichte der Länder und die unabhängigen Mitglieder der Preußischen Oberrechnungskammer.

Nach § 110 wird für die dort bezeichneten Mitglieder der höchsten ordentlichen und der höchsten Verwaltungsgerichtsbehörden des Reichs und des Rechnungshofs des Deutschen Reiches ein besonderer Dienststrafsenat beim Reichsgericht gebildet. Dieser Gerichtshof ist auch für die richterlichen Mitglieder der obersten Verwaltungsgerichte der Länder, z. B. des Pr. Oberverwaltungsgerichts und der im Sinne des § 121 Abs. 1 Satz 1 ReichshaushaltsO. unabhängigen Mitglieder der Pr. Oberrechnungskammer zuständig. Abgesehen von der Preuß. Oberrechnungskammer sind die obersten Rechnungsbehörden der Länder auf Grund des G. v. 17. 6. 36 (RGBl. II 207) zum 1. 4. 37 aufgehoben worden.

§ 110 gilt auch für die Mitglieder des österr. Bundesgerichtshofs. Art. II § 9 Nr. 8 Vdg. v. 28. 9. 38 (RGBl. I 1242).

§ 119.

Die auf Grund dieses Gesetzes ergehenden Entscheidungen der Dienstvorgesetzten und Dienststrafgerichte sind für die Beurteilung der vor einem Gericht geltend gemachten vermögensrechtlichen Ansprüche bindend.

1. Nach § 146 Satz 2 DBG. sind die **Entscheidungen** der auf Grund des DBG. (z. B. § 17 Abs. 2 u. § 135 Abs. 3) tätig werdenden **Dienststrafgerichte** für die Beurteilung der vor dem Gericht geltend gemachten **vermögensrechtlichen Ansprüche** bindend. Darüber hinaus bestimmt aber § 119 RDStO., daß außer den auf Grund der RDStO. ergehenden Entscheidungen der Dienststrafgerichte auch **die Entscheidungen der Dienstvorgesetzten,** die auf Grund der RDStO. ergehen, für die Gerichte für die bezeichneten Ansprüche **bindend** sind. Es handelt sich also nicht nur um Beschlüsse und Urteile der Dienststrafgerichte, sondern auch um die auf dem Gebiete des Dienststrafverfahrens des Dienstvorgesetzten, der Einleitung des förml. Dienststrafverfahrens, der vorläufigen Dienstenthebung usw. erlassenen Verfügungen und Beschlüsse des Dienstvorgesetzten (§ 2 Abs. 5 DBG.) und der Einleitungsbehörde. Es kann also vor einem Gericht — sei es ein ordentliches oder ein Verwaltungsgericht — nicht darüber gestritten werden, ob ein Dienststrafurteil oder eine Entscheidung eines Dienstvorgesetzten oder einer Einleitungsbehörde, die sich auf die RDStO. gründet, zu Recht oder zu Unrecht ergangen ist. Es sind aber nur die Entscheidungen selbst bindend, nicht etwa auch Tatsachenfeststellungen, die Grundlage oder Anlaß zu Entscheidungen waren. Krauthausen 255.

2. Die Gerichte dürfen aber **nachprüfen**, ob die äußeren Voraussetzungen und Formen für die Rechtsgültigkeit der auf Grund der RDStO. ergangenen Entscheidungen der Dienststrafgerichte, Dienstvorgesetzten und Einleitungsbehörde gewahr sind, ob also z. B. das rechtskräftige Erkenntnis eines zuständigen Dienststrafgerichts vorliegt und ob dieses Urteil die Dienststrafe aus einem gesetzlichen Grunde ausspricht, ferner ob die gesetzlichen Voraussetzungen bei einer vorl. Gehaltseinbehaltung vorgelegen haben u. dgl. RG. **108** 345; **119** 428; **122** 113.

Zu den äußeren Voraussetzungen gehört aber nicht nur, wie vorbemerkt, die Frage, ob das Dienststrafgericht für den betr. Beamten generell zuständig war, sondern auch ob es vorschriftsmäßig besetzt war und ob auch sonst dem Dienststrafurteil überhaupt ein ordnungsmäßiges Dienststrafverfahren zugrunde lag, z. B. ob das Dienststrafverfahren von der zuständigen Behörde eingeleitet war, der Untersuchungsführer ordnungsmäßig bestellt war u. dgl.

3. Die Feststellungen **des Zivilgerichts** sind für den Dienststrafrichter nicht bindend; wegen der Bindung an Feststellungen des ordentlichen Strafgerichts s. oben § 13 Abs. 2 u. 3. Auch an gewisse Verwaltungsmaßnahmen ist der Dienststrafrichter gebunden. So darf er z. B. nicht nachprüfen, ob die Behörde, die einen Beamten aus dienstlichem Bedürfnis versetzt hat (§ 35 Abs. 1 Satz 1 DBG.), ein solches Bedürfnis mit Recht angenommen hat.

§ 120.

(1) Der Reichsminister des Innern erläßt, soweit dieses Gesetz nichts anderes vorschreibt, die zu seiner Durchführung erforderlichen Rechts- und Verwaltungsvorschriften, erforderlichenfalls im Einvernehmen mit der zuständigen obersten Reichsbehörde.

(2) Die Durchführungsvorschriften bestimmen auch, welche Bezüge als Dienstbezüge im Sinne der §§ 6, 7 und 79 anzusehen sind.

1. Der Reichsminister des Innern ist der Beamtenminister und deshalb auch federführend beim Entwurf der Beamtengesetze und dem Erlaß ihrer Durchführungsvorschriften. Mitunter muß er mit der zuständigen obersten Reichsbehörde sich ins Einvernehmen setzen, wenn deren Geschäftsbereich durch die Angelegenheit berührt wird.

2. In einigen Vorschriften des Gesetzes finden sich für den Erlaß von Durchführungsvorschriften besondere Bestimmungen, z. B. im § 24 Abs. 3,

26 Abs. 3, 33 Abs. 1 Satz 2, 36 Abs. 3, 111, 112 Abs. 3. Solche Durchführungsbestimmungen finden sich für die Kommunalbeamten in der Vdg. v. 3. 7. 37 (RGBl. I 730); vgl. oben Anm. 7 zu § 24 und Anm. 5 zu § 26.

Wegen der bisher ergangenen Durchführungsbestimmungen s. die Übersicht bei Behnke 752—756.

3. Welche Bezüge als Dienstbezüge im Sinne des § 6 (als Grundlage für Bemessung der Geldbuße), § 7 (als Grundlage für die Gehaltskürzung) und § 79 (als Grundlage für Einbehaltungen im Falle der vorläufigen Dienstenthebung) anzusehen sind, bestimmen die Durchführungsbestimmungen v. 29. 6. 37 (RGBl. I 690), nebst Ergänzungsverordnungen v. 27. 8. u. 4. 10. 38 (RGBl. I 1069 u. 1338), abgedruckt im Anhang des Buches. Vgl. auch § 102 Abs. 3 Satz 2 (Vollstreckung der Gehaltskürzung bei Beamten, die Gebühren beziehen) und § 103 (Beitreibung von gewissen Geldbeträgen); auch in diesen Fällen sind die Durchführungsbestimmungen v. 29. 6. 37 (RGBl. I 690) ergangen.

§ 121.

(1) Dieses Gesetz tritt am 1. Juli 1937 in Kraft.

(2) Unberührt bleiben § 9 Abs. 4 des Bankgesetzes, § 23 des Reichsbahngesetzes und § 5 des Reichsbahn-Personalgesetzes.

(3) Im übrigen treten alle bisherigen Vorschriften außer Kraft, die das Dienststrafrecht gegenüber Beamten, auf die dieses Gesetz Anwendung findet, betreffen; die Amtszeit der Mitglieder der bisherigen Dienststrafgerichte des Reiches und der Länder endet.

(4) Soweit in Gesetzen, Verordnungen oder statutarischen Vorschriften auf die außer Kraft tretenden Vorschriften verwiesen wird, treten die entsprechenden Vorschriften dieses Gesetzes und die dazu erlassenen Durchführungsvorschriften an ihre Stelle.

(5) Soweit dieses Gesetz Vorschriften voraussetzt, die reichsgesetzlich noch nicht erlassen sind, sind die entsprechenden landesrechtlichen Vorschriften übergangsweise sinngemäß anzuwenden.

1. Wegen des Zeitpunktes des **Inkrafttretens** der RDStO. in den 1939 **neu eingegliederten Gebieten** s. oben S. 36.

2. Die Beamten der **Deutschen Reichsbank** sind nach Art. 2 Ges. 10. 2. 37 (RGBl. II 47) und nach § 7 Abs. 2 ReichsbankG. v. 15. 6. 39 (RGBl. I 1015) mittelbare Reichsbeamte geworden und als solche unterliegen sie (s. auch § 7 Abs. 3 a. a. O.) ohne weiteres der RDStO.

Die **Reichsbahnbeamten** sind nach Art. 2 G. 10. 2. 37 unmittelbare Reichsbeamte geworden und unterliegen als solche (s. auch § 18 ReichsbahnG. 4. 7. 39 (RGBl. I 1205) ebenfalls ohne weiteres der RDStO.

3. **Alle bisherigen Vorschriften,** die das Dienststrafrecht gegenüber Beamten betreffen, auf die die RDStO. Anwendung findet, sind mit dem 1. Juli 1937 **außer Kraft getreten** und zwar gleich, ob sie der RDStO. ent-

sprechen oder widersprechen. RDStH. **1** 129 = RVerwBl. **59** 386. Dazu gehören z. B. die §§ 72—133 RBG., die V. zur vorl. Regelung des Dienststrafrechts im Bereich der Reichsjustizverwaltung; 15. 2. 35 (RGBl. I 378) und die Militärrichterdienststrafordnung (s. oben Anm. 14 zu § 1); ferner die preuß. Dienststrafordnungen v. 18. 8. 34 und die sonstigen Dienststrafgesetze der Länder. Die auf Wehrmachtbeamte anwendbaren Vorschriften der Disziplinarstrafordnungen der Wehrmachtteile sind unberührt geblieben. DurchfV. Nr. 2 zu § 121; s. oben Anm. 14 zu § 1.

Welche Beamte unter die RDStO. fallen, ist oben Anm. 2 ff. zu § 1 mitgeteilt. Nicht darunter fallen die Kirchenbeamten. Für sie gilt die RDStO. nicht.

An die Stelle des § 121 Abs. 1, 3—5 sind für die Ostmark die in der Vdg. v. 28. 9. 38 (RGBl. I 1242) Art. II § 9 Nr. 9 angeführten Bestimmungen getreten.

4. Die **Amtszeit** aller Mitglieder der bisherigen Dienststrafgerichte des Reichs und der Länder war mit dem 30. 6. 37 **beendet.** Es konnten aber für die neuen Gerichte dieselben Personen wieder bestellt werden.

5. Die **Verweisungen** auf die aufgehobenen Dienststrafvorschriften, die in Gesetzen usw. enthalten sind, beziehen sich künftig auf die entsprechenden Vorschriften der RDStO. und die dazu ergangenen Durchführungsvorschriften.

6. **Landesrechtliche** Vorschriften **gelten übergangsweise sinngemäß weiter,** wenn und soweit die RDStO. Vorschriften voraussetzt, die zwar landesrechtlich, aber noch nicht reichsrechtlich erlassen sind, z. B. die Vorschriften über die Verwaltungsgerichtsbarkeit (§ 32).

7. Soweit nach bisherigem Landesrecht Beamte mit Dienstentlassung („Enthebung vom Amte") unter Belassung eines Teils der Dienstbezüge als „Wartegeld" bestraft worden sind, **gilt dieses Wartegeld als auf Lebenszeit bewilligter Unterhaltsbeitrag im Sinne des § 64;** das Beamtenverhältnis des Bestraften hatte spätestens mit Wirkung vom 1. Juli 1937 aufgehört. DurchfV.Nr. 3 zu § 121.

8. Wegen der **Sondervorschriften für die Ostmark, in den sudetendeutschen Gebieten,** im **Protektorat Böhmen und Mähren** und in **den eingegliederten Ostgebieten** s. die im Anhang unter Nr. 8—11 abgedruckten Bestimmungen.

Anhang.

1. Begründung zur Reichsdienststrafordnung
vom 26. Januar 1937

(DReichs-uPr.Staatsanz. 1937 Nr. 22 v. 28. 1. 37 1. Beil. S. 2).

Allgemeiner Teil.

Eine wesentliche Ergänzung des allgemeinen Beamtenrechts bildet das Dienststrafrecht. Während jenes den Pflichtenkreis des Beamten umschreibt, gibt das Dienststrafrecht dem Dienstherrn des Beamten die Mittel an die Hand, um Verstöße gegen die Dienstzucht abzuwehren und die Beamtenschaft nötigenfalls von Elementen zu reinigen, die das ihnen durch die Ernennung zum Beamten bewiesene Vertrauen nicht rechtfertigen. Es bezeichnet die Strafen, die — unbeschadet eines etwaigen Eingreifens des allgemeinen Strafrechts — als Dienststrafen eigener Art gegen Pflichtverletzungen des Beamten angewandt werden können, und regelt das Verfahren ihrer Anwendung.

Im Reichsbeamtengesetz vom 31. März 1873 war das Dienststrafrecht mitenthalten, ebenso in einigen Beamtengesetzen der Länder, z. B. im Bayerischen Beamtengesetz vom 15. August 1908; andere Länder hatten von jeher besondere Disziplinargesetze, so insbesondere Preußen (Gesetze von 1851 und 52, neugefaßt in den Dienststrafordnungen vom 27. Januar 1932). Wenn auch vieles, namentlich der enge sachliche Zusammenhang des Dienststrafrechts mit dem allgemeinen Beamtenrecht, für eine Vereinigung beider Gegenstände in einem Gesetz spricht, wird für das neue Reichsrecht der andere Weg gewählt, weil der Umfang der Dienststrafvorschriften schon aus Gründen der praktischen Handhabung eine Trennung in zwei Gesetze gebietet. Da das Dienststrafrecht fast ausschließlich Verfahrensrecht ist, macht auch die Abgrenzung der Gegenstände, die in das Beamtengesetz einerseits, das Dienststrafgesetz andererseits zu verweisen sind, keine Schwierigkeit.

Wie auf anderen Rechtsgebieten (Strafrecht, Zivilrecht) wird auch hier durch die Bezeichnung „Reichsdienststraf*ordnung*" (im folgenden RDStO. genannt) zum Ausdruck gebracht, daß es sich im wesentlichen um Verfahrensrecht handelt.

Bei der engen inneren Zusammengehörigkeit beider Gesetze versteht es sich von selbst, daß die RDStO. von denselben Grundgedanken beherrscht wird wie das Deutsche Beamtengesetz. Ebenso wie dieses den Pflichtgedanken bewußt und betont in den Vordergrund stellt, trägt die RDStO. den schärferen Anforderungen, die der nationalsozialistische Staat an das Pflichtbewußtsein seiner Beamten stellt, und dem strengeren Maßstab, den er bei einer Verletzung der Beamtenpflichten anlegt, Rechnung. Die RDStO. leistet ferner, ebenso wie das Deutsche Beamtengesetz, ein wichtiges Stück praktischer Arbeit an der Reichsreform, indem sie ein für alle deutschen Beamten einheitliches Dienststrafrecht schafft und die Dienststrafgerichtsbarkeit organisatorisch vereinheitlicht.

Die RDStO. stellt keine völlige Reform des Dienststrafrechts an Haupt und Gliedern dar. Sie baut vielmehr auf den Grundlagen des alten, bis zum Weltkrieg entwickelten deutschen Disziplinarrechts des Reiches und der Länder insoweit auf, als dieses Recht sich durch Jahrzehnte hindurch in seiner Aufgabe bewährt hatte, jenen nach den Worten des Führers „unvergleichlichen Beamtenkörper des alten Reiches" zu schaffen und in seiner Unbestechlichkeit und hohen Leistungsfähigkeit zu erhalten. In der Gestaltung des förmlichen Verfahrens, den Arten der Dienststrafen u. a. m. lehnt sie sich an geltendes (Reichs- und Landes-) Recht an. Andererseits enthält sie alle Handhaben, die nötig sind, um die Beamtenauffassung des nationalsozialistischen Staates, wie sie im Deutschen Beamtengesetz ihren Ausdruck findet, durchzusetzen. Hierin hatte nach der Machtübernahme durch den Nationalsozialismus die preußische Gesetzgebung wertvolle Vorarbeit geleistet, indem sie das preußische Dienststrafrecht, das in seiner Neufassung von Anfang 1932 besonders stark von liberalistisch-marxistischen Ideen beeinflußt war, durch die Novelle vom 18. August 1934 in einigen Punkten grundsätzlich umgestaltete. Die RDStO. knüpft daran an und entwickelt einzelne damals in das preußische Dienststrafrecht neu eingeführte Gedanken dem neuen Reichsbeamtenrecht entsprechend weiter, so namentlich in der dienststrafrechtlichen Stellung der Ruhestandsbeamten. Inwieweit im einzelnen Gedanken des alten Rechts aufgenommen oder neue Grundsätze an ihre Stelle getreten sind, ergibt sich aus den Bemerkungen des Besonderen Teils.

Um die enge Verflechtung von Partei und Staat nicht nur in Rechtssätzen zu erschöpfen, die den nationalsozialistischen Gedanken im Dienststrafrecht Ausdruck verleihen, sichert die RDStO. der Partei in bestimmten Beziehungen eine unmittelbare Beteiligung in Dienststrafsachen zu.

Damit die Partei über alle dienststrafrechtlichen Maßnahmen auf dem Laufenden bleibt, die gegen ein Parteimitglied ergriffen werden und möglicherweise eine parteigerichtliche Behandlung zur Folge haben müssen, wird sowohl die Verfügung über die Einleitung des förmlichen Verfahrens gegen einen Pg. dem Stellvertreter des Führers mitgeteilt als auch das Urteil ihm zugestellt (§§ 28 und 65 Abs. 3). Der Stellvertreter des Führers ist befugt, in die gegen einen Pg. stattfindende Hauptverhandlung, deren Termin ihm mitzuteilen ist (§ 58 Abs. 2), einen Beauftragten zu entsenden (§ 60 Abs. 2). Durch eine Anordnung im Parteiwege wird Vorsorge getroffen werden, daß anderseits über etwaige parteigerichtliche Maßnahmen gegen einen Beamten die vorgesetzte Behörde jeweils unterrichtet wird. Die Beteiligung der Partei bei der Auswahl der Mitglieder der Dienststrafkammern und des Reichsdienststrafhofs regelt der Reichsminister des Innern, für die besonderen Dienststrafgerichte der Justizverwaltung der Reichsminister der Justiz, im Einvernehmen mit dem Stellvertreter des Führers (§§ 36 Abs. 3, 41 Abs. 5 und 109 Abs. 1 Nr. 3 Satz 2). Ausschluß oder Ausstoßung aus der Partei haben das Erlöschen des Amtes als Mitglied eines Dienststrafgerichts kraft Gesetzes zur Folge (§ 40 Abs. 1 Nr. 2).

Besonderer Teil.

Zu Abschnitt I:

Der 1. Abschnitt grenzt die Anwendbarkeit der RDStO. nach drei Richtungen ab.

§ 1: Der Personenkreis, der von dem Gesetz erfaßt wird, ist der gleiche wie der, für den das Deutsche Beamtengesetz gilt.

Für die Beamten und Ruhestandsbeamten der Reichsbank und der Deutschen Reichsbahn-Gesellschaft bleiben die Vorschriften des § 9 Abs. 4 des Bankgesetzes, § 23 des Reichsbahngesetzes und § 5 des Reichsbahn-Personalgesetzes unberührt (§ 121 Abs. 2). Das bedeutet, daß auch für die Beamten der beiden genannten Verwaltungen die RDStO. sinngemäß gilt und die Dienststrafgerichte des Reiches zuständig sind.

Wegen gewisser Abweichungen für bestimmte Arten von Beamten vgl. die Bemerkungen zu Abschn. IX.

§ 2: Der Begriff des Dienstvergehens ist nicht in der RDStO., sondern, als materiell-rechtliche Vorschrift, im Deutschen Beamtengesetz (§ 22 Abs. 1) bestimmt. Er deckt sich inhaltlich in der Hauptsache mit dem im bisherigen Reichsrecht (vgl. § 72 RBG.) und Landesrecht (vgl. z. B. § 2 Preuß. Beamtendienststrafordnung, Art. 105 Bayr. Beamtengesetz, § 3 Sächs. Landesdienststrafordnung) geltenden Begriff. Wesentlich ist ihm zunächst der Tatbestand der Pflichtverletzung. Zu den Pflichten des Beamten gehört es auch, daß er sich durch sein Verhalten in und außer dem Amte der Achtung und des Vertrauens, die seinem Beruf entgegengebracht werden, würdig zeigt (§ 3 Abs. 3 Satz 2 DBG.). Ein weiteres Tatbestandsmerkmal ist das Verschulden, das ebenfalls bisher schon Voraussetzung der Dienstbestrafung war, auch wenn, wie im Reichsbeamtengesetz und in den preußischen Dienststrafordnungen, dies nicht ausdrücklich hervorgehoben wurde. Drittes Erfordernis war bisher, daß im Zeitpunkt des Begehens der dienststrafrechtlich zu verfolgenden Handlung die Beamteneigenschaft des Handelnden vorhanden war. Auch die preußische Novelle war darüber nicht hinausgegangen;

sie hat zwar die Einleitung eines Dienststrafverfahrens gegen einen Ruhestandsbeamten zugelassen, aber nur wegen solcher Vergehen, die vor Eintritt in den Ruhestand, also noch während des Bestehens des Beamtenverhältnisses, begangen worden waren. Das Deutsche Beamtengesetz geht weiter. Künftig sind bestimmte Handlungen, nämlich staatsfeindliche Betätigung, Bruch der Amtsverschwiegenheit und Annahme von Geschenken und Belohnungen auch dann als Dienstvergehen verfolgbar, wenn sie nach Eintritt in den Ruhestand begangen werden. Solche Handlungen *sind* aber keine Dienstvergehen, sie *gelten* nur als solche. An dem Grundsatz, daß ein Dienstvergehen nur von einem (aktiven) Beamten begangen werden kann, wird also festgehalten.

Zusätzlich entscheidet § 2 die Frage, inwieweit Verfehlungen eines Beamten dienststrafrechtlich verfolgt werden können, die *vor* der Begründung seines *jetzigen* Beamtenverhältnisses liegen. Die Verfolgung ist hiernach grundsätzlich zulässig gegenüber einem Beamten, der in einem früheren Beamtenverhältnis oder nach Beendigung eines solchen ein Dienstvergehen im Sinne des § 22 Abs. 1 Satz 1 und 2 DBG. begangen hat. Diese gesetzliche Klarstellung ist bedeutsam vor allem für die Fälle des Übergangs eines Beamten aus dem Dienst eines Dienstherrn in den eines anderen, insbesondere aus dem mittelbaren Staatsdienst (z. B. bei einer Gemeinde oder sonstigen Körperschaft des öffentlichen Rechts) in den unmittelbaren Staats- oder Reichsdienst, eines Überganges also, der sich — wenn nicht eine Versetzung auf Grund des § 5 der Ersten Verordnung über den Neuaufbau des Reiches vom 2. Februar 1934 (Reichsgesetzbl. I S. 81) vom Landes- in den Reichsdienst oder umgekehrt stattfindet — regelmäßig in der Weise vollzieht, daß der Beamte aus dem Beamtenverhältnis bei seinem bisherigen Dienstherrn auf eigenen Antrag entlassen (§ 60 DBG.) und gleichzeitig oder danach in ein neues Beamtenverhältnis bei einem anderen Dienstherrn berufen wird. Die Verfolgbarkeit eines während eines früheren Dienstverhältnisses begangenen Dienstvergehens findet ihre Rechtfertigung darin, daß die Dienststrafgewalt über mittelbare und unmittelbare Reichsbeamte (vgl. § 2 Abs. 3 DBG.) Ausfluß der einheitlichen Reichsgewalt ist, die Verfolgbarkeit einer nach Beendigung des früheren Dienstverhältnisses begangenen als Dienstvergehen geltenden Handlung darin, daß der frühere Pflichtenkreis über seine Beendigung hinaus gewisse Wirkungen ausstrahlt für den, der sich von neuem einem Pflichtenkreis gleicher Art unterwirft.

§ 3: Im Dienststrafrecht gilt im Gegensatz zum allgemeinen Strafrecht nicht das Legalitäts-, sondern das *Opportunitätsprinzip*, d. h. es gibt hier keine Strafverfolgungsbehörde, die von Amts wegen verpflichtet ist, einzuschreiten, wenn sie den Tatbestand eines Dienstvergehens für vorliegend hält. Vielmehr steht es im freien Ermessen der zuständigen Dienstbehörde, zu entscheiden, ob eine dienststrafrechtliche Verfolgung erforderlich, zweckmäßig und erwünscht ist. Die Entscheidung hängt in erster Linie davon ab, wie die pflichtwidrige Handlung (oder Unterlassung) vom Gesichtspunkt der Erhaltung der Dienstzucht in der Beamtenschaft zu bewerten ist, ob ihre Nichtverfolgung innerhalb der Beamtenschaft selbst ungünstig wirken, ob sie deren Ansehen nach außen schädigen kann, oder ob andere staatliche Rücksichten ein Einschreiten gebieten oder aber verbieten. Diesen schon das bisherige Dienststrafrecht beherrschenden Grundsatz spricht § 3 ausdrücklich aus. Eine erschöpfende Aufzählung der für die Entscheidung maßgebenden Gesichtspunkte ist nicht möglich. Nur einen der wesentlichsten Anhaltspunkte für die zu entscheidende Ermessensfrage, insbesondere auch dafür, welche der im Gesetz zugelassenen Dienststrafen angebracht ist, hebt das Gesetz hervor, daß nämlich die gesamte Persönlichkeit des beschuldigten Beamten, seine bisherigen dienstlichen Leistungen und sein außerdienstliches Verhalten, sowohl nach der positiven wie nach der negativen Seite hin, zu berücksichtigen sind.

Nicht recht vereinbar mit dem Opportunitätsprinzip war die in einigen Ländern, auch in Preußen bis zum 1. Oktober 1934, geltende Verjährung von Dienstvergehen. Denn wenn einerseits keine Strafpflicht im Dienststrafrecht besteht, so kann andererseits auch das Recht zu strafen, nicht durch Zeitablauf unwirksam werden. Insbesondere widerspräche es auch dem Ziel des nationalsozialistischen Beamtenrechts, ein in seiner Pflichtauffassung vorbildliches Beamtentum wieder zu schaffen und zu erhalten, wenn die Möglichkeit, den Beamtenkörper von unwürdigen Elementen zu befreien, durch eine Verjährungsfrist beschnitten würde. In diesem Sinne forderte schon ein Gesetzentwurf der preußischen Landtagsfraktion der NSDAP. vom November 1932 den Wegfall der Verjährung. Der Ermessensgrundsatz bietet die Gewähr dafür, daß längst Vergangenes nicht ohne zwingendes Bedürfnis wieder aufgerührt wird. Von einer rückwirkenden Aufhebung der bisher geltenden Verjährungsvorschriften wird aus allgemeinen rechtspolitischen Erwägungen abgesehen (§ 115 Abs. 1, 2. Halbsatz).

Zu Abschnitt II:

§ 4: Die Dienststrafen der Warnung, des Verweises und der Geldbuße sind beibehalten worden. Die Warnung, als leichtere Form, neben dem Verweis hat sich in der Mehrzahl der Verwaltungen als praktisch erwiesen. Der Sammelbegriff „Ordnungsstrafen" (vgl. § 74 des Reichsbeamtengesetzes) ist als irreführend fallen gelassen worden.

Schwerste Strafe ist die Entfernung aus dem Dienst. Sie beendet das Beamtenverhältnis (vgl. § 50 DBG.) mit den in § 8 bezeichneten Folgen. Das bisherige Reichsrecht kannte daneben als „Strafversetzung" die Versetzung in ein anderes Amt von gleichem Range unter Verminderung des Diensteinkommens (§ 75 RBG.). Diese Strafart ist praktisch schwer durchführbar. Ihre Anwendung kann dazu führen, daß gewisse weniger beliebte Dienstorte, insbesondere in Grenzbezirken, sich zu einer Art von „Strafkolonien" herausbilden. In einzelnen Verwaltungen, die Beamte nur in wenigen Dienstorten haben (wie z. B. die Kriegsmarine), ist die Strafversetzung fast undurchführbar; sie würde namentlich in der gesamten Kommunalverwaltung, trotz der an sich bestehenden Versetzungsmöglichkeit nach § 35 Abs. 2 DBG. zu großen Unzuträglichkeiten führen. Gegen diese Strafart spricht auch, daß das Dienststrafgericht, das die Strafe verhängt, auf ihre Durchführung keinerlei Einfluß hat und infolgedessen gar nicht beurteilen kann, wie schwer sie sich für den bestraften Beamten auswirkt. Als zweitschwerste Strafe ist deshalb, nach dem Vorbild des preußischen Rechts, die Gehaltskürzung vorzuziehen.

An die Stellen der beiden schwersten Strafen, die nur im förmlichen Verfahren verhängt werden können (§ 11), treten bei Ruhestandsbeamten sinngemäß die Aberkennung und die Kürzung des Ruhegehalts (§ 9 Abs. 1).

Eine Verbindung zweier Strafen ist nicht zugelassen.

Die **§§ 5—9** bestimmen Inhalt, Umfang und Anwendungsbereich der einzelnen Dienststrafen. Weiteres werden die Durchführungsvorschriften ergänzen.

In **§ 8** Abs. 2 ist durch die Worte „bei Rechtskraft des Urteils" klargestellt, daß sich die Rechtsfolgen der Entfernung aus dem Dienst, insbesondere also auch der Verlust des Anspruchs auf Versorgung, nicht ohne weiteres auf solche Ämter erstrecken, die der Bestrafte früher bekleidet hat, und aus denen er z. B. in den Ruhestand getreten ist, wenn nicht ein Fall des § 10 vorliegt.

Zu § 9: Neu ist die dienststrafrechtliche Verfolgbarkeit des Ruhestandsbeamten. Sie beschränkt sich auf bestimmte Tatbestände, vgl. § 12 Satz 2. Im einzelnen darf auf § 22 des Deutschen Beamtengesetzes und die Bemerkungen zu § 2 oben verwiesen werden. Wenn sich herausstellt, daß weder Aberkennung noch Kürzung des Ruhegehalts gerechtfertigt sind, wird schon die Einleitungsbehörde das Verfahren in der Regel einstellen (vgl. § 52 Abs. 2 Satz 3); das Dienststrafgericht muß es in diesen Fällen einstellen (§ 63 Abs. 3 Satz 2).

§ 10 Abs. 1 regelt den Fall, daß sich bei einem Beamten nachträglich ein Dienstvergehen herausstellt, das er in einem früheren Beamtenverhältnis begangen hat, oder eine Handlung, die nach § 22 Abs. 1 Satz 2 DBG. als Dienstvergehen gilt. Abs. 2 trifft die entsprechende Regelung für den Ruhestandsbeamten.

Für die zweitschwerste Strafe der Gehaltskürzung oder der Kürzung des Ruhegehalts sind in diesen Fällen die Vorschriften der §§ 7 Abs. 1 Satz 2 und 9 Abs. 1 Satz 1, zweiter Halbsatz, zu beachten.

Zu Abschnitt III:

Nach **§ 11** ist das Verfahren wie bisher entweder ein förmliches Dienststrafverfahren (§ 28) oder ein Verfahren des Dienstvorgesetzten. Da auch dieses gewissen Formvorschriften unterliegt, vermeidet die RDStO. den Ausdruck „nichtförmliches" Verfahren.

§ 12 begrenzt die Verfolgbarkeit des Ruhestandsbeamten auf die Dienstvergehen im Sinne des § 22 Abs. 1 DBG. Übergangsvorschrift dazu in § 115 Abs. 2. Im übrigen vgl. die Bemerkungen zu § 9.

Satz 1, wonach die Fortsetzung eines schwebenden Verfahrens durch den Eintritt in den Ruhestand nicht berührt wird, ist nicht so zu verstehen, als ob hierdurch die Einleitungsbehörde gezwungen wäre, das Verfahren fortzusetzen. Nach dem Opportunitätsprinzip hat sie es vielmehr in der Hand, auf Grund von § 52 Abs. 2 Satz 1 das Verfahren einzustellen.

Durch Novelle vom 18. August 1934 war in das preußische Dienststrafrecht eine fünfjährige Frist eingeführt worden, nach deren Ablauf das Verfahren gegen einen Ruhegehaltsempfänger eingestellt werden mußte. Da eine derartige Ausschlußfrist das Opportunitätsprinzip in gewisser Weise durchbricht, sieht die RDStO. davon ab, hierin dem preußischen Recht zu folgen.

§ 13 regelt das Verhältnis des Dienststrafverfahrens zum strafgerichtlichen Verfahren im wesentlichen dem geltenden Recht entsprechend. Das Strafverfahren hat grundsätzlich den Vorrang und bindet insbesondere im Falle des Freispruchs den Dienststrafrichter in bestimmtem Umfange (Abs. 2). Welcher Zeitpunkt für die Aussetzung des Dienststrafverfahrens, das an sich eingeleitet werden kann (Abs. 1), maßgebend ist, ergibt sich aus den Vorschriften der StPO. über die Erhebung der öffentlichen Klage.

In Abs. 3 entscheidet sich das Gesetz für die Bindung an die tatsächlichen Feststellungen des Strafurteils, um voneinander abweichende Entscheidungen zweier Gerichte nach Möglichkeit auszuschließen. Es mußte jedoch die Möglichkeit belassen werden, bei solchen Strafurteilen, die nach einstimmiger Ansicht des Dienststrafgerichts in ihren tatsächlichen Feststellungen fehl gegangen sind, andere Feststellungen zugrunde zu legen. Die Vorschriften des § 13 über den Vorrang des Strafverfahrens gelten, wie sich aus ihrer Stellung unter den „allgemeinen Vorschriften" ergibt, grundsätzlich auch für das Verfahren des Dienstvorgesetzten, werden aber, solange kein förmliches Verfahren eingeleitet ist, praktisch keine besondere Rolle spielen.

§ 14 ermöglicht es, ein Dienststrafverfahren auch dann auszusetzen, wenn zwar kein Strafverfahren, aber ein anderes Verfahren schwebt, dessen Ausgang zweckmäßigerweise abgewartet wird. Gedacht ist insbesondere an einen bürgerlichen Rechtsstreit, an Patent-, Verwaltungsstreit- und Steuerstrafverfahren, ferner auch an Verfahren vor Standesehrengerichten. Das Verhältnis zwischen Parteigerichtsverfahren und Dienststrafverfahren wird außerhalb des Gesetzes geregelt.

Unter „Frage" im Sinne des Satz 1 kann sowohl ein Rechtsverhältnis als auch eine Tatfrage verstanden werden.

§ 15 läßt, abweichend vom allgemeinen Strafrecht, die Möglichkeit zu, auch gegen einen geisteskranken oder sonst verhandlungsunfähigen Beschuldigten ein Verfahren durchzuführen. Die Erfahrungen der Praxis haben diese Möglichkeit bisher vermissen lassen. Rechtspolitische Bedenken stehen nicht entgegen, da, den allgemeinen Zwecken des Dienststrafrechts entsprechend, auch ein solches Verfahren nicht in erster Linie Strafcharakter hat, d. h. nicht die Sühne für eine Verletzung der Rechtsordnung, sondern die Reinigung des Beamtenkörpers bezweckt. Die Rechte des Beschuldigten werden in solchen Fällen durch einen vom Amtsgericht zu bestellenden Pfleger ausreichend gewahrt. Der Pfleger muß Beamter sein, also jemand, der mit den Gepflogenheiten des Dienstes, den dienstlichen Pflichten usw. vertraut ist. Ist bereits ein Vormund oder Pfleger anderweitig bestellt, der Beamter ist, so steht nichts im Wege, diesen auch als Pfleger im Sinne des § 15 Abs. 2 zu bestätigen. Tritt der Fall des Abs. 1 schon vor Einleitung des förmlichen Verfahrens, z. B. während der Vorermittlungen ein, so ist es Sache des Dienstvorgesetzten, sich wegen des Antrages auf Bestellung eines Pflegers an die Einleitungsbehörde zu wenden.

§ 16 stellt die Amts- und Rechtshilfepflicht für Dienststrafsachen fest, soweit diese Pflicht nicht schon auf Grund anderer Gesetze besteht. „Verwaltungsbehörden" in diesem Sinne sind u. a. auch die Behörden oder Verwaltungsstellen vgl. § 112 Abs. 5) von Körperschaften des öffentlichen Rechts. Die eidliche Vernehmung im Wege der Rechtshilfe ist den Amtsgerichten vorbehalten. Wird das Ersuchen von einem Dienstvorgesetzten gestellt, der selbst nicht zur Abnahme von Eiden berechtigt ist, so liegt die Entscheidung darüber, ob die Vereidigung zulässig und notwendig ist, beim Amtsgericht. Eine selbst nicht zur Abnahme von Eiden berechtigte Stelle kann also nicht auf dem Wege über das ersuchte Amtsgericht die eidliche Vernehmung eines Zeugen erzwingen. Andererseits ermöglicht § 16 als allgemeine Vorschrift die eidliche Vernehmung von Zeugen usw. auch außerhalb des förmlichen Dienststrafverfahrens, z. B. in den Vorermittlungen.

Da § 16 nur von den Vernehmungen, die auf Ersuchen erfolgen, handelt, bleibt die Befugnis jedes Dienstvorgesetzten, die ihm unterstehenden Beamten dienstlich zu vernehmen oder durch nachgeordnete Behörden vernehmen zu lassen, unberührt. Die Befugnis des Untersuchungsführers, eidlich zu vernehmen, ergibt sich aus § 46.

§ 17 Abs. 1 und 2 sollen verhindern, daß vom Dienststrafgericht etwa die Unterlassung einer bestimmten Art der Beweiserhebung, z. B. die Abstandnahme von der Vernehmung eines Zeugen, dessen Bekundung sich schon anderweitig (z. B. aus Protokollen, Aktenvermerken, Auskünften einer Behörde oder dgl.) ergibt, als Verfahrensmangel angesehen wird.

§ 18: Verhaftungen, die außerhalb des Dienststrafverfahrens erfolgen, werden durch diese Vorschrift nicht verhindert.

§ 20: Die Worte „Zur Ergänzung" besagen, daß die Vorschriften des Gerichtsverfassungsgesetzes und der Strafprozeßordnung nur insoweit heranzuziehen sind, als die Reichsdienststrafordnung über die betreffende Frage nichts enthält.

Die **§§ 21—23** geben im wesentlichen nur das wieder, was bisher schon in Übung war. Auch formlose Vorermittlungen dürfen sich nicht hinter dem Rücken des Beamten abspielen. Er ist vielmehr davon zu unterrichten, ebenso wie er auch nach § 42 Abs. 1 Satz 2 DBG. Anspruch darauf hat, über Beschwerden und Behauptungen, die ihm nachteilig werden können, gehört zu werden.

Die Einstellung der Vorermittlungen hat keine Rechtskraftwirkung (§ 22 Abs. 2).

Zu §§ 24 und 26: Die Zuständigkeit zur Verhängung von Geldbußen und der Beschwerdezug richten sich nach der Organisation der Verwaltung. Der Beamte hat auch hier (vgl. § 42 Abs. 2 Satz 1 DBG.) den Dienstweg einzuhalten; er darf seinen unmittelbaren Dienstvorgesetzten nicht übergehen. Dieser ist aber seinerseits (mit Ausnahme der obersten Dienstbehörde, § 27) an die einmal erlassene Verfügung gebunden. Die Ausgestaltung des Beschwerdezuges muß sich nach den Bedürfnissen der einzelnen Verwaltungen richten. In Betriebsverwaltungen mit zahlreichem Personal kommen kleine Dienststrafen verhältnismäßig häufig vor, werden auch in der Regel von dem bestraften Beamten als berechtigt hingenommen. Für diese Verwaltungen kann eine einzige Beschwerdestufe genügen. Andere Verwaltungen müssen nach der Art ihrer Behördenorganisation Wert darauf legen, in jedem Falle eine förmliche Beschwerdemöglichkeit bis an den Minister zu schaffen. Beiden Bedürfnissen trägt § 26 Abs. 3 Rechnung.

§ 27: Dem Führer-Grundsatz entspricht es, daß die höhere Behörde Dienststrafverfügungen eines nachgeordneten Dienstvorgesetzten nachprüfen und gegebenenfalls schärfere Maßregeln gegen den bestraften Beamten ergreifen kann. Andererseits würde es die Dienstfreudigkeit eines mit einer geringen Dienststrafe davongekommenen Beamten auf die Dauer lähmen, wenn er bis an das Ende seine Diensttätigkeit damit rechnen müßte, wegen des bereits geahndeten Vergehens noch nach längerer Zeit in ein förmliches Verfahren verwickelt zu werden. Eine Ausschlußfrist ist daher am Platze. Die Frist von einem Jahre wird im allgemeinen für die Nachprüfung im Verwaltungswege ausreichen.

Zu §§ 28, 29: Die Einleitung ist der entscheidende Akt, durch den das förmliche Verfahren in Gang kommt. Zur Entlastung der obersten Reichsbehörden ist die Einleitungsbefugnis abgestuft (anders als im bisherigen Reichsrecht), jedoch bleibt es der obersten Reichsbehörde unbenommen, die Befugnis allgemein oder im Einzelfall an sich zu ziehen. Die Zuständigkeit im einzelnen ergibt sich aus der Organisation der Verwaltung.

§ 30 füllt zwei Lücken des bisherigen Rechts aus, in beiden Fällen (Abgrenzung bei mehreren Ämtern — Abs. 1 und 2 —, Verbindung und Trennung von Verfahren — Abs. 2 und 4 —) mit dem Ziel, einheitliches Vorgehen zu gewährleisten und überflüssige Verwaltungsarbeit zu ersparen.

Zu §§ 31 ff. (Dienststrafgerichte). Gleichwie für alle deutschen Beamten nunmehr materiell gleiches Dienststrafrecht gilt, wird auch die Dienststrafgerichtsbarkeit für das ganze Reich vereinheitlicht. Die Dienststrafkammern im ersten und der Reichsdienststrafhof im zweiten und letzten Rechtszuge sind grundsätzlich für alle Beamten des Reiches, der Länder, der Gemeinden und sonstigen Körperschaften, Anstalten und Stiftungen des öffentlichen Rechts zuständig. Eine Ausnahme rechtfertigt sich lediglich durch die Sonderstellung der Rechtspflege (Näheres s. zu § 109).

Die Organisation der Dienststrafgerichte wird sich dem künftigen Aufbau der Verwaltungsgerichte anpassen (§§ 32 und 41).

In beiden Rechtszügen wirken neben rechtskundigen Beisitzern andere Beisitzer aus der Beamtenschaft mit. Sie werden aus allen Laufbahnen und Verwaltungszweigen ausgewählt. In ihrer Mitwirkung drückt sich der Gemeinschaftsgedanke innerhalb der Beamtenschaft aus. Die Zahl der an der Entscheidung teilnehmenden Mitglieder ist gegenüber dem bisherigen Recht beschränkt worden, für den ersten Rechtszug auf drei, für den zweiten Rechtszug in Beschlußsachen auf drei, sonst auf fünf Mitglieder.

Die Zuständigkeit der Dienststrafkammer bestimmt sich in der Regel örtlich (§ 33); von der Möglichkeit der Verweisung einer Sache von der zuständigen an eine andere Dienststrafkammer (vgl. z. B. § 90 des Reichsbeamtengesetzes) ist bewußt Abstand genommen worden, um etwaigen Maßnahmen, die den Anschein einer unsachlichen Einflußnahme auf die Rechtsprechung der Dienststrafgerichte erwecken könnten, von vornherein den Boden zu entziehen.

§ 42 (Entscheidung eines „Großen Dienststrafsenats" über Rechtsfragen) dient der Einheitlichkeit der Rechtsprechung.

Zu §§ 44 ff. (Untersuchung): Die RDStO. hält an einer förmlichen Voruntersuchung, hier „Untersuchung" genannt, fest. Der Grundsatz der Unmittelbarkeit der mündlichen Verhandlung läßt sich auf das Dienststrafverfahren nicht ohne weiteres übertragen. Im allgemeinen sind mit der Voruntersuchung im Dienststrafrecht überwiegend gute Erfahrungen gemacht worden. Ihre Beseitigung würde die Gründlichkeit der Beweisaufnahme gefährden, die Verlegung des Schwergewichts in die Hauptverhandlung auch dem Staate vielfach erhebliche Mehrkosten verursachen. Verschleppungsbestrebungen des Beschuldigten, die in größeren Verfahren gelegentlich zutage getreten sind, wird ein Untersuchungsführer, der die Zügel der Untersuchung fest in der Hand hat, mit Erfolg entgegentreten können, um so mehr, wenn — wie schon nach bisherigem Reichsrecht — ein Verteidiger dem Beschuldigten in der Untersuchung noch nicht zur Seite steht, während auf der anderen Seite die Einleitungsbehörde durch ihren Vertreter ausreichende Handhaben hat, um das Verfahren vorwärtszutreiben.

Schließlich kann die Einleitungsbehörde, wenn der Sachverhalt bereits klar zutage liegt, insbesondere also nach vorausgegangenem Strafverfahren, das mit Verurteilung geendet hat, von der Untersuchung absehen (§ 44 Abs. 1).

Der Untersuchungsführer hat die Stellung eines unabhängigen Untersuchungsrichters.

In Dienststrafverfahren, deren Untersuchung z. B. durch die große Zahl der Anschuldigungspunkte oder durch die Zahl der zu vernehmenden Zeugen außergewöhnlich umfangreich ist, kann sich die Bestellung eines Hilfsuntersuchungsführers als zweckmäßig erweisen. Sie wird daher nach dem Vorgang des § 184 der Strafprozeßordnung in der Fassung des Gesetzes vom 28. 6. 1935 (Reichsgesetzbl. I S. 844, 846), dessen einzelne Vorschriften gemäß § 20 RDStO. ergänzend anzuwenden sind, zugelassen (§ 44 Abs. 2 Satz 2), darf aber — worauf die Einleitungsbehörden in den Ausführungsbestimmungen noch besonders hinzuweisen sein werden — keinesfalls etwa als willkommene Entlastung eines jeden Untersuchungsführers zur Regel werden.

Der Vertreter der Einleitungsbehörde — die an das allgemeine Strafprozeßrecht anklingende Bezeichnung „Beamter der Staatsanwaltschaft" vermeidet das Gesetz bewußt — ist lediglich der verlängerte Arm oder das Sprachrohr der Einleitungsbehörde.

Zu § 48 ist neu die Möglichkeit der zwangsweisen Untersuchung des Beschuldigten auf seinen Geisteszustand schon während der Untersuchung. Dies gilt sinngemäß für das Verfahren vor der Dienststrafkammer (§ 53 Abs. 5). Wird Geisteskrankheit festgestellt, so hat an Stelle des nach § 48 Abs. 1 Satz 3 zum Verteidiger bestellten Beamten ein Pfleger nach § 15 Abs. 2 zu treten.

§ 49: Die Zulassung des Beschuldigten zu allen Beweiserhebungen — eine wesentliche Abweichung vom bisherigen Reichsrecht — dient dem Ziel, die Hauptverhandlung nach Möglichkeit zu entlasten, andererseits die Verteidigungsmöglichkeiten des Beschuldigten nicht zu beschränken.

§ 50: Die Einflußnahme der Einleitungsbehörde durch ihren Vertreter auf den Gang des Verfahrens ist gegenüber dem bisherigen Recht stark ausgebaut, unter dem Gesichtspunkt, daß bis zum Tätigwerden des Dienststrafgerichts die Einleitungsbehörde — unbeschadet der Pflicht des Untersuchungsführers, die Untersuchung objektiv zu führen — die eigentliche Herrin des Verfahrens sein soll.

§ 52: Die Frage, wann ein förmliches Dienststrafverfahren eingestellt werden muß oder eingestellt werden kann, sei es von der Einleitungsbehörde oder von dem Dienststrafgericht, war im bisherigen Reichs- und Landesrecht nicht erschöpfend geregelt. § 52 füllt, in Verbindung mit § 63 Abs. 3, diese Lücke aus. In Abs. 1 sind die in Frage kommenden Fälle der Beendigung des Beamtenverhältnisses nach dem Deutschen Beamtengesetz berücksichtigt. Nr. 5 enthält die wichtige materielle Vorschrift, daß ein der obersten Dienstbehörde gegenüber schriftlich erklärter Verzicht eines Ruhestandsbeamten auf seine Rechte diese zum Erlöschen bringt. Für den aktiven Beamten ergibt sich die entsprechende Folge aus den §§ 60, 66 Abs. 2 des Deutschen Beamtengesetzes.

Neu ist die Bestimmung, daß im Falle der Verhängung einer Dienststrafe bei Einstellung des Verfahrens durch die Einleitungsbehörde dem Beschuldigten die Kosten des Verfahrens auferlegt werden können.

Die Einstellung des Verfahrens nach § 52 Abs. 2 hat ebensowenig Rechtskraftwirkung wie die Einstellung der Vorermittlungen nach § 22.

Zu § 53 ff.: Den entscheidenden Einschnitt im förmlichen Verfahren, zwischen Untersuchung und Verfahren vor der Dienststrafkammer, bildet die Einreichung der Anschuldigungsschrift. Nach ihrem Eingang bei der Dienststrafkammer, dem „Anhängigwerden" des Verfahrens, kann die Einleitungsbehörde den weiteren Lauf des Verfahrens nicht mehr aufhalten und, im Gegensatz zum geltenden Reichsrecht (§ 101 RBG.), das Verfahren ihrerseits nicht mehr einstellen. Ein Eingreifen bleibt dann nur noch im Wege der Niederschlagung durch den Führer und Reichskanzler möglich.

Die Anschuldigungsschrift, gegebenenfalls mit den Erweiterungen, die sie durch Nachträge nach § 53 Abs. 4 erfährt, begrenzt den Gegenstand der mündlichen Verhandlung und der Urteilsfindung (§ 62). Vom Eingang der Anschuldigungsschrift an kann sich der Beschuldigte eines Verteidigers bedienen; Beamte sind, von Rechtslehrern an Hochschulen abgesehen, als solche nicht zugelassen, da es für den autoritären Staat nicht tragbar ist, daß ein Beamter in einem gerichtlichen Verfahren gegen die Behörde, u. U. sogar gegen den Minister als Einleitungsbehörde, die Interessen eines anderen vertritt (§ 56). Von der Zustellung der Anschuldigungsschrift an haben der Beschuldigte und sein Verteidiger das Recht auf Akteneinsicht im Rahmen des § 57.

Zu §§ 59 ff.: Die Hauptverhandlung ist künftig nicht mehr öffentlich (§ 60). Die besondere Stellung des öffentlichen Dienstes und die Eigenart des Dienststrafverfahrens begründen diese Abweichung vom allgemeinen Strafrecht. Der Gang der Hauptverhandlung entspricht im wesentlichen dem geltenden Recht. Den Umfang der Beweisaufnahme bestimmt das Gericht (§ 61 Abs. 2).

Der „Unterhaltsbeitrag", den das Dienststrafgericht in einem auf die schwerste Strafe lautenden Urteil unter bestimmten Voraussetzungen auf Lebenszeit oder auf bestimmte Zeit bewilligen kann, darf 75% des erdienten Ruhegehalts für längstens fünf Jahre und 50% über diesen Zeitraum hinaus nicht übersteigen (§ 64). Dem zu freigebigen Gebrauch dieses Härteausgleichs — bisher war es möglich, bis zu 99% zu bewilligen — setzt der Entwurf hiermit eine Schranke.

Zu §§ 66 ff. (Rechtsmittel): § 66 Abs. 1 schließt Beschwerden im förmlichen Verfahren insoweit aus, als die Entscheidungen der Dienststrafkammer „endgültig", d. h. in der Reichsdienststrafordnung selbst oder in anderen, auf das Dienststrafrecht verweisenden Gesetzen, wie z. B. dem Deutschen Beamtengesetz, ausdrücklich als endgültig bezeichnet sind (Beispiel: § 135 Abs. 3 Satz 2 DBG.).

Die Berufungsfrist ist im Interesse der Beschleunigung des Verfahrens auf zwei Wochen abgekürzt; zwei weitere Wochen stehen für die Begründung zur Verfügung (§§ 67, 69). Auch sonst sind Sicherungen eingebaut worden, um die bisher allgemein beklagte Verschleppung der Dienststrafverfahren, die nur zum Teil durch formelle Vorschriften bedingt war, überwiegend aber auf Machenschaften des im ersten Rechtszuge verurteilten Beamten beruhte, künftig nach Möglichkeit zu verhindern. Zu diesem Zweck wird das Vorbringen neuer Tatsachen und Beweismittel in Anlehnung an die Regelung des Arbeitsgerichtsgesetzes beschränkt (§ 69 Abs. 3). Es wird ferner eine Vorprüfung durch den Vorsitzenden der Dienststrafkammer eingeschaltet, der die Berufung u. a. auch dann als unzulässig verwerfen kann, wenn sie nicht rechtzeitig begründet worden ist, d. h. also auch, wenn sie überhaupt nicht, wie in § 69 Abs. 1 und 2 vorgeschrieben, begründet worden ist. Der Verurteilte andererseits ist gegen einen etwaigen Versuch der Dienststrafkammer, die Durchführung der gegen ihr eigenes Urteil eingelegten Berufung auf diesem Wege abzuschneiden, gesichert durch die Möglichkeit, den nach § 70 Abs. 2 ergehenden Beschluß im Beschwerdewege nach § 66 anzufechten.

Ferner kann der Reichsdienststrafhof die Berufung u. a. ohne weiteres im Beschlußwege zurückweisen, wenn sie „offensichtlich unbegründet" ist (§ 73 Abs. 1 Nr. 2), ein Mittel, das sich als geeignet erweisen wird, um das Plenum des Dienststrafsenats mit aussichtslosen Berufungen zu verschonen.

Zu § 74: Wie die Entscheidung, die der Reichsdienststrafhof selbst in der Sache fällt, lauten kann, ergibt sich aus § 63. Gemäß § 20 besteht jetzt auch im Dienststrafrecht die durch die neue Fassung der §§ 331 und 358 StPO. (Änderungsgesetz vom 28. 6. 1935 — Reichsgesetzbl. I S. 844 —) eingeführte Möglichkeit einer reformatio in peius.

Der Reichsdienststrafhof entscheidet, abweichend vom Strafprozeßrecht, stets, auch über Schuldfrage und Strafmaß, mit einfacher Stimmenmehrheit (§ 75 Abs. 2). Die Autorität eines starken, sich als Führer des Gerichts fühlenden Vorsitzenden wird sich auf diese Weise leichter durchsetzen. Bei der Dienststrafkammer spielt das Stimmenverhältnis keine Rolle, da sie nur mit drei Richtern besetzt ist.

Zu §§ 78 ff. (vorläufige Dienstenthebung): Die Frage, wie die vorläufige Dienstenthebung („Suspension vom Amte") zu regeln sei, hat in früheren Erörterungen über das Dienststrafrecht eine gewisse Rolle gespielt. Aus liberalistischen Gedankengängen heraus wurde sogar ihre völlige Abschaffung befürwortet, weil sie die Wirkungen des Urteils teilweise vorweg nehme, was „allgemeinen Rechtsgrundsätzen" widerspreche, und als Ersatz die einfache Zwangsbeurlaubung vorgeschlagen. Die letztere Möglichkeit bleibt auf jeden Fall gegeben (vgl. § 6 DBG.). Auf das Mittel der vorläufigen Dienstenthebung kann eine auf straffe Dienstzucht bedachte und schnell zugreifende Verwaltung nicht verzichten. Andererseits liegt es in der Linie des Opportunitätprinzips, die Entscheidung darüber in jedem Falle der Behörde zu überlassen und nicht von gewissen gesetzlichen Tatbeständen (wie in § 125 RBG.) abhängig zu machen. Es lassen sich Handlungen eines Beamten denken, die nur im förmlichen Dienststrafverfahren völlig geklärt werden können, ohne daß dies indessen nach außen, durch eine förmliche Enthebung vom Dienste, in Erscheinung zu treten braucht.

Es besteht aber weiter grundsätzlich kein Bedürfnis, die vorläufige Dienstenthebung in jedem Falle mit den schweren wirtschaftlichen Nachteilen der Gehaltseinbehaltung zu verknüpfen, mit denen sie nach bisherigem Reichsrecht gesetzlich verbunden ist. Auch diese Maßnahme soll, ebenso wie die Höhe der Gehaltseinbehaltung, im Ermessen der Einleitungsbehörde stehen. Bei Wartestands- und Ruhestandsbeamten tritt sinngemäß eine Kürzung ihrer Versorgungsbezüge ein, die jedoch mit Rücksicht auf die geringeren Beträge dieser Bezüge höchstens bis zu einem Drittel gehen darf (§ 79).

Die einbehaltenen Beträge verfallen, außer bei Verurteilung, auch in bestimmten Fällen der Einstellung des Verfahrens (§ 82 Abs. 1). Die Vorschrift des § 82 Abs. 1 Nr. 4 ist den Bedürfnissen der Praxis entsprungen; bisher mußten einbehaltene Beträge dem Beamten voll nachgezahlt werden, wenn das gegen ihn laufende Verfahren lediglich wegen eines Formfehlers eingestellt worden war, und obgleich ein neues, formgerecht eingeleitetes Verfahren mit seiner Dienstentlassung geendet hatte.

Zu Abschnitt IV:

Die Wiederaufnahme von Dienststrafverfahren war dem bisherigen Reichsrecht fremd. In den Ländern war sie z. T. zugelassen, besonders weitgehend in Preußen, dort allerdings erst seit dem 1. April 1932. Der Wiederaufnahmegedanke entspricht an sich der nationalsozialistischen Auffassung, daß ein an der Ehre eines Menschen begangenes Unrecht wieder gutgemacht werden muß. Der Weg der Begnadigung reicht hierzu in der Regel nicht aus. Der Entwurf läßt daher ein förmliches Wiederaufnahmeverfahren grundsätzlich zu.

Auf der anderen Seite würde dieser Gedanke verwässert, wenn dieses Mittel, ein rechtskräftig gewordenes Gerichtsurteil anzugreifen, auch zugelassen würde gegenüber Strafen, die sich jedenfalls objektiv nicht als Ehrenminderung äußern. Die Wiederaufrollung eines förmlichen Verfahrens zur Wiederherstellung der zu Unrecht verletzten Ehre eines Beamten kann nur in Frage kommen, wenn auch die Ehre des Beamten nach außen gelitten hat, aber nicht schon in jedem Falle, in dem ein Beamter von vielleicht übermäßig entwickeltem Ehrgefühl sich selbst als entehrt vorkommt. Für die Anwendbarkeit eines gesetzlich geordneten Verfahrens können nicht subjektive Empfindungen des Betroffenen maßgebend sein, sondern nur objektive Merkmale. Nach diesem Gesichtspunkt ist der Gesetzgeber auch bei dem Gesetz über die Aufhebung der im Kampf für die nationale Erhebung erlittenen Dienststrafen und sonstigen Maßregelungen vom 23. Juni 1933 verfahren.

Ein objektives Merkmal bietet die Entscheidung, ob ein Beamter im Dienst belassen oder ob er daraus entfernt wird. Geschieht das letztere nicht, bleibt vielmehr das Beamtenverhältnis bestehen, die rechtliche Stellung des Beamten also unangetastet, gestattet der nationalsozialistische Staat — durch seine Dienststrafgerichte — dem Beamten auch weiterhin, „Vollstrecker seines Willens" (§ 1 Abs. 2 DBG.) zu sein, so wird dem Beamten jedenfalls von keinem Dritten die Ehre abgesprochen werden können. Demgegenüber ist es belanglos, ob etwa der Beamte selbst dieses Gefühl hat, z. B. weil er nicht aller Schuld ledig gesprochen, sondern mit einer Dienststrafe, vielleicht mit der zweitschwersten der Gehaltskürzung, belegt worden ist. Eine solche Strafe mag ihm — und soll ihm auch — „an die Ehre gehen". Stellt sie sich aber nachträglich als ungerechtfertigt heraus, so bedarf diese Tatsache nicht der förmlichen Bestätigung durch ein Dienststrafgericht. Es wird vielmehr genügen, wenn dem Beamten von seinem Dienstvorgesetzten in der geeigneten

Form, sei es durch Beförderung oder anderweitige bevorzugte Behandlung im Verwaltungswege, sei es auch durch Ersatz des erlittenen Vermögensschadens im Gnadenwege Genugtuung zuteil wird.

Aus diesen Erwägungen heraus beschränkt der Entwurf die Wiederaufnahmemöglichkeit zugunsten des Verurteilten auf Urteile, die die schwerste Strafe der Entfernung aus dem Dienst (der bei Ruhestandsbeamten die Aberkennung des Ruhegehalts gleichsteht) verhängt haben, und zu Ungunsten des Verurteilten auf die Fälle, in denen dieses Ziel angestrebt wird. Völlig ausgeschlossen ist somit die Wiederaufnahme gegenüber einer außerhalb des förmlichen Dienststrafverfahrens vom Dienstvorgesetzten verhängten Strafe.

Das Verfahren lehnt sich im übrigen an das bisherige preußische Recht an, jedoch unter Vereinfachung des Verfahrensganges (erst Zulassungsverfahren, §§ 87/88, dann entscheidendes Verfahren §§ 89 ff.). Für die Entscheidung (§ 92) gilt das zu § 74 über die reformatio in peius Gesagte sinngemäß (vgl. § 373 Abs. 2 StPO. in der Fassung des Gesetzes vom 28. 6. 1935 — RGBl. I S. 844).

§ 96 (Entziehung des Unterhaltsbeitrages) füllt eine im bisherigen Recht als solche empfundene Lücke aus. Abgesehen von den Fällen, in denen der Unterhaltsbeitrag schon nach den Vorschriften des Deutschen Beamtengesetzes zum Ruhen oder Erlöschen kommt (vgl. § 64 Abs. 4 RDStO.), besteht künftig die Möglichkeit, ihn unter bestimmten Voraussetzungen zu entziehen. Die Entscheidung darüber ist der den örtlichen Verhältnissen näherstehenden Dienststrafkammer übertragen. Es handelt sich hier also im weiteren Sinne auch um eine — allerdings auf einen bestimmten Teil des Urteils beschränkte — Wiederaufnahme des Verfahrens zu Ungunsten des Verurteilten.

Zu Abschnitt V:

Die Kostentragung ist gegenüber dem bisherigen Recht in verschiedenen Punkten anders geregelt. Bisher konnten die außerhalb des förmlichen Dienststrafverfahrens, also durch formlose Ermittlungen entstandenen Kosten dem bestraften Beamten nicht auferlegt werden, weder wenn nur der Dienstvorgesetzte eine Strafe verhängte, noch wenn ein Urteil erging. In beiden Fällen ist dies jetzt möglich (§ 97 und 98). Die Kosten können dem Beschuldigten auch in bestimmten Fällen der Einstellung des Verfahrens auferlegt werden (§ 98 Abs. 2). Als Kosten sollen wie bisher nur bare Auslagen, nicht Gebühren erhoben werden; das Nähere werden die Durchführungsvorschriften regeln.

Zu Abschnitt VI:

§ 102 beseitigt gewisse Unklarheiten, die bisher über die Art der Vollstreckung der einzelnen Dienststrafen bestanden. Zur Behebung von Zweifeln ist in Abs. 1 Satz 2 auch klargestellt, daß sich ein auf Entfernung aus dem Dienst lautendes Urteil ohne weiteres in ein solches auf Aberkennung des Ruhegehalts umwandelt, wenn der Verurteilte in den Ruhestand tritt (z. B.

durch Erreichung der Altersgrenze, Ablauf seiner Amtszeit usw.), bevor das Urteil rechtskräftig geworden ist. Es bedarf also in diesem Falle nicht eines neuen Urteils.

Aus Abs. 5 ergibt sich — mangels anderer Regelung —, daß die Beträge einer Gehalts- und Ruhegehaltskürzung dem unmittelbaren Dienstherrn des Beamten verbleiben.

§ 103 überläßt die Entscheidung der Frage, ob Geldbeträge, die auf Grund von Entscheidungen in Dienststrafsachen geschuldet werden, künftig nach den für die Beitreibung öffentlicher Abgaben geltenden Vorschriften oder nach einem besonderen Verwaltungszwangsverfahren beigetrieben werden sollen, den Durchführungsvorschriften.

§ 104 gibt lediglich der Vollständigkeit halber für das Dienststrafrecht den Inhalt des § 8 des Reichsstatthaltergesetzes vom 30. Januar 1935 wieder. Die Bestimmung hat hier wie dort nur deklaratorische Bedeutung.

Zu Abschnitt VII:

§ 105 ergänzt die Vorschriften des Deutschen Beamtengesetzes über die Folgen unerlaubten schuldhaften Fernbleibens vom Dienst nach der formellen Seite hin.

Zu Abschnitt VIII:

§ 107 will überflüssige Verfahren gegen Beamte auf Widerruf, die nach § 61 DBG. jederzeit entlassen werden können, verhindern, andererseits gewisse förmliche Untersuchungsmaßnahmen, z. B. eidliche Zeugenvernehmungen, ermöglichen.

Zu Abschnitt IX:

Dieser Abschnitt enthält die Abweichungen von den für alle Beamten geltenden Vorschriften für bestimmte Arten von Beamten. Soweit in diesem Abschnitt nichts Abweichendes bestimmt ist, gelten die vorhergehenden Vorschriften des Gesetzes. Die Abweichungen sind auf das unbedingt notwendige Maß begrenzt, um die Einheitlichkeit des Dienststrafrechts und der Dienststrafgerichtsbarkeit so wenig wie möglich zu durchbrechen.

Die in **§ 108** für die *richterlichen Beamten* vorgesehenen Besonderheiten sind in der Unabhängigkeit der Richter begründet. Die weitergehenden Abweichungen des bisherigen Rechts, insbesondere betreffend die Einleitung des förmlichen Dienststrafverfahrens und die Verhängung der nicht dem förmlichen Verfahren vorbehaltenen Dienststrafen, werden dadurch nicht gerechtfertigt und sind daher fallen gelassen.

Wer zu den richterlichen Beamten gehört, bestimmt sich nach den gesetzlichen Vorschriften. U. a. fallen hierunter auch die Mitglieder der Verwaltungsgerichte.

§ 109: Die Beamten der Reichsjustizverwaltung (einschl. der Richter) genießen nach der RDStO. insoweit eine Sonderstellung, als das den Gegenstand der Anschuldigung bildende Dienstvergehen „in oder bei Ausübung der

Rechtspflege", d. h. in Ausübung richterlicher Tätigkeit, einschließlich der freiwilligen Gerichtsbarkeit, oder einer sonstigen Tätigkeit der Rechtspflege oder in Zusammenhang damit begangen worden ist. Nur wenn diese Voraussetzung vorliegt — worüber die Einleitungsbehörde (der Reichsminister der Justiz) entscheidet —, ist die Zuständigkeit der bei den ordentlichen Gerichten zu bildenden Dienststrafgerichte begründet. Maßgebend hierfür ist der Gesichtspunkt, daß die eigentliche Rechtspflegetätigkeit und eine dabei begangene Dienstpflichtverletzung in ihrer Eigenart nur von den mit der ordentlichen Rechtspflege ständig betrauten Organen zutreffend beurteilt werden kann. Ein Dienstvergehen dagegen, das ein in der Rechtspflege tätiger Beamter außerhalb dieser Tätigkeit, z. B. außerhalb des Dienstes überhaupt, begeht, unterscheidet sich dienststrafrechtlich in keiner Weise von gleichartigen Vergehen irgendeines anderen Beamten, kann daher von den allgemein zuständigen Dienststrafgerichten abgeurteilt werden.

In § 110 wird den Mitgliedern bestimmter höchster Gerichte nur insoweit eine Sonderstellung eingeräumt, als sie bisher nicht dem allgemeinen Beamtendienststrafrecht unterlagen. Dies gilt übergangsweise entsprechend für oberste Gerichtsbehörden der Länder (§ 118).

§ 112 bezweckt weder Abweichungen materieller noch verfahrensrechtlicher Art, sondern läßt nur in weitem Umfange die Möglichkeit offen, für die Beamten der Gebiets- und sonstigen Körperschaften usw. des öffentlichen Rechts die Zuständigkeiten der in Dienststrafsachen tätig werdenden Behörden nach Bedarf zu regeln. Da die Neuorganisation der Selbstverwaltungskörperschaften — von der Deutschen Gemeindeordnung abgesehen — reichsrechtlich noch nicht abgeschlossen ist, muß sich die RDStO. insoweit mit Rahmenvorschriften begnügen.

Abs. 6 (betr. gemeindliche Ehrenämter) trägt einem praktischen Bedürfnis der gemeindlichen Selbstverwaltung Rechnung.

Zu Abschnitt X:

Zu den Übergangsvorschriften wird auf die entsprechenden Bemerkungen zu den Abschnitten I bis IX verwiesen.

§ 117 Abs. 1 beschränkt durch einen Stichtag die Zulässigkeit für Wiederaufnahmeverfahren, um zu verhindern, daß die Dienststrafgerichte durch eine Hochflut von Anträgen aus weit zurückliegender Zeit in ihrer eigentlichen Tätigkeit beeinträchtigt werden. Dies gilt jedoch nur, soweit ein Wiederaufnahmeverfahren bisher überhaupt nicht zulässig war, also insbesondere für die unmittelbaren Reichsbeamten. Für diese bedeutet die rückwirkende Einführung der Wiederaufnahmemöglichkeit gegenüber allen nach dem 1. Januar 1930 rechtskräftig gewordenen Urteilen trotz dieser Begrenzung eine erhebliche Vergünstigung gegen den bisherigen Rechtszustand.

2. Verordnung zur Durchführung der Reichsdienststrafordnung.

Vom 29. Juni 1937 (RGBl. I 690 (nebst Ergänzungsverordnungen v. 27. 8. u. 4. 10. 38 (RGBl. I 1069 u. 1338).

Auf Grund des § 120 der Reichsdienststrafordnung vom 26. Januar 1937 (Reichsgesetzbl. I S. 71) wird mit Wirkung vom 1. Juli 1937 folgendes verordnet:

Zu § 1.

Die für Ehrenbeamte (§ 149 DBG.) geltenden besonderen Vorschriften über die Verhängung von Bußen (z. B. §§ 23, 24 DGO.) und über das Ausscheiden (z. B. §§ 22, 45, 54 DGO.) bleiben unberührt. Für Personen, die, ohne in das Beamtenverhältnis berufen worden zu sein, ehrenamtlich tätig sind, gilt das Gesetz nicht.

Zu § 6.

1. Als Dienstbezüge im Sinne dieser Vorschrift sind nur anzusehen: das Grundgehalt — bei außerplanmäßigen Beamten die Diäten — oder die entsprechenden Bezüge, ruhegehaltfähige Zulagen, ruhegehaltfähige Gebühren oder Gebührenanteile, der örtliche Sonderzuschlag, der Wohnungsgeldzuschuß oder die entsprechenden Bezüge, bei Wartestandsbeamten das Wartegeld.
2. Höchstbetrag der Geldbuße ist die Summe der in Nr. 1 genannten, nach den Gehaltskürzungsverordnungen gekürzten Monatsbezüge.
3. Die Vorschrift des § 6 Satz 3 gilt nur für Beamte, die ausschließlich Gebühren beziehen. Bei diesen Beamten soll die Geldbuße die monatlichen Gesamtbezüge, die der Beamte im Durchschnitt der letzten sechs Monate vor Verhängung der Geldbuße oder, wenn sie durch Urteil verhängt wird, vor Einleitung des förmlichen Dienststrafverfahrens bezogen hat, nicht übersteigen.

Zu § 7.

1. Das zu § 6 unter Nr. 1 Gesagte gilt auch hier. Die Gehaltskürzung erstreckt sich auf alle Ämter, die der Bestrafte bei Rechtskraft des Urteils bekleidet.
2. Die bruchteilmäßige Verminderung wird an den nach den Gehaltskürzungsverordnungen gekürzten Dienstbezügen vorgenommen.
3. Bei Wartestands- und Ruhestandsbeamten beträgt die bruchteilmäßige Verminderung des Wartegeldes oder Ruhegehalts höchstens ein Fünftel des nach den Gehaltskürzungsverordnungen gekürzten Wartegeldes oder Ruhegehalts.

Zu § 8.

Dienstbezüge im Sinne dieser Vorschrift sind alle dem Beamten auf Grund seines Amtes zustehenden Bezüge.

Zu § 13.

Ein nach § 13 Abs. 3 gefaßter Beschluß ist nur dann „einstimmig", wenn die Zweifel der Mitglieder des Dienststrafgerichts an der Richtigkeit der strafgerichtlichen Tatsachenfeststellung sich übereinstimmend auf denselben Teil der tatsächlichen Feststellungen beziehen, welche die Entscheidung des Strafgerichts tragen; dies ist in den Urteilsgründen (§ 65) zum Ausdruck zu bringen.

Zu § 16.

1. Als „Verwaltungsbehörden" gelten auch die Behörden der Körperschaften, Anstalten und Stiftungen des öffentlichen Rechts oder deren Verwaltungsstellen (vgl. § 112 Abs. 5 RDStO. und § 151 Abs. 6 DBG.).
2. Die Befugnis des Dienstvorgesetzten, Beamte seiner Behörde oder einer ihm nachgeordneten oder seiner Aufsicht (auch Kommunalaufsicht) unterstehenden Behörde mit der (uneidlichen) Vernehmung zu beauftragen, bleibt unberührt.

Zu § 19.

1. Für Zustellung von Ladungen gilt folgendes:
   a) Stets zuzustellen sind:
   die Ladungen des Beschuldigten, seines Verteidigers und des Vertreters der Einleitungsbehörde zur Hauptverhandlung (§ 58 Abs. 3 und § 59 Abs. 2);
   die Ladungen der Zeugen und Sachverständigen im Verfahren vor der Dienststrafkammer (§ 58 Abs. 1 Satz 2 und § 61 Abs. 3) und dem Reichsdienststrafhof (§ 75) sowie im Wiederaufnahmeverfahren (§ 90 Abs. 2 und § 91 Abs. 2), und zwar unter Hinweis auf die gesetzlichen Folgen des Ausbleibens (vgl. §§ 48, 72 StPO.);
   die Anordnung des persönlichen Erscheinens des Beschuldigten nach § 59 Abs. 1 Satz 3.
   b) Von einer förmlichen Zustellung kann bei der Ladung der Zeugen und Sachverständigen in der Untersuchung (§ 46), des Beschuldigten nach §§ 47 und 49 und des Vertreters der Einleitungsbehörde nach § 50 abgesehen werden, wenn anderweitig Gewähr geboten ist, daß die Ladung den Empfänger erreicht. Dies gilt insbesondere für Ladungen zu einzelnen Terminen im Lauf einer sich über mehrere Tage erstreckenden Beweiserhebung.
   c) Ladungen, die nicht förmlich zugestellt werden, sind mündlich unter Aufnahme eines Aktenvermerks oder schriftlich zu übermitteln.
2. Als „Behörde" im Sinne des § 19 Abs. 1 Nr. 4 gilt auch der Vertreter der Einleitungsbehörde.

Zu § 24.

1. Wer oberste Dienstbehörde ist, ergibt sich aus § 2 Abs. 4 DBG. und den dazu erlassenen Durchführungsvorschriften.
2. Als oberste Dienstbehörde im Sinne des § 24 Abs. 2 Nr. 1 gilt auch der Präsident des Preußischen Oberverwaltungsgerichts und der Präsident der Preußischen Oberrechnungskammer.
3. Die oberste Dienstbehörde kann in Zweifelsfällen mit Zustimmung des Reichsministers des Innern bestimmen, welche Dienststellen nicht als der obersten Dienstbehörde unmittelbar nachgeordnete Dienstvorgesetzte im Sinne des § 24 Abs. 2 Nr. 2 anzusehen sind. Die preußischen Regierungspräsidenten sind dem Minister unmittelbar nachgeordnet.
4. Bekleidet ein Beamter mehrere Ämter (z. B. Hauptamt und Nebenamt, Ehrenamt neben dem Berufsamt), so kann der für jedes Amt zuständige Dienstvorgesetzte Dienststrafen im Rahmen seiner Befugnis verhängen, Geldbußen jedoch nur nach Maßgabe der Dienstbezüge aus diesem Amt. Der bestrafende Dienstvorgesetzte hat dem anderen Dienstvorgesetzten die Bestrafung mitzuteilen.
5. Bei Abordnung oder Beurlaubung eines Beamten zu einer anderen Behörde geht — anders als nach § 29 Abs. 2 Satz 2 — die Dienststrafbefugnis des § 24 für die während der Abordnung oder Beurlaubung begangenen Dienstvergehen auf den neuen Dienstvorgesetzten über, soweit dieser nicht ihre Ausübung dem anderen Dienstvorgesetzten überläßt.

Zu § 29.

1. Einleitungsbehörde im Sinne des § 29 Abs. 1 Satz 1 a ist
   a) für Beamte der zum unmittelbaren Geschäftsbereich des Preußischen Ministerpräsidenten gehörenden Verwaltungen und Betriebe der Preußische Ministerpräsident,
   b) für Beamte der zum Geschäftsbereich des Preußischen Finanzministers gehörenden Verwaltungen und Betriebe der Preußische Finanzminister,
   c) für Beamte der preußischen allgemeinen und inneren Verwaltung der Reichsminister des Innern,
   d) für sonstige preußische Landesbeamte der zuständige Reichsminister.

2. Als für die Dienstaufsicht zuständig im Sinne des § 29 Abs. 1 Satz 1 a gilt die oberste Reichsbehörde, die auf Grund des Erlasses des Führers und Reichskanzlers über die Ernennung der Beamten und die Beendigung des Beamtenverhältnisses und der dazu erlassenen Ausführungsbestimmungen für die Vorlage der Ernennungsvorschläge an den Führer und Reichskanzler zuständig ist.
3. Einleitungsbehörden im Sinne des § 29 Abs. 1 Satz 1 b sind die nach den in Nr. 2 genannten Vorschriften für die Ernennung zuständigen Behörden oder, soweit sie die Ausübung des Ernennungsrechts auf andere Behörden weiterübertragen haben, diese Behörden.
4. Die Befugnis der Einleitungsbehörde im Sinne des § 29 Abs. 1 Satz 2 umfaßt sämtliche der Einleitungsbehörde nach dem Gesetz zustehenden Anordnungen. Die oberste Reichsbehörde kann sich jedoch die Bestellung des Untersuchungsführers sowie des Vertreters der Einleitungsbehörde (§ 44 Abs. 2) für bestimmte, ihrer Aufsicht unterstehende Gruppen von Beamten allgemein vorbehalten, unter Belassung der übrigen Befugnisse bei der Einleitungsbehörde. Die Vorschrift des § 29 Abs. 1 Satz 2 gilt auch für die in Nr. 1 a und 1 b genannten preußischen Behörden.
5. Wird die Zuständigkeit der nach § 29 Abs. 1 zuständigen Behörde als Ernennungs- oder Dienstaufsichtsbehörde durch Gesetz, Verordnung oder Erlaß des Führers und Reichskanzlers geändert, so ändert sich auch ihre Zuständigkeit als Einleitungsbehörde.
6. Für Beamte der Körperschaften, Anstalten und Stiftungen des öffentlichen Rechts, die der Aufsicht des
   a) Preußischen Ministerpräsidenten,
   b) Preußischen Finanzministers,

   unterstehen, tritt an die Stelle des für die Aufsicht zuständigen Reichsministers im Sinne des § 29 Abs. 1 Satz 1 c zu
   a) der Preußische Ministerpräsident,
   b) der Preußische Finanzminister.
7. Im Sinne des § 29 Abs. 2 ist für die Einleitung bei einem nicht wiederbeschäftigten Wartestandsbeamten und bei einem Ruhestandsbeamten die Behörde zuständig, die bei seinem Eintritt in den Wartestand oder in den Ruhestand zuständig gewesen wäre, wenn die Vorschriften des § 29 Abs. 1 damals schon gegolten hätten. Dienststrafverfahren sind nicht deshalb unwirksam, weil sie entgegen dieser Vorschrift eingeleitet worden sind.
8. Ist ein bei Verkündung dieser Verordnung anhängiges förmliches Dienststrafverfahren vor dem 1. Juli 1937 von einer Behörde eingeleitet worden, die hierfür nach damaligem Recht unzuständig war, nach der Reichsdienststrafordnung aber zuständig ist, so gilt der Mangel der Zuständigkeit als geheilt.

Zu den §§ 32 bis 40.

1. Sitz und Bezirk der Dienststrafkammern ergeben sich aus der Anlage dieser Verordnung. Die dienstliche Aufsicht über die Geschäftsführung der Dienststrafkammern führen:
   a) soweit die Kammern ihren Sitz in Preußen und Bayern haben, der Regierungspräsident am Sitz der Kammer, in Berlin der Präsident der Bau- und Finanzdirektion,
   b) über die Dienststrafkammer Dresden:
      der Reichsstatthalter (Landesregierung) in Sachsen in Dresden,
   c) über die Dienststrafkammer Stuttgart: der Württembergische Ministerpräsident,
   d) über die Dienststrafkammer Karlsruhe: der Badische Minister des Innern,
   e) über die Dienststrafkammer Jena: der Thüringische Minister des Innern,
   f) über die Dienststrafkammer Darmstadt: der Reichsstatthalter (Landesregierung) in Hessen in Darmstadt,

g) über die Dienststrafkammer Schwerin: das Mecklenburgische Staatsministerium,
h) über die Dienststrafkammer Oldenburg: der Oldenburgische Minister des Innern,
i) über die Dienststrafkammer Hamburg: der Reichsstatthalter (Landesregierung) in Hamburg,
k) über die Dienststrafkammer Saarbrücken: der Reichskommissar für das Saarland.

In zweiter und letzter Stufe steht die Aufsicht dem Reichsminister des Innern zu.

2. Der Vorsitzende der Dienststrafkammer bestimmt die Reihenfolge, in der seine Stellvertreter ihn im Fall seiner Verhinderung vertreten. Sind mehrere Abteilungen gebildet, so regelt er den Vorsitz in diesen.
3. Der Vorsitzende verteilt die Geschäfte. Als Berichterstatter (§ 61 Abs. 1) sind in erster Linie die hauptamtlich ernannten rechtskundigen Beisitzer heranzuziehen.
4. Der Vorsitzende stellt zu Beginn des Kalenderjahres die Reihenfolge der Teilnahme der nicht hauptamtlichen rechtskundigen Beisitzer und der anderen Beisitzer an den Sitzungen nach der Reihenfolge der vom Reichsminister des Innern mitgeteilten Ernennungsliste fest; Mitglieder, die während der Amtszeit (§ 36) neu ernannt werden, sind der Liste anzufügen. Bei der Heranziehung der Beisitzer zu den einzelnen Sitzungen ist von der festgestellten Reihenfolge auszugehen, mit der Maßgabe des § 37, 2. Halbsatz, daß einer der Beisitzer der Laufbahn und möglichst dem Verwaltungszweig des Beschuldigten angehören soll. Hierbei gelten als „Laufbahn" die Laufbahngruppen des höheren, des gehobenen, des mittleren und des einfachen Dienstes, als „Verwaltungszweig" die allgemeine und innere Verwaltung, die Polizeiverwaltung, die Verwaltung der Gemeinden und Gemeindeverbände und die den Fachministerien unterstehenden Fachverwaltungen.
5. Bei Vertagung der Hauptverhandlung oder Zurückverweisung der Sache (§ 73 Abs. 1 Nr. 3) soll die Dienststrafkammer in der gleichen Besetzung entscheiden wie in der ersten Verhandlung.
6. Wartestandsbeamte können nicht Mitglieder der Dienststrafkammer sein (vgl. § 40 Abs. 1 Nr. 3).
7. Als zum höheren Verwaltungsdienst befähigt im Sinne des § 35 Abs. 4 gilt, wer nach der Verordnung über die Ausbildung für den höheren Dienst in der allgemeinen und inneren Verwaltung vom 29. Juni 1937 (Reichsgesetzbl. I S. 666) ausgebildet und geprüft ist oder nach den bisherigen landesrechtlichen Vorschriften die Befähigung zum höheren Verwaltungsdienst besitzt.
8. Die Mitglieder der Dienststrafkammer erhalten für die in Ausübung dieser Tätigkeit unternommenen Reisen die Reisekostenvergütungen, die ihnen nach dem Gesetz über Reisekostenvergütung der Beamten vom 15. Dezember 1933 (Reichsgesetzbl. I S. 1067) in der Fassung vom 4. Mai 1937 (Reichsgesetzbl. I S. 575) zustehen.
9. Als Ausscheiden aus dem Hauptamt im Sinne des § 40 Abs. 1 Nr. 4 gilt es, wenn der Beamte, auch ohne den unmittelbaren Dienstherrn zu wechseln, in eine höhere Laufbahn oder in einen anderen Verwaltungszweig (vgl. oben Nr. 4) versetzt wird, dagegen nicht, wenn er innerhalb des Bezirks der Dienststrafkammer an eine andere Behörde desselben Verwaltungszweiges versetzt oder in derselben Laufbahn befördert wird.
10. Die Aufgaben der Geschäftsstelle der Dienststrafkammer werden von der Geschäftsstelle des Verwaltungsgerichts, bei dem die Dienststrafkammer gebildet ist, wahrgenommen.
11. Die Dienststrafkammern führen als Dienstsiegel das kleine Reichssiegel nach dem Erlaß über die Reichssiegel vom 16. März 1937 (Reichsgesetzbl. I S. 307, mit der Umschrift „Dienststrafkammer X (Name des Orts)".
12. Die Entscheidungen, Ersuchen usw. der Dienststrafkammer ergehen unter der Behördenbezeichnung „Dienststrafkammer X (Name des Ortes)". Die Überschrift

der Urteile lautet: „Im Namen des Deutschen Volkes". Die Ausfertigungen und Auszüge der Urteile und Beschlüsse erteilt die Geschäftsstelle der Dienststrafkammer unter Beidrückung des Dienstsiegels (oben Nr. 11) mit dem Vermerk:

„Ausgefertigt
Ort, Datum
Geschäftsstelle
Unterschrift".

Zu § 50.

Der Vertreter der Einleitungsbehörde ist auch zur Vernehmung des Beschuldigten (§ 47) zu laden.

Zu § 52.

Die Folgen nach § 52 Abs. 1 Nr. 4 treten auch ein, wenn ein Ruhestandsbeamter das Reichsbürgerrecht (im Sinne der DurchfVO. zu § 51 DBG.) verliert.

Zu § 53.

1. Hat die Einleitungsbehörde gemäß § 44 Abs. 1 von der Untersuchung abgesehen, so dürfen in der Anschuldigungsschrift Tatsachen zuungunsten des Beschuldigten nur insoweit verwendet werden, als ihm in den Vorermittlungen Gelegenheit gegeben worden ist, sich zu äußern.

2. Verwertet die Anschuldigungsschrift Tatsachen, zu denen sich der Beschuldigte weder in der Untersuchung noch in Vorermittlungen hat äußern können, oder leidet das in zulässiger Weise eingeleitete Dienststrafverfahren an sonstigen Verfahrensmängeln, so kann der Vorsitzende der Dienststrafkammer die Anschuldigungsschrift an die Einleitungsbehörde zur Behebung der Mängel zurückgeben. § 53 Abs. 4 gilt sinngemäß.

Zu § 58.

Im Falle des Absatzes 2 ist dem Stellvertreter des Führers mit der Abschrift der Ladung auch eine Abschrift der Anschuldigungsschrift zu übersenden.

Zu § 64.

1. Der Unterhaltsbeitrag ist aus dem nach den Gehaltskürzungsverordnungen gekürzten Ruhegehalt zu berechnen. Bei nach § 4 BBG. entlassenen Beamten ist von den nach §§ 4, 8 BBG. zustehenden Bezügen auszugehen.
2. Bei Anwendung der §§ 127, 129 DBG. nach § 64 Abs. 4 Satz 2 sind die ruhegehaltfähigen Dienstbezüge (§ 127 Abs. 1) und der unter Zugrundelegung der gesamten ruhegehaltfähigen Dienstzeit sich ergebende Betrag (§ 129) um den Betrag zu kürzen, um den der Unterhaltsbeitrag hinter dem Ruhegehalt, aus dem er errechnet ist, zurückbleibt.

Zu § 78.

Wird die vorläufige Dienstenthebung gleichzeitig mit der Einleitung verfügt, so wird sie mit Zustellung der Einleitungsverfügung wirksam (vgl. § 28). Wird sie später verfügt, so ist die Verfügung dem Beamten schriftlich mitzuteilen und wird mit dem Zugang wirksam.

Zu § 79.

1. Als Dienstbezüge im Sinne dieser Vorschrift sind die zu § 6 unter Nr. 1 genannten, nach den Gehaltskürzungsverordnungen gekürzten Bezüge aus allen Ämtern, auf die sich die Einbehaltung nach § 80 Abs. 2 erstreckt, anzusehen.
2. Für die Einbehaltung eines Teils des Wartegeldes oder Ruhegehalts gilt Nr. 1 sinngemäß. Bei nach § 4 BBG. entlassenen Beamten (vgl. § 115 Abs. 3) ist von den nach §§ 4, 8 BBG. zustehenden Bezügen auszugehen.

3. Die Einbehaltung beginnt bei der nächsten Zahlung der Dienst- oder Versorgungsbezüge nach dem Zeitpunkt, in dem die Anordnung der zahlenden Kasse zugegangen ist. Im Fall des § 106 wird die Anordnung in dem Zeitpunkt wirksam, in dem der Beamte nach Feststellung des Dienstvorgesetzten seine Amtsgeschäfte aufgenommen hätte, wenn er hieran nicht durch die vorläufige Dienstenthebung gehindert worden wäre; für die tageweise Berechnung der Bezüge gilt Nr. 91 der Reichsbesoldungsvorschriften.

Zu § 96.

Die Dienststrafkammer ist auch zuständig, wenn der Reichsdienststrafhof den Unterhaltsbeitrag bewilligt hatte. Gegen ihren Beschluß ist Beschwerde nach § 66 zulässig.

Zu den § 97 bis 99.

1. Gebühren werden nicht erhoben.
2. Zu den Kosten im Sinne der §§ 97 bis 101 gehören:

Schreibgebühren für auf Antrag erteilte Ausfertigungen und Abschriften (25 Rpf. für jede angefangene Seite, die 28 Zeilen von durchschnittlich 15 Silben enthält);

Postgebühren

a) für Übersendung der auf Antrag erteilten Ausfertigungen und Abschriften,
b) für Ladungen von Zeugen und Sachverständigen;

Telegrammgebühren, Fernsprechgebühren im Fernverkehr;

die durch Einrückung in öffentliche Blätter entstehenden Kosten;

die an Zeugen und Sachverständige zu zahlenden Gebühren;

die in der Untersuchung entstandenen Tagegelder und Reisekosten des Untersuchungsführers, des Vertreters der Einleitungsbehörde und des Schriftführers;

die Kosten für die Unterbringung und Untersuchung des Beschuldigten in einer öffentlichen Heil- und Pflegeanstalt;

die baren Auslagen des dem Beschuldigten im Falle des § 48 Abs. 1 bestellten Verteidigers.

Die baren Auslagen des auf Grund des § 15 Abs. 2 bestellten Pflegers.

3. Die entstandenen Kosten sind, gegebenenfalls mit Abschriften der Berechnungen, in den Vorermittlungs- und Untersuchungsakten zu vermerken.
4. Die Verwaltungskosten der Dienststrafgerichte, insbesondere Reisekosten- und Tagegelder der Mitglieder und die durch die Teilnahme des Vertreters der Einleitungsbehörde (obersten Dienstbehörde) an der Hauptverhandlung entstehenden Kosten, gehören nicht zu den Kosten des Dienststrafverfahrens im Sinne der §§ 97 bis 101.

Zu § 100.

1. Dem Beschuldigten können nur tatsächlich entstandene Auslagen erstattet werden, nicht Verdienstausfälle und dergleichen. Zu den notwendigen Auslagen gehören auch Reisekosten des Beschuldigten und von ihm gezahlten Zeugengebühren.
2. Die Dienststrafkammer entscheidet nur über die im ersten Rechtszug entstandenen Auslagen. Ob auch die im Berufungsverfahren entstandenen Auslagen zu erstatten sind, entscheidet der Reichsdienststrafhof; trifft er keine Entscheidung, so hat der Beschuldigte keinen Anspruch auf Erstattung dieser Auslagen.
3. Als Kosten der Verteidigung sind nur die dem Verteidiger nach der Gebührenordnung für Rechtsanwälte zustehenden Sätze anzusehen; darüber hinaus vereinbarte Honorare sind nicht zu erstatten.

Zu § 102.

1. Das Beamtenverhältnis endet mit der Rechtskraft des Urteils; dies gilt auch für die Berechnung der Dienstzeit. Die Zahlung der Dienst- und Versorgungsbezüge ist jedoch erst mit dem Ende des Monats, in dem das auf Entfernung aus dem Dienst oder Aberkennung des Ruhegehalts lautende Urteil rechtskräftig wird, einzustellen; Bezüge, die für den folgenden Monat bereits gezahlt sind, sind wieder einzuziehen oder auf einen etwaigen Unterhaltsbeitrag (vgl. § 64 Abs. 3) anzurechnen.
2. Mit der Vollstreckung der Gehaltskürzung (Kürzung des Ruhegehalts) ist in der Regel bei der auf den Eintritt der Rechtskraft des Urteils folgenden Zahlung der Dienst- und Versorgungsbezüge zu beginnen.
3. Die Vollstreckung der Geldbuße (§ 102 Abs. 3 Satz 1) wird nicht dadurch gehindert, daß der Bestrafte nach ihrer Verhängung in den Ruhestand tritt. Endet das Beamtenverhältnis auf andere Weise (vgl. § 50 DBG.), so ist die Geldbuße nicht zu vollstrecken.
4. Bei Beamten, die Gebühren beziehen (§ 102 Abs. 3 Satz 2), wird die Kürzung nach einem monatlichen Pauschalbetrag berechnet, der sich aus dem Durchschnitt der Gesamtbezüge (Gebühren und etwaigen sonstigen Dienstbezüge) der letzten sechs Monate vor Einleitung des förmlichen Dienststrafverfahrens ergibt. Für die Beitreibung gilt § 103.

Zu § 103.

1. Die dem Beschuldigten auferlegten Kosten des Dienststrafverfahrens können von einem nach § 64 bewilligten Unterhaltsbeitrag abgezogen werden.
2. Im übrigen werden Geldbeträge, soweit nicht nach § 97 Abs. 1 Satz 2, § 101 Abs. 1 Satz 3, § 102 Abs. 4 oder § 82 Abs. 2 Satz 2 verfahren werden kann, im Verwaltungszwangsverfahren beigetrieben.

Zu § 108.

Richterliche Beamte sind diejenigen Beamten, die in ihrem Hauptamt eine richterliche Tätigkeit ausüben, für die gesetzlich die Unabhängigkeit gewährleistet ist.

Zu § 112 Abs. 4.

1. Für Beamte der Körperschaften, Anstalten und Stiftungen des öffentlichen Rechts, die der Aufsicht des
   a) Preußischen Ministerpräsidenten,
   b) Preußischen Finanzministers
   unterstehen, tritt an die Stelle des Reichsministers des Innern zu
   a) der Preußische Ministerpräsident,
   b) der Preußische Finanzminister.
2. Der für die Aufsicht zuständige Reichsminister kann seine Befugnisse als oberste Dienstbehörde auch auf die oberste Dienstbehörde einer seiner Aufsicht unterstehenden Körperschaft übertragen.

Zu § 114.

Präsident des Reichsdienststrafhofs ist, sofern der Führer und Reichskanzler nichts anderes bestimmt, der jeweilige Präsident des Reichsverwaltungsgerichts und, solange dieses noch nicht besteht, der jeweilige Präsident des Preußischen Oberverwaltungsgerichts.

Ist die Stelle des Präsidenten des Reichsverwaltungsgerichts oder des Preußischen Oberverwaltungsgerichts nicht besetzt, so führt der jeweilige Vertreter des Präsidenten des Reichsverwaltungsgerichts oder Preußischen Oberverwaltungsgerichts (Vizepräsident) als Stellvertreter des Präsidenten des Reichsdienststrafhofs dessen Geschäfte.

Zu § 116.

1. Die nach bisherigem Recht erfolgte Bestellung eines Beamten als Untersuchungsführer oder als Anklagevertreter bleibt in den beim Inkrafttreten des Gesetzes anhängigen Verfahren so lange rechtswirksam, als der Beamte nicht von der nach der RDStO. zuständigen Einleitungsbehörde von diesem Amt abberufen wird.
2. Zu den Maßnahmen, die rechtswirksam bleiben, gehört auch eine nach bisherigem Recht kraft Gesetzes eingetretene vorläufige Dienstenthebung und Gehaltseinbehaltung; für ihre Beendigung gelten §§ 81 und 82.
3. Gegenüber Entscheidungen, die vor dem 1. Juli 1937 ergangen sind, verbleibt es bei den Rechtsmittelfristen des bisherigen Rechts.

Zu § 121.

1. Die Militärrichterdienststrafordnung vom 14. März 1934 (Reichsgesetzbl. I S. 207) tritt außer Kraft.
2. Die auf Wehrmachtbeamte anwendbaren Vorschriften der Disziplinarstrafordnungen der Wehrmachtteile bleiben unberührt.
3. Soweit nach bisherigem Landesrecht Beamte mit Dienstentlassung („Enthebung vom Amte") unter Belassung eines Teils der Dienstbezüge als „Wartegeld" bestraft worden sind, gilt dieses Wartegeld als auf Lebenszeit bewilligter Unterhaltsbeitrag im Sinne des § 64; das Beamtenverhältnis des Bestraften endet spätestens mit Wirkung vom 1. Juli 1937.

Anlage: **Verzeichnis der Dienststrafkammern.**[1]

1. Dienststrafkammer **Berlin** bei dem Bezirksverwaltungsgericht, für die Reichshauptstadt,
2. Dienststrafkammer **Königsberg** bei dem Bezirksverwaltungsgericht, für die Provinz Ostpreußen,
3. Dienststrafkammer **Frankfurt (Oder)** bei dem Bezirksverwaltungsgericht, für die Provinz Brandenburg[2].
4. Dienststrafkammer **Stettin** bei dem Bezirksverwaltungsgericht, für die Provinz Pommern,
5. Dienststrafkammer **Breslau**[2] bei dem Bezirksverwaltungsgericht, für die Provinz Schlesien,
6 Dienststrafkammer **Schleswig** bei dem Bezirksverwaltungsgericht, für die Provinz Schleswig-Holstein,
7. Dienststrafkammer **Magdeburg** bei dem Bezirksverwaltungsgericht, für die Regierungsbezirke Magdeburg und Merseburg und das Land Anhalt,
8. Dienststrafkammer **Hannover** bei dem Bezirksverwaltungsgericht, für die Regierungsbezirke Hannover, Hildesheim, Lüneburg und die Länder Braunschweig und Schaumburg-Lippe,
9. Dienststrafkammer **Münster** bei dem Bezirksverwaltungsgericht, für die Regierungsbezirke Münster, Minden und Osnabrück, und das Land Lippe,
10. Dienststrafkammer **Dortmund** bei dem Oberversicherungsamt, für den Reg.bezirk Arnsberg,
11. Dienststrafkammer **Düsseldorf** bei dem Bezirksverwaltungsgericht, für den Reg.bezirk Düsseldorf,
12. Dienststrafkammer **Köln** bei dem Bezirksverwaltungsgericht, für die Regierungsbezirke Köln und Aachen,
13. Dienststrafkammer **Koblenz** bei dem Bezirksverwaltungsgericht, für die Regierungsbezirke Koblenz und Trier,

---

[1] Das Verzeichnis ist neuerdings durch V. v. 5. 5. 41 (RGBl. I 243) geändert und ergänzt worden.

[2] In der Fassung der Vdg. v. 4. 10. 38 (RGBl. I 1338).

14. Dienststrafkammer **Kassel**
bei dem Bezirksverwaltungsgericht,
für die Regierungsbezirke Kassel und Wiesbaden,
15. Dienststrafkammer **München**
bei der Regierung (verwaltungsrechtlicher Senat),
für die Regierungszirke Oberbayern, Niederbayern und Oberpfalz, Schwaben und Neuburg,
16. Dienststrafkammer **Ansbach**
bei der Regierung (verwaltungsrechtlicher Senat),
für die Regierungsbezirke Ober- und Mittelfranken, Unterfranken und Aschaffenburg,
17. Dienststrafkammer **Dresden**
bei dem Oberverwaltungsgericht,
für das Land Sachsen,
18. Dienststrafkammer **Stuttgart**
bei dem Verwaltungsgerichtshof,
für das Land Württemberg und den preußischen Regierungsbezirk Sigmaringen,
19. Dienststrafkammer **Karlsruhe**
bei dem Verwaltungsgerichtshof,
für das Land Baden,
20. Dienststrafkammer **Jena**
bei dem Oberverwaltungsgericht,
für das Land Thüringen und den preußischen Regierungsbezirk Erfurt,
21. Dienststrafkammer **Darmstadt**
bei dem Verwaltungsgerichtshof,
für das Land Hessen,
22. Dienststrafkammer **Schwerin**
bei dem Landesverwaltungsgericht,
für das Land Mecklenburg,
23. Dienststrafkammer **Oldenburg**
bei dem Oberverwaltungsgericht,
für das Land Oldenburg, die Freie Hansestadt Bremen und die preußischen Regierungsbezirke Aurich und Stade,
24. Dienststrafkammer **Hamburg**
bei dem Oberverwaltungsgericht,
für die Hansestadt Hamburg,
25. Dienststrafkammer **Saarbrücken**
bei dem Bezirksverwaltungsgericht,
für das Saarland und den bayerischen Regierungsbezirk Pfalz.

3. Durchführungsverordnung zur Reichsdienststrafordnung für die Kommunalbeamten

(Beamten der Gemeinden, der Gemeindeverbände und der gemeindlichen Zweckverbände).[1]

Vom 3. Juli 1937 (RGBl. I S. 730).

Auf Grund des § 120 der Reichsdienststrafordnung vom 26. Januar 1937 (Reichsgesetzbl. I S. 71) wird folgendes verordnet:

§ 1.

(1) Zu Warnungen und Verweisen gegen die ihnen nachgeordneten Beamten sind befugt

1. die Bürgermeister (Oberbürgermeister),
2. die Bezirksbürgermeister der Reichshauptstadt Berlin,
2. die Leiter der Gemeindeverbände (Oberpräsident — Verwaltung des Provinzialverbandes — Verbandsdirektor, Landrat, Amtsbürgermeister und die ihnen gleichstehenden Beamten),
4. die Amtsvorsteher in den preußischen Amtsbezirken,
5. die Leiter von Zweckverbänden.

---

[1] Was in der Ostmark als „Gemeindeverbände", „Leiter der Gemeindeverbände, „Aufsichtsbehörde" und „nächsthöhere Aufsichtsbehörde" im Sinne der DurchfV. anzusehen ist, ergibt Art. II § 9 Nr. 10 Vdg. v. 28. 9. 38 (RGBl. I 1242).

(2) Zu Warnungen und Verweisen sind auch befugt

1. die Vorsteher der Anstalten von Provinzialverbänden und der ihnen gleichstehenden Gemeindeverbände gegen die ihnen nachgeordneten Anstaltsbeamten,
2. die Stadtpolizeidirektoren und die ihnen entsprechenden Polizeioffiziere, ferner die Hauptleute, Oberleutnante, Polizeioberinspektoren und Polizeikommissare, soweit sie leitende Offiziere (Polizeivollzugsbeamte im Polizeioffiziersrang) oder Reviervorsteher sind, gegen die ihnen unterstellten Polizeivollzugsbeamten; bei Abordnung eines gemeindlichen Polizeivollzugsbeamten geht die Dienststrafbefugnis auf den entsprechenden Dienstvorgesetzten der neuen Dienststelle über, soweit nicht die abordnende Dienststelle etwas anderes bestimmt.

(3) Warnungen und Verweise gegen alle Beamten der Gemeinden, der Gemeindeverbände und der gemeindlichen Zweckverbände sowie gegen die Amtsvorsteher in den preußischen Amtsbezirken können ferner durch die Aufsichtsbehörden verhängt werden.

§ 2.

(1) Geldbußen bis zu einem Viertel des zulässigen Höchstbetrags können verhängen

1. die Bürgermeister kreisangehöriger Gemeinden im Sinne der Deutschen Gemeindeordnung,
2. die Bezirksbürgermeister der Reichshauptstadt Berlin,
3. die Amtsbürgermeister,
4. die Amtsvorsteher in den preußischen Amtsbezirken,
5. die Leiter von Zweckverbänden, denen ausschließlich kreisangehörige Gemeinden und engere Gemeindeverbände angehören,

gegen die ihnen nachgeordneten Beamten,

6. die Stadtpolizeidirektoren und die ihnen entsprechenden Polizeioffiziere gegen die ihnen unterstellten Polizeivollzugsbeamten; bei Abordnung eines gemeindlichen Polizeivollzugsbeamten geht die Dienststrafbefugnis auf den entsprechenden Dienstvorgesetzten der neuen Dienststelle über, soweit nicht die abordnende Dienststelle etwas anderes bestimmt.

(2) Geldbußen bis zum zulässigen Höchstbetrag (§ 6 RDStO.) können verhängen

1. die Aufsichtsbehörden gegen alle Beamten der Gemeinden, Gemeindeverbände und gemeindlichen Zweckverbände und gegen die Amtsvorsteher in den preußischen Amtsbezirken,
2. die Oberbürgermeister in Stadtkreisen im Sinne der Deutschen Gemeindeordnung[1], die Leiter der Gemeindeverbände (Oberpräsident — Verwaltung des Provinzialverbandes — Verbandsdirektor, Landrat und die ihnen gleichstehenden Beamten) und die Leiter von Zweckverbänden, denen nicht ausschließlich kreisangehörige Gemeinden und engere Gemeindeverbände angehören, gegen die ihnen nachgeordneten Beamten.

§ 3.

(1) Gegen Dienststrafverfügungen, durch die Warnungen, Verweise und Geldbußen verhängt werden, steht dem Beschuldigten die Beschwerde an die Aufsichtsbehörde zu; hat eine Aufsichtsbehörde die Dienststrafverfügung erlassen, so ist die Beschwerde an die nächsthöhere Aufsichtsbehörde zulässig.

(2) Hat der Bezirksbürgermeister, der Vorsteher der Anstalt eines Provinzialverbandes oder eines ihm gleichstehenden Gemeindeverbandes oder ein nach § 1 Abs. 2 Nr. 2 oder nach § 2 Abs. 1 Nr. 6 dieser Verordnung zuständiger Polizeioffizier oder Polizeivollzugsbeamter im Polizeioffiziersrang die Dienststrafverfügung erlassen, so

[1] Zu diesen gehört auch der Bürgermeister der Stadt Wien. Art. II § 9 Nr. 11 Vdg. v. 28. 9. 38 (RGBl. I 1242).

findet die Beschwerde an den Leiter der Gemeinde (des Gemeindeverbandes) statt; gegen seine Entscheidung ist die weitere Beschwerde an die Aufsichtsbehörde zulässig.

(3) Die Entscheidung der Aufsichtsbehörde, in dem Falle des Absatzes 1 zweiter Halbsatz der nächsthöheren Aufsichtsbehörde, ist endgültig.

§ 4.

Einleitungsbehörden sind

1. die Aufsichtsbehörden der Gemeinden, Gemeindeverbände und gemeindlichen Zweckverbände
   a) für alle Beamten, die keinen Dienstvorgesetzten haben (§ 151 Abs. 2 DBG.),
   b) für die Beigeordneten in Stadtkreisen im Sinne der Deutschen Gemeindeordnung, für die Gemeinderäte und, soweit sie Beamte sind, die Beiräte und für die Beamten der kreisangehörigen Gemeinden im Sinne der Deutschen Gemeindeordnung
   c) für die Landeshauptleute, die Landesräte und die ihnen gleichstehenden Beamten, für die Mitglieder der Selbstverwaltungskörper der Gemeindeverbände und der gemeindlichen Zweckverbände, soweit sie Beamte sind, sowie für die Beamten der preußischen Ämter und Amtsbezirke,
   d) für die Beamten der gemeindlichen Zweckverbände, soweit ihnen ausschließlich kreisangehörige Gemeinden und engere Gemeindeverbände angehören;
2. im übrigen die Oberbürgermeister in Stadtkreisen im Sinne der Deutschen Gemeindeordnung[1], die Leiter der Gemeindeverbände (Oberpräsident — Verwaltung des Provinzialverbandes — Verbandsdirektor, Landrat und die ihnen gleichstehenden Beamten) und die Leiter von Zweckverbänden, denen nicht ausschließlich kreisangehörige Gemeinden und engere Gemeindeverbände angehören; die Aufsichtsbehörde kann sie anweisen und auch selbst das Dienststrafverfahren einleiten.

§ 5.

(1) Die Befugnisse der obersten Dienstbehörde werden für die Beamten der Gemeinden, der Gemeindeverbände und der gemeindlichen Zweckverbände

1. in den Fällen des § 21 Abs. 4, des § 52 Abs. 1 Nr. 5 und des § 64 Abs. 2 dem letzten Dienstvorgesetzten, soweit ein solcher nicht vorhanden ist (§ 151 Abs. 2 DBG.), dem Nachfolger im Amte,
2. in den Fällen des § 96 der Aufsichtsbehörde übertragen.

(2) Dienstvorgesetzter im Sinne der Reichsdienststrafordnung ist für die Beamten der Gemeinden, der Gemeindeverbände und der gemeindlichen Zweckverbände in den Fällen des § 21 Abs. 1 und 3, des § 22 Abs. 1, des § 23, des § 102 Abs. 3, des § 105 Abs. 1 und des § 106 der Dienstvorgesetzte nach § 2 Abs. 5 des Deutschen Beamtengesetzes; hat ein Beamter keinen Dienstvorgesetzten (§ 151 Abs. 2 DBG.), so ist die Aufsichtsbehörde Dienstvorgesetzter.

(3) Höherer Dienstvorgesetzter im Sinne der Reichsdienststrafordnung ist für die Beamten der Gemeinden, Gemeindeverbände und gemeindlichen Zweckverbände

1. in den Fällen des § 22 Abs. 2 und des § 23 die Aufsichtsbehörde; hat ein Beamter keinen Dienstvorgesetzten (§ 151 Abs. 2 DBG.), so ist höherer Dienstvorgesetzter die nächsthöhere Aufsichtsbehörde;
2. in den Fällen des § 27 die für die Entscheidung über die Beschwerde nach § 3 dieser Verordnung zuständige Behörde;
3. in den Fällen des § 52 Abs. 2 die Aufsichtsbehörde, wenn sie selbst Einleitungsbehörde ist, die nächsthöhere Aufsichtsbehörde.

[1] Auch hier gilt das Anm. 1 zu § 2 Gesagte.

§ 6.

Für die Beamten der Körperschaften, Anstalten und Stiftungen des öffentlichen Rechts, die der Aufsicht des Reichsministers des Innern oder der Innenminister der Länder unterstehen, gelten die Vorschriften der §§ 1 bis 5 dieser Verordnung sinngemäß. Die zuständige oberste Landesbehörde[1] trifft durch Verordnung die näheren Bestimmungen.

§ 7.

Die zuständige oberste Landesbehörde[1] benennt, soweit erforderlich, die Leiter der Gemeindeverbände, die gleichstehenden Gemeindeverbände und die gleichstehenden Beamten im Sinne dieser Verordnung.

4. Verordnung über das Dienststrafverfahren gegen Wehrmachtbeamte.

Vom 24. Juni 1937 (RGBl. I 722 in der Fassung 18. 11. 37 (RGBl. I 1287) V. v. 13. 12. 38 (RGBl. I 1816) und 30. 6. 40 (RGBl. I 952)[2].

I.

Zu § 16.

Um die eidliche Vernehmung von Zeugen und Sachverständigen ist in erster Linie das militärische Gericht zu ersuchen, in dessen Bezirk die Amtshandlung vorgenommen werden soll.

Zu § 20.

(1) Zur Ergänzung der Reichsdienststrafordnung sind die Vorschriften der Militärstrafgerichtsordnung und ihres Einführungsgesetzes anzuwenden, soweit nicht die Eigenart des Dienststrafverfahrens entgegensteht.

(2) Im Fall des § 242 Abs. 2 der Militärstrafgerichtsordnung ist der nächste Disziplinarvorgesetzte zuständig.

Zu § 29.

Einleitungsbehörden sind:

1. für Wehrmachtbeamte im Bereich des Oberkommandos der Wehrmacht:
   der Chef des Oberkommandos der Wehrmacht,
2. für die übrigen Wehrmachtbeamten:
   die Oberbefehlshaber der Wehrmachtteile für ihren Bereich.

II.

Zu § 31.

Dienststrafgerichte der Wehrmacht sind die Wehrmachtdienststrafkammern und der Wehrmachtdienststrafhof.

Zu § 32.

Wehrmachtdienststrafkammern werden bei den Oberstkriegsgerichtsräten der Dienstaufsichtsbezirke der Wehrmachtteile (Heer, Kriegsmarine, Luftwaffe) gebildet.

---

[1] In der Ostmark, in den sudetendeutschen Gebieten und in den eingegliederten Ostgebieten der RMdJ. Art. II § 9 Nr. 12 Vdg. v. 28. 9. 38 (RGBl. I 1242 bzw. VII 36 DurchfBest. v. 30. 3. 39 (RGBl. I 689) bzw. Art. I § 2 Nr. 23 V. 24. 12. 39 (RGBl. I 2489).

[2] Es gilt das Anm. 1 zu § 6 Gesagte auch hier.

Zu § 33.

Es ist zuständig die Wehrmachtdienststrafkammer bei dem Oberstkriegsgerichtsrat	als Wehrmachtdienststrafkammer	für die Wehrmachtbeamten mit dienstlichem Wohnsitz im Wehrkreis
des Dienstaufsichtsbezirks 1 (Heer)...........	1 (Berlin)	III, VIII u. XXI
des Dienstaufsichtsbezirks 2 (Heer)...........	2 (Kassel)	V, IX u. XII
des Dienstaufsichtsbezirks 3 (Heer)...........	3 (Dresden)	IV XIII und Protektorat Böhmen u. Mähren
für den Ostseebereich	4 (Kiel)	X u. XI
der Luftwaffe des Dienstaufsichtsbereichs 1 in Berlin	5 (Berlin)	I, II u. XX
der Luftwaffe des Dienstaufsichtsbezirks 2 in München	6 (München)	VII u. V
des Dienstaufsichtsbezirks 4 (Heer)...........	7 (Wien)	XVII u. XVIII

Für Wehrmachtbeamte, deren dienstlicher Wohnsitz im Generalgouvernement oder im Ausland liegt, ist die Wehrmachtdienststrafkammer 1 zuständig.

Zu § 35.

(1) Der Vorsitzende der Wehrmachtdienststrafkammer ist der Oberstkriegsgerichtsrat; seine Stellvertreter sind Oberkriegsgerichtsräte oder Kriegsgerichtsräte seines Dienstaufsichtsbezirks.

(2) Die Beisitzer müssen aktive Wehrmachtbeamte sein und sollen dem Wehrmachtteil des Beschuldigten angehören.

(3) Die Befähigung zum höheren Verwaltungsdienst besitzt, wer die laufbahnmäßig vorgeschriebene große Staatsprüfung für den höheren Verwaltungsdienst (Regierungsassessor, Intendanturassessor) abgelegt hat.

Zu § 36.

Die Mitglieder der Wehrmachtdienststrafkammern, mit Ausnahme des Vorsitzenden, bestellt der Chef des Oberkommandos der Wehrmacht auf Vorschlag der Wehrmachtteile auf drei Jahre.

Zu § 37.

Ist der Beschuldigte ein Wehrmachtjustizbeamter und handelt es sich um ein Dienstvergehen, das in oder bei Ausübung der Rechtspflege begangen ist, so ist der rechtskundige Beisitzer ein richterlicher Wehrmachtjustizbeamter.

Zu § 41.

(1) Der Wehrmachtdienststrafhof wird beim Reichskriegsgericht gebildet und besteht aus einem Präsidenten, seinen Stellvertretern, richterlichen und anderen Beisitzern.

(2) Der Präsident, seine Stellvertreter und die richterlichen Beisitzer müssen richterliche Beamte des Reichskriegsgerichts, sämtliche Mitglieder aktive Wehrmachtbeamte sein. Die nichtrichterlichen Beisitzer sollen dem Wehrmachtteil des Beschuldigten angehören.

Zu § 44.

Zum Untersuchungsführer und zum Vertreter der Einleitungsbehörde sollen nur rechtskundige Beamte (§ 35 Abs. 4) bestellt werden.

Zu § 60.

An die Stelle des Reichsministers des Innern tritt der Chef des Oberkommandos der Wehrmacht.

Zu § 103.

Für die Beitreibung von Geldbeträgen sind die Bestimmungen der Strafvollstreckungsvorschrift (§§ 142 bis 145) für die Wehrmacht vom 27. Oktober 1933 (Reichsgesetzbl. II S. 979) in der Fassung vom 5. Oktober 1935 (Reichsgesetzbl. II S. 745) entsprechend anzuwenden.

Zu § 108 Nr. 2.

Sämtliche Beisitzer der Wehrmachtdienststrafkammer und des Wehrmachtdienststrafhofes des zweiten Rechtszuges müssen richterliche Wehrmachtjustizbeamte sein.

III.

(1) Für das förmliche Dienststrafverfahren gegen einen Wehrmachtbeamten im Generalsrang oder einen Feldbischof ist der Wehrmachtdienststrafhof in einer Besetzung mit sieben Mitgliedern (Beamte im Generalsrang), einschließlich des Vorsitzenden, zuständig. Drei Mitglieder müssen richterliche Beamte des Reichskriegsgerichts, zwei weitere Mitglieder rechtskundig sein.

(2) Der Wehrmachtdienststrafhof entscheidet endgültig.

5. Erlaß zur Durchführung der Reichsdienststrafordnung vom 20. 8. 37 (RMBl. S. 539).

Auf Grund des § 41 Abs. 1 der Reichsdienststrafordnung vom 26. Januar 1937 (Reichsgesetzbl. I S. 71) bestimme ich mit Wirkung vom 1. Juli 1937:

1. Für den Reichsdienststrafhof gilt die diesem Erlaß als Anlage beigefügte Geschäftsordnung.
2. Beim Reichsdienststrafhof werden fünf Dienststrafsenate gebildet.

Berlin, den 20. August 1937.

Der Reichsminister des Innern

Frick.

Geschäftsordnung für den Reichsdienststrafhof

I.

1. Der Präsident des Reichsdienststrafhofs leitet und beaufsichtigt den Geschäftsgang.
2. Geschäftsjahr ist das Kalenderjahr. Der Präsident verteilt die Geschäfte für das Geschäftsjahr unter die Senate und bestimmt deren ständige Mitglieder und regelmäßige Stellvertreter. Änderungen im Lauf des Geschäftsjahres sind zulässig, wenn eine Änderung des Geschäftsumfangs sie nötig macht.

   Der Präsident kann bestimmen, daß ein Senat einzelne Sachen, in denen der Senat bereits verhandelt hat, im neuen Geschäftsjahr mit der Besetzung aus dem alten Geschäftsjahr verhandelt und entscheidet.
3. Der Präsident bestimmt die regelmäßigen Sitzungstage der Dienststrafsenate und entscheidet im Zweifelsfall, vor welchen Senat eine Sache gehört.
4. Er verfügt in allen Personal- und Verwaltungsangelegenheiten, besonders in Angelegenheiten, die das Haushalts- und Kassenwesen, die Geschäftsräume, die Bücherei und Anschaffungen betreffen.

5. Dem Präsidenten ist der Verwaltungsdirektor für die Regelung des gesamten Bürodienstes verantwortlich. Er hat besonders dafür zu sorgen, daß die an den Reichsdienststrafhof gerichteten Schriftstücke geöffnet, mit dem Tage des Eingangs versehen und nach dem Geschäftsverteilungsplan verteilt werden.
6. Die Reihenfolge der zur Vertretung des Präsidenten in den Präsidialgeschäften berufenen Stellvertreter bestimmt der Reichsminister des Innern.
7. Die Kassen- und Rechnungsführung für den Reichsdienststrafhof liegt der Kasse des Reichsverwaltungsgerichts, solange dieses noch nicht besteht, der Kasse des Preußischen Oberverwaltungsgerichts ob. Der Präsident des Reichsdienststrafhofs trifft hierüber die erforderlichen Anordnungen.

II.

1. Die Senate führen die Bezeichnung: Erster Dienststraffenat, Zweiter Dienststraffenat usw.
2. Jedes richterliche Mitglied des Reichsdienststrafhofs muß einem und kann mehreren Dienststraffenaten als ständiges Mitglied angehören.
3. Der Vorsitzende des Senats regelt die Verteilung der Geschäfte und den Geschäftsgang innerhalb des Senats. Er ernennt aus der Zahl der richterlichen Mitglieder die Berichterstatter und Mitberichterstatter. Er kann sich an der Berichterstattung beteiligen oder sie übernehmen. Er wird durch das dienstälteste richterliche Mitglied des Senats vertreten.
4. Der Vorsitzende stellt vor Beginn des Kalenderjahres die Reihenfolge der Teilnahme der nichtrichterlichen Beisitzer an den Sitzungen nach der Reihenfolge des ihm vom Präsidenten des Reichsdienststrafhofs mitgeteilten Verzeichnisses fest. Er beruft auf Grund der festgestellten Reihenfolge die Beisitzer zu den einzelnen Sitzungen; dabei soll nach Möglichkeit wenigstens einer der Beisitzer der Laufbahn und dem Verwaltungszweig des Beschuldigten angehören. Nr. 4 der Durchführungsverordnung vom 29. Juli 1937 (Reichsgesetzbl. I S. 690) zu den §§ 32 bis 40 RDStO. gilt sinngemäß.
5. Für die Amtstracht und die Förmlichkeiten bei Eröffnung und Schließung der Sitzung gelten dieselben Vorschriften wie beim Reichsverwaltungsgericht oder, solange dieses noch nicht besteht, beim Preußischen Oberverwaltungsgericht.
6. Der Vorsitzende leitet die Beratungen des Senats. Bei der Abstimmung stimmt zuerst der Berichterstatter, nach ihm der Mitberichterstatter, sodann stimmen die nichtrichterlichen Beisitzer — der jüngere vor dem älteren — und zuletzt der Vorsitzende. Kein Mitglied darf sich seiner Stimme enthalten. Die Abstimmung der einzelnen Mitglieder darf keinen schriftlichen Ausdruck finden.

   Zu den Beratungen wird der Schriftführer nicht zugezogen. Über den Gang der Beratung und der Abstimmung wird eine Niederschrift nicht aufgenommen.
7. Der Berichterstatter fertigt den Entscheidungsentwurf und legt ihn dem Mitberichterstatter, dann den übrigen Beisitzern zur Unterschrift vor. Der Vorsitzende unterschreibt zuletzt; er entscheidet über die Wortfassung.

   Ist der Berichterstatter verhindert, so fertigt der Mitberichterstatter oder der Vorsitzende den Entwurf.
8. Jedem Senat wird eine Geschäftsstelle beigegeben. Der Präsident des Reichsdienststrafhofs erläßt Dienstvorschriften für die Geschäftsstellen.
9. Den Zusammentritt des Großen Dienststraffenats regelt der Präsident des Reichsdienststrafhofs nach § 42 RDStO.

10. Die Urteile, Beschlüsse, Verfügungen, Ersuchen usw. werden unter der Behördenbezeichnung „Reichsdienststrafhof" erlassen. Der Dienststrafsenat, von dem sie ausgehen, ist zusätzlich anzugeben. Die Überschrift der Urteile und Beschlüsse nach § 73 RDStO. lautet: „Im Namen des Deutschen Volkes".
11. Der Reichsdienststrafhof führt als Dienstsiegel das große und das kleine Reichssiegel nach dem Erlaß über die Reichssiegel vom 16. März 1937 (Reichsgesetzbl. I S. 307) mit der Umschrift „Reichsdienststrafhof". Das große Reichssiegel wird nur für die Ausfertigung von Urteilen gebraucht, das kleine Reichssiegel in den übrigen Fällen. Ausfertigungen der Urteile und Beschlüsse erteilt die Geschäftsstelle des Senats unter Beidrückung des Dienstsiegels mit dem Vermerk:

„Ausgefertigt

.............................., ...

(Ort) (Datum)

Geschäftsstelle

....

(Unterschrift)"

III.

Für den Urlaub der richterlichen Mitglieder des Reichsdienststrafhofs gelten dieselben Vorschriften wie für die Mitglieder des Reichsverwaltungsgerichts oder, solange dieses noch nicht besteht, des Preußischen Oberverwaltungsgerichts.

6. Verordnung über Vereinfachung auf dem Gebiet des Dienststrafrechts.

Vom 17. Mai 1940 (RGBl. I 781).

Auf Grund gesetzlicher Ermächtigung wird mit Zustimmung des Beauftragten für edn Vierjahresplan und des Oberkommandos der Wehrmacht folgendes verordnet:

§ 1.

Durch Verfügung des Reichsministers des Innern können Dienststrafkammern aufgehoben oder mit anderen zusammengelegt werden. In diesem Falle gehen anhängige Dienststrafverfahren in der Lage, in der sie sich befinden, auf das nach der Verfügung zuständige Dienststrafgericht über.

§ 2.

Sind die vom Reichsminister des Innern zu Vorsitzenden oder Stellvertretern des Vorsitzenden bestellten Beamten abwesend oder sonst verhindert, so bestimmt die Behörde, die nach Nr. 1 der Durchführungsverordnung (DV.) vom 29. Juni 1937 (Reichsgesetzbl. I S. 690) zu den §§ 32 bis 40 der Reichsdienststrafordnung (RDStO.) vom 26. Januar 1937 (Reichsgestzbl. I S. 71) sowie nach § 2 der Verordnung über die Dienststrafkammern in der Ostmark vom 16. Juni 1939 (Reichsgesetzbl. I S. 1030) die dienstliche Aufsicht über die Geschäftsführung der Dienststrafkammer führt, für die Dienststrafkammer Aussig der Regierungspräsident in Aussig, den Vorsitzenden und seine Stellvertreter aus der Zahl der rechtskundigen Beisitzer der Dienststrafkammer.

§ 3.

Die Senate des Reichsdienststrafhofs beschließen mit zwei richterlichen Mitgliedern einschließlich des Vorsitzenden; die Stimme des letzteren gibt den Ausschlag. Sie entscheiden in der Hauptverhandlung mit zwei richterlichen Mitgliedern, einschließlich des Vorsitzenden, und einem weiteren Mitglied.

§ 4.

(1) Der Vorschrift des § 53 Abs. 2 RDStO. ist genügt, wenn dem Beschuldigten bis zum Eingang der Anschuldigungsschrift bei der Dienststrafkammer von der Einleitungsbehörde Gelegenheit zur Äußerung gegeben worden ist. Dies gilt bis zum Wiedereingang der Anschuldigungsschrift auch im Falle der DV. Nr. 2 zu § 53 RDStO., wenn die Anschuldigungsschrift an die Einleitungsbehörde zurückgegeben worden ist, weil dem Beschuldigten in der Untersuchung oder in den Vorermittlungen keine Gelegenheit zur Äußerung gegeben war.

(2) Der Vorschrift des Abs. 1 unterliegen alle im Zeitpunkt des Inkrafttretens dieser Verordnung noch nicht rechtskräftig abgeschlossenen Verfahren.

§ 5.

(1) Die Beteiligung eines Vertreters der Einleitungsbehörde an der Untersuchung (§ 44 RDStO.) entfällt. Seine Befugnisse in der Untersuchung, mit Ausnahme des Rechts auf Teilnahme an den Beweiserhebungen, werden, soweit erforderlich, von der Einleitungsbehörde selbst wahrgenommen.

(2) Nach Abschluß der Untersuchung kann die Einleitungsbehörde den Untersuchungsführer zu ihrem Vertreter im Verfahren vor der Dienststrafkammer (§§ 53 ff. RDStO.) bestellen.

(3) § 75 Abs. 1 Satz 1 RDStO. bleibt unberührt.

(4) Das Amt des Untersuchungsführers erlischt außer in den im § 44 Abs. 3 RDStO. aufgeführten Fällen mit dem Tage seiner Einberufung zum Dienst bei der Wehrmacht.

§ 6.

Die weitere Beschwerde gegen Dienststrafverfügungen (§ 26 Abs. 3 RDStO. entfällt, wenn der für die Einleitung des förmlichen Dienststrafverfahrens zuständige Dienstvorgesetzte die Dienststrafverfügung erlassen oder wenn er als nächsthöherer Dienstvorgesetzter über die Beschwerde entschieden hat (§ 26 Abs. 2 RDStO.). § 3 Abs. 2 der DV. zur RDStO. für die Kommunalbeamten (Beamten der Gemeinden, der Gemeindeverbände und der gemeindlichen Zweckverbände) vom 3. Juli 1937 (Reichsgesetzbl. I S. 730) bleibt jedoch unberührt.

§ 7.

Das nach den §§ 87 ff., 117 RDStO. zuständige Dienststrafgericht kann die Entscheidung über die Zulassung eines Antrags auf Wiederaufnahme des Verfahrens und über den Antrag selbst bis auf weiteres aussetzen, es sei denn, daß ein gerichtliches Urteil, auf dessen tatsächlichen Feststellungen das Dienststrafurteil beruht, durch ein anderes rechtskräftiges Urteil aufgehoben worden ist (vgl. § 83 Abs. 1 Nr. 3 RDStO.).

§ 8.

Die §§ 1 bis 3 dieser Verordnung gelten nicht für die auf Grund des § 109 RDStO. gebildeten Dienststrafgerichte der Reichsjustizverwaltung, für die auf Grund des § 113 RDStO. gebildeten Dienststrafgerichte für Wehrmachtbeamte sowie für den gemäß § 110 RDStO. gebildeten besonderen Dienststrafsenat beim Reichsgericht. Der Reichsminister der Justiz und das Oberkommando der Wehrmacht sind ermächtigt, für ihren Bereich durch Verordnung Entsprechendes zu bestimmen.

§ 9.

Die Amtszeit der Mitglieder der auf Grund der Reichsdienststrafordnung gebildeten Dienststrafgerichte, mit Ausnahme der Wehrmachtdienststrafgerichte, der Dienststrafkammern in der Ostmark und der Dienststrafkammer in Aussig, wird um die Zeit vom

1. Juli 1940 bis zum 30. Juni 1941 verlängert. Dies gilt nicht für diejenigen Mitglieder eines Dienststrafgerichts, die bei Ablauf ihrer derzeitigen Amtszeit nach § 39 RDStO. ihr Amt nicht ausüben können.

§ 10.

Der Reichsminister des Innern erläßt die zur Durchführung und Ergänzung dieser Verordnung erforderlichen Vorschriften. Zweifelsfragen, die sich aus dieser Verordnung ergeben, kann er im Verwaltungsweg entscheiden.

§ 11.

Die Verordnung tritt mit der Verkündung in Kraft. Der Reichsminister des Innern bestimmt, wann und in welchem Umfang die Verordnung und die zu ihrer Durchführung erlassenen Vorschriften außer Kraft treten.

§ 12.

Entscheidungen in Dienststrafsachen, die innerhalb von vier Wochen nach Inkrafttreten dieser Verordnung ergehen, sind nicht deshalb unwirksam, weil noch nach den von dieser Verordnung abweichenden Vorschriften der Reichsdienststrafordnung verfahren worden ist.

7. Vereinfachungen auf dem Gebiet des Dienststrafrechts.

RdErl. d. RMdJ. v. 30. 5. 1940 (MBl. 1021).

Zu der VO. über Vereinfachungen auf dem Gebiet des Dienststrafrechts v. 17. 5. 1940 (RGBl. I 781) weise ich auf folgendes hin:

1. Die VO. bezweckt einerseits die Ersparung vermeidbarer Verwaltungsarbeit für die Dienststrafbehörden und -gerichte durch Vereinfachung des Verfahrens (§§ 4 bis 7) andererseits trägt sie auch dem durch die Kriegsverhältnisse bedingten Personalmangel Rechnung (§§ 1 bis 3, 5 und 9). Unter diesen Gesichtspunkten ist von den durch die VO. gegebenen Möglichkeiten weitgehend Gebrauch zu machen.

2. § 2 der VO. ist anzuwenden, wenn Vorsitzende oder Stellvertreter des Vorsitzenden von Dienststrafkammern abwesend, z. B. zum Wehrdienst eingezogen, in besetzte Gebiete abgeordnet, oder sonst verhindert, z. B. zwar ortsanwesend, aber durch anderweitige Aufträge (wie Vertretung eines Behörden- oder Abteilungsleiters u. dgl.) voll in Anspruch genommen sind.

3. Nach § 4 der VO. genügt es, wenn dem Beschuldigten „Gelegenheit zur Äußerung" gegeben worden ist. Hierdurch wird zwar der Grundsatz des § 21 RDStO., wonach der Einleitung des förmlichen Dienststrafverfahrens regelmäßig Vorermittlungen des Dienstvorgesetzten voranzugehen haben, nicht berührt. Sind aber solche Vorermittlungen vor Einleitung des förmlichen Verfahrens unterblieben (z. B. mit Rücksicht auf ein vorangegangenes strafgerichtliches Verfahren), und ist auch gem. § 44 Abs. 1 RDStO. von der Untersuchung abgesehen worden, so bedarf es auch im Falle der Zweiten DurchfVO. zu § 53 RDStO.1 nicht mehr einer förmlichen Untersuchung im Sinne der §§ 44 ff., sondern lediglich einer Anhörung des Beschuldigten durch die Einleitungsbehörde (nicht durch den Dienstvorgesetzten, falls dieser nicht gleichzeitig Einleitungsbehörde ist!).

4. § 5 Abs. 1 der VO. bezweckt, die Bestellung eines besonderen Beamten zum Vertreter der Einleitungsbehörde zu ersparen. Demnach entfällt die Vertretung der Einleitungsbehörde bei den Zeugenvernehmungen und anderen Beweiserhebungen. Die übrigen Befugnisse, wie Akteneinsicht, Stellung von Beweisanträgen und von Anträgen gem. § 50 Abs. 2 RDStO., nimmt erforderlichenfalls die Einleitungsbehörde selbst (durch ihren Sachbearbeiter) wahr.

5. (1) Durch die Regelung des § 5 Abs. 1 in Verbindung mit Abs. 2 der VO. wird auch erreicht, daß der Untersuchungsführer, auf Grund seiner eingehenden Aktenkenntnis, in der Lage ist, die Anschuldigungsschrift (§ 53 RDStO.) zu verfassen, ohne daß sich ein anderer Beamter in den Gegenstand hineinzuarbeiten braucht.

(2) Macht jedoch die Einleitungsbehörde von der Möglichkeit des § 5 Abs. 2 der VO. keinen Gebrauch, so muß sie einen anderen Beamten zu ihrem Vertreter im Verfahren vor der Dienststrafkammer (§§ 53 ff. RDStO.) bestellen.

6. Nach § 6 der VO. bleibt der Beschwerdeweg mindestens bis zu dem Dienstvorgesetzten, der als Einleitungsbehörde zuständig ist, gegeben.

7. Es empfiehlt sich, die Beisitzer der Dienststrafgerichte bei der Ladung zu Terminen, die nach dem 30. 6. 1940 stattfinden, darauf hinzuweisen, daß ihre Amtszeit bis zum 30. 6. 1941 verlängert ist. Eine allgemeine Benachrichtigung der Mitglieder der Dienststrafgerichte hiervon hat zur Vermeidung unnötiger Verwaltungsarbeit zu unterbleiben.

8. Genaue Beachtung der neuen Vorschriften ist, insbesondere im Hinblick auf die nach Ablauf der Vierwochenfrist des § 12 der VO. eintretenden Rechtsfolgen, geboten.

An die Dienststrafbehörden und Dienststrafgerichte.

An die Obersten Reichsbehörden, den Preuß. Ministerpräs., den Preuß. Finanzminister durch Abdruck. — RMBliV. S. 1021.

8. Verordnung über die Einführung reichsrechtlicher Vorschriften auf dem Gebiete des Beamtenrechts im Lande Österreich.

Vom 28. September 1938 (RGBl. I S. 1225).

(Auszug)

Auf Grund des Gesetzes über die Wiedervereinigung Österreichs mit dem Deutschen Reich vom 13. März 1938 (Reichsgesetzbl. I S. 237) wird verordnet:

Artikel I.

Allgemeine Vorschriften.

(1) Mit Wirkung vom 1. Oktober 1938 ab finden nach Maßgabe der folgenden Bestimmungen im Lande Österreich Anwendung:

1—8 usw.

Artikel II.

Besondere Vorschriften.

1—8 usw.

9. Zur Reichsdienststrafordnung.

§ 9.

Die Reichsdienststrafordnung (RDStO.) vom 26. Januar 1937 (Reichsgesetzbl. I S. 71) und die Verordnungen zur Durchführung der Reichsdienststrafordnung vom 29. Juli 1937 (Reichsgesetzbl. I S. 690) und vom 27. August 1938 (Reichsgesetzbl. I S. 1069) sowie die Durchführungsverordnung zur Reichsdienststrafordnung für die Kommunalbeamten (Beamten der Gemeinden, der Gemeindeverbände und der gemeindlichen Zweckverbände) vom 3. Juli 1937 (Reichsgesetzbl. I S. 730), die Verordnung über das Dienststrafverfahren gegen Wehrmachtbeamte vom 24. Juni 1937 (Reichsgesetzbl. I S. 722) in der Fassung der Verordnung vom 18. November 1937 (Reichsgesetzbl. I S. 1287) und die sonstigen auf Grund der Reichsdienststrafordnung ergangenen Verordnungen der Reichsminister gelten mit folgender Maßgabe:

1. Zu den §§ 7 und 9 RDStO.:

Bei Ruhestandsbeamten, deren Versorgungsbezüge auch nach dem 30. September 1938 nach dem bisherigen österreichischen Recht berechnet werden, beträgt die bruchteilmäßige Verminderung des Ruhegehalts höchstens ein Fünftel des nach den bisherigen österreichischen Gehaltskürzungsbestimmungen gekürzten Ruhegehalts.

2. Zu § 19 Abs. 1 Nr. 3 RDStO.:

Bis zur Einführung des Zivilprozeßrechts des Reichs im Lande Österreich gelten die Vorschriften der österreichischen Zivilprozeßordnung über die Zustellung von Amts wegen.

2. Zu § 20 RDStO.:

Bis zur Einführung des Gerichtsverfassungsrechts und des Strafprozeßrechts des Reichs im Lande Österreich gelten die entsprechenden Vorschriften des österreichischen Strafprozeßrechts.

4. Zu § 95 Abs. 1 RDStO.:

Das im Artikel II § 1 Nr. 22 dieser Verordnung zu § 55 Abs. 6 DBG. Bestimmte gilt auch hier.

5. Zu § 104 RDStO.:

Das im Artikel II § 1 Nr. 20 dieser Verordnung zu § 54 DBG. Bestimmte gilt auch hier.

6. Zu § 115 RDStO.:

(1) An die Stelle des Zeitpunktes des Inkrafttretens der Reichsdienststrafordnung tritt der 1. Oktober 1938.

(2) Anhängige Dienststrafverfahren gegen einen Ruhestandsbeamten sind einzustellen, soweit sie nach den Vorschriften der Reichsdienststrafordnung nach dem 1. Oktober 1938 nicht hätten eingeleitet werden können.

7. Zu § 116 RDStO.:

An die Stelle des Zeitpunktes des Inkrafttretens der Reichsdienststrafordnung tritt der 1. Oktober 1938.

8. Zu § 118 RDStO.:

§ 110 gilt auch für die Mitglieder des Bundesgerichtshofs.

9. Zu § 121 Abs. 1, 3 bis 5 RDStO.:

An die Stelle dieser Vorschriften treten für das Land Österreich folgende Bestimmungen:

„(1) Bis zur Bildung der Dienststrafkammern im Lande Österreich nehmen die bisher als Dinsziplinargerichte in erster Instanz zuständigen Stellen die den Dienststrafkammern nach der Reichsdienststrafordnung zustehenden Aufgaben wahr. Die Dienststrafkammern können bis zur Einrichtung der Verwaltungsgerichte im Lande Österreich auch als selbständige Behörden gebildet werden.

(3) Der Reichsminister des Innern kann bis zur Bildung der Dienststrafkammern die Maßnahmen, die zur Aufrechterhaltung des Geschäftsganges der bisher als Disziplinargerichte in erster Instanz zuständigen Stellen erforderlich sind, treffen; er kann dabei insbesondere an Stelle der bisherigen Mitglieder dieser Dienststrafkommissionen neue berufen und Dienststrafkommissionen zusammenlegen.

(4) Ist in einem Ende September 1938 anhängigen Disziplinarverfahren ein Verteidiger nach dem bisherigen österreichischen Recht bestellt, so kann dieser beibehalten werden.

(5) Sind vor dem 1. Oktober 1938 Disziplinarstrafen verhängt worden, die bereits rechtskräftig, aber noch nicht vollstreckt worden sind oder erst nach dem genannten Zeitpunkt rechtskräftig werden, so entscheiden die bisher als Diszi-

plinargerichte in erster Instanz zuständigen Stellen, welche der in der Reichs-Dienststrafordnung vorgesehenen Dienststrafen an die Stelle der erkannten Disziplinarstrafen treten. Die Entscheidung ist ohne mündliche Verhandlung zu treffen; sie ist endgültig."

10. Zur Durchführungsverordnung zur Reichsdienststrafordnung für die Kommunalbeamten:

a) „Gemeindeverbände" im Sinne der Durchführungsverordnung sind die sich mit dem Verwaltungsbezirk jeder Bezirkshauptmannschaft deckenden Bezirksfürsorgeverbände; „Leiter der Gemeindeverbände" sind bei diesen Bezirksfürsorgeverbänden die Bezirkshauptmänner (§ 2 Abs. 3 und § 3 Abs. 2 der Verordnung über die Einführung fürsorgerechtlicher Vorschriften im Lande Österreich vom 3. September 1938 — Reichsgesetzbl. I S. 1125).

b) „Aufsichtsbehörde" im Sinne der Durchführungsverordnung ist für die Stadt Wien der Reichsminister des Innern, für die Bezirksfürsorgeverbände als „Gemeindeverbände" (§ 2 Abs. 3 der Verordnung über die Einführung fürsorgerechtlicher Vorschriften im Lande Österreich vom 3. September 1938 — Reichsgesetzbl. I S. 1125) der Landeshauptmann; „nächsthöhere Aufsichtsbehörde "ist für die Stadt Wien und die genannten Bezirksfürsorgeverbände der Reichsminister des Innern.

11. Zu § 2 Abs. 2 Nr. 2 und zu § 4 Nr. 2 der Durchführungsverordnung zur Reichsdienststrafordnung für die Kommunalbeamten:

Die Befugnis der Oberbürgermeister in Stadtkreisen im Sinne der Deutschen Gemeindeordnung steht auch dem Bürgermeister der Stadt Wien zu.

12. Zu den §§ 6 und 7 der Durchführungsverordnung zur Reichsdienststrafordnung für die Kommunalbeamten:

An die Stelle der „zuständigen obersten Landesbehörde" im Sinne dieser Bestimmungen tritt der Reichsminister des Innern.

13. Zu § 33 der Verordnung über das Dienststrafverfahren gegen Wehrmachtbeamte:

Es ist zuständig die Wehrmachtdienststrafkammer bei dem Oberstkriegsgerichtsrat des Dienstaufsichtsbezirks 4 (Heer) als Wehrmachtdienststrafkammer 7 für die Wehrmachtbeamten mit dienstlichem Wohnsitz im Wehrkreis XVII und XVIII.

9. Durchführungsbestimmungen zur Verordnung zur Einführung reichsrechtlicher Vorschriften auf dem Gebiete des Beamtenrechts und des Besoldungsrechts in den sudetendeutschen Gebieten.

Vom 30. März 1939 (RGBl. I 682).

(Auszug.)

Auf Grund des § 3 der Verordnung zur Einführung reichsrechtlicher Vorschriften auf dem Gebiete des Beamtenrechts und des Besoldungsrechts in den sudetendeutschen Gebieten vom 15. Dezember 1938 (RGBl. I S. 1810) wird verordnet:

I bis VI usw.

VII. Zur Reichsdienststrafordnung (RDStO.).

33. Zu § 19 Abs. 1 Nr.. 3 RDStO.:

Bis zur Einführung des Zivilprozeßrechts sind die bisher in den sudetendeutschen Gebieten geltenden Vorschriften über die Zustellung von Amts wegen maßgebend.

34. Zu § 32 RDStO.:

Für die sudetendeutschen Gebiete wird bei dem Regierungspräsidenten in Aussig eine Dienststrafkammer als selbständige Behörde gebildet.

35. Zu § 104 RDStO.:

Das in Nr. 7 dieser Verordnung zu § 54 DBG. Bestimmte gilt auch hier. Die Nr. 7 lautet:

Für das Gnadenrecht gelten der Erlaß des Führers und Reichskanzlers über die Ausübung des Gnadenrechts vom 1. Februar 1935 (RGBl. I S. 74) und die auf Grund dieses Erlasses von den Reichsministern für ihren Geschäftsbereich erlassenen besonderen Anordnungen.

36. Zu den §§ 6 und 7 der Durchführungsverordnung zur RDStO. für die Kommunalbeamten.

An die Stelle der „zuständigen obersten Landesbehörde" im Sinne dieser Bestimmung tritt der Reichsminister des Innern.

10. Verordnung über die Anwendung reichsrechtlicher Vorschriften des Beamtenrechts und des Besoldungsrechts bei den Behörden und Dienststellen des Reichs im Protektorat Böhmen und Mähren.

Vom 7. Dezember 1939 (RGBl. I 2378).

Auf Grund des Erlasses des Führers und Reichskanzlers über das Protektorat Böhmen und Mähren vom 16. März 1939 (RGBl. I S. 485) wird verordnet.

§ 1.

Für die Beamten, die bei der im Protektorat Böhmen und Mähren eingerichteten Behörden und Dienststellen des Reichs beschäftigt sind, gelten auch insoweit, als bisher etwas anderes bestimmt war, die reichsrechtlichen Vorschriften des Beamten- und des Besoldungsrechts.

§ 2.

Auf dem Gebiet des Beamtenrechts sind insbesondere anzuwenden

1—7. usw.

8. die Reichsdienststrafordnung vom 26. Januar 1937 (Reichsgesetzbl. I S. 71) nebst den Verordnungen zur Durchführung der Reichsdienststrafordnung vom 29. Juni 1937 (Reichsgesetzbl. I S. 690) und vom 27. August 1938 (Reichsgesetzbl. I S. 1069), der Verordnung über das Dienststrafverfahren gegen Wehrmachtbeamte vom 24. Juni 1937 (Reichsgesetzbl. I S. 722) in der Fassung der Verordnungen vom 18. November 1937 (Reichsgesetzbl. I S. 1287) und vom 13. Dezember 1938 (Reichsgesetzbl. I S. 1816), sowie den sonstigen auf Grund der Dienststrafordnung ergangenen Verordnungen der Reichsminister;

9—10. usw.

§ 3.

I—IV usw.

V. Zur Reichsdienststrafordnung (RDStO.).

21. Zu § 19 Abs. 1 Nr. 3 RDStO.

Maßgebend sind auch die für die Protektoratsangehörigen geltenden Vorschriften über die Zustellung von Amts wegen.

22. Zu § 32 RDStO.

Für das Gebiet des Protektorats Böhmen und Mähren ist die bei dem Regierungspräsidenten in Aussig gebildete Dienststrafkammer zuständig.

11. Verordnung über die Einführung der reichsrechtlichen Vorschriften des Beamtenrechts und des Besoldungsrechts in den eingegliederten Ostgebieten.

Vom 24. Dezember 1939 (RGBl. 2489).

Auf Grund des Erlasses des Führers und Reichskanzlers über Gliederung und Verwaltung der Ostgebiete vom 8. Oktober 1939 (RGBl. I S. 2042) und auf Grund des Gesetzes über die Wiedervereinigung der Freien Stadt Danzig mit dem Deutschen Reich vom 1. September 1939 (RGBl. I S. 1547) wird verordnet:

Artikel I.

Beamtenrechtliche Vorschriften.

§ 1.

Mit Wirkung vom 1. November 1939 an gelten nach Maßgabe der folgenden Bestimmungen in den eingegliederten Ostgebieten die reichsrechtlichen Vorschriften des Beamtenrechts, insbesondere

1.—8. usw.

9. Die Reichsdienststrafordnung (RDStO.) vom 26. Januar 1937 (Reichsgesetzbl. I S. 71) und die Verordnungen zur Durchführung der Reichsdienststrafordnung vom 29. Juli 1937 (Reichsgesetzbl. I S. 690) und vom 27. August 1938 (Reichsgesetzbl. I S. 1069) sowie die Durchführungsverordnung zur Reichsdienststrafordnung für die Kommunalbeamten (Beamten der Gemeinden, der Gemeindeverbände und der gemeindlichen Zweckverbände) vom 3. Juli 1937 (Reichsgesetzbl. I S. 730), die Verordnung über das Dienststrafverfahren gegen Wehrmachtbeamte vom 24. Juni 1937 (Reichsgesetzbl. I S. 722) in der Fassung der Verordnung vom 18. November 1937 (Reichsgesetzbl. I S. 1287) und vom 13. Dezember 1938 (RGBl. I S. 1816) sowie die sonstigen auf Grund der Reichsdienststrafordnung ergangenen Verordnungen der Reichsminister.

10 und 11 usw.

§ 2.

I—V usw.

VI. Zur Reichsdienststrafordnung (RDStO.).

21. Zu § 32 RDStO.

(1) Für den Reichsgau Danzig-Westpreußen wird bei dem Regierungspräsidenten in Danzig, für den Reichsgau Posen bei dem Regierungspräsidenten in Posen eine Dienststrafkammer gebildet. Anhängige Dienststrafverfahren gegen Beamte, deren dienstlicher Wohnsitz sich bei Einleitung des Verfahrens in dem bisherigen Regierungsbezirk Westpreußen (Marienwerder) befunden hat, werden bei der Dienststrafkammer Königsberg (Pr.) zu Ende geführt.

(2) Für Dienststrafverfahren, die gegen unter Nr. 11 Abs. 2 fallende Beamte anhängig sind, bleiben bis auf weiteres die bisherigen Dienststrafgerichte zuständig. Der Reichsminister des Innern bestimmt, wann diese Verfahren auf die nach Abs. 1 bei dem Regierungspräsidenten in Danzig zu bildende Dienststrafkammer oder auf den Reichsdienststrafhof übergehen.

22. Zu § 104 RDStO.

Das in Nr. 6 zu § 54 DBG. Bestimmte gilt auch hier.

23. Zu den §§ 6 und 7 der Durchführungsverordnung zur Reichsdienststrafordnung für die Kommunalbeamten.

An die Stelle der „zuständigen obersten Landesbehörde" im Sinne dieser Bestimmung tritt der Reichsminister des Innern.

12. Erlaß des Führers und Reichskanzlers über die Errichtung des Reichsverwaltungsgerichts.

Vom 3. April 1941 (RGBl. I 201).

Um die Verwaltung durch Vereinigung oberster Verwaltungsgerichte zu vereinfachen und damit zugleich die zumal in Kriegszeiten gebotenen Ersparnisse an Personal und Verwaltungskosten zu erzielen, bestimme ich:

§ 1.

das Preußische Oberverwaltungsgericht,
der Reichsdienststrafhof,
das Reichswirtschaftsgericht,
der Verwaltungsgerichtshof in Wien,
die Oberste Spruchstelle für Umlegungen,
die Oberste Spruchstelle für Wasser- und Bodenverbände,
das Entschädigungsgericht (§ 3 Abs. 3 des Gesetzes über die Landbeschaffung für Zwecke der Wehrmacht vom 29. März 1935 — Reichsgesetzbl. I S. 467) und
das nach § 22 der Kriegssachschädenverordnung vom 30. November 1940 (Reichsgesetzbl. I S. 1547) zu errichtende Reichskriegsschädenamt

werden zum Reichsverwaltungsgericht vereinigt.

§ 2.

(1) Der Reichsminister des Innern kann im Einvernehmen mit den beteiligten Obersten Reichsbehörden weitere oberste Spruchbehörden des Reichs mit dem Reichsverwaltungsgericht vereinigen.

(2) Hinsichtlich der obersten Verwaltungsgerichte für die übrigen Länder und Reichsgaue trifft der Reichsminister des Innern die erforderlichen Bestimmungen.

§ 3.

(1) Das Reichsverwaltungsgericht ist oberste Spruchbehörde der Verwaltungsgerichtsbarkeit. Es ist zuständig für die ihm durch gesetzliche Vorschriften zugewiesenen Aufgaben.

(2) Das Reichsverwaltungsgericht hat bis auf weiteres seinen Sitz in Berlin.

§ 4.

(1) Ordentliche Mitglieder des Reichsverwaltungsgerichts sind der Präsident, der Vizepräsident als sein ständiger Vertreter, Senatspräsidenten und Reichsrichter sowie Räte.

(2) Ordentliches Mitglied des Reichsverwaltungsgerichts kann nur werden, wer das dreißigste Lebensjahr vollendet hat und wenigstens fünf Jahre im höheren Verwaltungsdienst des Reichs, eines Landes oder einer Gebietskörperschaft oder als Richter tätig gewesen ist.

(3) Die ordentlichen Mitglieder des Reichsverwaltungsgerichts werden vom Führer und Reichskanzler ernannt. Sie können nur zum Schluß eines Rechnungsjahres versetzt werden.

§ 5.

(1) Außerordentliche Mitglieder des Reichsverwaltungsgerichts werden nach Bedarf vom Reichsminister des Innern auf bestimmte Zeit unwiderruflich abgeordnet. Sie müssen im höheren Verwaltungsdienst oder als Richter tätig gewesen sein.

(2) Soweit besondere Aufgaben des Reichsverwaltungsgerichts es erfordern, können nebenamtliche und ehrenamtliche Mitglieder bestellt werden.

§ 6.

Das Reichsverwaltungsgericht gliedert sich für die Spruchtätigkeit in Senate. Es wird ferner ein Großer Senat gebildet.

§ 7.

Die Mitglieder des Reichsverwaltungsgerichts sind bei der Sachenentscheidung keinen Weisungen unterworfen. Sie haben ihre Stimme nach ihrer freien, aus dem gesamten Sachstand geschöpften Überzeugung und nach der von nationalsozialistischer Weltanschauung getragenen Rechtsauslegung abzugeben.

§ 8.

Bei dem Verwaltungsgericht wird ein Oberreichsanwalt zur Wahrnehmung des öffentlichen Interesses bestellt. Er untersteht der Dienstaufsicht des Reichsministers des Innern und ist an die Weisungen der Obersten Reichsbehörden gebunden.

§ 9.

Dieser Erlaß gilt auch in den eingegliederten Ostgebieten sowie im Protektorat Böhmen und Mähren.

§ 10.

Der Reichsminister des Innern erläßt, soweit erforderlich im Einvernehmen mit den beteiligten Obersten Reichsbehörden, die Rechts- und Verwaltungsvorschriften zur Durchführung und Ergänzung dieses Erlasses.

§ 11.

Dieser Erlaß tritt am 1. Mai 1941 in Kraft. Der Reichsminister des Innern bestimmt den Zeitpunkt, zu dem die Errichtung des Reichsverwaltungsgerichts abgeschlossen ist.

13. Erste Verordnung zur Durchführung und Ergänzung des Erlasses des Führers und Reichskanzlers über die Errichtung des Reichsverwaltungsgerichts.

Vom 29. April 1941 (RGBl. I 224).

Auf Grund des § 10 des Erlasses des Führers und Reichskanzlers über die Errichtung des Reichsverwaltungsgerichts vom 3. April 1941 (Reichsgesetzbl. I S. 201) wird im Einvernehmen mit den beteiligten Obersten Reichsbehörden verordnet:

Senate.

§ 1.

Die Zahl der Senate des Reichsverwaltungsgerichts und ihre grundsätzliche Aufgabenzuteilung bestimmt der Reichsminister des Innern nach Anhörung des Präsidenten des Reichsverwaltungsgerichts.

§ 2.

(1) Für die Besetzung der Senate, die zur Erfüllung von Aufgaben der zum Reichsverwaltungsgericht vereinigten Sondersprachbehörden bestimmt sind, gelten die bisherigen Vorschriften. Im übrigen entscheiden die Senate bis auf weiteres in der Besetzung von drei Mitgliedern einschließlich des Vorsitzers.

(2) Die Mitglieder des Reichsverwaltungsgerichts können gleichzeitig mehreren Senaten angehören.

Großer Senat.

§ 3.

Dem großen Senat obliegt die Sicherung einer einheitlichen Rechtsprechung und die Fortbildung des Rechts. Er entscheidet, wenn dies ein Senat oder der Oberreichsanwalt beim Reichsverwaltungsgericht in einer Rechtsfrage von grundsätzlicher Bedeutung beantragt oder ein Senat in einer Rechtsfrage von der Entscheidung eines anderen Senats oder des Großen Senats abweichen will. Dies gilt nicht, wenn der Senat, von dessen Entscheidung abgewichen werden soll, der Entscheidung zustimmt.

§ 4.

(1) Der Große Senat entscheidet bis auf weiteres in der Besetzung von fünf Mitgliedern einschließlich des Vorsitzers. Den Vorsitz führt der Präsident des Reichsverwaltungsgerichts, bei dessen Verhinderung der Vizepräsident des Reichsverwaltungsgerichts. Ist auch dieser an der Führung des Vorsitzes verhindert, so geht der Vorsitz auf den dienstältesten Senatspräsidenten über. Zwei Mitglieder müssen Vorsitzer von Senaten sein.

(2) Bei Entscheidungen über die Abweichung von einer bereits entschiedenen Rechtsfrage muß ein Mitglied dem Senat angehören, der die Abweichung erstrebt, sowie ein Mitglied dem Senat, von dessen Entscheidung abgewichen werden soll. In den übrigen Fällen muß ein Mitglied dem Senat angehören, zu dessen Geschäftsbereich die dem Großen Senat vorgelegte Rechtsfrage gehört.

(3) Die beisitzenden Mitglieder des Großen Senats werden vom Präsidenten von Fall zu Fall berufen.

§ 5.

Der große Senat entscheidet ohne mündliche Verhandlung. Seine Entscheidung ist in der vorliegenden Sache für den erkennenden Senat bindend.

Geschäftsführung.

§ 6.

(1) Der Präsident des Reichsverwaltungsgerichts erledigt die allgemeinen Verwaltungsgeschäfte einschließlich der Geschäftsverteilung und regelt den Geschäftsgang durch eine Geschäftsordnung, die der Bestätigung durch den Reichsminister des Innern bedarf.

(2) Beim Reichsverwaltungsgericht wird eine einheitliche Geschäftsstelle errichtet und mit den erforderlichen Beamten und Hilfskräften besetzt.

Aufsicht.

§ 7.

(1) Der Reichsminister des Innern führt die Aufsicht über das Reichsverwaltungsgericht unter Mitwirkung der beteiligten Obersten Reichsbehörden. Er ist oberste Dienstbehörde.

(2) Der Präsident des Reichsverwaltungsgerichts ist Dienstvorgesetzter der beim Reichsverwaltungsgericht tätigen Beamten und Hilfskräfte.

Überleitungsvorschriften.

§ 8.

(1) Mit dem 1. Mai 1941 gehen die Zuständigkeiten der zum Reichsverwaltungsgericht vereinigten Spruchbehörden auf das Reichsverwaltungsgericht über.

(2) Mit dem gleichen Zeitpunkt werden die Senate und Spruchstellen der zum Reichsverwaltungsgericht vereinigten Spruchbehörden Senate des Reichsverwaltungsgerichts.

§ 9.

Bis zur Bildung des Großen Senats des Reichsverwaltungsgerichts bleiben der Große Dienststrafsenat (§ 42 der Reichsdienststrafordnung vom 26. Januar 1937, Reichsgesetzbl. I S. 71) und der Große Senat beim Reichswirtschaftsgericht (§ 5 Abs. 3 und 4 des Gesetzes über das Reichswirtschaftsgericht vom 25. Februar 1938, Reichsgesetzbl. I S. 216) mit ihren bisherigen Aufgaben bestehen.

§ 10.

(1) An die Stelle der Präsidenten und Leiter der zum Reichsverwaltungsgericht vereinigten Spruchbehörden tritt der Präsident des Reichsverwaltungsgerichts. Die bisherigen Präsidenten und Leiter gelten zunächst als seine ständigen Vertreter im Rahmen des bisherigen Geschäftsbereichs.

(2) Die Mitglieder der zum Reichsverwaltungsgericht vereinigten Spruchbehörden nehmen unter ihrer bisherigen Amtsbezeichnung zunächst die Aufgaben der ordent-

lichen Mitglieder, die Hilfsrichter dieser Spruchbehörden die Aufgaben der außerordentlichen Mitglieder des Reichsverwaltungsgerichts wahr.

(3) Maßnahmen auf Grund des § 43 des Deutschen Beamtengesetzes vom 26. Januar 1937 (Reichsgesetzbl. I S. 39) sind bis zum Ablauf von drei Monaten nach dem Zeitpunkt zulässig, an dem die Errichtung des Reichsverwaltungsgerichts abgeschlossen ist (§ 11 Satz 2 des Erlasses des Führers und Reichskanzlers über die Errichtung des Reichsverwaltungsgerichts).

§ 11.

Die Geschäftsstellen, die bei den zum Reichsverwaltungsgericht vereinigten Spruchbehörden bestehen, werden mit dem 1. Mai 1941 Teile der Geschäftsstelle des Reichsverwaltungsgerichts.

§ 12.

Die Rechts- und Verwaltungsvorschriften für die Spruchbehörden, die zum Reichsverwaltungsgericht vereinigt sind, bleiben im Rahmen ihres bisherigen Geltungsbereichs zunächst in Kraft, soweit der Erlaß des Führers und Reichskanzlers über die Errichtung des Reichsverwaltungsgerichts und diese Verordnung ihnen nicht entgegenstehen.

§ 13.

(1) Soweit in bisherigen gesetzlichen Vorschriften dem Reichsverwaltungsgericht Aufgaben zugewiesen sind, treten diese Vorschriften mit dem Zeitpunkt in Kraft, an dem die Errichtung des Reichsverwaltungsgerichts abgeschlossen ist (§ 11 Satz 2 des Erlasses des Führers und Reichskanzlers über die Errichtung des Reichsverwaltungsgerichts).

(2) Die Vorschriften der §§ 142, 145 des Deutschen Beamtengesetzes und die Vorschriften des § 8 Abs. 1 des Erstattungsgesetzes vom 18. April 1937 (Reichsgesetzbl. I S. 461) treten erst an dem vom Reichsminister des Innern zu bestimmenden Zeitpunkt in Kraft.

§ 14.

(1) § 36 Abs. 1 der Reichsdienststrafordnung erhält folgende Fassung:

„(1) Der Reichsminister des Innern bestellt die Mitglieder der Dienststrafkammer für das Rechnungsjahr mit der Maßgabe, daß die Bestellung sich jeweils um das folgende Rechnungsjahr verlängert, wenn sie nicht widerrufen wird; der Widerruf kann nur zum Schluß eines Rechnungsjahres ausgesprochen werden."

(2) Die bisherigen Mitglieder der Dienststrafkammern und die nebenamtlichen Mitglieder des Reichsdienststrafhofs bleiben bis zum Ende des Rechnungsjahres 1941 im Amt.

§ 15.

Nr. 2 zu § 24 der Verordnung zur Durchführung der Reichsdienststrafordnung vom 29. Juni 1937 (Reichsgesetzbl. I S. 690) erhält folgende Fassung:

„2. Als oberste Dienstbehörde im Sinne des § 24 Abs. 2 Nr. 1 gilt auch der Präsident des Reichsverwaltungsgerichts und der Präsident der Preußischen Oberrechnungskammer."

§ 16.

Im § 139 der Ersten Wasserverbandordnung vom 3. September 1937 (Reichsgesetzbl. I S. 933) ist zwischen Satz 1 und 2 folgender Satz einzufügen:

„An die Stelle eines der nach der Reichsumlegungsordnung zu bestellenden Mitglieder tritt ein im Recht der Wasser- und Bodenverbände erfahrenes Mitglied."

Schlußvorschrift.

§ 17.

Die Vorschriften der Verordnung über die Einrichtung des Reichskriegsschädenamts vom 15. April 1941 (Reichsgesetzbl. I S. 205) bleiben unberührt. Bis zu dem Zeitpunkt, an dem die Errichtung des Reichsverwaltungsgerichts abgeschlossen ist, können die rechtskundigen Mitglieder des Reichskriegsschädenamts auch auf kürzere Zeit als auf die Dauer eines Geschäftsjahres bestellt werden.

Sachverzeichnis.

(Die Zahlen bedeuten die Seiten.)

B.

F.

G.

S.

T.

U.

V.

GPSR Compliance

The European Union's (EU) General Product Safety Regulation (GPSR) is a set of rules that requires consumer products to be safe and our obligations to ensure this.

If you have any concerns about our products, you can contact us on ProductSafety@springernature.com

In case Publisher is established outside the EU, the EU authorized representative is:

Springer Nature Customer Service Center GmbH
Europaplatz 3
69115 Heidelberg, Germany

Batch number: 10844627

Printed by Printforce, the Netherlands